Le château en France

Le château en France

sous la direction de Jean-Pierre Babelon

*Ouvrage publié avec le concours
du Centre National des Lettres*

Berger-Levrault
Caisse Nationale des Monuments Historiques
et des Sites

© Berger-Levrault, juin 1986
5, rue Auguste-Comte, 75006, Paris
ISBN : 2-7013-0668-X

© Caisse Nationale des Monuments Historiques et des Sites
62, rue Saint-Antoine, 75004 Paris
ISBN : 2-85822-072-7

Direction de la rédaction
Jean-Pierre Babelon
Inspecteur général des Archives de France

Auteurs

Françoise Bercé
Inspecteur général des Monuments Historiques

Robert Borneque
Professeur à l'Université de Grenoble

Michel de Boüard
Membre de l'Institut, professeur émérite à l'Université de Caen

Françoise Boudon
Ingénieur au Centre de recherche sur l'histoire et l'architecture médiévale et moderne, C.N.R.S.

Yves Bruand
Professeur à l'Université de Toulouse-Le-Mirail

Michel Bur
Professeur à l'Université de Nancy II

Philippe Chapu
Conservateur en chef du musée des Monuments français, Paris

André Chatelain
Président d'honneur de l'union des associations R.E.M.P.A.R.T.

Monique Chatenet
Conservateur à la Sous-Direction de l'Inventaire général des monuments et richesses artistiques de la France

Philippe Contamine
Professeur à l'Université de Paris X

Joseph Decaëns
Directeur du Centre de recherche et d'archéologie médiévale de Caen

Henry-Paul Eydoux (†)
Membre du conseil de la Société française d'archéologie

Jacques Gardelles
Professeur à l'Université de Bordeaux III

Jörg Garms
Professeur à l'Institut historique autrichien à Rome

Elisabeth Gautier-Desvaux
Directeur des services d'archives de l'Orne

Jean-Jacques Gloton
Professeur à l'Université de Provence

Jean Guillaume
Professeur au Centre d'études supérieures de la Renaissance de l'Université de Tours

Pierre Héliot (†)
Professeur émérite à l'Université d'Angers

François-Charles James
Conservateur régional des Monuments historiques des Pays de Loire
Gérard Mabille
Conservateur au musée des Arts décoratifs, Paris
Michel Massenet
Conseiller d'État
Jean Mesqui
Ingénieur des Ponts et Chaussées
Claude Mignot
Maître de conférences à l'Université de Paris IV
Monique Mosser
Ingénieur au Centre de recherche sur l'histoire de l'architecture médiévale et moderne, C.N.R.S.
Jean-Pierre Mouilleseaux
Chef du service éducatif de la Caisse Nationale des Monuments Historiques et des Sites
André Mussat
Professeur émérite à l'Université de Haute-Bretagne
Bruno Tollon
Maître de conférences à l'Université de Toulouse-Le-Mirail
Jean-Pierre Willesme
Conservateur au Musée Carnavalet, Paris
Kenneth Woodbridge
Elisabeth Zadora-Rio
Chargée de recherche au C.N.R.S.
Henri Zerner
Conservateur au Fogg Art Museum, Cambridge, Mass, U.S.A.

Maquette
Christian Lhuisset

Fabrication
Louise Champion
Christine Frohly
avec la collaboration de Anne Raynaud

Préface

*Plus de vingt-cinq mille châteaux habités en France dans le premier quart du XXe siècle, c'est l'évaluation que l'on peut tirer de l'*Annuaire des châteaux. Le Bottin mondain *en dénombrait encore treize mille en 1950. Sur les quelque trente mille monuments classés ou inscrits à l'inventaire supplémentaire des Monuments Historiques, on compte aujourd'hui plus de quatre mille châteaux. Enfin l'*Atlas des châteaux forts *de C.L. Salch recense dix mille sites et son* Dictionnaire *est riche de trente mille notices. C'est assez dire l'ampleur du phénomène* château *en France. Dans certaines régions, une seule commune peut en compter une dizaine.*

Il est peu de vocables aussi évocateurs et aussi équivoques, aussi poétiques et aussi polémiques. Les objets qu'il a fini par recouvrir sont d'une infinie variété : palais princiers, châteaux forts, maisons fortes, manoirs et gentilhommières, casinos et bastides, rendez-vous de chasse, grandes maisons de campagne, ruines féodales et mottes castrales, et jusqu'aux éléments de fortifications urbaines. Pourtant l'image la plus obsédante est celle que nous en offrent ceux qui ont touché la sensibilité enfantine, les illustrateurs des Contes de Perrault *et* Walt Disney. *Elle nous vient d'un Pierrefonds de féerie et des autres constructions de ce temps, aujourd'hui disparues, élevées par les oncles ou le frère de Charles VI. Les* Très riches heures du duc de Berry *nous les présentent comme une sorte de mirage, un lieu d'exception inventé pour abriter les merveilleux loisirs d'une race supérieure. L'éloignement et l'élévation des tours et des courtines, ouvragées comme des orfèvreries, défendent cette existence privilégiée contre les atteintes vulgaires de la vie quotidienne. Seuls des miniaturistes comme les frères de Limbourg pouvaient traduire l'image idéale du château et son corollaire, la « vie courtoise », un univers irréel et inaccessible, sorte de « Champs-Élysées » de la société chrétienne.*

Dans un autre registre, la furtive découverte de ce monde préservé fait toute la magie du Grand Meaulnes *: « Il aperçut enfin, au-dessus d'un bois de sapin, la flèche d'une tourelle grise. Quelque vieux manoir abandonné, se dit-il, quelque pigeonnier désert. »*

On serait bien en peine de donner du château une courte définition rendant compte de ses diverses réalités. Dans son Dictionnaire, *Pierre Larousse le décrivait comme une* demeure féodale fortifiée, défendue par un fossé, des murailles et des tours *et n'ajoutait que* par extension *les sens suivants :* Habitation seigneuriale. Grande et belle maison de plaisance à la campagne. *La définition est satisfaisante sur le plan de la succession chronologique et non pas sur le concept tel qu'il est globalement perçu de nos jours puisque Chambord ou Versailles ne sont ainsi donnés que comme des* extensions *du donjon de Loches... Une véritable définition devrait prendre en compte cette évolution et tenter de dégager un commun dénominateur. La tâche n'est pas facile et nous ne tenterons pas l'épreuve. Tout au plus, après les réflexions approfondies de Pierre Du Colombier, de François Gébelin ou de Gabriel Fournier, chercherons-nous à rassembler les termes, ou plutôt les axes ou les pôles de cette définition. L'étymologie peut nous y aider.* Castrum *et son diminutif* castellum *viennent d'une racine indo-européenne que l'on trouve aussi dans* châtrer *et* encastrer. *Elle exprime l'idée de couper, de trancher, de séparer, d'enfermer. Le double sens du mot* retranchement *nous permet de bien comprendre l'évolution des notions. Originellement, le château est un lieu séparé, mis à l'écart de l'environnement naturel comme des relations ordinaires des hommes, un lieu fortifié pour défendre cette séparation. La notion d'édifice résidentiel ne s'y rattache que secondairement. Le point d'arrivée est au contraire un lieu seulement résidentiel, mais auquel l'analyste reconnaît certains traits hérités de la conception défensive de la demeure.*

Sur les origines, les spécialistes ont discuté et discuteront longtemps. Le château est-il né, comme le voulait Viollet-le-Duc, de l'exploitation agricole gallo-romaine, la villa, *fortifiée par nécessité quand se dissolvait la* Pax romana? *Est-il né au contraire des nouveaux ouvrages défensifs, les* castra, *édifiés pour barrer la route aux envahisseurs et notamment aux pirates normands? Les orientations de la recherche contemporaine, axée sur l'investigation archéologique et sur l'analyse du contexte socio-économique des premiers siècles du Moyen Age invitent à répudier les termes trop simples d'une telle alternative. L'étude prioritaire doit porter sur le système de relations qui s'instaura entre la classe aristocratique aux fonctions militaires et la population rurale. L'implantation de seigneuries châtelaines dans des forteresses par la puissance publique — celle du roi ou celle du grand féodal — puis la prolifération des châteaux privés dits « adultérins » à chaque période de fléchissement de l'autorité sont les éléments à retenir pour comprendre dans sa genèse la carte des châteaux de France, tout en reconnaissant la part qui appartient à l'héritage laissé par les établissements du Bas Empire auquel nous devons, il faut le rappeler, la carte des circonscriptions religieuses de l'ancienne France.*

Il y a donc, parallèlement à une histoire politique et militaire du royaume et des grandes circonscriptions féodales, histoire qui explique tel point fortifié, telle ligne de défense, une histoire de la France rurale dans laquelle le château et la seigneurie ont à leur tour joué un rôle décisif, attirant les populations, suscitant la création de paroisses, favorisant les défrichements. Ainsi se trouve amorcée la dimension agricole du château. Durant des siècles, elle va lui assurer l'existence, et l'amoindrissement accéléré du domaine exploitable explique pour une bonne part la profonde mutation du patrimoine castral à l'heure actuelle.

Jusqu'à la guerre de Cent Ans, l'emploi du mot castrum *ou* castellum *était réservé à un édifice centre d'une circonscription féodale qui restera l'une des bases de la carte administrative de l'Ancien régime, la* châtellenie. *Les autres fortifications privées étaient seulement qualifiées de* domus fortis *ou de* fortericia, *deux concepts différents, la première étant bien une maison c'est-à-dire une résidence, l'autre étant un point de défense ou d'attaque. La distinction entre forteresse et résidence, puis leur conjugaison sous certaines formes architecturales est bien l'une des nouveautés de la recherche actuelle, qu'elle soit archéologique ou nourrie de l'analyse des textes, et particulièrement de certains vocables significatifs tels que* salle *ou* tour.

Le terme de château s'est étendu progressivement à ces maisons fortes. Il est en effet dans sa destinée de recouvrir sans cesse de nouvelles réalités. Aux temps médiévaux, il a fini par acquérir une connotation nobiliaire qui rejaillit immanquablement sur l'occupant. C'est en effet, par excellence, le lieu où l'on peut « vivre noblement » selon l'expression consacrée pour les preuves de noblesse. Au XVIe et au XVIIe siècle, le terme désigne les nouvelles résidences d'une classe riche qui n'est pas toujours « née ». Au XVIIIe siècle, il qualifie les « maisons de campagne » et au XIXe siècle les grandes « propriétés » de la bourgeoisie. L'emploi du vocable s'arrêtera toutefois brusquement devant un obstacle qu'il ne franchira pas : la villa, *une invention du duc de Morny.*

C'est là un phénomène significatif. L'exploration de la frontière sémantique dressée entre le château et la villa devrait bien nous fournir l'un des termes de la définition du premier. C'est par la distanciation avec leur environnement que les deux édifices se distinguent essentiellement. De son passé militaire, le château a conservé un système architectonique organisé en fonction de son éloignement de la voie publique et des maisons voisines. Le bâtiment principal doit être isolé au cœur de plusieurs cercles concentriques que le visiteur importun devra franchir, mur de clôture et portail, avant-cour et cour d'honneur. Derrière, s'étend l'univers inviolé du parc et si possible de la forêt. De son passé seigneurial, il a gardé des signes de domination, tours, toitures élevées magnifiées par un couronnement de crêtes, ordonnance des corps de logis accentuée par des « motifs » de majesté, avant-corps, fronton, pignon. La villa, elle, s'intègre plus directement dans le site commun, dont elle veut jouir, en bord de mer par exemple. Elle ne connaît pas cet éloignement, cet univers refermé, cette insistance de l'architecture d'autorité répudiée pour les valeurs nouvelles du « pittoresque ».

Du côté de la campagne environnante, la définition semble ainsi s'éclairer de quelques caractères constants : la fortification et ses dérivées, et l'attachement à la terre, « aux terres » devrait-on dire.

Du côté de la ville, la frontière est difficile à cerner. Trouvera-t-on des châteaux en ville ? Les deux termes ne sont-ils pas antinomiques ? L'absence d'assise terrienne ne modifie-t-elle pas profondément l'essence de la demeure seigneuriale lorsqu'elle est plongée dans l'agglomération ? Maintenant, le couple de mots n'est plus château-villa, mais château-palais.

Les influences italiennes ont rendu ambigu l'usage du terme de palais, *issu de la tradition antique et de l'occupation exceptionnelle du* mons Palatinus *de la Rome royale puis impériale. Le palais est la résidence du prince avant de devenir le siège de son autorité. Or les princes sont nombreux dans l'Italie de la Renaissance, et le terme de* palazzo *a fini par désigner les demeures urbaines des grandes familles, de même que le siège de l'autorité municipale. Il recouvrait ainsi ce que l'on dénommait* hôtel *de ce côté des Alpes. En France, l'appellation de palais fut donc étroitement réservée d'abord à la demeure de la plus haute autorité locale — palais ducal, comtal, épiscopal, abbatial — avant de se vulgariser quelque peu au XVIIe siècle à l'exemple de l'Italie. Dans l'emploi absolu du terme, sans qualification, il s'applique seulement au siège parisien traditionnel de la monarchie, le Palais, dans l'île de la Cité. Bien que l'édifice ait cessé sous Charles V d'abriter l'existence du roi, la fiction résidentielle, appuyée sur l'affectation des lieux à la justice du roi déléguée à ses conseillers en parlement, sera maintenue jusqu'à la fin. Hors de l'enceinte de Paris, et pour la flanquer, Philippe Auguste avait bâti le*

« *château* » *du Louvre. C'est à l'issue d'une longue évolution, et pour des raisons très politiques, qu'il est devenu, lui aussi, un palais, le palais du Louvre.*

Au XVe siècle, le grand théoricien italien de l'architecture Leo Battista Alberti a opposé les deux termes d'une façon significative. La rocca, *c'est-à-dire le* castello, *traduit en latin par* arx, *est la demeure fortifiée du tyran, et le* palazzo, *en latin* regia domus, *est la résidence du roi. Tous deux ont leurs caractéristiques, mais l'architecte voudrait que le palais fût un peu château (qu'il eût des défenses) et que le château fût un peu palais (qu'il eût des agréments). Pour François Ier, ainsi que l'a observé André Chastel, la construction d'une* regia, *d'une résidence royale digne de sa puissance européenne, devint bientôt une nécessité politique, comme l'avaient déjà ressenti le pape, Charles Quint et Henri VIII. Celle-ci devait-elle être un château ou un palais? Des années durant, le roi de France avait suivi la tradition itinérante de la vieille monarchie et misé sur le château, ou plutôt sur les châteaux : Blois, Chambord, Fontainebleau, Madrid. Un jour vint où le désir très intéressé de s'attacher les Parisiens et d'animer de la présence royale la ville capitale lui parut enfin mériter les sacrifices nécessaires. Le château, c'était le champ ouvert aux créations architecturales les plus étranges, une structure éclatée, un environnement immense, cours, communs, parc, fontaines, forêts giboyeuses. C'était une liberté plus grande de la personne royale, confrontée seulement au cercle des courtisans. Le palais, c'était la contrainte dans un site urbain resserré, les problèmes d'accès, de dégagements, de services... et aussi de sécurité dans une ville qui avait déjà commis des violences. Pour loger au Louvre, il fallait accepter l'étouffement, la foule indiscrète et certains risques, le tout pallié à grand peine par les ressources du bord de Seine et la proximité — encore très indirecte quand les Tuileries n'existaient pas — de la campagne de Chaillot. La différence éclatait aux yeux.*

Différencié de la villa paysagère et du palais urbain, le château est déjà défini par ce qu'il n'est pas, mais les termes d'une description positive sont difficiles à choisir car deux types de château s'opposent dans notre vision.

L'un est fait de seules lignes verticales, jailli et pétrifié comme une projection volcanique accrochée aux aspérités naturelles, noire et aveugle. Les burgs du Rhin, les châteaux des Corbières ou les dessins de Victor Hugo en sont les images les plus obsédantes. Une citation de Lamennais placée par Pierre Larousse après la définition de son Dictionnaire *en rend bien l'esprit : « Le château féodal, situé d'ordinaire sur le sommet des rochers presque inaccessibles, ressemble à l'aire de l'aigle ». Toute la répulsion républicaine pour le système féodal s'exprime en ces quelques mots.*

Combien d'historiens romantiques inspirera-t-elle, de romanciers ou d'écrivains pour la jeunesse! L'image habite encore fortement l'un de nos contemporains, Julien Gracq, Au château d'Argol *: « A l'instant où Albert atteignit le sommet de ces pentes raides, la masse entière du château sortit des derniers buissons qui le cachaient. Il fut alors visible que la façade barrait tout-à-fait l'étroite langue du plateau. Du haut de ce guetteur muet des solitudes sylvestres, l'œil d'un veilleur attaché aux pas du voyageur ne pouvait le perdre de vue un seul moment dans les arabesques les plus compliquées du sentier, et si la haine eût attendu embusquée dans cette tour un visiteur furtif, il eût couru le plus imminent danger. »*

L'autre vision du château est faite au contraire de dominantes horizontales. Les guides des amateurs et les théoriciens de l'architecture sous l'Ancien régime désignaient tout simplement ce château sous l'appellation de « maison », avec une simplicité tout aristocratique. D'où vient l'expression « maisons royales » pour désigner les châteaux du roi et notamment leur glorieuse représentation sur une suite de tapisseries tissée pour Louis XIV. Le château est alors œuvre d'architecture, non plus composée de masses juxtaposées mais de façades articulées, ce qui est bien différent. Ordonnance et balancement des volumes d'abord, plus tard régularité et symétrie exaltées par la perspective. L'art du dessinateur prévaut sur la science de l'ingénieur militaire. C'est bien là « l'architecture à la française » telle que l'a définie récemment J.-M. Pérouse de Montclos. L'élan vertical est volontairement aboli. La société vit désormais à l'étage noble, et plus encore au niveau bas du rez de jardin. Les toitures s'aplatissent progressivement, de Fontaine-Henri à Versailles.

Dernier château à tours et première féerie de la Renaissance, Chambord joue le rôle d'un Da Capo, *avant que l'on ne passe au second mouvement. « Chambord est au château féodal des XIIIe et XIVe siècle ce que l'abbaye de Thélème est aux abbayes du XIIe siècle, c'est une parodie » a écrit Viollet-le-Duc qui, sans nul doute, ne comprenait guère le XVIe siècle. Bien loin d'être une parodie, c'est plutôt une sorte de parangon que François Ier a voulu dresser ici en* *transfigurant la forteresse française traditionnelle par le génie d'un grand vieillard, Léonard de Vinci. Mais déjà, l'effort pour se libérer des maçonneries aveugles et des cours fermées s'y manifeste clairement. L'évolution qui va suivre mènera sans cesse à plus d'ouverture, ouverture à la lumière, ouverture au site naturel. La communion de Chenonceau avec l'élément liquide a quelque chose de féerique, et presque de divin.*

L'italianisant Ancy-le-Franc est encore une cour fermée, mais la tendance est à supprimer l'un des côtés du quadrilatère pour aérer la cour, à rogner bientôt le fer à cheval de corps de logis; les ailes s'atrophient, le logis s'isole superbement au centre de l'espace libéré au cours d'une évolution de deux siècles. Il est visible du parc, mais aussi du bourg voisin, ou de la grand route, par un système de cours et d'allées en perspective, de grilles et de sauts de loup. Il apparaît ainsi comme posé sur un plateau au sommet de la composition pyramidante.

Jamais, en réalité, il n'a marqué aussi impérieusement le paysage que dans la seconde moitié du XVIIe siècle : il s'est imposé à la nature en la façonnant selon ses propres lignes de fuite projetées hors de la bâtisse et poursuivies dans l'espace aussi loin que possible. Le château fort, lui, utilisait les valeurs naturelles du site qu'il laissait intact, ou presque (sauf à dresser une motte ou barrer un éperon). Dans les deux cas cependant, l'édifice domine le pays. A l'époque classique, lorsque s'affaiblit le système féodal, le symbole autoritaire s'affirme encore et toujours et davantage peut-être. Pour Jean de Choisy, François Mansart fait ainsi tracer dans le village de Balleroy une route axiale qui mène au château, perspective qui ne peut manquer de rappeler le villageois au respect de la classe dominante, quelle que soit l'ancienneté de sa noblesse ou de sa fortune. Dans le même temps, Jean-Baptiste Lambert, commis de l'Épargne et fils de procureur, fait enfermer les villageois de Sucy-en-Brie à la sortie de la messe pour les obliger à lui céder les terrains dont il a besoin pour agrandir les abords de son nouveau château, et son frère fera dévier la grand route pour construire le portail.

La maison forte, manoir ou gentilhommière, dont la symbiose est souvent plus étroite avec l'exploitation agricole, ne prend pas sur le paysage une emprise aussi forte; on peut la découvrir, comme en Bretagne, au débouché d'un chemin ou à l'ouverture d'une haie. C'est, au XVIe siècle, la résidence ordinaire de ces « gentilhommes campagnards de l'ancienne France » si bien décrits naguère par Pierre de Vaissière et qui composent la majeure partie de la noblesse du royaume. Tous les efforts de Henri IV et de Sully porteront à les rendre plus solidaires encore du sol, plus responsables de la culture, plus agronomes en un mot, sur les traces d'Olivier de Serres, seigneur du Pradel, ou de ce sire de Gouberville dont le journal a été récemment remis en honneur. Montaigne, s'il avoue qu'il ne s'entendait guère à administrer son domaine avec une vraie compétence, trouvait du moins dans sa gentilhommière la retraite féconde qui convenait à son génie indépendant.

La monarchie louis-quatorzienne allait modifier ces mentalités. Attirés volontairement dans une cour pléthorique, entraînés dans une surenchère de consommation ruineuse, les nobles quittent la terre, engagent ou aliènent leurs biens. Les châteaux sont devenus, soit le repaire crotté de quelques malheureux Pourceaugnac moqués de l'opinion, soit l'exil d'hommes en disgrâce comme Bussy-Rabutin, soit encore la résidence des beaux jours — et même des mauvais — pour une société parisianisée qui cherche à faire des économies en consommant sur place les produits de ses terres, comme Mme de Sévigné.

Tout change au début du XVIIIe siècle. La révolution des mœurs contre le centralisme versaillais profite au château et à sa menue monnaie, la « maison de campagne ». C'est le siècle d'or des loisirs champêtres. Jamais la vie de château n'aura connu pareil éclat. Pour la haute société, avoir une « campagne » est devenu une mode, plus encore une nécessité. On y cultive un certain art de vivre, on y cherche les réalités du bonheur. Avec la compagnie la plus spirituelle, on y goûte sans satiété les plaisirs raffinés de la conversation, de la lecture, de la comédie, de la musique, auxquels s'ajoutent les occupations plus traditionnelles du jeu et de la chasse. De ce fait, le château offre une mise en scène très appréciée dans les lettres et les arts de ce temps. Les Liaisons dangereuses, *les comédies de Marivaux (« la scène représente le château de la comtesse » ou « la maison de campagne de madame Argante »), les* Fêtes galantes *de Watteau, de Pater ou de Lancret doivent tout à la vie de château qui permet naturellement les dialogues, les intrigues et les rêves. Montesquieu s'est enfermé à La Brède pour écrire, Rousseau recherché par l'aristocratie la plus intellectuelle va de villégiature en ermitage. Voltaire, qui fit de même, deviendra à la fin de sa vie châtelain lui aussi, offrant aux* *autres l'hospitalité brillante qu'il avait reçue et jouant avec un sourire mi-satisfait mi-narquois son rôle de seigneur féodal de Ferney, philanthrope et agronome.*

L'écroulement de l'ancienne monarchie aurait dû logiquement faire disparaître le monde des privilégiés et le théâtre de leur existence. Le dernier acte semblait déjà s'annoncer avec Le Mariage de Figaro. *Le château d'Aguas Frescas n'était situé par Beaumarchais « à trois lieues de Séville » que pour apaiser la censure. Ce n'est pas un « château en Espagne », mais bien un château à la française, cerné d'un parc où les pavillons de jardin s'ombragent « sous les grands marronniers »; le potager s'étend sous les fenêtres d'une façade latérale. La société qui y séjourne est dominée par le Comte. Ce grand seigneur occupe une haute position à la Cour et postule une ambassade, mais il vit ordinairement dans son château et y exerce différents droits féodaux, ainsi la justice, et un fameux « droit du seigneur » sur les jeunes épousées qui n'existait plus guère en France que dans les souvenirs érudits de quelque feudiste gaillard. Figaro n'a pas de peine à tourner ces droits en dérision. Il donne à son maître une leçon que toute l'Europe entendra grâce à la musique de Mozart : « Se vuol ballare, signor Contino... » Si tu veux danser, mon petit comte, je t'apprendrai la cabriole.*

La Révolution française entraîne bien quelques démolitions de châteaux en vertu du maître mot « Paix aux chaumières, guerre aux châteaux », mais elles ne sont rien comparées aux destructions entreprises pour de simples raisons économiques et en l'absence de toute idéologie, d'abord sous le règne de Louis XVI par des propriétaires (dont le roi) accablés d'un patrimoine inutilisable et dispendieux, ensuite autour de 1800 par des industriels de l'immobilier et du matériau de construction soucieux de faire rendre tout le profit possible aux biens nationaux acquis sur le dos des émigrés. Le premier Empire allait ramener un nouvel ordre monarchique, une nouvelle noblesse, un monde de nouveaux riches aussi, avec une kyrielle de majorats et de dotations qui vont immédiatement relancer le goût du château. Le retour progressif des émigrés active encore la reprise du mouvement, accélérée bien sûr par la Restauration des Bourbons et l'octroi du « Milliard des émigrés ».

Et la vie de château reprend de plus belle. Pour elle, le XIXe siècle est un second siècle d'or. Débarrassé des droits féodaux, la dernière différence qui subsistait avec la maison de campagne, le château est plus que jamais le symbole de la réussite sociale. Après le grand bouleversement économique et l'ascension spectaculaire de la bourgeoisie, quel plus beau placement qu'un château, ou une maison de campagne baptisée château, quitte à lui ajouter une tourelle et des épis de faîtage? « Fatuité innocente — poursuit Pierre Larousse — car le manoir de l'épicier n'a pas d'oubliettes, ni de greniers pour entasser les revenus de la dîme ». Plus que jamais, le château fait la noblesse, ou son succédané, la notabilité, et il y a quelque inconséquence de la part de Viollet-le-Duc, constructeur de nouveaux châteaux gothiques, à écrire : « La révolution de 1792 anéantit à tout jamais le château, et ce que l'on bâtit aujourd'hui, en France, ne présente que de pâles copies d'un art perdu, parce qu'il n'est plus en rapport avec nos mœurs. Un pays qui a supprimé l'aristocratie et tout ce qu'elle entraîne de privilèges avec elle, ne peut sérieusement bâtir des châteaux. Car qu'est-ce qu'un château, avec la division de la propriété, sinon un caprice du jour; une demeure dispendieuse qui périt avec son propriétaire, ne laisse aucun souvenir, et est destinée à servir de carrière pour quelques maisons de paysans ou des usines? »

La vie de société y brille de plus belle, celle que décrit longuement la comtesse de Ségur. Mêmes résonances littéraires. Le marivaudage y a repris ses quartiers (Musset, Il ne faut jurer de rien*), les écrivains sont reçus (Balzac) ou reçoivent (George Sand). Lamartine exploite très sérieusement ses vignes, Châteaubriand, nostalgique des grandeurs austères de Combourg, taquine l'architecture néo-gothique à La Vallée-aux-Loups, et Dumas étonne l'opinion avec un fabuleux castel, miroir de tous les styles. Le château joue un rôle important dans l'économie agricole, il en joue un plus décisif encore dans la politique et dans les élections.*

Tout bascule avec la guerre de 1914. La construction de nouveaux châteaux — on préfère la villa — s'est arrêtée, l'entretien des anciens est devenu difficile. Face à la misère reconnue, aux revendications ouvrières, on ne veut plus avouer sa fortune ni en faire montre. Le « luxe insolent » des « nouveaux riches » n'est désormais plus de mise. Consciemment ou non, l'opinion n'admet dès lors le château que s'il est un bien patrimonial transmis par les générations ou sauvé par les sacrifices. Et l'État recueille sa part, sans cesse plus abondante, de châteaux historiques cédés par les familles impuissantes à en assurer l'existence. Privés par les partages successoraux des fermes qui, en quelque sorte, les soutenaient, certains ont disparu, d'autres sont appelés à des affectations nouvelles. On a même noté ces dernières années des achats de châteaux opérés par des marchands pour les démonter pierre à pierre et les remonter à l'étranger.

Deux ruines se dressent à Fréteval, en Loir-et-Cher. Au-dessus du village, couronnant un éperon, le donjon du XIe siècle érige sa masse déchiquetée mais encore colossale. De l'autre côté du Loir, au cœur de la forêt, dans une clairière ombragée de cèdres immenses, quelques lambeaux de murailles, un pan de façade armorié de style flamboyant, émergeant de lauriers devenus arborescents. C'est tout ce qui reste de l'immense château de La Gaudinière bâti sous le second Empire par le duc de Doudeauville. En 1910, la terre de La Gaudinière se composait de 4 691 hectares, dont 3 146 de bois et le reste en cultures, prés, une trentaine de fermes, une fonderie, une papeterie et une scierie avec leurs maisons ouvrières, des maisons de bourg, des écoles, plusieurs petits châteaux et pavillons de chasse... Le marquis de Carabas n'était rien! Voici donc disparues et la résidence et la forteresse.

Il reste une troisième dimension, nouvellement découverte pour sauver l'édifice, la voie culturelle, le château ouvert. Bien des propriétaires privés, pour conserver leur demeure, se sont ainsi tournés vers les méthodes que l'État, par l'intermédiaire de la Caisse nationale des Monuments Historiques et des Sites, ainsi que l'industrie hôtelière avaient déjà expérimentées : le château à visiter, le château lieu d'expositions, de concerts, de représentations théâtrales, le château décor de cinéma, le château jardin zoologique ou botanique, parc de loisirs ou centre hippique, le château loué pour des colloques, des séminaires, des réceptions. Inauguré par les premiers « Sons et lumières », le phénomène n'a cessé de se développer. La reconversion est difficile, périlleuse, mais pour les demeures qui ont perdu leur domaine d'exploitation, culture ou forêt, c'est sans doute la seule voie. Elle permet d'incorporer les châteaux au patrimoine national tout en leur conservant, lorsque c'est possible, l'individualité d'une propriété privée. Pour répondre à cette politique, il existe heureusement un public de plus en plus abondant, avide de pénétrer dans ces châteaux ouverts. Jamais le tourisme « archéologique » n'a été aussi actif, jamais des loisirs aussi généralement partagés n'ont été ainsi consacrés à la connaissance du passé et, nous l'espérons, à l'appréciation des valeurs architecturales.

Jamais aussi les spécialistes ne s'étaient tant tournés vers le château. L'analyse critique de la bibliographie est toujours d'un grand enseignement. Jusqu'à la dernière guerre, les archéologues étudiaient avant tout l'architecture religieuse du Moyen Age. C'était là une valeur reconnue comme absolue, et aussi comme nationale. Certes Viollet-le-Duc et Camille Enlart s'étaient intéressés sérieusement au château fort, mais pour bien d'autres le poids de l'histoire événementielle, ou de la légende, était si lourd qu'il empêchait l'analyse raisonnée des édifices. Le XVIe siècle dans ses grands chefs-d'œuvre civils — l'architecture religieuse de la Renaissance est en contrepartie peu étudiée — a attiré de bonne heure la curiosité des historiens d'art et suscité une littérature de valeur qui commence avec Palustre et s'est poursuivie avec l'œuvre remarquable de Gébelin. Quant à la suite, avant l'immense et courageuse somme de Louis Hautecœur sur l'architecture classique en France, publiée à partir de 1943, il y avait bien peu de choses. Quand on avait affirmé que tous les châteaux brique et pierre étaient de Mansart et que tous les parcs à la française étaient de Le Nôtre, on avait tout dit. Outre les travaux ponctuels d'érudition locale, il n'y avait guère que les collections sur les châteaux de France, de valeur inégale mais toujours instructives par la masse des exemples et la réunion des images, pour tenter d'embrasser l'ensemble des châteaux de France, tâche encore impossible aujourd'hui, mais que la mise en ordinateur des fiches de l'Inventaire général des monuments et richesses artistiques de la France permettra un jour.

Depuis dix à quinze ans, l'état de nos connaissances a bien changé. Simultanément, l'intérêt s'est porté sur les châteaux dans des disciplines de recherche très diverses. Bénéficiant du perfectionnement des techniques de fouille, le Centre de recherche sur l'archéologie médiévale de Caen a ainsi révélé l'importance des origines castrales, celle des mottes. La castellologie des siècles plus avancés du Moyen Age, aidée elle aussi par la recherche archéologique, confrontée avec l'étude critique des textes d'archives, a permis, notamment au Centre d'archéologie médiévale de Strasbourg, d'analyser plus rigoureusement les constructions et de dater les campagnes de travaux. Ainsi peut-on définir de nouvelles lignes d'évolution en prenant en compte les variantes régionales, les avances et les reculs, et en abandonnant les généralisations abusives. Nos connaissances sur la Renaissance sont aussi en pleine transformation. Les grandes directions de la mutation du style et les recherches menées dans les cercles de

François Ier et d'Anne de Montmorency pour acclimater les formes italiennes ou créer une architecture nationale font l'objet de travaux approfondis conduits notamment autour du Centre d'études sur la Renaissance de Tours. L'architecture des guerres de Religion sort de l'ombre. Sur le XVIIe et le XVIIIe siècle, les études les plus profitables sont encore les monographies d'architectes mais le Centre de recherche sur l'histoire de l'architecture moderne de Paris s'est tourné vers les châteaux disparus et la trace qu'ils ont laissée sur le paysage, orientation nouvelle qui reconnaît enfin cet enracinement du château que la traditionnelle division des disciplines — histoire économique, géographie, histoire de l'architecture, histoire des jardins — n'avait jamais permis de bien saisir. Le néo-classicisme connaît, comme on sait, une heure de gloire, et le XIXe, dans son incroyable foisonnement, commence à intéresser par le biais du néo-gothique.

Cet acquit récent apparaît dans ce volume sous la plume des meilleurs spécialistes. Ces chapitres ne se cantonnent pas à l'architecture et aux arts décoratifs mais abordent le fait militaire, le fait juridique, le fait économique. Certains sont déjà des synthèses alimentées par un abondant matériel de recherches, d'autres font pour la première fois le point des connaissances sur des sujets peu traités. D'autres n'ont pu être écrits parce que certains aspects n'ont pas fait encore l'objet de travaux approfondis. Souhaitons que leur réunion serve à la connaissance continue de ce phénomène typiquement français du château, et à l'appréciation raisonnée d'un trésor que les siècles nous ont légué avec une étonnante prodigalité, sans que l'uniformité ait jamais menacé la profonde diversité des « pays », sensible dans les styles, les matériaux, les époques de fécondité.

Par-delà l'éclat brillant du passé et le fardeau de l'histoire, ce volume voudrait encore amener le lecteur à analyser l'édifice en termes d'humanité, d'économie, de société, et à reconnaître en définitive la responsabilité qu'il partage comme citoyen avec le propriétaire, quel qu'il soit, dans sa conservation car, de la ruine médiévale au château habité, ce patrimoine fait vraiment le paysage de notre pays.

Jean-Pierre BABELON

Les châteaux de terre et de charpente

Michel de Boüard
Joseph Decaëns

Le château, résidence fortifiée d'un homme et de sa *mesnie,* est caractéristique des sociétés médiévales à partir de la fin de l'époque carolingienne. On pourrait, certes, lui trouver des antécédents aux époques antérieures. Durant le bas-Empire, dans un climat d'insécurité, de grands propriétaires fortifièrent leur villa. Dans le monde germanique, on connaît aussi l'habitation fortifiée du chef, que Carl Schuchhardt appelait *Herrenburg.* Mais ces types d'installation n'ont pas connu la même diffusion que le château médiéval et n'ont pas formé l'ossature d'un système social.

Au moment où se produisent les mutations qui, vers l'an mil, engendrent la multiplication des châteaux, l'Europe est, au regard des matériaux de construction, divisée en deux grandes zones : celle du bois, celle de la pierre. La première couvre l'Europe septentrionale; la seconde, le bassin de la Méditerranée et ses franges. Il va de soi qu'entre l'une et l'autre on ne saurait tracer de frontière linéaire. Puis le temps passant, on observe, en gros, une extension de la zone de la pierre au détriment de celle du bois; mais tant s'en faut, ici encore, que, fût-ce en une même région, la substitution d'un matériau à l'autre dessine une courbe régulière et de direction constante.

Le fait est qu'un très grand nombre de châteaux furent, avant le XIIe siècle, constitués de terre et de bois; la pierre n'y figure éventuellement qu'à titre accessoire : par exemple, en murets destinés à prévenir le glissement d'une accumulation de terre.

Si, du point de vue des techniques de construction, ces fortifications archaïques forment un groupe original, en revanche, dans la fonction politico-sociale et militaire du château, elles ne se distinguent pas de certaines fortifications de pierre.

Touchant l'histoire sociale du Moyen Âge et particulièrement du XIe et du XIIe siècles, les restes conservés des demeures fortifiées faites de terre et de bois sont une source d'information incomparablement plus importante que les textes, qui les mentionnent bien rarement. C'est en raison de ce silence des sources écrites que les historiens se sont longtemps obstinés à les ignorer ou à n'en pas tenir un compte suffisant dans les études qu'ils ont consacrées à la société médiévale.

Depuis quelque vingt-cinq ans, l'essor de la recherche archéologique, et particulièrement de l'archéologie de l'habitat concernant le Moyen Âge, tend à combler cette lacune; et pourtant, tel ouvrage assez récent tente encore d'élucider la genèse de la seigneurie châtelaine dans une des grandes principautés territoriales de la France médiévale sans prendre en considération les châteaux de terre, presque ignorés sans doute des sources écrites, mais que l'enquête sur le terrain aurait permis, au moins, de dénombrer, sinon de dater grâce à des sondages appropriés.

Aussi bien l'interprétation des rares données que fournissent les textes n'est-elle point aisée. Un même vocable, *castrum* ou *castellum,* par exemple, est fréquemment employé par un même auteur pour désigner des sites aussi différents qu'une agglomération ceinte d'un rempart, ou une motte castrale. Et quand ce vocabulaire varie, en l'espace de quelques décennies, on ignore s'il s'agit du simple effet d'une mode littéraire nouvelle ou si, au contraire, un nouveau type de fortification est apparu dans la région en question.

Pendant longtemps, on expliqua la prolifération des châteaux de pierre et de bois, à partir de la fin du Xe siècle, en alléguant l'insécurité engendrée par les invasions des Vikings, des Hongrois et, dans le midi de la France, des Sarrasins. On mettait aussi cette prolifération en relation avec la naissance d'une société de type nouveau, hiérarchisée par le lien vassalique; c'est ainsi que les mottes furent généralement dites *féodales.* Or, depuis quelque vingt-cinq ans, plusieurs études d'histoire régionale ont montré que la date d'apparition et les modalités du fief furent très diverses d'un point à l'autre de l'ancienne France. On ne peut aujourd'hui définir en termes de portée générale les modifications qui se produisent un peu partout à la fin du Xe et au XIe siècles dans les rapports sociaux, le gouvernement des hommes et les droits sur la terre. On doit raisonnablement se borner à enregistrer des données valables ponctuellement pour chacune des quelques régions qui ont fait à ce jour l'objet d'études sérieuses. A la lumière de celles-ci, on voit néanmoins, d'ores et déjà, que les châteaux privés apparaissent, puis se multiplient très vite au moment où, dans des contextes divers, naît ce que l'on nommait naguère la *seigneurie banale* et qui est, en fait, une seigneurie châtelaine, c'est-à-dire appuyée sur un château.

En France, les châteaux de terre et de bois sont de deux types : la motte et l'enceinte.

I. Les mottes

La motte n'a fait jusqu'ici l'objet d'aucune étude d'ensemble; et pourtant, nul type d'habitat fortifié ne fut sans doute aussi répandu au Moyen Âge à travers presque toute l'Europe. Qui plus est, l'accord est loin d'être unanime concernant sa définition. Certains auteurs désignent de ce

Page de droite : deux vues de motte castrale, Berkhamstead (Angleterre, Hertsfordshire). On aperçoit, à droite et à gauche de la motte, les vestiges du rempart qui ceinturait la basse-cour.

nom diverses fortifications faites de terre accumulée; ainsi pendant longtemps et jusqu'à une date assez récente, des archéologues britanniques ont appelé *ring motte* des enceintes circulaires faites d'une levée de terre de plan annulaire.

Pour porter remède à ce désordre, on pourrait, en premier lieu, s'accorder à réserver l'appellation de motte à des accumulations de terre en forme de tertre. Mais il faut aller plus loin dans la discrimination; force est alors d'adjoindre au substantif un qualificatif faisant référence à la fonction du site. Il est, en effet, arrivé que l'on érige des mottes pour y placer un moulin à vent; ce fut parfois leur destination originelle, tandis qu'en d'autres cas elles portèrent d'abord une installation de caractère résidentiel ou militaire. On voit encore, notamment dans le sud-ouest de la France, des églises construites sur des tertres artificiels qui semblent n'avoir porté antérieurement aucun dispositif fortifié. Dans les terres basses du nord-ouest de l'Europe, notamment en Flandre maritime, existèrent au Moyen Âge et subsistent aujourd'hui çà et là des monticules parfois assez élevés, faits de main d'homme pour servir de refuge, en cas de montée des eaux, aux animaux et aux fourrages récoltés : ce sont les *terpen*. On en voit aussi dans certaines vallées larges et fréquemment inondées : celles de la Saône ou de la Seille, par exemple.

Il sera seulement question ici des mottes qui ont fait partie d'un ensemble construit à des fins résidentielles et militaires; car, on le verra plus loin, elles méritent une place dans l'immense et combien complexe famille des châteaux. Nous avons rappelé ci-dessus qu'on les a souvent qualifiées de *féodales;* le terme est impropre, car leur apparition ne fut pas liée à l'organisation d'une société selon le mode proprement féodal. Mieux vaut donc parler de *mottes castrales*.

Structure de la motte castrale

Quant à sa structure interne, on observe d'un bout à l'autre de l'Europe et même du nord au sud de la France de très notables différences. La motte peut être entièrement artificielle, c'est-à-dire qu'elle est faite en totalité de terre rapportée; le cas est particulièrement fréquent dans les régions de plaine ou de marais. Mais, assez souvent, les constructeurs ont utilisé, comme noyau initial, une émergence rocheuse. A la limite même, ils ont pu se borner à couper par deux fossés la partie étroite d'un éperon; le segment demeuré intact entre ces deux saignées se présente alors comme une plate-forme protégée de deux côtés par l'escarpement naturel de l'éperon et, à l'avant et à l'arrière, par les douves creusées de main d'homme. Du point de vue de la fonction militaire, ces installations sont tout à fait comparables aux mottes artificielles; mais il en va tout autrement si l'on prend en considération la technique de construction. Peut-on raisonnablement les appeler *mottes?* Les archéologues ne s'accordent pas sur ce point; certains ont parlé de *pseudo-mottes*. Au vrai, la frontière est insaisissable entre la motte entièrement artificielle et l'éperon aménagé comme il vient d'être indiqué; car parfois, après avoir isolé par deux coupures un segment de l'éperon, on l'a plus ou moins surélevé en y entassant des remblais fournis notamment par le creusement des fossés.

Les mottes ont été élevées sur plan circulaire, ovale ou quadrangulaire; ce plan apparaît aussi bien à la base qu'au sommet. La pente des flancs est généralement assez raide, de l'ordre de 50 degrés ou davantage; le volume se présente donc comme un tronc de cône ou de pyramide.

La motte castrale n'est jamais qu'un élément d'un ensemble. A son pied se trouvent aménagées une ou plusieurs basses-cours, protégées par un rempart de terre palissadé ou non. On voit souvent reproduite, même dans des ouvrages récents, la reconstitution d'une motte imaginée par Arcisse de Caumont et publiée dans plusieurs de ses œuvres; elle représente un tertre parfaitement tronconique installé au milieu d'une enceinte circulaire qui l'entoure de tous côtés. Il ne semble pas que ce plan ait été observé sur aucun des sites qui ont fait à ce jour l'objet d'une fouille sérieuse. La basse-cour est, au contraire, adjacente au pied de la motte et séparée d'elle par le fossé qui entoure celle-ci de toutes parts; lorsque l'on observe aujourd'hui plusieurs basses-cours, il n'est pas exclu qu'une seule d'entre elles ait été aménagée lors de l'érection de la motte, les autres ayant été ajoutées plus tard. En tout état de cause, la basse-cour est inséparable de la motte considérée comme un habitat fortifié; c'est à tort que l'on néglige souvent d'en retrouver le tracé; si le rempart de terre qui la ceinture est aujourd'hui généralement arasé et le fossé comblé, on peut dans la plupart des cas identifier ce tracé par l'observation au sol ou, mieux encore, par l'examen d'une photo aérienne prise à basse altitude et à l'oblique.

Si les mottes castrales sont encore, à l'heure actuelle, beaucoup plus mal connues que la plupart des autres types de châteaux médiévaux, c'est que seule une fouille bien conduite peut apporter des indications sur la date de leur construction, sur leur destination précise, sur la durée de leur occupation; or de telles fouilles, au

demeurant difficiles, longues et coûteuses, n'ont été entreprises, du moins en France, que depuis quelque vingt-cinq ans.

Il est très remarquable que les documents écrits, de quelque nature qu'ils soient, mentionnent très rarement les mottes; et dans les rares cas où ils les signalent, c'est en des termes qui ne nous permettent pas de les reconnaître au premier coup d'œil. Très probablement, dans le langage parlé, on les désignait à l'origine par le mot *motte,* mais on ne l'écrivait pas, peut-être simplement parce que, dans cette acception, il était réputé trivial.

Ce vocable désignait initialement une motte de terre, que le latin classique appelait *cespes.* L'objet que le vendeur d'un bien foncier remettait symboliquement à l'acheteur pouvait être une motte de terre : c'était la *traditio per cespitem;* le mot *motta,* au lieu de *cespes,* apparaît avec ce sens dans deux textes lombards du IXe siècle. Puis *motta,* en un second temps, désigne un amas de mottes formant, par exemple, le talus artificiel qui limite de part et d'autre le bief d'un moulin. Ainsi trouve-t-on assez fréquemment, au XIe siècle, ce vocable dans des textes concernant des vallées; l'examen du contexte, éventuellement complété par l'observation du terrain, en éclaire la signification.

Dans les chartes, *motta* n'est employé que très rarement, au XIe siècle, pour désigner une motte castrale; il n'entrera peu à peu dans l'usage commun, avec ce sens, qu'au XIIe siècle; et dans plusieurs régions, il demeurera longtemps encore proscrit du vocabulaire écrit. Dans la langue littéraire, il fait son entrée vers le milieu du XIIe siècle sous la plume de Suger et d'Orderic Vital. Il est remarquable que, même en Lombardie où *motta* était employé par écrit, comme synonyme de *cespes,* dès le IXe siècle, on ne le trouve dans les textes, avec le sens de *motte castrale,* qu'au XIIe siècle.

Auparavant, et dans tout l'Occident, le langage écrit recourt pour désigner les mottes castrales, au terme générique de *castellum.* De ceci, les sources normandes du XIe siècle fournissent quelques exemples indiscutables. La tapisserie de Bayeux, exécutée vers 1075, montre des hommes de l'armée de Guillaume le Conquérant occupés à ériger une motte, et la légende qui figure au-dessus de cette scène dit : *Hic jussit castellum edificari.*

Guillaume de Poitiers, historiographe du Conquérant, issu d'une famille seigneuriale, savait sans aucun doute et parfaitement ce qu'était une motte castrale; or, quand il en fait mention, c'est aussi le mot *castellum* qu'il emploie.

L'extrême rareté des mentions de mottes dans les sources écrites, l'ambiguïté du vocabulaire suffisent à expliquer le silence des historiens à leur égard et les vues erronées qu'ont émises la plupart d'entre eux sur les structures sociales et militaires du XIe et du XIIe siècles.

La motte est une résidence fortifiée

Lorsque furent entreprises, à partir de 1950 environ, des enquêtes sur le terrain, puis des fouilles, il apparut que le nombre des mottes castrales était sans commune mesure avec celui des quelques *châteaux privés* dont on admettait l'existence au temps des cinq ou six premiers Capétiens. On a parfois objecté que les mottes ne sauraient être classées parmi les châteaux; mais cette assertion ne résiste pas à l'examen. En premier lieu, rappelons que les textes latins du XIe et du XIIe siècles emploient, pour les désigner, le mot *castellum,* qui ne comporte aucune ambiguïté : la motte était bien considérée par les contemporains comme une résidence fortifiée. Il n'est d'ailleurs pas très rare qu'elle ait été élevée sur le site d'une ancienne *curtis;* dans ce cas, la demeure du seigneur n'a pas changé de site, mais seulement d'aspect; la continuité de la fonction résidentielle apparaît évidente. Cette fonction est

Motte castrale, San Marco Argentano (Italie, province de Calabre). Elle fut élevée par Robert Guiscard (v. 1015-1085), un des fondateurs des États normands d'Italie du Sud. La tour qui la surmonte pourrait dater de 1100.

encore attestée par la présence éventuelle d'une chapelle dans la basse-cour de la motte et par divers textes appartenant à la littérature narrative ou hagiographique. Le plus connu d'entre eux, sans doute, est la description donnée vers la fin du XIIe siècle, par la *Chronique* de Lambert d'Ardres, de la spacieuse demeure, en forme de tour qu'un seigneur possédait sur une motte, ou dans la basse-cour adjacente. Parfois, au cours d'opérations de conquête, une motte et ses installations résidentielles étaient occupées par un chef accompagné d'une petite troupe; ainsi le chroniqueur Geoffroi Malaterra nous montre, vers 1050, Robert Guiscard et ses compagnons habitant la tour de bois élevée sur la motte de San Marco Argentano et surveillant, les armes à la main, le pays hostile qui les entourait. Mais, plus souvent, la motte et ses dépendances étaient occupées par une famille. Un texte hagiographique de la fin du XIe siècle, concernant la Normandie, fait apparaître parfaitement la double fonction résidentielle et militaire de la motte. Il s'agit de celle d'Annebecq; vers 1050, le chapelain attaché à la maison du seigneur du lieu y fut témoin d'un événement miraculeux qu'il raconte quelques décennies plus tard. La petite fille du seigneur jouait *in platea castelli,* c'est-à-dire sur la plate-forme sommitale de la motte, au pied de la tour, ou peut-être dans la basse-cour. Soudain, elle tombe frappée de paralysie; sa mère accourt alors, la prend dans ses bras et la porte *in munitione in qua cummanebat;* on peut traduire : *dans la forteresse où elle habitait,* c'est-à-dire dans la tour. L'association des mots *munitio* et *cummanere* montre clairement que la motte et ses dépendances sont bien une demeure fortifiée, un château. On pourrait, si besoin était, appeler encore à l'appui de cette affirmation les observations faites et les objets recueillis au cours de fouilles récentes. On trouve communément, soit au sommet de la motte, soit plus souvent dans la basse-cour, des foyers de cuisine; on y recueille des déchets alimentaires, de la céramique brisée, mais aussi des pointes de flèches; des pions de jeux, voire des hochets d'enfant, mais aussi des carreaux d'arbalète : tout cela désignant assez bien le rang social et le genre de vie de l'occupant du lieu.

L'origine des mottes

Depuis assez longtemps, avant même que l'on ne disposât d'informations archéologiques fournies par des fouilles sérieuses, on a posé la question de l'origine des mottes. Elle demeure, en l'état présent des connaissances disponibles, assez largement ouverte. A beaucoup de fortifications médiévales, on connaît des antécédents antiques ou même protohistoriques, qu'il s'agisse de la tour de pierre ronde ou carrée, du rempart de terre ou de pierre pourvu ou non d'organes de flanquement, de la porte flanquée de deux tours faisant saillie en avant... On ne trouve, en revanche, avant le Moyen Âge, rien qui préfigure la motte. Les *tumuli,* certes, sont bien des tertres artificiels; rien ne peut mieux témoigner de leur ressemblance avec les mottes que la fréquence des cas où l'on a pris telle ou telle de celles-ci pour un tertre funéraire fort ancien. Mais, au-delà de cette ressemblance purement formelle, on ne saurait proposer raisonnablement le moindre lien de filiation entre ceux-ci et celles-là.

Au XIXe siècle, bon nombre d'auteurs assignaient aux mottes une origine celtique ou gallo-romaine; on soutenait parfois encore cette thèse voici quelques décennies en invoquant, le cas échéant, la caution de Camille Jullian; on ne saurait affirmer qu'elle ne compte pas encore quelques défenseurs attardés. Au vrai, on n'a jamais apporté en sa faveur la moindre preuve. L'indice le plus souvent allégué par ses partisans est la présence, au sein de quelques mottes, d'objets datant de l'Antiquité gallo-romaine : monnaies, tessons de céramique; mais il faut, pour en tirer argument, oublier ou ignorer que les matériaux constituant une motte sont *ipso facto* antérieurs à son érection; or on sait fort bien qu'un certain nombre de mottes furent élevées sur le site d'habitats antérieurs, qui parfois remontent à l'Antiquité. Si, en revanche, on prend en considération, comme il se doit, pour dater une motte, les objets recueillis sur les couches d'occupation mises au jour à son sommet ou dans sa masse, ou dans ses basses-cours, on n'en peut, à l'heure actuelle, citer aucun qui soit antérieur à l'époque carolingienne.

Alors, pourquoi élabora-t-on, vers le milieu de la période médiévale, ce tout nouveau mode d'habitat fortifié? Et où apparut d'abord cette innovation? Deux explications proposées à cet égard méritent un examen particulièrement attentif.

Dans les régions riveraines de la mer du Nord et dans les vallées des fleuves qu'elle reçoit, la montée du plan des eaux qui se produisit à plusieurs reprises durant le premier millénaire de notre ère perturba les conditions de l'occupation du sol. De nombreuses fouilles archéologiques effectuées depuis une cinquantaine d'années en ont fourni la preuve et précisé la chronologie. Parfois, des sites habités depuis longtemps furent abandonnés. Plus souvent, on suréleva le sol par un apport de remblais et l'on s'établit à une altitude un peu supérieure. Lorsqu'il s'agissait d'une habitation isolée, constituée par un petit nombre de bâtiments, cette opération plusieurs fois répétée produisit, en fin de compte, un tertre artificiel. Un des exemples les plus connus est le *Husterknupp*, remarquablement fouillé dans les années 1950 par Adolf Herrnbrodt. Il y eut là d'abord, sur le sol plan, l'habitation d'un propriétaire foncier et ses dépendances agricoles, c'est-à-dire une sorte de *curtis;* puis après un premier exhaussement modéré du terrain, le tout fut reconstruit; enfin, en un troisième temps, après un nouvel et important apport de remblais, la motte ainsi constituée porta une demeure fortifiée faite de charpente. Depuis la fouille de *Husterknupp,* plusieurs autres sites comparables ont été signalés et étudiés dans les vallées du Rhin et de ses affluents. On peut donc admettre que, dans ces régions, des mottes furent élevées progressivement, en plusieurs étapes, pour échapper au danger d'inondation. Il n'est pas exclu que ce processus puisse être observé dans d'autres vallées facilement inondables, d'autant plus qu'un environnement marécageux fut alors et souvent considéré comme une défense efficace. Mais il s'en faut de beaucoup que toutes les mottes aient connu cette genèse.

En Auvergne, à la lumière d'un contexte historique qu'il connaît bien, mais sans que des fouilles systématiques aient été encore effectuées, Gabriel Fournier pense que les plus anciennes mottes pourraient dater du XIe, sinon du Xe siècle; elles s'élèvent sur des éperons rocheux aménagés selon la technique évoquée ci-dessus. Ainsi la motte ne serait-elle initialement qu'une variante de l'éperon barré, qui semble avoir été utilisé dans l'art militaire jusque vers l'époque carolingienne; elle s'inscrirait dans la longue tradition des fortifications de terre qui prend naissance bien avant les temps historiques.

Dans le cas de la Rhénanie toutefois, comme dans celui de l'Auvergne, l'âge exact des plus anciennes mottes reste à préciser. Quant à certaines datations avancées naguère par des historiens sans l'ombre d'une preuve, il n'y a pas lieu d'en faire état : tel A. de La Borderie pour qui, dès le VIIe siècle, les chefs bretons plaçaient volontiers leur principale défense sur des *buttes artificielles.*

Une enquête méthodique dans les sources écrites, et principalement dans les textes narratifs et hagiographiques, si pauvres soient-ils en ce qui nous concerne ici, et si plein de pièges soit leur vocabulaire, permettrait de glaner quelques indications propres à éclairer la date de la première apparition des mottes, à condition que cette recherche soit accompagnée d'une exploration sur le terrain. On ne sait pas en quoi consistaient les fortifications construites à la hâte pour résister aux raids des Vikings et que l'édit de Pîtres (864) appelle *castella, firmitates, haias;* c'étaient vraisemblablement des installations défensives faites de terre et de charpente, mais le texte ne donne à cet égard aucune précision; il est seulement prescrit aux comtes de les faire détruire dans un délai de quelques mois. Plus explicite est le moine Alpert de Metz qui, dans son *De diversitate temporum,* raconte la rébellion du comte de Clèves, Wichmann, en lutte contre son seigneur vers 1020; ayant remarqué dans la vallée marécageuse de la Meuse un petit îlot, il y fit élever par ses compagnons d'armes et ses paysans une motte entourée d'un fossé. Un peu plus tard, vers 1040, un acte contenu dans un des cartulaires de la Trinité de Vendôme mentionne la motte que possédait, dans la vallée du Loir, un seigneur nommé Gautier de Clinchamp, vassal du comte de Blois.

A cette époque, la motte était certainement connue en Normandie, sans doute même depuis plusieurs décennies. Dans les dernières années du Xe siècle, le prieuré de Sigy-en-Bray (Seine-Maritime) reçut en donation une église située dans le *castrum* de La Ferté. Or on voit aujourd'hui à La Ferté-en-Bray une très grosse motte dans la basse-cour de laquelle existe encore une chapelle; il est vraisemblable que le *castrum* mentionné peu avant l'an mil n'est autre que cette motte. Quatre ou cinq autres textes normands apportent des indications qui vont dans le même sens. On ne peut manquer d'observer, d'autre part, qu'au temps de la grande émigration normande qui marque la première moitié du XIe siècle, les expatriés, sitôt arrivés dans leur pays d'adoption,

En haut, motte castrale, La Ferté-en-Braye (Seine-Maritime). L'église dont on aperçoit la flèche à l'arrière-plan a sans doute succédé à l'ancienne chapelle castrale située dans la basse-cour.
Au centre, motte castrale, Melleville (Seine-Maritime). La motte se trouve dans le bouquet d'arbres, à très courte distance de l'église paroissiale vraisemblablement née de la chapelle castrale.
En bas, motte castrale de Montalbano, à Medolla (Italie, province de Modène).

y élèvent des mottes. Nous avons mentionné déjà celle de San Marco Argentano, en Calabre, que Robert Guiscard reçut vers 1050 de ses frères aînés arrivés avant lui dans le pays. Robert avait d'abord occupé, un peu plus au nord, la haute butte naturelle de Scribla, sur laquelle il avait élevé une fortification de terre dont la fouille actuellement en cours déterminera sans doute la nature.

Lorsqu'en 1042 le prince anglo-saxon Édouard quitte la Normandie, où il vivait en exil depuis quelque vingt-cinq ans, pour l'Angleterre où le trône de son père allait enfin lui revenir, il emmène avec lui des Normands, puis leur donne des terres à la frontière du Pays de Galles, avec mission d'y monter la garde. Là encore, ces Normands élèvent des mottes, dont plusieurs existent encore et ont fait l'objet de recherches récentes. Que des seigneurs installés loin de leur pays, ne disposant pas de la main-d'œuvre qui leur était familière, aient élevé d'emblée des mottes, c'est bien la preuve que ce type d'habitat fortifié était alors commun chez eux. Il l'était sans doute aussi dans la région de la Loire moyenne. Des fouilles effectuées au cours de la dernière décennie, d'une part dans le Saumurois, à Doué-la-Fontaine, d'autre part en Basse-Normandie, à Grimbosq, ont permis de dater de la première moitié du XIe siècle la construction et l'occupation de deux mottes.

Dans le nord et l'est de l'Europe, en revanche, la motte apparaît beaucoup plus tardivement : pas avant la première moitié du XIIe siècle aux

Motte castrale, Grimbosq (Calvados). En haut, relevé topographique. En bas, reconstitution de la motte et de ses deux basses-cours d'après le résultat des fouilles.

Pays-Bas et au Danemark; au XIIIe siècle à l'est de l'Elbe; un peu plus tard encore en Pologne où l'on en a élevé jusque vers la fin du XIVe siècle.

En l'état présent de la recherche, il semblerait donc que les premières mottes soient apparues quelque part entre le Rhin, l'Escaut, la Manche et la Loire, voire le Massif central; c'est aussi dans cette partie de l'Europe qu'elles sont particulièrement nombreuses au XIe siècle. On ne doit sans doute pas assigner à ce type d'habitat fortifié un berceau unique à partir duquel il se serait largement répandu; mais il est probable qu'à l'origine des mottes se trouvent partout des facteurs communs que l'on doit chercher dans une certaine conjoncture économique, sociale et politique.

Le contexte politique, économique et social

Essayons, à titre d'exemple, de discerner sommairement quelques-uns de ces facteurs en France, dans la société du XIe siècle.

Le plus général d'entre eux est certainement une poussée démographique sans précédent au cours des temps historiques. Elle affecte aussi bien la classe aristocratique que les populations paysannes. Dans le monde des petits seigneurs dont les possessions et les revenus purement fonciers étaient modestes, le nombre croissant des parties prenantes dans les partages successoraux causa vite d'insolubles difficultés. Un texte fameux explique de cette manière l'expatriation vers l'Italie méridionale des fils du Normand

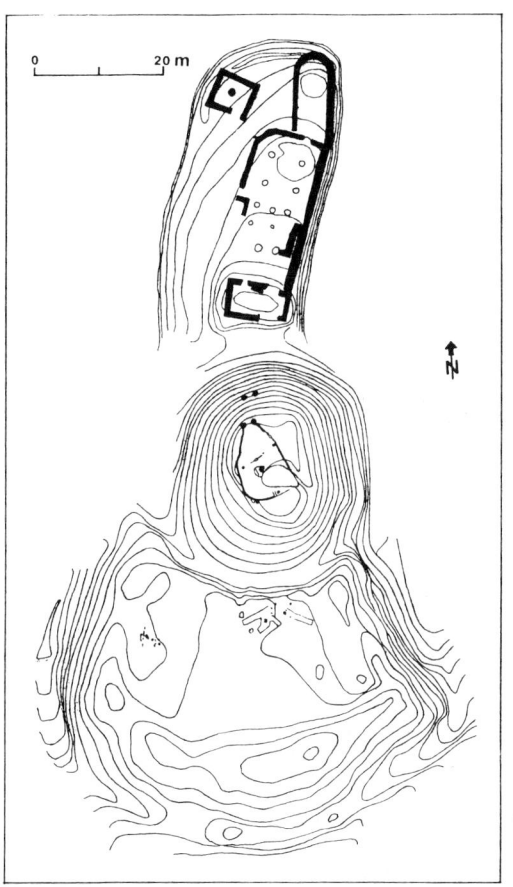

Tancrède de Hauteville; mais l'émigration n'était point partout une solution possible.

En même temps s'accroît la mobilité des hommes et se développe l'économie d'échanges, productrice de profits mobiliers. La perception de taxes sur les marchés, sur la circulation des marchandises devient, pour ceux qui ont le pouvoir de les imposer, un moyen de prélever une part de ces profits et d'acquérir ainsi l'argent monnayé qui devient de plus en plus indispensable dans la nouvelle conjoncture économique; on sait, de fait, que dans les revenus d'une seigneurie, ceux qui étaient perçus en argent tinrent, du XIe au XIIe siècle, une place rapidement croissante.

Plusieurs études récentes ont, d'autre part, mis en lumière un élément jusqu'ici assez méconnu de l'économie rurale. La production agricole paraît avoir été, vers ce même temps, en notable accroissement, laissant ainsi des plus-values disponibles; et le défrichement de sols demeurés incultes depuis des siècles devient une opération rentable.

C'est dans ce contexte qu'apparaît la seigneurie châtelaine. Des seigneurs qui tenaient un château par délégation de la puissance publique s'affranchissent de celle-ci et font de la forteresse le point d'appui du pouvoir qu'ils exercent désormais à leurs propres fins. D'autres, n'ayant pas reçu un château en héritage, entreprennent d'en construire un; en de nombreuses régions, cette demeure fortifiée sera faite de terre et de charpente. Élever une robuste bâtisse de pierre maçonnée n'était, en effet, pas à la portée de petits seigneurs laïcs qui ne comptaient pas de maçons parmi leurs tenanciers. En revanche, les paysans, qui construisaient eux-mêmes leurs maisons, étaient capables de creuser la terre, de l'accumuler pour élever un rempart ou une motte, d'abattre du bois et de l'équarrir; lorsqu'ils n'étaient pas assez nombreux, le seigneur ne s'embarrassait pas pour contraindre à ce travail les hommes des seigneuries ecclésiastiques du voisinage; les archives monastiques, en particulier, sont riches de doléances formulées contre cette pratique abusive. A partir de la fortification ainsi construite, le seigneur était capable d'exercer sur les territoires d'alentour la prise de profits qu'offrait la nouvelle conjoncture.

Bien entendu, pareilles opérations étaient plus aisées, mieux garanties de l'impunité, lorsque la puissance publique, protectrice des *pauperes* et des *inermes,* souffrait d'un déclin de plus ou moins longue durée. Or toutes les principautés territoriales, détentrices de pouvoirs publics naguère usurpés, connurent au XIe siècle de telles phases d'incapacité. Même la Normandie, souvent citée comme exemple d'une exceptionnelle robustesse de l'autorité princière, n'y échappa point pendant la minorité de Guillaume le Bâtard (1035-1047) et dans les deux décennies qui suivirent sa mort (1087-1106). Le témoignage des historiographes du temps donnerait à penser que ces phases d'anarchie n'engendrèrent pas de durables conséquences. Touchant la Normandie, par exemple, Orderic Vital affirme que Henri Ier Beauclerc, restaurant à partir de 1106 le pouvoir ducal, réduisit à l'obéissance tous les rebelles et *remit en vigueur la législation de son père*. Au vrai, il n'en fut rien concernant les châteaux, qui étaient le plus souvent des mottes, élevés au cours des vingt années précédentes; non seulement ces châteaux demeurèrent, mais les seigneuries châtelaines dont ils avaient été le cœur subsistèrent aussi. Près d'un siècle plus tard, la première rédaction de la *Coutume de Normandie* déplore en ces termes les abus commis pendant les périodes de troubles : « Le comte, le baron ou les autres chevaliers possédant la justice des chemins sur leurs terres maltraitaient les marchands et les autres gens allant et venant sur les routes; ils extorquaient de l'argent de l'innocent et de leur prochain. Oublieux du précepte divin : « Tu aimeras ton prochain comme toi-même », ils ont institué à grand tort sur leurs terres des péages et des taxes qui sont actuellement bien établis et ne peuvent plus être abrogés ni supprimés. »

Nous voici bien loin de la thèse *légaliste,* soutenue depuis un demi-siècle par nombre d'historiens, selon laquelle le droit de fortification était exclusivement exercé par la puissance publique et par ses représentants, si bien qu'au XIe siècle les châteaux privés, au demeurant fort peu nombreux, n'auraient eu qu'une existence précaire. L'implantation même des mottes, dans la plupart des régions de France, montre d'ailleurs qu'elles furent élevées en fonction d'intérêts particuliers, attachés à des territoires restreints, et non pas dans le cadre d'un plan général élaboré à l'échelle d'une principauté, voire d'un comté.

Concernant cette situation des mottes dans le terroir, il est intéressant de noter, par exemple, que nombre d'entre elles ont été érigées à l'écart du village, dans les zones incultes qui s'étendaient encore, au début du XIe siècle, à la limite des terres cultivées de beaucoup de paroisses. On ne peut guère douter, en pareil cas, que le nouvel habitat fortifié ait été installé là pour contrôler une opération de défrichement. Lorsque l'entreprise a été couronnée de succès, un village a pu naître au voisinage de la motte et l'occupation de celle-ci a pu durer longtemps; dans le cas contraire, qui ne fut pas rare, le taillis ou la lande ont assez vite repris possession du sol dont la mise en culture fut éphémère.

Morphologie et modes de construction

Sur les techniques de construction des mottes, les informations actuellement disponibles sont assez maigres. Un très petit nombre de textes décrivent ou évoquent sommairement les constructions élevées sur une motte ou dans sa basse-cour. Plus rares encore sont les sources iconographiques. Dans la tapisserie de Bayeux sont représentées plusieurs mottes, et ces tableaux ont été reproduits dans une foule de publications modernes; mais les dessins de la fameuse broderie (improprement appelée *tapisserie*) ne sont pas des documents figuratifs; entre la réalité qu'ils évoquent et l'expression iconographique s'interpose une manière de code dont les clés n'ont pas encore été trouvées, qu'il s'agisse de palais, de constructions diverses, de villes ou même de personnages. Les fouilles archéologiques, certes, peuvent fournir au dossier des éléments plus solides, du moins lorsqu'elles sont conduites avec le soin qui est de règle aujourd'hui, mais depuis peu; c'est dire que les plus anciennes, dont les auteurs ne se souciaient guère de minutieuses observations stratigraphiques, n'apportent pas grand-chose.

Pour construire une motte, on traçait d'abord au sol une figure représentant le périmètre de base; elle se rapproche, le plus souvent, de la circonférence, parfois de l'ovale; la forme quadrangulaire est généralement caractéristique des mottes postérieures au XIe siècle; ainsi est-elle fréquente au Danemark où les mottes les plus anciennes datent du XIIe siècle; on l'observe, en revanche, plus rarement dans les régions du nord-ouest de la France où l'apparition des mottes fut particulièrement précoce.

Le long de la ligne tracée au sol, on creusait un fossé et l'on rejetait sur sa rive intérieure les matériaux extraits. De la sorte se formait progressivement une manière de rempart de terre, de forme annulaire ou rectangulaire, dans l'épaisseur duquel on trouve en ordre inversé les couches du sol avoisinant. Comme le fossé pouvait atteindre huit à dix mètres en largeur et quatre ou davantage en profondeur, ce rempart de terre, premier élément de la motte, offrait déjà un volume assez considérable. Restait à remplir la cuvette dont il constituait le rebord. Ici, diverses techniques paraissent avoir été employées. Les quantités importantes de terre qu'il fallait pour élever le tertre étaient apportées soit à dos d'homme, vraisemblablement dans des hottes, soit dans des chariots. Une section partielle pratiquée dans la masse de la motte permet aujourd'hui de savoir laquelle de ces deux méthodes fut utilisée. Lorsque la terre était amenée par faibles quantités, les innombrables petits tas dont chacun représentait la charge d'un homme s'amalgamaient spontanément ou étaient peut-être étalés à l'aide d'un outil de terrassement; quoi qu'il en ait été, on ne distingue alors dans la motte aucune stratification nette; lorsque les matériaux constituants sont différents de couleur ou de nature du haut en bas de la butte, on passe insensiblement de l'un à l'autre. Mais on pouvait aussi apporter ces matériaux dans des voitures, voire dans de gros chariots. Le contenu de ceux-ci était alors déversé au sommet du rempart initial, dont la hauteur s'accroissait à chaque charroi, en sorte que la terre s'écoulât surtout vers l'intérieur. Lorsque ce procédé a été employé, on discerne aujourd'hui parfaitement, lorsque l'on coupe la motte, des couches superposées en forme de dôme; dans chacune de ces couches, les matériaux les plus lourds ont ruisselé le plus loin vers l'intérieur et s'y sont accumulés.

A-t-on aussi élevé des mottes en superposant des couches horizontales et, peut-être, en faisant alterner à dessein des matériaux de consistances différentes, les plus durs produisant un effet de chaînage? Ce n'est pas exclu; le procédé de l'alternance des matériaux peut être à coup sûr observé dans des remparts de terre dès les temps protohistoriques; et la tapisserie de Bayeux montre une motte en cours de construction, dans laquelle le dessinateur a figuré des couches horizontales de couleurs différentes; aucune voiture n'est visible sur le chantier; seuls des terrassiers lancent avec des pelles, depuis le sol plan, de la terre sur le monticule en formation, ce qui est assez invraisemblable, à moins qu'un système de relais n'ait permis, par plusieurs jets de pelle successifs, d'amener la terre jusqu'à la hauteur voulue.

On trouve parfois, au cours d'une fouille, dans le sein d'une motte, en diverses positions, de grosses pièces de bois; des observations de ce genre, faites par exemple à York et à Norwich, ont donné naguère à penser que les constructeurs avaient pu recourir à ce procédé pour armer la masse des terres et en prévenir le glissement. Il peut, en fait, s'agir de tout autre chose. Assez souvent, une motte fut élevée sur le site d'une habitation antérieure faite de charpente, voire entourée d'une palissade. Lorsque cette installation a été abandonnée, on ne l'a pas détruite et ses éléments, du moins les plus robustes, sont demeurés en place et ont résisté à l'accumulation des matériaux amoncelés. Deux fouilles récentes ont montré, à Doué-la-Fontaine (Maine-et-Loire) et à Douai (Nord), le bien-fondé de cette explication.

Que la motte soit destinée seulement à porter un poste de guet ou à mettre une habitation à l'abri d'une attaque, il est manifeste que son efficacité dépend de son volume et de sa hauteur, ces deux facteurs étant d'ailleurs interdépendants, et leur valeur se trouvant, d'autre part, conditionnée par la nature et le relief du site environnant. On admet généralement que, dans la région rhénane, le volume des mottes soit en relation étroite avec la puissance ou le rang social du constructeur. Ailleurs et beaucoup plus généralement, on n'observe pas cette correspondance; force est, au demeurant, de reconnaître qu'en l'état présent des connaissances on ne voit pas toujours d'explication satisfaisante aux dimensions très considérables ou, au contraire, très faibles, des mottes; certaines d'entre elles sont de diamètre et de hauteur si exigus que, nonobstant la présence d'une basse-cour, on ne voit guère comment une telle installation aurait pu servir de demeure fortifiée.

Non moins énigmatiques sont quelques rares groupes de mottes, ici deux, là trois, l'une jouxtant l'autre et séparée d'elle seulement par un fossé; il serait indispensable, en tout premier lieu, de savoir si elles ont été construites et occupées en un même temps : des fouilles sont à cet effet indispensables.

L'habitation du seigneur

On a sommairement indiqué ci-dessus que l'habitation du possesseur de la motte se trouvait soit au sommet de celle-ci, soit dans une basse-cour. Dans le premier cas, compte tenu de la surface toujours modeste de la plate-forme sommitale, elle ne pouvait se développer qu'en hauteur, en forme de tour. Ce n'est pas à dire qu'elle ait été, de ce fait, nécessairement exiguë et dépourvue de confort. Un passage déjà cité ci-dessus de la *Chronique* de Lambert d'Ardres énumère les pièces que contenait, au XIIe siècle, un donjon de ce genre, fait de charpente. Les parois de ces salles pouvaient être revêtues d'enduits peints, comme on l'a constaté notamment à South Mimms (Hertfordshire) où la motte fut construite et occupée au milieu du XIIe siècle.

Quant à la plate-forme, elle était généralement ceinturée par un muret de pierre ou une palissade.

Plus souvent, semble-t-il, l'habitation du seigneur se trouvait au pied de la motte, dans une basse-cour; elle pouvait comprendre un bâtiment résidentiel, une chapelle et diverses dépendances; ces constructions ne se distinguaient en rien de celles qui composaient une demeure seigneuriale quelconque, en un lieu non fortifié.

La basse-cour communiquait avec le sommet de la motte, soit par une passerelle enjambant le fossé et supportée de place en place par de robustes poteaux, soit par une rampe charpentée, posée sur le flanc de la butte.

Au XIIe siècle, sinon même dans la dernière décennie du XIe, apparaît un nouveau mode d'utilisation de la motte; faute d'un terme approprié en langue française, on le désigne communément du nom de *shell-keep*. Ici, la plate-forme supérieure est munie sur son pourtour d'un très robuste mur pourvu d'un chemin de ronde; on le franchit, au sommet de la passerelle ou de la rampe qui gravit la pente, par une porte solidement fortifiée; les bâtiments d'habitation et de services sont adossés à la face intérieure du rempart, dessinant une sorte de couronne, tandis que la partie centrale du planître, libre de constructions, se présente comme une cour. Si ce type d'installation n'est pas très rare en Angleterre, il n'en subsiste aujourd'hui sur le continent qu'un très petit nombre d'exemplaires, en Rhénanie, aux Pays-Bas et en Normandie.

II. Les enceintes circulaires

A côté des mottes, les enquêtes archéologiques anciennes ou récentes ont souvent signalé la présence sur le terrain d'ouvrages de terre formés d'un rempart, soit parfaitement annulaire, soit grossièrement circulaire. On a recensé en Europe occidentale et orientale d'innombrables enceintes. Beaucoup de ces fortifications sont antérieures au Moyen Âge et peuvent remonter jusqu'à la protohistoire, mais les fouilles archéologiques entreprises en divers pays ont permis d'en attribuer un grand nombre à la période médiévale. Le caractère commun de toutes ces enceintes est d'être constitué d'un rempart de terre précédé d'un fossé. Très rarement, la levée de terre est remplacée par un mur sommairement maçonné dont le noyau n'est qu'un simple remplissage de terre et de cailloux. En plan, les formes sont généralement circulaires ou ovales, parfois même quadrangulaires. Le rempart forme un anneau complet ou un arc de cercle plus ou moins développé rejoignant les bords abrupts d'une colline ou barrant un éperon.

Les grandes enceintes

Parmi ces enceintes médiévales, une distinction s'impose immédiatement entre les grandes enceintes dont le diamètre peut atteindre plusieurs centaines de mètres, quelquefois plus de cinq cents mètres, et les petites enceintes dont le

Motte castrale, Gisors (Eure). Le shell-keep date des environs de 1100; le donjon polygonal a été ajouté vers 1170.

diamètre varie entre une vingtaine de mètres, parfois moins, et une centaine de mètres au maximum. Cette distinction est essentielle, car il est bien évident qu'une enceinte de plusieurs hectares, voire de quelques dizaines d'hectares ne peut pas avoir eu la même destination qu'une enceinte de quelques centaines de mètres carrés. Les enceintes de grandes dimensions sont, dans la plupart des cas, des habitats ou des enclos dont l'utilisation ne peut être que collective.

En Allemagne existent de grandes enceintes collectives *(Volksburg)* qui remontent à la protohistoire ou au haut Moyen Âge et qui semblent surtout avoir servi de refuges en cas de besoin plus que d'habitats réguliers. En Angleterre, le *Burh* saxon était, encore au XIe siècle parfois, entouré d'une fortification de terre comme le furent plus tard des villages entiers. Aux Pays-Bas, des villages côtiers ou même de petites villes furent ainsi protégés par des levées de terre circulaires contre les raids des Vikings, notamment en Zélande et en Frise. Appartiennent également au type des grandes enceintes collectives les grands camps vikings du Danemark; ils sont parfaitement circulaires; leur organisation et leur fonction sont maintenant bien connues grâce aux fouilles.

En France, les exemples de grandes enceintes collectives datant du Moyen Âge ont semblé, à première vue, plus rares. Cependant, beaucoup d'enceintes, désignées par le terme impropre de *camps,* ont été trop rapidement attribuées à la protohistoire. Gabriel Fournier a montré au contraire qu'en Auvergne un bon nombre de ces immenses fortifications occupant de vastes éperons ou des croupes montagneuses pouvaient être reconnues comme médiévales. Un village entier trouvait souvent sa place à l'intérieur du rempart de terre. Les fouilles ont démontré que c'était aussi le cas de villages plus méridionaux : Saint-Jean-le-Froid (Aveyron) et Montaigut (Tarn-et-Garonne). Parfois, aussi bien en France qu'en Angleterre, une motte ou une petite enceinte s'est installée sur une partie restreinte d'un tel site. Dans ce cas, on voit bien que les deux types d'ouvrages répondent à des préoccupations tout à fait différentes. Les grandes enceintes sont, dans la plupart des cas, des habitats collectifs, provisoires s'il s'agit de refuges, habituels quand il s'agit de villages.

Petite enceinte circulaire, Leffard (Calvados).

Les petites enceintes

Des enceintes de terre d'origine médiévale, circulaires ou ovales, de petites ou de moyennes dimensions, ont été recensées en abondance dans toute l'Europe. Une prospection systématique, quand elle est entreprise dans une région, notamment dans les forêts ou les terrains en friche, permet d'augmenter sensiblement le nombre des ouvrages connus. Il est aussi possible, grâce aux répertoires anciens, de connaître l'existence de sites qui ont aujourd'hui disparu. Il semble qu'il n'existe pas de forme plus simple. L'ouvrage type, de plan plus ou moins circulaire, est fait d'un talus de terre élevé à partir des matériaux extraits en creusant à l'extérieur un fossé adjacent. Dans beaucoup de cas, des structures de bois formaient l'armature de ces remparts de terre ou en complétaient la défense par une palissade. Les dimensions réduites de ces enceintes inclinent à les considérer comme des habitats individuels : certaines peuvent n'avoir qu'une dizaine de mètres de diamètre, la plupart ont entre trente et quatre-vingts mètres, quelques-unes dépassent à peine cent mètres.

Le type classique que l'on vient de décrire connaît des variantes multiples. Lorsque l'enceinte est située sur une colline ou sur un éperon, il n'est pas rare que l'anneau du rempart ne soit pas complet. Le talus de terre et son fossé en arc de cercle plus ou moins prononcé rejoignent les bords de la colline ou barrent l'éperon. La défense utilise alors en partie les pentes naturelles. Les enceintes de ce type ne sont pas toutes médiévales.

Une autre catégorie très fréquente est celle des petites enceintes munies d'une basse-cour, constituée par une autre enceinte adjacente à la première et plus grande que celle-ci. La disposition de ces deux enceintes rappelle tout à fait celle de la motte accompagnée de sa basse-cour. Parfois l'enceinte adjacente est, au contraire, réduite aux dimensions d'un simple avant-corps.

Pour la construction du rempart annulaire, les matériaux qui proviennent du creusement du fossé suffisaient en général. Parfois les coupes effectuées dans les remparts permettent de voir qu'un apport de terre venant d'ailleurs a été nécessaire. Certaines enceintes enfin présentent un sol intérieur surélevé par rapport au niveau du sol extérieur à la fortification. Les fouilles ont montré que cet exhaussement du sol peut avoir été exécuté dès l'origine de l'habitat ou bien être le résultat d'une succession d'occupations.

Ce type d'habitat a connu en Europe une diffusion extraordinaire dans l'espace et dans le temps. On connaît des enceintes de terre en URSS, en Pologne, en Allemagne, aux Pays-Bas, dans les îles Britanniques, dans toute la France du nord et de l'ouest. Les datations varient d'un

Enceinte circulaire dite « Le Grand Besle », à Buchy (Seine-Maritime). Le fossé.

pays à l'autre, les fonctions aussi. Ces dernières sont souvent difficiles à établir avec précision. Retenons d'abord quelques exemples bien étudiés : dans l'Europe de l'Est, les Slaves ont construit au Moyen Âge des enceintes circulaires de dimensions moyennes. Plusieurs de ces enceintes ont été fouillées en Pologne : d'abord résidences de propriétaires fonciers comme celle de Ryczyn, en Silésie, elles ont souvent attiré de petits groupes d'artisans qui travaillaient à proximité, parfois dans une enceinte adjacente comme à Brodno, près de Varsovie. Ces enceintes polonaises (X^e-XIIe siècles) ont donné naissance à des villages et sont même souvent à l'origine du processus de formation urbaine.

Dans les îles Britanniques, il existe beaucoup de petites enceintes circulaires; certaines d'entre elles peuvent être antérieures à la conquête romaine, mais elles ont souvent été réutilisées au Moyen Âge. L'enceinte de Garryduff en Irlande était occupée au VIIe siècle par un petit groupe d'artisans et d'éleveurs, probablement une famille. A la frontière de l'Angleterre et du pays de Galles, des petites enceintes appartiennent, avec des mottes, à des chaînes de fortifications protégeant de grands châteaux. D'autres enceintes, à travers toute la Grande-Bretagne, ont été construites ou réoccupées après la conquête normande, à la fin du XIe siècle. Leslie Alcock pense qu'elles sont la résidence de moyens ou de petits propriétaires fonciers.

En Allemagne, ce type d'habitat fortifié a fait l'objet d'importantes recherches et de nombreuses fouilles. H. Jankuhn a repris récemment la question des petites enceintes de Basse Saxe. Pour lui, ce sont des habitats individuels de notables qui les auraient fait construire entre le Xe et le XIIe siècle, non comme demeures permanentes, mais comme refuges provisoires en cas de danger. A côté de ce refuge existe presque toujours la résidence habituelle du notable qui se trouve souvent dans une agglomération voisine et non fortifiée. En Rhénanie, les études de R. von Uslar montrent que ces établissements ont dû appartenir à de riches propriétaires fonciers.

Aux Pays-Bas, ce type est notamment représenté par les enceintes appelées *Hunneschans* dont l'une a certainement été construite pour être, au XIe siècle, la résidence d'un personnage important, disposant d'une grande maison à trois nefs qui se distingue des autres constructions plus modestes mises au jour.

En France, les enceintes circulaires de moyennes et de petites dimensions sont très nombreuses, notamment dans le nord et l'ouest du pays. Jamais elles n'avaient fait l'objet de recensements exhaustifs et d'études systématiques avant les enquêtes et les fouilles entreprises à partir de 1955 par le Centre de recherches archéologiques médiévales de l'université de Caen sur les enceintes normandes et plus particulièrement sur le site d'une dizaine d'entre elles. Le résultat encore provisoire des recherches effectuées en Normandie, aussi bien sur le terrain que sur les données historiques, conduit à distinguer deux types d'enceintes presque contemporains mais de destinations très différentes.

Les plus grandes d'entre elles, dont le diamètre est compris entre cinquante et cent mètres, possèdent des remparts et des fossés qui peuvent se comparer à ceux que l'on voit autour des mottes. Presque toutes les enceintes de ce type sont munies de grandes basses-cours. Les sites sont divers : certaines sont isolées sur des emplacements difficilement accessibles comme le château Ganne (Calvados), d'autres sont au milieu ou à proximité d'un village comme l'enceinte du Plessis-Grimoult (Calvados) ou celle de Saint-Vaast-sur-Seulles (Calvados). Ces enceintes sont des châteaux au même titre que les mottes. La hauteur des remparts de terre et la profondeur des fossés leur donnent un indéniable caractère militaire. On connaît le passage célèbre des *Consuetudines et justitiæ* (1091) qui réglemente le droit de fortification : « Il n'était permis à personne en Normandie de creuser un fossé en terrain plat, sinon d'une profondeur telle que l'on pût, du fond, rejeter la terre à l'extérieur sans relais; il n'était pas non plus permis de construire une palissade sinon d'un seul rang de pieux, sans élément faisant saillie en avant, ni chemin de ronde. » C'est donc le développement plus ou moins important des organes de défense qui est pris comme critère de leur caractère militaire ou civil : il est permis de creuser un fossé et d'élever un talus *(fossatum facere)* à condition que, du

Enceinte circulaire dite « Le Grand Besle », Buchy (Seine-Maritime). Coupe transversale du rempart de terre.

fond de ce fossé *(de fundo),* on puisse rejeter la terre sans l'aide d'un échafaudage *(sine scabello),* c'est-à-dire d'un relais. Cela limite la profondeur d'un fossé non militaire à moins de trois mètres. Un simple coup d'œil sur les enceintes de ce type permet souvent de les classer dans la catégorie des demeures seigneuriales ayant une valeur militaire.

Une étude récente de Jacques Le Maho, s'appuyant sur le contexte historique, montre que plusieurs de ces enceintes furent le centre d'honneurs importants dès les premières décennies du XIe siècle. L'enceinte de Gravenchon (Seine-Maritime) était le chef-lieu d'un honneur où le comte d'Évreux avait une résidence vers 1020-1030. A Sainte-Croix-sur-Buchy (Seine-Maritime), le château primitif des Talbot est une enceinte circulaire d'environ cinquante mètres de diamètre. Les fouilles qui y ont été conduites voici quelques années font remonter son occupation à la première moitié du XIe siècle. Il en est de même pour l'enceinte fortifiée du Plessis-Grimoult qui était aussi le centre d'un honneur important en Basse-Normandie. C'est dans cette catégorie qu'il faut ranger le *castrum* d'Andone à Villejoubert (Charente). Grâce aux fouilles d'André Debord, on sait qu'il s'agit d'un rempart antique en pierre formant un polygone irrégulier, que le comte d'Angoulême réutilise au cours de la seconde moitié du Xe siècle pour en faire une résidence fortifiée. Cependant le rempart en maçonnerie a été, à ce moment-là, extérieurement noyé sous un talus de pierres et de terre qui transformait le site en une enceinte ovale en terre : ce résultat avait été obtenu, soit en recreusant le fossé antique, s'il existait auparavant, soit en créant un fossé de toutes pièces.

Origine et destination des petites enceintes

En Angleterre, les recherches de Brian Davison ont également porté sur des ouvrages de ce genre. A Castle Neroche (Somerset), différentes installations se sont succédées sur un vaste éperon : dans la première occupation du site, dont la date n'a pas été précisée, l'éperon est barré par un long rempart en arc de cercle; dans la seconde période, c'est une enceinte de terre du XIe siècle, qui n'occupe plus qu'une partie de l'espace primitif; enfin, au début du XIIe siècle, une motte s'élève à l'extrémité de l'éperon et le reste de l'enceinte devient la basse-cour. Au cours d'une fouille entreprise dans l'enceinte de la tour de Londres, le même archéologue réussit à démontrer que la fortification construite à cet endroit par les Normands, après la conquête, procédait du même type d'ouvrage, à ceci près que les bords escarpés d'une colline étaient ici remplacés par les anciens murs romains de la cité. Le rempart de terre et son fossé, disposés en cavalier, se rattachaient aux murs antiques, délimitant ainsi un espace rectangulaire dans lequel la fameuse tour fut construite peu après.

De ces enceintes on peut rapprocher, comme le suggère Jacques Le Maho, des ouvrages qui se présentent comme des mottes tabulaires, ovales, de très larges dimensions. Elles peuvent résulter du comblement d'anciennes enceintes. A Sébécourt (Eure), l'enceinte construite par les Tosny à la fin du XIe siècle a été ainsi transformée en une énorme motte au cours du XIIIe s. Ainsi devaient se présenter dans leur dernier état connu, le château des Giffard à Montivilliers (Seine-Maritime) et celui des Mallet à Graville (Seine-Maritime).

A l'époque où beaucoup de ces enceintes castrales ont été élevées, un autre type d'habitat fortifié est déjà né : c'est la motte qui a déjà toute la faveur des princes et des seigneurs. La thèse de Brian Davison, qui voudrait faire une règle de l'antériorité des enceintes castrales par rapport aux mottes, ne paraît pas recevable dans l'actuel état de la recherche. Dans la plupart des mottes tronconiques classiques, il est impossible d'imaginer une étape *enceinte,* car l'espace intérieur de cette enceinte aurait été trop restreint. A Castle Neroche la motte n'occupe qu'une partie de l'enceinte primitive. De plus l'archéologie des mottes n'a pas encore montré de façon régulière une pareille étape. Il semble au contraire que la plupart des mottes ont été construites très rapidement et d'un seul coup. C'est le succès des mottes qui a donné par la suite l'idée de transformer, parfois très tardivement comme à Sébécourt, une enceinte en motte tabulaire.

Les plus nombreuses des enceintes circulaires répertoriées en Normandie appartiennent à un type dont la nature paraît différente, même au simple examen externe. Il s'agit de petits ouvrages dont le diamètre est de trente à quarante mètres le plus souvent, ou parfois moins. La hauteur de la levée de terre surprend par sa médiocrité lorsqu'on vient de voir le caractère fort imposant des ouvrages du type précédent. Plusieurs de ces petites enceintes ont été fouillées, par exemple à Urville et à Bretteville-sur-Laize (Calvados) : elles n'étaient pas solidement fortifiées, les remparts de terre qui les entouraient n'étaient pas surmontés de palissades de bois. L'entrée consistait en un simple passage non fortifié, ouvert dans le rempart. A l'intérieur, les constructions dont on a découvert les vestiges n'avaient aucun caractère militaire. On n'a trouvé dans ces enceintes, ni dans les fossés, aucune arme. Les éléments de datation recueillis ne permettent pas de faire remonter l'occupation de ces ouvrages au-delà du XIIe siècle.

La destination de ces petites enceintes est très difficile à déterminer. Il est remarquable qu'elles soient isolées, loin des villages, souvent situées actuellement à la lisière des bois ou des forêts. Elles ne paraissent pas avoir eu une existence très longue, ni une occupation très dense. L'ensemble de ces éléments, ainsi que leur datation tardive orienteraient vers l'hypothèse d'une fonction agricole. Certaines de nos enceintes n'ont peut-être été que de simples enclos à bétail : on sait l'importance, au Moyen Âge, de l'élevage en forêt; certaines *bercariae* ou *vaccariae* étaient installées dans les bois ou les friches. D'autres pourraient être mises en relation avec le progrès des défrichements et représenter des fermes de *pionniers,* habitats rudimentaires et provisoires, grossièrement protégés contre les carnassiers ou les maraudeurs. On a remarqué que de nombreuses enceintes se trouvent souvent tout près de la limite du territoire paroissial. Elles seraient, dans ce cas, l'une des manifestations de ce peuplement intercalaire que les historiens ont observé en diverses régions du Centre ou de l'Ouest à partir du XIIe siècle. On pourrait même suggérer que les enceintes qui subsistent, souvent sur des sols ingrats, représentent des échecs du défrichement. En cas de succès, l'enceinte est rapidement remplacée par un hameau ou un village.

Les petites enceintes de ce second type ne paraissent pas avoir été, sauf exception, des résidences seigneuriales. Cependant, il semble que parfois, dans la façon dont ces installations imitent des ouvrages plus puissants, on puisse imaginer que ces remparts aient eu avant tout une valeur symbolique. Là, semble-t-il, habita un homme (peut-être un alleutier) qui tenait à se distinguer des autres habitants du village et s'était, à cette fin, construit une résidence à l'imitation des fortes enceintes seigneuriales, mais de dimensions plus modestes. Le même texte qui nous a servi à montrer la valeur militaire de certains ouvrages laisse supposer qu'il était permis de protéger sa demeure par des fossés, à condition que leur profondeur ne dépassât pas trois mètres environ; on pouvait même entourer sa maison d'une palissade à condition que celle-ci ne soit pas renforcée par des tourelles. Ainsi, dans la Normandie du XIe et du XIIe siècle et sans doute ailleurs, n'y avait-il pas de limite bien nette entre une demeure paysanne sommairement protégée et une résidence fortifiée, qui ne pouvait être construite, en principe, qu'avec l'autorisation spéciale du duc.

En conclusion, il faut admettre que l'on n'a pas encore pleinement élucidé les problèmes concernant l'origine et la destination des enceintes circulaires de petites et de moyennes dimensions. Un certain nombre de ces enceintes, les plus fortifiées, sont des résidences seigneuriales; pour les autres, elles se distinguaient certainement de la demeure de la plupart des habitants des villages et des campagnes, au Moyen Âge, mais il semble bien que les fonctions aient été différentes suivant les pays ou les régions et suivant les époques. En tout état de cause, la longue existence de ce type d'habitat rend plausibles des utilisations diverses. Si l'on peut lui reconnaître des antécédents probables dans des ouvrages fortifiés protohistoriques, surtout d'origine celte, l'enceinte circulaire apparaît bien comme un ouvrage médiéval que toute l'Europe du nord-ouest a connu. La facilité avec laquelle il était possible d'élever un ouvrage de ce genre, le caractère si simple de son plan, l'économie de matériaux et de travail qu'il représente, les qualités défensives d'un rempart sans angle mort expliquent vraisemblablement la longue durée de cette technique de construction. Probablement d'origine militaire, point d'appui ou refuge, il semble que ces enceintes aient ensuite servi à des fins résidentielles et agricoles. Elles sont contemporaines des mottes, mais elles les ont précédées et leur ont survécu.

La disparition progressive de ces types de résidences fortifiées qu'étaient les mottes et certaines enceintes coïncide assurément dans le temps avec la tendance générale à substituer la pierre au bois et à la terre comme matériau de construction; mais elle témoigne aussi de l'avènement d'un nouvel ordre social et politique dans lequel la puissance publique prévaut sur les pouvoirs mineurs, interdit les guerres privées et apparaît capable de faire respecter cette interdiction.

Les mêmes seigneurs qui, au XIe et au XIIe siècle, élevaient des mottes ou des enceintes dotées d'une réelle efficacité militaire résideront, au XIIIe siècle, dans des *maisons fortes* dépourvues de toute valeur défensive en dépit de cette appellation dont on les désigne généralement en France : pâles diminutifs des résidences fortifiées de l'âge précédent.

Loches (Indre-et-Loire). Type de donjon à contreforts, où les ouvertures sont percées à une très grande hauteur (XIe-XIIe siècles).

Les châteaux forts de l'an mil à 1150

André Châtelain

On a coutume de considérer que les XIe et XIIe siècles marquent l'époque de nos premiers châteaux forts, correspondant avec l'épanouissement de la féodalité. Le grand donjon quadrangulaire en maçonnerie en constitue l'image la plus classique et cette forme, nouvelle alors, apparaît aujourd'hui comme l'expression la plus remarquable de la demeure fortifiée des seigneurs de ce temps.

Ce que l'on retient également de façon courante, c'est que ces deux siècles semblent avoir vu le retour à la construction en pierre, après une longue éclipse depuis l'époque gallo-romaine, et son établissement comme une tradition désormais sans retour.

S'en tenir à une telle vision simplifiée n'est plus possible alors que les recherches de ces dernières décennies en matière de castellologie — domaine qui était resté injustement très en retard par rapport à celui de l'architecture religieuse — permettent peu à peu de mieux appréhender l'évolution des constructions castrales depuis l'époque carolingienne jusqu'au cœur du Moyen Âge.

La pierre ne s'est pas révélée brutalement indispensable autour de l'an mil, le donjon n'est pas sorti tout armé d'une génération spontanée de forteresses, pas plus que les châteaux ne se sont multipliés tout à coup au point de hérisser nos territoires, comme naguère de nombreux auteurs le répétaient à l'envie (Quicherat, Luchaire, Enlart, Calmette, Fliche et bien d'autres).

Il est juste de rappeler, toutefois, qu'on s'est beaucoup penché sur la genèse du donjon rectangulaire, que l'on n'appelle plus depuis déjà quelques lustres *donjon normand*. Supposant son apparition assez soudaine autour de l'an mil dans la région de la Loire moyenne, nombre d'auteurs ont proposé de voir dans les fortifications byzantines ou musulmanes du Moyen-Orient, révélé aux Francs par les croisades, la source principale de leur inspiration. D'autres ont suggéré que les seigneurs occidentaux avaient trouvé dans les fortifications romaines un modèle particulièrement propice à résoudre leurs préoccupations militaires; mais les remparts romains ayant souvent subsisté en Gaule, pourquoi n'auraient-ils pas inspiré plus tôt les fortificateurs de nos contrées?

Une troisième sorte de filiation possible est apparue dans la transcription en pierre des donjons de bois que les puissants des Xe et XIe siècles avaient dressés sur leurs mottes, ceci lorsque le matériau minéral s'est imposé par ses meilleures qualités de résistance aux coups et au feu. Ces donjons de charpente étant obligatoirement quadrangulaires, il semblait naturel que leurs successeurs le soient aussi.

Certes, ces diverses hypothèses ne sont pas à écarter complètement, car elles reflètent sans doute une part de vérité : les antécédents méditerranéens ou nordiques ont pu offrir certains apports à la maturation de la forteresse d'Europe occidentale.

Mais il semble moins nécessaire aujourd'hui de chercher en d'autres temps ou d'autres lieux la semence qui fit germer nos donjons des XIe et XIIe siècles puisqu'on peut désormais placer leur apparition non plus à l'origine de la génération des châteaux de pierre, mais à une étape — spectaculaire certes — de la longue histoire de la fortification européenne postromaine.

Pour bien resituer ce phénomène, il est indispensable d'admettre deux préalables : le donjon accompli du XIIe siècle n'est pas le même édifice que la grosse tour du début du XIe, mais un aboutissement d'une lente transformation dont on peut rechercher l'origine aux temps carolingiens; le donjon n'est pas l'élément primordial du château du XIe siècle, même s'il l'est devenu au siècle suivant.

Saisir parfaitement ce que fut un château aux XIe-XIIe siècles, étape, répétons-le, dans l'art de la fortification, implique :

— d'une part de considérer en premier lieu non ce que l'on en voit mais la fonction de ce qui a été édifié. En effet lorsqu'il ne reste plus d'un château qu'un donjon — ce qui est fréquent — on a tendance à penser que le donjon est le château; or il n'en a jamais été qu'un élément et cet élément ne peut s'expliquer que par son rôle dans l'ensemble, même si cet ensemble n'existe plus.

— d'autre part de se remémorer ce que les seigneurs constructeurs avaient conçu auparavant pour assumer leur rôle dans la société de leur temps.

Ceci nous entraîne à une digression un peu longue mais indispensable.

I. Les fonctions résidentielles et défensives du *castrum* aux Xe et XIe siècles

Nous pouvons sans doute supposer que la première fonction des plus anciens *castra* ruraux — c'est-à-dire établis en rase campagne, soit ceux que nous nous bornons à considérer ici, par oppposition aux *castra* urbains qu'étaient les villes encloses d'une enceinte fortifiée, parfois depuis les derniers temps de l'empire romain — était d'*abriter* un personnage puissant — grand propriétaire ou haut fonctionnaire — et sa *mesnie*. Une fonction voisine pouvait être également d'abriter une richesse matérielle — d'importants troupeaux — ou un potentiel humain telle que la population locale d'établissements agricoles.

Abriter veut dire protéger, défendre de périls ; et les périls étaient bien réels et fréquents aux IXe et Xe siècles, qu'ils soient dus aux envahisseurs normands, sarrasins ou hongrois ou bien aux petits seigneurs brigands ou aux bandes de soudards sans feux ni lieux. Et défendre suggère combats, donc mise en œuvre de forces et de moyens militaires. Les *castra* élevés alors avaient donc bien une fonction militaire de défense.

Mais abriter suggère d'abord la fonction de résider. Les puissants personnages — rois, princes, comtes, évêques, qui étaient quasiment les seuls à pouvoir établir des forteresses avant le XIe siècle — devaient résider en des lieux capables de les sauvegarder, eux et leur entourage : leur propre famille, leurs écuyers et chevaliers et leurs familles, leurs chapelains, leurs régisseurs, leurs troupes, leurs serviteurs de toute sorte.

Pour cela il leur fallait s'établir en des sites assez spacieux pour loger tout ce monde ; mais pour les protéger de toute incursion destructrice, il fallait aussi que le site choisi permette le plus aisément de se défendre.

Ainsi peut-on comprendre que les plus anciens *castra* étaient de vastes enclos, aux enceintes distendues, généralement bornées par les accidents du relief qui avait été choisi pour l'établissement de la forteresse, ou par un fossé artificiel lorsque le relief était inadapté.

Dans ces enclos s'étaient alors établis, sans ordre, les divers bâtiments nécessaires à la vie des résidents du groupe seigneurial : demeure du prince et de sa famille, chapelle, salle de réception et de justice — la trilogie connue : *camera, capella, aula* — cuisines, celliers communs, écuries, logis des chevaliers et des troupes... La plus large place était donc consacrée à la fonction de résidence. La fonction de défense était assurée uniquement par l'enceinte : fossés, escarpement naturel, levée de terre sommée de palis, porte fortifiée.

Nous semblons bien loin de nos donjons du XIIe siècle ; mais à y regarder de près, nous trouverions dans les plus spacieux d'entre eux, rassemblés et condensés, à peu près tous les éléments constituant les premiers *castra* que nous venons d'évoquer.

La défense des vastes résidences castrales du haut Moyen Âge limitée à une enceinte lâche, c'est-à-dire une longue ligne difficile à armer — compte tenu des faibles effectifs des troupes d'alors — s'est avérée vite insuffisante. Il fallait pouvoir prévenir les assauts, les voir venir de loin ; il fallait aussi accumuler en profondeur les défenses pour que tout ne soit pas perdu dès que l'enceinte aurait cédé. Ce sont sans doute là deux raisons parmi d'autres de voir surgir au bord ou au milieu des forteresses de terre une motte *(dunio)* surmontée d'une tour *(turris)* qui servit de vigie et d'ultime refuge.

Ces premières tours furent un élément du *castrum* exclusivement conçu pour remplir une fonction défensive, renforçant celle qu'assumait insuffisamment l'enceinte, et sans intention résidentielle.

Le schéma bien connu aujourd'hui des forteresses de terre, comportant motte et bayle ou basse-cour entourées chacune de leur fossé, montre bien que la fonction résidentielle demeurait dans la partie basse et la plus vaste de l'ensemble, où se situaient les bâtiments d'habitat et d'usage, sous la surveillance et l'abri militaire que constituait la tour sur sa motte.

Cette tour et cette motte nous apparaissent comme l'élément militaire privilégié du *castrum* — et combien spectaculaire — mais non comme l'élément principal qui demeurait le *domicilium*, l'ensemble de bâtiments voués à la résidence, cause première de l'existence d'un *castrum*.

Le fait que ces bâtiments aient toujours disparu aujourd'hui, alors que la motte subsiste encore parfois, a porté à croire que la motte était génératrice du *castrum* alors qu'il semble qu'elle n'en soit qu'un élément induit, en second lieu.

Si l'on passe à présent en revue par la pensée des sites de châteaux anciens qui ont possédé des donjons de pierre du XIe ou XIIe siècle, tels que Loches (Indre-et-Loire), Chinon (Indre-et-Loire), Caen (Calvados), Falaise (Calvados), Arques-la-Bataille (Seine-Maritime), Château-Thierry (Aisne), Dreux (Eure-et-Loir), Provins (Seine-et-Marne)... on retrouve largement développé le schéma de la *curtis* aux bâtiments disposés dans l'enceinte et de la *turris* protégeant le tout par sa masse et sa hauteur, bien souvent sur le côté le plus exposé du *castrum*. Ce schéma n'est guère différent dans son principe de celui des forteresses composées d'une motte et de son bayle. On le retrouve aussi, généralement, dans les burgs alsaciens d'avant 1200 où le logis exigu se cache derrière le *bergfried* protecteur placé en bouclier du côté de l'assaut éventuel ; là, le donjon n'a jamais eu, d'évidence, un rôle résidentiel.

Revenons maintenant aux tours de pierre les plus anciennes que l'on connaisse en France : Langeais (Indre-et-Loire) qui a passé longtemps pour l'archétype de nos donjons *romans*, et

Donjon, Langeais (Indre-et-Loire).

Doué-la-Fontaine (Maine-et-Loire) qui nous a été révélé voici peu d'années par une fouille exemplaire. Ces deux édifices, qui présentent les vestiges en pierre les plus anciens que nous possédions sur notre territoire et d'où l'on peut faire procéder toute la famille de nos donjons quadrangulaires des XIe et XIIe siècles, n'étaient pas, à leur origine, des donjons, c'est-à-dire l'élément militaire des *castra* auxquels ils appartenaient, mais des résidences seigneuriales, c'est-à-dire l'élément primordial de ces *castra*. M. Deyres l'a démontré pour ce qui concerne Langeais, en rajeunissant quelque peu la datation attribuée jusqu'alors à cet édifice (1017 et non plus 994); la fouille minutieuse de M. de Boüard l'a mis en évidence à peu près au même moment à Doué, pour une construction d'environ 950.

Ce qui nous intéresse ici, c'est de suivre comment ces deux édifices de référence sont devenus, de résidences, des tours de défense, car ainsi nous pourrons correctement appréhender ce qu'étaient nos donjons des XIe et XIIe siècles.

A Langeais, l'examen minutieux des maçonneries subsistantes a permis de constater que la construction primitive était une résidence, du fait de l'épaisseur relativement faible de ses murs, du nombre important de fenêtres percées assez bas et du peu d'élévation de l'ensemble. Cet édifice a pu dès lors loger la salle d'apparat *(aula)* du seigneur — un fidèle du comte Foulques Nerra — et ses appartements ou bien l'une ou l'autre. Il était situé à l'est de la partie de plateau délimitée en *castrum* par le relief et un fossé, et protégé du côté de l'attaque possible par une motte encore attestée au début de notre siècle qui devait être l'élément primordial de la défense.

A Doué, M. de Boüard a magistralement démontré que la première construction abritait l'*aula* et la cuisine d'un domaine attribué à Robert, comte d'Angers et futur roi de France.

Ces deux édifices nous révèlent les transformations qui leur ont été apportées vers 1100. A Langeais des ouvertures ont été obturées, les murs ont été doublés d'épaisseur et renforcés de contreforts, la porte a été transférée à un niveau supérieur à celui de la première. A Doué on a également bouché les ouvertures du rez-de-chaussée qui fut condamné à n'être plus qu'un entrepôt, surélevé les murs et emmotté leurs bases pour les abriter de sapes éventuelles. Ainsi, un siècle à un siècle et demi après leur construction, ces deux résidences sont-elles devenues des donjons, c'est-à-dire un élément où primait la défense sur l'habitat. Mais bien qu'en perdant ainsi du confort, elles conservèrent leur fonction de logement, ce que l'on pourrait traduire par la formule *tout en un*.

Les grands donjons qui se multiplièrent à partir de la seconde moitié du XIe siècle ne sont pas autre chose que la banalisation de cette formule. Et l'on peut supposer que leur forme barlongue plutôt que carrée provient de leur origine aulique. Resterait à comprendre le pourquoi d'une telle transformation. L'élément primitivement défensif du *castrum* qu'étaient la motte et sa tour de bois ajoutée à l'enceinte palissadée était-il devenu insuffisant devant les progrès de l'armement au XIe siècle? Sans doute éprouvait-on la supériorité de la maçonnerie sur la charpente et le terrassement mais ce mode de construction restait très onéreux, même pour des puissants et l'on peut penser qu'ils souhaitaient le mettre en œuvre le moins possible, d'où cette rétraction, peut-être économique, de la tour — chef de la défense — et de la demeure du chef de l'ensemble castral, qui devaient être inexpugnables.

Si nous ne conservons, bien souvent, des châteaux du XIe siècle qu'un donjon — mis à part les modernisations qu'ils ont pu connaître au cours des siècles suivants — c'est que ce donjon, devenu l'élément le plus important de la forteresse, en était la seule partie bâtie en pierre. L'enceinte, devenue secondaire dans la hiérarchie des constructions, pouvait être restée en terre et palissades, et les divers bâtiments d'usage de la basse-cour en bois. Henri II Plantagenêt en construisit encore en 1180 à Osmanville (Calvados). On peut imaginer que les enceintes de châteaux tels que Loches, Arques-la-Bataille, Chevreuse (Yvelines) sont restées pendant plusieurs décennies des palissades sur levées de terre bordées d'un fossé ou de l'escarpement naturel.

Il ne faut pas oublier que l'usage de la pierre, qui trouve un regain de faveur à partir du XIIe siècle, n'avait nullement disparu. Les édifices religieux n'en étaient pas privés car la demeure de

Dieu devait être de qualité. Les palais princiers — on le voit à Doué au Xe siècle — ou les maisons nobles étaient souvent en pierre. Les enceintes urbaines, même au VIIe et VIIIe siècles, pouvaient l'être, ainsi que l'attestent plusieurs chroniques et annales du temps. Des traités de maçonnerie antérieurs au XIe siècle nous prouvent que cette technique n'était nullement perdue; même les enceintes castrales de l'époque carolingienne pouvaient être maçonnées; dans les régions méditerranéennes, pauvres en bois de charpente, la pierre est toujours demeurée souveraine.

Si l'on admet que la grosse tour de pierre du XIe siècle succède plus au *domicilium* de pierre du *castrum* précédent qu'à la *turris* de bois des forteresses terrassées, il n'y a plus lieu de voir autour de l'an mil une révolution dans l'art de construire les châteaux mais une évolution naturelle, favorisée par les progrès des techniques de siège. Et cette évolution s'est affirmée dans les grands donjons du XIIe siècle. Ces grandes tours fortes des XIe-XIIe siècles peuvent donc bien nous apparaître comme une étape dans l'histoire de la fortification et non comme les premiers châteaux forts en pierre de notre Moyen Âge.

Survivance du castrum *aux* XIe *et* XIIe *siècles*

Lorsqu'au cours du XIe siècle la construction castrale s'est multipliée sous l'effet combiné de plusieurs facteurs — essaimage des chevaliers d'un château seigneurial, répartition des domaines entraînée par les dots ou les héritages, rébellions et indépendances de petits seigneurs en périodes de faiblesse des pouvoirs royaux et comtaux, besoin d'accroître le nombre des points de défense des domaines seigneuriaux soumis à la pression des appétits territoriaux des compétiteurs ou implantation de nouvelles bases d'attaque au cours des conflits féodaux — la floraison des châteaux s'est trouvée facilitée par l'évolution que nous venons de résumer. Mais il ne faudrait pas en déduire que les *châteauneufs* ont tous bénéficié des progrès de la maçonnerie. Nombre de ces nouvelles places ont été encore des ouvrages terrassés et charpentés. Par exemple le château d'Ardres en Calaisis élevé au début du XIIe siècle, que décrit Lambert d'Ardres dans un texte devenu classique (trad. par Quicherat dans *Revue archéologique,* 1856). Seuls les plus riches pouvaient s'offrir des châteaux en dur, ce qui n'était pas le cas des simples chevaliers ou des jeunes fils de seigneurs.

De plus, les places rapidement construites pour soutenir des conflits mouvants — tels ceux que menait Foulques Nerra, par exemple, pour investir la Touraine — ou de nouvelles conquêtes — telle celle de l'Angleterre par Guillaume le Bâtard — n'exigeaient pas d'emblée des établissements définitifs.

C'est pourquoi tout au long des XIe et XIIe siècles on voit encore s'élever en grand nombre des mottes qui ont dû supporter des tours de bois ou de simples enceintes à l'intérieur desquelles on a pu trouver les substructions de bâtiments en pierre, par exemple Urville (Calvados).

En outre, les châteaux de bois n'avaient pas perdu toutes qualités aux yeux des constructeurs, témoins notamment le château de Montereau (Seine-et-Marne) qui ne fut reconstruit en pierre qu'au début du XIIIe siècle, malgré sa grande importance stratégique en tant que place frontière du comté de Champagne, enfoncée au flanc du domaine royal; celui du Puiset qui fut reconstruit en plus ramassé, au début du XIIe siècle selon le même principe que le premier établissement en ce lieu, c'est-à-dire enceinte de terre, palissade, motte et tour de bois.

Il faut donc bien se garder de penser que nos deux siècles ont été l'apanage du donjon quadrangulaire de pierre.

Dans les parties centrale, méridionale et orientale de la France où le relief est plus fréquemment tourmenté que dans les bassins séquanien, ligérien ou aquitain, l'ordonnancement des *castra* fut surtout commandé par l'escarpement des sites choisis, et leur assise en conséquence fut restreinte; la pierre, abondant localement, eut davantage l'exclusivité. Ces forteresses semblent avoir été plus ramassées et en quelque sorte le prolongement du terrain d'où elles ont surgi. Lorsqu'elles comportent des donjons, cas le plus fréquent, ceux-ci sont également et en général de dimensions plus réduites et de préférence de plan carré.

Des donjons carrés de faible surface existent aussi dans la zone nord-occidentale de la France où se rencontrent les plus grands spécimens, tels ceux de Loudun (Vienne), du Grand-Pressigny (Vienne), les donjons limousins, périgourdins ou quercynois. Ne dépassant pas dix mètres de côté, ils ne réservaient à l'intérieur qu'un volume trop faible pour qu'on puisse les imaginer résidentiels.

Toutes ces petites constructions n'assumaient donc qu'une fonction militaire dans le *castrum* dont elles n'étaient qu'une partie. Les cheminées et latrines qu'on y peut trouver ne doivent pas nous abuser sur un éventuel rôle résidentiel. Elles ne les rendaient qu'habitables temporairement par la troupe qui en avait la garde. Et elles

Montbazon (Indre-et-Loire). Type du donjon roman en pierre, vestige d'un château du XIᵉ siècle.

pouvaient ne pas être environnées de bâtiments lorsqu'elles ne commandaient qu'un site défensif ou de surveillance.

En effet, si nous nous sommes étendus, au début de notre exposé, sur les *castra* devant abriter un groupe seigneurial, il ne faut pas croire que toute forteresse avait pareille vocation. Nombre d'entre elles n'avaient qu'un rôle militaire, où, par conséquent, les diverses installations indispensables à la vie de nombreuses personnes s'avéraient inutiles. Tel était le cas, par exemple, des tours de veille qui parsèment les hauteurs du Roussillon ou de la Cerdagne ou certains donjons isolés surveillant l'Auvergne ou la vallée du Rhône.

II. Le donjon quadrangulaire

Lorsque le rassemblement en un seul édifice des fonctions de résidence seigneuriale et de principal point de défense d'une forteresse s'est effectué — et ceci dès la première moitié du XIᵉ siècle à Montbazon (Indre-et-Loire) ou Nogent-le-Rotrou (Eure-et-Loir) — le donjon s'est trouvé devoir accumuler en hauteur ce qui était précédemment étalé dans l'espace clos du *castrum*. C'est ainsi qu'on y trouvait, au niveau inférieur, les réserves ou le cachot, au-dessus la salle d'apparat, puis les appartements du seigneur et de sa famille, enfin l'étage proprement militaire. Concentrant en lui seul presque tout le château, il est devenu le symbole du château et l'image du pouvoir. C'est de la grosse tour que dépendaient les fiefs; c'est en elle que les barons venaient rendre l'hommage à leur suzerain, en elle qu'on gardait les archives, dépositaires des droits féodaux. Et plus la tour était grosse, mieux elle témoignait de la puissance de son détenteur.

Cet aspect symbolique du donjon qu'avait eu déjà la motte a traversé tout le Moyen Âge jusqu'en des temps où une telle construction n'était plus militairement indispensable et où l'on a continué à en élever pour l'honneur, pour affirmer sa noblesse et pour en imposer aux manants et bourgeois. On a voulu voir dans les beffrois communaux des villes drapantes l'affirmation et comme la résonance de semblables symboles.

Montbazon est certainement le plus ancien de nos donjons dans lequel le *domicilium* ait été inclus. M. Deyres l'a bien démontré, en le datant de 1050 — avec quelques remaniements vers 1110 — dans l'étude qu'il a consacrée à ce château. Montbazon peut être considéré comme le premier donjon conservé où cette synthèse de la résidence et de la tour militaire ait été réalisée dès sa conception, alors qu'à Langeais — comme le souligne aussi M. Deyres — le donjon militaire avait été inclus après coup, vers 1100, dans le *domicilium* préexistant.

Le superbe donjon de Loches, daté des environs de 1100, est le plus brillant exemple de cette formule; on y remarque sa forme particulièrement allongée qui pourrait s'expliquer par la nécessité d'y inclure une *aula*, grande salle d'apparat d'un puissant seigneur, en l'occurrence le comte d'Anjou, car on peut supposer que celui-ci y résidait au moins épisodiquement.

Les quelques donjons subsistants que l'on attribue généralement au XIᵉ siècle nous paraissent tous pouvoir être rangés dans cette série de constructions présentant des dimensions respectables et alliant les deux fonctions militaire et résidentielle. Citons Nogent-le-Rotrou (Eure-et-Loir) du premier quart du siècle et mesurant 24 m sur 17; Montbazon (Indre-et-Loire), du milieu du siècle, ayant 19,65 m sur 13,75; Sainte-Suzanne (Mayenne), antérieur à 1083, de 20 m sur 15. Le donjon baronnial de Chauvigny (Vienne), sans doute du milieu du siècle, mesure 22,50 m sur 17,60. On peut supposer que celui de Broue (Charente-Maritime), aujourd'hui fort ruiné mais

Beaugency (Loiret). Ruines du château d'après une gravure de Cl. Chastillon.
Page de droite : le donjon, dit tour César, date du XIe siècle.

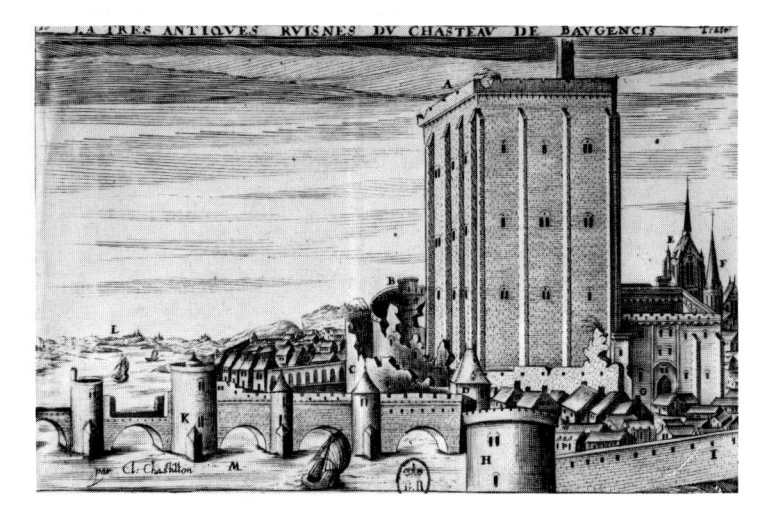

qui dut avoir 21,50 m sur 15,10, celui de Pouzauges (Vendée) qui a 16,60 m sur 15,80 et celui de La Roche-Posay (Vienne), carré de 14,50 m de côté, sont également d'avant 1100. Viendraient ensuite Beaugency (Loiret) et Loches (Indre-et-Loire), tous deux des alentours de 1100 et mesurant, le premier 23,77 m sur 19,65, le second 25,33 m sur 13,40. Chevreuse (Yvelines) 17 m sur 12, Brionne (Eure) 20 m sur 17,70 et Montrichard (Loir-et-Cher) 15 m sur 15 sont attribuables au premier quart du XIIe siècle. Ajoutons à cette liste un grand disparu qui fut sans doute élevé entre 1030 et 1080, l'Arbalesteyre, donjon du palais ducal de Bordeaux et qui mesurait 18 m sur 15.

Tous se trouvent situés entre Seine et Garonne, dans la moitié ouest de la France. On ne leur connaît pas d'équivalent de cette importance dans le midi ou l'est du pays.

A l'aube du XIIe siècle, nous sommes donc en présence du donjon cubique de pierre que l'on pourrait dire désormais classique de la grande époque féodale et qui va régner en maître pendant presque tout le siècle malgré des formes nouvelles sur lesquelles nous reviendrons plus loin et qui se manifestent surtout à partir du deuxième tiers du XIIe siècle.

Le donjon quadrangulaire, qu'il soit de plan rectangulaire ou carré, présente des dispositions comparables dans presque tous les cas. C'est une haute construction, atteignant 37, 36 et 35 m à Loches, Beaugency et Nogent-le-Rotrou, la plupart des moindres se dressaient bien au moins à 20 m. Par rapport à l'ensemble de son *castrum* contemporain, généralement disparu ou remanié, il occupe une place isolée, soit face au côté d'attaque supposé et protégeant la basse-cour, comme à Loches, Montbazon, Nogent-le-Rotrou, Arques-la-Bataille (Seine-et-Marne), Sainte-Suzanne (Mayenne), Domfront (Orne), Lavardin (Loir-et-Cher), Vaudémont (Meurthe-et-Moselle), soit au centre de l'enceinte dont toutes les parties restaient à portée de son tir, comme à Chevreuse (Yvelines), Semblançay (Indre-et-Loire), Chalucet (Haute-Vienne), Vignory (Haute-Marne).

L'épaisseur des murs n'est pas toujours aussi considérable qu'on le croit; environ la moitié des donjons quadrangulaires recensés dans l'ouest de la France n'avaient que de 1,50 à 2 m d'épaisseur, et un quart de 3 à 4,50 m. Les murs perdent généralement de leur épaisseur en s'élevant et les poutres portant planchers prennent appui sur les retraits successifs.

De la Somme à la Garonne, on observe sur une large majorité de donjons des XIe et XIIe siècles, des contreforts, le plus souvent plats mais aussi parfois hémicylindriques, ceux-ci plus fréquemment en Poitou. La présence de ces contreforts ne s'explique pas clairement. S'ils avaient pour rôle de raidir les murs, on remarque néanmoins des murs longs ou minces — donc théoriquement plus fragiles — qui en sont démunis alors que des murs courts ou épais en sont pourvus. Dans certains cas on peut supposer qu'ils avaient un rôle décoratif, inattendu dans un ouvrage militaire, notamment en Limousin. Ces contreforts encadrent généralement les angles et flanquent le milieu des murs, mais parfois ils enrobent littéralement les angles, constituant presque des tourelles comme à Chambois (Orne), Niort (Deux-Sèvres), Touffou (Vienne), en Vendée ou en Quercy. Ce procédé, fréquent en Grande-Bretagne, reste néanmoins exceptionnel en France.

Le plan angulaire de ces donjons ne devait pas manquer de gêner le tir des défenseurs qui étaient contraints de protéger leurs abords, les angles des tours y créant des angles morts où tout tir était impossible et les contreforts devaient accroître cette gêne. Cette faiblesse ne fut certainement pas sans engendrer des recherches de meilleurs tracés qui aboutirent, dès le milieu du XIIe siècle et surtout vers sa fin, à créer des tours de plan polygonal et circulaire dont la vogue ne cessera de croître par la suite.

Signalons au passage le cas de donjons de plan pentagonal, c'est-à-dire formant un éperon sur une de leurs faces, toujours celle d'où peut provenir le plus facilement l'assaut. Cet éperon présentait l'avantage de faire ricocher les projectiles, évitant au mur des chocs de plein fouet. On trouve ce dispositif à Chalucet et en Alsace et il se retrouvera sur certaines constructions de transition, à la fin du XIIe siècle.

Les hauts murs de ces vieux donjons, où se remarquent fréquemment de nombreux trous de boulin, témoins des techniques de construction, sont habituellement chiches d'ouvertures pour ne

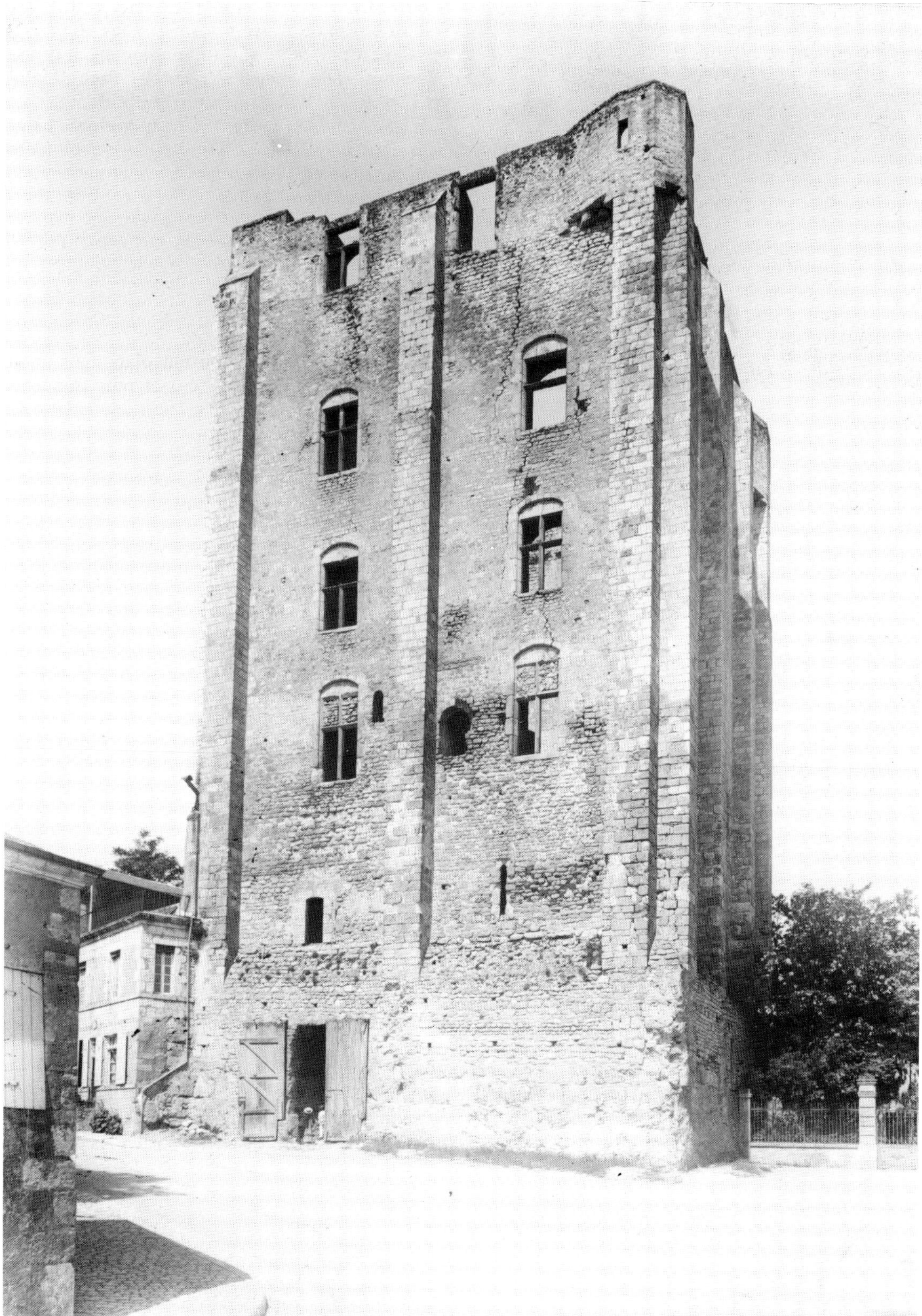

pas affaiblir leur résistance. Ces ouvertures pouvaient être de trois ordres : des jours parcimonieux éclairant un escalier, une latrine ou un niveau dont l'usage ne requérait pas grande lumière; des petites percées rectangulaires en hauteur permettant le tir, avec ébrasement intérieur dans certains cas et préfigurant les véritables meurtrières que les siècles suivants perfectionneront — elles sont alors rarement placées dans les niveaux inférieurs, comme à Chambois ou, exceptionnellement, à Sainte-Suzanne —; enfin les ouvertures peuvent être de belles fenêtres, souvent géminées, au fond de larges niches situées aux étages nobles de l'habitat seigneurial, c'est-à-dire à des niveaux difficilement accessibles aux flèches que des assaillants devraient lancer en hauteur. De telles fenêtres se remarquent notamment à Falaise, Chambois, Pons (Charente-Maritime), Montbazon, Loches, Nogent-le-Rotrou, Montrichard, Conflans-Sainte-Honorine (Yvelines) et en Limousin.

La porte, dans un château, a toujours été un point sensible puisqu'elle rompt, par nature, la continuité du rempart qui clôture la place. Dans les enceintes constituées d'une simple levée de terre entourée d'un fossé, elle est parfois le seul élément construit en pierre, tel au Plessis-Grimoult, à La Pommeraye (Calvados) ou sans doute au premier château de Caen. Elle forme alors une unique tour, comme également sur des enceintes de pierre sans flanquement, par exemple à la chemise du donjon de Provins (Seine-et-Marne). Mais dans la plupart des cas les portes anciennes ont été remplacées au cours des âges par des dispositifs plus modernes. Sur nos donjons, le problème de l'accès est aussi délicat. La porte est peu large, moins d'un mètre, et toujours placée à environ 6 m du sol, soit au niveau du premier étage. Mais parfois elle atteint un niveau intermédiaire entre deux étages : le mur étant percé de part en part, un assaillant s'y bousculant pourrait ainsi tomber à l'intérieur de la tour et être mal reçu. Un dispositif de ce genre se trouve à La Roche-Posay (Vienne); vers la fin de la première moitié du XIIe siècle on le retrouve à la tour Guinette d'Étampes (Essonne). Dans ce cas, du palier partent, dans l'épaisseur du mur et donc à angle droit, un étroit couloir et un escalier accédant au niveau de l'étage supérieur.

Mais avant d'arriver à de telles portes, il fallait se hisser du sol à leur hauteur. Plusieurs procédés ont existé : sans doute le plan incliné — comme peut le laisser supposer une séquence de la tapisserie de Bayeux — l'échelle de bois, mais surtout une construction annexe placée devant la porte, à l'extérieur de la tour, comprenant un escalier puis une passerelle amovible.

Le système le plus soigné est le perron — il était en bois à Doué-la-Fontaine comme en témoignent les trous de poteaux dans le sol devant la porte qui ont été retrouvés au cours de la fouille — formant avant-corps et abritant l'escalier. Ce petit édifice en pierre, accolé à une face de la grande tour, est parfois appelé petit-donjon et cette disposition se rencontre surtout en Touraine — à Langeais il fut ajouté vers 1100 au bâtiment primitif, à Montbazon il fut également ajouté après la construction du donjon, à Loches —, en Normandie à Falaise et à Chambois, enfin en Angleterre où il a pris parfois des proportions monumentales (Castle Rising, Norwich...). Nulle part ailleurs ne s'en trouve d'exemple.

A l'intérieur se surperposaient trois ou quatre étages sur un rez-de-chaussée aveugle auquel on ne pouvait accéder que du premier étage. Ce niveau de base était souvent voûté, à l'encontre des autres qui étaient presque toujours sur planchers. Ce *cul-de-basse-fosse* servait surtout à entreposer des provisions à l'abri de la lumière et de la chaleur, mais pouvait parfois servir de cachot où l'on ne parvenait que par un oculus percé dans la voûte. Pour se hisser dans les étages, des escaliers droits réservés dans l'épaisseur des murs existaient dans les donjons les plus spacieux. Mais dans les étroites tours comme Loudun ou celles du Midi ou de montagne, seules des échelles devaient exister. Vers la fin du XIIe siècle, les escaliers en vis ont commencé à apparaître.

Les pièces habitables des donjons étaient le plus souvent délimitées par de simples tentures. Mais dans les exemples les plus élaborés, des cloisons pouvaient exister; le luxe des dispositions internes que l'on voit encore dans certains donjons britanniques se retrouve rarement en France; les mieux disposés à cet égard devaient être les donjons normands du premier quart du XIIe siècle, Falaise et Caen notamment.

Les quelques éléments de confort que l'on trouve dans les tours habitées restent limités : ce sont des cheminées, dont le conduit est inséré dans l'épaisseur du mur, des latrines quelquefois dans le mur comme à Chevreuse, ou en encorbellement, et des placards creusés également dans les murs.

Enfin il faut remarquer que les plus vastes constructions comportaient un mur de refend, pouvant monter jusqu'en haut de l'édifice. Il était nécessité par le besoin de relayer la portée limitée des grosses poutres porteuses des planchers mais il délimitait aussi des compartiments intérieurs des appartements. On peut en voir des restes ou des traces à Arques-la-Bataille, Caen, Falaise,

Donjon, Luzech (Lot).

Vire, Domfront, Nogent-le-Rotrou, et dans les donjons vendéens. Parfois de simples piles centrales soulageaient les planchers, comme à Chevreuse, Loches ou Beaugency.

La fonction proprement militaire de ces édifices des XIe et XIIe siècles était principalement assurée par leur capacité de résistance aux assauts : lourdes masses épaisses, fermées sur elles-mêmes et pouvant vivre un temps en autarcie si un puits était foré dans son sous-sol et si des provisions avaient été accumulées. Ils ont su parfois défier de longs sièges, comme ceux de Guillaume le Conquérant devant Sainte-Suzanne, Domfront ou Brionne au XIe siècle, ceux de Louis VI en Ile-de-France, de Geoffroi Plantagenêt à Montreuil-Bellay ou de Henri Ier Beauclerc à Falaise, Tinchebray ou Brionne au XIIe siècle. Toutefois, au-delà de cette défense purement passive par inertie, les guerriers retranchés dans ces donjons pouvaient riposter aux assaillants soit des étroites et rares embrasures percées dans les murs dont nous avons parlé plus haut, soit surtout du sommet où l'on peut supposer que courait un chemin de ronde derrière un parapet crénelé en bordure de la terrasse sommitale ou à la base de la toiture. Le sommet des donjons a le plus souvent disparu ou a été réaménagé aux époques ultérieures, tout comme les portes d'enceintes puisque l'un et l'autre étant des points privilégiés de l'action militaire, ils étaient les plus concernés par les modernisations apportées à l'appareil défensif et nous sommes mal renseignés sur leurs dispositions, mais le contour de quelques crénelages anciens a été conservé dans des surélévations de courtines du XIIe siècle — à Chinon ou à la chemise de Provins, par exemple, ce qui nous permet d'imaginer la crête de nos donjons à cette époque.

Une autre nécessité défensive est apparue également aux guerriers du XIIe siècle, celle de protéger les bases de leurs donjons, car des assaillants, qui n'auraient pu être contenus à distance par les défenseurs de l'enceinte ou par ceux qui tiraient du haut du donjon, pouvaient s'attaquer aux maçonneries en les sapant; une brèche pouvait alors être remplie d'étoupe ou de madriers que l'on enflammait pour que le mur s'effondre. Divers procédés ont essayé d'endiguer ces risques, le flanquement vertical et le chemisage en étant les plus spectaculaires.

Le premier était obtenu en édifiant des hourds en charpente portés par des madriers ou des corbeaux de pierre devant les créneaux du sommet de la tour; leur plancher étant percé de trous, on pouvait tirer sur les assaillants parvenus à la base de l'édifice ou laisser choir sur leur dos des projectiles lourds comme des quartiers de roche.

Il est peu probable, à ce sujet, que l'on devait beaucoup utiliser, à de pareilles fins, de l'huile bouillante ou de l'eau chauffée car ces produits étaient trop précieux pour les assiégés. Quant aux mâchicoulis de pierre remplissant le même usage, bien qu'existant à la même époque au Moyen-Orient, ils ne se sont généralisés chez nous que plus tard. Il faut noter toutefois qu'au donjon double de Niort qui est daté d'après 1160, se voit l'une des premières formes de ces mâchicoulis de pierre, celle bâtie sur arcs tendus d'une tourelle-contrefort à l'autre. Un tel dispositif avait été aussi utilisé sur des églises fortifiées du XIIe siècle en Languedoc.

Le second procédé de protection des bases des tours était le chemisage. Il consistait à construire un mur de quelques mètres de haut devant ou autour du donjon. Les assaillants devant détruire ce premier mur avant de s'attaquer à celui du donjon restaient sous le tir des défenseurs de la tour. Montrichard, Loches et Lavardin (Loir-et-Cher), notamment, ont conservé en partie leur chemise. Les murs-boucliers des donjons alsaciens sont une autre expression du même système. Dans d'autres cas le donjon était bâti au proche voisinage de la courtine, comme à Arques-la-Bataille, Montoire (Loir-et-Cher) ou Senlis (Oise), et de ce fait leur base bénéficiait d'une protection équivalente. Mais ce qui était le plus efficace c'était d'élever son donjon sur un roc, du moins pour la face ouverte à l'assaut, ce qui le mettait à l'abri de la sape; tel était le cas de Falaise, de Moncontour (Vienne), de Luzech (Lot), de nombre de donjons de montagne, tant en Auvergne qu'en Alsace ou dans les Corbières.

Ruines du château de Tiffauges (Vendée). Vestiges de la chapelle.

Enfin un dernier procédé de protection des bases peut être vu dans l'emmotage de certains donjons. Nous avons vu qu'à Doué-la-Fontaine, lorsque le *domicilium* du Xe siècle fut transformé plus tard en donjon, une motte a été constituée à sa base, aveuglant le rez-de-chaussée de l'édifice. A Montbazon, à Loches, à Saint-Christophe (Indre-et-Loire), il semblerait que les donjons aient été dressés à l'emplacement de la motte primitive du *castrum,* celle-ci n'ayant pas été détruite complètement mais partiellement conservée du côté de l'assaut, pouvant protéger ainsi la base de la construction nouvelle. Les restes de ces mottes primitives ont été généralement supprimés par la suite, comme à Beaugency (Loiret).

Toutes ces caractéristiques que nous venons d'énumérer longuement à propos des donjons quadrangulaires du XIe et surtout du XIIe siècle montrent à quel point les fonctions militaires ont pris de l'importance par rapport à la fonction résidentielle, au point que celle-ci semble souvent réduite à sa plus simple expression. N'oublions pas que beaucoup de nos donjons, surtout dans la moitié sud de la France et en Alsace, n'avaient qu'un rôle d'observatoire ou de relais de défense local pour une faible garnison. Dans de très nombreux cas ils demeuraient l'élément militaire primordial — et ceci exclusivement — d'un *castrum* qui abritait tout autour les bâtiments d'habitation et d'usage répartis à l'intérieur de l'enceinte ou serrés contre lui sur les sites de cimes. Mais la plupart du temps les châteaux ayant été rebâtis au cours des âges, il est difficile de retrouver leur disposition complète d'origine.

Un mot doit être dit encore au sujet des chapelles, car il en existait presque toujours dans l'enceinte d'un château habité. Le plus souvent elles formaient un bâtiment indépendant, proche du donjon, comme on le sait pour Caen et comme on le voit encore à Tiffauges (Vendée) par exemple. Dans les plus vastes châteaux, elles devinrent parfois ultérieurement l'église paroissiale; elles étaient desservies par des chapelains ou par des collèges de chanoines réguliers (Loches, Provins). Mais dans certains cas la chapelle était incluse dans le donjon; généralement oratoire exigu, elle pouvait être logée dans l'avant-corps comme à Chambois; mais à Falaise, à l'instar des donjons anglais, elle formait une construction débordant l'alignement des murs.

Persistance du donjon quadrangulaire

Tout au long du XIIe siècle les donjons quadrangulaires se sont sensiblement améliorés par rapport à leurs prédécesseurs et, malgré l'apparition d'autres formes de tours fortes, n'ont pas cessé d'avoir la faveur de nombreux seigneurs, des plus importants aux plus simples. Loches, vers 1100, et Montrichard, vers 1120, sont plus perfectionnés que le Montbazon de 1050. Les donjons élevés par Henri Ier Beauclerc, duc de Normandie et roi d'Angleterre, sur ses terres continentales entre 1120 et 1130, témoignent d'une maîtrise dans l'art de bâtir, surtout à Falaise et sans doute à Caen, mais aussi à Arques-la-Bataille ou Domfront. Le château des évêques de Poitiers dressé à Chauvigny a reçu au cours du XIIe siècle d'appréciables améliorations. Moncontour et Touffou, en Poitou également, furent des édifices redoutables.

Dans le dernier quart du XIIe siècle les donjons de Chambois, en Normandie, Niort, Pons et L'Isleau (Charente-Maritime), en Bas-Poitou et Saintonge, Huriel en Bourbonnais nous montrent un appareillage très soigné et des dispositions internes perfectionnées, notamment plusieurs étages voûtés en pierre, pour certains d'entre eux.

Au cours du XIIe siècle les régions du centre, du midi et les provinces orientales encore en terre d'Empire élevèrent également des donjons en pierre, le plus souvent de plan carré et de moins grande surface que dans les pays d'ouest. On peut penser que bon nombre d'entre eux privilégiaient

Double donjon de Niort (Deux-Sèvres).

la fonction militaire et que les bâtiments d'habitation et d'exploitation se groupaient à leur pied, resserrés dans l'étroit espace délimité par les escarpements et les enceintes de pierre qui les complétaient. Éguisheim, en Alsace, Puylaurens dans les Corbières ou Brancion, en Mâconnais, peuvent nous le suggérer. Si certains atteignaient des tailles plus respectables, comme Annecy (Haute-Savoie), Semur-en-Brionnais (Saône-et-Loire), Prény (Meurthe-et-Moselle) ou le Rathsamhausen d'Ottrott en Alsace, dans les toutes dernières années du XIIe siècle, beaucoup restaient de dimensions modestes, comme Pressilly (Jura), Najac (Aveyron), Vaison-la-Romaine (Vaucluse) ou encore plus, Vidalos, Beaucens (Hautes-Pyrénées) ou Lordat (Ariège). Toutefois Montélimar conserve une tour résidentielle d'où le luxe n'était pas exclu. A l'inverse, on peut voir à Belvezet près d'Uzès (Gard) un petit château très rustique où les pièces habitables étaient accolées au donjon de faible surface, le tout étant entouré d'une série de loges adossées à une enceinte elliptique.

D'une manière générale, il semble que l'on puisse enregistrer, au long du XIIe siècle, un rétrécissement général des enceintes — ainsi qu'en témoigne le site du Puiset (Eure-et-Loir) étudié par P. Fournier — accompagné d'un regroupement des bâtiments, afin d'éviter la dispersion des défenseurs que les vastes *castra* plus anciens, hérités des amples tracés des forteresses carolingiennes, impliquaient. Les châteaux y gagnèrent en cohésion, ce que les siècles suivants améliorèrent encore; mais le flanquement rationnel des enceintes par tours secondaires d'où les tirs pouvaient se recouper ne paraît pas avoir été ressenti comme une nécessité par les constructeurs.

Et si le XIIe siècle ne voit pas encore disparaître les tours ou remparts de bois, il ne semble plus qu'on ait continué à y créer des châteaux à mottes et enceintes de terre.

III. Le donjon cylindrique polygonal ou ovoïde

Le lourd donjon cubique apparaît bien le maître des constructions militaires des XIe et XIIe siècles sur l'étendue du territoire français. Toutefois d'autres formes ont été créées et ont été en usage simultanément. L'une des plus anciennes, mais restée très rare en France, est celle que les Anglo-Saxons appellent *shell-keep,* comme on l'a vu au chapitre précédent. C'est une enceinte maçonnée, de faible diamètre, couronnant une élévation de terre, généralement une motte. Si ce type a eu quelque succès outre-Manche, en France on n'en connaît qu'en Normandie : un très détruit, au Plessis-Grimoult (Calvados) où le rempart de pierre couronnait une levée de terre annulaire et où l'entrée était établie dans une tour en maçonnerie; cette forteresse est assurément antérieure à 1046, date à laquelle elle a été détruite par Guillaume le Conquérant et non relevée depuis. Un autre exemple de *shell-keep* se voit à Vatteville-la-Rue (Eure); il consiste cette fois en un rempart circulaire maçonné, haut de 7 à 8 m, couronnant une motte entourée d'un fossé. L'exemple le plus spectaculaire est celui du château de Gisors où, au centre de la grande enceinte d'Henri Ier, s'élève une haute motte couronnée d'un rempart de pierre, de 25 m de diamètre. L'érection de la motte est certainement antérieure à tout ce que l'on a bâti en pierre dessus, car il semble difficile d'admettre qu'un terrassement frais ait pu supporter le poids de lourdes maçonneries; c'est à Guillaume le Roux qu'on attribue la motte, dans les dernières années du XIe siècle. Le *shell-keep* a pu être construit au début du XIIe siècle; il ne comportait à l'origine aucun donjon car précisément ce type de fortification n'en impliquait pas : la petite enceinte enfermait les bâtiments nécessaires, habitat, cuisine, chapelle adossés à la muraille. Le donjon a été ajouté par la suite.

Houdan (Yvelines). En haut, le donjon. Type de donjon quadrangulaire avec quatre tours saillantes, caractéristique des tours-forteresses d'habitation dont la vogue se développe au XIIe siècle. Au centre, coupes et plan. Relevés de l'architecte des Monuments Historiques (1913).
En bas, château de Saint-Sauveur (Yonne). Tour extérieure.

Mais la forme de donjon la plus différente de celle que nous avons longuement décrite est bien la forme cylindrique ou assimilée, c'est-à-dire de plan polygonal ou ovoïde. Si le plan circulaire des tours militaires est devenu de plus en plus fréquent à la fin du XIIe siècle et pratiquement exclusif au XIIIe siècle, il faut cependant se garder de l'idée qu'il a succédé au plan rectangulaire — éventuellement par l'intermédiaire du plan polygonal.

Tout comme châteaux de pierre et châteaux de bois et terrassements, les deux types ont pu coexister dès la fin du XIe siècle, du moins si l'on considère que le donjon cylindrique de Fréteval (Loir-et-Cher) est le plus ancien du type, remontant aux environs de 1100. Mais en fait, on connaît très mal la chronologie des donjons de plan circulaire et il est difficile d'en attribuer avec certitude un grand nombre au XIe siècle. Ceux pour lesquels on est le mieux renseigné semblent être plus fréquemment datables du XIIe siècle.

Comme pour les donjons quadrangulaires, ce type de construction s'est d'abord développé dans les régions de la Loire moyenne, du vieux domaine capétien et des confins de la Normandie; la plus forte densité s'en trouve dans les domaines de la famille de Blois et dans les zones voisines.

De même que leurs cousins cubiques, les donjons cylindriques n'étaient qu'un élément du château dont ils représentent l'édifice le plus spectaculaire. Leur situation la plus commune est incluse dans l'enceinte, parfois tangente à celle-ci ou à cheval sur un de ses côtés, mais jamais de sorte que le donjon puisse la flanquer efficacement. Le souci du flanquement latéral n'apparaît pas avant le XIIIe siècle et encore pas dans toutes les régions puisqu'en Alsace notamment il ne se révèle pas du tout. Quoi qu'il en soit les donjons cylindriques nous semblent répondre davantage à la fonction militaire qu'à la fonction résidentielle de par la place qu'ils occupent dans les châteaux et par le fait qu'ils sont moins logeables que les donjons quadrangulaires. Or c'est précisément au cours du XIIe siècle que l'on sent la prépondérance militaire envahir les vieilles tours résidentielles, époque qui correspond à l'essor de la forme circulaire. Le plan carré est directement issu du besoin primordial d'habiter; c'est le plan de la maison élémentaire que l'on a peu à peu fortifiée. Puis le besoin d'une défense toujours plus efficace a poussé à la recherche de formules toujours mieux adaptées à cette fonction militaire qui devenait à son tour la plus impérative. Or la courbure des murs offrait quelques supériorités sur les murs droits : les angles morts créés par la perpendicularité des donjons cubiques pouvaient être effacés. Un mur courbe résiste mieux à la poussée qu'on peut exercer sur lui, par un bélier par exemple, qu'un mur plat car les forces de pression deviennent alors convergentes vers le centre de gravité de la tour et les moellons s'épaulent en quelque sorte, alors que sur un mur droit les forces de pression restent parallèles entre elles et les moellons peuvent être plus facilement enfoncés. Végèce l'enseignait déjà et l'on sait qu'il était lu par des constructeurs de châteaux comme Louis VI, Geoffroi Plantagenêt, comte d'Anjou, ou Hugues de Noyers, évêque d'Auxerre.

On peut ajouter qu'une tour ronde nécessite moins de matériau qu'une tour carrée pour un bâtiment d'importance comparable, et moins de défenseurs au sommet puisqu'ils ont une meilleure visibilité et une meilleure mobilité que sur un édifice anguleux; ceci n'est pas négligeable quand on connaît le souci d'économie de moyens qu'avaient nombre de bâtisseurs.

La tour polygonale pourrait paraître une étape intermédiaire entre le donjon de plan carré et celui de plan circulaire mais les exemples que nous en avons en France, rares du reste, sont nettement datés du cours du XIIe siècle comme Gisors, Châtillon-Coligny (Loiret), Provins, Viévy-le-Rayé (Loir-et-Cher) ou Fougères (Ille-et-Vilaine), peut-être Montfort-l'Amaury (Yvelines).

Quant au plan ovoïde, plus logeable, il est encore plus rare : on en conserve un bel exemple à Saint-Sauveur-en-Puisaye (Yonne), un autre au Lys-Saint-Georges (Indre) et la ruine d'un autre à Montlandon (Eure-et-Loir); pour le peu qu'on en sache, ils ne sont pas antérieurs au XIIe siècle.

La diversité de ces formes semblerait attester qu'au cours de ce siècle les constructeurs de donjons ont recherché dans plusieurs directions une amélioration au plan primitif quadrangulaire. Le plan qui a été, en fin de compte, le plus volontiers retenu est le plan circulaire. La maçonnerie courbe, quoique plus difficile à réaliser, n'était pas inconnue des bâtisseurs du premier siècle du second millénaire puisque les absides des églises connaissaient ce plan et même certaines fortifications urbaines du IXe siècle, telle celles de Paris; ces bâtisseurs avaient, d'ailleurs, sous les yeux dans bien des cas, des tours rondes édifiées par les Romains, notamment au Mans et à Jublains (Mayenne), à Bourges, à Fréjus (Var), ou par les Wisigoths, à Carcassonne par exemple.

On remarque que nombre de donjons circulaires ou assimilés ont été élevés sur des mottes. C'est le cas notamment sur la ligne stratégique de l'Epte : à Gisors, nous l'avons dit, mais celui-ci a été implanté à l'intérieur du *shell-keep* qui cou-

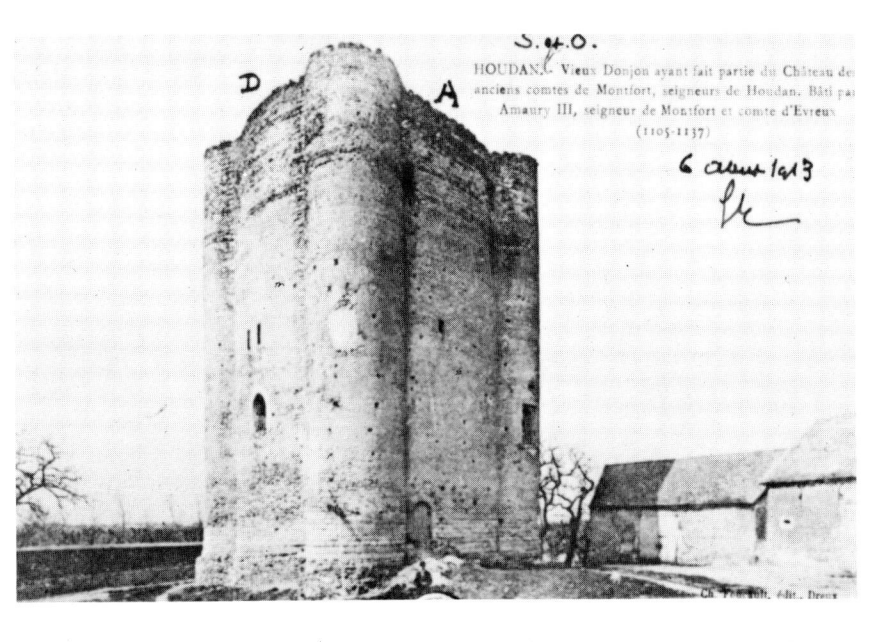

S.-O.

HOUDAN. — Vieux Donjon ayant fait partie du Château des anciens comtes de Montfort, seigneurs de Houdan. Bâti par Amaury III, seigneur de Montfort et comte d'Evreux
(1105-1137)

6 août 1913

Fig. I COUPE   Face D. Vue intérieure.
Fig. II COUPE   Face C. Vue intérieure.

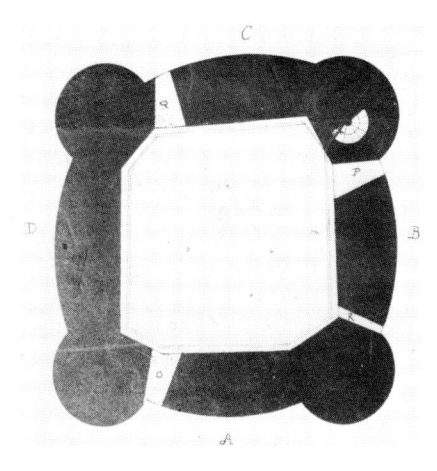

43

ronnait déjà la motte; à Château-sur-Epte (Eure) et à Neaufles-Saint-Martin (Eure), ces deux derniers ont été entourés d'une chemise de forme circulaire plantée à très courte distance de la base de la tour. On en rencontre également en Touraine et Vendômois : à Châtillon-sur-Indre (Indre), Château-Renault (Indre-et-Loire), Coulommiers-la-Tour et Mondoubleau (Loir-et-Cher) entourés d'une chemise, ainsi qu'en Hurepoix à Maurepas et Magny-les-Hameaux, ou en Normandie, à Conches (Eure). On peut supposer qu'ils ont succédé à des tours en bois sur des mottes préexistantes. Toujours est-il que ces donjons cylindriques sur motte se sont presque tous effondrés et généralement de la même façon : une moitié sur toute la hauteur; ce qui reste de celui de Mondoubleau accuse en outre une gîte considérable.

Ceci nous enseigne qu'il était particulièrement aventureux de dresser une tour circulaire isolée sur un tertre, par nature meuble. La seule qui ait subsisté quasi intacte est celle de Châtillon-sur-Indre mais on y trouve une voûte en coupole à mi-hauteur qui a dû contribuer à sa cohésion. Aucune des autres n'offre de trace de voûte, sinon parfois pour couvrir la salle basse, comme dans les donjons quadrangulaires. Par contre on peut constater qu'un donjon cylindrique haut de 30 mètres mais possédant des étages voûtés en coupole a résisté : c'est celui de Châteaudun (Eure-et-Loir); deux autres, polygonaux et voûtés nous sont également parvenus intacts : Châtillon-Coligny (Loiret) et Provins (Seine-et-Marne); seul ce dernier a été édifié sur une motte et est entouré d'une chemise. Ceux qui ont été bâtis sur roc ont mieux résisté, tels Saint-Sauveur-en-Puisaye (Yonne), de plan ovale, Laval (Mayenne), Châlus (Haute-Vienne) par exemple. Reconnaissons que certains donjons circulaires qui ne semblent pas avoir été élevés sur mottes, se sont néanmoins effondrés sur toute leur hauteur, comme Fréteval (Loir-et-Cher) et Gallardon (Eure-et-Loir) et que d'autres non voûtés ont résisté, comme Auneau (Eure-et-Loir), Conches (Eure) ou Gisors. Mais il n'est pas douteux qu'une assise circulaire n'offre pas les mêmes conditions de stabilité qu'un édifice angulaire surtout lorsque le cylindre reste creux — les étages étant simplement planchéiés — tandis que les voûtes en coupole peuvent accroître l'homogénéité de la masse en l'étrésillonnant. Toutefois il faut remarquer que l'épaisseur des murs des donjons cylindriques est souvent supérieure à celle des donjons quadrangulaires, atteignant en moyenne 3 à 4 mètres, ceci sans doute pour en améliorer la stabilité.

Ces défauts structuraux n'ont pas dû longtemps échapper aux bâtisseurs du XIIe siècle qui cherchaient, grâce aux avantages proposés par les tours rondes, à faire progresser l'art de bâtir les forteresses : les donjons voûtés sont plus fréquents à partir de 1150 et lorsque avec les ingénieurs de Philippe Auguste la systématisation de la voûte de pierre s'étendra, le pari de la tour ronde sera gagné; elle détrônera pendant tout le XIIIe siècle la tour quadrangulaire.

On peut penser qu'un remède à la mauvaise stabilité des donjons cylindriques a été recherché par l'application extérieure sur toute la hauteur du cylindre, de contreforts plats, comme on le voit à Maurepas (Yvelines), comme ce fut le cas à Châteaufort et à Magny-les-Hameaux (Yvelines), ou comme ce l'est encore aux donjons polygonaux de Gisors et Châtillon-Coligny (Loiret). A Châteaufort ces contreforts, qui étaient au nombre de quatre, avaient une taille tellement importante — 6 mètres de large — qu'on peut les assimiler à des tourelles accolées; ils devaient du reste être surmontés de sortes d'échauguettes.

Ces épais contreforts-tourelles de Châteaufort nous conduisent à supposer que les dispositions tout à fait particulières du donjon de Houdan (Yvelines) — qui n'en est éloigné que d'une quarantaine de kilomètres — trouvent leur explication dans un souci similaire. Ce donjon de Houdan daté des années 1110-1125 apparaît généralement comme un type nouveau par rapport aux donjons strictement cylindriques : son volume essentiel est celui d'un cylindre légèrement irrégulier, mais quatre tourelles hémi-cylindriques engagées lui sont accolées sur toute la hauteur de ses 20 mètres.

On a voulu voir dans cet agencement une tentative de progression vers le flanquement d'une tour; mais les tourelles de Houdan n'ayant aucune embrasure de tir permettant des feux croisés, une telle explication ne peut être retenue. On a également suggéré que ce plan nouveau pouvait être une étape de l'évolution de la forme des donjons qui montre le XIIe siècle à la recherche de nouvelles formules; cette étape qui n'a pas été imitée telle quelle, sauf peut-être au donjon disparu de La Queue-en-Brie (Val-de-Marne), préfigurerait celle des donjons polylobés comme la tour Guinette d'Étampes datée des alentours de 1140, puis le donjon d'Ambleny (Aisne) de la fin du siècle.

Si les diverses expériences des constructeurs de châteaux ont certainement pu avoir des influences les unes sur les autres, il serait néanmoins aventureux de calquer les raisonnements des bâtisseurs du XIIe siècle sur les nôtres, rationalistes et systématiques, d'hommes du XXe siècle et de voir, à toutes fins, une évolution régulière des constructions dans l'adoption tour à tour de partis de plus en plus évolués, sinon sophistiqués. Une mise en garde similaire a déjà été proposée plus haut à propos du passage du château de terre et bois au château de pierre, ainsi que de celui du donjon quadrangulaire au donjon polygonal puis circulaire. Les constructeurs militaires des XIe et XIIe siècles ont à coup sûr cherché constamment des améliorations aux qualités défensives de leurs constructions mais une formule n'a jamais remplacé l'autre au fil des ans; elles se sont juxtaposées dans un même temps, témoin Loches ou Montbazon antérieurs au second Puiset, Fréteval antérieur à Beaugency ou Falaise, Houdan et Étampes antérieurs à Chambois, Niort ou Pons.

Houdan ne propose pas une amélioration tactique par rapport à la tour ronde. Par contre sa formule apporte assurément une plus grande stabilité au cylindre vertical en lui donnant, avec ses quatre tourelles aux bases pleines, en quelque sorte des pieds lui permettant de s'accrocher au terrain et évitant au cylindre de *rouler* sur ses bases. Nous attribuons volontiers aux quatre tourelles de Houdan le rôle de contreforts, comparables à ceux, postérieurs, de Niort et des donjons vendéens, et nous pensons que les contreforts plats ou hémicylindriques des donjons polygonaux ou circulaires trouvaient vraisemblablement là leur raison d'être.

C'est peut-être ce même souci de stabilité qui a fait donner, quelques décennies plus tard, au donjon octogonal de Provins une base carrée qui pouvait l'arrimer au sol de sa motte.

A Houdan on a profité des tourelles pour y loger, à l'étage, des petites pièces avec embrasures de tir pour surveiller les abords; on retrouve à Provins une disposition semblable avec quatre tourelles accolées à un pan sur deux de l'octogone mais ne pouvant non plus assurer de tir flanquant.

L'aménagement du donjon cylindrique

Les dispositions générales des donjons cylindriques sont du même ordre que celles des donjons quadrangulaires. On y retrouve la porte étroite et haute, la même distribution des étages, la même rareté d'ouvertures et de voûtement, parfois des escaliers ménagés dans l'épaisseur des murs ou même quelques couloirs de circulation. Dans certains on peut observer un pilier central pour soutenir les planchers : Maurepas, Les Montils (Loir-et-Cher). Des cheminées et des latrines s'y trouvent souvent ainsi qu'un puits pris dans la maçonnerie ou, comme aux Montils, dans le pilier central; mais ces éléments d'un relatif confort ne doivent pas davantage nous inciter à les déclarer plus résidentiels que leurs cousins quadrangulaires de petites dimensions. En effet, leurs proportions restent toujours modestes — de 6 à 12 mètres de diamètre intérieur — ce qui donne au mieux une surface logeable guère supérieure à 100 mètres carrés par étage, équivalant, pour les plus gros, à un donjon carré comme Montrichard.

Il peut paraître curieux que la formule du plan ovoïde n'ait pas eu plus de succès : on ne la trouve, nous l'avons dit qu'à Saint-Sauveur-en-Puisaye (Yonne), Lys-Saint-Georges (Indre) et sans doute Montlandon (Eure-et-Loir). Incontestablement elle pouvait allier l'avantage de la courbure des murs à une meilleure stabilité et à une plus vaste capacité de logement : Saint-Sauveur délimite des salles intérieures de 19 mètres sur 11 ce qui dégage une superficie supérieure à celle de bon nombre de donjons contemporains, même quadrangulaires.

A l'inverse, les donjons du midi ou du centre, lorsqu'ils sont cylindriques, ont un diamètre encore plus faible que dans le nord-ouest. Ils n'ont jamais pu avoir d'autre rôle que militaire. Du reste ils sont moins fréquents et la forme carrée s'est maintenue de façon prépondérante dans ces régions.

On a pu remarquer que les donjons cylindriques étaient plus souvent que les quadrangulaires bâtis sur mottes. Ils sont également plus régulièrement entourés d'une chemise de plan elle aussi circulaire, sauf à Mondoubleau (Loir-et-Cher) où elle était polygonale. C'est une muraille qui entoure la base des tours à 5 ou 6 mètres de distance, plantée sur le rebord supérieur de la motte, mais quelquefois à mi-pente, comme à Coulommiers-la-Tour (Loir-et-Cher) et à Provins. Dans certains cas on peut se demander s'il ne s'agissait pas d'un *shell-keep* ayant précédé le donjon, ce qui fut peut-être le cas à Châtillon-sur-Indre et à Provins. Ces chemises avaient bien évidemment pour avantage, comme avec les donjons quadrangulaires, d'opposer un mur supplémentaire à l'assaillant qui voulait saper la base de la tour. Dans le cas où cette première enceinte est un peu plus distante du donjon qu'à l'ordinaire, elle pouvait enclore quelques constructions; ainsi devait-il en être à Houdan, comparable en cela à Gisors. Il est rare que ces chemises aient été dotées de tourelles; celles-ci n'avaient pas alors de rôle de flanquement mais pouvaient abriter la porte, comme à Provins.

Les sommets des donjons cylindriques habituellement disparus devaient être le plus souvent coiffés d'une toiture conique comme l'est aujour-

Château de Châteaudun (Eure-et-Loir). Le donjon (XIIᵉ siècle) et la chapelle.

d'hui Châteaudun, avec un chemin de ronde abrité ou à l'air libre.

Outre quelques fenêtres parfois géminées, les embrasures de tir qui ne sont pas encore franchement des meurtrières demeurent rares et placées irrégulièrement; à Saint-Sauveur-en-Puisaye, toutefois, l'étage supérieur en est nanti d'une douzaine tandis qu'à Fréteval on en trouve au rez-de-chaussée.

Enfin l'appareil militaire pouvait être complété de hourds en charpente couronnant l'édifice comme on le voit encore au donjon de Laval ou ne couvrant qu'une partie de sa circonférence comme ce dut être le cas par exemple à Châtillon-sur-Indre.

D'une manière générale les donjons de plan circulaire offraient un progrès sur ceux de plan quadrangulaire, sauf en ce qui concerne leur capacité de logement. Mais cette dernière faiblesse devait être d'autant moins ressentie qu'au cours du XIIᵉ siècle, où ce type s'est développé, le rôle dévolu au donjon est devenu de plus en plus défensif et de moins en moins résidentiel. Cette fonction militaire prééminente s'est affirmée dans les forteresses du XIIIᵉ siècle, permettant au plan circulaire de prendre un réel essor; mais l'évolution est sensible dès le début du XIIᵉ siècle où seuls les plus gros donjons cubiques devaient encore abriter les seigneurs et leur famille.

Il est regrettable que la disparition fréquente ou la totale transformation des divers édifices que comportait tout château nous prive de meilleurs renseignements sur le mode de vie des châtelains et de leur entourage.

L'architecture militaire à l'époque d'Henri II Plantagenêt et de Philippe Auguste (1154-1223)

Pierre Héliot (†)
Elisabeth Zadora-Rio

La seconde moitié du XIIe siècle a vu une transformation profonde de l'architecture militaire. L'emploi de la maçonnerie, déjà assez largement répandu au cours du siècle précédent, restait limité jusque-là à un seul élément de la fortification, le plus souvent le donjon. Son utilisation n'avait pas modifié la conception même du château : on s'était contenté de traduire dans la pierre les formes héritées de la construction en terre et en bois. Ce n'est qu'à partir de la seconde moitié, et surtout du dernier tiers du XIIe siècle, que l'on observe une modification radicale de la fortification, conditionnée par l'usage de la maçonnerie.

I. Progrès de la fortification et des techniques de siège

Les caractéristiques essentielles de ces transformations sont les suivantes : réduction du périmètre de l'enceinte, due à des considérations militaires (elle est ainsi plus facilement défendable) et à un souci d'économie, en raison du coût accru de la construction; adoption, pour le donjon et les tours de l'enceinte, d'un tracé curviligne, qui a l'avantage de supprimer les angles morts et d'opposer une plus grande résistance aux projectiles et aux engins à percussion; perfectionnement du flanquement, par l'adjonction au rempart de tours régulièrement espacées et suffisamment rapprochées pour permettre des tirs entrecroisés; modification du rôle du donjon qui n'est plus conçu comme un élément autonome, réduit ultime de la défense passive, mais se trouve intégré de plus en plus étroitement à la fortification de l'enceinte : au terme de cette évolution, il sera parfois supprimé. En bref, on voit apparaître au début du XIIIe siècle, pour la première fois peut-être en Occident depuis l'Antiquité romaine, une théorie globale de la fortification, reposant sur l'interdépendance des différents organes défensifs.

Les causes de ces transformations sont multiples : on peut en énumérer quelques-unes sans qu'il soit possible d'évaluer l'importance respective de chacune d'elles. Certaines sont d'ordre politique : c'est, semble-t-il, à la faveur des luttes entre Capétiens et Plantagenêts que les progrès les plus spectaculaires de l'architecture militaire furent accomplis dans le dernier tiers du XIIe siècle. La France et l'Angletere, États puissamment centralisés, dotés d'une riche trésorerie, eurent la possibilité de faire appel à une armée de métier. Celle-ci apparaît dans le royaume Plantagenêt sous le règne d'Henri II (1154-1189) et en France sous celui de Philippe Auguste (1180-1223). Ces corps de fantassins, généralement originaires du Brabant, de la Flandre et du Hainaut, paraissent avoir été spécialement entraînés aux assauts de forteresses. Lors de la prise de Tours par Philippe Auguste, en 1189, ce sont eux qui escaladèrent les murs et se rendirent maîtres de la place. L'efficacité et la discipline de ces armées de mercenaires étaient bien supérieures à celles des armées vassaliques, qui n'accomplissaient chaque année qu'un service de durée restreinte. C'est encore Henri II, imité un peu plus tard par Philippe Auguste, qui créa un corps d'ingénieurs spécialisés dans la construction des châteaux, et sans doute aussi dans celle des engins de siège. Les noms de certains de ces *ingeniatores* ont été conservés dans les *Pipe Rolls* (Ailnoth, Roger Enganet, Richard, Maurice le Maçon, Raoul de Gromont) et dans les *Registres de Philippe Auguste* (maître Eudes, maître Garnier, maître Gautier, maître Guillaume de Flamenville...).

Les améliorations apportées à l'architecture militaire dans la seconde moitié du XIIe siècle répondent également à un progrès des techniques de siège. Le perfectionnement des moyens d'attaque se laisse percevoir à travers les sources écrites : J. Boussard a pu remarquer qu'à partir du règne d'Henri II les sièges durent rarement plus de quinze jours, alors que précédemment certains d'entre eux se prolongeaient pendant des mois, voire des années. Il est probable que des améliorations furent apportées aux engins de siège, mais il faut admettre que nous sommes bien mal renseignés sur ceux-ci. On peut les répartir en trois groupes : machines de jet (perrières, mangonneaux, trébuchets...), engins à percussion (béliers, moutons) et dispositifs permettant à l'assaillant d'approcher des remparts ennemis : galeries de bois ou chats — sorte de chemin couvert qu'on allongeait au fur et à mesure de la progression — et tours de charpente montées sur roues. On admet généralement, sans preuve décisive, que les premières machines de jet à contrepoids sont apparues au XIIe siècle en Occident, où n'étaient connus jusqu'alors que les engins à ressort. Il semblerait en tout cas qu'on soit parvenu dans le courant du XIIe siècle à accroître la puissance de ces machines, qui devinrent capables de lancer des poids considérables. On acquit également, vers la même époque, une meilleure connaissance des mélanges incendiaires. L'usage de la sape devint de plus en plus courant dans la seconde moitié du XIIe siècle. Guillaume le Breton rapporte que, lors du siège du château de Boves en Amiénois par Philippe Auguste, en 1185, les assaillants commencèrent par briser à coups de hache, sous les traits des assiégés, les palissades extérieures de la fortification. Ils construisirent ensuite, avec des claies et du bois vert, une galerie couverte à l'abri de laquelle ils comblèrent le fossé. Celui-ci une fois rempli, les mineurs s'attaquèrent au pied du rempart : au fur et à mesure de leur progression, ils posaient des étais de bois pour éviter que le mur ne s'écroulât sur eux. Au moment voulu, ils mirent le feu aux étais, ouvrant ainsi une brèche dans le rempart. Les assiégés s'étant repliés dans la basse-cour du donjon, Philippe Auguste fit mettre en batterie divers engins de jet : des mangonneaux turcs, de puissance médiocre, et des perrières qui lançaient des blocs d'un poids beaucoup plus considérable : au dire de Guillaume le Breton, il aurait fallu quatre hommes pour soulever chacun d'eux.

Les progrès réalisés au XIIe siècle dans le domaine de la fortification et des techniques de siège sont traditionnellement expliqués par l'influence de l'Orient byzantin et arabe qui avait su, mieux que l'Occident, préserver et perfectionner l'héritage antique en matière d'architecture militaire : les croisés ont pu s'y familiariser avec la technique du flanquement des remparts par des tours semi-circulaires régulièrement espacées, du percement de l'entrée entre deux tours, du creusement de gaines de circulation dans l'épaisseur des murs, du talutage de la base des remparts et des tours. De fait, les châteaux construits par les croisés dans le courant du XIIe siècle sont plus perfectionnés que les châteaux bâtis en France à la même époque. Certains dispositifs, tels que le mâchicoulis de pierre, qu'on trouve vers 1120 au château de Saone en Syrie, ne feront leur apparition en Occident qu'à la fin du XIIe et au XIIIe siècle. Il est cependant difficile d'évaluer l'importance de ces influences orientales, car les perfectionnements que l'on observe dans les techniques de siège et l'architecture militaire de la seconde moitié du XIIe siècle peuvent tout aussi bien s'expliquer par le renouveau des traditions antiques, largement attesté à cette époque : c'est ainsi qu'en 1151, lors du siège du château de Montreuil-Bellay (Maine-et-Loire), le comte d'Anjou, Geoffroi le Bel, trouvera dans les *Stratagèmes* de Végèce la recette du mélange incendiaire qui lui permettra de venir à bout de la résistance du donjon. Si les emprunts directs à l'architecture militaire byzantine et arabe ont peut-être été moins nombreux qu'on ne l'a cru, il est probable que les difficultés auxquelles se sont heurtés les croisés, en Orient, ont stimulé la recherche de nouvelles formules de fortification en Occident, et les ont poussés à retrouver dans la littérature du genre — romaine en l'occurrence — des techniques qui avaient été oubliées.

Avant d'examiner plus en détail les modifications apportées aux différents organes de la fortification à partir du milieu du XIIe siècle, il importe d'insister sur le fait que l'apparition de nouveaux types de châteaux n'a pas fait disparaître les formes anciennes : la construction de tours de bois sur mottes s'est poursuivie fort avant dans le XIIe siècle, et en 1242 encore, le roi d'Angleterre prévoyait de construire un château de terre et de bois dans l'île de Ré. Le donjon quadrangulaire, isolé au milieu de l'enceinte, a poursuivi également sa carrière, même s'il a été fortement concurrencé par les tracés curvilignes et les nouvelles formes de fortification. Ce conservatisme, qui se manifeste dans la persistance tenace des conceptions anciennes, s'observe également dans les détails de la construction : c'est ainsi que la taille diagonale au taillant droit continua à être utilisée dans l'architecture militaire jusqu'à la fin du Moyen Âge, alors même que la taille à la laie brettelée était d'usage courant pour les édifices religieux. Il s'ensuit que la datation des châteaux et de leurs différents organes laisse souvent beaucoup à désirer. Elle est établie généralement à partir de sources écrites dont l'interprétation est malaisée en raison de leurs imprécisions et de leurs lacunes, ou bien à partir d'une analyse des techniques de construction et des éléments décoratifs de la fortification qui fait référence à la chronologie établie pour l'architecture religieuse : or celle-ci ne peut être appliquée sans risque d'erreur à la construction fortifiée. Seules des fouilles pourraient apporter des éléments de datation plus précis, mais les châteaux qui ont fait l'objet de recherches archéologiques sont encore peu nombreux en France.

II. Évolution du donjon

Le donjon quadrangulaire continua à jouir d'une grande faveur jusqu'en plein XIIIe siècle, et même au-delà, quoiqu'il présentât deux graves défauts : les larges angles morts que créaient ses murs plantés en retour d'équerre et sa vulnérabilité aux projectiles et aux engins à percussion. On distingue deux grands types de donjons quadrangulaires : d'une part des tours de faible superficie, d'une dizaine de mètres de côté, qui ne semblent guère avoir eu de fonction résidentielle et que l'on rencontre surtout dans le sud et l'est de la France; d'autre part des tours de grandes dimensions qui servaient d'habitation seigneu-

Ci-dessous, ruines du château de Gisors (Eure). Donjon dodécagonal avec chemise munie de contreforts. Lithographie de A. Joly, 1824.

Page suivante : 1. Châtillon-Coligny (Loiret). Vue générale, avec le donjon du XIIe siècle. Gravure de Cl. Chastillon.
2. Donjon, dit tour Guinette, Étampes (Essonne). Il épouse le plan d'un quatrelobe régulier. Gravure de Cl. Chastillon.
3. Donjon, dit tour Blanche, Issoudun (Indre). Gravure de 1880.
4. Château de Provins (Seine-et-Marne). Donjon octogonal flanqué de quatre tourelles (tour César). Lithographie de V. Petit.

riale. Les plus vastes d'entre elles, de forme barlongue, sont généralement situées au nord de la Loire.

Les dispositions générales des donjons quadrangulaires construits dans la seconde moitié du XIIe siècle n'ont guère varié par rapport à la période précédente. Ces donjons comportent toujours un rez-de-chaussée aveugle; l'entrée est percée au niveau du premier ou du second étage. L'accès se fait généralement par un escalier protégé par un avant-corps de maçonnerie qui longe le mur extérieur du donjon sur un ou deux côtés. L'emploi des voûtes reste réservé le plus souvent au rez-de-chaussée, les autres étages étant séparés d'ordinaire par de simples planchers. L'épaisseur des murs ne s'est guère accrue depuis le début du XIIe siècle, et dépasse rarement quatre mètres. Le donjon de Douvres, élevé vers 1180 par Henri II Plantagenêt, fait figure d'exception avec ses murs larges de 5 à 6,40 m. Pour accroître la résistance des murs à la sape, on consolide souvent la base des donjons par un épais talus de maçonnerie. Le côté le plus exposé a parfois été renforcé par un éperon triangulaire : ainsi à Chalucet (Haute-Vienne), à Châtelus (Loire) et à Lutzelbourg (Moselle). Certains donjons ont été dotés de tours d'angle qui permettaient de prendre l'assaillant sous des tirs croisés. Les donjons jumeaux de Niort (Deux-Sèvres), construits dans la seconde moitié du XIIe siècle, sans doute sous le règne d'Henri II Plantagenêt, présentent, aux angles, des tourelles cylindriques pleines dont le diamètre dépasse 5 mètres. On retrouve ce dispositif au donjon de Mez-le-Maréchal (Loiret), qui date également de la seconde moitié du XIIe siècle, et à celui de Romefort (Indre), élevé vers 1175. La tour du Temple, construite dans le courant du XIIIe siècle à Paris, présentait un plan analogue. La présence de ces tourelles en saillie permettait d'assurer un flanquement assez satisfaisant, mais ne résolvait en rien le problème des angles morts puisqu'elles étaient dépourvues de chambre de tir aux étages intermédiaires.

Le donjon quadrangulaire, qu'il soit situé à l'intérieur de l'enceinte ou sur le pourtour de celle-ci, est généralement isolé du reste du château par un fossé; il est souvent entouré par une courtine particulière ou *chemise*, qui épouse ses contours. Celle-ci est parfois bien postérieure au donjon : à Caen, le donjon construit dans la première moitié du XIIe siècle a été entouré un siècle plus tard d'une chemise trapézoïdale munie de quatre tours d'angle cylindriques; la courtine, large de 3 mètres, possédait un chemin de ronde crénelé qui traversait les tours d'angle au niveau du premier étage.

Il n'y a guère que dans l'est de la France qu'on trouve des donjons quadrangulaires qui fassent partie intégrante de l'enceinte, dans la tradition du *Bergfried* germanique. Celui du Landsberg (Bas-Rhin) est relié au rempart par deux de ses angles, et en présente un troisième à l'assaillant, à la manière d'un éperon.

Si les donjons quadrangulaires construits après le milieu du XIIe siècle ne font que poursuivre, en l'adaptant quelque peu, une tradition antérieure, le donjon polygonal semble être, lui, une innovation de cette époque. Par rapport au donjon quadrangulaire, il présente l'avantage d'offrir à l'assaillant des angles obtus, qui résistent mieux aux projectiles et aux coups de bélier que les angles droits. Sa diffusion, cependant, est restée assez limitée. Le donjon octogonal de Gisors (Eure), construit par Henri II Plantagenêt, fut accolé à la face interne du rempart du *shell-keep* qui couronne la motte. Les angles de l'octogone furent renforcés par des contreforts. Le donjon de Châtillon-Coligny (Loiret) a la forme d'un polyèdre assis sur un soubassement circulaire. Il

50

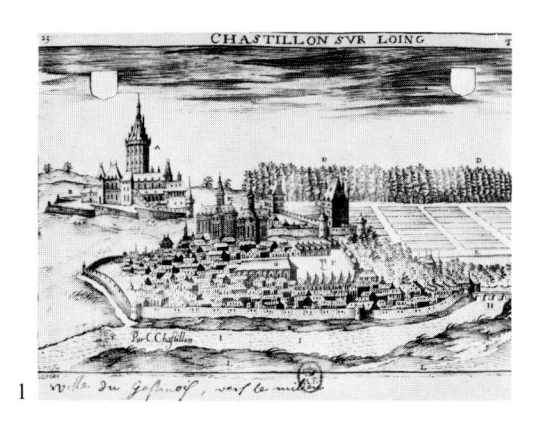

5

6

Page précédente : 5. Château-Gaillard. Les Andelys (Eure).
6. Donjon, Amblény (Aisne).

comporte seize pans dont les arêtes, à peine apparentes, sont renforcées de deux en deux par un contrefort plat. Il mesure environ 26 mètres de haut sur 15 mètres de diamètre, et se divise en quatre étages. Le sous-sol et le rez-de-chaussée comportent, autour d'un pilier central, une galerie annulaire voûtée en berceau. La porte d'entrée primitive donnait accès à la salle du premier étage, couverte d'une coupole. Un escalier en vis permettait d'accéder à l'étage supérieur. Une gaine de circulation voûtée, armée de plusieurs archères, était ménagée dans la maçonnerie de la coupole. La *tour de César* à Provins, construite sur une motte dans la seconde moitié du XIIe siècle, présente la forme d'un octogone reposant sur un soubassement carré de 17 mètres de côté. Les angles de la souche servent de socle à quatre tourelles cylindriques dont le rez-de-chaussée est plein. A mi-hauteur de l'ouvrage, le mur, épais de 4 mètres, se rétrécit de moitié pour laisser place au chemin de ronde inférieur qui traverse les salles incluses dans les tourelles. Cette galerie possédait sans doute un parapet crénelé et un toit en appentis. Le deuxième étage était, lui aussi, entouré d'un chemin de ronde. A l'intérieur, les deux étages étaient voûtés en coupole. En Alsace et dans le Midi, l'apparition des donjons polygonaux ne semble pas antérieure au XIIIe siècle.

Le donjon polylobé, dont l'apparition est légèrement antérieure à celle du donjon polygonal, n'a jamais connu non plus une vogue considérable. Le plus ancien est sans doute le donjon quadrilobé d'Étampes, construit entre 1130 et 1150. Un plan assez voisin se retrouve, vers la fin du XIIe siècle, à Amblény (Aisne). Le donjon est bâti, à l'intérieur, sur le plan d'un octogone irrégulier dont les pans sont flanqués de quatre tours semi-circulaires de 3,40 m de diamètre. A l'extérieur, les lobes ne sont pas tangents comme dans le donjon d'Étampes, mais sont reliés par un mur droit. S'il n'a jamais eu une diffusion importante, le plan polylobé a gardé des adeptes jusqu'à la fin du Moyen Âge : on le retrouve à Saint-Servan en Bretagne.

Le donjon cylindrique est le seul qui ait sérieusement concurrencé le plan quadrangulaire. S'il ne constitue pas tout à fait une nouveauté au XIIe siècle, ce n'est cependant qu'à partir de la fin de ce siècle qu'il connaît sa plus grande diffusion. Il apparaît plus tardivement en Bretagne ainsi qu'en Alsace, où on n'en voit guère avant 1220. Dans le sud-ouest de la France, il ne connut un certain succès qu'à partir de la fin du XIIIe siècle.

L'adoption d'un tracé circulaire présente des avantages considérables : meilleure résistance au bélier et aux projectiles, suppression des angles morts; c'est aussi le tracé le plus économique : à surface égale, il faut moins de matériaux pour construire une tour ronde qu'une tour quadrangulaire.

Les donjons de plan circulaire semblent s'être répandus d'abord dans la région de la Loire moyenne et de la Seine. Celui de Châteaudun (Eure-et-Loir), qui date sans doute du dernier tiers du XIIe siècle, mesure 31 mètres de haut sur 17 mètres de diamètre. Le mur, épais de 4 mètres à la base, s'amincit vers le sommet à la faveur de plusieurs retraits en talus, visibles sur le parement externe. La tour comporte trois salles circulaires superposées. Les deux étages inférieurs sont voûtés en coupole. Deux couloirs annulaires, armés de meurtrières, ceinturent la base des coupoles, constituant ainsi deux niveaux de tir superposés. L'accès se faisait au niveau du premier étage. Les dispositions générales de la tour sont très voisines de celles du donjon de Châtillon-Coligny, qui semble un peu plus tardif.

Vers la fin du XIIe siècle, certains donjons cylindriques ont été renforcés, du côté le plus exposé, par un éperon de maçonnerie; on trouve ce dispositif à La Roche-Guyon (Val-d'Oise), à Château-Gaillard (Eure) et à la tour Blanche d'Issoudun (Indre). Le donjon de La Roche-Guyon mesure 12 mètres de diamètre. L'unique porte du donjon s'ouvrait au niveau du premier étage. On accédait aux parties hautes par un escalier en vis pris dans l'épaisseur du mur. Les étages étaient séparés par de simples planchers. Le mur, large de 3 mètres, ne comporte pas de talus à la base. Le donjon, qui présente un éperon vers le nord-ouest, est étroitement enserré dans une chemise polygonale, elle aussi renforcée par un éperon situé dans le même axe. Le donjon de Château-Gaillard est tangent au rempart, et surplombe un escarpement, à l'emplacement le mieux défendu du château. Son éperon est orienté non vers l'extérieur de la place, mais vers la cour. Il comporte quatre étages, séparés là aussi par des planchers. Le mur, épais de 4 à 5 mètres, est renforcé dans ses parties basses par un talus qui s'élève jusqu'aux trois quarts de la hauteur du donjon. Des arcs supportés par des contreforts démaigris à la base formaient autant de mâchicoulis. La porte était située au niveau du chemin de ronde de l'enceinte intérieure et donnait accès à la salle du premier étage. La Tour Blanche d'Issoudun, qui date également de la fin du XIIe siècle, a été construite sur une motte; elle est haute de 27 mètres, et mesure 15 mètres de diamètre. Elle comportait cinq étages. Les deux premiers sont de plan circulaire, tandis que les étages supérieurs sont de plan octogonal. L'accès se faisait au niveau du troisième étage, qui était le seul voûté.

Le chantier de fouilles du Louvre en 1985.

Conduites par Michel Fleury, les fouilles ont mis au jour dans la Cour Carrée le soubassement du Louvre de Philippe Auguste, construit vers 1200. On distingue, au premier plan, le fossé et le front oriental du château avec les deux tours encadrant l'entrée et la pile du pont-levis; à droite, la tour d'angle (dite de la Taillerie); au fond à gauche, la base du grand donjon (qui atteignait primitivement 30 mètres) entouré de son fossé annulaire.

Le plan circulaire a été adopté systématiquement dans tous les donjons élevés par Philippe Auguste. Certains d'entre eux ont été construits dans des forteresses antérieures, du côté le plus menacé : ainsi la tour du Prisonnier à Gisors, la tour Talbot à Falaise, la tour du Coudray à Chinon. Les donjons construits par Philippe Auguste présentent un certain nombre de caractéristiques communes. Leurs murs, épais de 3 à 4 mètres sont régulièrement renforcés à leur base d'un talus. Ils comportent toujours deux ou trois étages couverts d'une voûte d'ogives divisées en six parties par des nervures supportées par des corbeaux. Si la tour du Louvre, construite vers 1190, était située presque au centre de la cour du château, la plupart des donjons postérieurs furent élevés sur le périmètre des enceintes : ainsi à Dourdan (Essonne), où le donjon est situé dans un angle du château, du côté le plus menacé. Ces donjons ne constituent pas, comme leurs prédécesseurs, des éléments autonomes destinés à servir d'ultime réduit défensif; s'ils restent la pièce maîtresse du château, ils sont étroitement associés à la défense de l'enceinte. A Gisors, à Falaise et à Chinon, l'accès se fait au troisième étage, au niveau du chemin de ronde situé au sommet de la courtine attenante. A Dourdan, comme à la tour Jeanne d'Arc à Rouen, l'entrée était située au rez-de-chaussée, ce qui permettait à la garnison d'entrer et de sortir rapidement. Il semble qu'il y ait là l'indice d'un changement de tactique : le donjon devient un élément de la défense active, et rien ne doit gêner la mobilité de la garnison. L'accès aux étages supérieurs se fait par des escaliers pris dans l'épaisseur du mur. Ceux-ci sont souvent disposés de manière que la progression ne puisse se faire de façon continue : à Falaise, à Gisors, à la tour Jeanne d'Arc de Rouen, à Dourdan, il faut traverser de bout en bout le donjon pour passer d'un escalier à l'autre.

*1. Château et ville de Gisors (Eure). L'enceinte de Henri II Plantagenêt est flanquée de tours cylindriques creuses.
2. Plan de l'ancien Louvre par rapport au Louvre de Louis XIV (Berty, Topographie historique du Vieux Paris).
3. Ruines du château, Yèvre-le-Châtel (Loiret).
Lithographie de J. Schroeder d'après Ch. Rauch.*

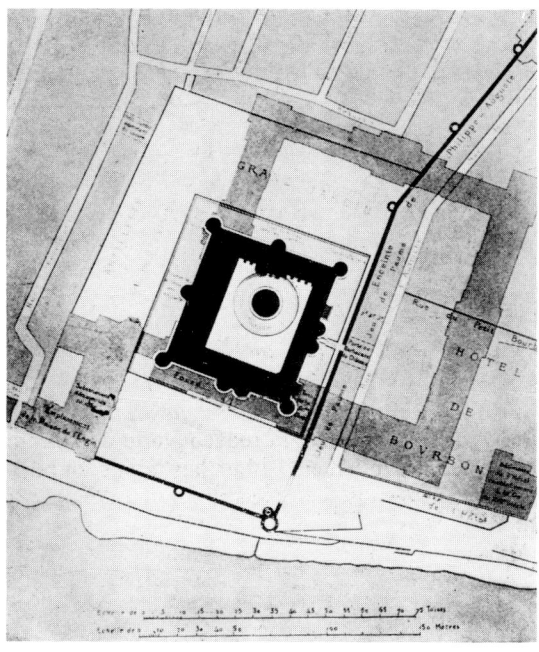

III. Évolution de l'enceinte

Une des principales innovations de l'architecture militaire, dans le dernier tiers du XIIe siècle, a été de transférer le rôle défensif principal du donjon à l'enceinte. Les châteaux antérieurs se caractérisaient généralement par de vastes enceintes au profil distendu, constituées le plus souvent d'un rempart de terre et d'une palissade : seul un petit nombre d'entre elles étaient construites en maçonnerie. Dans la seconde moitié, et surtout le dernier tiers du XIIe siècle, l'usage de la pierre se généralisa pour la construction des remparts. On réduisit le périmètre de l'enceinte, et on chercha à lui donner un tracé régulier, quadrangulaire ou polygonal. Mais c'est la redécouverte des techniques du flanquement, plus ou moins oubliées depuis l'Antiquité, qui constitua le progrès le plus décisif. Un mur d'enceinte, même épais, est nécessairement plus vulnérable aux engins à percussion et à la sape qu'une tour. Il devenait difficilement défendable une fois que les assaillants avaient franchi le fossé; en se tenant à l'abri des merlons établis le long du chemin de ronde, les assiégés pouvaient battre les abords du fossé, mais non surveiller la base du rempart. Les hourds, sorte de galerie de bois posée en encorbellement au sommet des murs, autorisaient le tir à la verticale, mais leur visibilité devait être réduite. Seule la construction de tours de flanquement suffisamment saillantes et rapprochées pouvait permettre aux défenseurs de couvrir la base du rempart sur toute sa longueur en restant à l'abri. Ces tours présentaient en outre l'avantage de dominer le chemin de ronde et de le segmenter, ce qui permettait, le cas échéant, de prendre à revers un ennemi qui serait parvenu à escalader le mur d'enceinte.

Pendant une bonne partie du XIIe siècle, les courtines ne furent renforcées qu'au moyen de tours assez maigres, peu capables d'assurer un flanquement efficace en raison de leur faible saillie et de leur éloignement trop grand pour permettre des tirs croisés. Des formules diverses, inégalement heureuses, furent essayées. A Gisors et à Chinon, Henri II dota l'enceinte de tourelles semi-cylindriques creuses, irrégulièrement espacées. A Loches, le rempart extérieur du château, construit sans doute sous son règne, est épaulé par des tourelles semi-cylindriques pleines qui remplissent les fonctions de contreforts; elles mesurent de 3 à 5 mètres de diamètre et sont distantes de 17 à 20 mètres. Leur faible saillie sur le rempart les fit paraître bientôt insuffisantes et l'enceinte fut renforcée, au XIIIe siècle, de volumineuses tours à éperon. Le système des tours pleines semi-cylindriques ne fut pourtant pas abandonné : on le retrouve en particulier à Bressuire (Deux-Sèvres), où les tours ont 8 mètres de diamètre et sont distantes de 8 à 12 mètres. A Gand, vers 1180, Philippe d'Alsace réduisit considérablement la superficie du château comtal et le dota d'une enceinte elliptique flanquée de vingt-quatre échauguettes semi-circulaires posées en encorbellement sur des contreforts rectangulaires : en raison, sans doute, de la fragilité de ces tourelles, la formule ne fit guère école. Ce n'est qu'à Douvres, vers 1190, qu'un flanquement réellement efficace fut obtenu par la construction de quatorze tours rectangulaires régulièrement espacées, en saillie sur la courtine qu'elles commandaient de toute la hauteur de leur dernier étage. A Château-Gaillard, à l'extrême fin du XIIe siècle, deux systèmes différents furent utilisés. L'enceinte intérieure, de tracé elliptique, est formée de tourelles semi-circulaires pleines, presque jointives, d'environ 3 mètres de diamètre. L'enceinte extérieure, de tracé polygonal, est flanquée de tours cylindriques creuses, de 7 à 11 mètres de diamètre. Leur espacement varie de 9 mètres, sur le front le plus exposé, à 42 mètres. Leur saillie très prononcée et leur répartition le long de la courtine leur permettaient de s'épauler mutuellement et de battre d'un bout à l'autre le pied des remparts et les abords du fossé.

Les châteaux construits par Philippe Auguste ont des tracés beaucoup plus simples que ceux des forteresses élevées par les Plantagenêts. En plan, ils dessinent le plus souvent un quadrilatère flanqué de tours rondes. L'enceinte du château du Louvre, construite à la fin du XIIe siècle, mesurait 75 mètres de côté; elle était flanquée de grosses tours d'angle cylindriques, fortement saillantes. Deux tours semi-circulaires étaient plantées chacune au milieu d'un côté, tandis que les entrées percées dans les deux autres courtines étaient encadrées par deux tours plus petites, également de plan semi-circulaire.

Le château de Dourdan, construit par Philippe Auguste peu avant 1222, mesure environ 70 mètres de côté. L'un des angles est occupé, nous l'avons vu, par le donjon, les trois autres étant renforcés par des tours cylindriques plus petites. Trois tours semi-circulaires ont été construites chacune au milieu d'une courtine, tandis que deux autres encadrent l'entrée ouverte sur le quatrième côté. Presque toutes les tours sont actuellement arasées au niveau du sommet du rempart; elles possédaient, à l'origine, deux étages voûtés sur croisées d'ogives. Elles sont renforcées d'un talus à la base et l'épaisseur de leurs murs est la même que celle des courtines (2,60 m). Seules les tours d'angle comportent un escalier pris dans l'épaisseur du mur. L'étage supérieur

Druyes-les-Belles-Fontaines (Yonne). En haut, vue générale du château dépourvu de donjon. En bas, l'entrée du château percée dans l'une des tours quadrangulaires de l'enceinte.

des autres tours n'était accessible que par le chemin de ronde qui passe au sommet des courtines.

Yèvre-le-Châtel (Loiret), dont la construction est due également à Philippe Auguste, ne comporte pas de donjon. Son plan est celui d'un quadrilatère d'une trentaine de mètres de côté flanqué de tours d'angle; celles-ci présentent la forme d'un cylindre coupé : la portion comprise à l'intérieur des courtines a été remplacée par un mur droit. Un grand arc angulaire, noyé dans la maçonnerie, est bandé entre les tours d'angle. Le diamètre de la tour du nord-ouest est de 10,20 m environ, celui des trois autres est de l'ordre de 9,50 m. Leur base, qui s'épaissit en talus, est pleine. Elles comportent actuellement deux étages; seul le premier a conservé ses voûtes d'ogives. Les salles présentent, à l'intérieur, un plan hexagonal. Les tours communiquent au niveau du rez-de-chaussée soit avec la cour, soit avec les bâtiments résidentiels situés le long de la courtine ouest. Un escalier en vis, pris dans l'épaisseur du mur, permet d'accéder aux étages de trois de ces tours. La tour du nord-ouest présente deux rampes, ménagées elles aussi dans l'épaisseur du mur, et disposées de telle sorte que, pour accéder au second étage, il fallait traverser la salle du premier : nous avons vu que cette disposition se rencontre également dans certains donjons de Philippe Auguste. Le chemin de ronde traverse les tours au niveau du premier étage. Il était bordé extérieurement d'un parapet dont les vestiges, hauts de 3 mètres, subsistent par endroits.

Les châteaux sans donjon se multiplièrent à partir de la fin du XIIe siècle. Celui de Druyes-les-Belles-Fontaines (Yonne) est adossé à une falaise. L'enceinte dessine, en plan, un carré de 53 mètres de côté, flanqué de quatre tours d'angle cylindriques. Trois autres tours, quadrangulaires cette fois, sont plantées au milieu des courtines, à l'exception de celle qui surplombe l'escarpement. L'entrée du château est percée à travers l'une de ces tours médianes. A Châtel-Guyon (Puy-de-Dôme), l'enceinte construite par le comte d'Auvergne à la fin du XIIe siècle avait la forme d'un quadrilatère dont les angles étaient renforcés par des tours cylindriques. Elle mesurait intérieurement 20 mètres sur 23, et les tours d'angle, fortement saillantes, avaient 8 mètres de diamètre. Le château du Coudray-Salbart (Deux-Sèvres), construit sans doute dans la première moitié du XIIIe siècle, présente un plan en trapèze, dont le plus long côté mesure 70 mètres. Il est cantonné de tours d'angle : celles de l'ouest sont cylindriques tandis que celles de l'est ont un plan en amande qui rappelle les tours à becs de l'enceinte de Loches. L'entrée est ouverte à tra-

I : *Coucy (Aisne)* — *Les tours de la première enceinte* (XIIIᵉ *siècle*).

II : Suscinio (Morbihan) — Château des ducs de Bretagne (XIIIe-XVe siècles).

III : Chevenon (Nièvre) — Château bâti par le capitaine du donjon de Vincennes (fin XIVe siècle).

IV : Tarascon (Bouches-du-Rhône) — Vue générale du château de Louis II-Louis III et René d'Anjou (XIVe-XVe siècles).

vers une tour cylindrique située au milieu de la courtine ouest. Le front oriental, le plus exposé, est renforcé par une tour plus petite, elle aussi cylindrique. Une gaine de circulation a été aménagée dans la maçonnerie des courtines, sur toute leur longueur. Le couloir, voûté en berceau fait un peu plus d'un mètre de large; il n'est interrompu que par la tour à bec de l'angle sud-est. Il est armé de meurtrières qui regardent pour la plupart vers l'extérieur, mais quelques-unes s'ouvrent sur la cour.

Lorsque le relief se prête mal à la construction d'une enceinte quadrangulaire, le château reçoit parfois un tracé polygonal : ainsi le château de Montreuil-sur-Mer (Pas-de-Calais), construit par Philippe Auguste. A Fère-en-Tardenois (Aisne), le château élevé au début du XIIIe siècle comporte une enceinte heptagonale flanquée aux angles de grosses tours cylindriques. L'entrée est défendue par deux petites tours rectangulaires à éperon.

IV. Les organes de défense

L'entrée d'un château constitue, bien évidemment, le point le plus vulnérable de l'enceinte. Pendant tout le XIe et la plus grande partie du XIIe siècle, l'accès se faisait à travers le rez-de-chaussée d'une tour-porche. Nous avons vu qu'à l'extrême fin du XIIe siècle, l'entrée du château de Druyes-les-Belles-Fontaines était percée à la base d'une tour quadrangulaire, et que celle du Coudray-Salbart, au XIIIe siècle, s'ouvrait au rez-de-chaussée d'une tour cylindrique. Au château de Gand, vers 1180, on s'était déjà efforcé de pallier les défauts d'un tel dispositif : l'entrée, percée dans une grosse tour carrée, était précédée d'un passage voûté de 20 mètres de long, qui débouchait entre deux échauguettes. Cette formule n'a guère trouvé d'adeptes. On lui a préféré le dispositif utilisé pour la première fois, semble-t-il, au château de Douvres quelques années plus tard : le passage d'entrée ouvert dans la courtine est flanqué par deux tours reliées entre elles par une voûte. C'est le système qui fut utilisé dans la plupart des grands châteaux jusqu'à la fin du Moyen Âge. Les ingénieurs de Philippe Auguste l'employèrent au Louvre, à Dourdan et à Montreuil-sur-Mer. Ils perfectionnèrent le dispositif en adossant les tours à un pavillon qui comprenait, au-dessus du porche, une salle de garde.

Transformées ainsi en véritables châtelets, les entrées étaient souvent protégées en outre par des ouvrages avancés. A Douvres, les deux portes de l'enceinte intérieure construite par Henri II étaient défendues chacune par une barbacane; celle du nord, qui subsiste seule, n'est pas flanquée; celle du sud, qui fut détruite au XVIIIe siècle, comportait deux tours, mais peut-être s'agit-il d'additions postérieures. Le fort Saint-Georges, construit par Henri II devant le château de Chinon, est séparé de celui-ci par un vaste fossé. C'est un quadrilatère irrégulier de 40 mètres sur 110. Défendu au sud par un escarpement, au nord par une dépression naturelle, il est renforcé à l'est, du côté le plus vulnérable, par deux tours quadrangulaires; celle qui est située près de l'angle nord est dotée d'un éperon. Au Château-Gaillard, un ouvrage avancé presque triangulaire, flanqué au sommet d'une tour cylindrique et de tours semi-circulaires sur les côtés, protégeait le château du côté le plus exposé. On pénétrait dans cette barbacane par sa face intérieure, en franchissant le fossé qui la séparait du château.

La largeur et la profondeur des fossés paraissent avoir été sensiblement accrues à la fin du XIIe et au XIIIe siècle. Leur rôle était de tenir à distance les corps de mineurs et surtout les engins ennemis, machines de jet et beffrois montés sur roues. Cette dernière préoccupation apparaît clairement dans la description des travaux que l'évêque d'Auxerre, Hugues de Noyers (1183-1206), fit réaliser au château de Noyers (Yonne). Dans le même ordre d'idées, Alexandre Neckam recommande, vers la fin du XIIe siècle, d'établir une double ceinture de fossés. A partir de cette époque, les flancs des fossés ont été parfois consolidés d'un revêtement de pierres : ainsi Philippe Auguste donna-t-il l'ordre de paver les fossés des forteresses d'Orléans, Villeneuve-sur-Yonne et Laon.

Les postes de tir, dans la seconde moitié du XIIe et au début du XIIIe siècle, demeurent concentrés essentiellement au sommet des tours et des courtines. A partir de la fin du XIIe siècle, les tours sont généralement voûtées, ce qui permet d'aménager des terrasses pour les machines de jet. Les hourds ne furent remplacés que très lentement par les mâchicoulis de pierre, constitués par des arcs bandés entre des contreforts. Ceux-ci ne se diffusèrent en Occident qu'à la fin du XIIe siècle. A Niort, les mâchicoulis sont sans doute postérieurs au donjon construit sous Henri II Plantagenêt. Ceux du donjon du Château-Gaillard datent de 1197-1198. Les mâchicoulis ne paraissent pas avoir été employés dans les forteresses bâties par Philippe Auguste. Les *Très riches heures du duc de Berry* représentent le donjon de Dourdan encore garni de hourds.

Si la défense active continua à reposer principalement sur le tir à la verticale, on ouvrit cependant des meurtrières dans les parties basses des tours. A la fin du XIIe siècle, les couloirs périphériques armés d'archères aménagés dans

Laval (Mayenne). Coupe du sommet du donjon laissant voir la charpente du hourd (XIIe siècle). Relevé de l'architecte des Monuments Historiques (1864).

V. Aménagements résidentiels

En raison de la contraction de la superficie occupée par la fortification, le château tend à devenir la résidence exclusive du seigneur et de sa famille : alors qu'auparavant les chevaliers avaient souvent leur propre maison à l'intérieur du château de leur seigneur, à partir de la fin du XIIe siècle, ils vont généralement vivre sur leurs terres. Lorsque l'évêque d'Auxerre, Hugues de Noyers (1183-1206), reconstruit son château, il commence par expulser ses chevaliers en rachetant leurs maisons. Ce phénomène explique en grande partie le pullulement des maisons fortes au XIIIe siècle.

Si les donjons circulaires et polygonaux n'ont guère servi d'habitation permanente, les donjons quadrangulaires construits dans la seconde moitié du XIIe siècle ont souvent eu une fonction résidentielle. Celui de Douvres comportait deux étages d'habitation communiquant avec deux chapelles superposées placées dans l'avant-corps. Ils présentaient chacun deux grandes pièces séparées par un mur de refend, des chambres réservées dans l'épaisseur des murs, et des latrines. Le second étage, dont les baies présentent une décoration plus élaborée, était sans doute l'étage royal; il donnait accès directement à la plus grande et la plus belle des chapelles, alors que celle qui desservait l'étage inférieur ne pouvait être atteinte que par l'un des vestibules de l'avant-corps. L'une des pièces prises dans l'épaisseur du mur, au second étage, donnait accès au puits. On voit encore l'orifice de deux tuyaux de plomb qui permettaient de faire parvenir l'eau à d'autres parties du donjon. Il n'y a pas, à proprement parler, de grande salle d'apparat au donjon de Douvres, mais il est possible que l'une des deux grandes pièces du second étage ait servi à cet usage sous Henri II, l'autre constituant la chambre royale. Une nouvelle résidence, comprenant la grande salle *(aula)*, la chambre royale et une chapelle, fut construite à l'est du château, le long de la courtine, dans la première moitié du XIIIe siècle. Les *Pipe Rolls* révèlent que les successeurs d'Henri II dépensèrent des sommes considérables pour l'aménagement de leurs demeures.

l'épaisseur des maçonneries des donjons de Châteaudun et Châtillon-Coligny fournissaient des étages de tir supplémentaires. Des gaines de circulation analogues, aménagées cette fois dans la maçonnerie des courtines, au niveau du sol, se retrouvent aux châteaux de Chalucet et du Coudray-Salbart.

La meurtrière droite resta en usage encore au XIIIe siècle. Elle tendit alors à s'allonger et à se rétrécir. Guillaume le Breton relate que le duc de Bourgogne, au moment où il s'apprêtait à soutenir le siège de Philippe Auguste en 1184, à Châtillon-sur-Seine (Côte-d'Or), fit approfondir les fossés et poser des hourds au sommet des tours, mais veilla également à faire percer dans les murs des meurtrières longues et étroites. Pour ne pas trop affaiblir la maçonnerie, on évite de superposer les meurtrières : dans les constructions de Philippe Auguste, en particulier, elles sont décalées d'un étage à l'autre.

De nouvelles formes d'archères, telles que l'archère à étrier, qui est élargie à la base et permet un tir plongeant, et l'archère à croix pattée, qui donne une meilleure vision et facilite le tir à la volée, semblent faire leur apparition dans le courant du XIIIe siècle, sans supplanter pour autant les meurtrières droites de l'âge précédent.

A partir de la fin du XIIe siècle, le seigneur et sa famille occupent le plus souvent un bâtiment distinct du donjon. Nous savons peu de chose sur ces résidences, qui ont presque partout disparu. Celles qui subsistent sont généralement adossées aux courtines. Le rez-de-chaussée, peu éclairé, servait de magasin ou de cuisine; cette dernière occupait parfois un bâtiment séparé. Au premier étage se trouvaient généralement la salle d'apparat et une ou deux chambres. L'escalier qui permettait d'y accéder était parfois situé à l'extérieur du bâtiment.

A Druyes-les-Belles-Fontaines, où la résidence, accolée à la courtine, occupe tout un côté du château, le rez-de-chaussée, éclairé sur la cour, était séparé du premier étage par un plancher supporté par des corbeaux. Cet étage était occupé au centre par la grande salle non voûtée, longue de 25 mètres et décorée de neuf arcatures en plein cintre qui retombent sur des colonnettes. Elles encadrent six fenêtres. Il existait à l'origine deux murs de refend, dont seules les amorces sont visibles; ils délimitaient, de part et d'autre de la salle, deux pièces plus étroites, décorées de cinq arcatures; celle de l'axe encadre une baie. Au même niveau, des portes donnaient accès aux tours d'angle.

A Yèvre-le-Châtel (Loiret), la résidence occupe également tout un côté de la cour, le long de la courtine ouest. Au premier étage subsiste une baie en tiers-point à moitié aveuglée, au-dessous de laquelle s'ouvre l'une des trois portes d'entrée du rez-de-chaussée, à l'extrémité d'un passage voûté perpendiculaire à la façade. On a supposé que celui-ci supportait une plate-forme donnant accès à la porte du premier étage. Un escalier de bois supporté par des corbeaux était accolé au parement externe, à droite de la porte. Le rez-de-chaussée du bâtiment n'était pas voûté. Il était divisé longitudinalement par une suite d'arcades retombant sur des colonnettes. L'extrados des arcs devait supporter un muret soutenant le plancher du premier étage. Un mur de refend qui faisait toute la hauteur du bâtiment divisait chaque niveau en deux salles de dimensions inégales. La grande pièce du rez-de-chaussée fut partagée ultérieurement par la construction d'un second mur de refend. Il y avait deux cheminées au rez-de-chaussée et une au premier étage. Celui-ci était éclairé par de nombreuses baies ouvertes sur la cour intérieure du château et dans la courtine ouest. Deux ouvertures étaient percées dans les murs-pignons, à hauteur du chemin de ronde des courtines nord et sud.

A Castelnau-de-Bretenoux (Lot), le bâtiment de l'Auditoire, construit sans doute dans la seconde moitié du XIIe ou au début du XIIIe siècle, est adossé à la courtine du château. L'étage supérieur forme une grande salle largement éclairée. Deux baies en plein cintre, divisées par des colonnettes, s'ouvrent sur la cour, de part et d'autre d'une cheminée. Trois baies semblables ont été percées sur l'extérieur du château. Un donjon carré a été accolé à ce bâtiment au XIIIe siècle.

Cette conjonction dans un même ensemble de la salle seigneuriale et du donjon semble caractéristique du sud-ouest de la France; on la retrouve, au XIIe ou au XIIIe siècle, à Castet-en-Ossau, Uzos, Sainte-Colome et Pau (Pyrénées-Atlantiques). Le logis, constitué d'un bâtiment rectangulaire, est flanqué d'une tour carrée. La porte s'ouvre au niveau du premier étage, qui est éclairé par de petites baies géminées.

Outre une résidence, les châteaux abritaient généralement la chapelle seigneuriale. Celle-ci pouvait occuper l'avant-corps du donjon, comme à Douvres, une tour de l'enceinte, comme à Druyes-les-Belles-Fontaines (Yonne), ou bien un bâtiment séparé. A Chinon, Henri II construisit une vaste chapelle dotée d'une crypte à l'intérieur du fort Saint-Georges, le long d'une courtine.

Les enceintes comprenaient de nombreux autres bâtiments, dont certains étaient sans doute construits en charpente. Les sources écrites mentionnent parfois des écuries, des greniers, des moulins, des celliers, des forges etc., sur lesquels on ne sait à peu près rien. Seules des recherches archéologiques pourraient nous apporter des éléments d'information à leur sujet. La connaissance des aménagements intérieurs serait pourtant indispensable à la compréhension des fonctions des châteaux, dont nous ne voyons actuellement que l'ossature.

Certains châteaux de la fin du XIIe siècle paraissent avoir eu un caractère strictement militaire : c'est le cas de La Roche-Guyon (Val-d'Oise), où la résidence seigneuriale, située peut-être dès l'origine en contrebas de la falaise, communiquait par un souterrain avec la fortification, et de Château-Gaillard.

VI. Un nouveau type de château

C'est à la fin du XIIe et au début du XIIIe siècle que se constitue le type de château qui dominera l'architecture militaire jusqu'au XVe siècle. Il présente à l'adversaire un ensemble compact d'organes défensifs étroitement interdépendants. L'essentiel de la défense repose désormais sur l'enceinte, tracée sur un plan quadrangulaire ou polygonal et flanquée de tours régulièrement espacées qui commandent les courtines. Les bâtiments d'habitation, qui à l'époque précédente étaient le plus souvent dispersés sur toute la superficie du château, s'adossent au rempart. Le donjon tend à perdre à la fois son importance militaire et sa fonction résidentielle; lorsqu'il n'est pas purement et simplement supprimé, il est annexé à la fortification de l'enceinte. Une défense de type linéaire se substitue à la défense échelonnée en profondeur, reposant sur des obstacles successifs, dont le Château-Gaillard est sans doute l'un des représentants les plus achevés. A ces modifications architecturales correspond sans doute une tactique nouvelle, fondée sur la mobilité de la garnison. Alors que les châteaux de l'âge précédent accumulaient les obstacles destinés à retarder la progression d'un ennemi ayant réussi à prendre pied dans la fortification, les constructions de la fin du XIIe et du XIIIe siècle tendent à faciliter la circulation à l'intérieur du château. Le chemin de ronde aménagé au sommet des courtines traverse le premier étage des tours de flanquement; l'accès du donjon et des tours de l'enceinte, dans certains châteaux construits par Philippe Auguste, se fait au niveau du sol.

Cette évolution, cependant, n'a pas été uniforme. Certaines régions comme la Bretagne, l'est et le midi de la France, ont eu un retard considérable et sont restées longtemps à l'écart du mouvement. Dans les territoires mêmes où l'architecture militaire a accompli ses progrès les plus spectaculaires, on continue à construire des fortifications conformes aux modèles antérieurs. Peu de domaines de l'architecture sont aussi riches en archaïsmes que la construction fortifiée. Cela tient peut-être en partie à la complexité des fonctions du château, qui est simultanément place forte, résidence seigneuriale, centre de gestion domaniale, siège de l'autorité publique et symbole du pouvoir. Lorsque le rôle militaire du château n'était pas primordial, ou lorsque l'enjeu qu'il représentait n'était pas jugé suffisamment important, on a pu donner parfois délibérément la préférence à une forme de fortification périmée : on voit ainsi parfois un même seigneur construire des châteaux de valeur militaire très inégale. Mais c'est surtout dans la modification profonde des conditions économiques de la construction des châteaux qu'il faut rechercher l'explication de ces archaïsmes. L'introduction des formes nouvelles de fortification a eu en effet des répercussions sociales très profondes. Tant que la construction en terre et en bois a dominé la fortification, on peut admettre qu'il y avait peu de différence, sur le plan de la valeur militaire, entre les châteaux élevés par des princes territoriaux et ceux construits par de petits seigneurs. La diffusion des donjons de pierre a introduit un premier clivage, dans la mesure où la construction en maçonnerie exigeait l'achat du matériau et le recours à une main-d'œuvre spécialisée. L'utilisation de la pierre restait limitée cependant à un seul élément de la fortification, et la conception du château demeurait inchangée.

Tout se transforme à partir du dernier tiers du XIIe siècle avec l'apparition des nouvelles formes de fortification. L'utilisation de la maçonnerie pour l'ensemble du château a entraîné une augmentation impressionnante du coût de la fortification. L'adjonction au rempart de tours de flanquement régulièrement espacées, le percement de meurtrières dans les parties basses des murs multiplièrent les postes de tir et exigèrent sans doute des effectifs plus nombreux. Seuls les seigneurs capables de réaliser un énorme investissement pour la construction de leur château ont pu suivre les transformations de la fortification. Les autres restèrent fidèles aux modèles anciens et perdirent souvent, dans une large mesure, leur rôle politique. Les progrès dont témoignent les grands châteaux de la fin du XIIe et du XIIIe siècle allèrent de pair avec le pullulement de résidences fortifiées qui ne devaient rien aux perfectionnements de l'architecture militaire. Les défenses dont s'entourent les maisons fortes construites à cette époque semblent destinées surtout à affirmer le statut social de leur possesseur. Elles étaient capables de résister à un coup de main, mais leur rôle militaire était tout à fait secondaire.

L'architecture militaire des Francs en Orient

Henri-Paul Eydoux (†)

Entre la prise de Jérusalem en 1099 et la reconquête par les musulmans des dernières places des États latins, il s'est écoulé une période de près de deux siècles, marquée par une floraison de châteaux et de places fortes qui n'a guère d'équivalent dans l'histoire de l'architecture militaire. Ernest Renan, qui connaissait bien le Proche-Orient où il avait accompli sa célèbre *Mission en Phénicie,* pouvait écrire en 1863 : « L'activité déployée par les Francs dans ces contrées est quelque chose de prodigieux. Ce qui frappe surtout au premier coup d'œil en Syrie, ce sont les constructions des Latins. Aucune empreinte n'a effacé celle-là. »

On peut estimer à une centaine le nombre de châteaux construits par les croisés. De beaucoup d'entre eux, il ne reste que le souvenir. D'autres ne présentent guère que des vestiges. Il en est enfin un certain nombre qui sont bien conservés, notamment ces trois géants que sont le Crac des Chevaliers, le Sahyoun et le Marqab. S'échelonnant sur quelque 900 kilomètres du nord au sud, des montagnes du Taurus à la mer Rouge, ces monuments militaires relèvent aujourd'hui de cinq États : la Turquie, la Syrie, le Liban, Israël et la Jordanie. A quoi s'ajoute Chypre où les Francs, chassés des rives asiatiques, se réfugièrent, conférant tout son éclat à ce royaume insulaire, qui fut, jusqu'au XVe siècle un brillant reflet de la civilisation occidentale.

L'étude de l'architecture militaire des Francs fut entreprise par G. Rey qui publia en 1871 un ouvrage remarquable. A la faveur du mandat sur les États du Levant confié à la France après la Première Guerre mondiale, Camille Enlart et surtout Paul Deschamps poursuivirent des enquêtes approfondies. Le sujet n'est cependant pas épuisé. Il doit en particulier être complété par la connaissance des châteaux du royaume de la Petite Arménie, dont l'architecture eut une influence certaine sur celle des Francs. On ne peut ici qu'esquisser à grands traits une matière dont la richesse est incomparable.

I. Les châteaux de Terre sainte

L'abondance des châteaux

La profusion et l'importance des forteresses franques ont été déterminées par plusieurs raisons. D'abord les croisés ont transposé en Orient le régime féodal, dont le château était le symbole, l'affirmation et le centre. D'emblée, les territoires conquis avaient été découpés en royaume de Jérusalem, principauté d'Antioche, comté de Tripoli et comté d'Édesse (ce dernier n'exista qu'un demi-siècle). Au sein de ces quatre grandes entités, on assista à une véritable curée de fiefs, certains seigneurs se taillant la part du lion, d'autres devant se contenter de peu. Ce morcellement se révélait d'autant plus dangereux que les effectifs militaires étaient limités. On estime que le corps des croisés qui attaqua Jérusalem ne comptait pas plus de mille cinq cents chevaliers. Tancrède en avait seulement quatre-vingts quand il s'empara de Tibériade, gagnant par là le titre de prince de Galilée.

La plupart des barons francs se trouvaient ainsi dans une situation précaire, ne devant guère compter sur le secours éventuel d'une armée de quelque importance. Leur faiblesse les contraignit souvent à s'entendre avec les chefs musulmans locaux, à passer avec eux de véritables pactes de non-agression, mais c'était s'allier avec le diable. La meilleure solution ne consistait-elle pas à se bâtir des châteaux puissants? Ils ne s'en firent pas faute. Le problème n'était pas résolu pour autant car il fallait des hommes pour en assurer la défense. Où les trouver? On fit bien appel, comme nous le verrons, à des auxiliaires indigènes, mais on ne comptait guère sur eux et il fallait au surplus les payer.

La situation pouvait paraître sans issue. Heureusement, les ordres religieux et militaires — les templiers et les hospitaliers de Saint-Jean-de-Jérusalem — intervinrent à point nommé. Constituant des cohortes de chevaliers obéissant à des règles strictes, disposant de ressources considérables, ils allaient prendre en charge les grands châteaux francs. Dès 1142, le comte de Tripoli, bien que seigneur puissant, confiait le Crac des Chevaliers aux hospitaliers qui se verront remettre en 1186 le Marqab par le prince d'Antioche. Ils se trouvaient ainsi dotés de deux places capitales qui, à elles seules, proclamèrent jusqu'aux derniers jours l'efficacité de leur organisation et le courage de leurs chevaliers. De leur côté, les templiers se taillèrent une belle part, avec des châteaux dont nous reparlerons peu ou prou au cours de ce chapitre : Saphet, Tortose, Chastel Pèlerin (Athlit), Chastel Blanc (Safita), Belvoir en Galilée, Beaufort, d'autres encore. Dernier-né des ordres religieux et militaires de la Terre sainte, l'ordre teutonique, tout occupé de ses entreprises en Europe de l'est, construisit cependant un magnifique château : Montfort, à 35 kilomètres au nord-nord-est de Haïfa.

Quand on dresse une carte des châteaux francs, on est frappé du curieux saupoudrage qu'ils constituent. Leur implantation ne s'est pas faite en effet selon un programme méthodique, mais au

Le Proche-Orient à l'époque des Croisades.
+ *villes et places franques,*
▲ *villes et places musulmanes,*
□ *villes et places arméniennes.*

gré de la conquête et à l'échelle des ambitions de chacun. Peu d'emplacements inédits : les seigneurs de la croisade se sont, la plupart du temps, installés sur des sites qui avaient été déjà occupés par les Byzantins ou les Arabes, sinon même les Romains. Rien d'étonnant à cela : les impératifs stratégiques restaient sensiblement les mêmes ; au surplus, les croisés, soucieux de se fixer rapidement et à moindres frais, trouvèrent tout avantage à utiliser des bâtiments subsistants. Si ceux-ci étaient ruinés ils y prélevaient au moins les matériaux comme dans une carrière.

C'est ainsi que le Sahyoun des Francs se greffa sur une forteresse byzantine que l'empereur Jean Zimiscès avait construite à la fin du Xe siècle et dont il reste toujours, d'ailleurs, d'importants éléments. De même le Crac des Chevaliers prit la place d'un château arabe où, au début du XIe siècle, avait été installée une colonie de Kurdes — d'où le nom de Hosn el Akrad, le *château des Kurdes,* par lequel les musulmans continuèrent d'appeler le Crac pendant l'occupation franque. Le château du Marqab et celui d'Akkar qui, au sud de la trouée d'Homs, faisait face au Crac des Chevaliers, prirent tous deux la place d'une forteresse arabe. Dans l'extrême nord, les Romains, puis les Byzantins, avaient successivement occupé la position de Baghras qui, commandant le passage de la Cilicie à Antioche, devint le Gaston des croisés.

La notion de châteaux de frontière n'exista pas dans l'Orient franc, au point même que la ligne du Jourdain, cependant si importante, resta longtemps sans défense. C'est tardivement qu'y furent bâtis deux grands ouvrages : le château de Belvoir et le Chastellet, au gué de Jacob. D'ailleurs, les limites entre les puissances franque et arabe furent constamment mouvantes. En fait, les croisés se contentèrent d'une bande côtière, étroite et étirée, correspondant sensiblement à la Phénicie de jadis. S'ils menacèrent les grandes villes de l'intérieur — Alep, Hama, Homs, Damas — jamais ils ne les occupèrent. Pour une défense efficace des confins, il eût fallu une densité de forteresses que les croisés étaient bien en peine d'établir et d'entretenir. Malgré tous les châteaux épars, les territoires des uns et des autres restaient fluides. Les incursions d'un Saladin ou d'un Renaud de Châtillon prirent parfois les caractères de véritables promenades.

Les châteaux anti-châteaux

Les croisés fonçant d'Antioche sur Jérusalem n'ont affronté aucune des places fortes arabes qui se dressaient sur leur parcours. Il est notoire en effet qu'au Moyen Âge, les châteaux ne formant

Carte de la Syrie franque. Elle montre la situation géographique des trois grands châteaux demeurés en état : le Crac des Chevaliers qui commandait la trouée d'Homs, le Marqab (ou Margat) et le Sahyoun (ou Saone).

jamais une ligne de défense continue, une troupe pouvait se glisser entre eux en les évitant. Par contre, si l'occupation du pays devait être permanente, il importait à tout prix de les réduire. Les croisés ne purent mieux faire que de dresser en face des châteaux arabes leurs propres châteaux, aptes à les tenir en respect et à servir de base d'attaque. Il s'ensuivit tout une génération de ce qu'on pourrait appeler les châteaux anti-châteaux.

Déjà, débouchant en Orient, les croisés avaient construit trois ouvrages pour bloquer Antioche. Dès le début de la conquête, ils envisagèrent de réduire Sour, l'antique Tyr des Phéniciens. Pour l'isoler vers l'intérieur et aussi pour constituer contre cette ville une base d'attaque, Hugues de Saint-Omer, prince de Galilée, construisit vers 1104, à 35 kilomètres, le château de Toron (Tibnin en arabe). Celui-ci fut complété, en 1116, par le château de Scandelion, bâti à l'emplacement où, dit-on, Alexandre le Grand avait campé et élevé un fortin alors qu'il assiégeait la cité phénicienne. Sous cette double pression, et après un siège mémorable, Tyr finit par tomber aux mains des Francs en 1124.

Un semblable dispositif fut adopté contre Ascalon (à 50 kilomètres au sud de Tel-Aviv). Les Égyptiens en avaient fait une base côtière importante, avec une forte garnison, menaçant le royaume de Jérusalem. Le roi Baudouin Ier commença par dresser un écran de petits ouvrages, mais, comme ils se révélaient inefficaces, Foulque d'Anjou décida par la suite de construire trois grands châteaux : Blanche Garde, Ibelin et Beth Gibelin. Ils formèrent une véritable ceinture complétée par un château à Gaza. Ascalon finit par tomber en 1153.

Pour réduire la ville de Tripoli — la Triple des croisés — Raymond de Saint-Gilles, comte de Toulouse, construisit à quelque distance, sur le mont Pèlerin, une puissante forteresse, qui, par déformation du nom de Saint-Gilles, continuera à être appelée en arabe Qalaat Sandjil.

Toute expansion des Francs était conditionnée par la construction de châteaux. Ce fut le cas lors de la grande poussée dans la Terre d'outre-Jourdain en direction de la mer Rouge. Alors furent bâtis le très grand château de Kérak, celui de Montréal (ainsi appelé parce qu'il fut l'œuvre du roi Baudouin Ier) et jusqu'à un château sur la mer Rouge, sur l'îlot de Graye.

En même temps, les Francs s'installèrent à Pétra, au cœur de ce monde lunaire qu'avaient illustré les Nabatéens. Là, ils élevèrent deux châteaux qui sont parmi les plus curieux et les plus audacieux qu'ils aient inscrits à leur actif.

A la vérité, les châteaux de l'Occident et ceux de l'Orient procédaient d'une conception toute différente. Si ces derniers devaient être en mesure de résister à de longs sièges (le Marqab était doté d'approvisionnements lui permettant de tenir cinq années), ils étaient essentiellement des châteaux de défense active et même d'attaque. A la différence des châteaux d'Europe, aux minimes garnisons, ils abritaient des troupes importantes, susceptibles d'effectuer des sorties, des rezzous et même des opérations de grande envergure.

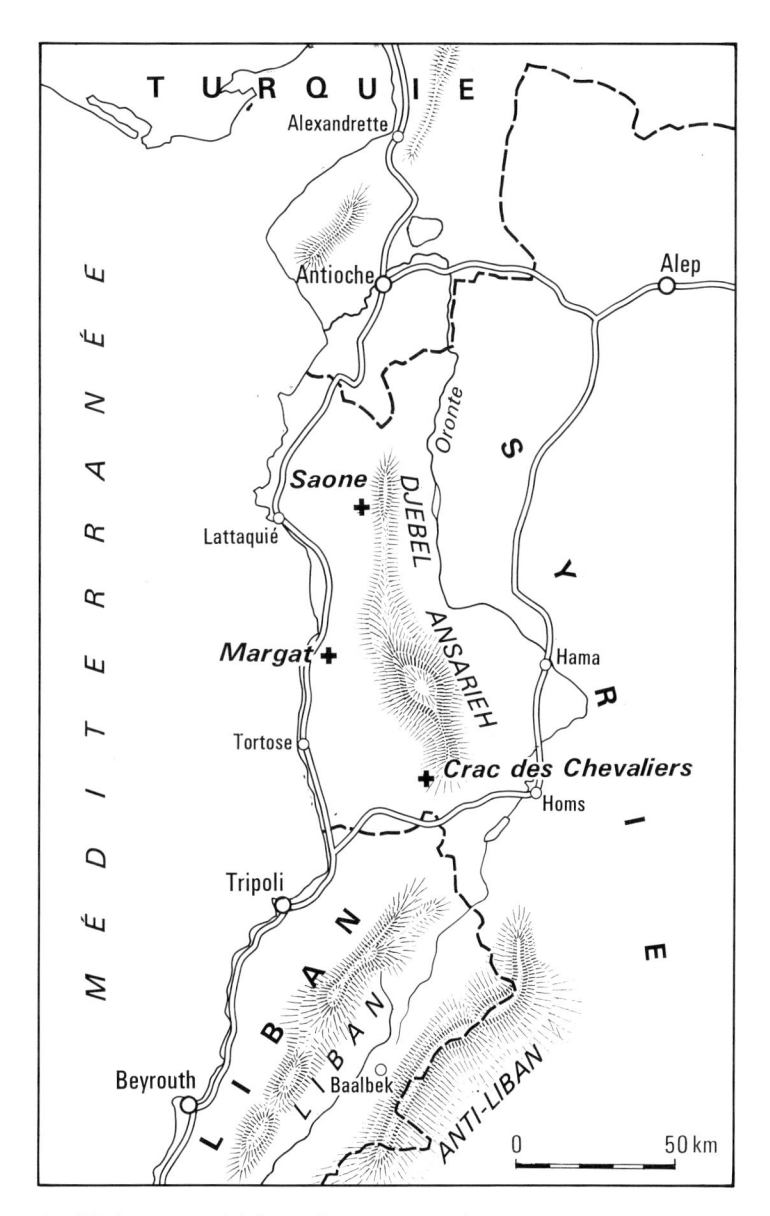

Des réalisations démesurées

L'évêque d'Utrecht, Wilfrand d'Oldenburg, qui visita le Crac des Chevaliers dans les premières années du XIIIe siècle, fait état d'une garnison de temps de paix de deux mille hommes. Au château de Saphet, près d'Haïfa, les templiers entretenaient normalement mille sept cents personnes et deux mille deux cents en temps de guerre. La garnison proprement dite comprenait cinquante chevaliers et trente frères, cinquante *turcoples,* trois cents ingénieurs et servants pour les machines de jet, et plus de huit cents esclaves pour le service. Lorsque le château de Beaufort capitula, il abritait vingt-deux chevaliers, quatre cent quatre-vingts hommes et, au surplus, toute une population de femmes et d'enfants.

De tels chiffres ne doivent pas nous tromper. Le personnel militaire des Francs fut notoirement insuffisant. Passe encore quand ils avaient en face d'eux des chefs musulmans divisés, avec lesquels ils composaient tant bien que mal, mais le problème sera tout autre lorsqu'un sultan fédérateur, unifiant les forces arabes, entreprendra une reconquête à allure de guerre sainte. Cela se traduira par le désastre infligé par Saladin aux troupes franques à la bataille de Hattin en 1187 et, plus tard, à la fin du XIIIe siècle, par la chute des places franques sous les coups de Beibars.

Les troupes indigènes auxquelles les Francs eurent recours étaient recrutées parmi les populations chrétiennes du Levant et même parmi les musulmans. Les *turcoples* constituaient des corps bien organisés; portant l'armure légère de type oriental, ils étaient utilisés comme cavaliers et archers, jouant le rôle d'avant-garde au profit des chevaliers et des hommes à pied qui formaient le corps de bataille lourd.

L'emploi de ces troupes indigènes n'était pas sans danger. Le sultan Nour ed-Din faillit s'emparer du Crac des Chevaliers grâce à la complicité d'un *turcople,* mais le stratagème échoua. Quand Beibars s'attaqua à la fameuse forteresse templière de Saphet, désespérant de la prendre de vive force, il obtint la trahison d'un Syrien chrétien, Léon le Casalier, homme de confiance des templiers.

Tout à la fois bases de repli et d'attaque, places de sûreté dans des territoires jamais totalement dominés, souvent centres d'exploitation agricole importants, les châteaux d'Orient prirent des dimensions inconnues en Europe. C'est ainsi que le Sahyoun couvre cinq hectares, le Marqab quatre et le Crac des Chevaliers deux hectares et demi.

L'Orient fut, dans une certaine mesure, un *Far West* pour les Francs, tout comme l'Asie Mineure jadis pour les Grecs qui y avaient trouvé des libertés plus grandes que dans leurs républiques d'origine, y créant des villes et y élevant des monuments hors de leur échelle habituelle. Sur les rivages d'Asie, agissant en conquérants, dégagés des contraintes de la vieille Europe, les croisés caressèrent des rêves de grandeur. Le moindre petit seigneur, titulaire d'un modeste fief en France, prenait là-bas la démarche d'un grand baron et exprimait son hypertrophie dans un château démesuré. L'exemple le plus typique en est donné par les seigneurs du Sahyoun. En 1108, apparaît la première mention d'un *maître de Sahyoun* : il s'appelait Robert et il était fils de Foulques. Maigre état civil! D'où venait ce personnage, sans doute le plus puissant feudataire du prince d'Antioche et qui s'offrit un colossal château? Il arrivait de France, mais de quelle région? Était-il un petit baron se taillant, par audace, un beau fief? C'est vraisemblable, car on ne sait rien de ses origines, sans doute assez obscures.

Du Sahyoun au Crac des Chevaliers

Ce château du Sahyoun, que les textes latins appelaient *Saone* et que les autorités syriennes ont rebaptisé *château de Saladin,* du nom du sultan qui, en 1188, en chassa les croisés, est situé dans les monts des Ansariés à une trentaine de kilomètres au nord-est du port syrien de Lattaquié. Dressé dans une région perdue, s'allongeant sur 750 mètres entre deux profonds ravins, c'est le plus grand et le plus beau des châteaux subsistant du XIIe siècle. Forteresse à l'état pur, où les préoccupations de défense ont été exclusives, elle est revêtue d'une âpre et sévère beauté.

Le château proprement dit est dominé par la masse énorme du donjon de plan carré, de vingt-cinq mètres de côté. La basse-cour, immense et entièrement entourée d'une solide muraille, comprenait non seulement les dépendances habituelles d'un château, mais tout un village. L'audace et la démesure des bâtisseurs francs sont bien exprimées par le fameux fossé creusé pour isoler de la montagne attenante le promontoire sur lequel fut bâti le Sahyoun. C'est une des réalisations les plus spectaculaires du Moyen Âge. Nulle part ailleurs une coupure artificielle n'a atteint une telle ampleur. Elle ne mesure pas moins de 156 mètres de long et de 25 mètres de haut; quant à la largeur, elle varie de 14 à 20 mètres. Afin de les rendre vraiment inaccessibles, on a taillé les parois avec une parfaite verticalité, n'offrant aucun ressaut, aucune aspérité qui aurait pu favoriser une tentative d'escalade. Au centre fut réservée la haute pile destinée à supporter un pont mobile. On a peine à imaginer l'énorme travail qu'a représenté

Château du Sahyoun (Syrie). A gauche, aiguille de 28 mètres de haut, réservée dans le rocher comme support du pont-levis, lors du creusement du grand fossé.
A droite, tours talutées à bossages (première moitié du XIIe siècle), de plan rectangulaire ou semi-circulaire.

une telle entaille : on estime à environ cinquante mille mètres cubes la masse des pierres qu'il fallut extraire et qui ont dû être, d'ailleurs, utilisées pour la construction du château.

Ce procédé a été employé par les Francs pour d'autres châteaux, tel celui de la petite ville libanaise d'Enfe, au nord de Batroun, qui, sous le nom de Nephin, était le chef-lieu d'un important fief du comté de Tripoli. Bâti sur une presqu'île, un fossé, long de 100 mètres et large d'une trentaine, fut taillé dans le roc au niveau de la mer, afin de l'isoler complètement de la terre.

Le château le plus réputé, qui attire de nombreux touristes, est à juste titre le Crac des Chevaliers. Construit par les chevaliers de l'Hôpital à partir de 1142, pris par les musulmans seulement en 1271, ses défenses ont été constamment améliorées en fonction des progrès de la science militaire jusqu'à constituer une des forteresses les plus perfectionnées qu'on puisse imaginer.

Situé à l'est de Tripoli, il se trouve aujourd'hui sur le territoire de la Syrie à proximité de la frontière nord du Liban. Dressé à 650 mètres d'altitude, il commande la *trouée d'Homs*, un grand passage historique faisant communiquer la Méditerranée avec la Syrie intérieure, pays menaçant et jamais jugulé par les Francs. Un texte du début du XIIIe siècle qualifiait la forteresse de *clé de la terre chrétienne*, tandis qu'un chroniqueur arabe parlait d'un *os enfoncé dans le gosier des musulmans*.

Faire l'histoire du Crac, c'est, dans une certaine mesure, retracer celle des croisades : longues luttes, aux fortunes diverses, entre chrétiens et musulmans, parfois entrecoupées de périodes de trêve. Tout au long de son existence et jusqu'à sa chute, le Crac n'a jamais été pris. De grands chefs arabes en ont approché, en dévastant les parages sans oser affronter ses murailles. Maintenu en état après le départ des Francs, il abritait une population de plus de cinq cents habitants lorsque les services archéologiques français entreprirent, après la Première Guerre mondiale, de le dégager et de le restaurer. Ce fut un immense travail dont on est essentiellement redevable à Paul Deschamps.

A la différence du Sahyoun, qui s'allonge sur 750 mètres, le Crac est un monument concentré, ne comportant pas de basse-cour. En gros, il affecte en plan la forme d'un trapèze mesurant dans ses plus grandes dimensions 225 mètres sur 150, les surfaces nécessaires étant acquises par l'étagement des constructions. Tout se passe comme si les bâtisseurs avaient voulu présenter aux assaillants éventuels un bloc puissant, compact, dont tous les éléments se commandaient et se défendaient mutuellement sans offrir le moindre point faible. La forteresse comprend deux enceintes concentriques et relativement rappro-

66

1. Crac des Chevaliers (Syrie). Vue aérienne de la forteresse, qui couvre une superficie de 2 hectares et demi. Au fond, les grands bâtiments qui furent le dernier réduit de défense des Chevaliers de l'Hôpital.
2. Crac des Chevaliers (Syrie). On y pénétrait par une longue galerie voûtée où les obstacles étaient accumulés pour interdire la progression de l'assaillant.
3. Château du Marqab (Syrie). Le grand donjon circulaire, de 25 mètres de diamètre, est précédé au sud d'un « mur-bouclier » comportant en son centre une tour semi-circulaire.
4. Château du Marqab (Syrie). On voit les deux enceintes superposées, d'une hauteur impressionnante.

chées. L'enceinte extérieure, qui se développe sur quelque 600 mètres sans compter les saillants des tours circulaires, appartient à une deuxième campagne de construction, poursuivie de la fin du XIIe siècle à la chute du Crac en 1271. Dans son gros œuvre, la forteresse centrale est du XIIe siècle, mais avec de nombreuses modifications au XIIIe. C'est à cette dernière période qu'appartiennent la magnifique salle des chevaliers et sa galerie, construites dans un élégant gothique, qui sont certainement l'œuvre d'un maître venu de France.

Le Marqab et Saphet

Dans le palmarès des châteaux francs conservés, on peut attribuer la troisième place au Marqab, que les croisés appelaient Margat. Il se dresse tout près de la Méditerranée, à 100 kilomètres au nord de Tripoli et à 60 au sud de Lattaquié. Un ancien volcan, aux flancs abrupts mais présentant un sommet en plateau, offrait une assise idéale pour construire un château. Le fief, relevant de la principauté d'Antioche, appartenait à un haut baron, du nom de Masoier, qui, n'ayant pas les moyens d'entretenir une grande place forte, l'abandonna en 1186 à l'ordre de l'Hôpital.

Le Marqab avait pour mission de défendre la route du littoral, mais aussi de surveiller les populations turbulentes de la proche montagne des Ansariés. Bordé de précipices, ceinturé d'un double rempart, il défia les attaques. En 1271, sa garnison, composée de deux cents chevaliers et deux cents hommes d'armes, réussit à mettre en fuite une armée de sept mille Arabes. Il allait cependant, quatorze ans après, succomber après un terrible siège, où tous les moyens d'attaque furent employés, y compris le bombardement par des perrières lançant du pétrole enflammé.

Encore aujourd'hui, le Marqab reste une forteresse impressionnante par son ampleur et la puissance de ses défenses. Commandant la soudure du plateau volcanique avec les hauteurs voisines, couvert en avancée par un énorme mur en demi-cercle formant bouclier, le donjon cylindrique n'a pas moins de 22 mètres de diamètre. Certaines des salles conservées sont de dimensions colossales. Construit en pierre basaltique, le château domine de sa masse sombre d'immenses horizons. Il était complété par une grande tour qui, dressée au bord de la mer, assurait le verrouillage de la voie côtière.

Un véritable monstre de pierre, un des plus grands ouvrages militaires jamais élevés, a malheureusement disparu, mais on a des détails précis sur sa construction : le château de Saphet (aujourd'hui la Safat israélienne), en Haute-Galilée, à 10 kilomètres au nord-ouest du lac de Tibériade.

En 1140, le roi Foulque d'Anjou y avait établi une importante forteresse; confiée aux templiers, elle fut prise par Saladin et démolie. A la suite d'un traité conclu avec l'émir de Damas, elle fut rendue aux croisés, qui la reconstruisirent en 1240 et y demeurèrent jusqu'en 1266. Un texte anonyme, le *De constructione castri Saphet,* donne des précisions que les spécialistes, notamment Paul Deschamps, ne mettent pas en doute.

Le château, de plan elliptique, couvrait une superficie de quelque 4 hectares. Une première défense était assurée par un fossé de 13 mètres de largeur et de 15 mètres de profondeur. Il y avait deux enceintes. Les murs de la première atteignaient 44 mètres de haut; la seconde comportait sept tours de 48 mètres. Une telle œuvre, qui nous déconcerte, est confirmée par les sommes énormes engagées par les templiers pour sa construction et dont le détail nous est parvenu. Le sultan Beibars se présenta devant Saphet en 1266. Vain siège, inutiles assauts : les troupes musulmanes subirent de si lourdes pertes qu'elles commencèrent à se débander. C'est par la ruse que le sultan obtint finalement la reddition de l'imprenable forteresse.

On comprend que des châteaux d'une telle puissance aient été la hantise des chefs musulmans. On vit Saladin proposer au roi Baudouin IV un étrange marché : il lui promettait la somme énorme de cent mille dinars s'il consentait à démolir le Chastellet, qu'il venait de construire au nord du lac de Tibériade, avec les chevaliers du Temple. Le roi ayant naturellement refusé, Saladin se résolut en 1179, à assiéger la forteresse; il l'emporta, l'incendia et de nombreux Francs périrent dans le brasier, tandis que sept cents autres étaient emmenés en captivité. Le château fut *rasé comme on efface les lettres d'un parchemin,* rapporte un chroniqueur.

Joinville relate un autre fait caractéristique. Saint Louis venait d'être fait prisonnier à Mansourah. On lui proposa de le libérer, avec ses principaux compagnons, en échange de la cession de quelques châteaux appartenant à des barons du pays et aux chevaliers du Temple et de l'Hôpital. Le roi repoussant ce marché, on le menaça des pires supplices. Comme il restait intransigeant, on finit par négocier une rançon, qui fut d'ailleurs fixée à une somme énorme.

Des forteresses de tout modèle

Certains des châteaux francs furent bâtis avec une rapidité déconcertante, formellement attestée par des textes. Lors du mémorable siège d'Antioche en 1097-1098, les croisés construisirent en hâte trois places fortes pour bloquer les principales issues de la ville. L'une d'elles, la Mahomerie (également appelée Château-Raymond, en l'honneur de son bâtisseur, Raymond de Saint-Gilles), fut élevée en deux semaines. Il est vrai que, tout en pouvant abriter cinq cents combattants, elle fut assez sommairement construite, avec des pierres liées par du bitume selon un procédé hérité d'une tradition mésopotamienne.

Nous avons dit plus haut quelle avait été la fin du Chastellet, auprès du gué de Jacob, un passage du Jourdain. Il avait été construit en six mois, en 1178. C'était cependant un ouvrage d'une exceptionnelle puissance. Au dire d'un chroniqueur, les murs dépassaient 10 coudées (environ 5 mètres) d'épaisseur; on employa vingt mille pierres de dimension cyclopéenne, chacune d'entre elles mesurant quelque 3,50 mètres. Mille combattants y prirent place. Voilà qui laisse loin derrière lui le délai d'un an dont le roi d'Angleterre pouvait se flatter pour la construction du Château-Gaillard.

Les Francs ont pratiqué tous les types de fortifications, allant jusqu'à aménager des grottes en forteresses. C'est le cas des *Caves de Tyron* forées dans une énorme falaise abrupte, près de Jezzine, dans le sud du Liban. Le site commandait les confins de la baronnie de Sagette, l'antique Sidon. Utilisant ici des anfractuosités naturelles, ailleurs creusant la roche, on put aménager une véritable forteresse sur plusieurs niveaux. Les Francs disposèrent d'un second site fortifié de même nature : la grotte d'El Habis Djaldak, au sud-est du lac de Tibériade, au-dessus du Yarmouk, affluent du Jourdain. Si inaccessible qu'elle fût, cette forteresse rupestre subit deux sièges, dont Guillaume de Tyr a donné le récit. Une première fois, les musulmans réussirent à déloger les Francs en creusant des mines sous l'étage inférieur; trois mois après, les croisés prirent leur revanche : ils emmenèrent des équipes de carriers qui, cette fois, se mirent à forer à partir du sommet de la montagne.

Le dernier ouvrage construit par les Francs fut la tour de Maraclée (Maraqiya en arabe). Son originalité impose qu'on en fasse mention. Maraclée était une petite place forte de la côte syrienne, entre Tortose et Banias : après s'être emparé du Crac des Chevaliers, le sultan Beibars la prit en 1271 et la détruisit. Son seigneur, dont le nom — Barthélemy — nous est donné par les chroniqueurs arabes, n'abandonna pas la partie. Expulsé de la terre ferme, il décida de s'installer en mer à une centaine de mètres en face de son ancien château. Il fit venir une quantité d'embarcations chargées de pierres qu'on coula à l'emplacement choisi. Là-dessus on éleva une grosse tour carrée de sept étages, mesurant intérieurement 13 mètres de côté, avec des murs épais de 3,50 mètres. Une autre tour, sans doute moins importante, lui était attenante : elle servait de plate-forme pour des engins de tir. Les pierres étaient unies par des crampons de fer scellés au plomb. Barthélemy installa une garnison de cent hommes dans cette forteresse maritime dont les Arabes n'avaient pu, par manque de flotte, empêcher la construction. Elle tint encore quinze ans.

II. Définition du château franc

Existe-t-il un modèle déterminé de château franc? Les archéologues, soucieux de catégories, risquent d'être déçus en ce domaine, car les forteresses d'Orient offrent les modèles les plus variés. Là comme en Occident, le socle géographique a été déterminant pour les constructions militaires. La forme même de l'éminence sur laquelle il est posé a contraint à faire du Crac des Chevaliers un château concentré, aux bâtiments étagés. Il en est de même pour le château de Beaufort, dans le sud du Liban. En revanche, le Sahyoun et le Marqab, épousant de longues arêtes rocheuses, ont pu complaisamment s'étendre, tout comme Kérak, dans l'Oultre-Jourdain, et Subeibé, dans le Golan.

Ainsi par leurs dimensions et leur aspect général, ces châteaux d'Orient sont très différents; ils inscrivent dans le paysage des silhouettes variées, aux contours souvent inattendus. Certains d'entre eux, comme le Crac des Chevaliers, n'ont pas de donjon. D'autres en ont un, construit au centre (à Safita, à Byblos) ou incorporé dans l'enceinte même (au Sahyoun, au Marqab). On imaginerait trouver, dans chaque château, une unité de construction, au moins dans la forme des tours. Il n'en est rien. On a avancé que le XIIe siècle se caractérisait par des constructions rectangulaires; or le Sahyoun compte une tour circulaire. Au Crac des Chevaliers, les rectangles et les cercles s'enchevêtrent. Le Chastel-Pèlerin, œuvre du XIIIe siècle, ne présentait, à part une petite tour ronde, que des ouvrages rectangulaires. D'aucuns ont voulu établir des familles monastiques, avançant que les templiers s'étaient adonnés plus volontiers aux constructions rectangulaires et les hospitaliers aux tours circulaires. Une analyse détaillée montre que cette assertion n'est pas exacte. En fait, on est tenté de dire que, d'une façon générale, il n'y a rien de plus souple, de moins conformiste que l'architecture militaire des

Francs. Soumise à des impératifs bien déterminés, elle a adopté les solutions les mieux appropriées aux fins de défense.

Quelques problèmes de construction

L'immensité des châteaux francs était justifiée par leur rôle de véritables casernes. Il fallait abriter des garnisons importantes, composées pour une bonne part de cavaliers (la piétaille n'avait guère sa place dans ces régions) et prévoir l'accueil des populations venant chercher refuge en cas de danger. Il n'est que de visiter le Crac des Chevaliers pour se rendre compte de quelques dispositions prises. On est frappé de l'importance des dimensions des salles. L'une d'elles épouse tout le côté ouest de la forteresse, avec retours aux extrémités; droite dans sa plus grande partie, elle ne mesure pas moins de 120 mètres de long, 8 mètres de large et 10 mètres de haut. Il n'y a sans doute, dans aucune autre construction du Moyen Âge, une salle de telle ampleur. Tout était prévu dans le Crac pour le soutien éventuel d'un long siège. Il y avait des jarres nombreuses et énormes pour la conservation de l'huile, du vin et des provisions. Une tour était couronnée d'un moulin à vent et d'une aire pour le battage.

Les problèmes d'approvisionnement en eau se posaient, dans les châteaux francs, avec une acuité particulière, en raison de l'irrégularité du régime des pluies et aussi de la nécessité d'alimenter un grand nombre d'hommes et de chevaux. Le Sahyoun était doté de deux énormes citernes, dont l'une ne mesure pas moins de 36 mètres de long et 16 mètres de haut. Le Crac des Chevaliers en comptait quatorze, il est vrai moins spectaculaires. Les Francs adoptèrent en plus le système du *berquil,* vaste bassin à ciel ouvert, plus particulièrement destiné à l'abreuvage des chevaux, aux lavages et, au besoin, à l'arrosage des jardins. Ces *berquils* étaient souvent ménagés en dehors de l'enceinte. Parfois, on captait les eaux à des sources proches et on les amenait par aqueduc. C'était le cas au Crac des Chevaliers, où un aqueduc, bien conservé, alimentait le grand *berquil*, et au château de Baghras, en Cilicie, où subsiste une arche haute de 18 mètres.

Pour ces aménagements hydrauliques, les Francs pouvaient s'inspirer des réalisations des Byzantins qui avaient excellé en ce domaine, par exemple en construisant à Résafé, l'antique Sergiopolis, dans le désert de Syrie, trois citernes contiguës d'une capacité totale de 30 000 mètres cubes. Les Francs n'hésitèrent pas devant des réalisations extraordinaires : au château de Montréal, l'actuel Chôbak, au nord de Pétra, ils avaient construit, à travers le socle rocheux, un escalier de près de quatre cents marches pour atteindre la nappe phréatique. Sans ces ressources en eau, la garnison franque n'aurait pu soutenir le siège mémorable que Saladin lui fit subir en 1189 et qui dura plus d'un an et demi. Les défenseurs furent affamés et devinrent aveugles (par la privation de sel pendant de longs mois, assure un chroniqueur). Honorant leur héroïsme, Saladin les fit conduire sains et saufs jusqu'à la principauté d'Antioche.

Malgré leur immensité et la rapidité avec laquelle ils furent pour la plupart bâtis, tous les châteaux francs sont remarquablement construits. Rien ne trahit la hâte ou un souci d'économie et tout procède d'une recherche de belle architecture, même dans les éléments les plus utilitaires. Souvent ont été mises en place des pierres énormes, par exemple au donjon du Sahyoun, où certaines dépassent 6 mètres de longueur. En Orient, on avait toujours volontiers utilisé des blocs démesurés. Il suffit de rappeler le fameux *trilithon* de l'enceinte de Baalbek, dont chaque bloc pèse 750 tonnes.

Dans les constructions franques, les pierres à bossage ont été couramment employées, qu'il s'agisse de bossage rustique ou de bossage en table. Il n'y a pas lieu de reprendre ici les discussions qui se poursuivent sur leur raison d'être et leur utilité. On invoque des motifs d'économie, puisqu'on se contentait de tailler les bordures, mais pourquoi les trouverait-on alors dans certains châteaux francs où on n'avait vraiment pas lésiné sur les moyens? On prétend également que les boulets étaient moins efficaces contre les bossages que contre une surface lisse. Mais cet argument est-il valable quand il s'agit de murs atteignant, comme au Sahyoun, jusqu'à 4 mètres et protégés par leur épaisseur même? Dans ces discussions sur les bossages, ne s'en tient-on pas trop exclusivement aux constructions militaires du Moyen Âge de l'Occident? On semble oublier que les bossages sont fort anciens et qu'on les pratiquait en Grèce dès le IVe siècle avant notre ère. Or il apparaît qu'ils avaient pour but, à l'origine, de protéger les murs non point tant en faisant ricocher les boulets sur les pierres bosselées, mais en les empêchant de frapper les joints mêmes. C'est ce qui semble ressortir en tout cas des écrits sur la poliorcétique de Philon de Byzance à la fin du IIIe siècle avant notre ère. Dans l'Orient qui restait tout imprégné d'Antiquité, n'est-ce pas cette même raison qui continuait à prévaloir au Moyen Âge aussi bien dans les constructions militaires des Francs que dans celles des Arabes?

A droite, Crac des Chevaliers (Syrie). La chapelle romane de la fin du XIIᵉ siècle, dont la sobre architecture rappelle celle des églises de Provence.

A gauche, Crac des Chevaliers (Syrie). L'implantation de cette tour circulaire sur un mur oblique est un chef-d'œuvre de stéréotomie.

En Orient, on pratiquait largement le système des mâchicoulis sur consoles de pierre, alors qu'en Occident on s'en tenait fidèlement aux hourds de bois. Faut-il voir là, comme on l'a souvent prétendu, une supériorité de l'architecture militaire orientale? Nous ne le croyons pas. Où qu'ils fussent, les ingénieurs en fortification se préoccupaient de battre le pied des murailles par des tirs verticaux à partir de dispositifs en encorbellement. Les hourds en bois avaient l'avantage de pouvoir être mis en place aisément, sans peser exagérément sur la construction. Mais ils étaient bien mal adaptés à l'Orient; le bois de construction y est rare et les engins incendiaires, si développés et si efficaces, faisaient éviter son emploi. Dans les places fortes de l'Orient, il n'y avait aucune intervention de charpentiers : pas de hourds, mais aussi pas de planchers, pas de toits en pente, d'ailleurs inutiles en raison du climat.

Dans les châteaux et fortifications bâtis dans les parages de monuments romains qui furent si nombreux dans le Proche-Orient, on voit très fréquemment des colonnes antiques placées en boutisse dans les murs. L'écrivain arabe Maqrisi, parlant de la prise, par le sultan Beibars, de Césarée que Saint Louis avait fortifiée, relate expressément que le roi avait rendu la citadelle extrêmement forte « en introduisant dans la maçonnerie des murs d'énormes colonnes de granit placées dans le sens de leur longueur, de sorte qu'on ne pouvait compter sur le succès d'un travail de mine ». Saint Louis ne fut pas l'inventeur de ce système des colonnes en boutisse (on en trouve quelques exemples dans des châteaux arabes antérieurs), mais en tout cas il le généralisa. Au château de la Mer de Sidon, qui fut une résidence favorite du roi et où il semble bien qu'il ait fait effectuer d'importants travaux, des murs sont vraiment truffés de colonnes antiques.

Une particularité du Crac des Chevaliers, impressionnant les visiteurs, est l'existence de formidables talus qui, s'allongeant sur 200 mètres et atteignant par endroits plus de 25 mètres de hauteur, supportent les tours et les courtines des deux fronts les plus exposés : ceux de l'ouest et du sud. Ils forment de gigantesques parois, construites en oblique et remarquablement parementées. Véritables corsets de pierre, ils répondaient à différents buts : donner une meilleure assise à l'enceinte, à la fois contre les travaux éventuels de sape et contre les éboulements provoqués par les tremblements de terre qui, on le sait par les chroniques, causèrent à plusieurs reprises de graves dommages au Crac. En outre, ils sont parcourus par une longue galerie intérieure — une *gaine* — par laquelle les défenseurs pouvaient, bien à l'abri, servir les archères percées à travers leur épaisseur. De tels talus, que les troupes de Beibars assiégeant le Crac purent qualifier de *montagne*, n'ont pas été réalisés, du

Château du Marqab (Syrie). La porte nord de la chapelle, dont les colonnettes ont disparu, affirme un gothique caractéristique du XIIIe siècle.

moins avec cette ampleur, dans les châteaux forts d'Europe. Sans doute empruntés aux ouvrages musulmans, ils ont été assez couramment appliqués par les Francs. En dehors du Crac, on les trouve en particulier au château de Kérak, dans l'actuelle Jordanie.

Les chapelles des châteaux

Les grands châteaux étaient naturellement dotés d'une chapelle. Quelques-uns de ces sanctuaires, transformés en mosquées par les musulmans, ont été sauvegardés. Des premiers temps de la croisade subsistent des vestiges de la chapelle de Sahyoun, du milieu du XIIe siècle, aux dimensions relativement importantes : 30 mètres de long et 9 de large. Également romane, mais un peu plus tardive est la chapelle du Crac des Chevaliers : d'une architecture toute importée de France, elle comporte une nef unique à trois travées et une abside semi-circulaire en cul-de-four.

Bien dégagée dans la grande cour du château, parvenue dans un parfait état de conservation, la chapelle du Marqab, de la fin du XIIe siècle, est un spacieux vaisseau, d'une sévère et grande beauté, mesurant 24 mètres de long et 10 de large. Détail notable : son abside en cul-de-four est encadrée par les deux petites sacristies — la *prothesis* et le *diaconicon* — qui sont fréquentes dans l'architecture syrienne. Il faut voir là l'intervention d'un architecte autochtone au service des Francs. A Safita, dans le Chastel Blanc des croisés, la chapelle basse occupe toute la partie basse de l'énorme donjon bâti à la fin du XIIe siècle; l'abside est également encadrée des deux petites sacristies typiquement orientales. Au Chastel Pèlerin des templiers, aujourd'hui Athlit, la chapelle était de plan dodécagonal, ce qui est d'autant plus intéressant à souligner qu'on veut parfois attribuer aux templiers la faveur des plans centrés.

On doit ainsi souligner la diversité des types de chapelles castrales. Il faut aussi faire valoir leurs dimensions relativement modestes, contrastant avec le gigantisme des châteaux. On doit admettre qu'elles étaient en principe réservées aux tenants — en fait peu nombreux — du rite latin, qui y admettaient cependant les catholiques de rite oriental, tels que les maronites. On sait en tout cas que, dans les villes franques, les différentes religions chrétiennes avaient leurs églises ou chapelles propres. On peut en juger encore à Famagouste, à Chypre, où un certain nombre de ces édifices sont conservés. C'est ainsi que, en dehors de la cathédrale Saint-Nicolas et des autres édifices de rite latin, subsistent la cathédrale Saint-Georges des Grecs, la paroisse Sainte-Anne des maronites, l'église arménienne de Sainte-Marie.

Un des plus beaux et des plus précieux monuments religieux des Francs, parvenu intact, est la cathédrale de Tortose, qui, si elle ne relevait pas des templiers, était comprise dans l'enceinte de leur forteresse. C'était un lieu de pèlerinage illustre. On assurait que saint Pierre se serait arrêté en ce lieu alors qu'il allait de Jérusalem à Antioche et qu'il y aurait fait construire le premier sanctuaire dédié à la Vierge. Si ses dimensions n'atteignent pas celles d'une quelconque cathédrale française, Notre-Dame de Tortose mesure cependant 45 mètres de longueur et 25 de largeur. C'est un édifice à trois nefs, remarquable par la beauté des proportions, l'ampleur des volumes et par le raffinement du décor. On y travaillait encore à la fin du XIIIe siècle, quelques années seulement avant la chute de la place de Tortose. On a d'autres exemples de constructions poursuivies par les Francs jusqu'aux derniers jours.

Les bâtisseurs des châteaux francs

On est appelé, en face de l'extraordinaire floraison des châteaux francs, à poser un certain nombre de questions, dont certaines demeurent d'ailleurs sans réponse.

D'abord, quels furent les bâtisseurs? Bien sûr, ce sont les croisés qui ont voulu ces forteresses et ont imposé leurs directives de construction, mais, venus en Orient dans des conditions précaires, tendus sur le seul objectif de la conquête, ils n'avaient pas emmené avec eux des maîtres d'œuvre et des ouvriers spécialisés.

Pour bâtir des châteaux, ils durent, au moins dans les premières décennies, avoir recours à un personnel autochtone. Celui-ci pouvait être fourni par les communautés chrétiennes de l'Orient qui se mirent tout naturellement à la disposition de leurs coreligionnaires européens. Tout aussi bien, des ouvriers musulmans acceptèrent volontiers de travailler pour les croisés. Ces derniers n'avaient que des leçons à recevoir, en matière d'architecture militaire, dans ce Proche-Orient où l'on n'avait jamais cessé de construire des forteresses imposantes, avec des dispositifs perfectionnés dont certains n'apparaîtront que beaucoup plus tard dans les châteaux et enceintes des pays européens.

Qu'il suffise de voir l'admirable château d'Okhaydir, perdu dans le désert, à 150 kilomètres au sud-ouest de Bagdad. Il offre tout le catalogue de la bonne fortification médiévale: mâchicoulis sur contreforts, archères, gaine, etc. En Occidentaux, nous serions amenés à attribuer un tel monument, par son système défensif, au XIIe ou au XIIIe siècle. Or il date du IXe et on pense qu'il a été l'œuvre d'architectes byzantins au service des califes.

Comment expliquer une telle avance de l'Orient en matière d'architecture militaire? C'est que, perpétuel théâtre d'invasions et de luttes, il fut constellé de fortifications successivement par les Assyriens, les Parthes, les Sassanides, les Romains, les Byzantins. Les populations les plus exposées étaient conduites à perfectionner constamment leurs défenses. Au premier rang, figuraient les Arméniens. Dès les IXe et Xe siècles, ils avaient construit une prodigieuse enceinte pour protéger leur capitale d'alors: Ani, au nord-est de l'Anatolie, à proximité de l'actuelle frontière turco-soviétique. Quelques décennies avant l'arrivée des croisés, ils avaient quitté, sous la pression des invasions turques, la région du lac de Van et s'étaient repliés dans le sud de l'Anatolie, occupant une partie des montagnes du Taurus. Ils y créèrent le royaume de la Petite Arménie, le couvrant de forteresses, dont beaucoup ont laissé des ruines impressionnantes. Jusqu'à une date récente, elles sont restées par trop méconnues, car les événements politiques et les médiocres équipements routiers ne favorisaient pas leur accès. Aujourd'hui on les découvre et on les étudie. Nous ne pouvons citer ici que quelques noms:

Sis, Anazarba, Yilan Kale, Namrum, Topprakale, Baghras. Elles forment l'un des plus grands ensembles existants de l'architecture militaire, alliant l'audace, l'ampleur et une science raffinée de la défense.

Les croisés, en contact étroit avec les Arméniens, ont dû être en admiration devant leurs châteaux. Il ne faut pas être grand expert en la matière pour déceler, par exemple dans le Crac des Chevaliers, maints détails qui semblent directement importés des châteaux de Sis et de Topprakale.

Plus tard, au XIIIe siècle, on verra apparaître dans les châteaux francs des structures et un style très directement importés d'Europe. Le gothique s'affirmera avec une pleine maîtrise dans les constructions telles que les grandes salles du Crac des Chevaliers, du Chastel Pèlerin (Athlit), de Tortose (Tartous). Les dégagements effectués au cours des dernières années au château de la Mer, à Sidon, ont fait apparaître des éléments ressortissant à l'art de cour de l'époque de Saint Louis. On sait que, durant son séjour en Orient (qui, ne l'oublions pas, dura cinq ans), le souverain promut tout un programme de fortifications, à Sidon, Acre, Césarée, Jaffa. Non seulement, il fournit des fonds à cet effet, mais il payait de sa personne, portant lui-même des pierres sur le chantier, comme il l'avait fait auparavant à l'abbaye de Royaumont. En ce domaine, il avait eu d'illustres prédécesseurs: le roi de Jérusalem Baudouin Ier participant en personne, pendant près de trois semaines, à la construction de Montréal, qui, par là, mérita bien son nom; Richard Cœur de Lion, travaillant en 1192 à relever les défenses d'Ascalon. Ces activités royales montrent bien que les châteaux et les remparts urbains étaient considérés comme l'armature essentielle de la présence franque.

On peut supposer que, lors du long séjour de Saint Louis en Terre sainte, des maîtres et ingénieurs royaux sont venus de France. Mais nous n'avons aucune donnée précise à ce sujet. Il est vraisemblable aussi qu'hospitaliers et templiers avaient leurs propres architectes. Néanmoins, l'œuvre constructrice des Francs reste totalement et désespérément anonyme.

La fin des forteresses

Comment de si puissants châteaux, permettant tous les perfectionnements défensifs, sont-ils tombés les uns après les autres, pitoyables châteaux de cartes? Comment les musulmans ont-ils pu s'en emparer? Bien entendu toutes ces places ont été entraînées dans la déchéance générale des

1. *Château de Sis, ancienne capitale du royaume de Petite Arménie (Turquie). Ensemble colossal, doté des dispositifs de défense les plus perfectionnés auxquels les croisés ont certainement fait des emprunts.*
2. *Crac des Chevaliers (Syrie). La galerie en aile de cloître, bordant la Salle des Chevaliers (milieu du XIIIe siècle).*
3. *Château de la Mer : Sidon (Saydà, Liban). Construit au XIIIe siècle sur un îlot aujourd'hui relié à la terre par un pont. On voit, dans le mur extérieur, des colonnes antiques placées en boutisses.*

Château de Beaufort (Liban). Porte de la deuxième enceinte, qui offre des claveaux à bossages tabulaires, tandis que le mur présente des bossages rustiques.

États latins d'Orient. Alors que l'union aurait dû s'imposer chez les Francs face à la coalition de leurs adversaires, ils se sont abandonnés à un véritable émiettement, que l'existence même des châteaux n'a fait d'ailleurs que favoriser. La féodalité n'a jamais cessé de s'exacerber sur les terres d'outre-mer, avec ses accès d'individualisme, ses rivalités, ses alliances constamment nouées et défaites. Sans les ordres religieux et militaires — hospitaliers et templiers — qui ont présenté un front de fermeté et de défense à tout prix, les Francs auraient perdu la partie plus tôt.

Il ne suffisait pas, pour les Francs, de posséder un dense réseau de places fortes pour être maîtres du pays, où l'adversaire continuait à se mouvoir avec une réelle liberté. Certains châteaux de l'intérieur formaient des centres de colonisation où étaient groupées des populations fidèles; quant à ceux de la côte, ils jouissaient d'une paix relative. Mais, à peu près partout, c'était le *no man's land* de l'insécurité, le théâtre de rencontres brutales et sans pitié. La perte de Jérusalem et la bataille de Hattin furent de sévères leçons pour les Francs. Ils ne pouvaient plus prétendre être les maîtres en rase campagne. Les orgueilleux châteaux connaissaient un second souffle, mais comme îlots de résistance et non plus comme places d'attaque.

Les Arabes ont eu, au moins dans les premiers temps, une incontestable supériorité d'armement. Ils possédaient une artillerie de siège perfectionnée. La chute de Sahyoun, en 1188, a été obtenue en deux jours grâce à six puissants mangonneaux que Saladin fit mettre en place. Deux d'entre eux ont tiré par-dessus un ravin cependant large de 200 à 300 mètres, avec une telle précision que la muraille a été forcée. Croisés et musulmans rivalisèrent par la suite dans l'emploi de l'artillerie de siège. Peu après la chute du Sahyoun, les premiers utilisèrent pour la reprise d'Acre, une énorme machine, la *malvoisine*. Au siège final de cette ville, en 1291, les Arabes disposèrent notamment de deux engins dont le transport des éléments exigea pour chacun cent chariots. Entre-temps, le sultan Beibars avait dû, pour obtenir la reddition du château de Beaufort, défendu par les templiers, mettre en œuvre vingt-six machines de siège.

Pour réduire le Crac des Chevaliers, en 1271, Beibars déclencha un violent bombardement par de nombreux engins de siège, qui firent des brèches par lesquelles ses soldats s'engouffrèrent. Il fut moins heureux avec le Marqab; par deux fois, il tenta vainement de s'en emparer. A sa mort, les opérations incombèrent à son successeur, le sultan Qala'un. Son secrétaire et historiographe Abd az Zâhir a consigné : « Il fit venir un grand arsenal, avec des monceaux de flèches et d'autres armes... Il fit aussi préparer des engins de fer et des tubes lance-flammes comme il n'en existe que dans les magasins et les arsenaux du sultan... On enrôla également quantité d'artificiers experts dans l'art des sièges et habitués au blocus; on fit descendre des catapultes des forteresses voisines, et on mobilisa très discrètement les équipages adéquats... » Les défenseurs du Marqab — deux cents chevaliers et deux cents fantassins — se virent ainsi assiégés un matin de 1285. L'ennemi porta tout son effort sur la masse colossale du donjon : non seulement, il déclencha un bombardement sévère, mais multiplia les sapes à mines sous les constructions. Le siège dura trente-sept jours. On voit avec quelle violence il avait été conduit.

Une des supériorités des musulmans dans la guerre des châteaux était l'emploi des feux de guerre, qui avaient pris en Orient une importance exceptionnelle grâce aux affleurements de naphte permettant un approvisionnement facile. Leur origine était lointaine. Les Romains, tentant de s'emparer d'Hatra, la grande cité parthe à l'ouest de Mossoul, avaient eu leurs ouvrages brûlés par un feu *inextinguible,* sans doute à base de pétrole. Les laboratoires de Byzance mirent au point le fameux feu grégeois dont héritèrent les Arabes, qui en firent un instrument de terreur contre les croisés.

Devant l'importance des moyens à mettre en œuvre pour le siège d'un grand château, on tentait d'obtenir sa reddition par la ruse ou la trahison. L'énorme château de Saphet, gloire des templiers, passa aux mains de Beibars grâce à la complicité d'un Syrien chrétien au service du Temple. Le sultan fit décapiter ses défenseurs : cent cinquante templiers et sept cent soixante-sept combattants.

Tous les procédés étaient bons et les Francs les employaient aussi bien. En 1144, Li Vaux Moise, la forteresse bâtie au cœur de Pétra, avait été prise par les Arabes et sa garnison massacrée. Le roi de Jérusalem, plutôt que d'attaquer la place, entreprit de couper alentour les oliviers et les arbres fruitiers qui constituaient les ressources de la région. Ce que voyant, les assiégés capitulèrent. C'était la politique de la terre brûlée.

III. L'architecture militaire de l'Orient a-t-elle influencé celle de l'Occident?

Au terme de cette rapide étude, il convient de se demander dans quelle mesure l'architecture militaire de l'Orient a pu, au Moyen Âge, influencer celle de l'Europe. C'est un débat qui ne sera jamais clos. Que l'Orient ait eu une avance certaine en matière de fortification, c'est incontestable. Cette avance était-elle déterminée par des connaissances meilleures ou par des impératifs de défense tout autres que ceux de l'Occident? Les deux sans doute. Au demeurant, en matière de poliorcétique, qui peut se flatter d'avoir innové? Chaque fois qu'on se réfère, à cet égard, au Proche-Orient médiéval, on devrait d'abord consulter l'ouvrage magistral et par trop oublié que Victor Chapot publia, il y a trois quarts de siècle, sur *La frontière de l'Euphrate, de Pompée à la conquête arabe*. Certains récits de sièges qui se sont déroulés dans les premiers siècles de notre ère pourraient, en changeant simplement les noms, s'appliquer tout aussi bien au Moyen Âge. A huit ou dix siècles de distance, les fortifications, les moyens d'attaque et de défense, l'armement, les tactiques et les ruses : rien n'avait changé.

Les croisés ont pris leur part de cet héritage venu d'un fonds lointain, car, en Orient, les mêmes problèmes imposaient les mêmes solutions. Quels emprunts pouvait-on y faire au profit de l'Europe? On a cité des éléments constructifs ou défensifs, tels que les flanquements par tours régulièrement espacées ou les mâchicoulis sur consoles. Mais ce sont là des détails que les ingénieurs militaires de l'Europe pouvaient imaginer tout seuls. Ils connaissaient parfaitement les auteurs antiques dont les textes leur apportaient de bonnes recettes de poliorcétique. Ils avaient sous les yeux, au surplus, des exemples de fortifications romaines demeurées en état, à Senlis par exemple. Sur un plan général, les places fortes d'Europe et d'Orient procédaient de conceptions foncièrement différentes, imposées par la géographie, par les structures humaines et économiques, par les objectifs militaires. Que seraient venus faire sur le territoire français des châteaux du type du Sahyoun, du Marqab ou même du Crac des Chevaliers? Réciproquement, on ne verra en Orient aucun château du modèle de Philippe Auguste, qui paraissait cependant exemplaire dans le royaume.

IV. Les châteaux francs de Chypre

En 1191, Richard Cœur de Lion, jugeant l'île de Chypre indispensable comme base de la croisade, l'avait conquise sur les despotes byzantins; il l'avait vendue aux templiers, puis, peu après, aux Lusignan qui devaient la conserver jusqu'en 1489, en faisant un royaume proprement français. Le grand essor eut lieu à partir de 1291, date à laquelle Saint-Jean-d'Acre, dernier bastion des Francs sur les rives orientales de la Méditerranée, tomba aux mains des musulmans. L'île devint une brillante province du gothique, se couvrant de nombreux monuments dont beaucoup sont restés en état, plus particulièrement dans les villes de Nicosie et de Famagouste.

Le roi seul avait le droit de bâtir des forteresses. De trois d'entre elles, bâties dans les montagnes, demeurent des ruines importantes. Deux sont situées au nord de Nicosie : Saint-Hilarion et Buffavent; la troisième, Kantara, s'élève à l'entrée de la longue presqu'île du Karpas, au nord-est de l'île. Quant aux forteresses de plaine, défendant notamment les ports, il n'en reste que peu de vestiges, à l'exception du château de Kyrénia. Par privilège spécial, les ordres militaires purent élever des châteaux; de celui de Kolossi, dans le sud, non loin de Limassol, qui appartenait aux chevaliers de l'ordre de l'Hôpital, il subsiste un magnifique donjon du XVe siècle.

L'architecture militaire de Chypre ne présente

Château de Chlemoutsi ou Clermont, dans le Péloponnèse (Grèce). Résidence principale des Villehardouin, princes de Morée.

pas de particularités notables. Les Lusignan se sont contentés de transposer les formules adoptées en France même et dans l'Orient proche.

Le château de Saint-Hilarion, qu'on appela au Moyen Âge le château de Dieu d'Amour, est le plus important. Longtemps occupé militairement, il présente un ensemble considérable de constructions plus ou moins ruinées, épousant les déchiquetures de rochers chaotiques couronnés par des tours carrées au point culminant, à près de 800 mètres. Un établissement byzantin occupa primitivement le site et il en reste une église du Xe siècle. C'est au début du XIIIe siècle que fut entreprise la construction du château, qui fut l'objet de luttes sévères. On trouve mention de la présence, vers 1230, d'un jeune gentilhomme chypriote, Philippe Chinard, qui allait devenir l'ingénieur militaire de Frédéric II de Hohenstauffen dans les Pouilles. Par la suite, le château fut complété et embelli, car, en même temps qu'une forteresse, il devint une luxueuse résidence estivale pour les rois de Chypre.

Famagouste, qui se développa surtout à l'extrême fin du XIIIe siècle, avait été entourée d'une enceinte qui est l'une des plus belles de la Méditerranée orientale. Elle ne compte pas moins de 3 000 mètres de développement, et, pour la rendre plus inexpugnable, on creusa dans le rocher, sur une grande longueur, un fossé large et profond. Complétée par les Vénitiens au temps de leur domination, elle présente de colossales architectures linéaires, entrecoupées de bastions, sous lesquelles ont été conservées les murailles du Moyen Âge. Elle constitue une des premières et des plus puissantes fortifications conçues pour s'opposer à l'artillerie et résista dix mois lors du suprême siège entrepris par les Turcs en 1570 et qui devait entraîner la perte définitive de l'île. On assure que les assaillants ne tirèrent pas moins de cent quarante mille boulets.

V. Les châteaux du Péloponnèse

La quatrième croisade, promue par le pape Innocent III dès son avènement en 1198, fut, on le sait, détournée de son but. Les Francs se laissèrent entraîner dans la conquête de Constantinople et de l'empire byzantin. Alors naquit l'empire latin de Constantinople. Les vainqueurs se partagèrent les dépouilles — et les richesses — de Byzance, les Vénitiens se taillant la part du lion. Le Péloponnèse devint la principauté d'Achaïe (ou de Morée).

L'empire latin, que le pape put qualifier de *Nouvelle France,* déclina rapidement. Seule, la principauté de Morée subsista et ses titulaires, les Villehardouin, originaires de la Champagne, en firent un État prospère qui se perpétua jusqu'à la fin du XIVe siècle. La géographie conditionna dans une large mesure la politique et l'administration. L'implantation des baronnies franques fut déterminée par la configuration même du Péloponnèse, morcelé en petites plaines et cantons montagneux. Au cours de la grande période des Villehardouin, furent élevés plusieurs dizaines de châteaux forts. Leurs ruines, qui couronnent des pitons ou jalonnent des défilés, apportent au Péloponnèse des images d'un romantisme qui semble transposé de la France.

Le plus beau château conservé est celui de Chlemoutsi, le Clermont des Francs, situé à la pointe la plus occidentale du Péloponnèse, au sud-ouest de Patras et au nord-ouest d'Olympie. Il se dresse à faible distance de la mer, sur une éminence d'où l'on découvre des vues immenses. Sa construction a été poursuivie entre 1220 et 1223. Ses dimensions sont très vastes; précédé d'une vaste basse-cour, il affecte un plan hexagonal irrégulier, mesurant environ 90 mètres sur 60. L'ensemble est impressionnant. Sur l'enceinte qui a conservé sa hauteur primitive, s'appuient des salles immenses couvertes de voûtes remarquablement appareillées. Point de donjon. C'était certes une forteresse, mais aussi un véritable palais destiné à la résidence de princes fastueux. En étudiant son architecture, on doit admettre qu'elle a été conçue par des maîtres venus de France, l'exécution étant confiée à des bâtisseurs locaux.

Très spectaculaire est le château de Mistra, qui occupe, au-dessus de Sparte, le sommet d'un des contreforts du Taygète. Il domine l'étonnante ville morte de Mistra qui s'étage à ses pieds. Il fut bâti par Guillaume de Villehardouin, prince de Morée de 1246 à 1278. L'enceinte mesure 170 mètres de long sur une cinquantaine de large. Des remaniements ont été apportés au cours des siècles, mais l'essentiel de la construction des Francs demeure.

Perché sur une arête rocheuse entourée par les ravins profonds de l'Alphée, le fleuve d'Olympie, le château de Karytaina — la *Carantaine* des croisés — était la forteresse principale d'une baronnie des seigneurs champenois de Briel. Le plan, commandé par les dispositions naturelles, est un triangle de 110 mètres de longueur. Il n'a pas subi de modifications depuis le Moyen Âge. Son importance stratégique, bien déterminée par ses bâtisseurs francs, lui a valu de servir de point d'appui aux combattants grecs pendant la guerre d'indépendance.

De tout temps, le Péloponnèse, si ouvert sur la mer, exposé aux envahisseurs de toute origine, a été jalonné de forteresses. Devant celles qui subsistent, il est bien difficile parfois de distinguer les constructions remontant à l'Antiquité ou attribuables aux Byzantins, aux Vénitiens aussi. C'est le cas à l'Acrocorinthe, le plus prodigieux ensemble fortifié du Péloponnèse, qui commandait l'isthme de Corinthe. On pense que le site fut fortifié dès le VIe siècle avant J.-C. L'empereur Justinien y fit d'importantes constructions. Au début de leur conquête, les Francs y mirent le siège et il ne leur fallut pas moins de cinq ans pour en devenir maîtres, en 1210. A leur tour, ils renforcèrent la place, qui resta en leurs mains jusqu'en 1395. Les Vénitiens de Morosini y ajoutèrent de puissants éléments au XVIIe siècle.

Château d'Angers (Maine-et-Loire). Il est formé d'une grande enceinte flanquée de dix-sept tours, sur un rocher qui domine la Maine.

De Saint Louis à Philippe le Bel
Le XIIIᵉ siècle

Jacques Gardelles

Les ingénieurs du temps de Philippe Auguste avaient créé des ensembles fortifiés destinés à résister aux attaques d'assaillants disposant de tous les moyens offensifs alors en usage. Ceux-ci ne subirent aucune modification importante jusqu'à l'apparition du canon, arme cependant encore peu efficace, à la fin du premier quart du XIVᵉ siècle. Comme réponse à l'action ennemie, l'élévation des murs rendait difficile l'escalade, leurs embrasures les couvraient de face, les hourds et les talus permettaient d'écarter les sapeurs adverses du pied des ouvrages, les tours procuraient des possibilités de flanquement, les ouvrages de plan circulaire évitaient l'existence d'angles morts et résistaient mieux aux coups de plein fouet de l'artillerie à ressort traditionnelle. On n'avait pas renoncé cependant aux avantages offerts par les obstacles naturels : escarpements, marais, cours d'eau naturels ou fossés d'eau dormante. L'emploi des lignes successives de défense subsistait, souvent avec donjon central, comme au Louvre, même si, comme à Dourdan (Essonne), la maîtresse tour était appelée à jouer un rôle actif dans la défense périphérique, selon un parti qui n'était pas inconnu à l'époque romane. Pour répondre à l'ébranlement des murs par le tir des trébuchets, on en augmente l'épaisseur ; pour assurer la solidité des bâtiments et les protéger contre les projectiles incendiaires, pour placer à leur sommet des machines de guerre, on use de plus en plus souvent de la voûte.

Bien des problèmes soulevés par la défense des places fortes n'avaient cependant pas été correctement résolus. L'un des plus importants était posé par la solidité des couronnements militaires : pour battre le pied des courtines, il fallait les munir de mâchicoulis sur arcs, montés sur de lourds contreforts, ou monter des hourds. Les premiers furent rarement employés, sans doute parce qu'ils affaiblissaient les parapets et qu'ils ne permettaient pas de battre le pied même des contreforts. Quant aux hourds, ils étaient à la fois sensibles à l'incendie et à l'impact des projectiles. Une autre difficulté résultait de la nécessité d'établir des postes de tir mettant à couvert les archers tout en leur fournissant un angle de visée suffisamment large, sans toutefois affaiblir la maçonnerie des murs ou diminuer l'importance des parapets et des merlons des superstructures au profit de créneaux trop larges où les défenseurs se trouveraient exposés aux coups des assaillants.

Cet appareil défensif devait en outre ne pas trop gêner l'installation dans l'enceinte des logis et des grandes salles, absolument nécessaires à la vie seigneuriale ; en effet, sauf de rares exceptions, le château est toujours le domicile, permanent ou temporaire, du maître des lieux ou de son représentant et aussi un centre d'administration domaniale. A ce titre, il doit comporter, outre les logements et les locaux de réunion, des cours et des plaids, des magasins, des prisons, des lieux de dépôt des archives et, éventuellement, des trésors. Cette union des fonctions militaires et palatiales supposait le plus souvent une réduction des éléments non militaires par rapport aux surfaces occupées par la fortification proprement dite. Vers la fin du XIIᵉ siècle, la synthèse avait été effectuée, dans certains cas en donnant d'heureux résultats : c'est le cas, en France, de Druyes-les-Belles-Fontaines (Yonne), élevé par une branche de la famille royale, les Courtenay ; en Allemagne, la réduction du palais dans une enceinte étroite est remarquable dans la résidence impériale de Kaiserswerth, sur le Rhin, achevée en 1184.

Les châteaux apparaissent donc comme plus tassés, mais cette diminution de la superficie totale occupée était aussi le corollaire de la faiblesse des effectifs, même dans les possessions princières. Nous pouvons, dans les documents de l'époque, en trouver des preuves : en temps de guerre les garnisons dépassent rarement quelques dizaines d'hommes ; en temps de paix, on ne trouve guère dans les murs qu'un portier, un geôlier et un concierge. Dans ce monde du XIIIᵉ siècle, où n'existe guère d'impôt permanent levé par les princes et les rois, les possibilités d'entretien des soldats dépendent uniquement des ressources locales qui n'offrent que peu d'excédents à consacrer à l'entretien des non-actifs.

Pour des potentats moins fortunés, ce sont d'autres problèmes qui se posent : la fortification « moderne » exigeait bien d'autres moyens que ceux que l'on pouvait tirer de la corvée des habitants. Il fallait faire venir des matériaux, parfois d'assez loin, embaucher des maçons et des appareilleurs, voire des ingénieurs. Certains d'entre eux nous ont, dès cette époque, laissé un nom, comme Jean de Mézos et Guillaume de Genève en Gascogne, le maître de Saint-Georges au pays de Galles. Les seigneurs locaux utilisent moins de pierre, élèvent moins haut des murs moins épais, raffinent moins sur la protection des portes. Beaucoup de manoirs fortifiés se contentent donc de reproduire les partis les moins onéreux offerts en modèles par les grandes forteresses princières, souvent imitées, mais rarement avec fidélité. Par ailleurs, les coutumes féodales faisaient souvent obligation aux vassaux de se contenter de défenses légères : murs bas, palissades, retranchements de terre, excluant par contre pont-levis, bretèches ou tours.

I. L'extension du domaine capétien et les constructions royales

C'est donc dans les grandes constructions des princes et avant tout dans celles du roi de France qu'il faut étudier les progrès de l'art des ingénieurs militaires. Durant toute la période de 1225 à 1315, l'autorité de la dynastie capétienne va sans cesse grandissant. La seule période de crise correspond aux premières années de la minorité de Saint Louis et de la régence de Blanche de Castille (1228-1235). C'est alors que s'élève l'orgueilleux château de Coucy (Aisne), œuvre gigantesque et exceptionnelle qui résulte des ambitions démesurées d'Enguerrand III, lequel profite de l'affaiblissement du pouvoir royal pour se poser en prétendant au trône : sa demeure doit écraser par ses proportions démesurées les plus importantes créations de Philippe Auguste. Ce ne fut pas le seul grand château édifié dans de telles conditions. Les constructions de Philippe Hurepel, bâtard remuant du défunt roi, subsistent encore à Hardelot (Pas-de-Calais) et surtout à Boulogne (Pas-de-Calais), siège de son comté. Les dernières trouvailles des fortificateurs capétiens y sont employées. Au Coudray-Salbart, en Poitou, les Larchevêque, sires de Parthenay, longtemps fidèles aux Plantagenêts, les imitent également et cherchent, sur certains points, à les perfectionner. En Bretagne, Pierre Mauclerc, lui aussi d'ascendance capétienne et devenu duc par la grâce de Philippe Auguste, prend la tête de l'opposition menée par les grands féodaux : en temps que prince territorial, il devient aussi constructeur de châteaux, bâtis le plus souvent sur des terres enlevées au clergé local.

L'extension considérable du domaine royal au temps de Saint Louis, l'établissement de son contrôle sur un vaste territoire y font régner une paix qui entraîne le ralentissement de l'activité des constructeurs de châteaux, sauf dans les régions menacées ou contestées, par exemple près des frontières. La domination directe du roi s'étend ainsi de l'Artois au Berry et au Poitou, recouvre toutes les provinces de l'ouest jusqu'aux abords de la Bretagne. Dans le Midi, la possession des sénéchaussées de Carcassonne et de Beaucaire assure depuis 1226 des bases solides à la puissance des lis. Elle s'appuie également sur la présence à la tête du comté de Toulouse, jusqu'en 1270, d'Alphonse de Poitiers, époux de Jeanne, fille du dernier représentant de la dynastie raymondine. La mainmise de la royauté sur les pays du Massif central et les pays aquitains est moins directe, car son influence est limitée de ce côté par la subsistance du domaine Plantagenêt entre l'embouchure de la Gironde et les Pyrénées, maintenu depuis la confiscation des fiefs français des rois d'Angleterre en 1204 et reconnu par Saint Louis en 1259. Toutefois, si le roi anglais obtenait la possibilité d'étendre son ressort en Périgord, Limousin et Quercy, il n'acquit dans ces territoires aucun domaine direct et il se faisait pour le reste le vassal du roi de France. Ainsi seigneurs, villes et pouvoirs ecclésiastiques de cette région du centre-ouest se tournèrent-ils plutôt vers ce dernier.

La mainmise sur d'autres territoires jadis possédés par les grands féodaux se poursuivit après la mort de Saint Louis. Dès 1271, l'héritage *alphonsin,* soit tout ce qui restait du comté de Toulouse et de riches fiefs dans l'Ouest, fut annexé, sauf l'Agenais, la Saintonge méridionale et certains droits en Quercy, à la suite du double décès du prince et de son épouse sans héritiers directs. Sous Philippe le Bel, la politique d'agrandissement est active vers le nord (châtellenies de Lille, Douai et Orchies, annexées en 1305) aussi bien que vers les Pyrénées (rattachement de la Bigorre en 1292) et vers l'est (entrée de Lyon et de l'évêché de Viviers dans la mouvance française). D'autre part le roi de France devient par mariage comte de Champagne et roi de Navarre. Dans les limites du royaume, seuls quelques très grands feudataires existent encore : ducs de Bretagne, de Bourgogne et d'Aquitaine — réduite à la *Gascony* anglaise — comtes de Flandre et de Blois. Les apanages créés pour les cadets de Louis IX et de Philippe III, principalement l'Anjou, l'Artois et le Valois, ne constituent pas encore de vrais dangers. Tous ces princes, et à plus forte raison les moindres sires qui subsistent un peu partout, sont plus ou moins tenus en lisière. Selon le droit féodal, appliqué au bénéfice du roi, ils ne sont que des vassaux et, à ce titre, la paix et l'obéissance pouvaient être facilement maintenues par le jeu des coutumes, appuyées au besoin par des interventions armées.

Dans de telles conditions la création de places fortes importantes dans le domaine royal tend à devenir, en pratique sinon en droit, le fait du souverain seul. Alors que, souvent, le simple sire en est réduit à « utiliser ses fossés comme viviers à carpes », l'activité des ingénieurs au service des Capétiens crée seule des ensembles prestigieux. Ce sont ceux qui contrôlent les zones incertaines ou contestées : c'est le cas du château d'Angers, surveillant les confins de Bretagne, construit dès le début du règne de Louis IX, et de Loches, tourné vers un Poitou encore remuant : cette place est alors profondément remaniée. Dans les

En haut, tour de Villeneuve-lès-Avignon (Gard).
Gravure d'Israël Silvestre.
En bas, tour Philippe-le-Bel, Villeneuve-lès-Avignon, vue actuelle.

pays méridionaux, nouvellement entrés dans l'orbite du pouvoir royal, l'autorité s'appuie sur de grandes places fortes, comme Najac, en Rouergue, remodelée en 1253 sur l'ordre d'Alphonse de Poitiers, ou comme Carcassonne, où le château « comtal », comme le prouvent des travaux récents, a été surtout l'œuvre des ingénieurs royaux du second quart du XIIIe siècle. Beaucoup de ces châteaux se lient à des villes fortes : Carcassonne devient même essentiellement une ville militaire, puissamment protégée et vidée d'une bonne partie de ses habitants au profit d'une ville basse, volontairement isolée. Ces régions sont aussi proches de frontières qu'il faut surveiller étroitement. C'est d'abord la frontière aragonaise des Corbières : au milieu du XIIIe siècle on y entreprend la modification et la modernisation des grands châteaux juchés sur les crêtes, comme Peyrepertuse, Quéribus, Puylaurens. Dans le comtat Venaissin et près d'Avignon s'installent dès le début du XIVe siècle Clément V et surtout son successeur Jean XXII; dès le règne de Philippe le Bel une tour s'érige à Villeneuve, sur la rive française du Rhône. Frontière maritime enfin, le Languedoc capétien voit s'élever le donjon, puis la ville forte d'Aigues-Mortes, grande base maritime en Méditerranée.

Hors du domaine et des principautés des apanagistes, les autres territoires de la mouvance vivent souvent dans des conditions toutes différentes : moins de moyens, généralement, moins de grandes places perfectionnées; en revanche, moins d'autorité, donc une insécurité accrue, amenant tous ceux qui en ont la possibilité à se mettre à l'abri et à s'enclore, aux moindres frais possibles, il est vrai. Châteaux multiples et le plus souvent médiocres, tel est le tableau qu'offre la géographie castrale des pays relevant en Gascogne du roi d'Angleterre, duc d'Aquitaine. Les châteaux ducaux y sont peu nombreux, étant donné l'insuffisance des recettes du prince : c'est avec beaucoup d'efforts que quelques achats, paréages ou locations procurent aux officiers du Plantagenêt les points d'appui indispensables au maintien de l'ordre et à l'implantation d'une administration, d'ailleurs assez rudimentaire, dans le pays. En gros, les ressources disponibles semblent s'être concentrées sur quelques places. Les actes conservés montrent que les principales sont celles de Bordeaux et de Bayonne, citadelles urbaines, et, dans la vallée de la Garonne, celle de La Réole (Gironde), munie de son donjon seulement à la fin du XIIe siècle. Les agglomérations, souvent simplement ou sommairement fortifiées, comprennent assez fréquemment un château ducal. Celui-ci est souvent bien faible. C'est le cas, nous dit-on, à Puymirol (Lot-et-Garonne), ville neuve cependant bâtie dans un site aisément défendable; le château est dit incapable de résistance *pour ceu que le leu de chastel est trop près de l'église* qui le domine. Puymirol illustre le cas de la plupart des bastides, bourgs de création récente, le plus souvent par paréage entre le duc et le seigneur local : les agents ducaux, les *bayles,* n'y disposent que d'une médiocre *turris,* dont il est difficile de faire une place forte efficace. Ainsi, au début du XIVe siècle, le sénéchal anglais du Périgord, Guilhem de Toulouse, fit de grands et vains efforts pour transformer en un vrai château la tour de la bastide de Molières (Dordogne) : faute de moyens financiers suffisants, il n'y réussit pas.

Les châteaux des vassaux tendent à se multiplier en raison de l'insuffisance de l'administration ducale, gênée en outre dans sa tâche par les interventions fréquentes du roi de France auquel tout sujet du duché peut faire appel. Celles-ci peuvent aller, comme en 1293 et en 1323, jusqu'à la confiscation du duché, qui entraîna dans les deux cas un conflit armé. Dès lors règne l'insécurité. Chacun, jusqu'aux moindres arrière-vassaux, s'enferme, protège sa vie et ses biens. Ainsi font beaucoup de simples chevaliers, logés au début du siècle, et plus tard encore, dans la forteresse de leur seigneur : ils vont s'installer de plus en plus sur leur fief et y construisent une maison forte, bientôt qualifiée, avec l'inflation que subissent d'ordinaire les termes, de *château*. De même font les divers privilégiés de la fortune : d'abord les bourgeois des villes, comme Bordeaux, Bayonne ou Dax, sur leurs terres de banlieue; puis les agents du pouvoir ducal, récompensés de leur fidélité par l'octroi du droit de se bâtir une *domus fortis;* enfin, catégorie tout à fait particulière, les membres de la famille du pape Clément V et ses protégés gascons, au début du XIVe siècle. Le nombre des châteaux du Bordelais double ainsi entre 1274 et 1337, soit en un peu plus d'un demi-siècle.

La situation des autres provinces périphériques offre, par rapport à ce tableau, de notables variantes. C'est le cas, en particulier, des régions actuellement comprises dans les frontières françaises et qui dépendaient alors du Saint Empire. Celui-ci tombe en pleine crise à la fin du règne de Frédéric II et pendant la période du Grand Interrègne. En Alsace, territoire qui avait été longtemps sous la domination directe des Hohenstaufen, le pouvoir se trouva éparpillé entre de nombreuses mains, ce qui favorisa la multiplication des *burg* qui se dressent encore sur tant de rochers vosgiens. Ailleurs, la décomposition de l'autorité impériale avait laissé toute latitude aux dynasties princières qui profitèrent des circonstances pour agrandir leurs domaines et y faire construire des châteaux. De la région du plateau suisse aux abords de Grenoble, les comtes de Savoie et différents membres de leur lignage multiplièrent les grands édifices militaires ou résidentiels. En Provence, le comte Raymond Béranger IV, puis son gendre, Charles d'Anjou, frère de Saint Louis, menèrent une politique énergique de mainmise sur les châteaux, qu'ils enlevèrent aux vassaux les plus turbulents. En revanche, les essais de renforcement de leur pouvoir tentés par les princes territoriaux furent plutôt contrariés en Franche-Comté et surtout dans le Dauphiné.

II. Adoption des innovations apportées par les ingénieurs de Philippe Auguste

Pendant plus d'un siècle, les partis inventés par les maîtres d'œuvre royaux du temps de Philippe Auguste ne furent pratiquement pas remis en question. Ils sont généralement adoptés dans les grandes forteresses françaises. Seuls quelques monuments, le plus souvent implantés dans des régions reculées ou dus à des seigneurs manquant

A gauche, Arques (Aude). Survivance du donjon roman.
A droite, château du Roi, Saint-Émilion (Gironde). Relevé de l'architecte des Monuments Historiques (1911).

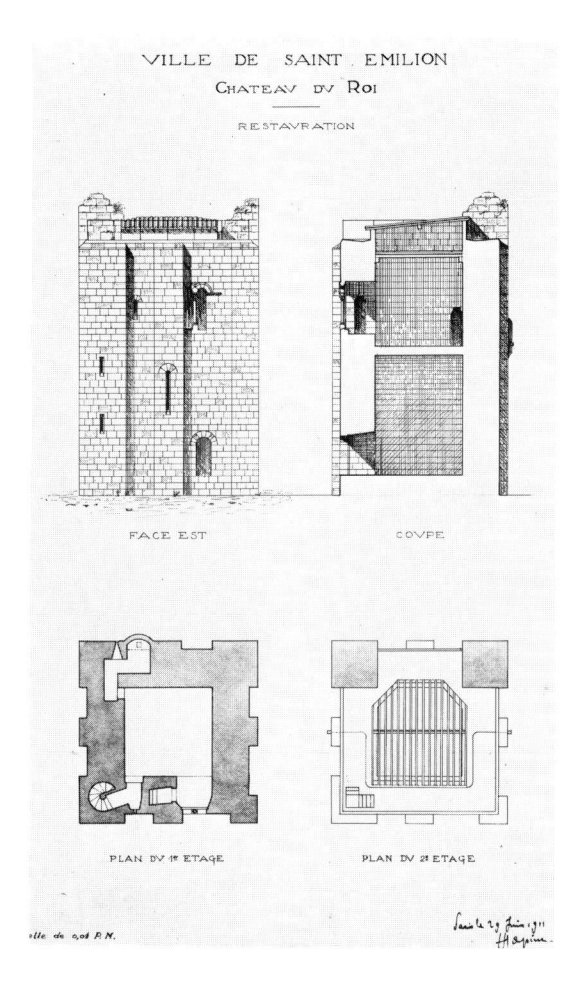

de moyens, conservent encore des caractères romans. Ainsi subsiste dans le midi de la France le vieux thème du donjon ou de la tour quadrangulaires : on en trouve des exemples dans les châteaux des Corbières, comme Arques (Aude), bâti cependant par un baron venu du nord, ou comme Puivert (Aude). En 1232, le donjon construit par les Plantagenêts à Saint-Émilion, en Bordelais, est une réduction de ceux que l'on édifia au XIIe siècle en Normandie et en Angleterre. C'est dans la Catalogne et l'Aragon des XIe et XIIe siècles que le vicomte de Béarn, Gaston VII, issu lui-même d'un lignage de féodaux catalans, alla chercher le modèle de son donjon d'Orthez, entrepris vers 1242 : il s'agit d'une tour pentagonale dont l'éperon est tourné vers le point le plus faible du château. Pour dresser les tours de flanquement des enceintes, pour loger les portes fortifiées, on continua également à utiliser des plans quadrangulaires. Ce dernier, qui permettait de tirer parti de toutes les embrasures d'une face entière contre un assaut, fut souvent adopté en concurrence avec le plan circulaire en une même forteresse et au même moment. Nous savons qu'il ne fut pas oublié au XIVe siècle et que les ingénieurs royaux n'hésitèrent pas à l'employer, à Vincennes par exemple. Dès l'époque de Philippe le Bel, le plan quadrangulaire était d'ailleurs retenu pour le beau donjon de Roquetaillade (Gironde), cœur d'une place forte construite cependant grâce aux moyens exceptionnels d'un prélat attaché à la cour pontificale et bientôt revêtu de la dignité cardinalice.

Les principes appliqués dans les constructions de Philippe Auguste allaient cependant faire école plus ou moins rapidement dans le reste de la France, hors des limites mêmes du domaine, et bientôt hors des frontières du royaume. Dans le second quart du XIIIe siècle, nous les voyons ainsi triompher pleinement dans les châteaux les plus importants de la France septentrionale, à Coucy comme à Boulogne. Bientôt, des maîtres d'œuvre au service du roi de France travaillent aux fortifications du Midi languedocien : ils appliquent eux aussi les mêmes procédés, les mettent

Château de Najac (Aveyron). Rebâti en 1253 par Alphonse de Poitiers.

au point, les perfectionnent, y ajoutent quelques traits régionaux. Cette activité, qui se poursuit jusque vers 1300, permet-elle de déceler une « école » d'architecture militaire ? Il ne le semble pas, car les seuls caractères communs à toutes ces forteresses royales du Midi sont purement « français ».

Hors des frontières, dès la première moitié du XIIIe siècle, les nouvelles techniques expérimentées au temps de Philippe Auguste sont appliquées dans les grands châteaux de Frédéric II, résidences ou citadelles, en Sicile et dans les Pouilles. L'art de la fortification se développe parallèlement en Angleterre, sans qu'il y ait, du fait du long affaiblissement relatif de la monarchie jusque vers la fin du règne d'Henri III, de grandes créations royales le faisant progresser. Dans les dernières décennies du siècle, ce sont des modèles français que dérivent le palais fortifié des rois de Majorque à Perpignan et les belles résidences des comtes de Savoie et des membres de leur lignage. Bien des nouveautés y apparaissent cependant. De l'architecture militaire savoyarde dérivent en partie les grandes forteresses implantées en pays de Galles par Édouard Ier : ce sont des variantes, plus savantes, sur des modèles inventés près de cent ans auparavant. Les trouvailles de leurs constructeurs sont connues de ceux qui élevèrent, peu après 1300, les plus importants des châteaux de la Gascogne « anglaise ».

III. Enceintes, tours et portes

Le caractère essentiel de toutes ces places fortes est donc l'utilisation rationnelle des flanquements, qui, complétés par les avantages naturels du site, le développement des obstacles artificiels (fossés, lices, etc.) établis en avant des ouvrages principaux, empêchent l'ennemi de donner l'assaut aux courtines ou d'installer ses engins ou ses mineurs trop près de celles-ci. Ce système de défense, aussi savant et réfléchi que celui de Vauban, établi à partir des données fournies par l'armement offensif de l'époque, est appliqué aussi bien dans les enceintes urbaines que dans les châteaux « de montagne », qu'ils soient dressés sur une simple colline, comme Coucy (Aisne), ou juchés comme un nid d'aigle, à l'instar de Peyrepertuse (Aude), muni d'un tel dispositif sur son côté le plus exposé.

En ce qui concerne les défenses avancées, on remarque le remplacement partiel des retranchements munis de palissades par des murailles de pierre. Plus basses que la courtine principale, elles peuvent former des lices — surtout fréquentes dans les enceintes urbaines — ou des barbacanes, comme celle qui est implantée en avant de la porte d'entrée du château de Carcassonne. Comme par le passé, la première ligne de résistance enclôt souvent une basse-cour, lieu de refuge temporaire ou agglomération d'habitats permanents.

Ces fortifications sont encore souvent commandées par le donjon, que celui-ci soit le réduit de tout un système de défenses concentriques — comme par exemple au Louvre —, ou qu'il joue un rôle actif dans la protection de la périphérie. Telle est la fonction du donjon d'Aigues-Mortes, placé à l'un des angles de l'enceinte urbaine, de celui de Coucy ou de celui de Najac (Aveyron), placés au point le plus faible. L'importance de la « maître-tour », qui domine l'ensemble de la forteresse, est encore soulignée par les dimensions qu'on lui donne. Un nombre important de ces ouvrages atteint ainsi la hauteur de cent pieds, soit un peu plus de trente mètres. Une taille plus élevée encore prouve généralement la volonté de leurs possesseurs de surpasser leurs rivaux : le donjon d'Enguerrand de Coucy écrase ainsi la grosse tour du Louvre capétien. C'est sans doute la valeur symbolique accordée à cet élément

Coucy (Aisne). En haut, plan du château et plan général avec l'enceinte et la chapelle, gravés par Du Cerceau. En bas, à droite, coupe du donjon (Dictionnaire de Viollet-le-Duc). A gauche, vue générale du château au XIXe siècle. Lithographie de Dauzats (1844).

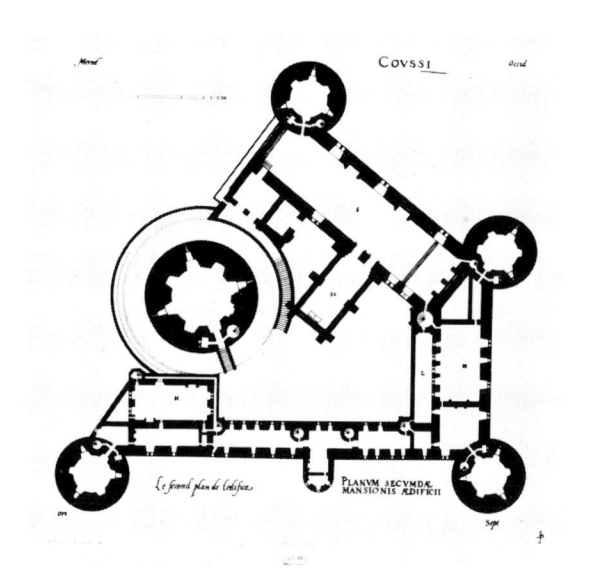

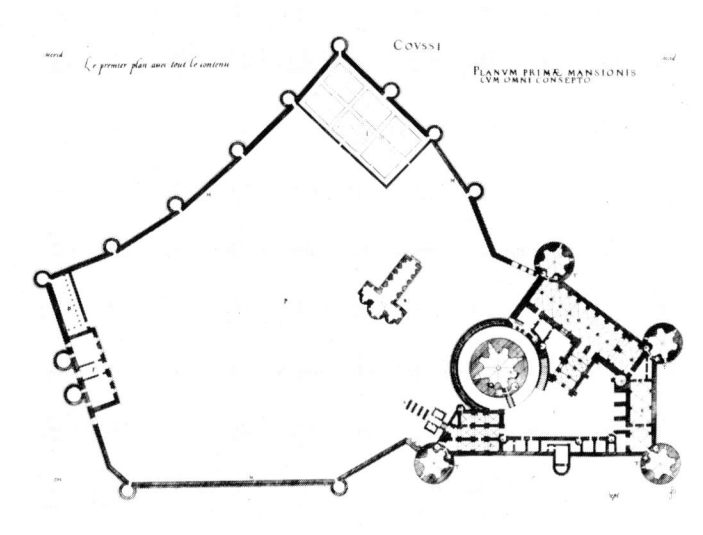

Remparts de Carcassonne (Aude). Le château quadrangulaire est enfermé dans une double enceinte flanquée de 52 tours, partiellement bâtie sur une fondation antique.

essentiel du château qui amène certains constructeurs à en établir dans des positions militairement médiocres, comme ces tours légères appuyées aux corps de logis : l'usage en est commun dans certaines maisons fortes et petites forteresses, mais aussi dans des places plus importantes, comme Beynac, en Périgord. Tout près de là, à Castelnaud (Dordogne), la nécessité d'un donjon ne s'impose pas.

Cependant, dès le début de notre période, la maîtresse tour n'apparaît plus dans beaucoup d'édifices nouvellement construits : à Angers, à Fère-en-Tardenois (Aisne), au château comtal de Boulogne, à Carcassonne enfin. Dans la seconde moitié du XIIIe siècle, cette omission est fréquente dans les places de plan régulier, créées de toutes pièces par des ingénieurs qui n'avaient pas à se soucier de la conservation d'un bâtiment préexistant indispensable au prestige du seigneur du lieu. Plusieurs des grands châteaux des comtes de Savoie, en particulier Yverdon, en pays de Vaud, ou des membres de leur famille, comme Saint-Georges-d'Espéranche, en Dauphiné, ont été ainsi conçus. Ce parti convenait par ailleurs mieux à des résidences qui pouvaient aisément développer leur corps de logis dans un espace libéré par l'absence du donjon. De tels partis ont été introduits, nous l'avons vu, en Angleterre après 1280 par les maîtres d'œuvre qui travaillèrent pour le roi Édouard Ier à la construction des fortifications du pays de Galles. L'un d'entre eux est appelé Jacques de Saint-Georges, sans doute parce qu'il avait bâti Saint-Georges-d'Espéranche. Cet architecte accorda toutefois à certaines de ses constructions insulaires, à Harlech et à Beaumaris par exemple, une sorte de donjon-porte *(keep-gatehouse)*, en surélevant les deux tours qui flanquaient le châtelet principal d'entrée. La Gascogne anglaise a subi à son tour l'influence de ces édifices : le château de Blaye, acquis au début du XIVe siècle par Édouard II, possédait ainsi un *keep-gatehouse,* que l'on voit encore sur le plan-relief de la citadelle dressé au XVIIIe siècle. Surtout, beaucoup de caractères propres aux constructions anglaises et savoyardes se retrouvent dans plusieurs des grandes demeures dues au pape Clément V (1305-1314) et aux membres de sa famille, demeures élevées en

Château de Bonaguil (Lot-et-Garonne).

Bordelais et en Bazadais. La plus parfaite est le château pontifical de Villandraut (Gironde), avec ses hautes courtines, ses flanquements savants, son châtelet à deux tours. Sans donjon central ou latéral, la forteresse est dessinée avec régularité sur un terrain plat, sans autre protection avancée que le grand fossé facilement inondable : l'application logique de principes de défense rationnels est ici évidente.

Les tours — donjons ou tours de flanquement — sont le plus souvent arrondies ou circulaires. Ce parti les rendait, a-t-on écrit, plus résistantes aux coups reçus de plein fouet et supprimait les angles morts. L'efficacité des structures circulaires était jugée en tous les cas très grande puisque les tours de flanquement de ce plan sont souvent projetées dans les fossés sur trois quarts et même davantage de leur circonférence. Nous avons vu que, dans de telles conditions, les plans rectangulaires, qui ont pourtant survécu au XIIIe siècle, pouvaient apparaître comme retardataires. Dans certains cas, on chercha à les améliorer : à Blanquefort, près de Bordeaux, les fondations du grand donjon roman quadrangulaire furent réutilisées vers 1300, comme des fouilles récentes l'ont prouvé, dans une nouvelle construction, dotée de six énormes tours rondes, greffées aux angles et au milieu de chacune des longues faces, qui atteignaient un développement de 18 mètres. Cette masse est telle que beaucoup de commentateurs l'ont comparée fort arbitrairement à des châteaux complets, comme la Bastille. L'implantation de tourelles aux angles, déjà utilisée au XIIe siècle, apparaît dans certains édifices, comme le donjon d'Arques, dans les Corbières, ou la grosse tour du Temple de Paris.

Les tours arrondies offrent parfois, face au front d'attaque principal, un bec constitué par un surépaississement de la paroi. Ce renfort était connu dès le XIIe siècle, par exemple au donjon de La Roche-Guyon (Val-d'Oise), autour de 1200, à celui du Château-Gaillard (Eure-et-Loir) ou à la tour Blanche d'Issoudun (Indre), due à Philippe Auguste. Au XIIIe siècle, les tours à bec viennent garnir le front sud-ouest du *castrum* de Loches (Indre-et-Loire), le point le plus faible. Il y en a également au Coudray-Salbart (Deux-Sèvres). Le parti n'est plus guère employé dans les dernières décennies du siècle. Quant au donjon pentagonal à éperon d'Orthez, dont nous avons rappelé les lointaines origines, il a été souvent imité au cours du XIIIe siècle en Béarn, dans les Landes voisines et aussi en Agenais, à Madaillan, et dans la grosse tour de Bonaguil.

La porte était aussi un point de la forteresse à surveiller attentivement. On appliqua à sa défense les techniques déjà connues, en les perfectionnant. La plus savante, celle du châtelet à deux tours semi-circulaires ou rondes, est celle de Dourdan et du Louvre : elle s'inspirait des dispositions de beaucoup de portes de ville antiques. Dès la première moitié du XIIIe siècle, le parti fut adopté à Angers, à Boulogne-sur-Mer et au château « comtal » de Carcassonne. C'est à la porte des champs du château d'Angers que l'on note le plus ancien exemple conservé de herse coulissante, manœuvrée d'un corps de garde établi au-dessus du couloir d'entrée et commandant aussi un assommoir. A Carcassonne, l'accès est en outre contrôlé par deux archères servies depuis la salle inférieure des tours latérales. En outre, deux murs venaient clore le tablier de la partie mobile et de la partie dormante du pont jeté sur les fossés, formant une « bastille » assez analogue à celles qui protégeaient les abords des portes dans les châteaux anglais du XIe et du XIIe siècle. Les défenses restent du même type en 1305 à l'entrée principale du château de Villandraut (Gironde). On peut pénétrer dans l'enceinte par une tour quadrangulaire : les obstacles accumulés en arrière de la baie y sont de même nature. L'architecture des accès peut rester plus archaïque : ce sont des passages en chicane qui permettent de pénétrer dans Peyrepertuse (Aude) ou Puylaurens (Aude), châteaux de montagne, il est vrai. Dans certaines positions jugées suffisamment fortes ou flanquées par d'autres ouvrages, la porte peut s'ouvrir dans le nu du mur, parfois sous la protection d'une bretèche. C'est le cas à

En haut, à gauche, tour de Constance, Aigues-Mortes (Gard). Coupe et plans de niveaux par l'architecte des Monuments Historiques (1891).
A droite, tour de Constance. Perfection géométrique qui proscrit tout ornement et même toute saillie.
En bas, remparts d'Aigues-Mortes (Gard). Appareillage de bossages en tables.

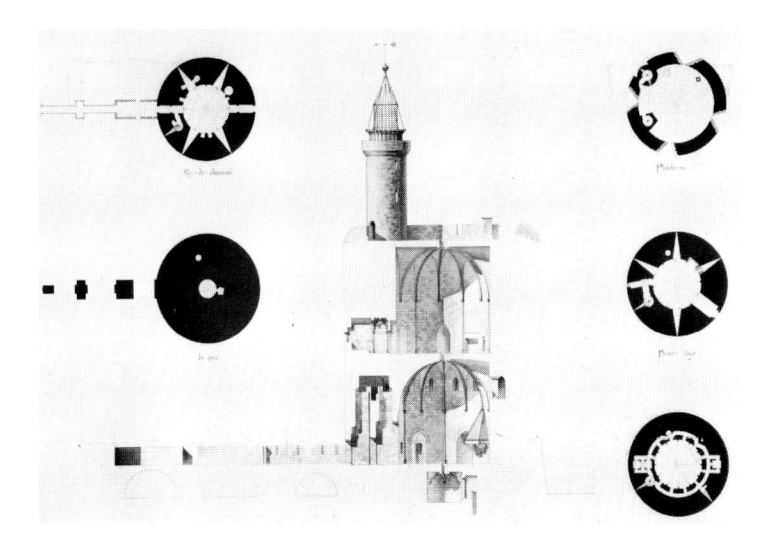

Montségur (Ariège), sans doute reconstruit après le fameux siège de 1244 : elle s'ouvre au bord d'un abîme; ou à Sauveterre-la-Lémance (Lot-et-Garonne), où elle est percée au voisinage immédiat du donjon.

La solidité des tours, des porteries et des courtines est assurée par l'importance et la cohésion des maçonneries. Elle est due en partie à l'épaisseur : les remparts de Coucy atteignent ainsi 3 mètres d'épaisseur; les largeurs de l'ordre de 2 mètres sont fréquentes. Les tours, surtout à leur base, offrent d'énormes parois : 8 mètres à la base de la tour de Constance à Aigues-Mortes, encore près de 5 au niveau de la salle basse. Les parties inférieures de certaines tours, voire de certains donjons, comme celui de Castelnau-de-Cernès, en Bordelais, sont pleines. La qualité des blocages peut être médiocre : des moellons noyés dans de l'argile. Dans beaucoup de constructions ils sont cohérents et survivent parfois à l'arrachement des parements. La cohésion des murs du donjon de Coucy, qui supporta l'explosion des mines placées par Richelieu sans s'effondrer, est exemplaire. Des cercles de fer venaient d'ailleurs ceinturer cette énorme masse revêtue d'importantes pierres de taille. La solidité est aussi due au développement des fondations et aux talus pré-

Page suivante : remparts d'Aigues-Mortes (Gard).

sentés par la base des murs, talus destinés également au rebondissement des projectiles envoyés des hourds.

Le parement est particulièrement soigné. Pour offrir moins de prise au mineur, les joints sont généralement minces. Le tassement des assises de plaques de schiste est assuré, au château d'Angers, par des arases de blocs de grès, suivant des procédés rappelant ceux que l'on remarque dans les constructions gallo-romaines. Les bossages, imitant ceux de certains édifices antiques, mais déjà repris dans plusieurs châteaux de Terre sainte et dans les forteresses de Frédéric II en Italie et en Sicile, apparaissent dans le troisième tiers du XIIIe siècle dans les enceintes urbaines de Carcassonne et d'Aigues-Mortes. On les retrouve dans plusieurs châteaux des Corbières et, plus tard, à Domme, en Périgord. Les gros blocs du parement du donjon de Coucy avaient été mis en place grâce à un savant échafaudage s'élevant en spirale le long des parois.

Dès le XIIe siècle, on avait tenté de voûter les ouvrages de défense : ainsi pouvait être d'abord mieux assurée la solidité des maçonneries. Surtout, cette couverture mettait l'intérieur des tours et des logis à l'abri des incendies allumés par des projectiles. Ainsi également, les terrasses supérieures pouvaient supporter le poids des machines de guerre. Jusqu'au milieu du XIIIe siècle, et même au-delà dans les salles basses ou les culs-de-basse-fosse, le voûtement reste de tradition romane : calottes dans les tours rondes, berceaux sur les salles quadrangulaires, plus rarement arcs de cloître. Employée dans les constructions militaires de Philippe Auguste dès les environs de 1200, la voûte d'ogives se généralisa peu à peu. Elle n'est pas encore connue des maîtres d'œuvre du château de Carcassonne dans le second quart du siècle, mais on la trouve dans les parties basses de la tour de Constance, à Aigues-Mortes, peut-être dès 1241-1242. Vers 1250, elle apparaît en Gascogne au châtelet de Cubzac-les-Ponts et, un peu plus tard, dans les tours de l'enceinte de Benauges. Toutefois, les salles hautes des tours, soit parce qu'on les croyait hors d'atteinte des projectiles incendiaires, soit parce qu'on craignait que le poids des voûtes exerçât une pression fâcheuse sur les parois, restent souvent sous charpente.

IV. Le dispositif de défense active, archères et mâchicoulis

Nous avons rappelé au début de ce chapitre que bien des problèmes posés par la défense active des places fortes n'avaient pas été correctement résolus au temps de Philippe Auguste. La première série de difficultés provenait des embrasures. De nombreux auteurs, de Viollet-le-Duc à J.-F. Finò, ont clairement exposé le problème : battre un large secteur en avant de la place sans affaiblir les murs ou exposer le tireur aux projectiles de l'adversaire. L'utilisation de l'arc demandait cependant l'établissement de niches, pratiquées en arrière de la meurtrière dans la masse des maçonneries, ou d'ébrasements très marqués. Les architectes au service des rois capétiens dans le Midi en arrivèrent à établir de longues fentes — plusieurs mètres — poursuivies au-dessous du niveau du poste de tir pour permettre un tir plongeant. Par ailleurs, malgré l'étroitesse de l'ouverture, le périmètre battu par le défenseur pouvait atteindre une grande largeur grâce à un ébrasement intérieur très fort. Ce parti fut employé à Najac (Aveyron) et à la tour de Constance, vers le milieu du siècle; on retrouve la longue archère dans une partie de l'enceinte urbaine d'Aigues-Mortes, plus tardive. Ce dispositif creusait cependant de larges vides dans des murailles que l'on voulait solides : on en eut conscience et, à Najac par exemple, on voit que les archères sont percées en quinconce sur deux étages afin de mieux répartir les points faibles dans la maçonnerie. Ce fut sans doute pour éviter cet évidement des courtines que l'on ne recourut pas très souvent aux systèmes de casemates reliées par un couloir continu ou « gaine » dont Le Coudray-Salbart nous offre un bel exemple. Nous avons cependant trouvé les vestiges d'un tel parti à Benauges, en Bordelais.

On préféra donc réduire la taille des archères et en transformer l'aspect. Un étrier, à la base de la fente, permit d'élargir à moindre risque le champ de tir. L'archère à bêche, munie d'un plongement vers le bas, permettait de mieux contrôler le pied des ouvrages. En outre, l'emploi de plus en plus fréquent de l'arbalète, plus maniable et plus efficace que beaucoup d'arcs, plus courte aussi, conduisit à construire des meurtrières en croix pattée, l'empattement du bas permettant un tir en profondeur, celui du haut, un tir à la volée et le croisillon élargissant le champ horizontalement. Ce type d'embrasure connut un certain succès dès le début du XIIIe siècle en Angleterre. Il a été introduit en France, comme il est normal, par la Gascogne, dès le début de la seconde moitié du siècle. Il y devient d'un emploi très fréquent autour de 1300. Les formes en sont assez variées — à double croisillon par exemple — et les dimensions varient également : les plus petites (0,40 m) devant seulement permettre l'utilisation de l'arbalète, les plus hautes (1,50 m) permettant sans doute aussi le tir à l'arc. Pratiquées sous des niches moins élevées et moins profondes, on put ainsi les multiplier dans les courtines et sur le front des ouvrages, comme par exemple à Villandraut (Gironde). Le reste de la France ne l'adopta que très partiellement et, généralement, plus tardivement. On se contenta le plus souvent des types à étrier, à bêche ou à empattements inférieur et supérieur comme souvent dans le Midi, et l'on abandonna peu à peu la longue archère du temps de Saint Louis.

Pour étendre le champ battu par les tireurs, on eut recours à d'autres procédés. Un des plus curieux consiste à faire desservir par une seule casemate plusieurs embrasures : un bon exemple de ce parti, connu également en Catalogne, nous est donné par l'enceinte du château Moncade d'Orthez, bâti après 1240. La base du mur-bouclier qui protège, vers le nord, le château périgourdin de Castelnaud est percée de quatre archères destinées à battre le pied de l'ouvrage : par des orientations diverses, des plongements, des étriers, par l'adjonction d'un croisillon à l'une des fentes, le constructeur s'est efforcé de réaliser ce projet. Mais, de peur d'affaiblir le mur, il a donné une telle étroitesse à ces ouvertures et aux embrasures intérieures que le tir devait être fort difficile. Bref, il n'a pu résoudre là encore le problème posé aux ingénieurs militaires du XIIIe siècle lorsqu'ils ont ignoré l'archère en croix pattée.

Dans de telles conditions, il fallait reporter l'essentiel de la défense au couronnement qui constituait *l'étage militaire* par excellence. Il fallut d'abord y protéger les postes occupés par les archers : l'introduction de l'archère courte ou en croix pattée dans les merlons permit d'éviter l'utilisation des seuls créneaux exposés aux projectiles des assaillants. Autant que l'on puisse en juger, étant donné la fréquente destruction et l'arbitraire restauration subies par les crénelages des châteaux, la masse des merlons devint plus importante, tandis que les créneaux se faisaient plus rares et plus étroits.

L'autre problème était celui de la défense surplombante que vient renforcer le talus établi à la base des murs. Nous savons quelles étaient les faiblesses des hourds. Dès le temps de la minorité de Saint Louis, les ingénieurs du donjon de Coucy s'efforcent de leur donner plus de solidité en établissant des corbeaux de pierre pour les soutenir. Des portes permettant d'accéder directement à leur plancher furent percées dans le couronnement. Le parti fut également adopté pour bâtir, au-dessus de points faibles à défendre, porte, fenêtre, etc., des bretèches de bois ou de pierre. Ces dispositifs semblent préparer tout naturellement l'avènement des mâchicoulis sur corbeaux. L'évolution fut en fait très lente et ceux-ci n'apparurent en France que vers 1300 ; les premiers exemples datés que nous en avons trouvé en Guyenne ne sont pas antérieurs à 1314, alors que le donjon de Najac offrait déjà une bretèche de pierre, peut-être cinquante ans plus tôt. Cependant on note sporadiquement l'emploi des grands mâchicoulis à arcs montés sur piliers, connus dès la fin du XIIe siècle et dont le constructeur du donjon du Château-Gaillard avait tiré parti, en lui apportant d'ailleurs quelques aménagements. Le couronnement, daté du XIIIe siècle, du *bâtiment des mâchicoulis,* près de la cathédrale du Puy, est porté sur un dispositif comportant des arcs retombant sur des piles partant du fond, déchargeant deux arcs plus petits, retombant sur un corbeau intermédiaire tandis que des bretèches sont établies sur la face antérieure des contreforts. Ce système compliqué ne semble pas avoir été souvent imité. Le seul héritier possible du mâchicoulis sur contrefort peut avoir été l'assommoir pratiqué en arrière de la baie de la plupart des porteries. En fait, ni les courtines d'Aigues-Mortes, élevées dans le dernier quart du siècle, ni les ouvrages du front extérieur du château de Villandraut, bâti en 1306 par Clément V qui disposait d'énormes ressources, n'offrent encore de mâchicoulis. Bref, ce sont les ingénieurs du XIVe siècle qui ont tiré définitivement les conséquences des perfectionnements apportés à l'art de la fortification par certains constructeurs de l'époque précédente.

Le chemin de ronde relie les postes de combat de l'*étage militaire*. Les ingénieurs ont hésité entre deux solutions : le fragmenter, chaque tour isolant et commandant une section de rempart, empêchant un assaillant éventuel de s'y maintenir et d'étendre son occupation, ou bien le rendre continu pour permettre l'arrivée rapide des défenseurs, généralement peu nombreux, au point attaqué. Ainsi certains chemins de ronde circulent au revers des tours, tandis que d'autres viennent buter contre elles. Le plus souvent, ils les traversent, mais des vantaux ferment dans ce cas les passages. Il est également utile d'élargir la terrasse terminale, non seulement pour y faciliter la circulation, mais aussi pour y placer des machines de guerre ; pour cela, on établit des corbeaux ou l'on plaque des arcs sur la face intérieure de la courtine (Coucy).

V. L'habitation

Au cours du XIIIe siècle se poursuit également le phénomène de l'intégration de la résidence féodale ou princière à l'intérieur de l'enceinte étroite du château : les cours resserrées du Louvre et de Coucy ont été en grande partie occupées par des bâtiments d'habitation et des grandes salles postérieures, malgré la présence d'énormes donjons. Au début du XIVe siècle, le constructeur de Roquetaillade (Gironde), le cardinal de La Mote, accepta encore les servitudes imposées par une maîtresse tour dressée au centre d'un quadrilatère fortifié n'excédant pas 35 mètres de côté. Toutefois l'abandon du principe de ce refuge central facilita la mise en place des logis, désormais groupés autour d'une cour principale. De telles possibilités sont utilisées dès la première moitié du XIIIe siècle à Boulogne-sur-Mer ; plus tard, sans doute, à Suscinio (Morbihan), œuvre des ducs de Bretagne, et à Bourbon-l'Archambault (Allier), remodelé par Robert de Clermont, fils de Saint Louis.

Un plan plus régulier, rectangulaire ou carré, voire polygonal, permet de créer des compositions plus heureuses. Elles apparaissent dans les constructions frédériciennes de Sicile et des Pouilles : Castello Maniace de Catane, Castello Ursino de Syracuse et surtout Castel del Monte, palais fortifié autour d'une cour octogonale, et château de Lucera, édifié autour d'un espace carré. Dans les palais « savoyards », à Saint-Georges-d'Espérance par exemple, les logis venaient aussi s'appuyer aux courtines. Autour de 1300, le souci d'équilibrer les ensembles de ce type apparaît beaucoup plus nettement. Au palais des rois de Majorque, édifié de 1262 à 1330 à Perpignan, les principaux bâtiments, dont les textes contemporains nous indiquent les divisions et les spécialisations, s'ordonnent autour de la chapelle à deux étages qui occupe le fond de la cour, au centre. Des galeries la flanquent et les deux ailes en retour d'équerre contiennent d'un côté les appartements royaux, de l'autre la grand-salle. Le quatrième côté, où est percée la porte, ne comprend qu'une tribune, d'ailleurs érigée seulement au XIVe siècle. Peu après 1300, le grand château pontifical de Villandraut est organisé de la même façon, la grand-salle, considérée parfois, à tort sans doute, comme la chapelle,

Page précédente : palais des rois de Majorque, Perpignan (Pyrénées-Orientales). Lithographie de Dauzats.

occupant le fond de la cour. Ainsi est créé un plan-type qui fut développé jusqu'au XVIe et au XVIIe siècles, jusqu'à Écouen (Val-d'Oise), à Verneuil (Oise) et au Luxembourg : un corps de logis encadré de deux ailes perpendiculaires, réunies sur la quatrième face par une muraille, une arcature ou une galerie, percée d'une porte en son milieu.

Dans les forteresses moins importantes, comme dans les maisons fortes qui vont bientôt accéder au titre de « châteaux », le logis, massé, élevé de plusieurs étages, devient la construction essentielle. Le manoir, comportant le plus souvent un rez-de-chaussée aveugle et un étage accessible par l'extérieur et possédant fenêtres assez largement ouvertes, latrines, cheminées et évier, est le type de bâtisse le plus simple. Vers le début du XIVe siècle, certains repaires nobles bordelais décrits par Léo Drouyn il y a cent ans, la maison du prieur de Saint-Avit-Sénieur à Sainte-Croix-de-Beaumont (Dordogne) ou le manoir du Tortoir, au nord de Laon, en sont des exemples remarquables. Ces bâtisses se transforment en châteaux par le crénelage, l'adjonction d'échauguettes et de tourelles. Il y a ainsi des logis flanqués d'un donjon, en Guyenne ou en Alsace. D'autres, munis de tours ou de tourelles d'angle, sont une image réduite de la grande forteresse quadrilatère : il en existe en Bordelais comme en Savoie. Les « châteaux gascons », nombreux surtout au sud de l'Agenais, sont de hauts blocs, souvent à deux étages, possèdant deux tours d'angle. Dans la même région, le château des abbés de Condom à Larressingle (Gers), achevé avant 1305, est une grosse tour à quatre étages, rappelant les énormes donjons résidentiels du type de Beaugency (Loiret) ou de Chambois (Orne).

Dans ces logis castraux du XIIIe siècle, se manifeste une recherche de l'agrément et du confort que l'on retrouve dans ceux de la Renaissance, mais dont ils nous ont légué moins de témoignages. Un des faits les plus importants est la division par des murs de refend de chaque niveau en plusieurs pièces, deux, trois ou quatre, ce qui suppose une possibilité plus grande d'intimité et aussi, peut-être, une spécialisation de chaque chambre dans une fonction particulière, comme nous l'avons remarqué au palais de Perpignan. Les jours deviennent en même temps plus nombreux : si les rez-de-chaussée n'ont que d'étroites fentes, les étages sont plus souvent percés de baies, que la défense assurée par les hourds et les bretèches permet parfois de placer à une assez faible hauteur. Les grilles de fer, dont les trous de scellement subsistent souvent, renforçaient encore la protection de ces ouvertures.

Dans l'embrasure intérieure, des bancs ou *coussièges,* sont prévus. A Najac (Aveyron), et plus tard, dans la grosse tour du château de La Réole (Gironde, seconde moitié du XIIIe siècle), la voûte de cette embrasure s'abaisse vers l'intérieur de façon à arrêter dans leur trajectoire les projectiles des assaillants. Les arcs de décharge brisés donnent plus de solidité au mur autour des baies, géminées ou non, déjà connues à l'époque romane. Les fenêtres rectangulaires, divisées ou non par une croisée de meneaux qui permet la fermeture par plusieurs panneaux, apparaissent alors dans l'architecture castrale comme dans l'architecture civile. Les réseaux de trilobes ou de quadrilobes permettent de dater ces ouvertures.

La cheminée devient au XIIIe siècle d'un usage général, même si certaines petites maisons fortes gasconnes n'en présentent pas et si beaucoup de manoirs anglais se contentent du foyer central placé dans la grand-salle. Les formes, monumentales ou non, prises par la cheminée ne diffèrent pas essentiellement de celles que l'on trouve dans les hôtels urbains. Toutefois, leur adaptation aux structures d'un édifice fortifié a posé des problèmes. Ainsi le vide créé par l'âtre et le conduit risquait d'affaiblir les maçonneries : aussi établit-on les cheminées contre les murs de refend. En Bordelais, en Gascogne, en Périgord, la paroi est souvent renforcée extérieurement au revers des conduits.

L'escalier ne prend pas encore, par contre, l'importance que lui accorderont les maîtres d'œuvre de la fin du Moyen Âge. Les vis restent, dans les châteaux, étroites, enfermées dans de minces tourelles ou prises dans la paroi. Les degrés rectilignes, également pratiqués dans les parois, sont fréquents. Plus souvent les relations d'étage à étage ont été assurées par des échelles de meunier ou des escaliers de bois, dont il ne reste plus de traces, mais dont la nécessité est évidente.

Dès l'époque carolingienne, les textes nous parlent de la décoration des palais et des résidences princières ou seigneuriales : il s'agit surtout de peintures murales. Nous avons, pour le XIIIe siècle, plus que des descriptions : des mentions de travaux dans les comptes des grands, comme Robert II d'Artois, neveu de Saint Louis, et sa fille Mahaut, et aussi d'assez importants vestiges. P. Deschamps et M. Thibout ont établi la liste des différents décors conservés : écussons, qui sont le thème essentiel du décor de la grand-salle du château auvergnat de Revel, décor exécuté du temps de son propriétaire Pierre Flote, conseiller de Philipe le Bel, mort en 1302; combats chevaleresques, comme à la tour Ferrande de Pernes (Vaucluse) ou à la tour Arlet de Caussade (Tarn-et-Garonne); tournois; scènes profanes diverses;

Combat d'un chevalier contre un lion. Tympan de la porte du donjon de Coucy. Gravure de Du Cerceau
(Les plus excellents bâtiments de France).

épisodes tirés de romans courtois ou simplement ornements végétaux et stylisés. La sculpture joue un rôle moins important. On la voit apparaître aux tympans de certaines portes (Coucy), sur les clefs de voûte et les culots portant le départ des nervures : les fortifications d'Aigues-Mortes en offrent une très riche collection. Enfin les pavages ont été souvent très soignés. Les plus remarquables ont été très récemment découverts au château breton de Suscinio, mais le Sud-Ouest en offre de nombreux carreaux, en céramique polychrome.

Le luxe des grandes demeures du XIVe siècle a donc été en quelque sorte préparé par l'introduction d'un relatif confort et d'une décoration plus riche dès l'époque précédente. De la même façon, ce sont les conséquences des transformations et des perfectionnements apportés par les ingénieurs militaires à l'art de la fortification au temps de Saint Louis et de Philippe le Bel que les constructeurs du XIVe siècle ont pleinement tirées dans leurs réalisations.

Ruines du château de Villandraut (Gironde). Construction du pape Clément V. Lithographies de Jacottet.

Les châteaux de la première moitié du XIVe siècle

Yves Bruand

La première moitié du XIVe siècle constitue pour l'histoire des châteaux une période assez neutre entre l'apogée des belles forteresses du XIIIe siècle, admirablement conçues sur le plan de l'efficacité militaire, et le renouvellement constaté à partir du règne de Charles V, avec les magnifiques constructions du roi, des princes du sang, des grands féodaux et de leurs officiers. Un certain nombre de facteurs explique la rétraction qui se produisit sous les derniers Capétiens directs et les premiers Valois.

Tout d'abord le royaume, bien pris en main par une administration sûre, connut alors une période de tranquillité relative sur la quasi-totalité du territoire; les seules régions où sévit l'insécurité avant le déclenchement de la guerre de Cent ans furent la Gascogne anglaise et la Flandre, soumises à une pression continuelle et à de multiples interventions armées de la part de l'autorité royale. Il fallut attendre les grandes chevauchées d'Édouard III et du Prince Noir pour que la France ait à souffrir profondément du conflit. Or la facilité avec laquelle les armées anglo-gasconnes et les routiers mercenaires qui les accompagnaient purent s'enfoncer dans les pays et enlever sans coup férir bon nombre de châteaux mal défendus montre bien qu'aucun effort sérieux de mise en état des places existantes n'avait été fait jusqu'alors; on n'en ressentit le besoin impérieux qu'après le désastre de Poitiers en 1356. Quant à l'érection de forteresses neuves, la nécessité de parer au plus pressé n'en permit la reprise sur une grande échelle qu'après un délai de quelques années.

Une autre raison du retrait constaté fut la crise économique et monétaire que connaissait à ce moment la France. Le manque de moyens financiers se répercuta logiquement sur la construction des châteaux; ceux-ci apparaissaient un peu comme un luxe superflu dans une conjoncture difficile, en l'absence de perception de toute menace immédiate et dans la mesure où le réseau dense et efficace établi antérieurement paraissait remplir son office. A ces conditions déjà peu favorables vinrent s'ajouter au milieu du siècle les ravages de la peste noire, catastrophe dont l'amplitude sans précédent réduisit drastiquement les moyens disponibles.

Il y eut en revanche quelques facteurs favorables. Toutes les régions ne furent pas touchées de la même façon; la construction resta très active en Guyenne où la rivalité des rois de France et d'Angleterre était plus vive que jamais, tandis que la faiblesse insigne d'Édouard II (1307-1327) permit à de nombreux seigneurs des usurpations de pouvoir et l'érection de forteresses. Ailleurs, l'absence de danger immédiat a incité quelques puissants personnages à moderniser leur château pour en faire une demeure où les nécessités d'ordre militaire ne seraient plus entièrement prédominantes, voire à en édifier de nouveaux dans cet esprit. Le phénomène le plus important est toutefois l'accession au trône pontifical de papes français; la réorganisation des finances de l'Église qui s'ensuivit mit à leur disposition d'énormes moyens monétaires; or ces papes, tous méridionaux et très attachés à leur contrée d'origine, firent preuve de grandes largesses en faveur de leur ancien diocèse ou des membres de leur famille. Cette attitude se traduisit par la construction de nombreuses églises, mais aussi de certains châteaux qui figurent parmi les réalisations les plus importantes de l'époque. Enfin et surtout l'installation de la papauté à Avignon eut pour conséquence la mise en chantier du plus notable édifice civil et militaire de la première moitié du XIVe siècle, le palais des Papes.

I. Les châteaux de Guyenne

En Guyenne et Gascogne, possessions pour lesquelles le roi d'Angleterre devait en tant que duc l'hommage au roi de France, d'où de perpétuelles contestations et des saisies périodiques du duché, on aurait pu s'attendre à une importante activité de la part des Plantagenêts dans le domaine de l'architecture militaire. En fait, il n'en fut rien, car l'incapacité d'Édouard II, les guerres d'Écosse et le manque de moyens financiers qui en découla réduisirent à peu de chose les travaux effectués par les officiers du roi-duc : destruction en 1317 et reconstruction de 1322 à 1324 d'une tour du palais de l'Ombrière à Bordeaux, construction du château de Molières en Périgord (1314-1318) par le sénéchal de Gascogne. Ce bâtiment, resté inachevé, comprend une tour carrée isolée, au centre d'une enceinte également carrée; les faibles dimensions de la tour (6 mètres de côté), l'absence de flanquement font de cet ensemble un édifice archaïque sans grand intérêt et d'une efficacité défensive plus que douteuse. Nous n'insisterons pas non plus sur les multiples maisons fortes et petits châteaux construits en ces temps troublés par des seigneurs désireux de s'assurer, grâce au fait accompli, de droits que la faiblesse du suzerain finit souvent par leur concéder.

D'une tout autre importance apparaissent les châteaux érigés par la famille de l'ancien archevêque de Bordeaux, Bertrand de Got, devenu pape en 1305 sous le nom de Clément V. Le plus vaste et le plus magnifique est sans contredit Villan-

Château Neuf de Roquetaillade (Gironde).

draut (Gironde), élevé par le souverain pontife dans son village natal; commencé en 1306, il fut achevé en quelques années. Ce qui frappe le plus dans cet ouvrage, c'est son plan parfaitement régulier : les courtines forment un rectangle de 52 mètres sur 43 mètres, flanqué de six tours semblables disposées de la manière la plus logique pour la défense, c'est-à-dire aux angles et de part et d'autre de la porte principale. Un puissant empattement oblique court sur tout le pourtour, renforçant la base du dispositif au droit du large fossé inondable; les tours sont plus hautes que les courtines, comportant quatre niveaux au lieu de deux (une cave en sous-sol au ras des fossés et l'étage supérieur communiquant avec le chemin de ronde s'ajoutant à l'élévation normale au revers des murs). Il n'y a pas de donjon, mais une parfaite égalité sur tous les fronts, compte tenu de la nécessité de protéger spécialement la grande entrée par un châtelet de type classique depuis le XIIIe siècle. Les autres éléments de défense, meurtrières régulièrement espacées à tous les étages, y compris dans les merlons du couronnement, crénelage, hourds dont les trous de boulin attestent l'existence sont tout à fait dans la ligne des grandes forteresses antérieures. Il en va de même pour la disposition des bâtiments au revers des courtines sur trois côtés de la cour, la façade méridionale correspondant au front d'accès étant seule laissée vierge de tout corps de logis. Il y a toutefois des éléments nouveaux : on est frappé par l'unité qui se dégage de l'aménagement interne, qu'il s'agisse du traitement des façades sur cour ou de la parfaite intégration des édifices d'habitation au dispositif purement militaire; il n'y a pas ici juxtaposition, comme c'était souvent le cas auparavant, mais cohérence entre les parties à tous les niveaux; enfin l'ouverture de fenêtres à l'étage sur l'extérieur montre un souci plus vif du confort résidentiel, même si cela se traduit par une vulnérabilité légèrement accrue.

Les archéologues anglais ont voulu établir une filiation entre les grands châteaux gallois élevés sous Édouard Ier et Villandraut. Un certain nombre d'arguments militent en faveur de cette thèse : organisation du plan, châtelet à fenêtres donnant à la fois sur la campagne et sur la cour, emploi des archères à croix pattée, disposition des vis d'escalier et des latrines dans les rentrants formés par la jonction des tours et des courtines avec meurtrières ou assommoirs permettant de battre l'angle mort. Jacques Gardelles, après avoir relevé certaines des parentés précédemment énoncées, fait cependant remarquer qu'il y a aussi des différences : emploi plus fréquent de la voûte d'ogives, élévation du châtelet ne commandant pas les autres tours, vis logées au cœur du mur et non dans des tourelles particulières. Les traditions française et anglaise semblent bien avoir joué l'une et l'autre.

Les deux châteaux de Roquetaillade (Gironde) furent reconstruits ou construits par la famille de La Mote, apparentée à Clément V et puissamment appuyée par le cardinal du même nom, élevé à la pourpre par Jean XXII en 1316. Le château Neuf est très proche de Villandraut par son plan d'ensemble, bien que ses dimensions soient plus réduites (33 mètres sur 22 mètres). Il en diffère toutefois par l'érection au centre de la place d'un énorme donjon carré dont le rôle était double : il commandait toute l'enceinte avec ses 30 mètres de haut et complétait l'habitation avec ses cinq niveaux pour la plupart voûtés, reliés par un escalier inséré dans une tourelle d'angle hexagonale. La solution adoptée était certes moins satisfaisante qu'à Villandraut sur le plan de l'agrément résidentiel; la construction du donjon limitait la superficie de la cour et l'éclairage des pièces, apportant par contre une plus grande surface habitable dans un périmètre réduit et une défense verticale plus conséquente. Le château Vieux, de peu antérieur, est plus traditionnel, mais la haute tour carrée, couronnée de mâchicoulis sur consoles, qui servait de porte paraît nettement postérieure.

Ce sont encore des neveux de Clément V qui ont édifié en Bordelais et Bazadais les châteaux de La Trave, Preyssac, Budos, Castets-en-Dorthe, Sauviac où l'influence de Villandraut est sensible.

Ruines du château de Lagarde (Ariège).

On peut donc parler à propos de toutes ces réalisations d'un groupe cohérent d'édifices dont les commanditaires étaient apparentés et il n'est pas impossible qu'il y ait eu des maîtres d'œuvre communs.

II. Le Languedoc pyrénéen

A peu près à la même époque que les châteaux bordelais fut érigé, non loin de Mirepoix (Ariège), aux confins du Languedoc et du comté de Foix, le donjon de Puivert (Aude). Cette belle et massive tour carrée de 15 mètres de côté et de 35 mètres de haut porte en effet au-dessus d'une de ses portes les blasons des Bruyères et des Melun qu'on retrouve par ailleurs à la clef de voûte d'une des salles; le mariage de Thomas II de Bruyères et d'Isabeau de Melun, fille d'un grand chambellan de France, ayant été célébré en 1310, l'édifice peut être considéré comme postérieur à cette date, quoique de peu sans doute si l'on se fie au style des sculptures figurant à l'intérieur. Situé à la charnière des enceintes du château proprement dit et de la basse-cour, le donjon commande l'ensemble; on peut cependant émettre quelques réserves à propos de l'efficacité de sa fonction militaire : il n'y a pas d'archères; les seules ouvertures sont des baies en arc brisé laissant largement pénétrer la lumière, surtout lorsqu'elles sont distribuées en quinconce sur trois faces comme dans les étages supérieurs; or leur rôle défensif est absolument nul et seul le couronnement disparu était éventuellement susceptible d'être utilisé à cet égard. Il y avait d'ailleurs aussi de graves lacunes dans l'enceinte qui abritait la partie vitale de l'édifice, dépourvue de flanquement sur l'un de ses côtés; on s'était en effet contenté de la protection relative assurée par le relief. Il semble donc que l'on ait surtout songé à créer avec ce donjon un ouvrage de représentation monumental affirmant l'importance de son possesseur. Les quatre niveaux sont chacun occupés par une salle unique, les deux premiers étant voûtés d'ogives retombant sur de très beaux culots sculptés; ils correspondent à une chapelle et une salle d'apparat, bien éclairées, luxueusement décorées mais dépourvues de cheminées, ce qui exclut toute utilisation comme pièce de séjour en dehors de la belle saison. Le donjon était directement relié aux bâtiments d'habitation, aujourd'hui détruits, qui s'appuyaient sur sa face orientale et en permettaient l'accès. L'enceinte de la basse-cour paraît un peu antérieure.

A quelques kilomètres de Puivert, le château de Lagarde (Ariège) offre un autre exemple étonnant d'édifice spectaculaire et de belle ampleur, mal conçu sur le plan de l'efficacité défensive. Une mauvaise lecture d'une inscription lapidaire conservée au château voisin de Léran l'a fait dater de 1330, mais le texte indique seulement le nom des constructeurs, François Ier de Lévis et sa femme Élis de Lautrec; nous n'avons donc qu'un *terminus a quo* (1299, mort du prédécesseur de François de Lévis, Guy III), et un *terminus ante quem* tardif (1344, lorsque la petite-fille des fondateurs, Élis de Lévis-Lagarde, apporte le fief en dot à son cousin Lévis-Mirepoix); l'ouvrage remonte probablement au premier quart du siècle. Il s'agit d'un édifice de plan rectangulaire très régulier (52 mètres sur 45 mètres), qui n'est pas sans rappeler Villandraut quant à la distribution des masses. Il y a toutefois des différences notables : les tours sont rectangulaires, tant aux angles qu'au centre de la façade d'accès, où la porte est percée dans un massif barlong; et surtout il n'existe aucun flanquement effectif car les avancées latérales ne dépassent pas l'épaisseur du mur, au demeurant assez faible (1,65 m), ce qui interdit tout percement de meurtrière prenant les courtines en enfilade. La défense ne pouvait être assurée que de front par les archères des courtines et des tours, ou du sommet grâce à des mâchicoulis ou plus probablement des hourds disposés sur les consoles encore visibles aujourd'hui. Le château, quoique placé sur une élévation dominant le village et entouré de fossés, était

1. Palais des Papes, Avignon (Vaucluse). A gauche, la cathédrale Notre-Dame-des-Doms et le Palais Vieux bâti par Benoit XII, à droite le Palais Neuf bâti par Clément VI.
2. Palais des Papes. La tour de la Campane et la cour du Palais Vieux.
3. Palais des Papes. Façade du Palais Neuf. A droite, l'extrémité du grand vaisseau qui renferme la salle de l'audience et la chapelle pontificale.

par conséquent vulnérable. Tout permet de penser que l'on avait privilégié l'aspect résidentiel; les bâtiments d'habitation faisant corps avec l'enceinte ont été en partie conservés malgré d'importants remaniements aux XVIe et XVIIe siècles; il a d'ailleurs suffi d'ouvrir de nombreuses fenêtres dans les murs et de doter l'édifice de jardins aménagés en terrasse au-delà des fossés pour transformer l'ouvrage du XIVe siècle en un bel ensemble classique digne du règne de Louis XIV.

III. Le palais des Papes à Avignon

Entre Lagarde et le palais des Papes d'Avignon (180 mètres de long sur 80 mètres de large, près de 15 000 mètres carrés de superficie), il n'y a évidemment aucune commune mesure; la différence d'échelle est patente et nous entrons avec ce dernier dans le domaine des réalisations exceptionnelles qui marquent une époque. Notons toutefois que tout lien n'est pas exclu, bien qu'il y ait peut-être simple coïncidence : Jean de Lévis, membre de la famille possédant Lagarde, avait fondé en 1298 l'église paroissiale de Mirepoix, devenue cathédrale en 1317; or Jacques Fournier occupa ce siège épiscopal en 1326-1327 avant d'être élevé au pontificat en 1334 sous le nom de Benoît XII, et ce fut à un maître d'œuvre originaire de Mirepoix, Pierre Poisson, qu'il confia la tâche d'édifier le palais des Papes.

On pourrait contester à celui-ci la qualification de château, toute définition étant toujours sujette à caution dans les cas limites : résidence citadine et siège de l'administration pontificale, ses fonctions principales en firent bel et bien un palais. Sa situation stratégique et son aspect de puissante forteresse le rattachent toutefois autant à l'architecture militaire qu'à l'architecture civile et il n'est pas abusif de le considérer comme s'inscrivant dans la tradition des grands châteaux forts érigés en site urbain. Le palais des Papes est composé de deux édifices accolés, judicieusement jumelés, organisés l'un et l'autre autour d'une cour centrale.

Le Palais-Vieux, construit sous le pontificat de Benoît XII (1334-1342), ancien moine cistercien, correspond à l'idéal d'austérité de son fondateur. Le centre de la composition est constitué par un cloître en forme de quadrilatère irrégulier dessiné par les bâtiments qui l'entourent. L'implantation a été dictée par la disposition du terrain et l'utilisation maximale de l'espace disponible, les angles aigus et obtus l'emportant nettement sur

l'orthogonalité; celle-ci n'a été rétablie que dans le corps de logis abritant des salles d'apparat (Consistoire, salle des Festins), la chapelle et certaines tours; en revanche l'aile du Conclave, pourtant essentielle par son caractère représentatif, a un plan trapézoïdal. Les considérations pratiques d'ordre général ont donc primé sur le souci de régularité et il a fallu toute l'ingéniosité habituelle aux maçons médiévaux pour tirer le meilleur parti d'espaces complexes définis par de nombreuses obliques. L'extérieur frappe par son caractère massif et son aspect d'ouvrage fortifié : les murs ont près de 3 mètres d'épaisseur et un fort empattement à la base. Ils sont renforcés par de puissants contreforts sur lesquels ont été lancés des mâchicoulis à arc, système de défense utilisé dès le XIIe siècle à l'église d'Agde, mais qui semble s'être développé quasi exclusivement dans l'architecture religieuse (églises fortifiées, monastères); son adoption au palais des Papes s'insérerait donc dans la tradition cistercienne à laquelle Benoît XII était très attaché. La tour de Trouillas, à l'angle nord-est, plus haute (52 mètres) que les autres et constituant une sorte de donjon, était par contre couronnée de mâchicoulis sur consoles (ces dernières toujours conservées), dispositif nouveau, se substituant aux hourds, dont nous avons sans doute ici la première manifestation en France. Le couronnement crénelé a disparu mais peut être restitué grâce à celui qui subsiste au Palais-Neuf. Les fenêtres ouvertes en façade sont étroites et surtout nombreuses du côté du jardin, relativement abrité du fait de sa position.

Malgré les apparences, nous ne sommes pourtant pas en présence d'un édifice où les considérations militaires ont primé sans ambages. Les tours de Trouillas et des Anges, très puissantes, n'assuraient pas un flanquement efficace, même avant les adjonctions opérées par Clément VI; quant à la tour de la Campane, à l'angle nord-ouest, elle s'insère sans aucune saillie dans l'alignement de deux fronts; si l'on ajoute que les baies se superposent à chaque étage au lieu d'être percées en quinconce pour ne pas affaiblir les murs, on comprend que, malgré l'austérité de sa conception, le Palais-Vieux ait été d'abord, dès l'origine, un lieu de résidence et de travail. L'aménagement intérieur répondait aux considérations fonctionnelles et à la simplicité chère à Benoît XII. Les services de la Curie s'ordonnaient autour du cloître : au nord la chapelle, à l'ouest l'aile des Familiers, au sud l'aile du Conclave avec, à l'étage, les appartements des hôtes, à l'est l'aile du Consistoire avec les salles d'apparat. La prolongation de cette dernière et la tour des Anges abritaient la Trésorerie et les appartements du pape.

Palais des Papes, Avignon (Vaucluse). Peintures murales de la Chambre du Cerf, dans la tour de la Garde-Robe.

Le Palais-Neuf, construit sous le pontificat de Clément VI (1342-1352), à l'exception de la tour Saint-Laurent ajoutée par Innocent VI (1352-1362), est constitué de deux corps de bâtiment en équerre adroitement juxtaposés au Palais-Vieux pour former une seconde cour plus large que la précédente, dégagée de tout portique sauf au sud en avant du grand escalier, quasi rectangulaire car le souci de régularité est cette fois dominant; seule, d'ailleurs, l'implantation des bâtiments antérieurs n'a pas permis d'aboutir à une figure géométrique parfaite. L'extérieur reprend le parti adopté au palais de Benoît XII et évite toute solution de continuité; les baies sont toutefois plus larges et élégantes. En revanche, l'intérieur rompt franchement avec l'austère construction primitive; le pape a voulu des bâtiments au goût du jour, somptueusement décorés de fresques par des artistes italiens et français. Il a fait appel à un architecte venu d'Ile-de-France, Jean de Louvres, qui a créé derrière les massives façades externes une architecture claire et légère, multipliant les croisées d'ogives et les jeux d'espace élargi. Les deux ailes nouvelles regroupent la petite et la grande Audience au rez-de-chaussée, les appartements des grands dignitaires et la chapelle Clémentine à l'étage; un escalier d'honneur à l'italienne, à rampes droites séparées par un mur noyau, rompt avec le parti habituel de la vis à la française et renforce l'aspect spectaculaire de l'ouvrage en facilitant les déplacements des prélats souvent âgés qui avaient à l'emprunter.

Clément VI s'était aussi préoccupé de moderniser et d'agrandir les appartements pontificaux, ses goûts fastueux ne pouvant s'accommoder de la rigueur monacale qui avait présidé à l'aménagement du cadre de vie de son prédécesseur. Il fit donc accoler à la tour des Anges la tour de la Garde-Robe où il installa sur trois niveaux (garde-robe et salle de bains, chambre, oratoire Saint-Michel) une suite personnelle à la fois intime, confortable et richement décorée de scènes de chasse. Il agit de même pour la tour des Cuisines, élevée sur le flanc de la tour de Trouillas, afin de disposer d'équipements adaptés aux besoins journaliers d'un personnel de plus en plus nombreux et à ceux des festins accompagnant les grandes cérémonies. Ces adjonctions altéraient quelque peu l'efficacité des flanquements déjà déficients du Palais-Vieux, mais les soucis d'ordre militaire s'estompaient désormais au profit de ceux de confort et de représentation dans les constructions de Clément VI. L'évolution qui s'est produite en quelques années est

Château de Vincennes (Val-de-Marne). Le donjon entouré de sa chemise de plan carré.

particulièrement significative d'une tendance de fond qui marquera de son empreinte la fin du Moyen Âge, annonçant même dès cette époque par certains traits l'esprit et les formes de la Renaissance.

IV. Vincennes

Si le Midi a bénéficié de la manne pontificale, le reste de la France paraît quelque peu en retrait en matière de mise en chantier de châteaux importants pendant la première moitié du XIVe siècle. Le gros donjon habitable de Largoët-en-Elven (Morbihan) que l'on avait tendance à dater du milieu du siècle paraît en fait postérieur d'une quinzaine ou d'une vingtaine d'années. Le seul édifice de grande ampleur entrepris à cette époque est donc le château de Vincennes (1337-1373), véritable camp retranché couvrant l'est de Paris, commencé par Philippe VI et Jean le Bon, poursuivi et achevé dans ses parties essentielles par Charles V. Il appartient plutôt, par conséquent, à l'ère du renouveau manifesté après 1360 qu'à la période qui nous concerne. Nous n'insisterons donc pas longuement sur le sujet, nous contentant de signaler quelques traits de parenté avec les constatations faites précédemment.

L'enceinte rectangulaire était flanquée de neuf tours, également rectangulaires, hautes d'une quarantaine de mètres; les principales d'entre elles, aux angles et au centre de chaque front (tours-portes), étaient munies de puissants contreforts; des mâchicoulis sur consoles coiffaient courtines et tours couvertes d'épaisses terrasses. Le retour au plan carré ou plus exactement au rectangle proche du carré pour les organes de flanquement, abandonné dans la France du Nord depuis l'époque romane, est intéressant à noter; il ne peut s'expliquer par des considérations strictement militaires, car l'efficacité de la tour circulaire ou polygonale était indéniablement supérieure. Il faut donc invoquer pour le choix qui a été fait deux arguments : le programme très particulier de Vincennes et sa parenté frappante avec un camp romain; le fait que ces tours munies de fenêtres ouvertes vers l'extérieur n'étaient pas seulement des organes défensifs mais aussi des bâtiments destinés à loger l'importante garnison de la forteresse royale. Quant au donjon, entouré d'une chemise et isolé au centre du front ouest par un profond fossé, il était lui aussi rectangulaire, mais cantonné de tourelles rondes montant de fond, solution déjà adoptée au XIIIe siècle, qui combinait les avantages du massif à murs droits avec

celui d'un bon flanquement. Il y a là un retour au parti roman d'un donjon habitable considéré comme ultime réduit susceptible d'une défense autonome, même après la chute du château. Il semble toutefois qu'il s'agisse d'un cas unique dû à un programme particulier. L'achèvement et l'aménagement du donjon de Vincennes furent surtout l'œuvre des architectes de Charles V, Raymond du Temple et Guillaume d'Arondel, mais l'infrastructure était antérieure et a fatalement orienté la réalisation.

La première moitié du XIVe siècle est à tous égards une période de transition. Sur le plan strictement militaire, elle n'innove guère. Le seul progrès notable est l'apparition des mâchicoulis sur consoles qui remplacent les fragiles hourds amovibles en bois par un couronnement de pierre, fixe et résistant, craignant moins les effets des boulets lancés par les armes de jet et surtout l'incendie déclenché par les traits enflammés. Il y a là l'amorce d'une amélioration de la défense verticale qui jouera à plein avec le renouveau de la seconde moitié du siècle. Nous assistons en revanche à une certaine régression dans l'efficacité des flanquements, avec une tendance à la généralisation de la tour carrée ou rectangulaire qui s'explique en partie par une tradition méridionale vivace (par exemple à l'enceinte urbaine d'Avignon) mais plus encore sans doute par les meilleures possibilités offertes par ce type de plan en matière d'espace habitable; il arrive même que les flanquements soient pratiquement nuls (Lagarde [Ariège], palais des Papes). Le retour au

Ci-dessous, château de Vincennes (Val-de-Marne). Vue générale du donjon et de l'enceinte rectangulaire, gravée par Du Cerceau (Les plus excellents bâtiments de France).
Page de droite : le Louvre (Paris). La miniature des Très Riches Heures du duc de Berry montre bien les nouvelles constructions de Charles V superposées aux tours et aux courtines du château de Philippe Auguste (Musée Condé, Chantilly).

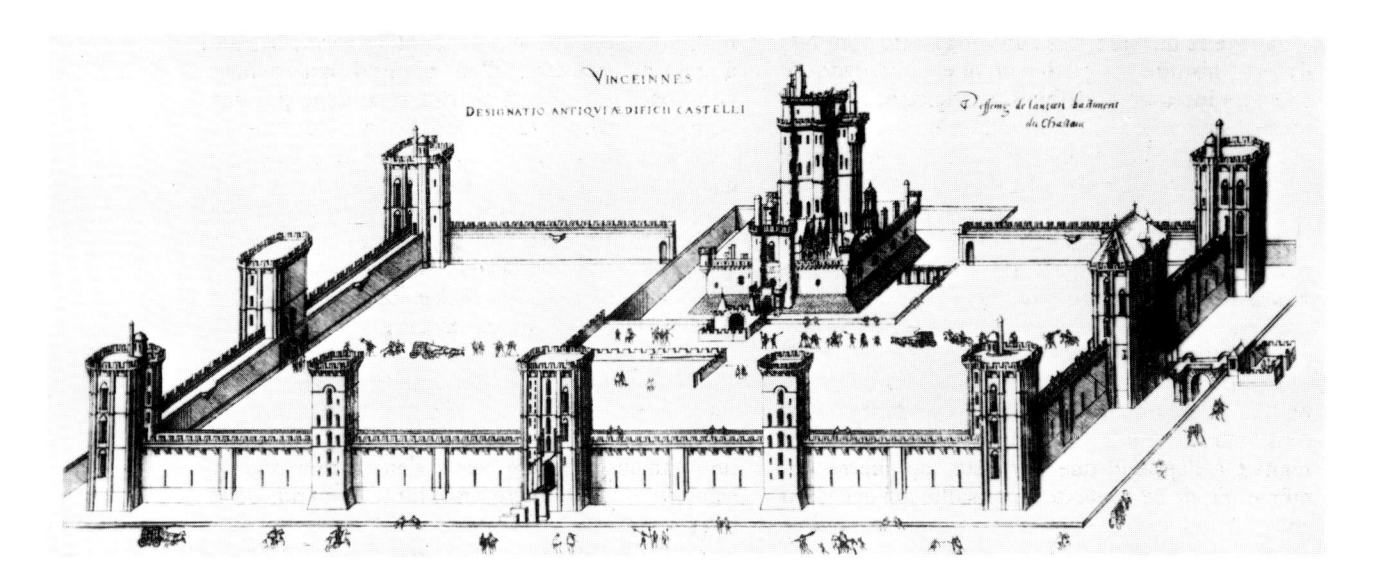

large et haut donjon, presque toujours carré ou rectangulaire, commandant toute la place, ne paraît pas non plus un progrès dicté par des considérations uniquement défensives; là encore, l'amélioration des conditions d'habitat et l'affirmation d'une domination symbolique par l'érection d'une tour monumentale et altière sont sans doute des facteurs au moins aussi importants.

Le trait le plus significatif de l'époque qui nous intéresse semble être le souci d'améliorer le caractère résidentiel des châteaux, même si ce fut souvent au détriment de l'efficacité militaire. L'ouverture de baies dans les façades, l'utilisation des plans réguliers permettant une bonne articulation des corps de logis, la primauté accordée à l'orthogonalité dans la mesure du possible, l'intégration des tours dans les appartements et la surface habitable, la tendance à la disposition des logements et pièces d'apparat dans les parties élevées sont des éléments notables qui s'insèrent dans une optique nouvelle et amorcent une évolution.

Très vite, cependant, la reprise de la guerre et des troubles bouleversa le panorama. Dès 1350-1360, les nécessités militaires reprirent leurs droits; une synthèse entre celles-ci et le goût de plus en plus affirmé pour de somptueuses demeures fut alors tentée dans les châteaux érigés par le pouvoir royal, les princes du sang apanagés et les grands seigneurs féodaux comme les ducs de Bretagne et le comte de Foix Gaston Phébus. Pour n'avoir pas le même lustre que les grandes périodes créatrices du XIIIe siècle d'une part, de la seconde moitié du XIVe et du début du XVe de l'autre, l'intermède dominé par la puissance financière des papes d'Avignon n'est cependant pas négligeable avec ses hésitations et son caractère nettement moins tranché; il constitue un tournant où apparaissent quelques-uns des germes essentiels de l'évolution ultérieure.

Châteaux et princes de la guerre de Cent Ans 1350-1450

Jean Mesqui

La guerre de Cent Ans : un long siècle dont nos livres d'histoire ne parlaient que pour évoquer combats incessants, défaites ou victoires retentissantes, au milieu d'un monde sinistre, marqué par des épisodes macabres comme l'assassinat d'Étienne Marcel ou la folie de Charles VI... Une période noire de notre histoire nationale, certes, et nul ne songerait à le nier; mais l'histoire, en comprimant l'échelle du temps, a parfois tendance à exagérer les phénomènes. Cette longue période fut, on a tendance à l'oublier, entrecoupée par plusieurs trêves; au surplus, jamais la guerre ne s'étendit, au même moment, à l'ensemble du territoire, et les populations furent bien plus marquées par l'état d'insécurité latent qui régnait à l'époque que par l'état de guerre lui-même. Et, de ce contexte en grisaille qui accentua souvent les contrastes inhérents à la société féodale, chacun tenta de s'extraire pour ponctuer la vie quotidienne d'épisodes colorés, parfois jusqu'à l'exagération, ce qui donna lieu à des fastes éblouissants, des successions de fêtes alternant avec chevauchées et batailles, au moins pour la noblesse dont guerroyer était le seul métier. C'est justement par l'une de ces fêtes que commence ce chapitre, une fête toute particulière, puisqu'elle avait pour occasion l'inauguration, en 1387, de l'un des plus beaux châteaux élevés pendant la guerre de Cent ans.

Replaçons-nous dans le contexte de cette année 1387, à Coucy (Aisne), un haut lieu de la féodalité depuis des siècles. Ici règne une dynastie dont le représentant, Enguerrand VII, fait figure de fin diplomate, comme aussi d'excellent militaire, à la cour du roi Charles VI : de nombreuses missions, en France comme à l'étranger, en ont fait l'un des personnages les plus puissants du royaume. Quant à la fête, c'est en l'honneur de Charles VI lui-même qu'elle est donnée, car le roi, faisant randonnée en Picardie, vient visiter et inaugurer le château resplendissant de nouveauté qui vient d'être achevé.

Et, de fait, comment ne pas reconnaître que le château vaut, en soi, le détour? Le roi, comme ses courtisans, peut admirer un édifice magnifiquement rebâti, au cœur duquel prennent place deux vastes salles de réception, dites des Preux et des Preuses, terminées voici quelques mois à peine. A côté du donjon gigantesque bâti un siècle et demi auparavant par Enguerrand III, et dans le quadrilatère formé par les tours dont chacune vaut un donjon de Philippe Auguste, l'architecte d'Enguerrand VII est parvenu à loger ces deux grands bâtiments rectangulaires, ainsi qu'une chapelle et des logis. La salle des Preux, la plus vaste, se compose de deux niveaux sous les combles : le rez-de-chaussée, voûté, a vocation de magasin, alors que le premier étage forme la salle d'apparat, couverte d'un plafond entièrement peint par les meilleurs artistes, et soutenu par une corniche finement moulurée. Au long des murs, à l'intérieur de niches surmontées de dais au décor flamboyant, prennent place les statues de ces héros que chacun rêve d'imiter, dans un idéal grandiose de prouesse invincible et de pure noblesse; Hector, Josué, Charlemagne, César, Arthus, Alexandre, Judas Macchabée, Godefroi de Bouillon y figurent, mélangés sans crainte d'anachronisme. A l'illustre assemblée évoluant dans l'immense salle, deux énormes cheminées fournissent une certaine chaleur, alors que plusieurs baies rectangulaires à réseau gothique et une immense verrière percée dans le mur-pignon éclairent d'une lumière chatoyante les banquets et les divertissements donnés en l'honneur du roi.

Au dehors, la vaste basse-cour, autrefois militaire, s'emplit des cris des joueurs de paume, pour lesquels un terrain a été spécialement nivelé, alors que valets et serviteurs courent de-ci, de-là, des écuries aux cuisines, au milieu des tentes disposées pour la circonstance. Et toute la petite ville

Château de Mehun-sur-Yèvre (Cher). Coupes et plans des tours nord et ouest. Relevés de l'architecte des Monuments Historiques (1884).

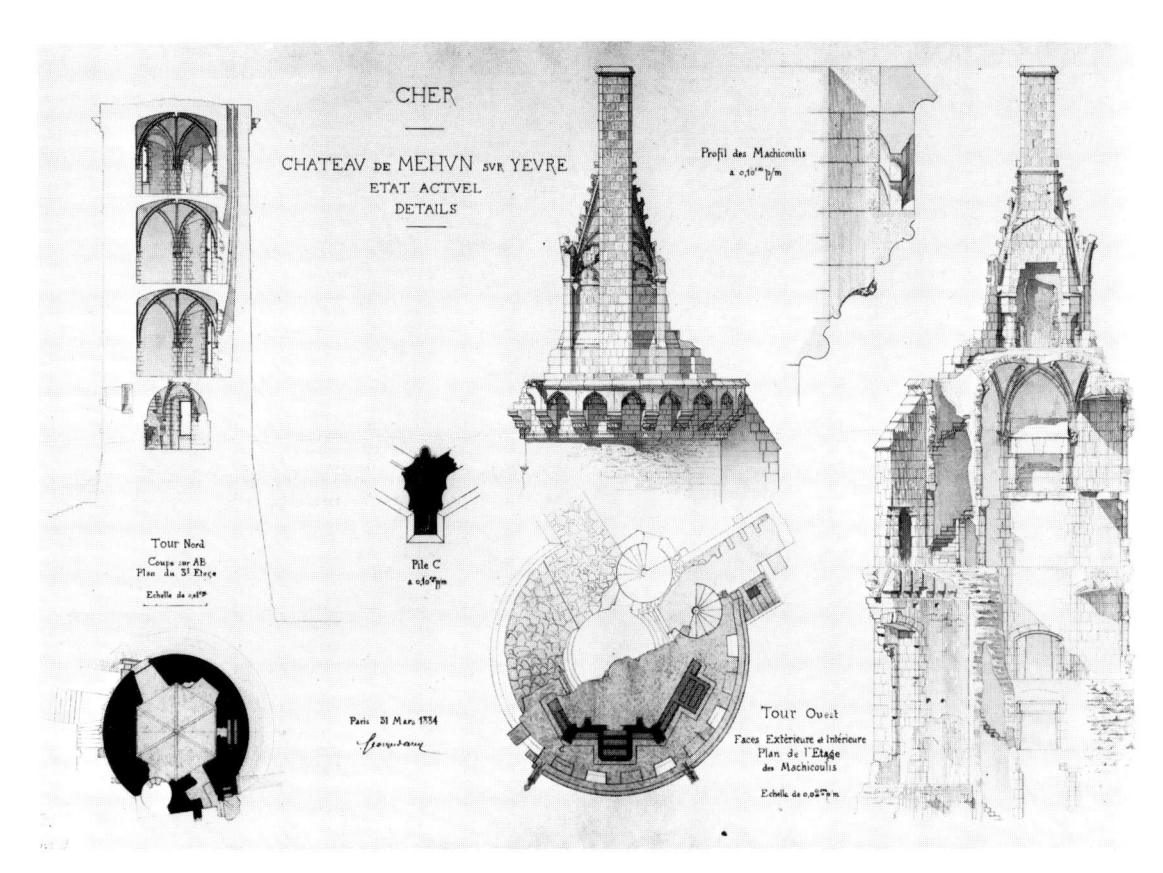

vit au rythme de la fête donnée en l'honneur du royal visiteur : les plus aisés s'enorgueillissent d'accueillir quelque noble, les auberges ne désemplissent pas, les charrois de provisions traversent les rues vers le château, au milieu des badauds attirés par l'événement.

Au cœur de la fête, le château, par son inoubliable silhouette, vient rappeler qu'il est le véritable motif de ce rassemblement : tours et courtines n'ont-elles pas été percées dans la seule vue d'égayer les façades par des fenêtres ouvragées? Logis et salles n'ont-ils pas été édifiés sous le seul prétexte d'accueillir visiteurs et nobles invités au cours de cérémonies fastueuses? Mais, au fait, à bien examiner ces ouvrages, on s'aperçoit sans mal qu'ils détonnent avec le corset du vieux château d'Enguerrand III : le style est tout différent, la fenêtre fait pendant à l'archère, la clarté des salles contraste avec l'obscurité qui règne dans les étages défensifs, non transformés, des tours. L'esprit de la nouvelle construction n'a plus rien à voir avec celui qui avait présidé à l'édification de la forteresse du XIIIe siècle.

Cependant, nul, parmi les nobles visiteurs de 1387, n'en est outre mesure choqué : en effet, Coucy n'est pas le premier château à faire l'objet d'une telle restructuration, il s'en faut. Alors, de cette année 1387, revenons quelques années en arrière, vers les années 1360, pour tenter de reprendre le phénomène à son origine : le Louvre et les constructions de la famille royale.

I. La nouvelle morphologie

Les constructions du roi et des princes des fleurs de lis

Le Louvre, 1364 : Charles V le Sage vient d'être couronné roi, et déjà un chantier s'ouvre. Autour de la vieille forteresse que Philippe Auguste avait fait édifier, maçons et tailleurs de pierre installent leurs ateliers de plein air; les échafaudages se dressent le long des murs, badauds et courtisans affluent : le Louvre change de visage. Et bientôt, l'œuvre prend forme; l'architecte, Raymond du Temple, inspecte l'ouvrage, donne des ordres à ses adjoints et contemple le château métamorphosé, qui, de forteresse rébarbative, est devenu par son inspiration un écrin luxueux pour le roi et ses services. Partout, dans les courtines animées de larmiers et de mâchicoulis, s'ouvrent des croisées délicatement moulurées; les toits se hérissent de pittoresques souches de cheminées

Château de Saumur (Maine-et-Loire). Miniature des Très Riches Heures du duc de Berry. Les Vendanges (Musée Condé, Chantilly).

dont les hottes décorées agrémentent les salles à l'intérieur

A peine trois ans plus tard, en 1367, Jean, duc de Berry, comte de Poitou et frère du roi, visite le chantier qu'il a fait ouvrir pour transformer son château de Mehun-sur-Yèvre (Cher), un château, à peine moins âgé que le Louvre, avec ses tours circulaires percées d'archères; sur ce socle, un architecte encore obscur, Guy de Dammartin, va bâtir un chef-d'œuvre, un joyau en dentelle de pierre, inégalable de légèreté et de finesse. Inconnu, Dammartin ne l'était pourtant pas entièrement : trois ans auparavant, il travaillait comme sculpteur, sous les ordres de Raymond du Temple, au chantier du Louvre, et ceci n'était nullement une coïncidence, comme nous le verrons.

Le Louvre et Mehun : deux événements dans les années qui suivent celles des batailles, à peine oubliées depuis la paix de Brétigny, deux événements qui témoignent de l'évolution marquant à cette époque la construction castrale, deux événements qui expriment aussi le changement d'état d'esprit des constructeurs, du prince de sang au plus petit seigneur, de même que le sera, plus tard, le château de Coucy. On ose enfin affirmer comme un principe qu'un château peut et doit s'ouvrir vers l'extérieur; et celui-ci, mieux qu'un support ou un habitacle pour les œuvres d'art, devient lui-même un chef-d'œuvre digne de figurer sur ces miniatures dont les souverains font orner leurs livres d'heures. En moins d'un demi-siècle, la France entière sera atteinte par ces idées nouvelles, au travers d'écoles régionales inspirées par les princes; parmi ceux-ci, les princes de la maison de France eurent un rôle déterminant, parsemant leurs apanages, aux quatre coins du pays, de châteaux neufs témoignant d'un nouvel art de construire.

Charles V avait trois frères : Jean, duc de Berry, Louis, duc d'Anjou, et Philippe, duc de Bourgogne. Pendant que le roi faisait édifier de nouveaux bâtiments au Louvre, à la Bastille, à Vincennes, comme aussi à Beauté (Val-de-Marne), Compiègne (Oise) et Creil (Oise), chacun de ses frères se mit, lui aussi, à élever des châteaux dans la nouvelle manière. Le plus prolifique fut certainement Jean, à qui l'on doit Bourges, Concressault (Cher), Mehun, Nonette (Puy-de-Dôme), Riom (Puy-de-Dôme), Usson (Puy-de-Dôme) et Poitiers enfin, où le duc construit même deux châteaux; il est vrai qu'il eut, de toute la famille, la plus grande longévité, puisqu'il mourut seulement en 1416. Plus modeste, Louis Ier d'Anjou, mort en 1384, a légué à la postérité le seul château de Saumur (Maine-et-Loire); mais la faible quantité est compensée ici par une qualité indéniable, l'ancien château de Saint Louis ayant été transformé en un édifice tout en grâce et en finesse. Enfin Philippe le Hardi, duc de Bourgogne, est plus connu par ses constructions religieuses que par ses constructions militaires : le meilleur exemple en est la fameuse chartreuse de Champmol. Pourtant, il mena d'importants travaux dans ses châteaux bourguignons, comme en témoigne le joli édifice de Brancion (Saône-et-Loire); il reconstruisit aussi son château flamand de Hesdin (Pas-de-Calais), qui resta fameux dans les annales du Moyen Âge à cause des farces et attrapes qu'il recelait. Enfin, c'est bien à lui que l'on doit la reconstruction du nouveau palais ducal de Dijon.

A côté des trois frères du roi, un autre prince des fleurs de lis marqua son règne de constructions aussi nombreuses et aussi belles : Louis II, duc de Bourbon, cousin et beau-frère du roi, qui vécut jusqu'en 1410. A l'intérieur de son duché de Bourbon, on lui doit Moulins, entièrement rénové, ainsi que la transformation de Bourbon, de Hérisson, de Chantelle (Allier).

Aux générations suivantes, les princes de la maison de France ne furent pas moins prolifiques. Si le roi, Charles VI, ne semble guère avoir

fait œuvrer dans ses châteaux, son frère Louis Ier d'Orléans reconstruisit de fond en comble Pierrefonds (Oise) et La Ferté-Milon (Aisne) avant de mourir tragiquement en 1407. A côté de lui, son cousin Louis II d'Anjou commença Tarascon, château que termineront ses fils Louis III et René, parallèlement à d'autres édifices, comme celui de Beaufort-en-Vallée (Maine-et-Loire).

Autant de princes richement dotés, autant de constructions prestigieuses, où chacun mettait un point d'honneur à faire plus et mieux que le voisin; autant de modèles aussi pour les édifices des seigneurs de moindre envergure. Devant une telle prolifération de châteaux neufs, construits suivant des critères nouveaux, qui pourrait s'étonner que le moindre noble ait cherché à imiter ses maîtres?

Dans chaque principauté tenue par l'un de ces princes, la noblesse cherchait à se mettre à son rythme; les plus chanceux parvenaient à un poste d'officier à la cour ducale, et pouvaient alors, grâce aux libéralités du maître, se faire bâtir une demeure à la mode. Citons ainsi le cas d'Ithier de Mareuil, chambellan du duc de Berry, qui fit édifier son château neuf de Chauvigny, près de Poitiers, à l'époque où le duc construisait la tour Maubergeon et le château de Poitiers, ce qui explique sa ressemblance avec les constructions du duc. Citons aussi le cas de Guillaume II le Bouteiller de Senlis, chambellan de Louis Ier d'Orléans et de son fils Charles, qui ajouta à son château de Montépilloy (Oise) des édifices d'un style identique à ceux de Pierrefonds et de La Ferté-Milon.

L'activité de construction dépasse le cercle des princes apanagés. Le duc de Bretagne Jean IV, à peine sorti des combats de la guerre de Succession, construisit les châteaux de Saint-Servan, de l'Hermine à Vannes, et le donjon de Dinan. Ses vassaux ne tardèrent pas à l'imiter, d'autant que leurs châteaux avaient pâti des guerres : ainsi virent le jour Tonquédec (Côtes-du-Nord), le Grand-Fougeray (Ille-et-Vilaine), Châteaugiron (Ille-et-Vilaine) et bien d'autres. Le comte de Foix, Gaston Phébus, entreprit un gigantesque programme de construction et de rénovation dans les châteaux de ses comtés de Foix et de Béarn, à Foix, Pau, Mauvezin, Montaner, etc. Les ducs d'Alençon, à Alençon et Argentan, les ducs de Savoie à Chambéry et Annecy, les comtes de Nevers à Cuffy, Nevers, Decize, modernisent et restaurent leurs châteaux suivant les nouveaux canons de la mode, officialisés dans les années 1360 par les constructions royales.

C'était donc bien un mouvement d'une extraordinaire ampleur qu'annonçait, en 1364, le chantier royal du Louvre : non pas, sans doute, en précurseur, car les idées qui furent appliquées en cette seconde moitié du XIVe siècle germaient déjà quelques années auparavant, mais bien en initiateur. Les classes dirigeantes, royauté, Église, noblesse, bourgeoisie aspirent à un idéal de beauté et d'expression artistique qui se matérialise par le goût pour la miniature, la peinture, la sculpture, l'orfèvrerie... Il cherche aussi sa réalisation dans l'architecture. Ce mouvement artistique, souvent exacerbé dans son expression, va de pair avec la multiplication et l'exagération des fastes de la vie, marquée par les fêtes incessantes auxquelles les châteaux servent de décors, la richesse croissante des costumes et leur complication, et bien d'autres traits révélateurs de la vie noble du temps. Il y a là une véritable rupture dans la conception de l'édifice seigneurial, due à une évolution de la mentalité de la classe seigneuriale elle-même.

Les châteaux princiers et leurs architectes

Dans cette évolution, les maîtres d'ouvrage, princes et seigneurs, eurent certainement, comme nous venons de le dire, la part la plus importante. Mais il est significatif de constater qu'à cette époque même où le château changeait radicalement d'esprit, le maître d'œuvre, l'architecte, vit son rôle s'accroître au point d'imposer de manière explicite son empreinte dans le processus. Aussi, avant de détailler plus précisément les constructions de l'époque, tentons de cerner en quelques mots l'impact de ces hommes de l'art dans l'évolution du château; le cas le plus significatif, dans cet ordre d'idées, est celui de l'équipe des architectes au service des princes des fleurs de lis.

Ici aussi, tout commença en 1365, sur le chantier du Louvre : un architecte, qui avait fait ses preuves sur un autre chantier royal, celui de l'hôtel Saint-Pol, fut engagé pour diriger le chantier. Il s'agissait de Raymond du Temple, qui, en l'espace de quarante années, allait prendre une grande place dans l'architecture française. Sergent d'armes du roi, ce qui était une distinction honorifique de poids, il eut un fils dont Charles V lui-même fut le parrain; nommé maître général des œuvres royales, il fut consulté par les princes laïcs ou ecclésiastiques pour fournir des devis et des plans d'hôtels et de châteaux. Dès le chantier du Louvre, le personnage acquit une réputation sans égale parmi les proches du roi : les frères du roi cherchèrent immédiatement à obtenir les services du maître pour leurs ouvrages propres, mais l'architecte avait déjà fort à faire avec les

Château de Montaner (Pyrénées-Atlantiques). Construction de Gaston Phoebus, comte de Foix. Dessin de la collection R. de Gaignières (Bibl. nat., Estampes).

commandes de Charles V. Alors, faute de pouvoir disposer du maître, les ducs recrutèrent, pour les chantiers qu'ils comptaient ouvrir dans leurs châteaux, des hommes de l'art que Raymond du Temple avait jugé dignes de travailler avec lui. Ainsi en fut-il des deux frères de Dammartin : Guy et André travaillaient en 1365 au Louvre sous la direction de Raymond du Temple. Dix ans après, ils étaient employés en qualité de maîtres généraux des œuvres, le premier au service du duc de Berry, le second au service du duc de Bourgogne, et, à ce titre, exécutèrent les plans de bien des châteaux reconstruits par ces princes. Leurs relations avec le maître restèrent suivies : ainsi, en 1384, c'est avec Raymond du Temple qu'André de Dammartin alla visiter le château bourguignon de Rouvres pour dresser le devis des travaux à exécuter. Et l'on peut admettre que ces architectes avaient une science bien supérieure à celle de leurs confrères : à la mort de Guy de Dammartin, vers 1398, le duc de Berry n'eut de cesse d'engager à son service le propre frère de Guy, André, encore au service de Philippe de Bourgogne, et y parvint finalement.

Raymond du Temple survécut à Charles V, et continua à travailler pour Charles VI; mais, celui-ci n'ayant guère construit, le maître œuvra surtout sur les chantiers parisiens du frère du roi Louis Ier d'Orléans. Et, comme il l'avait fait pour les oncles de ce prince, Raymond choisit l'un de ses aides pour être le maître général des œuvres ducales, Jean Aubelet, constructeur en partie de Pierrefonds et de La Ferté-Milon, qui eut le privilège d'être nommé, comme Raymond du Temple, sergent d'armes du roi.

Peut-on parler ici d'une école de Raymond du Temple? Sans doute pas au sens propre, mais on pourrait parler d'une équipe inspirée par un maître; et cette équipe, au service quasi exclusif des princes des fleurs de lis, eut, par la renommée de ses membres comme par la qualité de leur production, une grande influence sur l'évolution de la construction castrale. Qu'il suffise de retenir, par exemple, qu'en 1392 Philippe le Hardi, duc de Bourgogne, envoya ses maîtres d'œuvre Jacquemart Donne et Gilles Dargent, chargés de la construction du château de Hesdin, visiter celui de Mehun, construit par Guy de Dammartin et considéré comme l'une des œuvres maîtresses du temps. Et les comptes anciens fourmillent de mentions de voyages faits par l'un ou l'autre des architectes princiers pour visiter les chantiers dirigés par des maîtres de renom.

Ainsi les princes se réservèrent-ils les services du maître le plus prestigieux de l'époque, par l'intermédiaire de ses meilleurs disciples; et nous ne tarderons pas à reconnaître le style que ces hommes donnèrent aux édifices qu'ils construisaient. D'une façon analogue, chacun des autres princes chercha à s'attacher un architecte de talent qui imposa ses conceptions dans la reconstruction de ses châteaux : le cas le plus frappant est celui du comte de Foix, qui employa d'une façon exclusive le fameux Sicard de Lordat, dont la manière, toute différente de celle des architectes du nord, se reconnaît à Montaner (Pyrénées-Atlantiques), Mauvezin (Lot-et-Garonne)... Si l'on connaît moins les architectes employés par le duc de Bretagne, il ne fait aucun doute qu'ici encore, il y eut un maître dont le style se retrouve à Dinan (Côtes du Nord) ou à Saint-Servan (Ille-et-Vilaine).

II. L'architecture princière : le décor avant tout

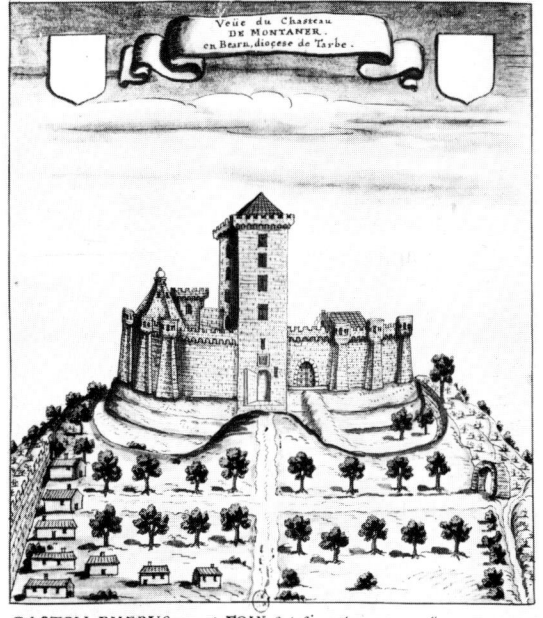

Après avoir évoqué maîtres d'ouvrage et maîtres d'œuvre, il est temps maintenant d'analyser et de décrire les châteaux qui virent le jour; nous commencerons par les édifices les plus prestigieux, ceux des princes des fleurs de lis. A la vue des monuments construits on pourrait résumer en trois idées maîtresses le cahier des charges que les princes durent remettre à leurs architectes : un décor somptueux, un potentiel défensif, des structures d'accueil de forte capacité. Dans ce programme assez clair, la priorité fut donnée à la recherche du décor externe : c'était là une idée nouvelle, le château devenant par son seul aspect, une œuvre d'art au même titre qu'une sculpture ou une peinture.

Serait-on sceptique sur cette priorité que deux réalisations viendraient en apporter la preuve indiscutable. La première, la plus significative, est le château de La Ferté-Milon (Aisne), dont Louis d'Orléans fit jeter les bases en 1399 : l'architecte Jean Aubelet reçut l'ordre d'édifier, avant toute autre chose, la façade du château. Et la mort brutale de Louis, en 1407, interrompit définitivement le chantier, ce qui nous vaut aujourd'hui d'admirer une sorte de décor de théâtre : une façade entière, qui n'a jamais caché que le vide! Une façade, au demeurant, d'une maîtrise consommée et d'une grande originalité, où l'on n'hésita pas à insérer toute une statuaire monumentale : chacune des quatre tours, aux plans très originaux, portait une Preuse, homologue féminine des Preux figurant à Coucy (Aisne), et l'entrée était surmontée par un magnifique haut-relief figurant le couronnement de la Vierge. Ainsi, Louis d'Orléans tenait à ce que, le plus rapidement possible, chacun puisse admirer l'œuvre d'art qu'était la façade conçue par l'architecte, même si, dans une première phase, l'édifice était absolument inhabitable.

Le deuxième exemple, c'est à Mehun-sur-Yèvre (Cher) qu'il faut le chercher : le duc de Berry put, quant à lui, terminer son château, dont les anciennes miniatures nous donnent un tableau fidèle. On peut voir là un véritable paroxysme dans la recherche primordiale du décor, l'architecte Guy de Dammartin ayant, à plaisir, multiplié les dentelles de pierre dans les couronnements des tours, transformé l'entrée en un support pour la chapelle aux baies gothiques ornées de vitraux polychromes, etc. Partout ailleurs, on sent bien les effets de cette priorité accordée au décor : ansi à Saumur (Maine-et-Loire), avec ses volumes complexes, à Nonette (Puy-de-Dôme) avec ses contreforts rythmant les façades, à Pierrefonds (Oise) avec sa statuaire de Preux décorant les tours, réalisée quelques années avant La Ferté-Milon (Aisne)...

Ce phénomène, qui eut, comme nous le verrons, des répercussions dans les châteaux moins importants, s'explique bien dans le contexte que nous avons rappelé : un monde de contrastes, où tout sentiment frisait l'exagération dans son expression, et de rapports humains dominés par la forme et l'aspect extérieur, dans un climat de concurrence perpétuelle, notamment dans le domaine des arts. Cet état d'esprit conduisait le prince à n'être plus un simple amateur d'art, mais à devenir un collectionneur possédant plus de pièces rares que ses homologues, et des pièces plus admirables. N'allons pourtant pas taxer ces princes d'un total irréalisme; si, pour l'architecte, il fallait faire de l'édifice un somptueux décor, ce qui relevait des compétences d'un peintre ou d'un sculpteur, il lui fallait aussi faire montre de ses talents en matière d'architecture pure, dans la conception même de l'édifice.

Des carapaces militaires souvent hors de proportion

Se contenter, en ces années difficiles, d'édifices civils aux décors somptueux aurait été faire montre d'une légèreté singulière : en effet, les chevauchées et les escarmouches fréquentes auxquelles se livraient les nobles imposaient à chaque constructeur de fortifier sa demeure. Aussi la seconde priorité, dans le cahier des charges des grands princes, fut de concevoir des châteaux dotés de puissantes carapaces militaires. A cette seconde priorité, l'équipe des architectes des princes des fleurs de lis trouva des solutions diversifiées, répondant néanmoins à un certain nombre d'idées communes.

La première, traditionnelle depuis l'époque de Philippe Auguste, était de concevoir l'édifice comme une masse compacte flanquée par des tours saillant sur le nu des courtines. D'une manière générale, ces châteaux ne possédaient pas de donjon, lorsqu'ils étaient entièrement neufs; par contre, la réutilisation d'un socle plus ancien conduisit à conserver ou à achever un donjon préexistant. Le cas le plus prestigieux, dans cet ordre d'idées, fut celui de Vincennes, où Raymond du Temple acheva les parties supérieures du fameux donjon, dont les fondations avaient été jetées sous Philippe VI et les premiers étages élevés sous Jean II; mais on pourrait citer aussi le cas du Louvre, où le donjon élevé par Philippe Auguste subsista dans la forteresse rénovée par Raymond du Temple, celui de Nonette (Puy-de-Dôme), où Guy de Dammartin conserva le donjon circulaire, celui de Pierrefonds, où le donjon n'est, en fait, que l'une des tours d'un édifice plus ancien. Dans les châteaux neufs, par contre, comme la Bastille Saint-Antoine, Tarascon (Bouches-du-Rhône), Poitiers, La Ferté-Milon (Aisne), il ne fut pas prévu de tour maîtresse.

Dans la conception des plans de masse, les architectes, lorsqu'ils le purent, recherchèrent l'originalité, soit par les dimensions de l'édifice, soit par la disposition même du plan. Dans cette recherche d'originalité, les architectes du duc de Berry, les frères de Dammartin, furent certaine-

Pierrefonds (Oise). Les ruines du château de Louis d'Orléans avant leur restauration par Viollet-le-Duc. Lithographie d'Engelmann d'après Berlioz.

ment les maîtres. Ainsi le petit château de Concressault (Cher) fut-il édifié sur plan octogonal flanqué de contreforts portant des échauguettes ; celui de Poitiers reçut un plan triangulaire, chaque sommet du triangle équilatéral étant garni d'une tour circulaire. C'étaient là des plans assez rares, connus déjà puisqu'ils avaient été employés au siècle précédent en Italie, en Savoie et en Angleterre ; mais l'éloignement même de ces premiers exemples peut faire douter que les Dammartin s'en soient inspirés.

Ailleurs, dans les châteaux neufs, les plans furent plus traditionnels : quadrangles allant du rectangle parfait au trapèze, flanqués par une tour à chaque angle et, généralement, une tour au milieu des côtés. Ainsi en fut-il à Pierrefonds, dont l'enceinte dessine un rectangle approximatif flanqué par huit tours circulaires, à La Ferté-Milon, qui aurait dû être un château trapézoïdal, à Tarascon, avec son massif édifice rectangulaire flanqué par des tours circulaires et barlongues, prolongé par une basse-cour garnie de tours rectangulaires ouvertes à la gorge. Quelquefois, comme nous l'avons dit, les constructeurs, faute de donner aux édifices des plans originaux, cherchèrent en contrepartie à leur donner des proportions grandioses : l'enceinte de Vincennes, dessinant un rectangle de 334 mètres sur 175, représentait en superficie la moitié d'une ville close comme Aigues-Mortes, et ses neuf tours n'avaient pas moins de 42 mètres de hauteur : de véritables donjons dans la moyenne des châteaux de l'époque ! Plus modestement, La Ferté-Milon et Pierrefonds se contentèrent de dimensions avoisinant la centaine de mètres : mais c'était là, déjà, une performance quand on pense qu'un château du type *Philippe Auguste* avait, en général, une soixantaine de mètres de côté.

Enfin, les architectes réutilisèrent assez souvent les socles de châteaux plus anciens, comme à Mehun, à Nonette, à Saumur, au Louvre : le plan resta alors, dans ses grandes lignes, celui de l'ancienne construction, qui fut souvent un de ces châteaux du type *Philippe Auguste*.

En somme, si l'on examine dans leur ensemble tous ces plans de masse, il n'apparaît guère de nouveautés par rapport au siècle précédent, où était apparu et où s'était systématisé le château de type géométrique flanqué par des tours. Mais, en ce domaine des tours, quelle variété, en contrepartie ! Bien sûr, la plus employée fut la tour circulaire, avec tous ses dérivés, en fer à cheval, en arc outrepassé. En seconde position venait le plan rectangulaire, que l'on peut voir à Vincennes, étayé par des contreforts plats, à La Ferté-Milon, étayé cette fois par des contreforts diagonaux, à Tarascon, sans contrefort. Mais d'autres plans, plus complexes, virent le jour à l'époque. Citons d'abord le plan circulaire à contreforts utilisé au donjon de Nonette, et les plans, sans doute dérivés, des tours de Saumur, octogonaux à contreforts plats. On réalisa aussi des plans circulaires dotés d'éperons en accolade, comme à La Ferté-Milon, inspirés peut-être des exemples, antérieurs d'un siècle et plus, qui figuraient à Penne d'Albigeois (Tarn) et à Carcassonne.

Était-ce là recherche d'efficacité pour la défense ? La réponse est certainement négative, car de tels plans de flanquement ne pouvaient guère apporter d'amélioration du point de vue défensif. Il faut voir, ici encore, une recherche exclusive d'originalité au service du décor extérieur : des volumes aussi variés animaient les façades, contreforts ou éperons créaient des lignes de force verticales affinant les tours souvent massives. Une fois de plus, le souci de l'apparence extérieure imposait ici ses exigences.

Des palais résidentiels fortifiés

La carapace militaire étant ainsi conçue, il restait aux architectes à satisfaire la troisième exigence des princes qui les employaient : donner aux châteaux une capacité résidentielle importante. En effet, il ne suffisait pas d'élever des édifices décoratifs, des œuvres d'art servant de toiles de fond aux fastes de l'époque : encore fallait-il pouvoir accueillir de nombreux invités, leur offrir de vastes salles pour banquets et festivités, des logis, une chapelle, encore fallait-il, par voie de conséquence, prévoir des cuisines spacieuses, des communs susceptibles d'accueillir

Château de Tarascon (Bouches-du-Rhône). Page de gauche : vue extérieure du château bâti par Louis III et René d'Anjou. Page de droite : vue de la cour intérieure.

les suites princières, des écuries et des bâtiments utilitaires.

Les éléments résidentiels nobles, salles de réception et chapelles, furent tout naturellement l'objet de soins particuliers : nous en avons vu un exemple marquant au début de ce chapitre, avec Coucy, où furent prévues deux immenses salles ainsi qu'une chapelle. Partout les constructeurs suivirent la même démarche; en ce domaine, comme en bien d'autres, Jean de Berry se plaça d'emblée parmi les premiers, construisant en son palais de Bourges une grande salle aux dimensions égalées seulement par celles du Palais Royal de Paris, ainsi qu'une Sainte Chapelle universellement citée en exemple. Songeons que cette grande salle palatiale n'avait pas moins de 33 mètres de hauteur sous charpente, 51 mètres sur 16 en plan! Dans chacun de ses châteaux, le duc fit édifier, certes sur des dimensions plus modestes, des salles luxueusement décorées s'ouvrant largement sur l'extérieur par des baies gothiques au dessin recherché, comme à la tour Maubergeon de Poitiers, à Riom (Puy-de-Dôme); dans chacun de ses châteaux, ce prince fastueux éleva une chapelle aux volumes hardis, aux murs ajourés de longues baies dont les réseaux enchâs-saient de précieux vitraux. On peut se faire une idée de ces édifices en voyant ce qu'était la chapelle ducale de Mehun, placée en saillie sur les courtines, au-dessus de l'entrée du château.

Les cousins, frères ou neveux de Jean de Berry, ne furent d'ailleurs pas en reste, ainsi Louis II de Bourbon, qui reprit entièrement son château de Bourbon-l'Archambault (Allier), conservant seulement les trois tours de façade pour édifier au revers une immense salle rectangulaire à deux niveaux, le niveau supérieur, d'apparat, étant voûté d'ogives. Dans le même château, Louis II éleva également une sainte chapelle, alors qu'à Hérisson (Allier) il bâtissait le donjon, qui n'est en fait qu'une superposition de vastes salles d'apparat rectangulaires. On pourrait continuer cette liste; en nous limitant à des témoins conservés, évoquons les Bourbon-Vendôme qui édifient le fastueux logis de Lavardin (Loir-et-Cher) et transforment le vieux donjon roman en une superposition de salles d'apparat voûtées, reliées par un escalier en vis délicatement ouvragé; les Anjou, avec Saumur, davantage encore avec Tarascon (Bouches-du-Rhône) où Louis III et son frère René bâtissent un château compact aux nombreuses salles voûtées encadrant une charmante courette bordée d'une gracieuse galerie.

Il fallait loger les salles, le logis, les communs à l'intérieur de la carapace militaire et l'on conçoit que les dimensions de celle-ci aient été parfois considérables. Mais, si l'on excepte Vincennes, où la surface disponible permettait de placer les bâtiments de façon assez lâche, les dimensions adoptées obligeaient à disposer les édifices résidentiels au revers des courtines, autour d'une petite cour intérieure.

Résidences ou forteresses ?

Lorsqu'il avait à dresser le projet d'un château princier, l'architecte se trouvait en définitive confronté à un dilemme embarrassant, tenant à la contradiction entre la fonction résidentielle et la fonction défensive. Il y avait, d'une part, la volonté délibérée émise par les princes de disposer de demeures spacieuses, contenant des salles lumineuses et richement décorées ; et cette volonté conduisait nécessairement, étant donné l'exiguïté relative, à percer les courtines pour ouvrir de larges fenêtres nécessaires à l'éclairage des salles. Il y avait, d'autre part, la nécessité de doter l'ensemble d'un appareil défensif le plus efficient possible, ce qui eût exigé, en théorie, de ne présenter que des courtines aveugles au feu de l'ennemi, de doter les tours d'archères permettant un flanquement efficace, etc.

L'équipe d'architectes princiers, à la suite de Raymond du Temple, s'orienta délibérément vers la satisfaction des exigences de type civil, à de rares exceptions près sur lesquelles nous reviendrons : il fallait trouver de la place pour la fonction résidentielle, c'est dans les tours qu'ils la trouvèrent ; il fallait trouver de la lumière pour les salles intérieures, c'est dans les murs extérieurs des tours et des courtines que furent percées les fenêtres. L'exemple le plus révélateur de cette démarche, somme toute assez nouvelle, peut être observé à la façade du château inachevé de La Ferté-Milon : cette muraille énorme, longue de plus de cent mètres et flanquée par quatre tours, ne possédait pas moins de quarante-quatre fenêtres dont la hauteur atteignait quatre mètres ! Et ce phénomène s'affirme avec autant de force au Louvre de Charles V, à Mehun, à Nonette ou à Saumur : partout, courtines et tours deviennent ainsi de véritables *passoires*, perdant tout rapport avec celles des siècles précédents. La voûte, bien froide et bien sévère, disparaît des niveaux supérieurs au profit de plafonds qui peuvent être splendidement peints ; seuls les niveaux bas restent voûtés systématiquement, car la voûte garantit la fraîcheur des sous-sols, elle donne aussi la cohésion nécessaire aux maçonneries. L'archère, qui constituait en quelque manière le fer de lance des tours de flanquement du XIIIe siècle, disparaît totalement au profit de ces fenêtres qui constellent les murs.

Il est des cas où cette règle fut appliquée avec plus de modération, ou plus de discernement ; mais ils sont rares. Citons ainsi Pierrefonds, où l'architecte a reporté les ouvertures dans les parties hautes, et surtout Tarascon, où tout le niveau inférieur a été réservé à la défense par l'intermédiaire d'archères, les fenêtres étant percées de façon moins dense que dans les parties hautes. En marge de ces édifices, Vincennes offrait également un niveau défensif en partie basse dans les courtines, les bâtiments résidentiels ne leur étant pas directement accolés.

On peut finalement parler ici d'un changement de destination des organes défensifs, d'une mise à profit de leurs volumes pour la fonction résidentielle ; dans une certaine mesure, l'architecture militaire princière perd la pureté qu'elle possédait deux siècles auparavant et l'on assiste à un affaiblissement de la valeur théorique de l'ouvrage défensif. Ne croyons pas pour autant que la capacité réelle de défense s'en soit nettement ressentie. On sait qu'au Moyen Âge il suffisait d'un mur solide et d'une garnison résolue pour tenir tête longtemps à une troupe d'assiégeants, tout l'appareil défensif constitué par les tours, les archères, les mâchicoulis servant finalement moins que la masse même de l'ouvrage. On reste étonné, à la lecture des chroniques, de l'importance que purent avoir des sites très peu fortifiés lorsqu'ils étaient occupés par quelques hommes décidés à ne pas se rendre. A plus forte raison, les forteresses princières, qui gardaient au niveau supérieur un étage de défense important, avaient généralement des murs assez hauts pour défier les escalades; au surplus, les grilles garnissant les ouvertures permettaient aux garnisons de se cantonner à une défense passive qui était finalement la plus efficace.

Alors, faut-il parler de palais fortifiés, ou de châteaux forts à part entière? Sans doute peut-on s'arrêter à la seconde formulation, malgré la dégénérescence de l'aspect purement militaire dans ces édifices : en effet, dans ces années 1400, les princes ont poussé jusqu'à leur limite les possibilités résidentielles du château, tout en conservant une carapace compatible avec le type de guerre pratiqué à cette époque, essentiellement une guerre de chevauchées et de grandes batailles, et non une guerre de siège.

Partout ailleurs, le donjon, plus que jamais

Mais sortons maintenant de l'orbite restrictive des princes des fleurs de lis pour examiner ce que fut, à l'époque, la construction seigneuriale courante, pratiquée par grands et petits nobles. Ici, comme pour les princes, primaient trois priorités, celles du décor, de la défense et de la fonction résidentielle. Mais les échelles furent plus modestes et les solutions apportées toutes différentes de celles employées dans les grands châteaux princiers. En effet, constructeurs et architectes s'orientèrent délibérément vers une formule donnant la priorité au donjon. Prenons le cas des ducs de Bretagne, construisant, dans les années 1380, en bordure de l'enceinte urbaine de Dinan, un superbe donjon constitué par deux tours cylindriques accolées et surmonté par l'une des plus belles couronnes de mâchicoulis qu'ait produite l'architecture militaire féodale. A peu de distance, et à la même époque, ils faisaient construire le beau donjon trilobé de Saint-Servan (Ille-et-Vilaine), où l'on reconnaît, sans doute possible, la façon de l'architecte qui travailla à Dinan. Ils édifiaient également, sur la pointe de Saint-Brieuc, le donjon circulaire de Cesson.

Puis, à la génération suivante, ce fut le tour du donjon de Saint-Malo, bâti, comme celui de Dinan, en bordure de l'enceinte urbaine, mais cette fois avec un plan en U.

Quatre exemples parmi tant d'autres... Dans toutes les régions de France, le donjon devint alors un accessoire quasi indispensable du château : songeons aux fameux châteaux du comte de Foix-Béarn Gaston Phébus, tous munis d'imposants donjons rectangulaires. En fait, dans ces châteaux à donjon qui furent quasiment de règle pendant la guerre de Cent Ans, l'on peut distinguer deux types différents : les édifices dépourvus d'enceinte, constitués par la tour maîtresse et, éventuellement, un bâtiment accolé, et les édifices plus complexes comprenant une enceinte.

Le premier type de ces châteaux est intéressant; car il montre bien l'importance qu'avait acquise le donjon; contrairement à ce que l'on pourrait croire, il ne fut pas limité aux constructeurs de moindre revenu. Voyons-en deux exemples caractéristiques, ceux de Bassoues, en Gascogne, et de Dinan, en Bretagne :

Bassoues fut édifié entre 1350 et 1370 par l'évêque d'Auch; il s'agit d'une superbe construction, constituée par une tour carrée à contreforts diagonaux, couronnée par des mâchicoulis délicatement sculptés. Ce donjon ne comprenait pas moins de six niveaux, dont la moitié étaient voûtés d'ogives; ils étaient équipés de cheminées, de placards, de lavabos et de latrines qui ne laissent aucun doute sur la destination résidentielle de l'édifice; et, en dehors de ce donjon, seul un modeste bâtiment, flanqué par une échauguette d'angle, complétait la demeure fortifiée.

A Dinan, l'ensemble est plus réduit encore, puisqu'il est exclusivement constitué par le donjon, flanqué d'une minuscule courette dont l'entrée était protégée par un pont-levis double, et qui suffisait tout juste pour le stationnement d'une charrette. De ce côté était l'entrée noble et, comme le donjon était totalement indépendant, une entrée utilitaire était disposée à l'opposé, protégée par un pont-levis à bascule donnant directement dans le donjon. Celui-ci, constitué, comme nous l'avons dit plus haut, par deux tours circulaires accolées, possédait cinq niveaux éclairés par de larges baies à meneaux; on y trouvait une chapelle, des cuisines, des chambres munies de latrines, qui faisaient de ce donjon un ensemble entièrement indépendant.

Ce type de château, constitué par un donjon et, au maximum, un bâtiment accolé, n'est pas limité à ces deux exemples : on en trouve un grand nombre sur tout le territoire. Citons ainsi Mazières dans le Berry, Barbentane en Provence, La

Château de Dinan (Côtes-du-Nord). Lithographie d'Asselineau.

Chaise-Dieu en Auvergne, Chevenon en Nivernais, Montfort-sur-Meu en Bretagne... Un autre cas intéressant est celui de Crouy-sur-Ourcq (Seine-et-Marne), où le donjon était complété par un logis rectangulaire qu'il flanquait : on en trouve un autre exemple, proche, à Droizy (Aisne).

Cependant, cette conception, quoique relativement fréquente, l'a été moins que celle qui a conduit au deuxième type de château à donjon : le château à enceinte. On y trouve donc une enceinte, en bordure ou à l'intérieur de laquelle se dressent le donjon, une ou deux tours flanquantes, quelques échauguettes, et une entrée fortifiée, le tout renfermant quelques bâtiments à usage civil. Donnons quelques exemples de ce second type : Largoët-en-Elven (Morbihan), où le plus fantastique des donjons de l'époque impose sa masse en bordure de la petite enceinte flanquée par une autre tour et une porte à pont-levis. Ce donjon cumulait brillamment les fonctions résidentielle et défensive : un pont-levis l'isolait de la cour intérieure, et deux escaliers ménagés dans son volume octogonal desservaient les salles bien équipées, parmi lesquelles on reconnaît encore une chapelle. En Bretagne également, évoquons Tonquédec, avec ses deux donjons du type XIIIe siècle, car ils sont isolés de l'enceinte qu'ils interrompent. Ces deux cas bretons datent respectivement de la fin du XIVe et du début du XVe siècle.

Donnons aussi l'exemple de Montépilloy (Oise), construit dans la seconde moitié du XIVe siècle, à l'intérieur d'une enceinte plus ancienne ; à cet ensemble, on ajouta, dans les années 1410, une tour flanquante et un logis seigneurial. Près de Soissons, comment ne pas mentionner Septmonts, universellement célébré à cause de son extraordinaire donjon où l'architecte s'est ingénié à faire oublier le cylindre de base par des appendices que l'on attendrait plutôt de l'époque *troubadour*. Ici, le donjon flanquait un des angles d'une enceinte trapézoïdale protégée par quelques tourelles et, à l'intérieur de cette enceinte, deux logis construits l'un après l'autre étaient prêts à accueillir les évêques constructeurs lorsqu'ils n'étaient pas au donjon, qui abritait leurs appartements.

Non loin de Paris également, citons Vez (Oise) qui a valeur d'exemple, avec son énorme donjon pentagonal flanqué de tourelles, conçu sans doute dans les années 1400 ; avant de construire le donjon, les seigneurs de Vez avaient bâti, dans la seconde moitié du XIVe siècle, un logis fortifié qu'ils enfermèrent peu à peu dans une enceinte que clôt le donjon. Ailleurs, donnons, parmi bien d'autres, l'exemple du donjon de Cuffy, dans le Nivernais, bâti vers 1386 par les comtes de Nevers ; c'était une belle tour rectangulaire voûtée intérieurement, assise en bordure d'une enceinte datant de diverses époques.

Septmonts (Aisne). Donjon. Accumulation savante de volumes emboîtés les uns dans les autres.

Ailleurs encore, évoquons la série des châteaux bâtis par Gaston Phébus dans ses possessions béarnaises et pyrénéennes : particulièrement représentatifs de cette série sont les châteaux de Mauvezin et de Montaner, tous deux constitués par une enceinte à contreforts portant des échauguettes, sur laquelle se dressait à cheval un imposant donjon rectangulaire. Pour y introduire un peu de variété, Sicard de Lordat, l'architecte du comte de Béarn, donna à Mauvezin un plan rectangulaire, alors qu'il faisait édifier Montaner sur plan circulaire.

III. Les fonctions guerrière et résidentielle

Voici donc retracées, par quelques exemples marquants, les tendances adoptées dans la conception des plans de masse pour les fortifications courantes qui s'édifièrent pendant la guerre de Cent Ans. Il est nécessaire maintenant de s'interroger sur la fonction exacte de ces édifices, en temps de paix comme en temps de guerre; mais, auparavant, disons quelques mots des plans et des formes que l'on y trouve.

Les plans

D'une façon générale, il est impossible, contrairement à ce que nous avions pu faire pour les forteresses princières, de donner un plan d'ensemble *moyen* qui caractérise ces châteaux : en effet, les plans employés pour les enceintes furent des plus divers, cercles, polygones, quadrangles, sans que l'on distingue aucune préférence pour tel ou tel type. Dans la majeure partie des cas, les flanquements, lorsqu'ils existaient, étaient assurés par des tours circulaires; mais, bien souvent, ces tours étaient remplacées par des échauguettes, en encorbellement ou sur contrefort, couvertes par d'élégants toits coniques en pierre.

Les plans des donjons furent, eux aussi, assez variables, mais la préférence alla au plan rectangulaire, plus facilement habitable que le plan circulaire. D'une façon courante, ces tours rectangulaires furent flanquées par des tourelles circulaires montant de fond, ou par de simples échauguettes garnissant les angles. Un exemple bien connu du premier type peut se voir à Anjony, en Auvergne; on le trouvait également à Vincennes, où il ne faisait qu'annoncer bien d'autres édifices de ce plan, comme Calmont d'Olt (Aveyron). Quant aux donjons rectangulaires flanqués d'échauguettes, ils sont si nombreux qu'il serait vain de vouloir les dénombrer : le plus souvent, en effet, le chemin de ronde sommital s'élargissait en une échauguette à chaque angle, lorsque le donjon ne possédait pas de tourelles.

Le donjon circulaire est resté assez limité : employé sans doute par atavisme, après deux siècles d'exclusivité, il se prêtait fort mal à l'aménagement intérieur. La preuve en est donnée à Septmonts où, pour découper le volume intérieur en salles indépendantes, l'architecte imagina des encorbellements transformant totalement son aspect. A la limite de ce type circulaire, il faut signaler les deux cas de Dinan et Saint-Servan, où l'architecte s'amusa à concevoir des formes originales : tours jumelles à Dinan, donjon trilobé à Saint-Servan.

Après ces deux types courants, circulaire et rectangulaire, on retrouve des plans plus originaux, à base de polygones : ainsi en est-il des donjons octogonaux bretons de Largoët-en-Elven (Morbihan) et de Oudon (Loire-Atlantique). Signalons aussi le plan pentagonal flanqué de tourelles circulaires montant de fond, employé à Vez sans qu'on lui connaisse d'équivalent.

En somme, ces châteaux, par la variété de leurs plans, illustrent bien la modification radicale qui eut lieu au XIVe siècle et qui fit éclater la doctrine figée imposée par les architectes de Philippe Auguste. Cependant l'idée de base, commune à tous, traduisait, bien plus qu'une doctrine, la conception de la vie et de la défense pendant la guerre de Cent Ans. Essayons de mieux cerner cette conception.

Donjons résidentiels ou tours défensives?

Une première question qui se pose tient à la fonction assurée par ces donjons : étaient-ils destinés au logement du maître en temps de paix, ou étaient-ils de simples réduits pour le temps de guerre? Il est, en fait, assez difficile de répondre précisément, car il semble bien que chaque constructeur ait usé de la formule à sa guise. D'une manière évidente, certains conçurent le donjon comme un logis permanent, voire comme le seul édifice d'apparat du château : ainsi à Bassoues (Gers), Dinan, Saint-Malo, Largoët-en-Elven, où les dispositions intérieures témoignent d'un habitat permanent. La tour contenait à la fois les logis du maître, les salles de réception, la chapelle, parfois même les cuisines.

Ces exemples, assez nets, ne sauraient pourtant faire oublier des cas où la réponse est moins claire, voire opposée. Prenons le cas de Septmonts (Aisne) : ici, le donjon est incontestable-

Bassoues (Gers). Donjon. A gauche, coupe. Relevé de l'architecte des Monuments Historiques. A droite, vue générale montrant l'importance des contreforts diagonaux.

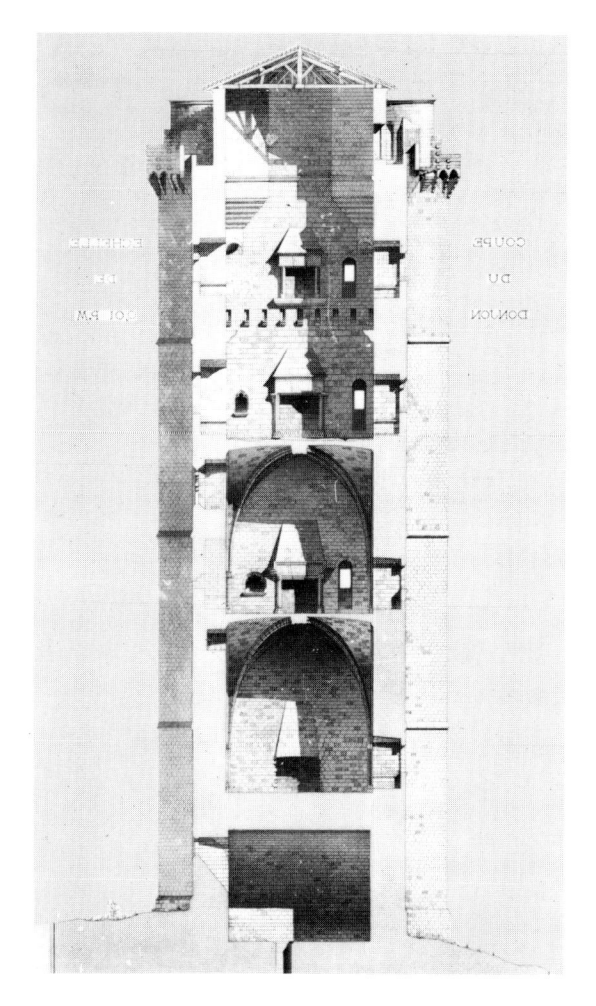

ment conçu pour la résidence et la réception, et pourtant, à proximité immédiate s'élevait un logis assez spacieux. Que penser alors? Quel était le rôle exact du donjon en temps de paix? S'il pouvait, bien sûr, accueillir le seigneur et sa famille en cas de troubles, ceux-ci y vivaient-ils également en temps de paix, ou préféraient-ils profiter des possibilités plus larges offertes par le logis voisin? La question se pose de la même façon au château de Vez, à Montépilloy, à Droizy en Ile-de-France, à Châteaugiron ou au Grand-Fougeray en Bretagne.

Sans doute n'y a-t-il pas de réponse nette à cette question, et le petit château de Crouy-sur-Ourcq (Seine-et-Marne) vient le confirmer : ici, en effet, le donjon fait corps avec le logis dont il n'est qu'une partie. La présence de fenêtres à meneau au cadre ouvragé prouve que le donjon n'était pas seulement un abri en temps de guerre : sans doute la famille seigneuriale se répartissait-elle entre logis et donjon en temps de paix, se réservant la possibilité de se réfugier dans le seul donjon en cas de troubles.

En fait, c'est bien en fonction et en prévision des troubles que les constructeurs prévoyaient des donjons, le rôle de ces tours se trouvant relégué, en temps de paix, à celui de logis. Mais il nous reste justement à résoudre une seconde question, primordiale : quelle défense effective représentaient ces donjons en cas de guerre? Certes, le seigneur et sa famille étaient assurés d'y trouver place; cependant, quel que soit le degré d'aménagement intérieur il eût été absurde de prétendre y soutenir un siège de longue durée. Les fenêtres qui éclairaient les salles, trop nombreuses, diminuaient la capacité défensive, même si elles étaient dotées de grilles; les caves, même vastes, ne pouvaient suffire à assurer l'approvisionnement pendant de longs sièges.

La réponse à cette question est claire lorsque l'on connaît le contexte de ces années douloureuses : un état d'insécurité latente, où des bandes de soudards armés suffisaient à ravager la campagne depuis un de leurs repaires fortifiés, rançonnant sans pitié paysans, bourgeois et nobles sans faire de distinction. Ces routiers, équipés légèrement, pratiquaient essentiellement des razzias que l'on appellerait aujourd'hui des *opérations coup de poing;* dans un temps très bref, afin que nul n'ait le temps de se ressaisir, ils fondaient sur la campagne, brûlant et pillant tout ce qui ne présentait qu'une résistance modérée. Alors, dans cette atmosphère, rien ne servait de posséder un château trop vaste qu'il eût été impossible de défendre; mieux valait avoir une tour habitable, permettant de soutenir le choc pendant quelques journées, car on était assuré que les soudards ne s'obstineraient pas longtemps.

A la limite, ces donjons dressés au-dessus de la campagne suffisaient même, sans doute, à éloigner la plupart des routiers en quête de rapine; la tour était symbole de puissance, bien mieux qu'une grande enceinte mal défendue. Ceci explique la floraison des donjons seigneuriaux durant la guerre de Cent Ans, à côté des grandes forteresses princières qui pouvaient se dispenser de ces contraintes de sécurité individuelle.

Une architecture militaire en relative stagnation

Abordons maintenant plus précisément l'architecture militaire, en évoquant la structure de la défense et ses éléments spécifiques.

D'une façon générale, la défense repose sur deux types de dispositifs : les éléments actifs (archères, mâchicoulis) et les éléments passifs (fossés, défenses de porte). On a vu dans les chapitres précédents que le règne de Philippe Auguste apporta une nouveauté importante : la généralisation des archères dans les organes de flanquement, puis dans les courtines elles-mêmes, la structure défensive devenant, au moins en théorie, purement active, et, au surplus, extrêmement dense. Progressivement, au cours du XIVe siècle, ce type de structure va disparaître, au point que les châteaux édifiés pendant la guerre de Cent Ans ne répondent plus en rien aux critères définis au début du XIIIe siècle.

En effet, nous l'avons vu plus haut, l'archère tendit à disparaître des niveaux bas, et ce d'une façon absolument générale, afin d'être remplacée par la fenêtre. De ce fait, dans ces forteresses des XIVe et XVe siècles, on reporta l'essentiel des possibilités défensives aux niveaux supérieurs, dotés de chemins de ronde à mâchicoulis, crénelés et munis d'archères. C'était là, d'ailleurs, un retour aux sources, puisque les châteaux du XIIe siècle n'étaient pas autrement conçus; au surplus, une telle structure convenait mieux au potentiel réel de défense, les garnisons étant, en général, assez réduites et ne pouvant se disperser en des points nombreux.

On vit alors se multiplier les solutions apportées aux problèmes d'aménagement des parties hautes : chemins de ronde entièrement de niveau comme à la bastille Saint-Antoine, à La Ferté-Milon ou au Castelet de Perpignan, chemins de ronde doubles, superposés, comme à Pierrefonds, constitués par un premier étage en saillie, doté de mâchicoulis, et par un second étage au nu des courtines.

Ces mâchicoulis sur consoles, qui ne s'introduisirent sur notre territoire qu'avec le début du XIVe siècle, se systématisèrent ainsi dans la seconde moitié du siècle, compensant dans une certaine mesure la disparition progressive des archères. Mais le but de ces couronnements de mâchicoulis était-il exclusivement militaire? Sans doute pas, car on constate qu'ils devinrent rapidement un pur élément décoratif. Il n'est pas inutile, d'ailleurs, de dire quelques mots de cette évolution.

Une des nouveautés, en ce domaine, vint des chantiers royaux où l'on tenta, sous l'impulsion probable de Raymond du Temple, d'assimiler la couronne de mâchicoulis à une corniche décorative : pour cela, on espaça les ouvertures verticales servant au tir, et on sculpta l'assise médiane de l'encorbellement. Cette disposition, bien qu'assez rare, fut copiée en certains endroits : au château de Septmonts, où l'on doit peut-être reconnaître l'influence d'un architecte royal, ainsi qu'au château de Crouy-sur-Ourcq.

Indirectement, l'influence novatrice de Vincennes se retrouva également à Mehun-sur-Yèvre, ce qui n'est guère étonnant; mais ici, elle s'exprima non par l'effet de corniche, mais par la présence d'une assise sculptée au sein de l'encorbellement. Mehun est l'exemple parfait de la recherche qui eut lieu à l'époque dans le dessin des mâchicoulis : entre les consoles au profil délicatement dessiné prennent place des arcs trilobés inscrits dans des demi-cercles.

Ce type de mâchicoulis fut certainement le plus répandu, avec de multiples variantes : l'arc trilobé peut être flamboyant ou plus traditionnel, il peut être un simple décor sculpté sur un linteau enjambant les consoles, ou être un arc véritable. Les exemples en sont innombrables, dès les années 1350-1370, ainsi à Bassoues. Partout ces mâchicoulis étendirent leur domaine, en Bretagne avec Combourg, Dinan, Grand-Fougeray, Vitré, dans le Centre avec Mehun, Montoire, Lavardin, en Provence avec Tarascon.

On notera particulièrement deux groupes d'influences : celui des mâchicoulis bretons, et celui des mâchicoulis que l'on peut appeler, en première approche, provençaux. Les premiers se diffusèrent rapidement en Bretagne, alors que, partout ailleurs, ils restèrent très rares. On les voit ainsi apparaître dans le logis neuf de Jean IV, à Suscinio : il s'agit de mâchicoulis dont les consoles sont des demi-pyramides inversées, constituées par trois ou quatre assises à surface dégressive. On les rencontre ensuite à Grand-Fougeray, où ils restent timides, à Largoët-en-Elven et dans bien d'autres châteaux bretons; leur emploi deviendra quasiment systématique au XVe siècle. Ailleurs ils ne furent employés qu'en des points très isolés : citons le châtelet d'entrée de Lavardin, construit, dit-on, par des maçons bretons, ainsi que le château bien plus septentrional d'Olhain (Pas-de-Calais).

Quant aux mâchicoulis provençaux, leur caractère principal est d'avoir employé des consoles très longues, à cinq, six ou sept assises, ce qui leur donne un aspect particulier. On les trouve ainsi, dès les années 1360, à Barbentane, à Fontvieille, à Montmajour (Bouches-du-Rhône), et l'architecte de Tarascon reprendra la formule dans les années 1400. Le domaine de prédilection de ce type de consoles semble s'être limité à la Provence; cependant, des cas isolés existent dans le Languedoc et le Roussillon, ainsi au Castelet de Perpignan.

Il faut enfin noter les dessins subtils et compliqués qui furent choisis pour les profils des consoles, dessins qui permettent de retrouver le domaine d'influence de tel ou tel architecte. Ces profils se compliquèrent à plaisir, afin, par le jeu des ombres, de mettre en valeur dans les façades ces éléments théoriquement défensifs : n'en voit-on pas un superbe exemple au château provençal de Boulbon, tout proche de Tarascon, et sans doute édifié à la même époque?

Portons maintenant notre attention sur les éléments passifs de la défense. Tous ces châteaux étaient entourés de fossés, dispositif traditionnel. En revanche, la défense des portes enregistra une amélioration qui peut être considérée comme la seule nouveauté défensive de cette époque : les ponts-levis à flèches, où le tablier était levé à l'aide de deux fléaux, munis d'un contrepoids. Ce dispositif se généralisa avec une rapidité foudroyante à cause de sa simplicité de fonctionnement : un homme seul pouvait remonter le tablier du pont-levis charretier. Fréquemment, on disposa côte à côte porte charretière et porte piétonnière, chacune munie d'un pont-levis particulier. Ces portes doubles, souvent situées dans une tour-porte en avancée à cause de la manœuvre des balanciers, sont une image caractéristique de cette génération de châteaux, même de nos jours, où ponts et flèches ont disparu : côte à côte s'ouvrent les deux portes surmontées d'arcs brisés, et dans le prolongement des piédroits s'ouvrent les rainures qui permettaient autrefois l'encastrement des flèches, longues lignes sombres qui allongent démesurément l'apparence des portes.

En somme, peu de nouveautés apparaissent dans ces éléments défensifs, si ce n'est le dernier; pour le reste, archères et mâchicoulis existaient déjà de longue date. On ne peut alors manquer de se poser une question : à cette époque où l'arme à feu connaissait une extension de plus en plus rapide, n'y eut-il donc aucune répercussion de cette nouveauté sur l'art de fortifier? Il faut bien constater que les structures même des châteaux ne se modifièrent en aucune manière. Mais il faut rappeler que les armes de fort calibre, bombardes ou veuglaires, ne commencèrent à devenir vraiment dangereuses que dans la seconde moitié du XVe siècle, alors qu'auparavant elles avaient une portée limitée et une puissance de feu très faible. Il est donc compréhensible que l'on n'en ait tenu aucun compte dans le choix des hauteurs et des épaisseurs de courtines ou de tours.

Parallèlement aux armes à feu lourdes se développaient des armes portatives ou semi-portatives, du *bâton à feu* à la *crapaudine,* mais leur extension ne se fit véritablement qu'à partir du second quart du XVe siècle, de telle sorte que les embrasures percées dans les murs n'en tirent parti que vers la fin de la guerre de Cent Ans. Un château tel que Tarascon, pourtant édifié en majeure partie dans ce second quart du XVe siècle, ne comporte ainsi aucune embrasure spécifiquement dessinée pour de telles armes; seules des archères conventionnelles sont percées dans ses murs, ce qui prouve bien que l'archère-canonnière, qui sera fréquente dans la seconde moitié du XVe siècle, ne s'était encore nullement imposée. Bien plus, Langeais (Indre-et-Loire), pourtant édifié dans les années 1470, ne reflète nullement cette évolution; mais, bien que ce fût un château royal, une telle lacune est alors un archaïsme certain par rapport à d'autres forteresses comme celles du duc de Bretagne, entièrement conçues en fonction des armes nouvelles.

On peut, en définitive, estimer que ce siècle de la guerre de Cent Ans fut très favorable à une évolution de l'armement, comme toute période marquée par la guerre, mais que les châteaux de l'époque n'enregistrèrent que tardivement les modifications apportées, dans l'attaque comme dans la défense, par les nouvelles armes. Il fallait attendre que ces armes devinssent assez efficaces pour persuader constructeurs et architectes d'en tenir compte.

Politique de construction et défense des territoires

Voici définies, dans leurs grands traits, les principales tendances de l'architecture castrale durant la guerre de Cent Ans. Il est bon, avant de conclure, de revenir à un niveau plus général, en tentant d'apprécier ce qu'a représenté socialement, ou politiquement, cette vague de constructions neuves. Nous avons montré, au début de ce chapitre, que l'une des causes primordiales de cette activité fut le souci d'adaptation, soit à l'explosion de l'art comme symbole extérieur de richesse et de puissance, soit aux conditions nouvelles d'insécurité régnant dans le pays. Il reste à se demander si elle répond aussi à une véritable politique défensive au niveau de chaque principauté. Beaucoup d'historiens ont vu en effet dans la multiplication des châteaux neufs des grands princes la volonté de dresser de véritables lignes de forteresses aux frontières de leurs États, afin de préserver leur territoire. En fait, la réalité reflète des desseins moins rationnels et moins organisés, mais qui n'en ont pas moins existé.

Il est très net, au vu des sources anciennes, que le roi et les grands princes dotés de territoires se préoccupaient activement du potentiel de forteresses dont ils disposaient personnellement. A côté de la construction neuve, les princes accordèrent d'importants crédits à l'entretien et à la mise en défense d'un grand nombre de leurs châteaux. Ainsi Louis d'Orléans, qui ne possédait pas moins de quatre-vingts châteaux, n'en reconstruisit que trois de fond en comble, mais en fit entretenir continuellement une trentaine.

Il existait donc chez eux une volonté manifeste de disposer, en cas de conflit, d'un nombre important de sites prêts à la défense, même s'ils ne résidaient que dans un nombre très faible d'entre eux. De ce fait historique incontestable, il est par contre illusoire de vouloir tirer l'existence d'une politique de défense des frontières savante et évoluée. Durant la guerre de Cent Ans, il n'existait pas de frontières bien définies, et il importait, pour le prince, de tenir son territoire en le parsemant de points de défense, plus que d'en garnir les limites incertaines de forteresses isolées. En d'autres termes, dans ces guerres féodales, le danger provenait aussi bien de l'intérieur que de l'extérieur.

Tous les exemples prouvent à l'envi que chaque prince, dans le cadre de ses possessions, chercha à assurer un contrôle en profondeur, renforçant les fortifications des chefs-lieux de châtellenies les plus importants, favorisant la fortification des villes, mais aussi celle des féodaux les plus fidèles. Oserait-on dire que leur importait davantage la quantité des sites prêts à la défense que la qualité de celle-ci et de son organisation?

D'ailleurs, quels moyens les princes et les seigneurs avaient-ils à leur disposition pour *rentabiliser* ces investissements en constructions? On sait que, dans la société féodale, les armées de métier n'existaient pas et les princes n'avaient que deux solutions : le recours aux vassaux, qui devaient le service militaire, ou l'appel aux mercenaires qui se vendaient au plus offrant. Deux solutions sans garantie aucune, la fidélité des uns étant affaire politique, celle des autres affaire d'argent... Au surplus, ces troupes de fortune étaient plus aguerries aux chevauchées qu'à la guerre de siège; elles n'apportaient donc qu'un faible renfort aux maigres garnisons stables des châteaux, dont le nombre était plus souvent inférieur que supérieur à la dizaine. Multiplier le nombre des forteresses en état de défense était donc la seule politique possible : sur ce nombre, on pouvait tout de même espérer, statistiquement, que certaines résisteraient et feraient obstacle aux chevauchées ennemies.

Châteaux d'un monde en contradiction

Décors de miniatures en temps de paix ou points d'appui stratégiques en temps de guerre, luxueuses résidences ou donjons orgueilleux, toutes ces hésitations, ces essais répétés traduisent un malaise évident dans la construction castrale durant la guerre de Cent ans. Le temps n'est plus loin où le château n'aura plus qu'un rôle exclusif de résidence fortifiée, tout l'aspect purement militaire étant accaparé par les fortifications urbaines et les citadelles... Les années 1350-1450 sont une charnière entre l'époque du château fort et celle des palais de la Renaissance, une charnière entre le féodalisme médiéval et les liens humains qui naîtront pendant les guerres d'Italie. Certes, la construction de châteaux forts aura encore quelques sursauts, comme le prouveront les forteresses bretonnes de la fin du XVe siècle; mais ce sera là un chant du cygne déjà annoncé par les édifices qui viennent d'être décrits.

Ces forteresses de l'illusion, ces décors fastueux n'en sont pas moins attachants; ils révèlent toutes les contradictions de cet *automne du Moyen Âge* que fut le XVe siècle, un automne paré des atours les plus chatoyants, dérisoires quelquefois par leur vanité, mais souvent émouvants par leur grâce et leur finesse.

Château de Martainville (Seine-Maritime). Aimable résidence bâtie par un échevin rouennais vers 1485.

Tradition militaire et plaisance dans la seconde moitié du XVe siècle

André Mussat

Dans les années 1450-1460, le peintre Jean Fouquet exécuta le portrait du roi Charles VII; une inscription nous dit *Charles le très victorieux roy de France*. Les batailles de Normandie et de Guyenne terminent en effet le conflit centenaire entre les maisons royales de France et d'Angleterre. Les deux pays ne seront pas une double monarchie. Le roi français dispose désormais de deux outils militaires : une armée permanente peu nombreuse certes, mais dégagée des liens féodaux et de leurs ambiguïtés, et une arme nouvelle, essentielle dans les dernières victoires, l'artillerie. Les canons juchés sur de nouveaux affûts, plus mobiles, tirent des boulets de fonte et les armes à feu de petit calibre, avec balles de plomb, commencent à devenir précises.

Est-ce à dire que le roi n'a plus à se garder? Certes non, car les intrigues princières et féodales vont marquer la seconde moitié du siècle; la puissance, toujours grandissante va-t-il sembler, de l'État bourguignon, l'incertitude bretonne sont des sujets d'inquiétude pour des monarques qui veulent n'être plus les suzerains, mais bien les souverains. Le château peut-il donc n'être plus qu'un logis aussi agréable que possible? Pour répondre à une telle question il suffit de penser à l'effort considérable accompli par les ingénieurs bretons au temps du duc François II (1459-1488). Mais ce qui est vrai ici n'est peut-être pas exact là. Grande est la diversité des situations provinciales et la majeure partie du royaume ne sent plus la menace de la guerre ni même des bandes de routiers. Cependant les aspects militaires du château restent pour le moins des signes sociaux, c'est-à-dire l'affirmation de la personnalité nobiliaire.

Il y a donc une multiplicité de programmes possibles avec tous les enchevêtrements d'intentions qu'on imagine, avec aussi routines et innovations. Ce demi-siècle, qui va de la fin du conflit franco-anglais à l'expédition italienne, est d'une grande complexité architecturale; aussi n'est-il pas toujours aisé d'y discerner les lignes directrices dans un mélange de l'ancien et du nouveau. Mais on ne saurait trop insister sur l'importance du moment : le château y a pris un nouveau visage qui émerge peu à peu de la forteresse traditionnelle. Du gothique flamboyant à la première Renaissance, le cheminement pourra ainsi être continu; même au-delà, l'originalité profonde du château français, jusqu'au temps classique, prend sa source dans ces demeures du crépuscule médiéval.

Deux remarques encore : la reprise économique produit ses effets, comme il a été montré pour la Normandie, vers les années 1470; elle va provoquer la montée rapide — déjà visible en 1450 — d'une grande bourgeoisie d'affaires, vite intégrée à l'appareil d'État puis, par l'achat de seigneuries et l'octroi de bénéfices ecclésiastiques, aux ordres privilégiés. Tours est le meilleur exemple de cette ascension, bien que le bilan architectural en ait été quelque peu négligé. Il serait pourtant fort utile car il semble évident que dans un premier temps, ce nouveau pouvoir investit peu dans la pierre. Le temps des Bohier, constructeurs de Chenonceaux, ou des Berthelot, à Azay-le-Rideau, n'est pas encore venu. Les marchands devenus banquiers et pourvus de charges d'État gardent un train de vie simple : Tristan l'Hermite à Mondion, dans le Châtelleraudais, avait donné l'exemple de ces manoirs des champs sans faste. La puissante famille des Thierry, soutiens financiers d'Anne de Bretagne à Rennes, construit dans les environs des logis simples et vivables (La Prévalaye, Boisorcant). Ils sont peu différents du manoir de Val d'Izé (Ille-et-Vilaine) du puissant Pierre Landais, un moment maître véritable du duché. Martainville (Seine-Maritime), œuvre, en 1485, d'un grand marchand de Rouen, reste une construction de proportions modérées, sans comparaison avec Bury ou Azay. Le seul cas contraire est le Plessis de Jean Bourré (Maine-et-Loire); il contraste d'autant plus avec le modeste manoir occupé par l'homme de confiance de Louis XI à Miré (manoir de Vaulx).

Dans ces conditions, le château reste une commande royale ou nobiliaire, à cette exception près. La courte fièvre de vastes constructions de la grande bourgeoisie ligérienne se place au début du XVIe siècle, vers 1510-1520, vite brisée — exemple d'une pratique royale qui se renouvelle souvent — par la purge de 1523. Or le roi, la cour, l'administration ne regagnent pas Paris après les victoires de 1450-1455. La géographie monumentale de la France s'en trouve fortement marquée. Le grand ensemble ligérien, que Vidal de La Blache, dans son *Tableau géographique,* appelait *une région de convergence fluviale,* demeure l'axe artistique autant que politique. D'étape en étape des coches d'eau, le fleuve relie le Bourbonnais, celui de Pierre de Beaujeu et d'Anne de France, fille de Louis XI, à la fin du siècle, à l'Orléanais aux mains d'un prince royal, la Touraine, cœur du royaume, l'Anjou longtemps guetté et annexé en 1480, enfin, dans le Massif armoricain, la Bretagne ducale, dont la capitale se stabilise à Nantes. Les bateliers se nomment la *Communauté des marchands fréquentant la rivière de Loire et fleuves descendant en icelle;* ainsi se relient le Berry, le Maine, l'Anjou, le Haut-Poitou et la Haute-Bretagne.

Ces liens naturels se traduisent dans

Château de Lassay (Mayenne). Le château de Jean II de Vendôme, construit sous Charles VII, se présente encore comme une forteresse rébarbative.

l'architecture : les comptes du château d'Amboise (1495-1496) indiquent l'arrivée de pierre dure venant de la région de Loches, de la pierre de Belleroche (Noyers, Loir-et-Cher) pour les parties structurales (ogives, clefs de voûte) et de la célèbre pierre de Bourré extraite le long du Cher pour la maçonnerie. A Verdelles, près de Sablé, vers 1490, se mélangent les moellons du pays, les chaînages d'angle en grès (grès à sabalites des plateaux), les tuffeaux de Saumur, le calcaire jurassique poitevin et les calcaires très durs, pour les escaliers, des Rairies en Durtal, sur le Loir. Tout le beau tuffeau du château de Jean Bourré est, nous disent ses comptes, venu du Saumurois par les rivières. Il en est de même à Goulaine près de Nantes.

Rien d'étonnant alors à ce que l'on constate des échanges d'architectes : Jean de Daillon au Lude fait venir celui du roi René; Pierre de Rohan consulte au Verger Colin Biart qui est connu à l'Amboise royal. Une conjoncture politique favorable a mis en valeur un potentiel naturel. La décision royale de ne pas rentrer à Paris est donc capitale. Certes, d'autres régions ont eu une grande activité : la Bretagne toujours périphérique, le Périgord ou la Guyenne, la Normandie stabilisés. Parfois, même là, se ressent l'influence du milieu royal comme c'est le cas à Carrouges en Basse-Normandie avec Jean Blosset, homme de Louis XI. La vaste région de la Loire a cumulé trop de forces pour que ne soit pas exprimé, dans la pierre, son dynamisme.

I. La force des traditions

Depuis le XIIIe siècle, la grande forteresse française s'était clairement définie; souvent les reprises du XIVe ou même du début du XVe siècle ont repris le dessin et les bases du temps précédent. Mais le désir d'un logis plus habitable, la nécessité sociale aussi d'une ostentation architecturale ont fortement marqué les années 1380-1400, au temps du roi Charles V, de ses frères et de son fils Orléans. La fin de la grande guerre sans cesse renaissante, trêve après trêve, allait-elle conduire à une mutation rapide du château? Allait-on passer brusquement de la forteresse au grand logis, de la guerre à la plaisance?

En réalité, l'image même du château restait celle de la haute muraille, de la tour dominatrice,

Château de Rambures (Somme). La forteresse massive renferme une petite cour sur laquelle s'éclairent largement les corps de logis. Lithographie de G. Barnard.

du châtelet imposant et contraignant. Rien de surprenant alors dans la silhouette massive du château de Lassay au nord-ouest du Maine, aux confins de la Bretagne et de la Normandie, là où le souvenir, difficile à oublier pour ces *pays marchois*, devait être très vif de la guerre, de la *course*, de la pillerie institutionnelle ou accidentelle. Jean de Vendôme ayant repris possession de sa forteresse la reconstruisit sur les mêmes bases. Certaines tours sont ouvertes à la gorge, d'autres ne le sont pas ; toutes dominent les courtines, ce qui interdit une circulation continue du front de défense. Il n'est pas jusqu'à l'appareil en moellons de petit calibre qui ne paraisse archaïque. A la fin du siècle, le petit-fils du restaurateur essaiera de pallier l'insuffisance militaire par la création, devant le châtelet d'entrée, d'une énorme barbacane.

Parfois, pour des raisons purement locales, se dressent les murs rénovés d'une ancienne forteresse. Au XVIe siècle, on s'étonnait encore, à propos de Bonaguil (Lot-et-Garonne), *qu'un seigneur, non aydé des bienfaits du Roy ou de l'Église, ait eslevé un si somptueux édifice*. De ce château, près de Fumel, sans valeur stratégique réelle, les Roquefeuil firent une incroyable citadelle, superbe exemple de la survie féodale. Les reprises successives de Jean et de Bérenger de Roquefeuil montrent un souci constant de s'adapter, de 1445 au début du XVIe siècle, aux changements de l'art militaire. Ainsi naquit autour de l'ancien donjon un énorme ensemble dont la destination paraît incertaine dans un Quercy pacifié.

Les dates manquent pour définir de façon précise une construction, plus cohérente, aux lisières de la Picardie ; la puissante masse de Rambures dans le Vimeu, entre la Bresle et la Somme, étonne par sa compacité. Les quatre tours d'angle sont reliées par des surfaces arrondies ; le tout s'ouvre sur une très petite cour centrale. Sur les six étages deux sont enterrés et les murs ont 7 mètres d'épaisseur. Mais les allèges à couleuvrines des fenêtres ne sont qu'une défense mineure et la silhouette des tours à deux niveaux supérieurs s'apparente encore à celles de Pierrefonds. C'est une adaptation curieuse mais sans véritable avenir.

La nouvelle fortification n'apparaît pas avant les années 1475-1480. La lenteur de cette révolution technique autant que la force du mythe guerrier expliquent la persistance de la silhouette du château, dont les tours doivent être les signaux sociaux. C'est ainsi que les a comprises Pierre de Brézé, haut personnage de la cour de Charles VII et de Louis XI, tué à Montlhéry en 1465. Ayant acheté le fief angevin de Brissac, il y commença en 1455 la construction de très hautes tours qui subsistent, encastrées dans le gigantesque château du début du XVIIe siècle. Le décor de tuffeau de la galerie couverte, au sommet des tours, répond parfaitement au raffinement intérieur de la chapelle, ouverte sur l'extérieur par une large baie flamboyante. Les La Jaille à Durtal, hommes de cour eux aussi, reprendront ce parti vers 1480.

L'idée même de la forteresse, carré ou polygone clos, hérissé de tours, reste prédominante. Tel était le propos architectural des Bueil, grande famille militaire, lorsqu'ils reprirent aux bords de l'Indre, Ussé. Comme à Chaumont (Loir-et-Cher), l'ouverture vers le paysage, le cours d'eau et les frondaisons qui l'accompagnent ne s'est faite que bien plus tard. Le modèle reste Pierrefonds par les tours à deux niveaux supérieurs, par le chemin de ronde continu des tours et des courtines. Fait nouveau cependant : l'ouverture de grandes fenêtres et, à Chaumont, l'apparition d'un décor en grandes bandes horizontales où se lisent les C de Charles d'Amboise et les armes parlantes de *Chaud Mont* (1498). Ces bandeaux, auxquels s'ajoutent les mâchicoulis décorés, accentuent visuellement les continuités horizontales. En même temps, les tours du châtelet, à l'angle sud-est, ont des murs de 2 mètres d'épaisseur seulement. On voit, dans cet exemple, de claire façon, le rapide abandon du projet militaire qui fonde encore les travaux de Pierre

Château de Langeais (Indre-et-Loire). Résidence et forteresse à la fois, il fut construit pour Louis XI, et laissé inachevé. Lithographie de Langlumé.

d'Amboise et de son fils Charles Ier, soit entre 1470 et 1481, et n'est plus que simulacre avec Charles II. Tout le mouvement des *châteaux de la Loire* s'annonce : en 1560, Diane de Poitiers trouvera naturel de couronner l'aile sud de mâchicoulis décoratifs.

Il y a donc dans ces constructions, en un élégant compromis, à la fois la force du souvenir guerrier et la progression d'une idée nouvelle du logis seigneurial. Aussi n'est-il pas étonnant que tant de châteaux aient conservé leurs anciennes tours d'angle comme Le Fou en Bas-Poitou ou La Roche-Courbon en Charente. Mais les évolutions sont toujours complexes en la matière : l'idée d'un rôle militaire du château restait vivace.

Rien ne le montre mieux que le château solognot de Fougères pour lequel Pierre de Refuge, général des finances du roi Louis XI, obtint en 1470 l'autorisation de reconstruire et fortifier. Ce lourd carré fermé sur lui-même présente dans sa façade nord, celle du châtelet d'entrée, un plan de feux relativement cohérent et complexe, assez étonnant pour une façade sur basse-cour. La même ambiguïté apparaît aussi à la grande œuvre inachevée de Langeais qui juxtapose trois cellules : les grandes salles d'apparat de l'aile sud, l'habitation de l'aile est, complètement isolé, le massif du châtelet et de la grosse tour nord-est. Les tourelles d'escalier en vis jouent un rôle fondamental de communication multiple comme dans l'isolement éventuel ; une lettre de Jean Briçonnet, le maire de Tours chargé en 1467 de la gestion financière, montre que le châtelet et la tour voisine, considérée comme un réduit militaire, devaient être desservis par un même escalier, mais sans communication directe, afin *que une chambre ne soit subjecte à l'autre*, alors que la tourelle à l'angle sud du logis dessert trois systèmes de pièces. Militairement, il a souvent été dit que Langeais barrait, comme Chaumont en amont, la route de Tours et ceci en pensant surtout à la Bretagne. Restons-en au temps d'insécurité plutôt qu'à un danger de guerre : la ligue du Bien public est de 1465 et les États de Tours de 1468. Cette année-là voit la rapide campagne en Bretagne mais aussi le piège de Péronne. La conception militaire de Langeais reste attardée et médiocre en face des évidents progrès de l'artillerie : c'est toujours le schéma de Pierrefonds.

Or ce n'est pas un cas isolé : tout un groupe de constructions s'y compare, certaines plus anciennes comme Montsoreau (Maine-et-Loire, 1455), Montsabert (Maine-et-Loire), Ussé (Indre-et-Loire) et aussi, pour l'aspect des tours, le Plessis-Bourré. La fonction militaire n'y écrase pas la conception architecturale, mais elle impose une sorte de compromis d'aspect qui exclut l'ornement et donne aux cours intérieures un aspect sévère (façade sud de Montsoreau ; grand logis du Plessis-Bourré).

Parfois le souvenir militaire est plus symbolique : en 1476, à Bonnétable, dans le Maine, un maître d'œuvre angevin passe marché avec Jean IV d'Harcourt pour *un château de cent dix pieds au carré, ayant une grosse tour à chaque angle, deux autres grosses tours flanquant un porche d'entrée voûté, une chapelle couverte en fine ardoise d'Angers, des murs avec mâchicoulis de pierre de taille...* Quand Dunois entreprend la reconstruction du logis de Châteaudun vers 1460, après avoir édifié une sainte chapelle qui rappelle sa bâtardise des fleurs de lis, il donne à un grand manoir, très simple si on le compare, par exemple, à l'hôtel urbain de Jacques Cœur, une apparence quasi vertigineuse par la masse des pavillons rectangulaires qui, au nord, dominent le Loir, les lignes verticales étant soulignées par des contreforts sommés d'échauguettes volontairement hors d'échelle. On pourrait multiplier les exemples de ces effets architecturaux comme le remaniement du donjon de Touffou en Poitou.

La reprise de Dunois avait été, le donjon mis à part, totale. Souvent le problème posé est plus complexe car la vieille enveloppe polygonale de tours subsiste et, dans ces vastes enceintes, il s'agit d'introduire un nouveau mode de vie, question posée depuis la fin du XIVe siècle. La solution la plus simple est d'accoler le nouveau logis à la muraille comme à Luynes ou à Châteauneuf en Bourgogne. On hésite parfois encore à ouvrir de grandes croisées vers l'extérieur. Cependant l'idée d'un logis aéré, profitant de la vue que lui donne sa situation, apparaît souvent dans des constructions nouvelles ou des reprises importantes. Les deux bâtiments royaux de Loches sont certainement annonciateurs, dans leurs rythmes réguliers, d'une nouvelle conception.

Dans les vastes enceintes des siècles précédents, les lieux habitables étaient souvent séparés les uns des autres. Le remède parut alors simple : la galerie, le plus souvent à deux niveaux (un portique ouvert et au-dessus un passage couvert, la véritable galerie). Dans le château français de cette époque, la galerie a été avant tout un moyen de liaison, d'organisation de l'espace habité. A la fin du siècle, à Châteaubriant, une longue galerie joint ainsi le logis, renouvelé récemment, du château ancien au nouveau logis construit dans le bayle, annonce d'une très vaste construction Renaissance. Souvent la galerie est une facilité de circulation interne dans un corps de bâtiment. Elle était ainsi dans la structure d'origine de l'aile sud d'Ussé où elle est, comme à Vitré (Ille-et-Vilaine) et à Blois (logis nord) à deux niveaux : des arcades ouvertes et au-dessus un passage couvert selon l'exemple plus ancien de Saumur. Même dans un espace resserré, la galerie est une commodité appréciée comme le montrent les arcs surbaissés de la face est de Fougères-sur-Bièvre (Loir-et-Cher). A l'extrême début du XVIe siècle, les architectes du cardinal d'Amboise en feront largement usage à Gaillon (Eure) et relieront ainsi l'aile d'Estouteville à la Grant Maison. Il y a là une particularité architecturale du château français dont les développements, soit en cloître ouvert, soit, à l'étage, en passage clos, seront très nombreux.

Dès cette époque, le roi René avait montré une autre voie : sur la façade nord du logis du château, une galerie ouverte par de grandes fenêtres à trois meneaux est plus qu'un passage, c'est une *loggia,* un lieu d'où l'on voit l'extérieur, et, à Angers, songeons aux jardins, aux galeries et aux petits pavillons de bois dont parlent les comptes. L'aménagement du vaste espace de la forteresse de Louis IX avait plus d'un rapport avec les jardins des petits manoirs de René d'Anjou. Il a pu être un modèle du grand jardin d'Anne de Bretagne à Blois, qui eut comme conséquence tardive la façade des Loges.

Un vaste logis, des jardins, une forteresse : la contradiction des programmes devenait trop importante pour pouvoir être résolue. Cependant la solution de compromis aura la vie longue.

II. Les plaisirs des champs

On pouvait imaginer aussi une dissociation des rythmes de vie; déjà s'exprime le goût de l'alternance de la vie urbaine et du séjour champêtre. Les rois ont montré l'exemple : Charles VII a souvent habité à la Salle, en forêt de Chinon, et au Plessis-lès-Tours (Indre-et-Loire). Hardouin de Maillé vendit cette terre au roi Louis XI en 1463 et celui-ci commença la construction d'un vaste logis entouré de jardins. Si Plessis a encore les dispositions d'ensemble d'un château, il n'en était plus de même pour les manoirs du roi René, que ce soit dans l'immédiate banlieue de sa capitale (Reculée) vers 1455, ou dans le Val, à La Ménitré (1454) et à Launay-en-Villebernier. Les comptes du roi et de Jeanne de Laval permettent d'imaginer de façon précise la vie aux champs d'un prince du XVe siècle et son installation domestique. Ils ne sont d'ailleurs guère différents de ceux laissés en Bretagne par les sires de Quintin (l'un étant un Laval et l'autre un Rohan, c'est-à-dire deux grandes familles) qui préfèrent leur manoir de forêt au grand château urbain qu'ils remparent cependant.

Launay, célèbre par ses vergers, présente une disposition des lieux fort intéressante : un manoir de type habituel à cette époque — corps de logis central, deux ailes basses, l'une étant une galerie qui mène à la chapelle — et, juxtaposés latéralement, des bâtiments de communs architecturés. Dans les prairies proches fut donnée à la noblesse angevine la grande fête du Pas du Perron en 1446.

L'idée du château-ferme était ainsi exprimée et elle fut reprise plusieurs fois. Louis de Beaumont, sénéchal du Poitou, l'appliqua à partir de 1447 dans l'ancienne forteresse du Plessis-Macé au nord d'Angers. Une vaste enceinte de 120 mètres sur 80, environ 10 000 mètres carrés, permit cette exceptionnelle reprise. Elle est fort intéressante car s'y juxtaposent le grand donjon rectangulaire restauré, un vaste logis de type manorial adossé à la courtine nord et, en face, le long de la courtine sud, les communs — écuries, logements —; deux entrées d'apparence fortifiée complètent cet ensemble. Le fils du constructeur allongea le logis : c'est alors que fut construite une sorte de balcon-loggia à l'angle, qui est souvent cité.

Pierre de Rohan, maréchal de Gié, haut personnage lié à la tumultueuse histoire franco-bretonne des années 1500, réalisa deux grandes constructions plus significatives encore : aux frontières extrêmes du duché, La Motte-Glain et, dans l'Anjou aujourd'hui mayennais, Mortier-Crolles, sont de très vastes quadrilatères —

Château de Mortiercrolles à Saint-Quentin-des-Anges (Mayenne). En haut, à gauche, plan général. Relevé de l'architecture des Monuments Historiques. Le château et la chapelle sont implantés au centre d'une très vaste enceinte. A droite, détail d'une lucarne du corps de logis.

En bas, à gauche, château de Meillant (Cher). Façade intérieure et tour d'escalier.

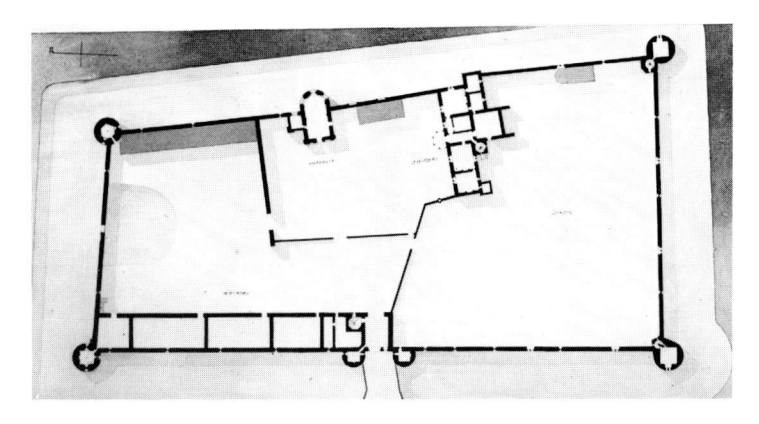

214 mètres sur 139 dans les plus grandes dimensions — servant de limites à un ensemble manorial avec chapelle, communs et bâtiments de ferme. Souvenir lointain et transformé de Vincennes? En tout cas, ces grands espaces clos sont une tentative d'un nouveau type. On sent le manque de rigueur du parti et l'ensemble reste une accumulation de très beaux morceaux sans lien évident. L'avenir n'était pas là et Le Verger, construit par le même grand seigneur, allait le prouver. Cependant des constructions moins importantes montrent cette organisation d'un espace clos, comme l'enceinte de Gratot, château des Argouges en Cotentin.

Parfois, le logis est plus important et s'avère quasi identique à celui des grands châteaux. Le roi René avait demandé en 1454 à Guillaume Robin le devis de sa modeste maison des champs de La Ménitré. L'année suivante, il lui en commande un autre, celui du grand château de Baugé (Maine-et-Loire), exécuté dans les dix années qui suivent. C'était le système des deux cours, mais le logis se compare dans sa structure aux très grands manoirs ruraux. L'importance du volume de la tourelle d'escalier et, au pavillon sud-est, de la chapelle accolée et ainsi intégrée au corps de logis le montre. Il s'agit d'articuler visuellement cette grande masse.

Bien des exemples de ces grandes constructions d'alors viennent à la mémoire, comme Courtanvaux dans le Maine, œuvre de Jacques de Berziau, contrôleur des finances royales, édifié entre 1467 et 1498. On y retrouve l'allongement du logis, la distribution des niveaux, l'étage bas utilitaire — les cuisines et salles de service — l'étage d'apparat, les grandes lucarnes simples du troisième niveau. Même idée d'ensemble dans la grande construction du Rocher-Mézanger, dans le Bas-Maine, qui peut être plus récent.

Ces constructions un peu massives, très étirées en longueur, n'ont à peu près pas de décor sculpté comme on l'a déjà remarqué au groupe

Montsoreau-Langeais. Aussi la comparaison avec une vaste entreprise du même esprit, le château de Meillant en Berry, est-elle très instructive. Ce grand logis de plaine au bord d'un petit affluent du Cher est certainement une œuvre complexe, greffée sur une grande construction un peu plus ancienne et réalisée en plusieurs étapes assez visibles. C'est justement cette relative lenteur qui permet de voir la transformation d'un parti par la tardive surabondance du décor. Tel que nous le montre au XVIIe siècle la gravure de Claude Chastillon, le logis de Meillant adossé à une petite enceinte alors médiocre est une création toute nouvelle que ses murs, d'un ou deux mètres d'épaisseur selon les parties, rendent impossibles à défendre contre le canon. De ce point de vue, s'établit la comparaison avec les créations du maréchal de Gié des années 1490, même si le parti est moins agricole, moins rustique.

Tous ces essais se caractérisent par l'absence d'un ordonnancement hiérarchique des parties et des masses architecturales et donc par une organisation visuelle en fonction des structures internes, le système de la travée verticale traduisant une répétition, de niveau à niveau, des éléments essentiels, compte tenu des murs de refend et des cheminées. Parfois un morceau de bravoure peut intervenir dans ces espaces clos : tel est le cas de l'élégante chapelle de Mortier-Crolles (Mayenne) et de ses sculptures, proches de la Flandre sur une façade et très *retour d'Italie* sur l'autre.

III. Les essais de nouvelle organisation

La création architecturale de ce demi-siècle ne s'arrête point là. Elle a fourni d'autres modèles, à la destinée variable d'ailleurs. Ils peuvent se résumer en deux types fondamentaux, le plan massé et le plan hiérarchisé. Le plan massé a certainement connu un vaste succès à l'extrême fin du XVe siècle. Les raisons en sont diverses. Socialement, il permettait à la petite ou moyenne noblesse d'édifier des demeures dont le signe social était rendu évident par l'accumulation d'éléments faciles à interpréter, comme les tours. Culturellement, il était propice à la mode du décor surchargé, insolite et précieux. Il y a donc là, par certains côtés, une architecture de l'absurde, ce qui lui donne à nos yeux son caractère fascinant.

Sur la route qui va de Rouen à Gournay, un grand armateur de la ville proche dont il devint échevin, Jacques Le Pelletier, commença, vers 1485, la construction d'une maison forte, Martainville (Seine-Maritime). Les murs n'ont qu'un mètre d'épaisseur et il n'y a pas de véritable défense. Sur la masse rectangulaire saillent quatre tours et l'escalier en vis est logé dans une cinquième tourelle située à l'est, à l'opposé de la porte d'entrée placée à l'ouest. Plan simple qui laisse à la vaste cuisine toute son importance traditionnelle. Or il semble que le fils du constructeur, fort riche, remania l'œuvre, supprimant les mâchicoulis, remodelant les souches de cheminées, soulignant l'entrée par un ensemble, portail, loggia de la chapelle et escalier haut. Martainville est ainsi un des lieux où peut s'analyser le rapide changement du goût.

Le plan massé peut en effet rester extrêmement traditionaliste comme dans les hautes constructions du Sarladais ou dans le Bordelais à Saint-Genès-de-Castillon. Un peu partout, à travers le royaume, subsistent ainsi des demeures, fortes surtout par leur silhouette hérissée de tours. Un contraste violent des volumes peut alors donner sa signification à la construction : tel est le cas de La Roque de Mayrols, construit par les Beynac à l'ouest de Sarlat. Mais ces oppositions visuelles peuvent se transformer par l'importance d'un décor recherché. Verdelles près de Sablé, sur un affluent de la Sarthe, fut construit par un Leclerc de Juigné. Un procès en 1490 donne la date des premiers travaux. Ce petit édifice surprend par l'addition d'un plan de feux croisés assez exceptionnel pour armes légères au sous-sol et une exécution raffinée des autres niveaux grâce au jeu des matériaux et à des détails décoratifs, en particulier dans la tourelle haute d'escalier, toute de tuffeau blanc. La grande cheminée au rez-de-chaussée dans la pièce centrale confirme ces impressions par un vocabulaire déjà novateur.

De telles réussites font songer à l'architecture imaginaire des miniatures. Si Martainville peut avoir une descendance, par contre les hérissements de tours carrées et rondes n'auront guère de suite, même si l'on y rattache la silhouette inattendue de la façade du château normand d'O. Plus importants pour l'avenir paraissent les essais de plan hiérarchisé : ils préparent l'évolution tout à fait originale du château français.

La suppression du donjon central (qui encombre encore le nouveau Louvre) eut de rapides conséquences dans toutes les provinces. Viollet-le-Duc, au chapitre *château* de son *Dictionnaire*, donne, d'après Du Cerceau, la silhouette du château de Creil sur une île de l'Oise. Du hérissement de tours et de tourelles, il écrit : *ce n'était plus qu'un jeu...* Peut-être convient-il d'insister en même temps sur l'ordonnance, voire les éléments de symétrie qui s'introduisent dans ces bâtiments des années 1500. Là est l'élément

Le Plessis-Bourré (Maine-et-Loire). En haut, vue générale du château construit par Jean Bourré. En bas, plan du château montrant la parfaite organisation fonctionnelle du quadrilatère. Dessin de la collection R. de Gaignières (1695) (Bibl. nat., Estampes).

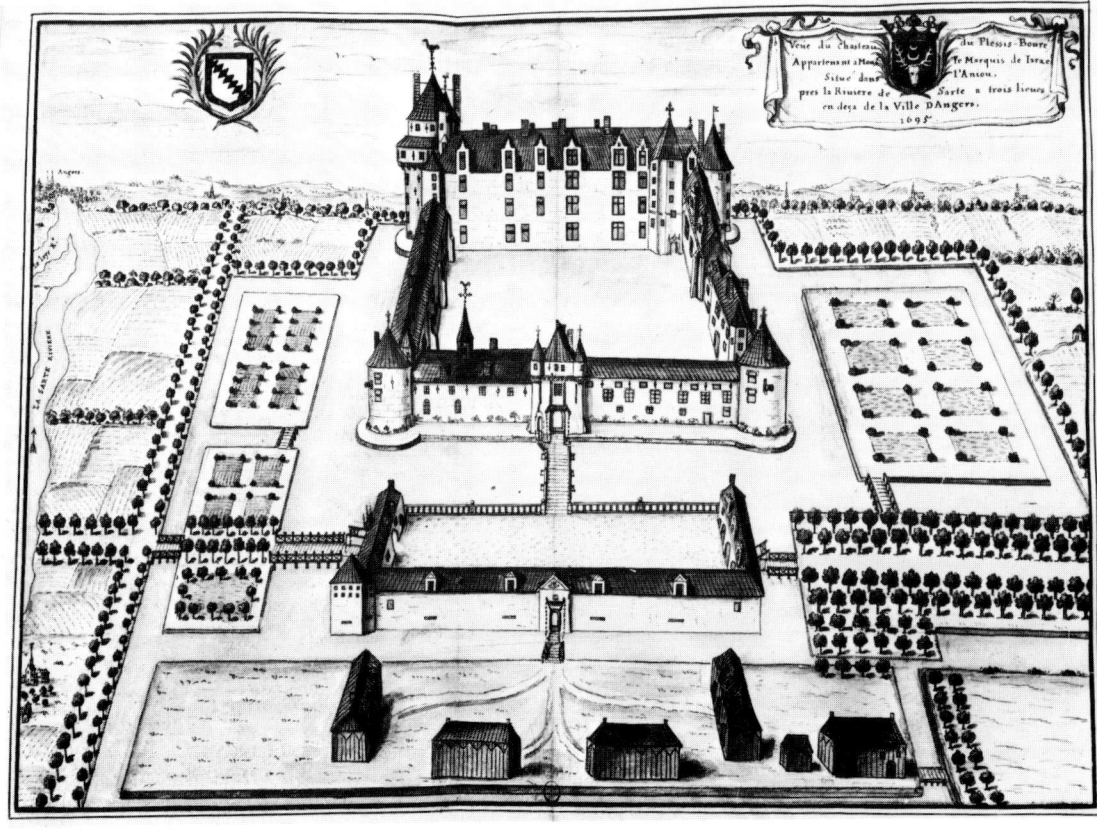

prometteur de ces grands rectangles clos qui succèdent aux plans polygonaux du XIIIe siècle. Telle était la vaste résidence, à Esquelbecq (Nord) près de Bergues, d'un personnage fastueux du milieu burgundo-flamand, le seigneur de Gruthuise, bien connu par son hôtel de Bruges.

Dans les pays de la Loire, plusieurs châteaux témoignent de cette évolution. Au point de départ, la forteresse, ou du moins les apparences de la forteresse, telle qu'elle apparaît à Chaumont ou à Ussé; mais l'organisation des cours intérieures témoigne d'une nouvelle conception. Celle-ci n'est sans doute pas née d'un seul coup, comme en témoignent les premiers essais. Malheureusement les restaurations totales du XIXe siècle rendent difficiles, avec l'absence ou la rareté des archives, l'établissement d'une chronologie. Tel est le cas du Coudray-Montpensier (Seuilly, Indre-et-Loire), aujourd'hui revu à la mode romantique. Cependant Pierre de Bournan a pu y commencer une œuvre, marquée au moins par la consécration de la chapelle en 1452, que Louis, bâtard de Bourbon, et son épouse, fille naturelle de Louis XI, achevaient par la construction d'une galerie de 1489 à 1491. Le quadrilatère flanqué de tours s'ouvre par une porte-châtelet. Même silhouette *néo-gothique* à Brézé, en Saumurois, pour lequel Gilles de Maillé (1437-1477), chambellan et grand-maître de la vénerie du roi René, avait obtenu l'autorisation de fortifier; donc, mêmes fâcheuses incertitudes.

Quel contraste avec l'histoire du Plessis-Bourré (Maine-et-Loire), superbe silhouette blanche près de la vallée de la Sarthe, élevé par l'homme de confiance de Louis XI, qui venait de diriger le chantier de Langeais et connaissait celui en cours de Plessis-lez-Tours. Ce château a pu être un premier modèle d'organisation spatiale.

Il n'est pas sûr que Le Plessis-Bourré ait été élevé d'un seul trait entre 1468 et 1472, comme le suggèrent les comptes. Certains raccords de bâtiments posent des interrogations, mais l'essentiel reste le résultat final : comment, devant le développement des bâtiments, ne pas songer aux destinées du château français et à son irréductible originalité!

Création artificielle dans un site sans atout naturel, le Plessis n'est pas une forteresse, bien que les vastes douves en écartent la petite artillerie. Le rapport avec Langeais est évident, qu'il s'agisse de l'emplacement latéral des salles d'apparat, du système vertical de circulation ou des lucarnes et des fenêtres, très sobres, du grand logis. Mais surtout la lisibilité du parti est aisée. En reportant le grand logis au fond de la cour — à la différence de Plessis-lez-Tours (Indre-et-Loire) — la forme de l'image architecturale était organisée. L'aile orientale — promenoir ouvert sur la cour et galerie supérieure conduisant du logis à la chapelle — est un souvenir de l'hôtel de Jacques Cœur à Bourges, bien adapté à la liaison des parties. Le châtelet annonce les portes triomphales du XVIe et du XVIIe siècles. Les communs architecturés devaient, en dehors, accompagner ces rythmes. Le seul point discutable reste l'intégration de la chapelle dans le quadrilatère : les architectes français n'ont pas fini — jusqu'à Versailles — de chercher la solution! Beaucoup au XVIe siècle feront comme à Creil, où la chapelle était hors du périmètre construit; tel est le cas d'Ussé.

Une vue cavalière du XVIIIe siècle, conservée au château du Boumois (Saint-Martin-de-la-Place, Maine-et-Loire), montre la même disposition d'ensemble en quadrilatère dominé par le grand logis. Ici une chapelle, en 1530, fut accolée au nord de ce dernier. La comparaison de la grande tourelle d'escalier en hors d'œuvre au milieu du logis avec celle du *château neuf* de Montreuil-Bellay (Maine-et-Loire) est éloquente : même parti, sur une structure polygonale, d'une haute travée de grandes fenêtres à meneaux et d'allèges panneautées. Celles-ci ne sont ornées qu'au château des Harcourt et on y lit même — si ce détail est authentique — les monogrammes *Y* et *L,* Yolande de Laval épouse de Guillaume d'Harcourt vers 1470. Rappelons à ce propos que la sœur de Guillaume est l'épouse de Dunois qui reconstruit alors Châteaudun.

La comparaison de Boumois et de Montreuil-Bellay, issus en partie, comme Plessis-Bourré, de Langeais, explicite la différence entre l'essaimage des bâtiments dans une très vaste et ancienne enceinte et la reconstruction sur un site militaire plus simple. Cette dualité de structures due aux données antérieures va se maintenir longtemps, comme le prouve le royal exemple d'Amboise. Dans l'histoire du château français, voici une constante : la contrainte, sur tout projet nouveau, du passé et de ses structures souvent superposées.

La supériorité du plan hiérarchisé parut aussi à ceux qui avaient essayé la formule d'une organisation lâche de l'espace sans y être contraints par le passé. Tel fut le cas de Pierre de Rohan-Gié lorsqu'il commença en Anjou le château du Verger. On a beaucoup parlé de cette somptueuse demeure, mais, imparfaitement connue, elle n'est pas datée de façon sûre. Pierre de Rohan acheta la terre en 1482; il y avait là déjà un château. La venue de Charles VIII en 1488 ne prouve donc rien sur l'avancement des travaux. La consécration du prieuré voisin en 1494, la venue de Colin Byart, connu par les comptes d'Amboise, en 1499

Château des ducs de Bretagne à Nantes (Loire-Atlantique). Plan de la tour dite du Fer-à-cheval. Relevé de l'architecte des Monuments Historiques (1858).

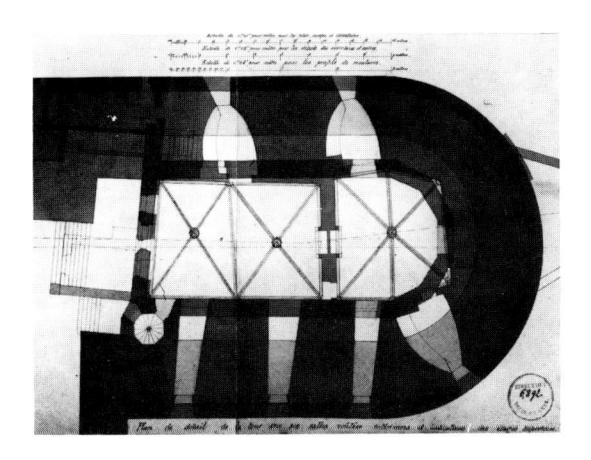

sont des indications vagues encore. Après les procès de 1504-1505, le maréchal s'y retira et y mourut en 1513. Peut-être a-t-on trop vu dans Le Verger un château de type nouveau, alors que l'essentiel de l'organisation des logis procède du type esquissé au Plessis-Bourré. Plus rigoureuse, la structure hiérarchisée s'habille d'un nouvel aspect, le rythme symétrique, absent dans les grands logis précédents. Dans ce sens c'est, dans les années 1500, un ouvrage annonciateur, mais au bout d'une tradition. Ceci est d'autant plus à noter qu'ailleurs d'autres dispositions plus traditionnelles continuaient à être employées, en particulier le système du logis en équerre collé à l'angle d'une forteresse : tel était le cas des constructions de Philippe Pot, le sénéchal de Bourgogne, à Châteauneuf, qu'en 1457 lui avait confié le duc Philippe le Bon. C'est un grand manoir dans l'enclos d'une enceinte.

IV. La forteresse et le canon

La menace du canon va précipiter l'évolution. Le château de Nantes, œuvre du dernier tiers du siècle pour l'essentiel, démontre d'éclatante façon la contradiction totale entre la nouvelle fortification et la construction d'un grand logis à la haute silhouette. L'ambiguïté des volontés féodales moribondes s'y exprime : le duc François II est à la fois un seigneur dépensier, soucieux de son faste, et un prince inquiet de l'emprise royale. Les ingénieurs bretons construisaient depuis 1470-1475 des tours d'artillerie d'un modèle nouveau : à Clisson (Loire-Atlantique), à Fougères (Ille-et-Vilaine) dans les années 1470-1480 apparaissent des tours oblongues, très saillantes à la manière des boulevards d'artillerie qui hérissaient les enceintes urbaines de Rennes et de Nantes. La tour du Fer à Cheval, au château nantais, marque la conclusion tardive de cet effort considérable de modernisation des châteaux et aussi des fortifications des places urbaines de l'est du duché. Un inventaire de l'artillerie dressé en 1495, comme les clefs de voûtes aux armes d'Anne, duchesse en 1488, indiquent une construction terminée dans ces années.

Ces tours très épaisses sont à plusieurs étages voûtés et les embrasures d'artillerie sont surtout destinées à battre la base des courtines voisines pour en interdire la sape ou l'escalade. L'aménagement des chambres de tir suit le plan déjà réalisé au temps du duc Jean V à la batterie basse du château de Suscinio (Morbihan). Des plates-formes dégagées avec au centre un petit casernement couvert d'une toiture permettent l'installation d'une batterie dont le tir courbe doit empêcher les hauteurs dominantes de devenir une base de bombardement. Alors que, vers 1450, la proportion hauteur-diamètre de la tour était de 3/1, elle se réduit à 1/1.

Ce n'est pas l'unique modèle. La tour ronde à large empattement, que dessinera Dürer, est déjà utilisée. Quand les troupes royales s'installent à Dijon à la mort du Téméraire, s'ouvre un grand chantier : comme à Bordeaux au fort du Hâ, comme à Saint-Malo (1476), il s'agit autant de surveiller que de défendre. Le château de Dijon, détruit à la fin du XIXe siècle, est bien connu par les relevés d'un disciple de Viollet-le-Duc, Charles Suisse. Les quatre tours rondes saillent aux angles. Les murs ont huit mètres d'épaisseur ; les chambres de tir sont identiques à celles de Nantes, mais elles comportent toutes des évents de fumée qui n'existent dans la tour bretonne qu'à un seul étage. Les progrès techniques sont rapides en la matière, comme le prouve l'œuvre célèbre de l'Aragonnais Ramirez à la forteresse de Salses commencée en 1497. Dès 1503 elle mettra en échec le maréchal de Rieux, qui connaissait bien les œuvres bretonnes.

Ailleurs, on s'est contenté de flanquer les constructions anciennes d'ouvrages nouveaux. Le château de Lassay fut doté en 1497 d'une énorme barbacane qui devait protéger son entrée. A Tonquédec, château reconstruit près de Lannion au début du siècle, tout un système défensif avancé date des années 1470-1480 et montre le souci de Jean de Coëtmen de moderniser la défense : grosse tour d'angle avec moineau de tir le long de la courtine du grand logis aux fenêtres dangereusement ouvertes, batterie casematée. La difficulté était d'avoir des ingénieurs capables de concevoir ces nouveaux aménagements. D'importants seigneurs comme les Rohan semblent avoir connu de ce point de vue des difficultés : le flanquement du château de Blain (Loire-Atlanti-

Châteaudun (Eure-et-Loir). Les fenêtres de l'escalier gothique.

que), réalisé par Jean II, est fait de tours d'artillerie avec des embrasures médiocres sans possibilité de mouvement des armes. A Pontivy se retrouvent les mêmes carences, visibles aussi dans la plate-forme couverte des tours.

Dans les régions méridionales, un autre modèle a dû jouer un rôle important : les grands glacis empierrés des années 1370 du château de Pau. Dominer un adversaire que tient éloigné un système d'enceintes multiples, tel en est le principe; il se retrouve aussi bien dans les constructions de Fénelon qu'à Bonaguil. Là, les travaux de Bérenger de Roquefeuil, après 1482, combinent une grande tour d'angle excentrée, semblable à celle de Tonquédec, et un nouveau système d'artillerie de demi-tours à tir rasant, sans doute du début du XVIe siècle. Cette curieuse combinaison du renforcement de la défense en hauteur et de la fortification basse indique les hésitations des techniciens et des hommes de guerre devant le problème posé. Le château royal de Langeais ne montre-t-il pas un conservatisme surprenant dans les années 1470 ?

V. La part du rêve

Personne n'est encore persuadé qu'un temps nouveau est arrivé; la construction de la fin du XVe siècle en donne de nombreux et illustres exemples. Au contraire, la mode est à une nouvelle visualisation architecturale, celle qui, à juste titre en somme, a été appelée *style Louis XII*. Comparons les logis de Luynes ou de Plessis-Lès-Tours (Indre-et-Loire), et l'œuvre d'Amboise au temps de Charles VIII et de son successeur. A un parti de simplicité égayé par les couleurs rouge et blanche, succède le goût d'un décor chargé dont les lucarnes sont le symbole. Peut-être faut-il insister sur la sobriété voulue des constructions des années 1470-1480 : pour rester dans la région de la Loire, tel est le trait qui est commun à Montsoreau, un peu plus ancien, Montsabert, Langeais, Le Plessis-Bourré, Boumois et Montreuil-Bellay. Les façades doivent se lire dans leur structure simple où se reflètent les dispositions intérieures. Architecture de pleins et de vides, de lignes aussi, comme les grands panneaux des tourelles d'escalier, quel contraste avec ce qui suit !

Parfois, dans un même monument la césure est évidente : la juxtaposition à Châteaudun du logis très simple de Dunois et de l'escalier flamboyant témoigne de ce changement des formes expressives. Si cet escalier date des années 1485-1490 comme on peut le proposer, il annonce bien la nouveauté que la tourelle du Lion à Meillant

(Cher) ou, près de Caen, la partie la plus ancienne de la façade de Fontaine-Henry expliciteront dans les années 1500. On peut certes trouver à ces créations des antécédents : Meillant a souvent été comparé aux tourelles d'escalier de Bourges (hôtel Jacques Cœur, hôtel échevinal). L'escalier à loggia s'annonçait, à partir de la *grant vis* du Louvre, dans l'escalier de Louis II d'Anjou au château de Saumur. Mais ce qui n'était qu'un accent dans une composition devient la base même d'une nouvelle trame visuelle. Ceci a sans doute eu des conséquences sur l'évolution des structures : la texture murale a pris une telle importance que le conservatisme des plans et des grandes formes architecturales n'a pas paru étonnant. Le passage de l'ornementation flamboyante au répertoire de l'Italie du Nord se fit ainsi aisément. Dans ce processus, le château — bien plus que l'église — joua un rôle déterminant.

Le décor peut être également animé par les jeux de couleur de la brique et de la pierre. Ils

Château de Goulaine (Loire-Atlantique). Lithographie du milieu du XIXe siècle.

n'étaient pas nouveaux, mais ils se compliquent avec une extrême fantaisie : à Gien, œuvre d'Anne de Beaujeu (1494) comme à Blois au temps de Louis XII, les briques de deux couleurs dessinent des losanges. Mêmes jeux au Coudray-Montbault (Maine-et-Loire) dans les Mauges. A Chouzé-sur-Loire, au début du XVIe siècle, le cardinal Briçonnet construit Le Plessis-Macé (aujourd'hui les Réaux) : tuffeau et briques sont disposés en damier.

Ce goût du décor envahissant exprime la nostalgie de la gloire nobiliaire que soulignent chiffres et armes parlantes comme à Chaumont, Meillant ou Mortier-Crolles, le rêve du fantastique qui s'exprime dans des formes illogiques comme au château d'O, cette étonnante réussite. Où pouvait-on mieux le dire qu'aux façades des châteaux? Or par un apparent paradoxe se discerne simultanément une tout autre tendance, celle d'une apparence de rationalité architecturale.

La façade principale du château de Goulaine, près de Nantes, est sans doute le plus bel exemple de cette architecture composée selon un nouvel esprit, même si les divers éléments — escaliers, travées de fenêtres, lucarnes — appartiennent au vocabulaire flamboyant, de même que les proportions entre le mur et le toit. Goulaine est ainsi le rare point de rencontre entre la texture gothique et les partitions d'espaces obtenues par l'association des verticales des travées et des horizontales du bandeau médian et de la corniche du toit. L'idée de composition reste d'ailleurs très formelle : elle ne correspond à aucun changement dans la distribution intérieure et surtout n'a pas de répondant dans la façade postérieure. C'est bien l'architecture des années 1500.

Cette combinaison de deux types de pensée pourra aisément s'exprimer dans la nouvelle forme décorative des châtelets. Ceux-ci ne sont plus des moyens militaires mais ils restent des signes sociaux : près de Caen, à Fontaine-Étoupefour, la combinaison de deux fines tourelles se terminant comme des pinacles encadre la travée centrale, soit la porte et deux niveaux de fenêtres. Ce désir de verticalisme symétrique se retrouve vers 1490 au châtelet de Montreuil-Bellay (Maine-et-Loire). La construction de Carrouges (Orne), au début du XVIe siècle, s'inscrit dans cette lignée.

Au-delà de ces aspects purement formels s'inscrivent les deux logis blésois. Le logis du Roi se définit non plus par une apparence mais, nouveauté importante, par une correspondance rigoureuse de l'aspect extérieur au rythme bien défini et du système de circulation associant escaliers et galeries. Le logis de la Reine, aujourd'hui disparu et remplacé par l'aile de Gaston d'Orléans, est le plus souvent attribué à Charles d'Orléans, au retour de sa longue captivité, donc au milieu du siècle. Le document gravé par Androuet Du Cerceau, vers 1570, rend cette attribution discutable. Les arcades ouvertes sur la *Perche aux Bretons* posent un problème stylistique. On peut comparer ce document au dessin d'un ingénieur du XVIIIe siècle représentant le pavillon nord-ouest du château de Vitré, aujourd'hui également disparu. L'ordonnance du logis du Roi s'y retrouve : c'est probablement l'œuvre de Gui XV de Laval entre 1486 et 1501. Ce grand seigneur est fort au courant de ce qui se fait dans le milieu royal auquel il appartient. Ce sont d'ailleurs deux nobles bretons de l'entourage d'Anne qui surveillent les travaux de Blois.

A ce demi-siècle, point de conclusion simple. Le temps du château fort se termine mais il n'est pas sûr que tous le croient; en tout cas, les signes militaires restent les symboles d'une véritable tradition culturelle. On assiste donc à une désagrégation lente et à une multiplicité de recherches extraordinaire. Encore aurait-il fallu ici mieux évoquer la construction de centaines et de centaines de maisons fortes, de manoirs, de maisons des champs qui ont marqué le paysage architectural français. Délassement de la grande noblesse, refuge des petits seigneurs, les hobereaux, ces demeures ont été pendant un siècle et demi une création architecturale autonome marquée par les possibilités régionales. Pendant ce temps le château, grande résidence de prestige, se définit. La seconde moitié du XVe siècle montre à l'évidence le goût de la nouveauté, mais surtout la force de la tradition. L'écho en retentira longtemps. L'art de la Loire en fut aussitôt marqué.

Le château et la guerre

Philippe Contamine

A de très rares exceptions près, les fonctions du château médiéval furent toujours multiples : résidence pour les rois, les princes, les seigneurs et leur entourage, centre administratif, économique et politique pour le territoire et les populations soumis à son autorité ou du moins à son influence. Surtout du Xe au XIIe siècle, il arriva fréquemment que la présence d'un château suscite la formation et l'essor d'une agglomération nouvelle, qui put, au fil des temps, se transformer en une véritable ville mais aussi demeurer une modeste bourgade parmi les autres. Il n'en reste pas moins que, jusqu'au bout, le rôle militaire du château demeura sensible et visible, tantôt subalterne, tantôt prépondérant.

Même dans le domaine militaire, il va de soi que tous les châteaux n'eurent pas une valeur égale. A toutes les époques coexistèrent des constructions susceptibles de résister à de puissantes attaques, menées par les pouvoirs les mieux armés, et des édifices insignifiants, anachroniques, hors d'usage, tout juste bons à faire obstacle au simple banditisme dans ses formes élémentaires. A la gamme infinie des manifestations de la violence correspondit la gamme non moins infinie des capacités militaires castrales.

Si l'histoire du château plonge ses racines jusqu'aux temps mérovingiens et même jusqu'en plein Bas-Empire, c'est seulement à l'époque carolingienne et postcarolingienne (VIIIe-Xe siècles) que ses dimensions militaires sortent franchement de l'ombre. Alors plusieurs types de châteaux peuvent être distingués. Un certain nombre de cités, dont les remparts remontaient fréquemment à la fin du IIIe siècle, comportaient en leur sein un réduit défensif isolé où se groupaient des bâtiments publics. A Paris, dans l'île de la Cité, cernée par une muraille continue, le palais royal se trouvait sans doute dès cette époque protégé par une enceinte particulière. Beaucoup plus fréquent était le cas des établissements agricoles (cours, villas), possédés par des grands, clercs et laïcs, qui, à cause d'une insécurité devenue diffuse, avaient été pourvus d'éléments défensifs : fossés, talus, palissades, haies, tours de guet ou de refuge. Le plan de ces résidences, mi-fermes mi-maisons de maître, était certes distendu, les bâtiments se dispersaient dans un espace trop vaste, le système défensif comportait presque toujours quelque faille, requérait le concours de trop d'hommes valides, mais il faut également songer à la faiblesse des attaquants éventuels, qu'un obstacle même médiocre suffisait souvent à dissuader. Enfin il existait des constructions à finalité militaire, celles que les textes désignent sous les noms de *castra, castella, munitiones, turres,* et, quand le site s'y prête, de *roccae,* et de *petrae.* Ces places fortes, dont l'implantation s'explique bien souvent par le relief, par la géographie physique, étaient conçues comme des citadelles refuges, des abris temporaires où venaient s'agglomérer, en fonction des circonstances, les populations du voisinage. Qui détenait ces places exerçait une grande autorité sur le pays. Aussi devinrent-elles autant d'enjeux que les puissants se disputèrent lors des conflits qui marquèrent l'agonie de l'Empire carolingien. Dès avant l'an mil, nombre de ces *castra* devinrent des centres d'habitat permanent, doublant et parfois éliminant des établissements humains antérieurs.

I. Du Xe au XIIe siècle

Pour le Xe siècle, deux auteurs, l'un et l'autre rémois, apportent un témoignage précieux sur la France de l'est. Le premier, Flodoard, dont les *Annales* couvrent la période 916-966, signale par exemple qu'entre 930 et 948 le château de Mouzon fut attaqué à cinq reprises et qu'entre 938 et 945 celui de Montigny ne subit pas moins de trois sièges, dont deux furent suivis de sa destruction. Quant au second, Richer, il mentionne, dans son *Histoire de France* (888-995), de nombreux châteaux usurpés, incendiés, rendus, pris d'assaut. Il est vrai que ces sources sont avares de détails tactiques. Évoquant le château de Montaigu assiégé en 948 par Louis IV d'Outremer, Richer dit seulement : « Ce château était mal protégé par son enceinte et une garnison insuffisante ne pouvait y demeurer aisément. Aussi les habitants, se sentant incapables de résister plus longtemps à la pression des assiégeants, s'avouent vaincus, cèdent, renoncent à la défense. »

Les opérations de siège les plus ambitieuses, les plus complexes, concernent les cités (Verdun, Laon), et non les châteaux. C'est pour le siège de Laon de 988 que Richer, peut-être trop inspiré par les récits de Salluste, parle de la construction d'un puissant bélier, reposant sur trois roues disposées en triangle. C'est pour le siège de Verdun de 985 qu'il évoque, de façon circonstanciée, la construction de deux tours roulantes, l'une par les attaquants, l'autre par les défenseurs, qui auraient donné lieu à un véritable duel. Du moins peut-on relever, à l'occasion d'un autre siège de Laon, celui de 949, l'une des premières manifestations de la distinction entre la ville et le château urbain qui devait marquer toute la suite du Moyen Âge. Selon Flodoard, Louis IV, s'étant emparé de la cité par la ruse, en fit prisonniers les gardiens « à l'exception de ceux qui étaient montés à la tour du palais royal que lui-même

En haut, entrée des troupes dans une ville fortifiée. Miniature des Très Riches Heures du duc de Berry (Musée Condé, Chantilly).
En bas, attaque et défense d'une motte castrale. Détail de la Tapisserie de Bayeux.

avait élevée près de la porte de la place. Ne réussissant pas à prendre cette tour, il l'isola dans la cité par la construction d'un mur intérieur ». Le blocus se poursuivit, en vain. La tour ne se rendit que l'année suivante, pour des raisons d'ordre politique.

Dans les dernières décennies du Xe siècle, une nouvelle formule fit son apparition, qui devait connaître un succès durable non seulement à travers l'espace français mais encore dans d'autres régions d'Occident, comme l'Italie, les îles Britanniques et une partie de l'Allemagne. Le château à motte et basse-cour (on parle aussi de *baile*) consiste d'une part en une éminence tronconique, naturelle ou, le plus souvent, artificielle, entourée à la base par un fossé circulaire et surmontée d'une tour en bois de forme quadrangulaire, d'autre part en une enceinte extérieure, avec fossé, talus et palissade. Ainsi se trouve englobé un espace plus ou moins vaste, la basse-cour, où s'élèvent divers bâtiments et où peuvent trouver refuge, en cas de besoin, les populations voisines. Le château à motte joue sensiblement le même rôle que la cour fortifiée de l'époque carolingienne, mais son aspect militaire est beaucoup plus marqué. Le périmètre défensif s'est resserré, contracté, il ne comporte en principe aucun point faible, l'ensemble des constructions s'organise autour du *donjon* qui les domine. C'est ce dont témoigne l'entreprise d'Arnoul Ier, seigneur d'Ardres, vers 1060 : « Au milieu des marais [...], il aménagea, en signe de sa puissance militaire et en terre rapportée une motte très élevée ou donjon [...]. Il entoura d'un très puissant fossé le terrain compris dans l'enceinte extérieure [...]. Bientôt après il renforça le donjon d'Ardres avec des ponts, des portes et tous les édifices nécessaires [...]. Partout Arnoul fut appelé protecteur et seigneur des habitants d'Ardres » (traduction de Gabriel Fournier).

A coup sûr, le château à motte représentait un sensible progrès. Orderic Vital explique par sa quasi-absence en Angleterre la facilité avec laquelle Guillaume, duc de Normandie, acheva la conquête, après sa victoire d'Hastings (1066) : « Les fortifications que les Français appellent châteaux étaient très peu nombreuses dans les provinces anglaises, c'est pourquoi les Anglais, bien que belliqueux et courageux, se montrèrent plus faibles que leurs adversaires lorsqu'ils durent se défendre. » L'un des premiers soins du Conquérant fut d'ériger, ou de faire ériger par ses fidèles et ses vassaux, de préférence aux points stratégiques, des châteaux à motte, par centaines, défendus soit par une garnison permanente, soit par le service de garde que devaient effectuer à tour de rôle les chevaliers en raison de leurs fiefs.

Surtout lorsque le site retenu était favorable, il n'était pas facile de venir à bout d'un château à motte. Selon Guillaume de Poitiers, lorsque le duc de Normandie, au milieu du XIe siècle, voulut prendre le château de Domfront (Orne), juché sur un promontoire escarpé, il ne put rien faire d'autre que de décider le blocus : quatre petits châteaux *(castella)* furent édifiés à proximité immédiate, pour permettre une surveillance constante, tout le temps nécessaire, jusqu'à la reddition. Le feu était aussi un procédé courant, auquel on recourait d'autant plus volontiers que, jusqu'en plein XIIe siècle, le bois, en tout cas pour la moitié septentrionale de la France, fut le matériau le plus largement utilisé.

Parmi les sièges du temps, l'un des mieux connus, grâce à Suger, abbé de Saint-Denis et historiographe de Louis VI, est celui que ce dernier mena à bien en 1111 contre le château du Puiset (Eure-et-Loir) et son *méchant seigneur* Hugues. Il s'agit bien d'un château à motte, avec une première enceinte, constituée par un fossé et par une palissade, une enceinte intérieure, formée par un mur de pierre, enfin une *motte, c'est-à-dire une tour de bois supérieure.* L'assaut fut tenté en deux endroits, simultanément : du côté de Chartres par les troupes, à cheval et à pied, du comte Thibaud de Blois et, du côté de la porte, par les troupes royales qui s'efforcèrent d'y mettre le feu en précipitant contre elle des chariots enflammés chargés de bois et de graisse. Aucune des tentatives ne réussit, cela en raison de la détermination des chevaliers de Hugues, qui, montés sur leurs chevaux, tournaient à vive allure autour de la palissade, à l'intérieur de l'enceinte, prêts à accabler n'importe quel assaillant et à le faire dégringoler dans le fossé. Le découragement s'emparait déjà des attaquants lorsqu'un *prêtre chauve,* le curé de Guilleville, parvint, en s'abritant derrière une simple planche, à gagner la palissade, et commença, seul, à la disjoindre. Son action ranima l'ardeur des guerriers qui, munis de haches et d'autres instruments de fer, coupèrent ou abattirent les pieux et se ruèrent à l'intérieur. Les assiégés, ne jugeant pas possible d'arrêter l'ennemi au niveau de la seconde enceinte, coururent se réfugier dans le donjon et furent bientôt réduits à capituler.

Mince épisode, au style d'image d'Épinal, qui montre, du moins, une poliorcétique rudimentaire. Mais la situation n'allait pas tarder à évoluer. Surtout après 1150, les rois et les princes purent disposer de troupes plus nombreuses, mieux exercées, susceptibles de faire campagne plus longtemps. Des spécialistes de l'art des sièges sont mentionnés, ici ou là, dans les sources. Il est vrai que, du côté de la défense aussi,

Château-Gaillard, Les Andelys (Eure). En haut, élévations du donjon et de l'enceinte. En bas, plan de l'ensemble fortifié. Relevés de l'architecte des Monuments Historiques.

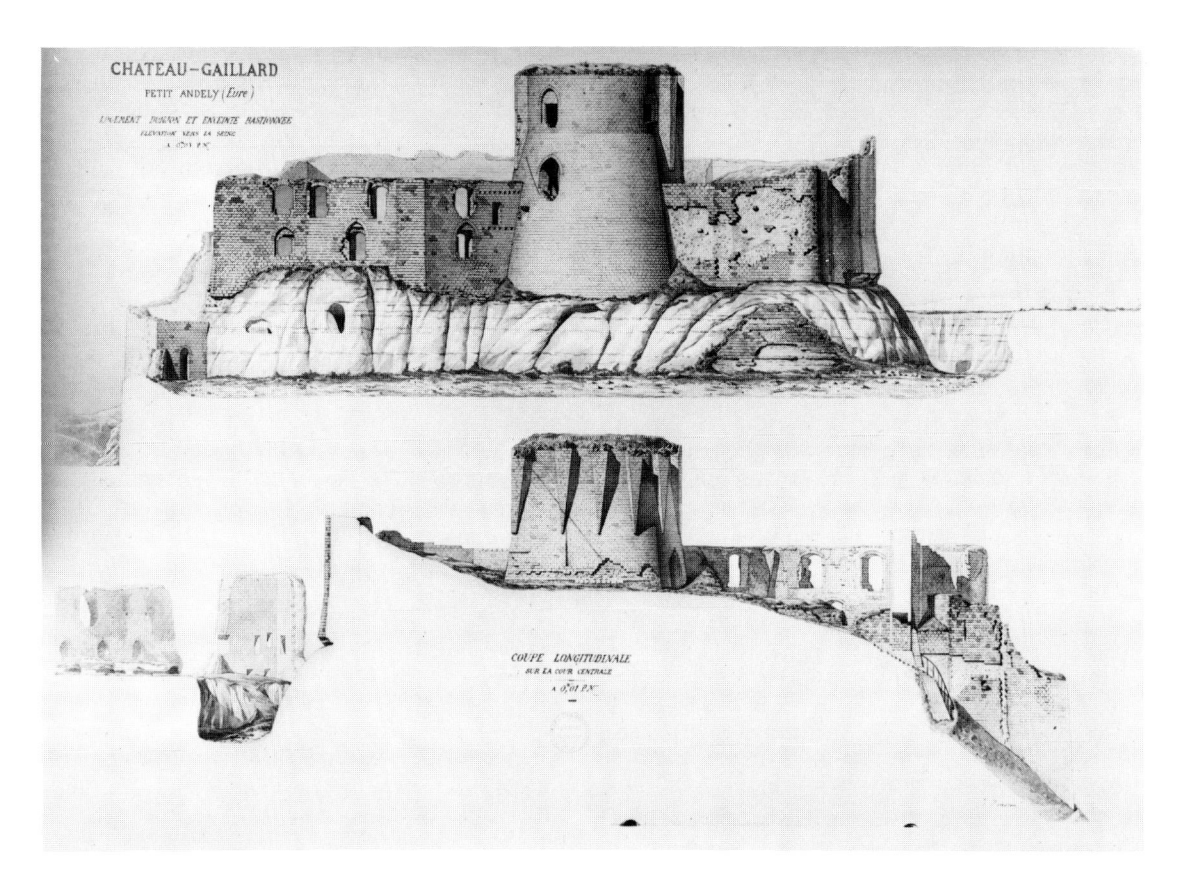

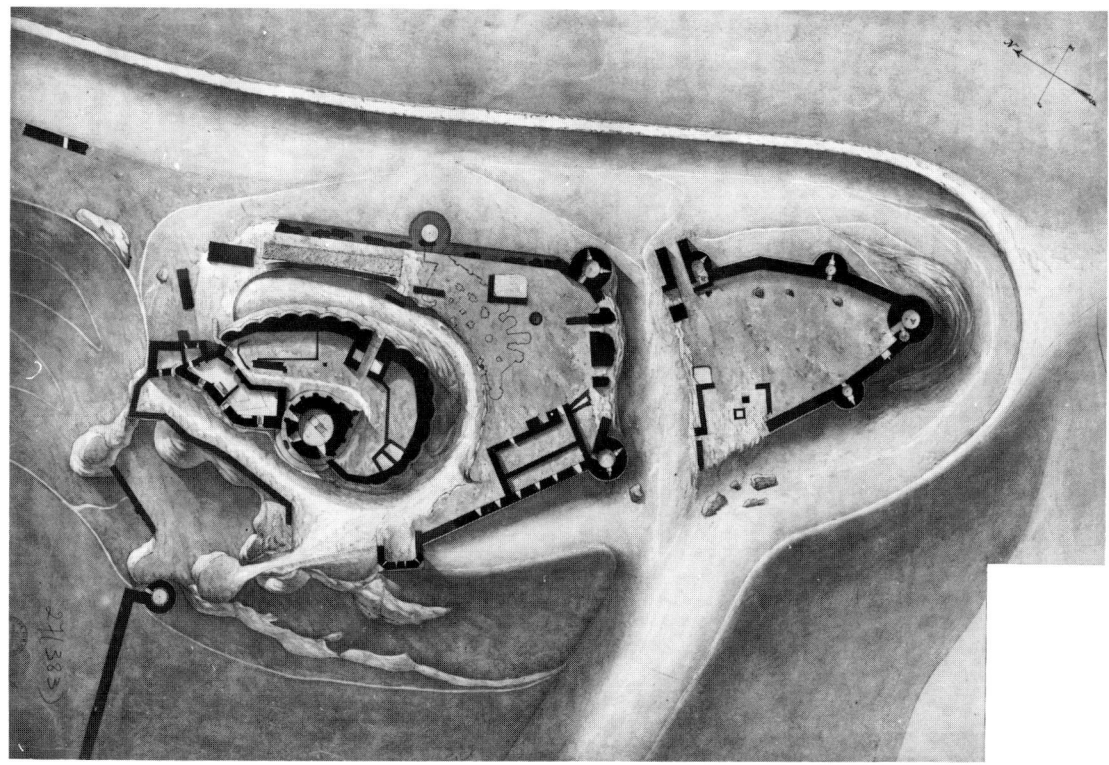

des professionnels ne se firent pas faute d'intervenir. Pareillement, la réapparition de l'arbalète, dès la fin du XIe siècle, puis, massivement, après 1180, profita aussi bien aux assiégeants qu'aux assiégés. Des documents écrits assez nombreux, et même quelques miniatures (au moins pour le XIIIe siècle), montrent l'emploi de diverses machines de guerre : béliers, tours de bois, montées ou non sur roues (qui permettaient aux attaquants d'atteindre le niveau supérieur de la fortification assiégée et même de la surplomber), artillerie mécanique, à contrepoids ou à balancier — perrières, mangonneaux, trébuchets — grâce auxquels des boulets de pierre ou d'autres projectiles pouvaient être lancés, de façon relativement précise. Ces machines de jet, dont l'usage, remontant à l'Antiquité, ne paraît pas avoir été totalement oublié, même durant le haut Moyen Âge, connurent divers perfectionnements techniques durant la seconde moitié du XIIe siècle et devinrent, en France, d'un emploi habituel à partir des premières années du siècle suivant. Enfin les travaux de mine ou de sape, rarement mentionnés avant 1150, le sont fréquemment après 1200.

Parmi les premières manifestations du *nouvel art des sièges*, relevons la prise de Pont-Audemer (Eure) en 1123 par Henri Ier Beauclerc, roi d'Angleterre et duc de Normandie. Selon Orderic Vital, le roi incendia d'abord la ville, *très grande et très riche*, puis assiégea victorieusement le château, en recourant à un *beffroi* et à des *machines*. Un autre chroniqueur, Simon de Durham, ajoute que la garnison du château s'élevait à cent quarante chevaliers et que le siège dura sept semaines. Lui aussi parle d'un beffroi, ou tour de bois, qui fut habilement approché du château et qui d'une hauteur de vingt-quatre pieds dominait la muraille, ce qui permettait aux combattants (archers, arbalétriers et autres) d'accabler les assiégés de flèches et de pierres.

Plus spectaculaire encore est le récit du siège de Montreuil-Bellay (Maine-et-Loire, 1151) dans l'*Histoire de Geoffroi le Bel, duc de Normandie et comte d'Anjou* de Jean de Marmoutier. Le château nous est décrit avec sa triple enceinte et sa tour principale, *s'élevant jusqu'au ciel*. La présence d'un profond ravin, le val de Judas, empêchait les machines de jet d'atteindre les murs. Geoffroi, dans des conditions que l'on saisit mal, réussit à combler le ravin, de telle sorte qu'on put approcher du château des tours de bois, placées sur des rouleaux *(rotuli)*, si élevées qu'elles surplombaient les remparts et même la tour. Grâce à ces constructions, garnies d'archers et de chevaliers, un assaut fut tenté, avec utilisation du feu grégeois. Mais les défenseurs se retirèrent dans le donjon, l'attaque s'interrompit

et une trêve fut conclue. Le siège reprit bientôt, mené par des perrières, des mangonneaux et des béliers. Mais ces engins ne pouvaient servir que le jour : la nuit, les défenseurs réparaient tant bien que mal, au moyen de poutres de bois, les dommages causés. Alors intervint un moine de Marmoutier, peut-être Gautier de Compiègne, *perspicace dans les écritures,* qui trouva dans un manuscrit, interpolé, du *De re militari* de Végèce la recette d'une matière inflammable capable d'incendier une tour restaurée par des structures de bois. On confectionna la substance dans un chaudron puis un mangonneau la projeta. Le résultat escompté fut atteint : le feu contraignit les défenseurs à se rendre. Une autre source parle, à propos du même épisode, de l'investissement de Montreuil-Bellay par *six châteaux très forts,* de la construction de deux tours de bois et de la présence de six perrières *dont les coups répétés provoquèrent la ruine de la tour.*

Un demi-siècle plus tard, le siège de Château-Gaillard (Eure) par Philippe Auguste prend, dans les vers épiques de notre principale source, la *Philippide* de Guillaume le Breton, une dimension comparable à celle du siège d'Alésia par Jules César. Bornons-nous ici à mentionner les éléments les plus caractéristiques. A l'automne 1203, le roi de France qui, en raison du site de la *Roche Gaillard,* estimait un assaut direct impossible, ou prématuré, fit creuser autour de la place un double fossé, suffisamment éloigné des murailles pour être pratiquement hors de portée d'une arbalète à deux pieds. Entre ces fossés, il fit élever, à intervalles égaux, quinze tours de bois, gardées en permanence par des sergents et des chevaliers. Des sentinelles furent disposées, entre les tours. En février 1204, Philippe Auguste concentra ses troupes sur le plateau qui faisait face à l'ouvrage avancé, en forme de triangle, dont la mission était de protéger la forteresse proprement dite, du seul côté où elle était pratiquement accessible. Des perrières et des mangonneaux entrèrent en action, des tours de bois furent érigées, des échelles apposées contre les murailles. Des travaux de mine intervinrent aussi : on creusa jusque sous la muraille, dont on fit reposer les assises sur des poutres de bois, puis on mit le feu à ces poutres, en sorte que tout un pan de mur, privé de ses fondations, s'écroula. Le capitaine anglais, Roger de Lacy, décida alors de se retirer dans la seconde enceinte. Celle-ci devait être emportée par surprise. En revanche, la troisième enceinte, entourant le donjon, céda à l'action des mineurs, qui travaillaient à l'abri d'une machine appelée *chat*. La reddition intervint avant que le donjon eût à se défendre.

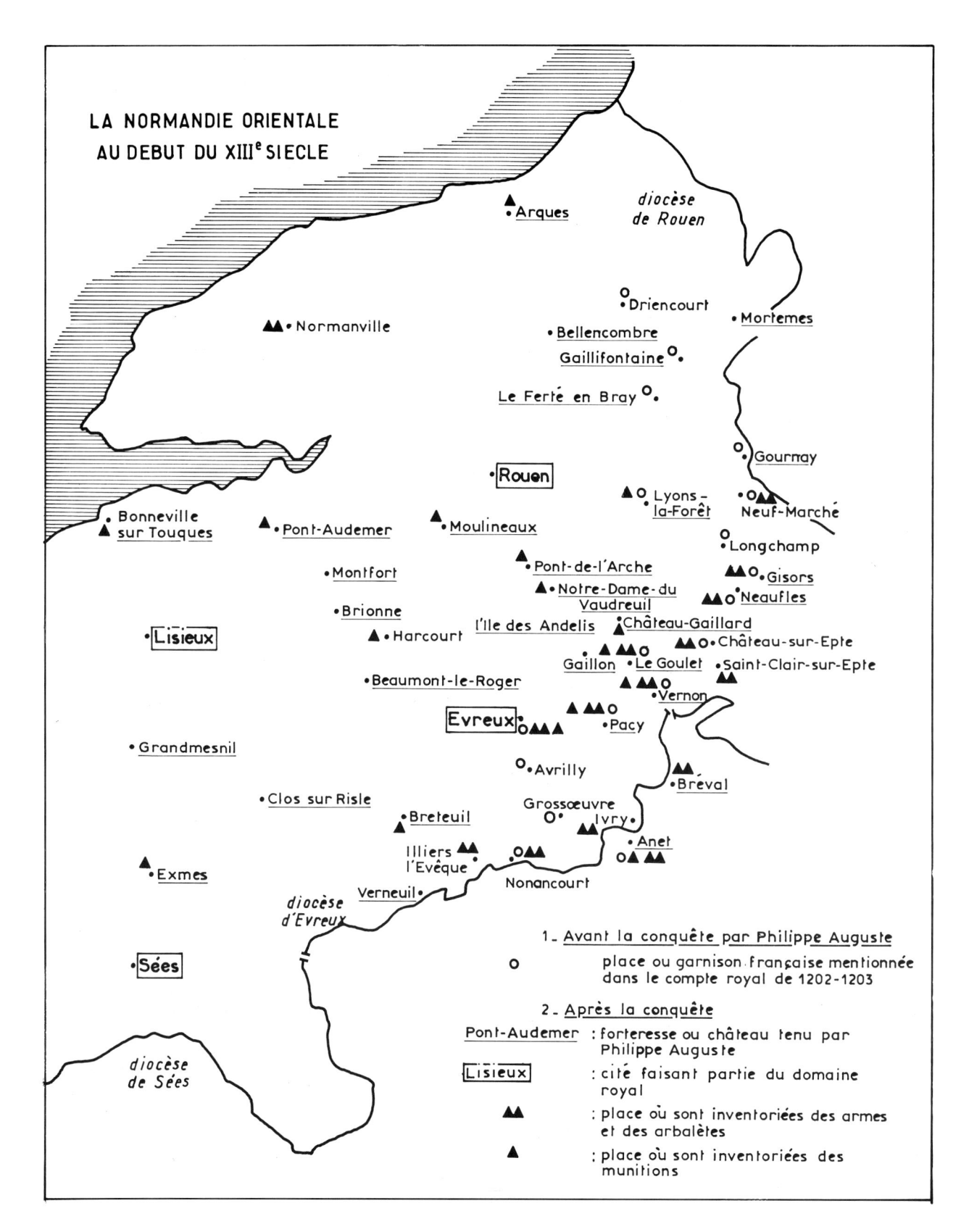

La Normandie orientale au début du XIIIe siècle. Carte de Philippe Contamine.

II. Exemples de politique castrale

La valeur militaire d'un château ne doit pas être considérée isolément. Tout château s'inscrivait dans un certain espace. Sa force, ou sa faiblesse étaient fonction des châteaux voisins avec lesquels il était en conjonction, ou en opposition. Dans bien des régions, la géographie des châteaux laisse apparaître une sorte de quadrillage, plus ou moins serré et régulier. Il en va ainsi pour le pays chartrain, étudié par André Chédeville. Les sources écrites permettent d'y relever, avant la fin du XIe siècle, une bonne vingtaine de châteaux pour une superficie de 6 000 km². Autant de constructions qui avaient sans doute un intérêt stratégique mais dont la distribution est à mettre en rapport plutôt avec la géographie du peuplement (d'où, par exemple, leur localisation fréquente dans les vallées) qu'avec un dessein concerté de défense cohérente. Malgré tout, ce dessein est manifeste pour les châteaux de Marchenoir (Loir-et-Cher), Fréteval (Loir-et-Cher) et La Ferté-Villeneuil (Eure-et-Loir), dont l'implantation visait à barrer l'une des grandes voies d'accès au cœur de la région. Pareillement, avec ses forteresses d'Illiers et de Gallardon, édifiées vers 1020, Geoffroi, vicomte de Châteaudun, a pu vouloir prendre Chartres en tenailles.

Il faut donc admettre, certes avec prudence, l'existence de véritables politiques castrales, entreprises, à des échelles naturellement variables, par des dynastes ou des dynasties. Michel Rouche a récemment montré comment les princes d'Aquitaine, aux VIIe et VIIIe siècles, s'efforcèrent de défendre leurs frontières septentrionales, face au territoire franc, par des postes fortifiés établis en deçà de la Loire, depuis Chantelle et Bourbon-l'Archambault à l'est jusqu'à Thouars à l'ouest, en passant par Sancerre et Loches. A leur tour, les Francs répliquèrent par la construction, parallèle, d'ouvrages fortifiés; ces *werki,* pourvus de garnisons, qui donnèrent naissance aux toponymes La Guerche, Guerche, étaient destinés d'une part à couvrir la marche de Bretagne, d'autre part à empêcher les incursions et les contre-attaques des Aquitains, sur une ligne approximative Nantes-Poitiers. Du coup, lors de ses campagnes de 760-768, Pépin le Bref, dont le flanc droit se trouvait protégé, put concentrer ses efforts en direction du Berry et de l'Auvergne. Plus tard, Charlemagne devait mener une *guerre de châteaux* en Saxe : pour tenir sa nouvelle conquête, encore fragile, il érigea des forteresses *de bois et de terre* et y plaça des garnisons *(scarae)* qui formèrent autant de colonies franques. Les forts élevés contre les Normands, dans les dernières décennies du IXe siècle, répondirent à un objectif précis : il s'agissait, par exemple, de défendre un secteur côtier, ou encore de barrer le cours d'une rivière.

Ainsi que l'a montré Jacques Gardelles, la Gascogne anglaise, au XIIIe siècle, voit coexister des zones presque vides de châteaux et des régions où ceux-ci, littéralement, pullulent. Mais ce contraste ne s'explique que très partiellement par la nécessité de mettre en défense certaines frontières. Il est bien davantage le résultat de l'évolution politique et féodale endogène et de la distribution du peuplement. Alors que le grand triangle des Landes comptait seulement, vers 1280, trente-cinq châteaux, à la même époque le semis fortifié de l'Agenais s'élevait à cent trente unités pour 7 000 km² et même à cent cinquante un demi-siècle plus tard.

Dans la région lorraine, où s'imbriquaient de multiples principautés et seigneuries, tant laïques qu'ecclésiastiques, Michel Parisse n'aperçoit pour ainsi dire pas de politique de mise en défense de leurs frontières par les puissants. Trop d'enclaves, trop de changements dans la carte féodale auraient rendu cet objectif illusoire. Seule exception, ou presque : les évêques de Verdun paraissent avoir voulu ceindre leur temporel d'une couronne de châteaux (Hattonchâtel, Latour, Sampigny, etc.). Jusqu'au XIIIe siècle, aucune ligne de forteresses ne vint marquer, au sud, les confins de la Bourgogne et de la Lorraine. Même le massif des Vosges, en raison de l'enchevêtrement des mouvances, ne fut jamais un obstacle. En revanche (mais pour des causes tout autant économiques que militaires), les vallées firent l'objet de visibles convoitises de la part des grands. Voici le cas de la Moselle, d'ailleurs classique. Au XIe siècle déjà, les divers protagonistes étaient en place, appuyés chacun sur une ou plusieurs forteresses : Remiremont pour le duc de Lorraine, Épinal pour l'évêque de Metz, Scarpone puis Dieulouard pour l'évêque de Verdun. Mais à cette époque, le comte de Bar l'emportait, avec son château de Mousson, installé sur une butte témoin qui commandait tout l'horizon. A partir des années 1100, le duc de Lorraine entreprit de consolider son implantation avec plusieurs châteaux, deux d'entre eux allant devenir le centre et le symbole de son État : Nancy, sur les rives de la Meurthe, et Prény, en aval de Mousson, sur la Moselle. Longtemps à l'arrière-plan, voici que l'évêque de Toul, à la fin du XIIe siècle, parvient à récupérer Liverdun. Au

XIIIᵉ siècle, l'évêque de Metz, qui contrôlait le cours de la Moselle, sans partage, depuis une quinzaine de kilomètres au sud de la cité jusqu'à une trentaine au nord, s'établit, lui aussi, dans la zone de confluence — et de turbulence — de la Moselle et de la Meurthe en édifiant le château de Condé, tandis que le duc de Lorraine, dans le même secteur, ajoutait le château de Frouard et que le comte de Bar complétait sa forteresse de Mousson par les tours de l'Avant-Garde, de l'autre côté de la Moselle.

Un autre exemple célèbre de politique castrale est celle qui fut menée respectivement par les rois de France et les rois d'Angleterre et ducs de Normandie, à peu près à égale distance entre Rouen et Paris, de part et d'autre de l'Epte et de l'Avre. Dès la fin du XIᵉ siècle, Robert de Bellême fut chargé par Guillaume le Roux, roi d'Angleterre, *de fortifier la ligne de l'Epte (Gisors, Dangu, Neaufle, Châteauneuf) afin de protéger le Vexin normand contre les attaques de Philippe Iᵉʳ* (J.-F. Finò). Robert de Torigni expose comment, trois quarts de siècle plus tard, Henri II Plantagenêt *améliora ou rénova presque tous ses châteaux des marches du duché de Normandie, et spécialement Gisors*. Le même souverain fit creuser une ligne de *profonds fossés* (dont il subsiste encore aujourd'hui des traces) pour protéger, au moins sommairement, la plaine de l'Avre supérieure. Richard Cœur de Lion poursuivit l'œuvre de son père, et les comptes royaux attestent qu'il fit travailler au Vaudreuil (Eure), à Moulineaux (Seine-Maritime), à Radepont (Eure), etc. Mais surtout, en vue de couvrir Rouen, il édifia, très rapidement et à très grands frais, le complexe fortifié de Château-Gaillard, dont l'orgueilleuse implantation pouvait passer pour un véritable défi à Philippe Auguste.

III. La guerre de siège au XIIIᵉ siècle

La guerre, vers 1200, consistait principalement en une succession de sièges de places fortes — villes mais aussi châteaux —, accompagnés de chevauchées, de surprises, d'escarmouches et interrompus, de loin en loin, par des batailles rangées. Suivons Philippe Auguste dans les dix années de luttes, coupées de trêves et de paix, qui se termineront glorieusement, en 1204, par la prise de Château-Gaillard et la conquête de toute la Normandie. Profitant de la captivité, en Autriche, de Richard Cœur de Lion, le roi de France, en avril 1193, obtint par trahison la reddition de Gisors. Il échoua à prendre Rouen mais gagna Aumale, Eu, Ivry, Pacy et Neaufle. L'année suivante fut marquée par la prise d'Évreux, du Neubourg (Eure) et du Vaudreuil (Eure) et par un nouvel échec sous Rouen. Mais le 28 mai, Philippe Auguste dut lever le siège de Verneuil, entamé trois semaines plus tôt, à cause de la rentrée en scène de Richard Iᵉʳ, qui venait de recouvrer sa liberté. Ce fut au tour du roi d'Angleterre de marquer des points, spécialement lors de la rencontre de Fréteval (Loir-et-Cher) où Philippe II, dans sa fuite, dut abandonner ses bagages. Une trêve intervint alors (23 juillet), consolidée par la paix de Louviers (janvier 1196). A la faveur de cette suspension d'armes, Richard entreprit, fiévreusement, la construction de Château-Gaillard. Les hostilités reprirent en 1197-1198, l'avantage demeurant, dans l'ensemble, au roi d'Angleterre. Philippe Auguste s'efforça surtout de limiter les dégâts, de colmater les brèches, par exemple en édifiant, face à Château-Gaillard, le château du Goulet. En novembre 1198, une nouvelle trêve mit fin aux combats, devenue rapidement caduque, du fait de la disparition de Richard Cœur de Lion, mortellement blessé, le 6 avril 1199, alors qu'il assiégeait une place du Limousin. Aussitôt Philippe Auguste profita de la situation pour occuper Évreux et Conches. Par la paix du Goulet, du 22 mai 1200, le nouveau roi d'Angleterre, Jean sans Terre, dut renoncer à l'Évrecin et à une partie du Vexin normand. Après le déshéritement du roi Jean, prononcé par la cour de France le 28 avril 1202, Philippe Auguste s'empara de plusieurs places à la frontière nord-est de la Normandie (Eu, Aumale, etc.), puis entama le siège de Gournay, qui succomba en juillet. Dans le courant de l'année 1203, la guerre reprit en Normandie. Beaumont-le-Roger (Eure) fut gagné par les Français, puis Conches (Eure), ainsi sans doute que tous les petits forts entre la Risle et l'Eure. En juin, Le Vaudreuil (Eure), quoique réputé pour sa force, céda, assez brusquement. Radepont tomba le 31 août, après trois semaines de siège. Quant à Château-Gaillard, il devait se rendre le 6 mars 1204. Point culminant de la campagne, suivi par la soumission de Rouen, le 24 juin, et l'annexion, sans combat, du reste de la Normandie.

On a conservé les noms des places qui, au cours de l'exercice financier 1202-1203, abritèrent des garnisons françaises, sur tout le pourtour oriental de la Normandie. On possède également une liste, de quelques années postérieure, des châteaux, forteresses et cités tenus par Philippe Auguste et intégrés à son domaine. Un autre document de la même époque fournit l'inventaire des armes, arbalètes et munitions déposées dans un certain nombre de châteaux royaux. Ces

*Combat de chevaliers. Miniature du romain de Jules César,
XIIIe siècle (Bibliothèque de Rouen).*

différentes données, reportées sur la carte, laissent apparaître la zone, assez étroite et limitée, où se heurtèrent les rois de France et d'Angleterre ; elles permettent de saisir la consistance d'une marche militaire, encore visible, à l'état de fossile, vers 1210-1220, mais qui devait naturellement s'estomper, s'évanouir, en même temps que la Normandie, désormais soudée à l'ancien domaine capétien, devenait une province française parmi d'autres.

Car les *frontières* (le mot, venu du monde ibérique, n'est pas signalé avant le début du XIVe siècle au nord des Pyrénées, du moins sous sa forme française) n'avaient que rarement au Moyen Âge de caractère immuable. Elles surgissaient lorsque les circonstances politiques et militaires l'exigeaient pour se dissoudre une fois la paix rétablie. Elles se déplaçaient aussi, au gré des rapports de force. Dans les années 1350, par exemple, le Loudunais se trouva en première ligne, face à la poussée anglo-gasconne. Du coup, les forteresses déjà existantes dans la région sortirent de leur sommeil ; elles furent hâtivement réparées, garnies d'hommes et de munitions, et constituèrent, pour un temps, une frontière. Une fois Calais prise par Édouard III et devenue une tête de pont anglaise sur le continent (1347), Philippe VI et, après lui, Jean le Bon, plutôt que d'essayer de récupérer la place, sinon par surprise ou par trahison, entreprirent de l'encercler, du côté de l'Artois et du Boulonnais, au moyen de plusieurs dizaines de lieux forts — villes, châteaux, tours, mais aussi églises et abbayes — dans lesquels ils placèrent de petites garnisons, sous le commandement du seigneur local, d'un châtelain ou d'un capitaine. Ainsi prirent forme, très rapidement, les *frontières de Calais,* avant même toute construction nouvelle, par la seule utilisation, en profondeur, du réseau préexistant. Naturellement, ces frontières n'étaient pas hermétiques : si les forteresses, par leur multitude, rendaient plus hasardeuses les *courses* des adversaires, elles étaient incapables d'arrêter et même de ralentir sensiblement les grandes chevauchées. Celles-ci passaient outre, laissant derrière elles les garnisons françaises, peut-être intactes mais aussi impuissantes.

En même temps que la guerre de siège devenait plus savante, les châteaux aussi se transformaient. L'évolution apparaît en pleine lumière avec les réalisations de Philippe Auguste, même si l'on a parfois mis en doute leur caractère radicalement novateur. On connaît les noms de quelques-uns des maîtres d'œuvre que ce roi employa : Garnier, Adam, Raoul, Amaury, Mathieu, Eudes, Alard, Guillaume de Flamenville, Gautier de Mullent. Il arriva même à Philippe II d'intervenir directement dans les projets : *ainsi que le roi l'a devisé, ainsi qu'il fut devisé devant le roi,* disent les sources. Du moins

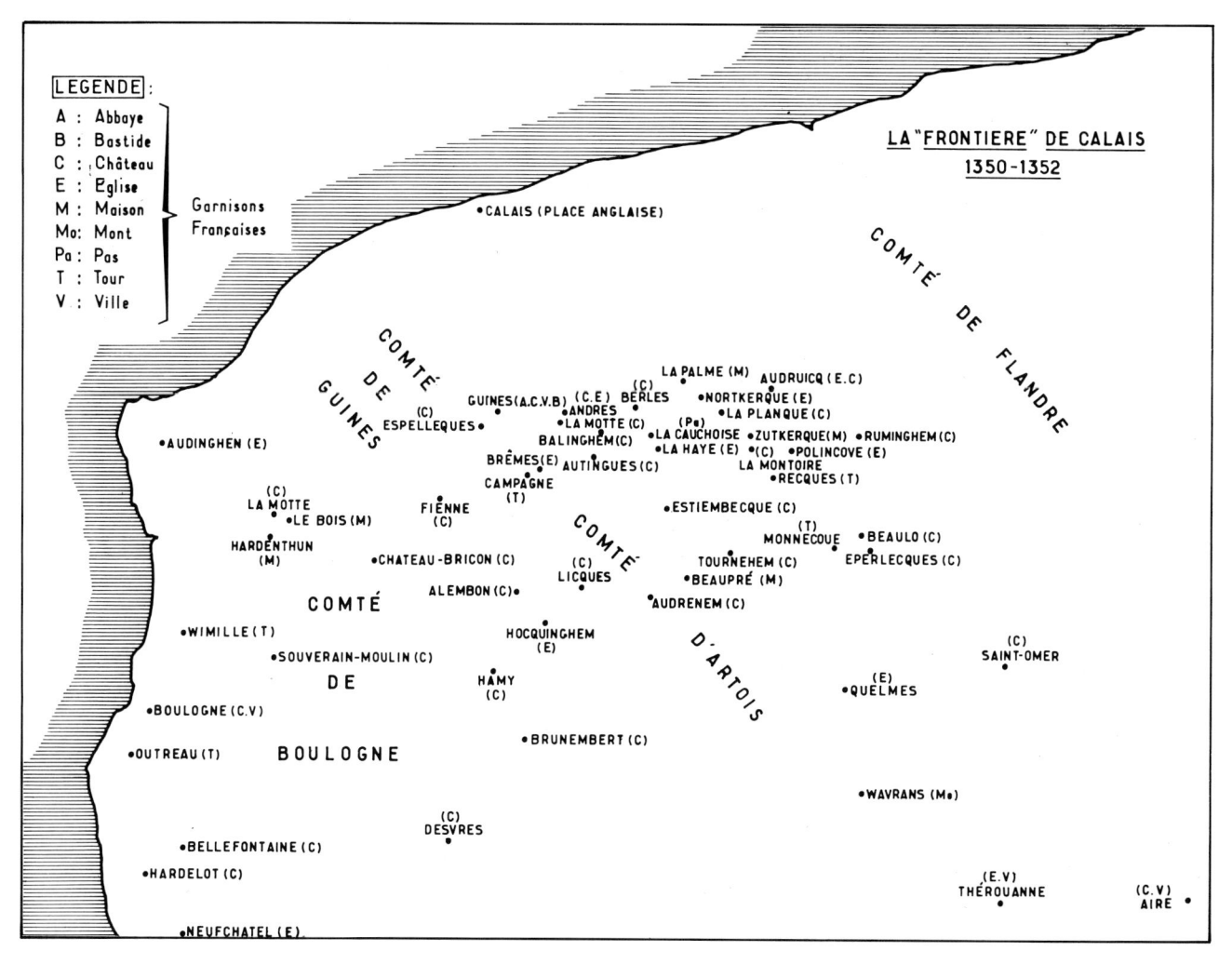

La frontière de Calais. 1350-1352. Carte de Philippe Contamine.

pour les châteaux bâtis de toutes pièces, et non pas remaniés, les plans adoptés furent fréquemment rectangulaires, le périmètre défensif se restreignit, de telle sorte que fût suffisante une petite garnison, les tours furent plus fortes et en même temps mieux reliées à l'ensemble du système, le donjon perdit sa prépondérance, jusqu'à être parfois relégué à l'un des angles de la forteresse, la cour fut dégagée, les corps de logis pour les hommes, les bêtes et les biens furent disposés le long des courtines, les fossés furent élargis, approfondis, dallés. Il arriva fréquemment que la basse-cour fût supprimée. En plus de celles disposées aux quatre angles, d'autres tours furent placées au milieu de chacun des quatre fronts, ce qui améliora le flanquement et l'épaulement. Des archères longues furent prévues au bas des tours. Des toits en terrasse purent porter des engins de guerre. On a même quelques exemples de plates-formes destinées à l'artillerie mécanique.

Dans la suite du XIIIe siècle, les principes de fortification ne connurent plus de bouleversement : peut-être parce que la paix qui régnait à l'intérieur du royaume n'incitait pas à de nouvelles recherches, peut-être aussi parce que, passées les années 1210-1220 (ainsi qu'en témoignent les opérations militaires lors de la croisade contre les Albigeois), la technique des sièges connut une longue phase de stagnation, qui devait, à certains égards, durer jusqu'à ce que l'artillerie à poudre (mais pas avant le XVe siècle) ait supplanté l'artillerie traditionnelle et contraint l'architecture castrale à s'adapter à ses effets redoutables. On a souvent du mal à distinguer un château du milieu du XIIIe siècle d'un château de la fin du XIVe. Et pourtant, si l'on confronte les trois grandes forteresses parisiennes, le Louvre de Philippe Auguste (très remanié, ultérieurement, par Charles V), le château de Vincennes, édifié de 1337 à 1373, et la bastille Saint-Antoine, les différences sont sensibles. Au Louvre, des courtines et des tours assez modestes, et, au centre de la cour, un énorme donjon cylindrique, cerné d'un fossé. Vincennes est plus qu'un château : c'est un camp retranché, une petite ville, où d'ailleurs des manoirs étaient prévus pour les courtisans. On est frappé par la largeur et la profondeur des fossés, par la hauteur des tours d'angle, qui, dans leur élévation primitive, pouvaient atteindre 40 mètres, par la puissance du donjon, que vient encore renforcer une chemise quadrangulaire fortement talutée. Le Louvre et Vincennes étaient conçus comme des résidences royales. Tel n'est pas le cas de la Bastille, pure et simple forteresse. Ici, plus de donjon, mais huit hautes tours talutées à la base, reliées entre elles par des courtines sensiblement de même hauteur, et isolant, à l'intérieur, deux étroites et profondes cours. Comme à Pierrefonds, comme, un peu plus tard, à Tarascon, la défense se concentre au sommet des murs et sur les terrasses.

IV. La guerre de Cent Ans

La guerre de Cent Ans, même si elle n'entraîna pas, du moins dans l'immédiat, une conception nouvelle de l'architecture militaire, redonna vie à l'ensemble des forteresses du royaume. A partir du milieu du XIVe siècle, les pouvoirs veillèrent de près au bon entretien des enceintes urbaines, ils favorisèrent la création de nouvelles murailles pour les villes qui n'en étaient pas encore pourvues, ils se préoccupèrent de procurer aux populations du plat pays un lieu fort où elles pussent se réfugier avec leurs biens meubles, leur cheptel, leurs récoltes. La solution qui eut la préférence des autorités fut le *retrait* des ruraux dans le château de la châtellenie dont, régulièrement, ils relevaient. En échange, les paysans devaient au seigneur châtelain le guet et la garde ainsi que les réparations — corvées qui revenaient d'autant plus souvent (et pas seulement en cas d'*éminent péril*) que la période fut marquée par un creux, voire par un vide démographique —. Dans les villages sous-peuplés, l'intervalle se réduisait nécessairement entre deux nuits de garde ou entre deux journées de travail aux fossés du château. Il est vrai que, dans bien des cas, les châtelains acceptaient, encourageaient ou même imposaient le rachat des obligations, ce qui entraîna la mise en place d'une nouvelle fiscalité seigneuriale. Les sources judiciaires du temps font mention de très nombreux procès auxquels, à l'époque, le guet et la garde donnèrent lieu. Ainsi, en 1425, celui qui oppose, au Parlement de Paris, Guy le Bouteillier, seigneur de La Roche-Guyon, aux habitants du village voisin de Limetz. Le seigneur y rappelle que *le château de La Roche-Guyon est notable château, et châtellenie,* ayant *besoin de bon guet et garde;* les habitants, *sujets de la dite châtellenie,* ont *leur refuge au dit château, et y ont accoutumé de faire guet et garde et à ce ont été contraints;* cette obligation s'applique tout spécialement aux gens de Limetz, attendu qu'ils se trouvent à une demi-lieue du château, et qu'ils sont sujets immédiats de La Roche-Guyon, localité qui, ressortissant en appel à Chaumont, est bien située dans le Vexin français. Quant aux villageois de Limetz, ils mentionnent tout simplement que leur refuge est à Vernon (c'est-à-dire de l'autre côté de la Seine), plus près, disent-ils, de leur village que ne l'est La Roche-Guyon (en fait, sur la carte, les deux localités sont équidistantes); il est probable que leur choix s'explique par des raisons financières : en effet, ils soutiennent que le retrait à La Roche coûte chaque année cinq francs pour une *chambre,* plus la dîme sur les biens qu'on y met à l'abri. A Ménil-la-Horgne, les habitants préférèrent fortifier la tour de leur église, l'entourant d'une palissade, plutôt que d'envoyer chaque nuit deux hommes au château de Commercy. D'autres fois, ce sont deux seigneurs qui s'opposent : ainsi, en 1430, Guy de Chauvigny, vicomte de Broce, et son vassal, le seigneur de Laval. Ce dernier soutient qu'il peut exiger de ses dépendants le guet et la garde, car il a *belle et notable forteresse,* avec toute justice. Ce à quoi la partie adverse réplique que Laval n'est pas un château, mais une *maison plate, basse, sans fossé et sans pont-levis.*

A cause de l'insécurité générale, le nombre des fortifications eut tendance à augmenter, et, parmi elles, des hôtels seigneuriaux, des manoirs, qui, avec ou sans la permission des autorités supérieures, se munirent d'éléments défensifs : créneaux, barbacanes, archères. Mais un mouvement inverse se produisit aussi, dans la mesure où le pouvoir royal ou princier, par l'intermédiaire des capitaines régionaux, s'appliquait à détruire les constructions incapables d'opposer un obstacle militaire sérieux. Le but n'était pas une prolifération à l'infini des forts, des tours, des châteaux, mais un quadrillage systématique, et si possible sans faille, du pays au moyen de châteaux en bon état de défense, constamment gardés, pourvus d'armes, de vivres et de munitions.

D'ailleurs les châteaux, bien souvent, ne constituèrent plus les enjeux majeurs, au niveau de la grande stratégie, sauf, naturellement, s'ils étaient associés à une ville de quelque importance. Ce furent les villes qui donnèrent lieu aux sièges les plus longs, les plus coûteux : Tournai (1340), Hennebont (1343), Calais (1346-1347), Rennes (1356), Rouen (1418-1419), Meaux et Melun (1420-1421), Montargis (1427), Orléans (1428-

Siège du château d'Amour. Valves de boîtes à miroir en ivoire. XIVe siècle (Londres, Victoria and Albert Museum).

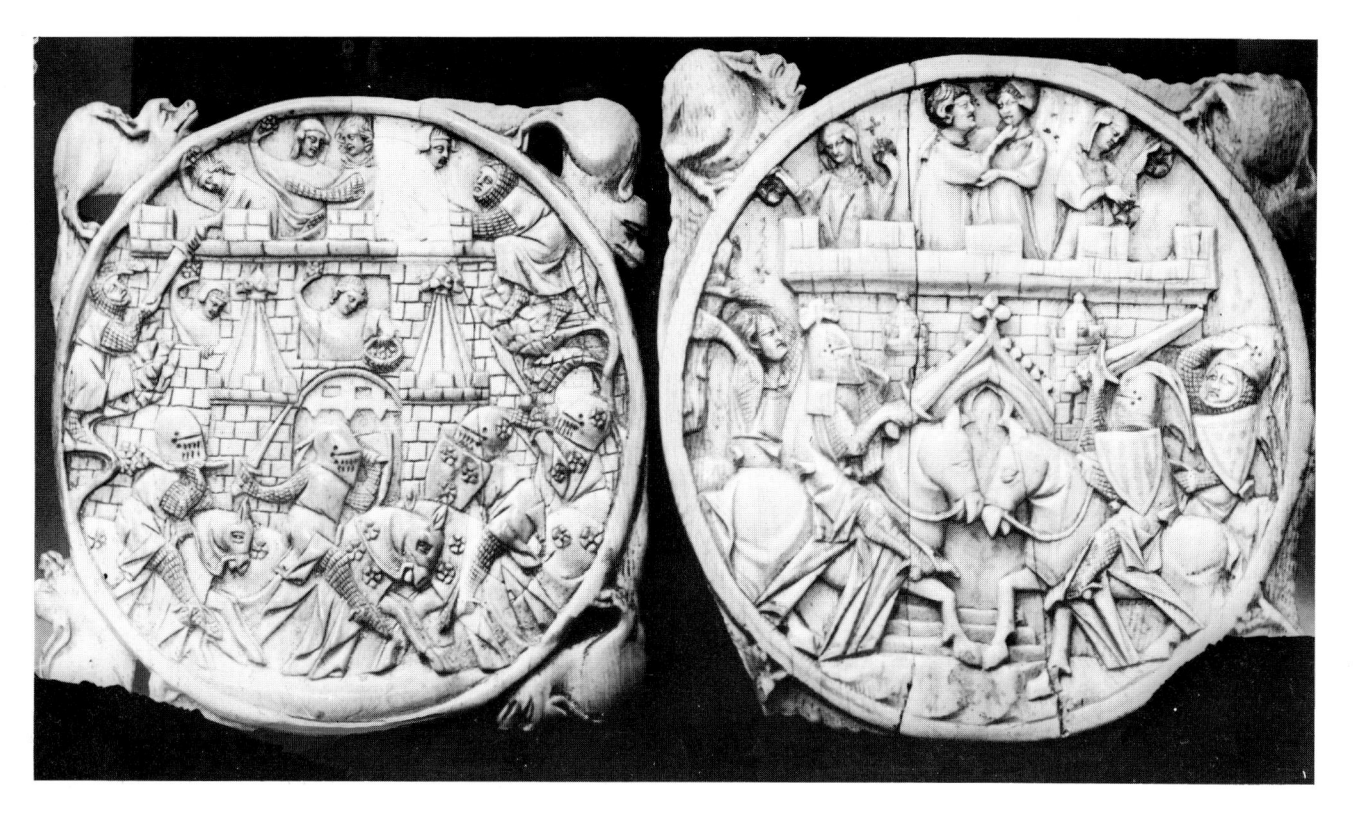

1429), Compiègne (1430). En sens inverse, il faut malgré tout citer les sièges de Breteuil (1356), de Saint-Sauveur-le-Vicomte (1375) — encore que ce lieu ait comporté à la fois un *fort château* et une *forte ville* —, de Château-Gaillard et de La Roche-Guyon (1418-1419).

Ce fut surtout en cas de conquête progressive, continue, que les châteaux retrouvèrent leur rôle. Alors les opérations de siège devenaient plus sophistiquées : on n'hésitait pas à *enclouer* le château au moyen de *bastides*, solidement charpentées, avec *fossés, portes, tours et bons murs, et tout de gros bois*, à faire intervenir des trébuchets et des canons (ces derniers surtout après 1370). Parfois la reddition était provoquée par le manque d'eau — Mauvezin (Hautes-Pyrénées), 1373 —. Si l'on en croit Froissart, certains châteaux du sud-ouest étaient pourvus de galeries souterraines, longues parfois d'une lieue, qui permettaient à la garnison assiégée de s'enfuir mais aussi aux assaillants de prendre la place par surprise. Dès cette époque, la légende s'était emparée de ces souterrains plus ou moins mythiques : on en attribuait l'origine à Renaud de Montauban, lorsqu'il s'était battu contre Charlemagne. Des basses-cours de châteaux furent prises, tandis que les tours résistaient, des villes cédèrent alors que leurs châteaux continuaient à lutter, parfois victorieusement : ainsi Lourdes, dont le château *n'est pas prenable, fors que par un bon siège,* alors que la ville *n'est fermée que de palis.* Une fois conquis, des châteaux furent démolis, pierre après pierre. Enfin des châteaux, perchés sur des hauteurs isolées, devinrent le repaire de pillards qui purent y entasser leurs trésors, parfois pendant des dizaines d'années : La Roche-Vendeix (Puy-de-Dôme), Ventadour (Corrèze).

V. L'apparition de l'artillerie

Le recours aux armes à feu pour la défense des châteaux fut assez précoce. Dès 1346, Hugues de Cardaillac prévoyait que sa forteresse de Bioule (Tarn-et-Garonne) serait munie de vingt-deux canons. Mais longtemps il ne s'agit que de petites pièces, pauvrement approvisionnées : en 1415, le lieutenant du sénéchal du comte de Foix prescrivait pour le château de Montaillou (Ariège) (avec donjon, basse-cour et barbacane) trois canons seulement, munis chacun de vingt pierres. L'inventaire de l'artillerie à poudre de La Roche-Guyon (Val-d'Oise), en 1438, est déjà moins limité : trois ribaudequins, huit couleuvrines, un canon, cinq barils de poudre. De toute façon, les transformations d'ordre architectural provoquées

A gauche, miniature des Très Riches Heures du duc de Berry. La Bataille (Musée Condé, Chantilly).
A droite, château de Ham (Somme). Les tours sont des additions du connétable de Saint-Pol (entre 1460 et 1475) à un château quadrangulaire du XIIIe siècle. Relevé de l'architecte des Monuments Historiques.

par l'entrée en action de l'arme nouvelle ne sont guère sensibles avant le milieu du XVe siècle. Alors seulement on voit les murs s'épaissir, certaines tours prendre un aspect plus trapu, les archères se muer en canonnières, les fossés se garnir de *moineaux* et, un peu plus tard, de *casemates*. Pierre Rocolle propose, à juste titre, d'appliquer à l'ensemble du territoire français le programme défini par Roger Grand pour l'architecture militaire bretonne de la seconde moitié du XVe et du début du XVIe siècle : « Renforcer les murs en augmentant leur épaisseur, en perfectionnant la qualité de l'appareil grâce à une taille soignée de tous les parements, et en évitant le plus possible les angles et les arêtes pour ne présenter que des surfaces courbes et lisses, fuyant sous le projectile, ou planes, faciles à battre de bout en bout en partant des tours bien placées, d'un assez grand diamètre, et, par suite, plus saillantes que précédemment, enfin en installant des pièces d'artillerie à la fois dans des casemates voûtées au bas des tours, pour enfiler fossé et contre-escarpe, et sur des plates-formes supérieures montées en l'air aussi haut que possible afin de dominer et éviter de l'être. »

Parmi bien des exemples, citons le château de Ham, profondément remanié par Louis de Luxembourg, comte de Saint-Pol, entre 1460 et 1475. Partant d'un château du XIIIe siècle, au plan quadrangulaire, le fameux connétable de Louis XI fit surélever les courtines, qu'il garnit d'un chemin de ronde couvert sur mâchicoulis, construisit deux tours ovoïdes, talutées à la base, d'une épaisseur variant entre 3 et 7 mètres et demi, et surtout édifia la *tour du connétable,* qui atteignait l'épaisseur record de 11 mètres.

N'oublions pas, cependant, que les châteaux de l'époque demeurent d'une grande variété. A côté des véritables *citadelles* (le mot, d'origine italienne, apparaît en français à la fin du XVe siècle) qui flanquent certaines villes (Bayonne, Bordeaux, Dijon, Perpignan), nombre de châteaux *de plaisance* conservaient quelque aspect défensif : Le Plessis-Bourré (Maine-et-Loire), Langeais, Amboise, voire Le Plessis-lès-Tours (Indre-et-Loire), autour duquel, selon Philippe de Commynes, Louis XI « fit faire un treillis de gros barreaux de fer et planter dedans la muraille des broches de fer ayant plusieurs pointes », et aussi « quatre moineaux tout de fer bien épais en lieu par où l'on pouvait tirer à son aise, et était chose bien triomphante, qui coûta plus de vingt mille francs ».

Car même dans le domaine militaire, les fonctions des châteaux n'étaient pas identiques. On pouvait, en particulier, avoir intérêt à garder en état des constructions castrales certes tout à fait incapables de résister aux batteries d'artillerie qu'on voit entrer en action surtout après 1475, mais susceptibles, comme par le passé, d'asseoir l'autorité publique et de s'ajouter à tous les obstacles s'opposant à une conquête trop rapide. Cette finalité apparaît en pleine lumière à propos du château de l'Ortenberg, en Alsace, édifié vers 1260 par le comte Rodolphe de Habsbourg, reconstruit (et amélioré) vers 1300, puis occupé en 1470 par Pierre de Hagenbach, au nom de Charles le Téméraire. A cette date, c'était une construction démodée, en mauvais état. La question se posa de savoir s'il fallait la réparer. Or, le résultat de l'expertise fut bel et bien favorable. On y soulignait qu'il s'agissait d'une *belle place et forteresse d'assez bon espace et bien logeable, assise sur un haut roc,* avec une muraille *bien défendable,* et une basse-cour qui ne présentait pas de réels dangers, même si l'ennemi venait à l'occuper. Dix ou douze hommes suffiraient à défendre le château, *s'il n'y avait siège de bien grand prince.* De plus, la *place et forteresse de l'Ortenberg* était jugée *bien nécessaire et propice* au duc de Bourgogne, car tenant en crainte ceux qui pourraient vouloir faire la guerre au pays. Et de fait, il se trouvait *plusieurs bonnes villes, gens de guerre et autres* qui auraient bien désiré *la démolition de la dite place pour ce qu'ils n'auraient point de crainte de conduire leurs dites entreprises,* au grand dommage du duc de Bourgogne, de ses gens et de ses sujets.

Les chroniques du temps décrivent des actions militaires de toutes dimensions contre les châteaux. Ainsi Jean Molinet, évoquant la prise en 1479 du château de Boussu-lez-Mons (Belgique), défendu par dix-huit hommes de guerre français : un assaut très simple, mené, deux ou trois heures de suite, de cinq ou six côtés à la fois; aucune mention d'artillerie; à un moment, les assiégeants parviennent à pratiquer une ouverture dans une fenêtre barrée de fer; le premier qui s'y glisse est tué, mais les autres s'engouffrent, pénètrent dans la place, dont les défenseurs n'ont plus qu'à se rendre. Voici maintenant, en 1487, la prise, par les Français du maréchal d'Esquerdes, du château de Renescure (Nord), défendu par soixante-dix à quatre-vingts compagnons, avec leurs trois arquebuses et leurs cinq arbalètes. La place n'est pas sans valeur : *fort bien édifiée et maçonnée de rouges briques, fortifiée de doubles fossés pleins d'eau,* dit Molinet. Mais elle est dépourvue de grosses pièces d'artillerie. De plus, le maréchal d'Esquerdes réussit à faire son approche de nuit, sans éveiller l'alarme. Les pionniers comblent les fossés, percent et trouent les *digues, afin que les instruments de guerre aient plus prompte atteinte à la muraille.* A l'aube, l'artillerie est déjà *affûtée.* Un gros courtaud se met à tirer, perçant facilement la muraille, au niveau des archères. Puis on le place en face de la porte. La batterie dure neuf heures : démonstration concluante, Renescure n'a plus qu'à capituler. La même année, Coucy se rendit à l'armée royale, dont les chefs, peu de jours avant la capitulation, s'adressaient en ces termes à Charles VIII : « Sire, vous pouvez être sûr qu'avant que nous partions d'ici, ou par force, ou par moyen, ou par bastille, nous mettrons le château en tel état qu'il ne vous portera dommage de cet an. »

L'introduction de la fortification bastionnée, à partir des années 1510-1520, nous fait décidément quitter la tradition du château médiéval. Les grandes réalisations du XVIe siècle — forts, citadelles, enceintes urbaines — se déploient dans un univers mental et politique qui n'a plus rien de féodal. Contentons-nous, dès lors, de deux remarques. La première concerne la modernisation de certains châteaux, dont les possesseurs conservèrent, malgré tout, les constructions antérieures. C'est le cas de Murols, où *François d'Estaing établit à partir de 1560 une nouvelle enceinte, en contrebas de l'ouvrage primitif* (P. Rocolle). La deuxième remarque vise à souligner le fait que, durant les guerres de Religion, des châteaux médiévaux, n'ayant connu au mieux que des retouches partielles, retrouvèrent, une fois encore, leur vocation militaire : Pierrefonds (Oise), Coucy (Aisne), Montrichard (Loir-et-Cher), Dannemarche près de Dreux, Dourdan, Chinon... La liste pourrait être aisément allongée. A la faveur d'un certain style de guerre, les antiques donjons, les courtines surannées pouvaient encore servir. Richelieu ne s'y est pas trompé : les destructions des châteaux *féodaux* qui lui sont attribuées, parfois à tort, ont certes une portée avant tout politique mais aussi, subsidiairement, militaire. Par la suite, les quelques châteaux médiévaux qui demeurèrent en état le durent au fait qu'ils servirent de logements, de casernements, ou de prisons. La défense par le général Daumesnil, en 1814, du château de Vincennes ne relève que de l'anecdote. Ou du moins elle doit presque tout à la puissance de son arsenal et presque rien aux murailles de Charles V.

Le château et le droit

Michel Bur

Les châteaux forts sont un trait fondamental et durable du paysage urbain et rural au Moyen Âge. Ils offrent une grande variété de types et une densité inégale selon les époques et les régions. Toutefois ils peuvent tous se définir comme la résidence fortifiée d'un puissant. En effet le château fort est né, comme son nom l'indique, de la rencontre de deux séries de constructions jusque-là indépendantes, la résidence aristocratique conçue à la manière des *villae* carolingiennes et l'enceinte militaire. Dans le château, l'habitation s'est fortifiée au point de devenir autant, sinon plus, une machine à faire la guerre qu'un espace aménagé pour la vie d'une famille et de son entourage. D'ailleurs l'entourage d'un seigneur est désormais constitué en grande partie de guerriers.

Le château fort apparaît au Xe siècle au moment où, après une tentative de gouvernement unitaire réalisée par Charlemagne et Louis le Pieux, la vie politique et sociale s'organise sur une base régionale ou même locale. Point d'appui d'un pouvoir de fait ou de droit, il s'impose comme centre d'une nouvelle circonscription administrative, la châtellenie, que le seigneur défend contre les agressions extérieures tout en s'efforçant de maintenir l'ordre et la paix dans son sein. Comme le dit G. Duby, l'histoire des châtellenies est celle d'une concurrence avec d'autres organismes semblables, chacun visant à se doter d'un territoire soumis à un même ban, c'est-à-dire à une même justice et à un même commandement.

Il existe au Moyen Âge des châtellenies isolées, patrimoine d'un seul lignage, et d'autres qui, regroupées sous une même main, forment la trame de vastes principautés. Dans tous les cas, le château fonde la domination des puissants sur les faibles et sert de point de ralliement à ceux qui, échappant au travail de la terre, sont assez riches pour s'adonner au métier des armes. Dans ses murs s'élaborent les valeurs de la civilisation chevaleresque et un art de vivre appelé courtoisie.

Surtout le château est le signe de la fusion des pouvoirs publics et des intérêts privés. Le droit de fortification est par essence un droit régalien. Sa dévolution aux seigneurs pose des problèmes juridiques qu'il importe d'examiner, sinon dans tous leurs détails, du moins d'un point de vue général.

I. Château fort et droit régalien

A la question « qui construit un château ? », il est facile de répondre : seul le roi et les titulaires du droit régalien sont habilités à élever des fortifications. Dans la pratique et en raison des rapports de forces qui se sont établis entre les détenteurs des pouvoirs publics et certains particuliers, il en est allé différemment.

Le prince se réserve le droit de fortifier

Que le droit de fortification relève de la puissance publique, nombreux sont les textes qui le rappellent et qui le prouvent. Dès 864, Charles le Chauve, dans l'édit de Pîtres, donne l'ordre de démolir les châteaux qui, en ces temps troublés par les invasions normandes, ont été édifiés frauduleusement : « Nous voulons que ceux qui dernièrement ont construit des *castella, firmitates, haias* sans notre autorisation aient détruit ces fortifications aux calendes d'août parce que les voisins et les habitants d'alentour supportent à cause d'elles beaucoup de déprédations et de torts. » Ce monopole, les rois ont cherché à le faire respecter même au moment de leur plus grande faiblesse. Flodoard rapporte qu'en 951 Louis IV d'Outre mer fit raser une *munitio* que des brigands — des membres de l'aristocratie dépourvus de toute fonction officielle — avaient bâtie sur la route de Bourgogne à Brienne et qu'il obtint la même année l'arrêt des travaux entrepris à Fains par le comte de Bar.

Devenus maîtres héréditaires du ban royal dans leur comté ou dans l'ensemble des comtés qu'ils avaient réunis pour former des principautés, les grands à leur tour manifestèrent leur intention d'exercer seuls la prérogative en matière de fortification. Ils furent imités par les évêques et les abbés qui en vertu du privilège d'immunité ou de quelque autre concession plus spécialisée (comme à Corbie ou à Noyon en 901) prétendirent agir de même dans les limites de leur temporel.

Le droit des princes s'exprime à la fois dans les actes de la pratique et dans leur législation. De ce dernier point de vue, quelques textes méritent d'être cités; et d'abord les *Consuetudines et justitie* qu'édictèrent les fils de Guillaume le Conquérant en 1091 (art. 4) : « Il n'est permis à personne en Normandie de creuser un fossé en terrain plat à moins que du fond il soit possible de jeter la terre vers le haut sans escabeau, et en cet endroit

Hommage rendu au roi René par Jean de Sainte-Maure pour sa baronnie de La Haye-Joulain (Maine-et-Loire), 1469 (Archives nationales, AE II 481 B).

de faire une palissade sinon d'un seul rang sans flanquement ni saillie *(sine propugnaculis et alatoriis)*. Il n'est permis à personne de fortifier une roche ou une île. Il n'est permis à personne en Normandie de construire un château. Il n'est permis à personne en Normandie d'interdire au seigneur de Normandie [l'entrée] de la forteresse de son château si celui-ci veut l'avoir en main. » Ainsi se trouvent distinguées les constructions militaires, munies d'un fossé profond et d'ouvrages de flanquement, des simples enclos à vocation agricole qui n'intéressent pas le duc. La distinction est fondamentale. Elle réapparaîtra plus tard dans la législation relative aux maisons fortes. Voisins des Normands, les Flamands se voient interdire en 1092, par un édit de paix de leur comte Robert le Frison, la construction de nouveaux châteaux. Vers la même époque, mais à l'autre extrémité du royaume, le comte de Bigorre Bernard II, conformément à la coutume en vigueur dans la plus grande partie du Midi, proscrit la reconstruction en pierre des *casteras* de terre *sine amore comitis non puerilis,* c'est-à-dire sans l'accord du comte parvenu à l'âge d'homme. Enfin pour écourter cette liste et rester dans la même zone géographique, en 1188, le *For* général de Béarn, promulgué par le vicomte Gaston VI, prévoit qu'on ne peut *far casteg vallatum et clausum in terra sino ab licenci deu senhor* (bâtir un château entouré de fossés, clos en terre, sans la permission du seigneur). Rares en effet sont les régions où, comme en Agenais, liberté est laissée de s'enclore à volonté.

Bien que rédigés dans des conditions encore plus accidentelles que les documents analysés ci-dessus, les actes de la pratique en corroborent les principales dispositions. Le prince y apparaît comme le responsable des fortifications édifiées sur le territoire soumis à son autorité. C'est ainsi qu'avant 1037, à la prière de l'évêque Roger, le comte de Champagne Eudes II interdit à quiconque de *aliquid municipium firmari* dans un rayon de huit kilomètres autour de Châlons-sur-Marne. Dans des circonstances plus difficiles, puisqu'il sort de captivité, le fils d'Eudes, Thibaud Ier, s'engage en 1044 vis-à-vis de son vainqueur, le comte d'Anjou Geoffroi Martel, à ne tolérer la construction d'aucune forteresse à moins de quinze kilomètres de celles qu'il vient de lui céder.

La frontière est probablement le lieu où s'affirme le mieux le droit du prince. La Normandie de Guillaume le Conquérant en fournit un exemple très net. Le duc jalonne sa frontière de forteresses jointes à des agglomérations nouvelles qui procurent des renforts en cas de besoin. Les châteaux sont reliés par des routes aux villes principales du duché. Les itinéraires empruntés par les troupes sont placés sous la juridiction ducale. Henri Ier Beauclerc complétera l'œuvre de son père en étendant la ligne de fortifications vers la Bretagne et le pays chartrain et y ajoutera quelques bourgs supplémentaires. La principauté ecclésiastique de Liège offre un autre exemple de politique castrale cohérente, avec un souci très précoce chez les évêques de protéger les abords de leur pays du côté de Namur. Chroniques et chartes révèlent parfois dans le détail les conflits qui ont opposé les princes territoriaux entre eux. En 1172, le comte de Champagne faillit faire la guerre à l'archevêque de Reims parce que celui-ci avait construit le château de Sept-Saulx trop près de son domaine.

Il existe donc bien une tradition légaliste qui fait du roi, du prince, du comte et plus généralement de tout détenteur de la puissance publique le seul personnage habilité à élever des fortifications. Cela se marque dans une certaine continuité topographique, beaucoup de châteaux parmi les plus anciens et les plus importants étant implantés au chef-lieu des circonscriptions administratives carolingiennes, c'est-à-dire dans le lieu traditionnel de l'exercice du pouvoir. L'observation a été faite en Bourgogne, en Champagne et surtout en Poitou, où nombre de châtellenies ont succédé à d'anciennes vigueries, les viguiers ayant fait parfois souche de châtelains. L'interprétation légaliste s'impose ordinairement à qui étudie les principautés les mieux structurées, celles où se sont perpétués les cadres du passé. Tel est le cas de la Picardie, du Forez, du Mâconnais, du pays chartrain. Dans ces régions bien tenues en main par les titulaires du ban, les châteaux paraissent peu nombreux et maîtres d'un très vaste détroit.

Multiplication des châteaux « adultérins »

Or dès avant que cette thèse ait été défendue par des juristes et adoptée ensuite par les historiens de la société, des érudits du XIXe siècle, bons connaisseurs des chroniques et observateurs attentifs du paysage, en avaient présenté une autre, dont la formulation peut se résumer ainsi : à partir du Xe siècle, l'Occident s'est hérissé de châteaux; il suffisait à un homme hardi et entreprenant de dresser une tour pour imposer son pouvoir à ses voisins et faire échec au roi. De fait, tous les documents qui viennent d'être analysés peuvent être interprétés comme des tentatives pour raffermir une autorité contestée. Il est connu d'autre part que les actes de la pratique n'enregistrent que les cas litigieux. Quand le prince rappelle sa prérogative en matière de fortification, il y a tout lieu de penser qu'elle n'est pas respectée. Le roi et le duc de Bourgogne interviennent-ils en faveur de Cluny en 1027, ils ne font que rappeler une décision du concile d'Anse de 994. Dans sa requête au comte Eudes II, l'évêque de Châlons insiste sur le fait que *la méchanceté des Francs s'échauffe dans la construction de châteaux jusqu'à la folie, moins pour défendre le peuple et l'Église que pour les écraser.* Le comte n'est donc sollicité que dans la mesure où le danger devient pressant ou insupportable. Comme le montre l'exemple des brigands de Brienne, l'attitude des bâtisseurs de châteaux est inspirée par le défi. Ils occupent le terrain et attendent la riposte. Si celle-ci est rapide et efficace, le glissement vers l'anarchie est enrayé, au moins pour un temps. Dans le cas contraire, la décomposition des structures en place s'accélère ainsi que la redistribution des pouvoirs. Cette suite d'affrontements ponctuels ou, pour employer un terme consacré, *cette stratégie des accessoires,* est en fait un processus de base dans l'établissement et la survie de toute domination régionale ou locale.

Les châteaux dits *adultérins* se répartissent aisément en quatre catégories. Il y a d'abord ceux qui, édifiés au cours d'une guerre pour bloquer une place, ont subsisté comme résidence fortifiée d'un puissant. Puis ceux qui, bâtis par usurpation sur une terre d'Église, parfois sous prétexte d'*avouerie,* ont conduit à la formation de seigneuries laïques au cœur d'une *immunité;* un texte hagiographique montre ainsi l'ancêtre des comtes de Blois, Thibaud le Tricheur, entraîné en Enfer par le poids d'un collier de tours illégalement construites sur le domaine de Saint-Florent de Saumur. Viennent ensuite des châteaux élevés sur les confins d'anciennes circonscriptions administratives dont le centre est occupé par le comte; cette position marginale est fréquente en Champagne et en Brie. Enfin, plus ou moins tôt selon les régions, l'enquête révèle des implantations dans des zones faiblement humanisées à la lisière des forêts où progressent les défrichements.

Le nombre de ces châteaux s'est accru du Xe au XIIe siècle bien au-delà de ce que laisse supposer la documentation écrite. Dans les pays de la Charente, récemment étudiés avec soin, les textes signalent quatre-vingt-sept sites fortifiés avant 1200, dont une douzaine remontent au Xe siècle, cinquante-neuf au XIe et seize au XIIe siècle. Les deux tiers ont été aménagés entre 990 et 1050, la moitié entre 1019 et 1050. A ce chiffre il convient d'ajouter encore au minimum une soixantaine de vestiges repérés sur le terrain, mais qui n'ont laissé aucune trace dans les documents. Cela fait au total cent quarante à cent cinquante forteresses qui ne peuvent en aucune façon être assimilées à de simples établissements agricoles même si beaucoup sont placées dans des secteurs géographiques récemment mis en culture. Bien plus, si, vers 1030, cinquante pour cent des châteaux étaient contrôlés directement ou indirectement par le comte, la proportion n'est plus que de vingt-cinq pour cent vers 1100 et dix-huit pour cent vers 1200. La multiplication des châtellenies indépendantes en Angoumois et en Saintonge a donc été beaucoup moins le fait de gardiens indélicats de forteresses publiques que de maîtres du sol qui se sont érigés en châtelains.

Comment cette ascension, corrélative de la multiplication des points forts, a-t-elle été possible? C'est ici que l'enquête archéologique, comme le souligne M. de Boüard, apporte une contribution fondamentale à la connaissance des structures politiques et sociales des XIe et XIIe siècles. En effet, à cette époque, la plupart des châteaux étaient faits d'une motte, c'est-à-dire d'un tertre, totalement ou partiellement artificiel, entouré d'un fossé et juxtaposé à une enceinte

149

subalterne appelée basse-cour. Les matériaux utilisés étaient la terre et le bois. De conception élémentaire, les bâtiments n'exigeaient pas une main-d'œuvre spécialisée. Ils pouvaient être édifiés par des paysans et en cas de démolition être reconstruits rapidement. Le sire du Puiset rebâtit ainsi à trois reprises son château détruit par le roi.

Le château appelle la châtellenie. Dans la perspective légaliste, il est aisé de rendre compte de la naissance de cette circonscription, le droit de fortification n'étant qu'un des aspects de la prérogative régalienne au même titre que la justice ou les banalités économiques. Le problème se complique avec l'apparition des châtellenies sauvages. Il faut admettre alors que les circonstances favorables à la construction des châteaux favorisent aussi la création des châtellenies. En ce sens, le château, instrument de domination, engendre le droit de ban et l'étend comme une ombre sur le pays environnant. Dans les zones récemment conquises sur la forêt et le marais, le château accompagne souvent le peuplement ; il est à sa manière le symbole d'une société en pleine expansion. Un bourg castral, parfois une paroisse castrale se développent dans son voisinage immédiat. Bourg et paroisse sont le cadre naturel où s'exerce le pouvoir du nouveau châtelain. Dans les vieux terroirs, ceux qui sont arrachés à des églises ou des monastères, les seigneuries se constituent par la violence et par le compromis. Les moines endurent l'érection d'une tour, d'une muraille, d'un four, d'un moulin, l'ouverture d'une foire ou d'un marché, puis partagent la taille et les coutumes et finalement abandonnent la haute justice. Dans les deux cas, les nouveaux seigneurs sont rarement des aventuriers sans appui, des hommes absolument neufs, mais bien plutôt des cadets ou des collatéraux de grandes familles qui emportent avec eux la faveur occulte et les privilèges attachés à leur naissance. Toutefois, sauf exception, les châtellenies de seconde origine sont demeurées incomplètes et de faible étendue. Rares sont celles qui ont réussi à se glisser au premier rang dans la hiérarchie des pouvoirs établis.

Les circonstances de leur apparition expliquent à la fois le nombre élevé et le faible rayonnement des châteaux *adultérins*. Il s'agit presque toujours d'une éclipse temporaire ou d'un fléchissement de l'autorité. En Normandie, ce fut durant la minorité de Guillaume le Bâtard, de 1035 à 1047. En Poitou, la crise se situe entre 1039 et 1058 ; en Champagne entre 1047 et 1065 ; en Anjou elle commence en 1060 avec la rivalité de Geoffroi le Barbu et Foulques le Réchin, lequel, devenu comte, laissera échapper plusieurs forteresses solidement tenues par ses prédécesseurs. D'autres périodes de faiblesse ont été repérées, en Normandie encore entre 1087 et 1106, en Flandre au début du XIIe siècle. Toutes se caractérisent par un remarquable essor de la construction castrale.

Certes, au lendemain de ces crises, les princes s'empressent de réagir. Vainqueur à Tinchebray, Henri Ier Beauclerc remet en vigueur la législation de Guillaume le Conquérant et rase certains châteaux. Toutefois, en raison de la force représentée par les rebelles, de leur origine sociale et de leurs relations, ainsi que de leur volonté de s'intégrer pleinement à la classe dominante et d'en assumer les charges et les avantages, il parut souvent plus expédient de reconnaître le fait accompli et, tout en prenant les dispositions pour en stopper les ultimes développements, de le légaliser par le biais de l'hommage et de la reprise en fief. Les possibilités offertes par le droit féodal — cet autre droit qui règle les rapports des puissants entre eux — permettaient d'intégrer dans un système de plus en plus contraignant ce qui n'avait été au fond qu'une manifestation de vitalité aristocratique. Mieux valait récupérer et encadrer que réprimer. Le procédé fut souvent utilisé pour terminer des révoltes. En 1119, Henri Ier Beauclerc, après avoir écrasé les seigneurs de la frontière franco-normande, finit par les autoriser à reprendre le rôle de *marchisi* (marquis) préposés *ad tutandos patriae fines* (à défendre les frontières — ou marches — du pays).

Il est vrai que les grands princes pouvaient, une fois les causes de leur faiblesse éliminées, se laisser aller à la mansuétude. Un abîme les séparait de leurs plus grands vassaux. En Champagne, en 1125, le comte Thibaud II possédait dix-neuf places fortes en direct tandis que les plus riches familles n'en avaient que deux ou trois. La même disparité existait dans les revenus, encore

Le château de Conflans élevé près de Châlons-sur-Marne. Ci-dessous, gravure de Cl. Chastillon. Ci-contre, état actuel du site.

aggravée par les frais de la croisade. Le comte était en mesure de moderniser ses châteaux en faisant appel aux techniciens de la pierre et en payant une main-d'œuvre spécialisée. Presque tous les autres seigneurs voyaient leur demeure perdre peu à peu prestige et efficacité. Il s'amorce à la fin du XIIe siècle un processus de déclassement qui touche à la fois beaucoup de vieilles forteresses et beaucoup de vieilles familles. Le temps n'est plus où un petit seigneur pouvait mobiliser ses paysans pour construire un château. Le monopole du prince se consolide tandis qu'une législation de plus en plus pointilleuse se fait jour dans les textes à partir de 1160 environ.

Les maisons fortes

C'est en effet à cette époque qu'apparaît dans le nord de la France un nouveau type d'habitat seigneurial appelé *maison*. Il s'inscrit dans la ligne des enclos légèrement fossoyés qu'autorisaient en 1091 les *Consuetudines et justitie*. Ces maisons se multiplient en concomitance avec la diffusion du titre de *dominus* dans les couches inférieures de l'aristocratie. Il s'y attache un reflet de justice et de ban villageois. Leur nombre commença à faire problème quand leurs possesseurs prétendirent les transformer en fortes maisons ou forteresses.

Qu'est-ce qu'une *maison*? La législation champenoise, abondamment explicitée par les actes comtaux des années 1220-1250, en fournit la définition. La maison se situe en deçà de toute véritable fortification. Dans un jugement de 1176-1177, il est précisé que, faute de pouvoir construire une *domus firma*, on bâtira une *domus plana* sans mur mais avec un fossé de la profondeur d'un seul rejet de terre. Derrière le fossé, il n'y aura, selon un acte de 1160, qu'une palissade, selon un autre acte de 1217, qu'une simple haie.

La définition la plus complète est donnée en 1241 à propos de la maison de Châtillon, établie sur une motte naturelle dans les marais de Saint-Gond. Elle devra être entourée d'un fossé large de cinquante pieds et fermée d'une palissade avec une porte en bois ou en pierre. Il est interdit de faire plus.

Faire plus, c'est fortifier la maison, la rendre *fortis* ou *firma*, la changer en forteresse. La maison forte substitue à la haie ou à la palissade un mur plat sans tourelles ni *allours*. Il est entendu que le détenteur n'élargira pas frauduleusement ni n'approfondira le fossé et qu'il n'épaissira pas le mur au-delà de ce qui est permis. En 1231, le sire de Mareuil-en-Brie avait commencé d'édifier un mur autour de sa maison; il interrompt les travaux jusqu'au jour où le comte l'autorise à les achever; en 1242, il reconnaît avoir reçu la permission *ipsam domum perfirmare de plenis muris sine turribus et de fossatis habentibus spacium XXV pedum in largio et nihil amplius quod ad fortericia dictae domus pertineat* (de fortifier cette maison de murs pleins sans tours et de fossés ayant vingt-cinq pieds de large, sans rien ajouter de plus en ce qui concerne la fortification de ladite maison).

Une législation analogue se rencontre dans toutes les parties du royaume, du Ponthieu à la Gascogne des Plantagenêts. Les *Olim* conservent un écho des procès qui furent portés au XIIIe siècle devant le Parlement de Paris. On y voit l'évêque de Nevers actionner le prieur de La Charité-sur-Loire, coupable d'avoir voulu bâtir une forteresse alors que lui-même, de son côté, est actionné par le bailli du roi pour avoir fait réparer les créneaux de la sienne. En 1268, Saint Louis fait abattre à Méréville la demeure d'un certain Guillaume Prunelet; comme il y restait deux tourelles, *que adhuc sunt signa fortericie* (qui sont encore des signes de fortification), le bailli d'Étampes reçoit l'ordre de les supprimer. En

Château de Sautrenon. Dessin de l'Armorial de Revel (Bibl. nat., fr. 22.297, fol. 444). Le château entouré par les maisons du village.

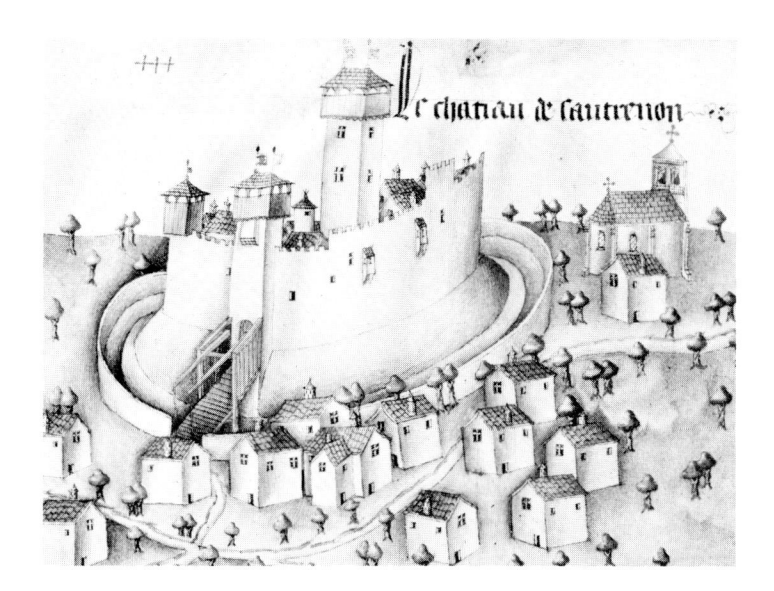

Gascogne, où le roi d'Angleterre ne possède qu'un sixième des points forts, Édouard Ier surveille de très près les initiatives de ses sujets, se réservant d'autoriser les travaux de fortification comme il le faisait en Angleterre avec ses *licenses to crenellate* (permission de créneler). Il existe ici aussi une véritable hiérarchie dans les autorisations. La maison qu'Amanieu de Loubens édifie en 1281 doit être en bois avec une couverture en tuiles et une clôture de terre et de bois *sine omni clausura alia, palis et ingenio et ponte levaticio et augmentatione fossatorum et aliis operibus magnorum fortaliciorum* (à l'exclusion de toute autre clôture, pieux, engin et pont-levis, et adjonction de fossés et autres ouvrages des grandes forteresses). C'est au contraire une vraie maison forte que construit Garsie de Sault à Ahetze en 1289 ; elle est pourvue de *fossatis, palis lineatis, ponte levaticio, ingeniis et alis prout moris est in partibus illis fieri domos fortes* (de fossés, de pieux alignés, d'un pont-levis, d'engins et d'avancées comme il est d'usage de construire les maisons fortes dans cette région). A Meignos, la même année, une autre maison est fortifiée simplement de *fossatis, palis et ponte levaticio* (de fossés, pieux et pont-levis). Un pas est donc franchi quand le roi-duc accorde non seulement un pont-levis mais encore des éléments de flanquement, *a fortiori* des créneaux et des archères. En 1278, le *vadletus regis* (valet du roi) Ébulon de Puyguilhem reçoit la permission de créneler sa *domus secura* (maison forte) de Blésignac, et en 1304, l'évêque de Bazas peut en construire une, à Loubens, *cum cranellis et arqueriis* (avec créneaux et archères). Édouard Ier accorda une vingtaine d'autorisations durant son voyage à travers la Gascogne en 1289. La tendance à multiplier les enclos défensifs, déjà manifeste sous ce prince, s'exagéra sous son faible successeur, qui dut ordonner une enquête sur les agissements des nobles landais et même des bourgeois de Bayonne et de Bordeaux. L'affaire se solda, comme il fallait s'y attendre, par une régularisation après coup.

La guerre de Cent Ans en relâchant la vigilance des princes rendit les petits nobles plus libres de se fortifier. N'eût été le coût de l'opération, qui dépassait de beaucoup leurs ressources, les fortifications se fussent multipliées à l'infini. Il est vrai que la guerre offrait autant de chances de s'enrichir que de se ruiner. En Champagne, l'adjectif *fort* s'applique de plus en plus souvent aux maisons dont il est fait mention dans les documents du XVe siècle. Quelques-unes d'entre elles, qui ont reçu tours d'angle, créneaux et pont-levis et dont les dépendances sont entourées d'un fossé et d'un mur, sont même parfois qualifiées de *châteaux* et, comme les riches sont aussi les puissants, leurs détenteurs ont généralement réussi à acquérir aux alentours quelques droits de justice et de ban, créant ainsi de petites châtellenies. Il ne saurait être question d'exagérer l'importance de ces châteaux d'occasion et de ces châtellenies de troisième origine, eu égard aux énormes masses de pouvoir et d'argent que représentent à la même époque Tarascon (Bouches-du-Rhône) ou Pierrefonds (Oise). Même pour une noblesse émancipée, fière de ses fourches patibulaires et se vendant aux plus offrants, l'abîme qui la sépare du prince, sauf quand elle parvient à le parasiter, ne cesse de se creuser.

II. Château fort et droit féodal

Aussi conforme qu'elle fut aux besoins et aux traditions du haut Moyen Âge, l'organisation des pouvoirs sur une base régionale heurtait un idéal unitaire incarné par le souverain. Chronologiquement, elle se situait après la tentative de restauration étatique opérée par Charlemagne et, sous lui, par les nostalgiques de l'Empire romain ; en dépit des circonstances, elle ne pouvait en effacer complètement le souvenir. Réduits à l'état de princes territoriaux, les rois ne firent jamais abandon des droits qui étaient les leurs, même s'ils durent remettre à plus tard l'espoir de les récupérer.

Pour gouverner, ils disposaient d'un moyen encore élémentaire, forgé au sein des clientèles privées et que Charlemagne lui-même avait élevé au rang d'institution officielle, la *vassalité*. Au cours du IXe siècle, les grands avaient dû se recommander au souverain et, selon leur importance, recevoir la recommandation de moins puissants qu'eux. Pour entretenir la fidélité de leurs vassaux, rois et seigneurs leur concédèrent des bénéfices. Bientôt, selon une pente naturelle, le bénéfice devint la condition de la fidélité. Fief et foi furent liés. Les officiers royaux, comtes et ducs, qui exerçaient les pouvoirs publics dans un ou plusieurs comtés, finirent par considérer ces pouvoirs comme des bénéfices. Ils voulurent en disposer héréditairement et les transmettre à leurs enfants. En faisant souche de princes territoriaux, ils demeurèrent liés au roi, non plus comme officiers révocables, mais comme vassaux. Restait au souverain à tirer toutes les conséquences de cette évolution et à faire fonctionner le système à son profit. Les derniers Carolingiens s'y employèrent avec persévérance. En 980-984, Lothaire investit Eudes Ier de Blois et Herbert le Jeune de Troyes des *optimae terrae cum oppidis munitissimis* (des meilleures terres avec les châteaux les mieux équipés) à eux laissés en héritage par leur oncle, le comte du Palais Herbert le Vieux.

Appauvris par leurs libéralités et privés de ressources, les Carolingiens furent détrônés par les Capétiens. Ces derniers apportèrent dans le gouvernement l'expérience qu'ils avaient acquise au temps où ils étaient comtes d'Anjou, marquis de Neustrie puis ducs des Francs. Ils savaient que leur avenir dépendait moins de leur couronne que de l'obéissance de leurs vassaux. Forts de leur prestige, ils travaillèrent à structurer le droit féodal et à l'orienter selon leur intérêt.

Dans cette perspective, l'essentiel était de pouvoir disposer des châteaux. Le même problème se posait à tous les princes territoriaux, quelle que fût l'étendue de leur domination. Pendant deux siècles le roi n'agit pas différemment vis-à-vis de ses vassaux que les comtes et les ducs vis-à-vis des leurs. Ce ne fut qu'au XIIe siècle qu'il parvint à faire triompher sans conteste sa suzeraineté.

Les prescriptions du droit féodal

Comme le droit féodal, tel qu'il est formulé au début du XIe siècle, comporte essentiellement des clauses négatives, il n'est pas étonnant que la première obligation faite au vassal soit de ne point construire de château contre son seigneur. Vers 1020, Adhémar de Chabannes juge sévèrement Aimeri de Rancon qui, en dépit de serments prêtés sur les reliques de saint Cybard, a édifié une motte à *Fractabotum, contra seniorem suum* (contre son seigneur).

Si le vassal ne doit pas nuire à son seigneur, il lui faut aussi l'aider en cas de besoin. Dès 1016-1020, l'évêque de Chartres Fulbert exige que le comte de Vendôme lui remette son château *pour son usage et celui de ses fidèles.* En 1061, le comte d'Anjou allègue la défense du pays pour introduire des garnisons dans les châteaux qu'il a donnés en fief; il stipule que ses chevaliers s'abstiendront de porter atteinte au droit du vassal. Autorisant la construction d'une forteresse à Mugron en 1074, l'abbé de Saint-Sever précise de son côté que le châtelain la lui rendra en cas de guerre avec armes, troupe et ravitaillement. Enfin les *Consuetudines et justitie* normands rappellent, comme il a été dit plus haut, que toute place forte doit être livrée au duc sur simple réquisition.

Cependant les exigences seigneuriales se modèrent peu à peu. Le vassal ne sera plus mis à contribution qu'un certain nombre de fois par an. Vers 1100, la coutume de Bigorre, reflétant la tradition du Midi, fixe ce nombre à trois, que le seigneur soit *iratus vel pacatus,* c'est-à-dire en bons ou en mauvais termes avec son vassal. Quant aux puissants Trencavel de Montpellier, à l'imitation de la haute aristocratie d'outre-Rhône, ils se contentent du gîte pour eux et leurs chevaliers dans les forteresses qu'ils ont inféodées.

Au lieu d'ouvrir sa demeure à son seigneur, le vassal peut être tenté de s'en servir contre lui. Il en résulte ordinairement un conflit dont la solution découle du rapport de forces. C'est ainsi que Louis VI entre en lutte avec les châtelains de l'Ile-de-France. Les ducs de Normandie n'échappent pas à ces querelles. Parfois, à la destruction pure et simple des places qu'ils enlèvent, ils préfèrent des mesures moins radicales; Henri Ier Beauclerc restitue même aux fils de Robert de Bellême les châteaux de leur père, mais il confisque les donjons.

Seconde exigence du droit féodal, complémentaire de la précédente, le vassal doit participer à la défense du château de son seigneur. Certes, dans la pratique, elle ne s'impose pas avec la même rigueur au châtelain établi dans la mouvance d'un prince et au simple vassal fieffé. Le second, plus que le premier, est astreint personnellement au service de garde.

Construire, entretenir et garder un château était une charge considérable qui pesait sur les dépendants. Aux paysans, le seigneur demandait l'*opus castelli,* c'est-à-dire des charrois de matériel, pieux ou fascines, de la main-d'œuvre et du ravitaillement. Des conciles, à commencer par celui du Puy en 999, interdisent de réquisitionner, dans les terres d'Église, des ouvriers sous prétexte d'avouerie. Au XIe et au XIIe siècles, le seigneur

La Haye de Bénisson-Dieu (Loire). Dessin de l'Armorial de Revel (Bibl. nat., fr. 22.297, fol. 487). La défense est assurée par des palissades de bois.

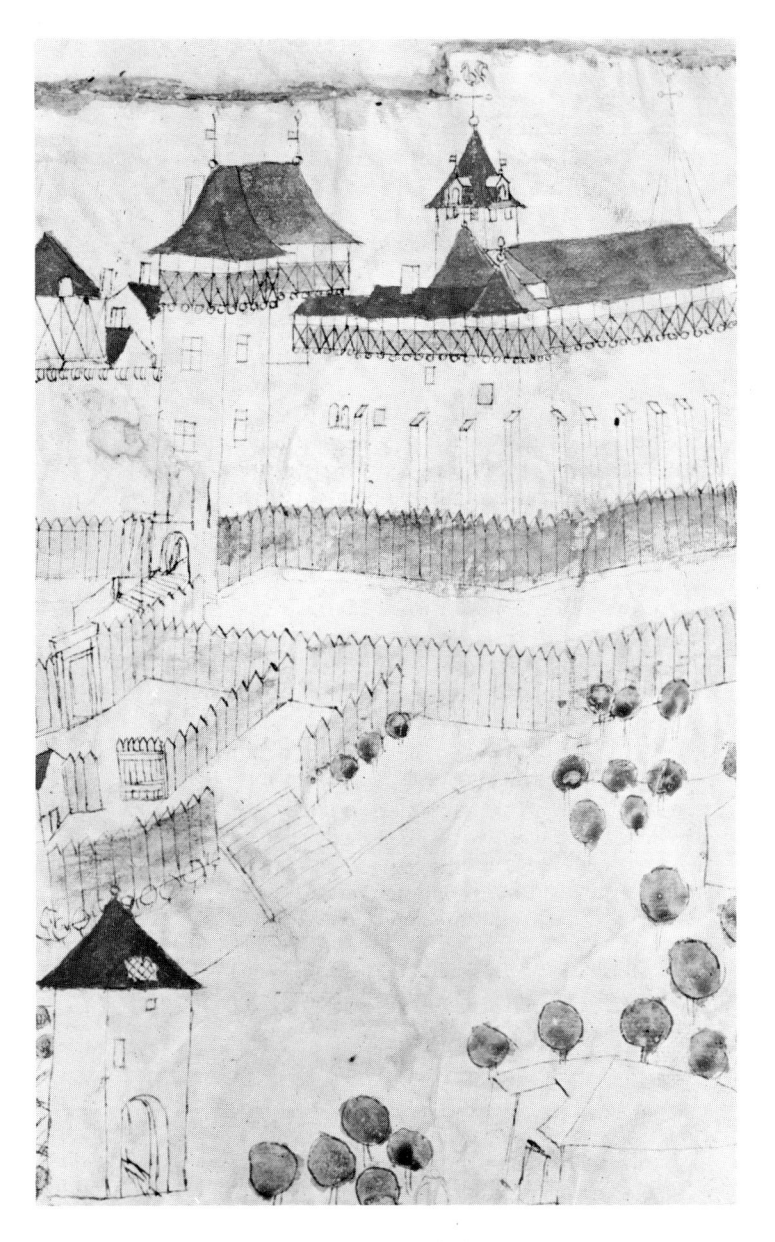

réclame aussi des paysans un service de guet par équipes de trois ou quatre par nuit.

C'est au vassal qu'est plus spécialement réservée la garde. Une bonne description en est donnée par les *Coutumes de Vendôme* en 1035-1037 : « En ce qui concerne la garde du château, afin qu'elle ait lieu tous les mois, Bouchard lui-même, maire et comte de Vendôme, l'assurait pendant cinq mois, à savoir mars, avril, juin, juillet et août. Les deux premiers mois étaient assurés par la cour du comte, et les autres trois mois par le service de guet imposé aux habitants du bourg. Otradus, père de Salomon, assurait la garde en septembre parce qu'il tenait Septon et Artins, Hervé de Saint-Marcel en octobre parce qu'il tenait [...]. Tous avec le comte gardaient le château et chaque nuit il y avait à l'intérieur cinq guetteurs (trois fixes et deux mobiles). »

La préoccupation majeure du seigneur était que le vassal n'attente à sa sécurité en livrant la forteresse à l'ennemi. *Tutum,* dit Fulbert de Chartres dans sa lettre au duc Guillaume V d'Aquitaine en 1020, *ne sit (fidelis seniori) in damnum de secreto suo vel de munitionibus per quas tutus esse potest* (sûr, afin qu'il ne nuise pas à son seigneur en livrant son secret ou ses châteaux-forts qui garantissent sa sécurité). La peur du traître hante cette société fondée sur le respect de la parole donnée. Viollet-le-Duc expliquait par la méfiance les combinaisons d'escaliers et de corridors que les architectes introduisaient dans le plan des donjons; il fallait à tout prix dérouter l'ennemi. A Houdan, le maître, campé dans la grande salle du premier étage, surveillait toutes les issues et par conséquent les allées et venues de la maisonnée. On évitait soigneusement d'introduire un étranger dans le donjon pour en préserver le secret. La hantise du parjure explique qu'au début du XIVe siècle encore Dante n'ait pas hésité à placer le traître au neuvième bolge de son Enfer.

Le donjon était la pièce maîtresse de l'enceinte fortifiée. Dans les documents tardifs, il arrive que le mot désigne tout le château par opposition au bourg castral construit à proximité. De cette grosse tour, symbole de puissance guerrière et de domination, mouvaient tous les fiefs de la châtellenie de même que de la tour du Louvre, édifiée par Philippe Auguste, mouvaient tous les châteaux du royaume. Quand un prince avait plusieurs forteresses, il confiait celles qu'il n'habitait pas à un capitaine-gouverneur auquel il inféodait souvent le donjon. De là vient qu'en Champagne se rencontrent des familles dites *Du Donjon.* Elles tenaient héréditairement la grosse tour dont elles avaient plus particulièrement la responsabilité. Souvent elles étaient apparentées de loin aux seigneurs et par obligation professionnelle menaient le même genre de vie qu'eux. Certaines, par suite d'alliances matrimoniales aussi heureuses qu'inattendues, connurent une ascension sociale étonnante : les Châtillon, les Vitry, les Thourotte ou les Beaumetz.

La codification de la coutume

Dès le premier âge féodal, tous les problèmes étaient posés et dans la pratique résolus. Il ne restait plus aux juristes qu'à mettre en forme le

Châteaudun (Eure-et-Loir). Le tribunal. La disposition de l'estrade du juge dans l'angle de la pièce rappelle encore l'usage tenu pour les « lits de justice » du roi.

code et à fixer les règles fondées sur la coutume. Commencé au XIIe siècle, le travail s'épanouit au XIIIe siècle. En Italie, les glossateurs s'emparèrent du château pour en traiter à la lumière du droit romain. De façon générale, la consolidation des monarchies et le renouveau de la notion d'État aboutirent à un renforcement des pouvoirs du suzerain, même si les devoirs du vassal s'en trouvèrent précisés et limités. Le système se mit à fonctionner définitivement du bas vers le haut.

La situation que découvraient les juristes était dans le détail d'une extrême complexité. Un château pouvait être tenu en fief indépendamment de la terre sur laquelle il était édifié et inversement il arrivait qu'un vassal rendît des services pour un fief qui n'avait rien à voir avec son château. Dans certains cas, le vassal relevait d'un seigneur pour son donjon et d'un autre pour le bourg attenant. Enfin une même forteresse pouvait être revendiquée par deux seigneurs à la fois. Pour sortir de cet imbroglio, des règles simples furent peu à peu élaborées. Il fut interdit à l'arrière-vassal d'ouvrir sa demeure à son seigneur quand celui-ci était en guerre avec le suzerain. En Hainaut dès la seconde moitié du XIIe siècle, tous les châteaux durent être repris du comte même s'ils étaient construits sur des alleux ou sur des fiefs qui ne relevaient pas de lui. En Champagne au XIIIe siècle, les maisons auxquelles étaient apportées des adjonctions susceptibles d'en modifier le caractère et de les fortifier devenaient *ipso facto* des fiefs comtaux. Aux principes s'ajouta la pression des événements. Les *alleutiers,* que leur position frontalière avait préservés jusque-là de toute subordination, furent contraints de se *recommander.* L'histoire de Noyers illustre bien la concurrence que se firent à ce sujet les comtes de Champagne et les ducs de Bourgogne. Enfin, conséquence des progrès de la bureaucratie, une attention plus aiguë fut accordée à l'enregistrement des châteaux et maisons fortes comme le prouvent les *Recogniciones feodorum* de Gascogne sous le règne d'Edouard Ier.

A cet effort de clarification a correspondu une réglementation plus minutieuse des devoirs et des droits de chacun. On précisa dans quelles conditions le château du vassal devait être remis au seigneur : sur réquisition de celui-ci à grande ou à petite force, soit à merci comme l'exige Edouard Ier en Gascogne, soit seulement pour une durée de quarante jours. On prévit des garanties d'exécution sous la forme d'otages ou de serment. Les chevaliers du château et les bourgeois du bourg attenant furent invités à jurer qu'ils contraindraient leur seigneur récalcitrant à rendre sa forteresse, faute de quoi ils quitteraient sa fidélité pour passer directement dans celle du suzerain. Le château fut alors déclaré *jurable et rendable*. Cette disposition apparaît en Hainaut dans la seconde moitié du XIIe siècle, en Champagne peu après. Quand elle n'est pas appliquée, comme ce fut le cas à Bagneaux en 1230, il est entendu que le vassal détruira sa forteresse si un ennemi prétend y tenir garnison. Enfin, pour mettre le vassal à l'abri de toute surprise, des garanties de restitution lui sont accordées, ainsi que des dédommagements pour les torts matériels qui lui seraient causés.

Résumant toute une évolution dans ses *Coutumes de Beauvaisis,* Philippe de Beaumanoir consacre vers 1280 quelques paragraphes aux règles qui viennent d'être évoquées. Selon cet auteur, le seigneur, renonçant à toute réquisition pour convenance personnelle, ne peut occuper la maison de son vassal qu'en cas de guerre, ou pour y loger un prisonnier, ou encore pour s'y mettre personnellement en sécurité et en dernier lieu pour assurer *le commun profit du pays*. Cette occupation ne doit rien coûter au vassal et la place doit être restituée dans l'état où elle se trouvait. Si le seigneur présente sa réquisition à un moment où le vassal a besoin de toutes ses forces pour soutenir une querelle, celui-ci obtempérera à condition que le seigneur vienne en personne et lui prête son aide tout le temps qu'il sera présent.

De toute évidence une telle législation avait un intérêt supérieur au monopole régalien de construction. Grâce à elle, le seigneur pouvait utiliser des bâtiments qu'il n'avait pas la charge de construire, d'entretenir et de garder. On comprend que les princes n'aient pas hésité à permettre à leurs vassaux de se fortifier et qu'ils aient même, comme Blanche de Champagne et son fils

Ci-contre, siège du château de Brest avec des échelles. Miniature d'un manuscrit des Chroniques de Froissart, XVe siècle (Bibl. nat., fr. 2645, fol. 116 v°).

Thibaud IV pour les places fontralières de Monthureux et Bourlémont, subventionné quelques travaux.

Reste une dernière obligation, celle qu'avait le vassal de venir monter la garde dans le château de son seigneur, l'*estage*. De ce point de vue aussi, un effort de clarification fut entrepris. Les premiers registres des *Feoda Campanie* paraissent avoir été conçus vers 1172 pour recenser ce genre de service. Ordinairement le vassal venait s'installer avec femme et enfants, pour plusieurs semaines ou plusieurs mois dans une maison sise dans l'enceinte du château. Il ne renvoyait sa famille qu'en cas de guerre ou de siège. Les frais qu'entraînait une telle installation joints au peu d'empressement que montraient les vassaux persuadèrent les seigneurs de ne faire appel à eux que si nécessité s'en faisait sentir. Les convocations eurent tendance à s'espacer. D'ailleurs, en raison de leur assiette souvent escarpée, beaucoup de châteaux, vulnérables seulement du côté de la porte, pouvaient être gardés par un personnel réduit, un prévôt, un concierge, un veilleur et un geôlier.

Les régions voisines de l'Empire virent s'introduire au XIIIe siècle un système de garde fondé sur le fief castral, *feodum castrense*. Le détenteur de ce fief, constitué généralement par un quelconque revenu, cens, rente ou taille, n'avait d'autre obligation militaire que le service de garde. C'est ainsi qu'en 1261 Simon de Vendresse, charpentier, reçut du comte de Rethel en fief et hommage *deux muids de méteil et deux muids d'avoine* à prendre sur les terrages de l'endroit à condition de monter la garde à Omont, six semaines chaque fois qu'il en serait requis. Les titulaires de fiefs castraux, recrutés sans considération de naissance, habitaient généralement assez loin du château. Ils s'y rencontraient seulement en cas de guerre, leurs périodes d'*estage* ne coïncidant pas. Ce service ne représentait d'ailleurs pour eux qu'une petite partie de leur revenu et ne les mobilisait que médiocrement. Au XIVe siècle, le fief castral perdit son attrait. Il fut remplacé par un contrat à court terme. Au rapport féodal, on préféra un simple rapport d'employeur à employé et au garde fieffé le simple soudoyé.

La transmission du château

En ce qui concerne le régime successoral, les châteaux subirent la même évolution que les autres fiefs. L'emprise du lignage ne cessa de s'appesantir sur eux. Il fut interdit d'asseoir le douaire de l'épouse sur la principale forteresse de la seigneurie. A défaut de garçons, les filles furent habilitées à transmettre les ouvrages militaires à leurs descendants. Enfin le droit des collatéraux exclut toute possibilité pour le seigneur de procéder à la saisie en cas de déshérence. Dans les régions de tendance égalitaire, le privilège de l'aînesse fut battu en brèche par les princes qui favorisèrent les partages alors qu'eux-mêmes, pour renforcer leur prééminence, pratiquaient déjà le système de l'apanage et réservaient à leur fils aîné la presque totalité de leur patrimoine. En Champagne, en 1212, il fut décidé que, dans les familles dépourvues de mâles, la fille aînée hériterait du château quand il n'y en avait qu'un, ou choisirait, s'il y en avait plusieurs, celui qui lui conviendrait le mieux et ses sœurs, dans l'ordre de leur naissance, choisiraient après elle. La règle fut étendue aux garçons en 1224.

Le régime successoral entraîna la division des donjons, des logis, des murailles entre de multiples héritiers. En Bazadais, en 1274, huit châteaux étaient tenus en *parçonnage*. Il en résulta des constructions nouvelles qui se dressèrent à l'intérieur d'une même enceinte, tour contre tour, logis contre logis. On dénombre à la même époque en Agenais douze parçonniers pour un seul château. Un contrat, daté de 1288, partage de façon très précise la salle, les chambres et la tour du château de Puycalvary (Lot-et-Garonne), en sorte qu'aucune des deux parties n'ait à se plaindre de l'autre : un mur sera construit entre elles, sans porte ni fenêtre, pas plus qu'il n'y aura d'ouverture dans les parois de la salle ou de la tour. Les eaux seront évacuées vers l'extérieur de manière à ne gêner personne.

Les *engagères* compliquèrent encore un peu plus une situation déjà fortement embrouillée. Il fut admis en effet qu'un débiteur pouvait sous-inféoder sa part à un créancier avec l'accord de son seigneur, la sous-inféodation devant prendre fin avec le remboursement de la dette et la restitution du fief en bon état.

En dépit de toutes les précautions, partages et engagères multiplièrent les occasions de conflit. En Lorraine, le problème fut résolu au moins théoriquement par la conclusion d'un *Burgfried* ou paix castrale. L'un des exemples les plus caractéristiques concerne le château de Fénétrange, ainsi que l'a observé le doyen J. Schneider. Comme pour les traités contemporains de *Landfried,* les coseigneurs s'engageaient à entretenir des rapports pacifiques, à vider leurs querelles par la voie judiciaire, à combattre tout homme qui attaquerait l'un des associés.

Tout au long de la période qui vient d'être étudiée le droit régalien, cheminant sous le couvert du droit féodal, utilise celui-ci en vue d'une progressive restauration du monopole de l'État sur les fortifications. Dès le XIVe siècle, le roi a le droit de mettre des garnisons dans tous les châteaux du royaume. Il peut même, comme à Thiers en 1308, acheter ceux qui sont nécessaires à sa défense. Les seigneurs ont l'obligation de maintenir en bon état leur château. Ordre leur est donné de les réparer. S'ils n'en n'ont pas les moyens, le roi peut entreprendre les travaux à ses frais ou prescrire de démolir la bâtisse pour que l'ennemi ne puisse s'y retrancher. En 1358, le régent fit raser un certain nombre de forteresses de l'Ile-de-France et de la Picardie. En 1366, ce fut le tour de Marolles, en 1378 de Pacy. La guerre de Cent Ans puis la querelle des Armagnacs et des Bourguignons donnèrent aux belligérants maintes occasions de se fortifier, mais aussi de supprimer des places qui étaient nuisibles à la tranquillité du pays.

Parmi les châteaux de l'époque, beaucoup n'avaient presque aucune valeur militaire et ne servaient plus que de centres administratifs pour la perception des redevances dans le cadre des châtellenies. La plupart des maisons fortes, défendues par leur muraille et leur fossé contre un simple coup de main, ne pouvaient résister longtemps à une troupe bien décidée à y pénétrer.

En outre les garnisons, presque toujours insuffisantes, n'étaient pas à l'abri de la trahison. En 1419, Coucy fut surpris par les Bourguignons qui s'étaient ménagé des intelligences à l'intérieur. Les traîtres égorgèrent le gouverneur et ouvrirent les portes à l'ennemi.

Les assauts par échelade, mis au point au milieu du XIVe siècle, avaient rendu vulnérables les châteaux du XIIIe, dont les courtines n'avaient pas été surélevées. Bientôt l'artillerie de siège sonna le glas des forteresses privées. Elle devint opérationnelle dans la seconde moitié du XVe siècle et seuls les rois et les princes de l'envergure d'un duc de Bourgogne eurent les moyens de se doter de forteresses perfectionnées. Lorsque Charles le Téméraire, en 1475, fit la conquête de la Lorraine, il n'existait dans ce pays qu'un ou deux châteaux susceptibles de lui résister, et le principal d'entre eux, Châtel-sur-Moselle (Vosges), pourvu par son détenteur, le maréchal de Bourgogne Thibaud de Neufchâtel, des tout derniers perfectionnements, lui appartenait pratiquement. Au reste, ce ne sont pas les châteaux mais les villes — Neuss, Nancy — qui firent plier le Téméraire et scellèrent son destin.

Château d'Usson (Puy-de-Dôme). Dessin de l'Armorial de Revel (Bibl. nat., fr. 22.297, fol. 32).

Les progrès de l'artillerie eurent pour résultat de dissocier la résidence seigneuriale de la fortification et de mettre un terme à six siècles d'habitat seigneurial fortifié. Cette dissociation fut lente en raison du poids de la tradition et surtout du manque de moyens des seigneurs pour rénover leur cadre de vie. Tout en s'ouvrant à la lumière par de multiples fenêtres, les châteaux conservèrent longtemps encore, comme en témoigne l'exemple de Chambord, la structure de la forteresse médiévale. Il fallut attendre l'époque classique pour que s'abolît définitivement le passé. Quant à la fortification, redevenue monopole royal, elle évolua lentement vers la citadelle à laquelle Vauban devait attacher son nom.

Les guerres de Religion puis les révoltes nobiliaires rendirent au château fort un semblant d'actualité. Pierrefonds ne fut détruit par le canon qu'en 1616, Coucy rendu inhabitable par la poudre qu'en 1652. Dans bien des circonstances, il parut aussi expédient de faire raser les tours à hauteur d'infamie. Les lointains descendants des châtelains du Moyen Âge conservèrent parfois la vieille motte d'où mouvaient jadis les fiefs et où les vassaux venaient prêter hommage. Symbole dérisoire, car déjà en plein XVIe siècle, François Ier, pour bien montrer que la France était entrée dans l'ère de la monarchie absolue, avait fait abattre la grosse tour du Louvre, pivot de la féodalité.

La vie dans le château
Les conditions de construction

Yves Bruand

Le château a joué un rôle de premier plan dans la vie des hommes au Moyen Âge. Forteresse offrant un abri sûr au seigneur qui le possédait et aux villageois ou paysans du voisinage susceptibles de s'y réfugier, ce fut avant tout un édifice militaire offrant de sérieuses garanties en des temps troublés où guerres et pillages étaient courants. A cette fonction de défense s'ajoutèrent, dès l'aube de l'époque féodale, des attributions politiques, administratives, judiciaires et économiques concédées par le pouvoir suzerain ou à l'occasion accaparées par le châtelain; le château devint donc du Xe au XVe siècle l'élément majeur d'un système institutionnel fondé sur des liens de dépendance soigneusement établis, bien que très variables selon le lieu et le temps. Cette étude du rôle du château dans la société médiévale a fait l'objet d'un livre récent de Gabriel Fournier qui fournit une excellente synthèse sur le sujet. Le château fut aussi une résidence pour le seigneur, sa famille et ses serviteurs, résidence permanente ou provisoire selon l'importance des biens du détenteur; les hauts personnages, largement possessionnés, se déplaçaient en effet souvent de l'un à l'autre des édifices répartis dans leurs domaines. C'est cet aspect de la vie de château, conditionnée par les divers facteurs énumérés ci-dessus, que nous allons tenter d'esquisser.

I. Les sources

Les sources qui permettent de connaître plus ou moins la manière de vivre des châtelains et de leur entourage sont variées, mais leur précision n'est pas toujours suffisante pour assurer une restitution autre qu'approximative. Il y a tout d'abord les textes. Les documents d'archives ne nous fournissent que de rares données sur la disposition intérieure des châteaux, faisant seulement allusion, à l'occasion, à la salle d'audience, *aula,* où le seigneur recevait et rendait la justice; l'emplacement de celle-ci, dans le donjon mais plus généralement dans un bâtiment indépendant, est parfois précisé. Les sources littéraires, chansons de geste, contes et romans courtois nous donnent quelques renseignements sur la vie courante et les fêtes dont le château était le cadre; ce sont elles notamment qui nous permettent de saisir l'importance qu'avait le verger, situé en dehors des murs de l'édifice mais à proximité de celui-ci, comme lieu de promenade et de distractions. Les chroniqueurs enfin, s'ils se soucient plus de décrire les faits d'armes et les sièges des forteresses que leur aménagement interne, nous fournissent cependant, surtout pour la fin du Moyen Âge, des éléments précieux; le témoignage d'un Froissart, grand voyageur et brillant narrateur, sur la vie seigneuriale et le luxe qui régnaient dans les cours royales et princières de la fin du XIVe siècle est essentiel, même s'il parle relativement peu du cadre architectural où se déroulaient les scènes et les événements contés avec une verve sans cesse renouvelée.

Si les textes sont précieux par eux-mêmes et nous offrent en bien des cas les plus sûres données chronologiques, ils ont aussi l'avantage d'être accompagnés, dans les plus beaux manuscrits, de miniatures qui constituent une documentation capitale sur le sujet; nous y voyons les grands de ce monde saisis sur le vif dans leurs occupations habituelles (audiences, réceptions, repas, distractions, etc.). Là encore, c'est pour la fin du Moyen Âge que ces sources sont les plus abondantes et les plus fidèles. Certes, dans bien des cas, l'architecture est fantaisiste et ne concerne pas un édifice particulier, notamment pour les scènes d'intérieur, mais les notations générales sont valables, qu'il s'agisse des personnages et de leur costume, de leurs attitudes, du mobilier, voire du cadre d'ensemble. Quant aux représentations extérieures, elles peuvent être extrêmement précises, comme dans les *Très riches heures du duc de Berry* dont le calendrier est illustré pour chacun des mois de l'année par un château parfaitement dessiné et identifiable dans ses moindres détails. A ces documents iconographiques anciens il faut ajouter les plans et gravures des siècles suivants qui permettent de connaître des édifices disparus ou de restituer certaines dispositions des bâtiments conservés.

Les monuments subsistants, bien que presque toujours ruinés ou transformés à une époque postérieure, sont naturellement une source de premier ordre; leur analyse confrontée avec celle des textes et les représentations figurées du passé lointain ou récent ouvrent des horizons étendus. Les fouilles enfin, menées depuis une vingtaine d'années avec beaucoup de soin sur des sites soigneusement recensés, ont dégagé les fondations de nombreux châteaux détruits et mis au jour un matériel archéologique utile pour l'étude de la vie courante. Nos connaissances sur le haut Moyen Âge, le Xe et le XIe siècles, ont été entièrement renouvelées; les apports concernant les XIIe-XVe siècles sont moins considérables, mais loin d'être négligeables. Le compte rendu régulier de ces campagnes a été consigné dans la revue *Archéologie médiévale* de l'université de Caen.

Château de Gisors (Eure). Plan des dispositions générales. Relevé de l'architecte des Monuments Historiques (1890).

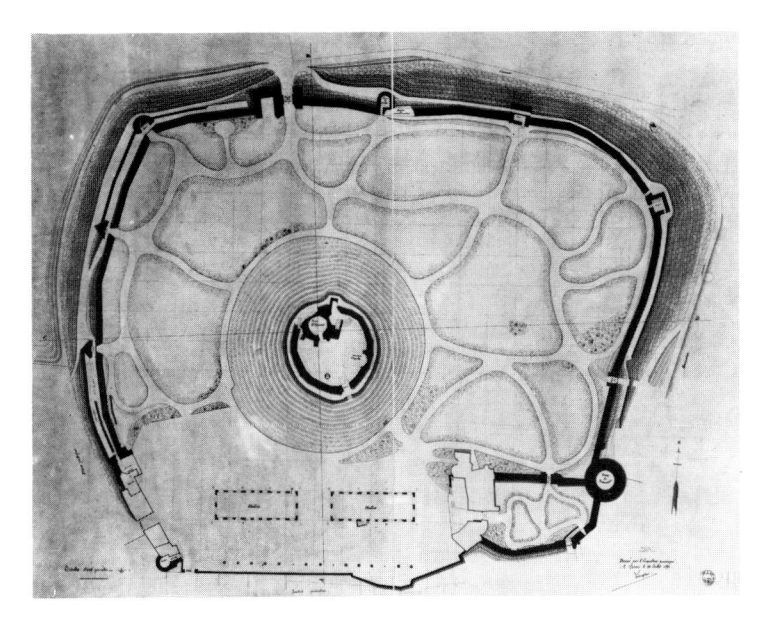

II. Haut Moyen Âge et époque romane

Nous n'insisterons guère sur la vie dans les châteaux du haut Moyen Âge, car la documentation est encore très pauvre en ce qui concerne la France; seules des campagnes de fouilles systématiques permettraient sans doute de pallier le peu de renseignements donnés par les textes et celles-ci sont à peine commencées. De plus, on peut se demander si le terme de château convient bien pour les temps mérovingiens et carolingiens; il y eut certes alors de nombreux ensembles fortifiés, mais il s'agissait soit de résidences agricoles, soit de palais, soit de refuges destinés à abriter temporairement en période d'insécurité une population importante; dans tous les cas, les enceintes étaient vastes et indépendantes des bâtiments d'habitation et de service englobés par elles. Une certaine continuité est sensible en Normandie dans les châteaux ducaux élevés au XIe siècle (Caen, Arques, Eu, Fécamp, etc.) et il faut y voir le maintien de la tradition du camp viking avec adaptation postérieure d'un donjon au XIIe siècle.

Le véritable château fort regroupant dans un édifice au périmètre réduit les fonctions résidentielles, militaires et administratives naît à la fin du Xe siècle et se développe au XIe siècle avec l'implantation du régime féodal. Il se caractérise par la formule de la motte sur laquelle se dresse un donjon qui est à la fois le point fort de la défense et un édifice habitable. Les premiers donjons de pierre (nous laisserons de côté les constructions de bois très nombreuses mais mal connues et dont le rôle d'habitation n'est pas certain) sont issus de la transformation d'anciens bâtiments résidentiels comblés ou partiellement enterrés et surélevés pour devenir des tours à rez-de-chaussée obscur (Doué-la-Fontaine, Langeais). C'est ce qui explique leur forme rectangulaire, reprise dans les grandes constructions du XIe siècle dans la vallée de la Loire : Loches, Montbazon (Indre-et-Loire), Le Coudray à Chinon, Beaugency (Loiret), Montrichard (Loir-et-Cher). Le tracé quadrangulaire fut adopté un peu partout dans les tours seigneuriales qui se multiplièrent au XIe et au XIIe siècles; il s'imposa particulièrement dans le Midi où il resta vivace jusqu'à la fin du Moyen Âge et même au-delà : c'était en effet le type de plan qui se prêtait le mieux à l'aménagement des pièces de séjour. Dans le Nord, par contre, on vit apparaître très tôt (fin XIe-début XIIe siècle) les donjons polygonaux, quadrilobés ou circulaires, mais ce fut uniquement par souci d'efficacité de la défense.

Quelles que soient leur forme et leur taille, ces ouvrages possédaient tous des points communs : rez-de-chaussée obscur servant de cave et de magasin, accès au premier étage par l'intermédiaire d'un avant-corps et d'une passerelle escamotable, salles de séjour disposées à ce niveau, chambre du seigneur et de son épouse au second étage, chambres des enfants, des serviteurs et des hôtes au-dessus. La répartition dépendait toutefois du nombre d'étages et de la surface de plancher disponible qui permettait ou non des divisions plus ou moins variées selon l'ampleur des édifices. Il y eut d'ailleurs dans certains cas, comme à Gisors, surélévation du donjon au XIIe siècle pour en améliorer les dispositions habitables. De simples planchers reposant sur de grosses poutres encastrées dans les murs ou appuyées sur le rebord de ceux-ci séparaient les niveaux supérieurs. Le confort était assez sommaire : la lumière ne pénétrait que par des ouvertures étroites, baies en plein cintre disposées à l'extrémité de profondes embrasures creusées dans le mur et bordées de banquettes de pierre; le mobilier était limité au strict nécessaire, l'espace disponible généralement réduit. Il ne faut pas croire néanmoins que tout souci de bien vivre était abandonné ni juger selon des critères actuels : les vastes cheminées aménagées dans les pièces habitables étaient construites avec beaucoup de soin, avec leurs conduits d'évacuation aménagés dans les murs tout comme les escaliers qui joignaient les étages entre eux; de plus la vie était à l'époque très communautaire et la promiscuité beaucoup moins ressentie qu'elle ne le serait aujourd'hui.

Château de Montargis (Loiret). Plan des différents bâtiments et des jardins qui les entourent. Gravure de Du Cerceau (Les plus excellents bâtiments de France).

Le donjon était toujours accompagné par des bâtiments annexes, au premier rang desquels il faut placer la salle d'apparat *(aula)* où le seigneur recevait ses vassaux et rendait la justice. Cet ouvrage constituait en fait un corps de logis qui pouvait s'élever sur plusieurs niveaux, comporter diverses pièces et servir de résidence complémentaire, voire de palais dans les grands châteaux de Normandie. C'est la raison pour laquelle il convient d'opérer une distinction entre la *salle,* simple dépendance du donjon, généralement enserrée dans la chemise de celui-ci, et celle appartenant à un vaste ensemble de constructions dispersées dans la basse-cour. Le premier parti, adopté par les seigneurs modestes, se répandit partout et se maintint très tardivement dans des régions quelque peu isolées, comme l'a montré l'étude récente de Jacques Miquel sur le Rouergue ; le second a connu son plein développement dans l'ouest de la France.

La basse-cour ou baile, protégée par une enceinte avancée entourant la motte du donjon ou venant parfois se greffer sur sa chemise, occupa généralement une large superficie jusqu'au milieu du XIIe siècle. De multiples bâtiments y trouvaient place. Il y avait tout d'abord de nombreux logements : résidence seigneuriale lorsque le donjon n'était qu'un refuge en cas de danger, maisons pour les chevaliers que leurs obligations vassaliques forçaient à résider une partie de l'année au château pour en assurer la défense, habitations des clercs et des domestiques. Venaient ensuite tous les services qui ne pouvaient s'intégrer dans l'espace limité constitué par le donjon et ses dépendances immédiates : écuries, granges, caves, cuisines destinées aux habitants du château. Il s'y ajoutait parfois les services de banalité que le seigneur offrait et imposait à la population résidant sur ses terres : four et moulin, bien que ceux-ci fussent souvent situés en dehors de l'enceinte. C'était enfin dans la basse-cour que se dressait la chapelle ; il arrivait toutefois que dans les grands châteaux possédant plusieurs sanctuaires une chapelle ait été aménagée à l'intérieur de la chemise du donjon comme à Gisors. Ces chapelles ne constituaient pas des paroisses et étaient desservies par des clercs attachés au service du seigneur. Toutes ces constructions étaient le plus souvent dispersées en ordre lâche au centre du terrain ; on n'avait donc pas à tenir compte en ce qui les concernait des problèmes de défense et il s'agissait en général d'édifices exempts de caractère militaire dans leur architecture. Les grands châteaux ducaux de Normandie des XIe et XIIe siècles (Caen, Arques, Eu, Fécamp, Gisors) offrent les exemples des basses-cours les plus vastes et les plus complètes, mais le même principe se retrouve dans un château comme celui du Puiset en Ile-de-France, qui appartenait à un petit seigneur du domaine royal avant sa mise au pas par Louis VI le Gros.

III. L'ère gothique

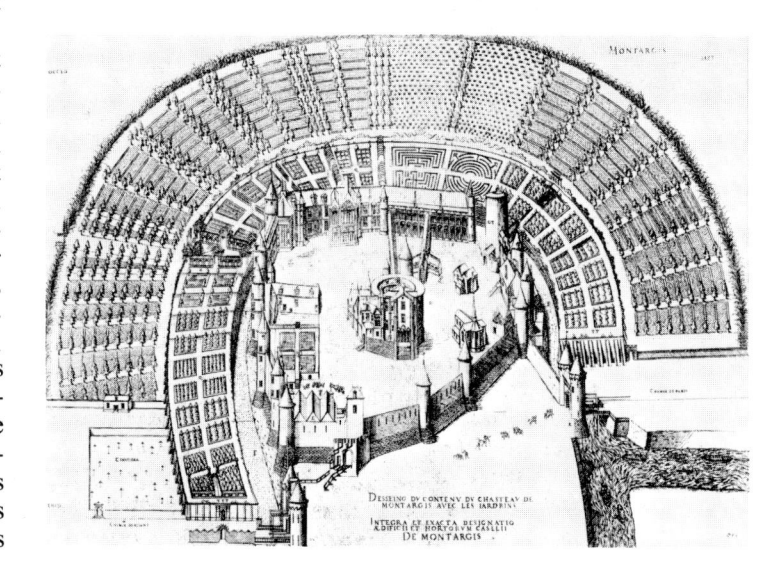

Les importants progrès défensifs réalisés sous le règne de Philippe Auguste avec l'apparition d'un corps d'ingénieurs militaires travaillant pour le roi se répercutèrent naturellement sur la fonction résidentielle des édifices. Le donjon isolé sur sa motte, conçu comme bâtiment d'habitation et ultime refuge, disparut presque au XIIIe siècle. Lorsqu'il se maintint sous forme de tour plus puissante et plus haute que les autres, comme à Dourdan ou Coucy, il fut intégré à l'enceinte et placé à l'endroit le plus vulnérable, devenant un ouvrage essentiellement militaire destiné avant tout à la garnison. Les corps de logis et de services s'adossèrent aux courtines qui les protégeaient, s'ordonnant autour d'une cour centrale sur laquelle on pouvait ouvrir de véritables fenêtres assurant un éclairage convenable. La vue était certes limitée mais les conditions de sécurité et de confort étaient bien supérieures aux précédentes. Il en allait de même pour la basse-cour, fortement réduite en superficie pour mieux assurer la défense avec les effectifs limités dont on disposait, mais désormais étroitement intégrée à l'ensemble fortifié ; l'ordre lâche et dispersé fréquent aux XIe-XIIe siècles fit donc place à un ordre serré et logique exploitant au maximum la place disponible et l'efficacité. Une redistribution s'opéra en même temps dans la répartition des bâtiments entre château proprement dit et basse-cour. Le premier, plus vaste que le réduit constitué par le donjon roman et sa chemise, abrita désormais la grande salle de justice généralement voûtée, éclairée par de larges baies et dotée de vastes cheminées (Coucy, Lucheux [Somme]), le logis et la chapelle seigneuriale, les cuisines, celliers et autres communs essentiels, les corps de garde, parfois des écuries lorsque la superficie était suffisante. Le reste des services et habitations du personnel domestique et éventuellement une seconde chapelle pour les gens du domaine ou les villageois voisins étaient installés dans la basse-cour. Bien entendu cette répartition n'était pas stricte et dépendait de l'importance du château, de la configuration du terrain, de sa situation en pleine campagne, en site montagneux ou lié à une agglomération. Dans ce dernier cas, la basse-cour pouvait se confondre avec le village ou même ne pas exister, le château devenant une citadelle participant à la défense de la ville tout en la commandant, comme à Carcassonne par exemple. La grande salle d'apparat pouvait même être située à l'occasion dans la basse-cour : Najac (Aveyron), Penne-d'Albigeois (Tarn).

Une évolution sensible se produisit au XIVe siècle avec le désir de rendre les châteaux plus agréables à habiter. Les améliorations apportées dans ce domaine à l'époque précédente avaient été étroitement subordonnées aux nécessités de la défense demeurées primordiales ; ce fut de moins en moins le cas après 1300, où le goût du confort et du luxe des seigneurs entra désormais en ligne de compte. Déjà à Villandraut, domaine familial du pape Clément V (1305-1314), ce dernier n'avait pas hésité à faire ouvrir à l'étage de belles fenêtres extérieures alternant avec les archères. Le souci d'avoir des pièces bien éclairées et bénéficiant d'un large horizon sur la campagne ou la ville s'accentua au cours des années pour aboutir aux magnifiques demeures de Charles V et de ses frères, qui restent de solides forteresses uniquement percées de meurtrières à leur base tout en devenant de splendides palais ouvragés dans leurs étages supérieurs et leur couronnement ; celui-ci, avec ses chemins de ronde superposés et ses mâchicoulis, est certes toujours un des hauts lieux d'une défense verticale renouvelée, mais le traitement de ces éléments en tant que composition décorative, particulièrement poussée dans les châteaux du duc Jean de Berri, s'annonce, dès la fin du XIVe siècle et, cent ans avant son éclosion, comme prélude de la première Renaissance française.

Les modifications intérieures allèrent dans le même sens : les corps de logis, toujours appuyés aux courtines, s'élargirent pour permettre d'y disposer des pièces d'habitation et des salles de réception plus spacieuses. Là aussi il y eut interpénétration de plus en plus poussée entre les constructions militaires et les constructions résidentielles : les appartements envahirent les tours. C'est ainsi qu'au Louvre Charles V établit sa bibliothèque dans l'une d'elles, qu'une autre abrita un escalier monumental (grande vis). On se soucia désormais au moins autant du confort et du luxe que des nécessités strictes de la défense dans l'aménagement des châteaux : les cuisines s'agrandirent, les circulations horizontales et verticales permettant de relier les diverses parties de l'édifice furent étudiées avec soin et prirent une importance accrue. Les plans réguliers, qui facilitaient grandement une distribution fonctionnelle, se trouvèrent plus que jamais privilégiés. Pour la même raison les tracés rectilignes tendirent à l'emporter à nouveau sur les tracés circulaires quand les nécessités militaires n'étaient pas primordiales. On assista ainsi à un retour en force de la tour carrée ou rectangulaire dès qu'il y avait usage mixte. Cette évolution concerna surtout les donjons qui resurgirent avec une imposante majesté dans les édifices du XIVe siècle. Le plus spectaculaire est sans contredit celui de Vincennes, flanqué aux angles de tourelles rondes, qui constituait à lui seul un logis royal et l'une des résidences préférées de Charles V. On a parfois parlé de résurgence des modèles romans, mais la parenté constatée est surtout due à des préoccupations similaires de synthèse entre défense et habitat. Le plan polygonal, qui s'adaptait parfaitement à ce double but, apparaît d'ailleurs, lui aussi, dans les énormes donjons de Bricquebec (Manche) et Largoët-en-Elven (Morbihan). Le rapprochement formel avec les créations romanes n'est donc qu'un avatar secondaire qui ne doit pas faire oublier la progression linéaire du souci de confort résidentiel, sensible du XIe au XVe siècle. Il faut enfin signaler les transformations importantes effectuées dans de nombreux ouvrages à la fin du XIVe et au début du XVe siècle pour les mettre au goût du jour par la création de grandes salles superposées élevées au revers des courtines et tours (Bourbon-l'Archambault [Allier], Hérisson en Bourbonnais).

La tendance qui consistait à placer les pièces de séjour dans les étages élevés entraîna au cours de la seconde moitié du XIVe siècle l'apparition d'une nouvelle localisation de la chapelle dans certains châteaux ; alors qu'elle se trouvait jusqu'alors située de préférence au niveau de la cour (bien qu'il y ait eu des exceptions comme à Puivert [Aude], où elle occupait un étage du donjon), on en vint parfois à la loger en hauteur pour en faciliter l'accès au seigneur et à ses proches.

Château de Mehun-sur-Yèvre (Cher). Miniature des Très Riches Heures du duc de Berry (La Tentation du Christ). La chapelle est érigée au-dessus de la porte fortifiée (Musée Condé, Chantilly).

L'emplacement favori fut alors la partie supérieure du bloc d'accès au-dessus de la grande porte; cela pouvait se traduire par un simple aménagement interne peu perceptible à l'extérieur comme au château de Moulins reconstruit par Louis II de Bourbon, ou au contraire par un splendide édifice quasi autonome juché sur le massif d'entrée à Mehun-sur-Yèvre (Cher), perle des constructions de Jean de Berri. Un oratoire dans l'appartement seigneurial complétait généralement l'ensemble des lieux consacrés aux dévotions religieuses. Quelques châteaux, qui bénéficièrent du dépôt d'une relique insigne, furent dotés d'une sainte chapelle; il y en eut même deux à Bourbon-l'Archambault, l'une du XIVe, l'autre du XVe siècle, disposées côte à côte, malheureusement disparues aujourd'hui; celle de Châteaudun (XVe s.) est en revanche intacte.

Le XVe siècle vit le caractère résidentiel du château l'emporter sur son rôle défensif. La fin de la guerre de Cent Ans et le goût de plus en plus affirmé des grands seigneurs et de leurs émules pour des demeures agréables transformèrent de façon décisive les édifices construits après 1460.

On continua certes jusqu'en 1500 et même au-delà à construire de véritables forteresses (Bonaguil, Chantelle, Salses en Roussillon) ou à renforcer celles qui existaient par des ouvrages avancés adaptés aux tirs d'artillerie. Les progrès de cette dernière avaient toutefois rendu vaine toute tentative de résistance durable contre une armée bien équipée en canons comme celle du roi de France à partir du règne de Charles VII. On comprend donc qu'un certain nombre de hauts personnages se soient contentés d'utiliser des sites offrant une protection naturelle contre des coups de main et aient modernisé leurs châteaux, comme Dunois à Châteaudun, en élevant de beaux corps de logis neufs percés de fenêtres sur les deux façades, à la place des anciennes courtines. C'est aussi la raison pour laquelle on conserva les douves dans la plupart des édifices; au Plessis-Bourré en Anjou, construit par Jean Bourré, ministre de Louis XI, Charles VIII et Louis XII, on les élargit même de façon considérable, ce qui permit d'élever un véritable château de plaisance au tracé régulier ordonné autour d'une cour, tout en s'assurant les garanties nécessaires en des temps encore troublés. Dans la disposition intérieure, les efforts portèrent non seulement sur l'amélioration des pièces habitables désormais bien éclairées à tous les niveaux et de mieux en mieux meublées, mais aussi sur les moyens de circulation horizontale et verticale. Les couloirs et coursières aménagés avec soin permirent de relier les ailes et de desservir de façon indépendante certaines salles et chambres disposées en enfilade tandis que la galerie ouverte offrait un agréable promenoir; enfin nous voyons apparaître au Plessis-Bourré la première galerie d'apparat parfaitement constituée en France, occupant tout l'étage d'une des ailes, à la fois lieu de séjour permettant de rassembler des collections précieuses, salle de fête et passage noble. Quant aux escaliers, s'ils restent encore en vis et généralement aménagés dans des tours ou tourelles plus ou moins hors œuvre, on constate un souci de les élargir et de les valoriser par un riche décor; quelques tentatives monumentales dans œuvre avec arcades ouvertes sur cour surgirent à Saumur ou Châteaudun. A la fin du XVe siècle, l'évolution du château, de la forteresse vers la belle demeure offrant un agréable cadre de séjour, était donc engagée depuis longtemps et la mode italienne n'a pas changé du jour au lendemain les conditions de vie qui y régnaient.

IV. La vie quotidienne

Il est certain que la vie quotidienne a évolué de l'aube des temps féodaux à la fin du Moyen Âge et qu'il y a une forte différence entre l'austérité des XIe-XIIe siècles et le luxe dans lequel vivaient les grands seigneurs aux XIVe-XVe siècles. On peut toutefois relever un certain nombre de points constants. Le mobilier resta assez sommaire et mobile; il était surtout constitué de coffres utilisés pour y serrer vaisselle, vêtements, objets personnels; ces coffres servaient à la fois de malles lors des déplacements et d'armoires lorsqu'on résidait dans le château. Des escabeaux, bancs, tables sur tréteaux montées au moment des repas complétaient l'ameublement des salles de séjour, qui demeurait rustique mais avait le double avantage d'être facilement transportable d'une demeure à l'autre (surtout pour les grands seigneurs) et de rendre souple l'usage des pièces en question, tour à tour salle à manger, salle de fête où se produisaient les jongleurs, salle d'audience et de réception. Les chambres étaient un peu mieux meublées; elles servaient de cadre aux réunions intimes. L'élément essentiel en était le grand lit adossé au mur et entouré de courtines. Ces dernières avaient une double utilité : d'une part elles dissimulaient les dormeurs aux regards indiscrets, surtout lorsqu'il y avait plusieurs lits dans la même pièce, cas fréquent; d'autre part elles protégeaient ces mêmes dormeurs des courants d'air et du froid; les draps étaient en lin ou en soie, les couvertures faites de fourrures et la tête reposait sur de volumineux oreillers. Comme dans les salles de séjour, les affaires personnelles étaient rangées dans des bahuts posés à même le sol qui accompagnaient les châtelains lors de leurs déplacements. Le mobilier fixe se limitait aux éléments incorporés à l'architecture : grandes cheminées de pierre, vitales pour lutter tant bien que mal contre les rigueurs du climat l'hiver, bancs également de pierre dans l'embrasure des fenêtres. Les cuisines étaient, elles aussi, dotées d'énormes cheminées où l'on faisait cuire à la broche les quartiers de venaison ou la volaille qui constituaient l'essentiel des repas seigneuriaux. Il s'agissait parfois de bâtiments autonomes surmontés d'une voûte conique et d'un lanternon d'aération. Les étuves, placées près des cuisines et chauffées par elles, semblent s'être surtout développées aux XIVe et XVe siècles mais il ne faut pas croire que les habitants des châteaux du Moyen Âge ne se lavaient pas; ils ont toujours pris des bains dans des cuves en bois que les serviteurs remplissaient d'eau chaude. Les sols étaient dallés de pierre ou de carreaux émaillés, les baies protégées par des volets de bois. L'utilisation du papier huilé et du verre aux châssis des fenêtres permit une amélioration considérable des conditions de vie. L'éclairage était assuré par des cierges.

Plus qu'au mobilier de bois, les seigneurs consacraient leurs richesses aux tentures dont on habillait les murs pour réchauffer l'atmosphère tant au sens propre qu'au sens figuré; elles pouvaient même permettre de diviser certaines pièces. Leur nécessité pratique se doublait de l'avantage offert par un décor mobile; transportées d'un château à l'autre, elles constituaient toujours une bonne part du volume des bagages. Les autres grandes dépenses allaient au linge personnel, aux bijoux et à la vaisselle en métal travaillée par des orfèvres et ornée de figures d'animaux et de monstres.

L'emploi du temps de la journée était chargé;

Scènes de la vie seigneuriale :
Ci-contre, le départ pour la chasse. Miniature des Très Riches Heures du duc de Berry (Musée Condé, Chantilly).

Ci-dessous, les fiançailles, au fond le château de Dourdan. Miniature des Très Riches Heures du duc de Berry (Musée Condé, Chantilly).

on vivait naturellement avec le jour, se levant tôt, surtout en été. Après la messe et un premier repas solide, la matinée était consacrée au règlement des problèmes courants et à la distribution du travail aux serviteurs. Le seigneur recevait ses officiers, notamment le sénéchal à qui étaient confiées la gestion du domaine et la garde du château, le maréchal qui s'occupait des écuries, le chambrier et les divers responsables du train de maison; il pouvait aussi recevoir les gens d'affaires avec qui il traitait, ou sortir inspecter ses terres. Le grand repas de la mi-journée était un des principaux moments de la journée. Les convives installés autour de la table, en respectant l'alternance homme-femme, avaient à leur disposition écuelle, hanap, cuiller et couteau, mais ni fourchette ni serviette; on s'essuyait à la nappe. Les plats de viande fournis par la chasse et les produits de la basse-cour se succédaient, puis venaient les desserts composés de pâtisseries. Des musiciens accompagnaient de leurs instruments les agapes, ou se produisaient ainsi que les jongleurs après la fin du déjeuner, lorsqu'on avait desservi et plié les tables. L'après-midi était consacré à l'audience dans la grande salle où le seigneur rendait la justice et recevait les requêtes de ses gens. Toutefois cette cérémonie ne se tenait pas tous les jours et la chasse, passe-temps favori de la noblesse médiévale, occupait les journées libres. Le repas du soir était plus léger et on se couchait tôt après une réunion autour de la cheminée, sauf quand il y avait fête et bal. Les festivités exceptionnelles bouleversaient quelque peu les habitudes; des tournois étaient organisés au pied du château, les chasses prenaient plus d'ampleur. Les mariages et baptêmes étaient les motifs les plus fréquents de ces vastes rassemblements qui donnaient au château une animation trépidante. Toutefois les fêtes se multiplièrent à partir du XIVe siècle chez les grands seigneurs qui se mirent à mener un train de vie luxueux et à faire de folles dépenses, malgré la guerre et la dureté des temps pour les paysans et le menu peuple.

Les garnisons des châteaux étaient aux XIe-XIIe siècles constituées par les chevaliers vassaux du châtelain tenus de résider avec leurs gens d'armes un certain nombre de jours par an chez leur suzerain. Il y avait donc des garnisons tournantes et variables. A partir du XIIIe siècle, ces chevaliers fieffés furent remplacés par des chevaliers soldés qui formèrent un corps de défense stable. Il ne faut pas croire cependant que ces garnisons étaient toujours nombreuses. On est étonné par le faible effectif mentionné par les comptes que nous possédons; c'est ainsi que dans les châteaux des Corbières, forteresses royales à la frontière méridionale du pays, le nombre des sergents d'armes variait de huit à vingt-cinq dans les comptes conservés du XIIIe siècle. On comprend alors que certaines places aient pu être enlevées facilement par des coups de mains audacieux au début de la guerre de Cent Ans.

V. Les conditions de construction

La plupart des châteaux ont été bâtis à l'origine par des seigneurs auxquels un fief avait été concédé par le suzerain; les cas d'usurpation fondés sur la force et le fait accompli se firent plus rares et à partir du XIIe siècle, bien qu'il y ait eu des exceptions, notamment en Gascogne anglaise sous le règne d'Edouard II (1307-1327). L'érection d'édifices modestes, fréquente dans les premiers temps de la féodalité, se poursuivit tout au long du Moyen Âge sans que cela se traduise toutefois par la même puissance effective. Très rapidement malgré tout, les seigneurs puissants, rois et princes en particulier, furent les grands bâtisseurs, la construction de véritables châteaux forts selon les règles de l'art exigeant de plus en plus des moyens financiers qu'ils étaient seuls à posséder.

On est très mal renseigné sur le rôle et la formation des maîtres d'œuvre responsables des travaux pendant l'époque romane. Des ouvrages secondaires ont pu être réalisés par de simples maçons et tailleurs de pierre recrutés sur place sous la direction de l'un d'entre eux et sous la surveillance du commanditaire ou d'un chef de guerre. Il s'est cependant avéré que, dès le

Construction d'une tour carrée (la tour de Babel). Miniature d'un manuscrit de La Cité de Dieu, XVᵉ siècle (Bibl. nat., fr. 19, fol. 81 vº).

XIᵉ siècle, il y eut de véritables spécialistes, comme Robert de Bellême à Gisors, ou ce Lanfroi cité par le chroniqueur Orderic Vital, décapité après avoir construit une tour à Pithiviers pour s'assurer qu'il n'irait pas ensuite mettre ses talents à la disposition d'un rival. Cent ans plus tard, les Plantagenêts semblent avoir organisé un service central dirigé par quelques ingénieurs qui contrôlaient les travaux de construction des châteaux royaux. C'est une quasi certitude pour leur grand rival, Philippe Auguste. Il ne s'agissait certes pas d'un organisme administratif au sens actuel du terme mais plutôt d'une poignée d'hommes compétents dépendant directement du souverain et bénéficiant d'une autorité étendue concédée par celui-ci; la ressemblance constatée entre les divers châteaux bâtis par ce roi en quelques années rend très probable l'établissement d'un plan type et de modèles conçus comme des éléments de base adaptables selon les circonstances. L'appel à des architectes professionnels se généralisa au XIIIᵉ siècle; ceux-ci étaient itinérants et passaient au service des seigneurs princiers d'une région ou d'un pays à l'autre, ce qui contribua à multiplier les contacts et les parentés de style à travers toute l'Europe. C'est ainsi que Saint Louis traita avec le Génois Guillaume Boccanegra pour les fortifications d'Aigues-Mortes et qu'au XVᵉ siècle le roi René fit appel à Francesco Laurana pour ses châteaux de Provence. En revanche, Normands et Angevins emmenèrent des Français en Italie du sud. On ne connaît malheureusement que quelques noms d'architectes pour les grandes réalisations médiévales : Raymond du Temple pour le Louvre de Charles V, Jean de Louvres pour le palais des Papes de Clément VI à Avignon.

La moisson n'est pas très riche non plus pour les édifices moins importants, dont certains sont d'ailleurs disparus ou difficiles à identifier; elle augmente naturellement au XVᵉ siècle et on peut espérer que de nouvelles découvertes dans les documents d'archives permettront d'élargir nos connaissances en ce domaine. L'intervention d'artistes de premier plan est attestée dans la décoration des châteaux des grands seigneurs princiers et il n'est pas impossible qu'ils aient parfois joué un rôle dans la conception et l'élaboration de l'architecture; la question peut en tout cas être posée pour un peintre-sculpteur comme André Beauneveu de Valenciennes dans les belles demeures du duc Jean de Berri.

L'organisation des chantiers nous est connue par divers devis de construction. A l'origine, le seigneur a pu faire appel à de la main-d'œuvre servile et à la corvée mais ce système fut très vite abandonné, la qualité de la construction exigeant l'emploi de maçons, tailleurs de pierre et charpentiers qui soient des hommes de métier. Leur recrutement était effectué sur place ou dans les chantiers voisins, mais il y eut dès le XIIIᵉ siècle des spécialistes itinérants venus de loin. Divers systèmes ont été utilisés conjointement et surtout successivement. La première solution consistait pour le commanditaire à confier la direction du chantier à un homme de l'art tout en gardant l'entière responsabilité financière; maître d'œuvre et ouvriers étaient alors directement au service du châtelain qui leur payait des gages ou rémunérait le travail soit à la pièce (d'où l'emploi des marques de tâcherons) soit à la toise construite. La seconde solution était le contrat avec un entrepreneur qui s'engageait, moyennant un prix déterminé, à réaliser l'édifice envisagé; en revanche, les matériaux, les outils et parfois la main-d'œuvre devaient être fournis par le seigneur. La troisième solution, qu'on rencontre dès le XIIIᵉ siècle mais qui devint surtout fréquente aux XIVᵉ et au XVᵉ siècles, confiait au chef de chantier toutes les responsabilités de direction, d'embauche et d'approvisionnement, avec règlement de la somme promise en plusieurs versements au fur et à mesure de l'avancement des travaux.

Il est difficile de se faire une idée précise du nombre d'ouvriers engagés dans la construction des châteaux du Moyen Âge; il est certain qu'il varia beaucoup, selon les époques, l'importance du bâtiment et les moyens dont disposait le commanditaire, passant de quelques dizaines à plusieurs centaines, voire à plus de mille dans quelques cas exceptionnels comme Coucy (Aisne). Il existait une hiérarchie entre les compagnons; les tailleurs de pierre, traceurs et appareilleurs formaient l'élite, les terrassiers, manœuvres et simples maçons étaient des personnages plus modestes. Il y avait aussi les ouvriers œuvrant en amont pour l'approvisionnement du chantier : carriers et chaufourniers, fournissant la matière première, charretiers la convoyant. N'oublions pas enfin l'importance des corps de métier du second œuvre, charpentiers, couvreurs, paveurs, forgerons, serruriers, verriers. Tous ces gens avaient en général à leur service des aides qu'ils rétribuaient souvent eux-mêmes.

On se procurait presque toujours les matériaux nécessaires sur place car le transport était difficile du fait de la rusticité des attelages et du mauvais état des chemins; la proximité d'une bonne carrière était donc un atout considérable car la pierre était alors le matériau privilégié pour l'architecture militaire. Les murs étaient construits en blocage avec un parement de pierre de taille toutes les fois que les circonstances le permettaient. Le bois ne manquait nulle part, la forêt couvrant une grande partie du territoire; il était essentiel, non seulement pour les charpentes, les portes et huisseries, mais aussi pour les échafaudages et les cintres permettant de lancer les voûtes. Les murs étaient construits par assises successives et les matériaux mis en place au moyen de treuils ou de plans inclinés. Les toits étaient couverts de tuiles ou d'ardoises, voire de bardeaux ou de dalles de schiste selon les possibilités et les usages locaux. Il y eut cependant des exceptions dues à l'introduction de techniques exportées par des maîtres itinérants ou la volonté d'imitation de modèles admirés ailleurs.

On peut donc parler pour le château médiéval de conditions spécifiques de construction dues au caractère militaire de ces édifices qui figurent avec les églises parmi les plus insignes réalisations de leur époque. Les méthodes employées ne sont en revanche pas fondamentalement différentes entre les grands chantiers d'architecture religieuse et ceux qui virent s'élever palais et châteaux, plus proches des cathédrales que de l'architecture civile courante dominée par la maison à colombage.

Scène de la vie seigneuriale : le banquet du duc de Berry. Miniature des Très Riches Heures du duc de Berry (Musée Condé, Chantilly).

Le décor intérieur du château au Moyen Âge

Philippe Chapu

Reflet du mode de vie de ses habitants (besoins moyens, habitudes et aspirations), conséquence des manières de construire et de meubler (matériaux, techniques et mise en œuvre), l'aspect intérieur des châteaux du Moyen Âge offre la plus grande variété selon l'époque considérée, la région et, dans une même région, la nature du château.

On connaît assez bien la décoration intérieure de belles demeures de la fin du XIVe et du XVe siècles; l'illustration des manuscrits, des inventaires détaillés, un certain nombre de meubles et d'objets conservés permettent une reconstitution sans doute fidèle de l'atmosphère dans laquelle vivait un certain milieu aisé et cultivé de ce temps, autant et plus d'ailleurs dans ses résidences urbaines que dans ses châteaux. Ce serait une erreur de transposer ces images sur les châteaux des époques antérieures, comme de les appliquer aux intérieurs de certaines petites maisons fortes, de modestes manoirs dont l'aspect devait être plutôt celui des installations rurales voisines. Toute une société très complexe, très diverse, se reflète dans ces aménagements, une société qui a évolué au cours des siècles de ce long Moyen Âge et dont il n'est pas toujours facile de définir le cadre de vie modifié, bousculé, repensé au cours des siècles suivants. La décoration civile est beaucoup plus menacée que la décoration religieuse par les besoins de la vie quotidienne et les modes ambiantes.

I. La structure des espaces d'habitation

Le noyau de l'habitation est la salle, salle commune, salle haute, salle pourvue d'une cheminée où le maître trouve un peu de chaleur en hiver, se fait servir (et parfois préparer) son repas, reçoit et traite sa famille, ses amis ou l'étranger. La salle peut être l'unique et vaste pièce où des cloisonnements légers et provisoires de bois ou de tentures diversifient quelques espaces, mais dans les demeures les plus importantes, une, deux, plusieurs pièces la précèdent, plusieurs autres la suivent. Cet ensemble cohérent est dans certains grands châteaux dédoublé, démultiplié en plusieurs unités d'habitation soit superposées, juxtaposées en des constructions compactes, soit isolées en des bâtiments voisins, tours ou logis réunis par des courtines ou des galeries. Cet ensemble cohérent deviendra *l'appartement* dans les grandes résidences princières des temps modernes.

L'adjonction de salles annexes à la salle principale se fait à la fois sur le plan horizontal et à la verticale, en particulier dans les donjons qui sont d'abord des tours quadrangulaires de bois puis de pierre où l'étage inférieur est celui des entrepôts, celliers et prison, l'étage intermédiaire celui du seigneur, et l'étage supérieur celui des serviteurs et de la garnison.

Le roi et certains des plus grands seigneurs, pour répondre aux besoins de la vie féodale, réunir périodiquement leurs vassaux ou abriter une cour nombreuse, font édifier une vaste salle à la manière de l'*aula* antique ou carolingienne (palais d'Aix-la-Chapelle ou d'Ingelheim), large vaisseau que des dimensions hors du commun apparentent davantage à la nef d'une église : salle dite de l'Échiquier à Caen (XIIe siècle), salle du palais de Poitiers (XIIe-XIVe siècles), salle dite des États à Blois (XIIIe siècle), salle du palais de la Cité à Paris (XIVe siècle). De la même manière, les principaux palais épiscopaux sont pourvus de salles synodales placées comme en hors d'œuvre (Tours, Sens, Reims, Laon...). La surface que l'on entend donner à ces salles nécessite une couverture faite de charpente de pièces de bois assemblées que l'on peut dissimuler sous un lambris en forme de carène renversée; pour accroître la largeur, une file de colonnes en pierre peut diviser l'espace, au centre, en deux vaisseaux (Blois).

II. Éléments architecturaux du décor intérieur

Le mode de couverture d'une salle en commande l'aspect d'ensemble. Il s'agit généralement d'un assemblage de poutres et de solives qui supportent un plancher ou un épais *bousillage*. Ce plafond de poutres et de solives impose à l'espace la forme d'un parallélépipède régulier où les plans horizontaux et verticaux définissent un espace intérieur rigoureux. Ces poutres et solives peuvent être toutes simples, à section carrée ou rectangulaire, mais dans les demeures plus luxueuses et plus raffinées, en particulier au XVe siècle, les deux angles inférieurs sont assortis de moulures complexes où parfois peuvent s'insérer des feuillages et des animaux sculptés (évêché de Valence, *maison couverte* à Reims, aujourd'hui détruite).

Une charpente apparente avec ses fermes successives, ses tirants et ses entraits, peut donner à une grande salle l'aspect d'une halle (Poitiers). Certains éléments de cette charpente peuvent être sculptés; ainsi des anges figuraient dans celle du

170

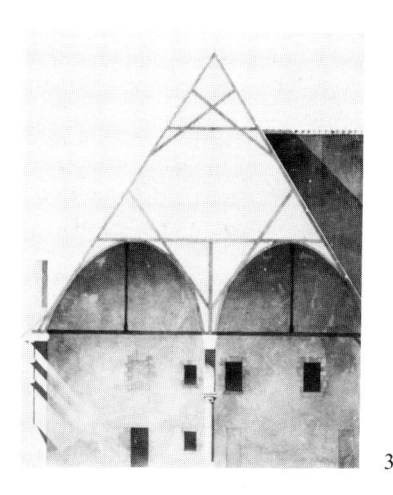

1. Château de Poitiers (Vienne). Triple cheminée de la grande salle.
2. Château de Vincennes (Val-de-Marne). Cheminée de la chambre du Roi.
3. Château de Blois (Loir-et-Cher). Salle des États ayant servi aux délibérations des États généraux.
Relevés de l'architecte des Monuments Historiques.

palais de Bourges vers 1400. La charpente disparaît le plus souvent sous un lambris cintré dont quelques exemples ont été conservés à Blois, à Laval, à Crépy-en-Valois (Oise), mais dont d'innombrables nefs d'églises ou de chapelles fournissent partout le modèle.

Les grandes salles sont rarement voûtées de pierre (salle synodale de Sens, XIIIe siècle; Grande Audience d'Avignon, XIVe siècle). Au contraire, les salles basses qui les supportent le sont généralement, couvertes de voûtes sur croisées d'ogives; les ogives retombent sur des culots sculptés engagés dans les murs latéraux et sur les chapiteaux des colonnes qui divisent ces salles en deux nefs : évêché de Meaux et château de Laval (XIIe siècle), archevêché de Sens et château de Bourbon-l'Archambault (Allier) (XIIIe siècle). La salle des gens d'armes du palais de la Cité à Paris est divisée en quatre nefs. Les chambres situées dans les tours, en particulier à l'étage supérieur, sont assez souvent voûtées, de voûtes en arc de cloître, de voûtes d'arêtes ou de voûtes sur croisées d'ogives selon l'importance et la qualité de la construction. Dans ces salles voûtées comme dans les édifices religieux contemporains, la modénature des ogives, la sculpture des clés de voûte, des culs-de-lampe et des chapiteaux soulignent la structure de l'édifice et cette vision de la structure l'emporte sur le seul agrément de la décoration.

La cheminée adossée dans un angle ou plus généralement sur l'un des côtés de la pièce constitue un élément dominant de la construction intérieure. La transformation de ce facteur essentiel de confort en l'ornement principal est contemporaine de l'ogive et de l'arc-boutant et procède du même souci de joindre l'esthétique à l'efficace. La forme de la cheminée avec son foyer et sa hotte se définit à cette époque pour des siècles. La hotte en tronc de cône et le foyer creusé en demi-cylindre des plus anciens exemples conservés (maison du XIIe siècle, au Puy), font supposer que cette cheminée adossée primitive dérive de cheminées centrales dont la hotte conique était portée par plusieurs colonnes. Les chauffoirs de certaines abbayes en ont matérialisé dans la pierre des exemples tardifs; seule la Bresse, avec ses cheminées dites sarrasines, en a perpétué l'usage jusqu'à une époque récente.

La hotte, conique au XIIe siècle, adopte un plan polygonal au XIIIe siècle (Tour Blanche d'Issoudun), puis au XIVe siècle le linteau (ou manteau) droit impose une forme en tronc de pyramide quadrangulaire, enveloppé finalement dans une maçonnerie quadrangulaire aux trois faces apparentes verticales. Les pilastres, colonnes engagées, faisceaux de colonnettes qui encadrent le foyer suivent la mode décorative ambiante, comme d'ailleurs les moulures superposées et la corniche de la hotte.

Si l'un des côtés de la salle est occupé de la sorte par la cheminée ou par la juxtaposition de deux (Laon, Mont-Saint-Michel) ou trois cheminées (Poitiers), les trois autres faces sont généralement unies. Les ouvertures (portes ou fenêtres) qui les percent sont souvent disposées sans symétrie, ménageant de larges surfaces planes, à moins que, cas exceptionnels, une suite d'ouvertures identiques (Druyes-les-Belles-Fontaines [Yonne], évêché d'Auxerre) ne vienne rythmer à la manière d'une série d'arcatures toute une face au moins de la salle. Ce sont d'ailleurs des arcatures aveugles qui ornent ainsi les parois de la grande salle de Poitiers. D'ordinaire ces parois appellent un décor de tentures, de tapisseries ou de peintures.

Les ouvertures, portes et fenêtres, sont rarement soulignées intérieurement par une décoration sculptée. C'est vers l'extérieur que se trouvent au XIIe et au XIIIe siècles les colonnettes qui les encadrent et supportent parfois un arc en tiers-point ou trilobé; c'est aussi vers l'extérieur que se creusent les modénatures profondes, les piédroits et l'accolade du linteau. Quelques exceptions cependant : les bancs de pierre qui, à partir du XIIIe siècle, s'encastrent dans les embrasures, en sont les seuls éléments moulurés, relevés parfois de rinceaux de feuillages et d'oiseaux sculptés.

La sculpture, comme dans les édifices religieux du Moyen Âge, vient souligner certains éléments importants de l'architecture, chapiteaux, culots, clés de voûte et, surtout dans le cas de l'architecture civile, se porte sur la cheminée pour en faire le centre de la composition décorative. Les motifs ornementaux suivent l'évolution des siècles : le feuillage à crochets de la fin du XIIe fait place, au XIIIe siècle, au feuillage au naturel que l'on peuple d'oiseaux, puis aux délicats feuillages découpés du XIVe avant d'adopter les feuilles grasses et frisées du XVe; masques, personnages drapés, saynètes reflètent des styles différents selon le temps.

Les grands ensembles sculptés apparaissent dans la deuxième moitié du XIVe siècle : ce sont les cheminées du palais de Poitiers (statues-portraits de la famille royale, anges porteurs admirables dans une grande composition très aérée), du palais de Bourges (cheminée au château fort peuplé de petits personnages), des châteaux de Coucy et de Pierrefonds (cheminées des preux). Ce goût pour la cheminée monumentale sculptée se perpétuera pendant tout le XVe et même le XVIe et jusqu'au milieu du XVIIe siècle.

III. Peintures murales

Le décor peint, comme le décor sculpté, peut souligner ou compléter les données de l'architecture. Des traits de couleurs vives, rouge, bleu, or, soulignent les ogives d'une voûte ou les moulures qui amortissent les angles des poutres d'un plafond. Une bande de couleur complète l'encadrement d'une porte ou d'une fenêtre. La surface même des murs est souvent couverte d'un faux appareil peint à l'ocre rouge. La simulation de ces assises de pierre régulières ne vise pas au trompe-l'œil : c'est un parti décoratif qui, inséré dans l'harmonie colorée du volume intérieur, redonne en quelque sorte au mur sa définition. On a pu s'étonner de voir recouvrir de magnifiques parois de pierres appareillées d'un enduit à la chaux pour l'orner d'un simple faux appareil. En fait, l'enduit lissé, préparé pour recevoir la peinture, offre une surface plus soignée, moins absorbante, moins poussiéreuse que la pierre; il faut tenir compte aussi du poids de l'habitude car le faux appareil peint se trouve du XIIe au XVIe siècle aussi bien dans l'architecture religieuse que dans l'architecture civile, il n'a jamais la sécheresse de trait qu'on lui donnera au XIXe siècle et certaines époques se distinguent en le modifiant de quelques nuances (double joint vertical aux XIIe-XIIIe siècles, adjonction de fleurons au pochoir aux XIVe-XVe siècles). Fréquents au XVe siècle, les semis de motifs monochromes au pochoir indéfiniment répétés (fleurettes, initiales simples, doubles, entrelacées, motifs héraldiques) procèdent du même esprit d'uniformiser le décor de la surface et dérivent sans doute du faux appareil orné du siècle précédent.

Des décors peints s'inspirant d'arcatures de pierre ont fort bien pu compléter les architectures intérieures mais, à la différence des exemples conservés dans des édifices religieux, aucun ne paraît avoir survécu dans des habitations; le seul qui soit d'un grand effet décoratif et d'une extraordinaire qualité se trouve dans la salle du consistoire du palais de Benoît XII à Avignon : c'est l'œuvre d'un Italien qui allie d'habiles effets de perspective à une coloration riche et délicate. De la même manière, certains éléments de menuiserie sont à l'origine de bandes décoratives, comme à Ravel, où, dans la grande salle des États, la bande quadrilobée qui couronne la cimaise simule un bandeau de bois sculpté d'où pendent des écus (début du XIVe siècle).

L'utilisation que l'on a faite des tissus unis, ornés ou figurés a beaucoup influé sur la disposition des ensembles peints. On peut ainsi distinguer trois manières : la composition en frise continue, la présentation par panneaux juxtaposés ou isolés, enfin la couverture complète, continue, soit par des motifs répétés et alternés, soit par une grande scène panoramique. La première manière serait à rapprocher de la tapisserie de Bayeux, ou de suites de tapisseries de petit format des XIVe-XVe siècles, la seconde des tapisseries et

Décor héraldique. Dessin de l'Armorial de Revel (Bibl. nat., ms. fr. 22297, fol. 379).

toiles peintes isolées que l'on semble avoir utilisées à la manière de nos tableaux, la troisième enfin des ensembles de grandes tentures dont l'assemblage constituait de véritables pièces.

Si l'habitude de peindre intérieurement les habitations remonte à la période antique et s'est poursuivie à l'époque franque, les vestiges de fresques retrouvés dans quelques villas gallo-romaines, les mentions de peintures des palais de Charlemagne à Aix, de Louis le Pieux à Ingelheim, de la villa de Théodulfe à Germigny près d'Orléans, ne permettent pas de reconstituer une tradition continue aussi bien dans les thèmes que dans l'art de peindre. Les peintures antiques paraissent s'intégrer dans le cadre architectural, celles du Moyen Âge viennent se superposer aux surfaces et recouvrir les volumes intérieurs à la manière des tissus.

Les thèmes iconographiques sont très particuliers et reflètent la société du Moyen Âge dans ses principes et ses aspirations. Le décor héraldique en est sans doute la forme la plus originale. Les symboles du blason se fixent à l'époque des croisades et les familles de chevaliers en font des signes de reconnaissance, des marques de noblesse et de fierté. Une salle du donjon de Touffou (Bonnes, Vienne) est ainsi couverte des armoiries répétées des familles Savary de Montléon et Amenon de La Roche (dernier tiers du XIIIe siècle). C'est la disposition en frise qui est utilisée au contraire vers 1300 pour présenter la suite des écus dans la salle des États du château de Ravel (Puy-de-Dôme); les écus de Philippe le Bel, de sa femme Jeanne de Navarre, de grands personnages de l'entourage royal et des principaux seigneurs d'Auvergne sont au nombre de quarante-sept (cinquante-trois vraisemblablement, à l'origine); ils paraissent comme suspendus par un lien à la frise de rinceaux et d'animaux qui règne sous le plafond. Ce décor serait dû à Pierre Flotte, célèbre conseiller de Philippe le Bel, tué à la bataille de Courtrai (1302) plutôt qu'à son fils Guillaume, chancelier de France. Le XIVe siècle offre plusieurs exemples de frises d'écus armoriés dont certaines ont disparu (Hesdin, dont la salle aux écus avait été peinte en 1299 pour Robert II d'Artois, Saint-Cyr-sur-Loire près de Tours, palais archiépiscopal d'Embrun), d'autres sont conservées en entier (Les Loives, près de Montfalcon, Isère, trente-neuf écus armoriés, vers 1350) ou en partie (Taillade, Vaucluse); l'une d'elles a été récemment découverte dans une livrée cardinalice d'Avignon, où l'écu de Benoît XII (1335-1342) voisine avec ceux de Philippe VI et de Robert d'Anjou roi de Sicile (1335-1336). Exceptionnellement, une frise d'écus peut orner une église, celle des hospitaliers de Plaincourault (Mérigny, Indre) vers le même temps (première moitié du XIVe siècle). En revanche, il paraît plus logique de trouver au XVe siècle un décor d'armoiries alternées sur la voûte lambrissée d'une chapelle (chapelle du manoir de La Ménitré en Anjou), elles jouent alors le rôle des clés armoriées sculptées et peintes qui définissent l'auteur et le financement des voûtes d'ogives.

Le décor chevaleresque peut s'inspirer de scènes historiques ou illustrer des romans de chevalerie. Des épisodes de l'histoire de Charles d'Anjou ornent une partie de la frise de la tour Ferrande à Pernes (Vaucluse) à la fin du XIIIe siècle. L'investiture de la baronnie d'Étampes par Philippe le Bel à son frère Louis d'Évreux figurait dans les parties hautes de la grande salle du manoir royal d'Étampes (début du XIVe siècle). Déjà Charlemagne avait fait représenter dans son palais d'Aix certains épisodes de sa campagne d'Espagne. Quelques peintures d'églises illustrent des scènes historiques qui trouveraient aussi bien place dans des châteaux : scènes de croisades dans la chapelle des templiers de Cressac (Charente) de la deuxième moitié du XIIe siècle; scènes d'octroi de privilèges et d'investiture dans la collégiale de Saint-Dié (Vosges) du milieu du XIVe siècle. Mahaut d'Artois avait chargé, en 1320, Pierre de Bruxelles de peindre, dans une galerie du château de Conflans, une histoire qui peut rappeler l'expédition de son père Robert II en Sicile; le devis nous apprend que sous cette frise (ou *litre*), malheureusement disparue, devait figurer une courtine ou un fenestrage à arcatures, selon une présentation qui était donc semblable à celle de la salle des États de Ravel.

Les romans de chevalerie ont également inspiré un certain nombre de peintures. La légende de Guillaume d'Orange transperçant de sa lance le géant Isoré accompagne, dans la tour Ferrande à Pernes, l'histoire de Charles d'Anjou, sur le prolongement de la même frise de la fin du XIIIe siècle. Les quarante scènes du roman en prose de Tristan sont réparties dans une salle du château de Ravel en deux registres superposés, scènes de combats singuliers à cheval, à pied, charge de cavalerie que des inscriptions permettaient autrefois d'identifier. Cet ensemble est du troisième tiers du XIVe siècle et fait songer aux chambres de l'hôtel Saint-Pol à Paris, décorées pour Charles V de sujets chevaleresques qui les avaient fait baptiser chambre de Charlemagne, chambre de Mathebrune et du chevalier au Cygne, chambre de Thésée.

L'affrontement de chevaliers dans des tournois paraît un thème fréquemment choisi du XIIIe au XVe siècle. Les comptes de Mahaut d'Artois en citent un exemple disparu au pignon intérieur

Palais des Papes, Avignon (Vaucluse). Décor peint de la Chambre du Pape.

En haut, château du Plessis-Bourré (Maine-et-Loire). Plafond à caissons peints.
En bas, Palais des Papes, Avignon (Vaucluse). Scène de chasse, peinture murale de la Chambre du Cerf des appartements pontificaux.

d'une salle, et c'est précisément au pignon d'une salle des Loives (près de Montfalcon, Isère) que figure encore au milieu du XIVᵉ siècle le combat du dauphin de Viennois et du comte de Savoie. La cheminée d'une salle de la cathédrale de Saint-Flour a sa hotte ornée d'un combat singulier entre le roi de France et un chevalier non identifié (XVᵉ siècle). Au château de Cindré (Allier) une frise du milieu du XIIIᵉ siècle offre une suite d'une vingtaine de chevaliers affrontés deux à deux.

Le thème des preux et des preuses se répand à fin du XIVᵉ siècle sous Charles VI, mais la peinture murale en France n'en offre d'exemple que du XVᵉ à Bioule (Tarn-et-Garonne), à Pesteils (Polminhac) et à Anjony (Tournemire, Cantal). Le plus bel exemple en est en Piémont au château de La Manta, œuvre d'un peintre avignonnais de la première moitié du XVᵉ siècle.

Les scènes de chasse et les scènes de vie courtoise deviennent aux XIVᵉ et XVᵉ siècles des sujets privilégiés. Deux salles voisines d'une maison de Sorgues (Vaucluse) comportaient ces deux thèmes, la plus grande une chasse au cerf avec départ et retour de la chasse, la plus petite une réunion de dames et seigneurs sur fond de verdure.

Le thème de la chasse se retrouvait au château de Jean le Bon, au Vaudreuil (Eure), puis dans la galerie du Cerf du palais de Jean de Berri à Bourges. Un bel exemple tardif (début du XVIᵉ siècle) en est conservé au château de Rochechouart (Haute-Vienne). La chambre de la garde-robe de Clément VI au palais d'Avignon rapproche les thèmes de la chasse et de la pêche, œuvre sans doute d'une main italienne, réalisée en 1343 mais qui n'en permet pas moins d'imaginer la galerie de la reine de l'hôtel Saint-Pol à Paris, où la représentation d'une grande forêt pleine d'arbres, d'arbrisseaux, de fleurs et de fruits, et peuplée d'enfants couvrait les murs, des lambris à la voûte. Ces compositions panoramiques étaient-elles toujours aussi denses? Qu'en était-il de ces grandes campagnes avec oiseaux et animaux qui ornaient la grande salle du Louvre de Charles V? Un siècle plus tard, les salles du manoir angevin du roi René à Belligan ont un décor plus aéré, traité aussi avec plus de liberté, et les arbres séparés y sont prétexte à rythmer l'espace selon un procédé que l'on retrouve au château de Pesteils (Polminhac).

176

*Page ci-contre : en haut, la Cueillette des fruits. Tapisserie de la Noble Pastorale (Musée du Louvre).
En bas, la Dame à l'orgue. Tapisserie (Musée des Tapisseries d'Angers).
Ci-dessous, la Dame à la Licorne. L'odorat. Tapisserie (Musée de Cluny).*

IV. Tentures et tapisseries

L'usage des tissus dans l'aménagement intérieur remonte à l'Antiquité. Les habitudes seminomades des rois et des grands de l'époque franque n'ont pu que le renforcer. Les architectures d'encadrement des manuscrits carolingiens sont souvent garnies de draperies pendantes assez évocatrices, mais la nature des tentures utilisées, la manière de les utiliser pendant la première partie du Moyen Âge nous sont pratiquement inconnues. Qu'en était-il des tapisseries de Saint-Vaast d'Arras au VIIIe siècle, d'Auxerre au IXe siècle, de Saint-Florent de Saumur au Xe siècle, de celles qui furent commandées par un évêque d'Italie à l'atelier de Poitiers au XIe siècle? Ce que l'on appelle la tapisserie de Bayeux est en fait une broderie de la fin du XIe siècle. Certaines frises peintes figurées du XIIIe siècle peuvent laisser supposer l'emploi jusqu'à cette époque de longues bandes d'étoffes décoratives du même type (broderies ou tapisseries) en sommet de cimaise. Des peintures murales d'églises des XIe et XIIe siècles montrent l'utilisation d'étoffes légères suspendues à des attaches régulières et dont les plis réguliers en V forment un décor géométrique en bas de cimaise. Ce type de tenture devait se retrouver dans les salles de châteaux où le décor peint en garde le souvenir au XIIIe siècle. Une telle disposition impose des lignes horizontales et l'habitude s'en perpétuera jusqu'au XVe siècle. Un autre procédé paraît plus fréquent au XVe siècle, qui consiste à couvrir les murs de hautes tentures pendues sous le plafond et tombant jusqu'au sol, tapissant entièrement les parois verticales de la pièce et quelquefois le plafond, à la manière dont on avait l'habitude de garnir l'intérieur des coffres ou des cuves de bain. Un souci de confort et de raffinement s'impose, parfois le luxe dans l'emploi de soieries, de broderies ou de tapisseries. Les miniatures de Jean Fouquet et d'un certain nombre d'illustrateurs contemporains donnent une idée des espaces ainsi définis, comme unifiés par l'ampleur et la cohésion de cette enveloppe de tissu et comme refermés sur eux-mêmes. Dans la seconde moitié du XVe siècle, le goût pour une composition plus verticale apparaît et l'on fait alterner des lés de soieries ou des bandes de tapisseries de couleurs différentes.

Des innombrables pièces de tissus dont font mention les comptes et les inventaires, il ne subsiste que des fragments dans de rares collections et musées. Certains fonds de vitraux des XIVe et XVe siècles en donnent une image assez fidèle et à grandeur; les tableautins des manuscrits illustrés en fournissent également une foule d'exemples à petite échelle.

Les tapisseries, en revanche, malgré les destructions massives dont elles ont été l'objet, sont de nature plus solide et ont mieux traversé les siècles, du moins depuis la deuxième moitié du XIVe siècle. L'exemple le plus ancien, peut-être le plus glorieux par sa qualité et son ampleur, est celui de l'ensemble de l'*Apocalypse* d'Angers qui fut commandé en 1379 par Louis Ier d'Anjou à Nicolas Bataille et réalisé d'après les cartons d'Hennequin de Bruges. Ce vaste déploiement sur un thème profondément religieux était destiné cependant à orner les résidences ducales au même titre qu'une *Histoire d'Hector* achetée au même Nicolas Bataille dès 1374 et aujourd'hui perdue. A côté de thèmes religieux, les thèmes développés par les tapisseries des habitations sont ceux de la peinture murale : sujets héraldiques (*Cerfs ailés* de Charles VII, *Armoiries* de Charles le Téméraire), épisodes chevaleresques historiques (*Histoire de Bertrand du Guesclin* et *Joutes Saint-Denis, Bataille de Roosebeck*) ou légendaires (*Histoire de Thésée, Histoire de Godefroi de Bouillon*, tenture des *Preux* destinée à Jean de Berri et conservée au musée des Cloîtres à New York, *Histoire de Troie, Histoire d'Alexandre, Histoire de Clovis*...), scènes de chasse réalistes (*Chasse à l'ours*) ou légendaires (*Chasse à la*

licorne du musée des Cloîtres), scènes de vie courtoise *(Dame à la licorne)* ou pastorales *(Les bûcherons* du musée des Arts décoratifs, *Noble pastorale* du Louvre), tous thèmes plus ou moins mythiques où s'exaltaient l'idéal et la sensibilité de la société la plus raffinée de ce temps. Le goût des *mille fleurs,* ces fonds où se juxtapose une foule de plantes, de fleurs, d'oiseaux, de petits quadrupèdes, marquera une grande part de cette production à la fin du XVe siècle.

V. Les sols : carrelages et tapis

Le sol des habitations paraît avoir suivi l'évolution mieux connue du sol des églises. Dallages de pierre dans certains cas, carrelages de terre cuite émaillée et ornée de motifs divers (géométriques, héraldiques, initiales, devises...) sont à partir du XIIe siècle les procédés les plus employés. Ces carreaux peuvent être assemblés en de grands motifs décoratifs, selon des bandes, des rosaces, des cadres. L'aspect de certains d'entre eux, des XIIIe, XIVe, XVe siècles, a pu être reconstitué à partir de fragments retrouvés : composition d'écus, lis et marguerites pour le château de Marguerite de Bourgogne à Tonnerre (fin du XIIIe siècle), rosaces du XIVe siècle à Coucy et Auxerre, initiales enlacées et devises du chancelier Rolin dans sa maison de Dijon (XVe siècle).

Cette décoration du sol dont le thème devait s'accorder à la décoration générale de l'appartement disparaissait souvent en hiver sous des tapis qui ne sont généralement que des nattes de paille tressée et l'été sous des jonchées de feuillages ou de fleurs de lis, d'iris, de glaïeul ou de feuilles de menthe, de verveine ou simplement des joncs. A la mauvaise saison, on brûlait dans l'âtre des brassées de romarin (comptes du roi René) pour faire encore entrer au logis les parfums de la nature.

La connaissance que nous avons des éléments de décor est généralement parcellaire. Nous tentons d'imaginer les ensembles par juxtaposition de détails fortuitement conservés. En fait, le décor civil (comme le décor religieux) répondait à un plan, à un programme cohérent à la fois dans le style et les thèmes iconographiques choisis. L'impression sensible donnée par les volumes, les proportions, les couleurs, les histoires, les sujets, les motifs, est une impression de grandeur ou d'intimité où se reflètent les aspirations, les rêves mouvants et variés d'une société qui n'était pas seulement guerrière et chevaleresque, mais imprégnée selon les temps et les hommes de vie courtoise, du goût de la nature et de la culture. Cette image intérieure du château n'est pas moindre pour marquer les esprits que l'image extérieure que nous en donnent les donjons, les tours et les courtines.

La première Renaissance 1495-1525

Jean Guillaume

Qui ne connaît Chenonceaux, Azay-le-Rideau, Chambord? Aussi célèbres que Versailles, les grands châteaux de la première Renaissance évoquent un moment fort de notre histoire : la découverte de l'Italie, la naissance de la culture française moderne.

Tout paraît dit sur ces châteaux étudiés naguère de façon exemplaire par François Gébelin. Aussi avons-nous renoncé à décrire d'une façon générale l'architecture de ce temps, pour n'en retenir qu'un aspect insuffisamment souligné : les recherches proprement architecturales provoquées ou stimulées par la connaissance de l'art italien. Contrairement à une idée reçue, en effet, la première Renaissance ne concerne pas seulement le décor des édifices; elle implique dans certains cas une transformation des habitudes de construire. Identifier ces expériences novatrices, expliquer comment elles se lient les unes aux autres, permet de saisir les ambitions les plus hautes des artistes et des commanditaires. Au lieu de définir les caractères moyens d'un style — ce qui a déjà été fait — nous croyons plus utile de suivre un processus créateur et de montrer comment de nouvelles idées architecturales sont apparues en France entre 1495 et 1525.

Ce point de vue nous amènera à privilégier les rapports franco-italiens et à chercher systématiquement tout ce que les expériences françaises doivent à l'art d'outre-monts. Mais nous ne voudrions pas que cette insistance soit mal comprise.

Pour expliquer la fécondité des influences italiennes, il faut, en effet, tenir compte avant tout des qualités propres du milieu français. La première Renaissance n'est pas une soudaine aurore. Elle ne correspond pas à un réveil de l'activité architecturale succédant à une longue période d'attente, la *fin* du Moyen Âge, durant laquelle les artistes seraient restés fidèles aux formes du passé (le gothique *tardif*). Loin de dater du début du siècle, le renouveau de l'architecture nationale commence en réalité vers 1460-1470 car il est lié à la fin de la guerre de Cent Ans puis au développement du pays, si rapide dans le dernier tiers du XVe siècle. Alors apparaissent de nouveaux types de demeures qui remplacent les maisons fortes plus rudimentaires et souvent ruinées. Aujourd'hui encore, des châteaux innombrables, de petites dimensions le plus souvent, témoignent de cet immense effort de reconstruction.

Vers la fin du XVe siècle, les grands châteaux révèlent des ambitions nouvelles. A Amboise, à Gien, à Meillant, au Verger, à Blois, à Châteaudun, à Josselin, les plans deviennent plus amples, les formes plus variées, le décor — toujours gothique — plus abondant. L'esprit d'invention et le goût du luxe, qui s'étaient manifestés jusqu'ici avant tout dans les constructions religieuses, triomphent dans l'architecture civile restée longtemps très sobre.

A ce moment commencent les expéditions italiennes, manifestations tumultueuses de la puissance française au terme d'un demi-siècle de reconstruction nationale. Ces expéditions firent naître — dans un milieu d'abord très limité — un enthousiasme pour la civilisation italienne, associée à la fois au bonheur de vivre et aux valeurs les plus hautes, celles de l'Antiquité. Mais les nouveaux modèles culturels n'auraient pas exercé d'influence sensible, surtout dans le domaine de l'architecture où le poids des habitudes est particulièrement fort, s'ils n'avaient répondu aux besoins et, pour ainsi dire, à l'attente de la société française. Dans ce pays qui venait de retrouver ses forces, la classe dirigeante rêvait de châteaux plus vastes, plus ouverts, plus riches; elle avait commencé à les bâtir... Les formes décoratives et architecturales de l'Italie, soudain connues, offraient un moyen nouveau de réaliser ces aspirations. Elles furent considérées comme des éléments de prestige supplémentaires qu'un art en pleine mutation — l'art des vainqueurs, ne l'oublions pas — pouvait aisément assimiler. A mesure que les rapports franco-italiens se firent plus étroits — à partir de la conquête du Milanais — l'art de la Péninsule a exercé ainsi une influence de plus en plus profonde sans que les maîtres d'œuvre français cessent jamais de l'interpréter à leur façon et d'imaginer des combinaisons nouvelles.

I. Les premières influences italiennes

Tout commence, on le sait, avec l'expédition de Naples (1494-1495). Charles VIII, émerveillé par le climat, les jardins, les usages d'un pays plus riche et plus raffiné, ramène avec lui toutes sortes d'artisans et quelques artistes afin d'embellir Amboise. Le rôle exact de ces Italiens est difficile à préciser car ils s'occupèrent avant tout du décor intérieur et des jardins, disparus depuis longtemps, et non des bâtiments dont le style reste « national » à quelques détails près. Mais leur venue, connue grâce aux archives, n'est que la face apparente d'un phénomène plus général dont nous ne voyons que les effets : l'apparition d'italianismes dans quelques châteaux français à la fin du XVe et au début du XVIe siècle.

Ce phénomène — limité à de grands édifi-

Château de Blois (Loir-et-Cher). L'aile Louis XII du côté de la cour.

ces — concerne d'abord le décor : une frise, un médaillon, des clefs de voûte à Amboise, des pilastres cannelés et des médaillons à Moulins (galerie nord), des panneaux ornés de candélabres à Blois (aile Louis XII), une corniche d'oves et dards à Châteaudun... Certains reliefs furent sculptés par des Italiens, d'autres importés — les fontaines des jardins; la plupart furent exécutés par des Français qui ont compris plus ou moins bien ce qu'on leur demandait : à Châteaudun par exemple, la corniche *à l'antique* est beaucoup moins réussie que le décor gothique situé en dessous.

Mais l'italianisme ne se résume pas à l'introduction de ces ornements. Quelques idées venues d'Italie ont inspiré très vite des dispositions architecturales sans précédent en France. Ainsi le plan du château de Blois reconstruit par Louis XII diffère des plans habituels, le bâtiment principal (l'aile Louis XII actuelle) étant situé en façade et non au fond de la cour, ce qui modifie le système de circulation. Le visiteur qui franchit le portail doit en effet traverser le rez-de-chaussée et emprunter la galerie ouverte sur la cour avant d'accéder au grand escalier situé dans l'angle du bâtiment. Au premier étage, il arrive dans une autre galerie qui dessert l'appartement royal. Ce type de parcours, assez complexe, de règle dans les palais italiens, n'existe guère en France où l'on préfère l'accès direct par l'escalier. Si les deux galeries étaient ouvertes (ce qui sera le cas à Blois quelques années plus tard, à l'hôtel d'Alluye) le rapport avec l'Italie serait encore plus net.

Josselin, bâti par Jean de Rohan, n'a jamais compté parmi les édifices de la Renaissance parce que son décor est entièrement gothique. Pourtant ce château possède un escalier principal rampe-sur-rampe construit dans-œuvre à peu près inexplicable sans influence italienne. Gêné par cette disposition nouvelle qu'on l'obligeait sans doute à utiliser, le maître d'œuvre n'a pas su l'exprimer en façade : l'escalier est à peu près invisible à l'extérieur, à l'opposé de tous les usages français. A Moulins, quelques années plus tôt (dès 1497, semble-t-il), une autre forme italienne apparaît :

Gaillon (Eure). Le château de Georges d'Amboise. Détail d'une gravure de Du Cerceau (Les plus excellents bâtiments de France).

une voûte en coupole couvrant la chapelle neuve du château (détruite) due à Pierre de Beaujeu. Cet emploi de la coupole, extrêmement précoce, restera toutefois isolé.

Enfin il faut insister sur Le Verger (détruit), élevé en Anjou par un autre Rohan, le maréchal de Gié : c'est l'édifice le plus important de l'époque, le seul qui soit entièrement neuf. Commencés certainement par le bâtiment principal situé au fond de la cour d'honneur, les travaux ont peu à peu progressé en direction de l'entrée, l'aile intermédiaire étant achevée en 1499. Or la conception du château a changé pendant les travaux : le plan, assez libre dans la cour d'honneur, devient plus rigoureux dans l'aile intermédiaire et parfaitement symétrique dans l'avant-cour. L'idée d'une composition monumentale, organisée autour d'un axe central, que l'architecture italienne pouvait seule inspirer, s'est imposée peu à peu.

Ces exemples prouvent que la première Renaissance française, à ses débuts, ne fut pas uniquement l'œuvre des ornemanistes : dès la fin du XVe siècle les maîtres d'œuvre les plus doués connaissent certains traits de l'architecture italienne et s'en inspirent pour introduire des dispositions nouvelles dans les grands châteaux. Leurs informations proviennent sans doute des deux architectes ramenés de Naples par Charles VIII, Fra Giocondo qui reste dix ans en France et Dominique de Cortone, qui fera toute sa carrière au service du roi; et aussi de Giuliano da Sangallo, venu à Lyon au début de 1496. Le grand architecte séjourne peu de temps près du roi, mais il laisse un modèle de palais qu'il est venu offrir de la part du cardinal della Rovere (le futur Jules II), modèle *meraviglioso, richissimo d'ornamenti e molto capace per lo alloggiamento di tutta la sua corte... il quale fu tanto caro e accetto al re che... gli diede lode infinite* nous dit Vasari (*Le Vite,* éd. Della Pergola, 1967, t. IV, p. 44). Les dispositions italianisantes de Blois, de Josselin, du Verger paraîtraient sans doute moins surprenantes si nous connaissions cette maquette.

II. Gaillon

Le château de Gaillon (en grande partie détruit), construit ou plutôt reconstruit par le cardinal Georges d'Amboise, archevêque de Rouen, entre 1502 et 1510, diffère des édifices immédiatement antérieurs (Le Verger, Meillant, Blois) ou contemporains (Josselin, Châteaudun) par son italianisme beaucoup plus marqué. Mais ce caractère s'est affirmé progressivement : le plan, conditionné par des constructions précédentes, est irrégulier, l'escalier principal reste un escalier en vis hors-œuvre, les bâtiments construits en premier possèdent un caractère entièrement gothique, et même hypergothique comme on peut l'attendre dans un édifice élevé en même temps que le palais de justice de Rouen.

Deux dispositions architecturales nouvelles retiennent toutefois l'attention : le corps de galerie sud qui coupe en deux parties inégales la cour médiévale et la terrasse élevée le long du bâtiment principal, face à la vallée de la Seine. Le corps de galerie (vers 1506) s'explique certainement par le désir de régulariser le plan en créant une cour d'honneur à peu près carrée, appelée à devenir une sorte de *cortile*. Quant à la terrasse, établie au niveau de la chapelle haute, des grandes salles et de l'appartement privé du cardinal (tour de droite), elle révèle beaucoup plus clairement que l'étroit balcon du logis royal d'Amboise le souci d'ouvrir le bâtiment sur l'extérieur. Le cardinal, qui fit un long séjour à Rome en 1503 dans l'espoir de se faire élire pape, avait certainement apprécié la terrasse de la villa du Belvédère; revenu en Normandie, il introduisit dans son château cette disposition sans précédent en France.

Mais Gaillon se distingue surtout par la qualité et l'importance du décor italianisant employé pour la première fois de façon systématique sur les façades de la cour d'honneur et au pavillon d'entrée. L'aménagement de la cour, réalisé entre 1507 et 1509, présente encore un caractère expérimental. Les galeries nord, sud et est comportent au premier étage une ordonnance continue de pilastres et de panneaux à médaillons qui dérive de modèles italiens : la loge du Conseil à Vérone pour la disposition générale, la façade intérieure du palais des Doges pour le décor sculpté. Les

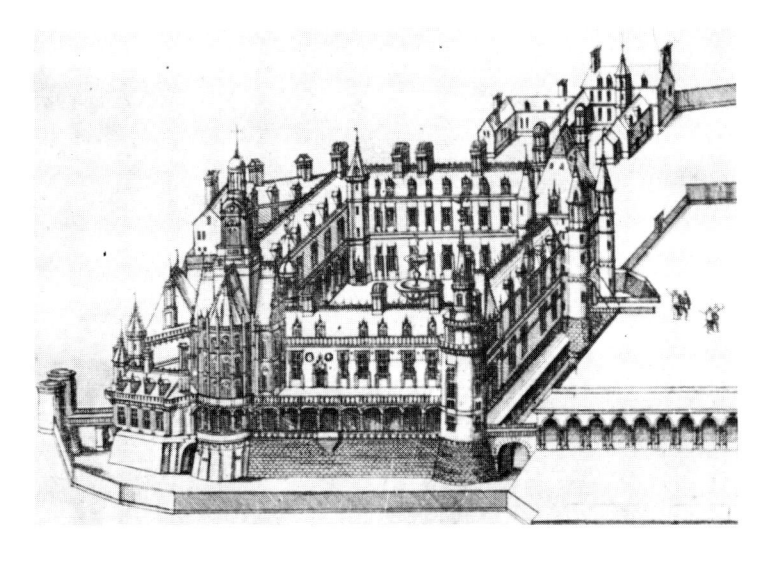

En haut, château de Bury, à Molineuf (Loir-et-Cher). On observe l'organisation rigoureusement symétrique du château et du jardin. Détail d'une gravure de Du Cerceau (Les plus excellents bâtiments de France).

En bas, Chenonceaux (Indre-et-Loire). Château construit par Thomas Bohier au-dessus des eaux du Cher.

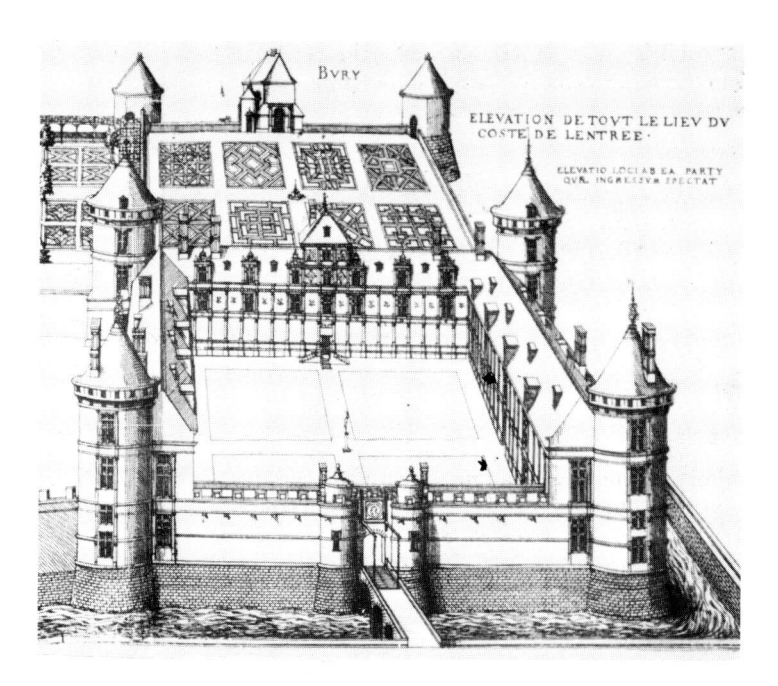

bâtiments ouest et est, déjà construits, reçoivent aussi des médaillons semblables à ceux des galeries pour que la cour revête, autant que possible, un aspect uniforme. Enfin, on dresse au centre une fontaine monumentale importée de Gênes.

L'ordonnance essayée au premier étage de la cour, toutefois, ne sera jamais reprise parce que les panneaux sculptés forment un décor très dense, difficile à étendre sur toute une façade. La formule appelée à un grand avenir se trouve au contraire aux façades du châtelet d'entrée (1508-1509) qui ne comportent que des pilastres superposés encadrant les fenêtres et des moulures horizontales établies au niveau des étages. Cette ordonnance, facile à employer, présente aussi un caractère plus français. Depuis le milieu du XVe siècle, en effet, on utilisait comme ornement de façade des pilastres minces montant du sol jusqu'aux lucarnes, de chaque côté des fenêtres, afin de souligner la division de la façade en travées verticales. Combinés avec des larmiers horizontaux, ces pilastres formaient parfois un véritable quadrillage. Ce système n'a rien de commun avec le système italien des ordres (jamais liés aux fenêtres), mais il permet aisément, le moment venu, d'en intégrer des éléments : pilastres et entablement (sous la forme d'un double corps de moulures). D'où le succès de cette disposition dans l'architecture de la première Renaissance : le prestige de l'ordonnance italienne, que les Français ne comprendront vraiment que trente ans plus tard, explique qu'un système de compartimentation relativement peu utilisé de 1450 à 1510 se soit imposé partout pendant vingt ans et même plus.

III. Les premiers châteaux italianisants du Val de Loire : Bury et Chenonceaux

Gaillon, lié à la personnalité de Georges d'Amboise, reste isolé en Normandie. Les idées nouvelles apparues sur ce chantier ne pouvaient se développer qu'en Val de Loire, dans la région où les premières idées architecturales italiennes avaient été reçues. Avant même que François Ier ne donne l'exemple, deux personnages placés à la tête de l'administration royale — Florimond Robertet et Thomas Bohier — élèvent les premiers châteaux italianisants entièrement neufs. Ces hommes, issus de la bourgeoisie d'affaires et dépourvus de château familial, veulent un édifice à la mesure de leur fortune. Comme ils connais-

Chenonceaux (Indre-et-Loire). Plan du château avec son corridor central sur lequel s'articule l'escalier. Gravure de Du Cerceau (Les plus excellents bâtiments de France).

sent bien l'Italie, ils adoptent avec enthousiasme les formes nouvelles, persuadés qu'elles donneront plus de prestige à leur demeure.

Florimond Robertet, secrétaire d'État de Louis XII et de François Ier (en fait Premier ministre), inaugure ce mouvement. Il fait construire vers 1505-1508 l'hôtel d'Alluye à Blois — à cette date l'édifice le plus moderne de la région — et à partir de 1511-1512 le château de Bury (détruit) près de Blois. Les travaux en seront rapides puisque le bâtiment principal semble achevé dès 1515.

Bâti de neuf, Bury obéit à des principes de composition stricts (déjà appliqués dans les parties les plus récentes du Verger) qui s'imposent à la fois au château et au jardin principal. Le portail d'entrée, une statue dressée sur une colonne au milieu de la cour, un grand pavillon, une fontaine, la chapelle marquent l'axe central que soulignent encore l'escalier à montées convergentes (inspiré sans doute par le projet de Bramante pour la cour du Belvédère) donnant accès au pavillon. La façade sur cour du bâtiment principal est divisée en travées par des pilastres superposés suivant le système apparu à Gaillon; mais ces travées sont toutes semblables, ce qui détermine exactement l'emplacement des fenêtres et par conséquent celui des murs de refend, à l'inverse de toutes les habitudes françaises. Cette disposition, aussi régulière que celle des façades italiennes rythmées par des ordres, se répète sur les deux ailes avec quelques variations de rythme. Au centre de cette cour, une colonne porte une statue de bronze, orgueil de Robertet : un *David* de Michel-Ange acquis à Florence en 1508.

Les formes architecturales et décoratives gothiques encore utilisées à Gaillon semblent avoir disparu : l'escalier, situé dans le pavillon central, est un escalier rampe-sur-rampe de grande dimension, le premier qui puisse rivaliser avec les modèles italiens; le pavillon qui l'abrite, très simple, est dépourvu de tourelles d'angle, ce qui l'oppose au pavillon d'escalier de Châteaudun, de cinq ans antérieur; les lucarnes ne portent plus de gâbles, mais des frontons semi-circulaires ornés de coquilles; les arcades longeant le mur d'entrée sont toutes en plein cintre. Seuls les tours d'angle et le mur d'entrée muni de créneaux décoratifs conservent un aspect traditionnel lié à leur valeur représentative : ces organes symbolisent l'importance sociale du château.

Toutes ces nouveautés ne seront pas immédiatement comprises, loin de là. Bury, œuvre d'avant-garde, reste quelque peu isolé. L'espacement régulier des pilastres se retrouve seulement à Chambord, le pavillon rectangulaire à Fontainebleau, et le jardin tracé dans l'axe du château, à Nantouillet et à Anet. En revanche, le plan symétrique, l'escalier rampe-sur-rampe et le décor exclusivement italianisant réapparaissent aussitôt à Chenonceaux (1514) bâti par Thomas Bohier, général des finances.

Cet édifice, beaucoup plus petit que Bury, ne comportait à l'origine qu'un bâtiment carré cantonné de quatre tours, construit sur les piles d'un ancien moulin (le pont et la galerie, qui paraissent faire aujourd'hui l'originalité de Chenonceaux, datent de la seconde moitié du XVIe siècle). Du côté est, une chapelle et un pavillon s'élèvent sur les avant-becs des piles : construits hors-œuvre, ces deux bâtiments se distinguent nettement du château carré délimité par ses tours d'angle. Même si ce plan massé rappelle certains plans de donjons et de manoirs (Vincennes, Martainville [Seine-Maritime] par exemple), l'architecte lui a donné un caractère nouveau en dessinant un carré parfait et en ordonnant des façades autour d'un axe central marqué par des baies plus larges, un balcon et une grande lucarne, sauf à l'est où la chapelle et le pavillon réunis par une terrasse forment une composition indépendante, analogue, en beaucoup plus petit, à la façade de Gaillon sur le val.

Dans les deux cas, le bâtiment qui fait face à la chapelle, de l'autre côté de la terrasse, semble réservé au maître des lieux : à Chenonceaux, le pavillon abrite une petite pièce qui a les caractères d'un *studiolo* : jouissant d'une vue étendue en tous sens, elle possède un plafond à caissons de type italien, le plus ancien conservé en France. Or Bohier connaissait bien Gaillon puisqu'il en a contrôlé les comptes de construction.

Moins « régulier » que Bury, Chenonceaux est peut-être plus original dans sa conception d'en-

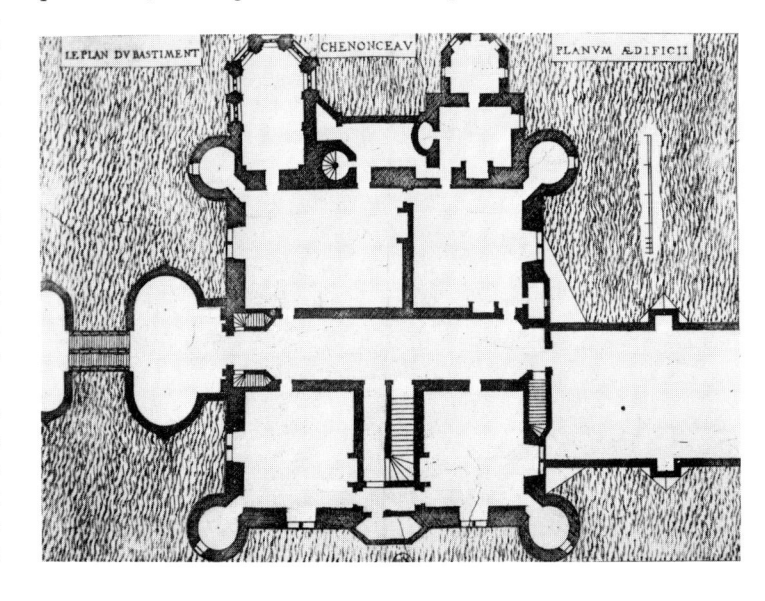

Château de Blois (Loir-et-Cher). Escalier de l'aile François Ier.

semble. Au lieu d'élever le château au bord du Cher à l'emplacement du château précédent, Thomas Bohier l'a en effet construit sur la rivière en utilisant les piles d'un moulin. Le choix de ce site explique les deux dispositions les plus singulières du plan : le couloir, ou plutôt la galerie intérieure qui traverse tout le château à chaque étage, et l'escalier rejeté sur le côté, perpendiculairement au passage central. A l'origine, le visiteur ne pénétrait donc pas comme aujourd'hui dans un espace clos, mais dans une galerie éclairée par une grande porte-fenêtre donnant sur le Cher : l'eau et ses reflets changeants étaient présents au cœur du bâtiment. L'association du château et de la rivière, fréquente en France, n'avait jamais été poussée si loin. On peut donc se demander si Thomas Bohier n'a pas emprunté à l'Italie cette idée extraordinaire. Le palais vénitien n'offrait-il pas le modèle d'une demeure conçue en fonction de l'eau, avec une galerie centrale répétée à tous les étages et un escalier placé sur le côté, laissant libre la vue sur le canal? La similitude est trop grande pour qu'on n'admette pas une influence de l'architecture de Venise sur Chenonceaux, d'autant que Thomas Bohier a commencé la construction du château dès son retour d'Italie en 1514.

IV. Les modèles de la nouvelle architecture : Blois et Bonnivet

Bury, trop novateur, Chenonceaux, trop original, ne pouvaient servir de modèles. Ce rôle sera joué par l'aile neuve de Blois et par le château de Bonnivet, en Poitou, commencés respectivement en 1515 et 1516. Le prestige social des bâtisseurs — le jeune roi et son compagnon le plus cher —, l'importance des constructions, le luxe de leur décor expliquent que ces édifices aient immédiatement retenu l'attention.

Construite de part et d'autre du mur d'enceinte médiéval du château de Blois, l'aile François Ier possède deux façades différentes : l'une sur cour commencée dès 1515, et l'autre extérieure, faite de loggias superposées, dont nous parlerons plus tard. La façade donnant sur la cour, impressionnante par ses dimensions (trois niveaux, soixante mètres de long), présente des aspects contradictoires. La répartition irrégulière des fenêtres, liée uniquement à la distribution intérieure, ainsi que la présence d'un énorme escalier hors-œuvre (le dernier de ce type dans la grande architecture), prouvent que les bâtisseurs n'ont pas accepté les nouveautés révolutionnaires de Bury. L'idée si belle d'un escalier ouvert, porté par des piliers, est elle-même toute gothique dans son principe. Le décor, en revanche, est italianisant et surpasse en richesse tout ce qu'on avait vu auparavant. La mouluration devient plus complexe, les lucarnes portent un édicule à niche et colonnes; enfin la corniche, très saillante, ornée de denticules, de glyphes, de consoles, conclut vigoureusement la façade à la façon des corniches italiennes.

Tout ce décor exercera une grande influence, d'autant plus étendue qu'il se trouve associé à une ordonnance à travées irrégulières de type traditionnel : les maîtres d'œuvre pouvaient l'imiter — plus ou moins habilement — sans remettre en question leurs habitudes de construire... La corniche, seule, ne fera pas école parce qu'elle contredit le système des travées verticales de fenêtres et lucarnes : trop développée, elle isole les lucarnes et supprime tout lien entre le mur et

Château de Bonnivet, à Vendeuvre-du-Poitou (Vienne). Façade du château, aujourd'hui détruit, de l'amiral de Bonnivet. Gravure de Lapointe d'après La Gueretière.

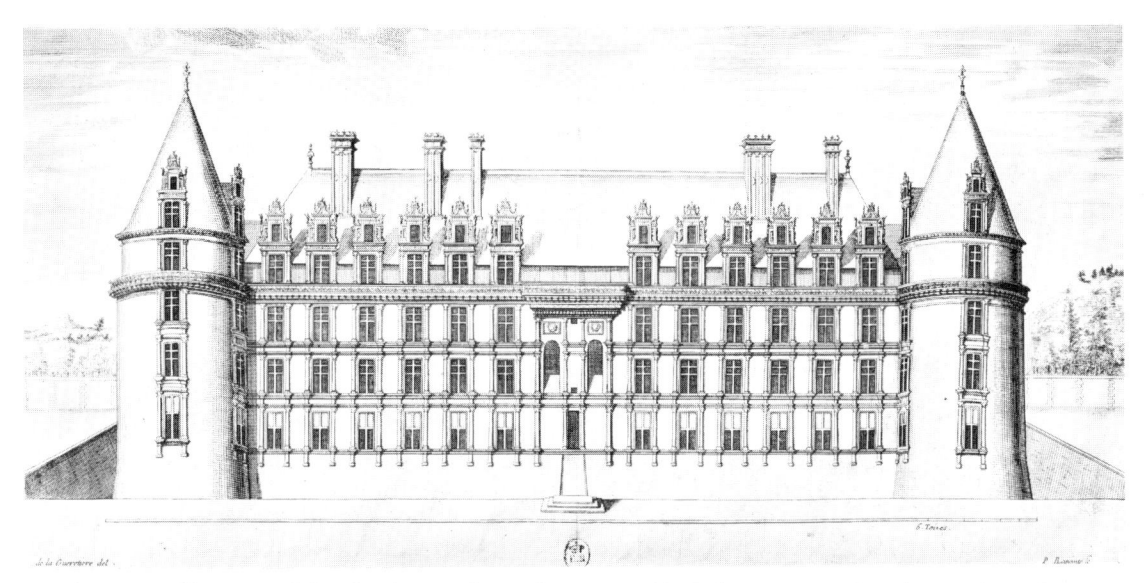

le toit. Ce motif spectaculaire, le plus moderne du château, ne pouvait être assimilé par l'architecture française.

Bonnivet (détruit), commencé en 1516 par l'amiral de Bonnivet, est une œuvre plus cohérente et plus ambitieuse que l'aile François Ier. Bâti de neuf autour d'une cour de 65 mètres de côté, ce château aurait été — avant Chambord — la construction la plus monumentale de l'époque si la mort de l'amiral n'avait interrompu les travaux : la façade principale — avec les tours — mesure 100 mètres de long! La formule de Blois trouve ici son plein développement : ordonnance française à travées irrégulièrement espacées, décor italianisant raffiné — dont il subsiste d'admirables fragments au musée de Poitiers. Mais l'architecte de Bonnivet ne s'est pas contenté de suivre son modèle. Très conscient du point faible de la façade royale, il a réduit le volume de la corniche (sauf au centre où la façade de l'escalier forme une composition à part) et agrandi les lucarnes afin d'accentuer les effets verticaux. Par ailleurs, il a étendu à tout le château la coursière située devant les lucarnes sans l'interrompre aux tours, ce qui modifie complètement l'aspect de ces dernières, privées désormais de tout caractère militaire. L'idée sera reprise quelques années plus tard, à Chambord : dans les deux cas, le rang du propriétaire et l'importance du bâtiment étaient tels que l'on put renoncer, plus tôt qu'ailleurs, aux signes habituels du pouvoir.

L'escalier, enfin, ne reproduit pas celui de Blois, pas plus d'ailleurs que celui de Bury. L'architecte a préféré une autre formule, déjà expérimentée à Châteaudun : l'escalier en vis construit à l'intérieur du bâtiment, éclairé par de grandes baies superposées donnant sur la cour. Un tel parti évitait de couper le volume du bâtiment principal pour une tour hors-œuvre et permettait d'introduire au milieu de la façade un motif antique : des baies en plein cintre de grande dimension, superposées du côté de la cour, qui évoquent les arcs de triomphe. Mais l'architecte de l'amiral a fait preuve de plus d'audace en ouvrant l'escalier de deux côtés : sur la cour, comme à Châteaudun, et à l'extérieur, à travers une loggia située à mi-étage. Lorsqu'on empruntait la vis on ne se trouvait donc pas dans une cage fermée sur trois côtés, mais dans un espace transparent, ouvert sur tout le paysage. Comme à Chenonceaux, le désir de lier le château au site explique une solution extraordinaire; cette fois, pourtant, l'invention ne doit rien à l'Italie.

Bonnivet sera très imité. Dès 1518, les constructeurs d'Azay-le-Rideau empruntent au grand château poitevin l'idée d'une façade d'escalier ouverte et le goût des travées verticales fortement marquées : rejetant le modèle blésois, ils combinent en fait les leçons de Bury et de Bonnivet. Jusqu'au milieu du siècle, les ordonnances extérieures, la façade de l'escalier, la coursière continue, les lucarnes plus hautes et plus découpées qu'à Blois inspireront les architectes, surtout dans l'ouest de la France (façades extérieures de La Rochefoucauld, façade d'escalier de Châteaubriant, de Serrant, d'Oiron, tours de Serrant...); dans toute cette zone, l'influence de Bonnivet concurrence ou relaie celle de Blois.

Le succès des formules adoptées dans ces deux châteaux ne peut faire oublier, toutefois, que d'autres partis étaient possibles. L'ornementation dense et couvrant toute la paroi, que nous avons rencontrée dans la cour de Gaillon, se retrouve à

A gauche, château de Nantouillet (Seine-et-Marne). Façade donnant sur le jardin, avec la chapelle en saillie. Relevé de l'architecte Davioud en 1854.
A droite, dessin de Léonard de Vinci pour le château royal de Romorantin (Loir-et-Cher). Codex Atlanticus (Milan, Bibliothèque Ambrosienne).

Sarcus (détruit, fragments remontés à Nogent-sur-Oise) ou à Fontaine-Henry (partie centrale) vers 1520. A la même date, au contraire, l'architecte du cardinal Duprat, chancelier de France, dote les façades de Nantouillet (Seine-et-Marne) d'une ordonnance à grands pilastres dépourvus de chapiteaux, et concentre le décor italianisant dans les embrasures des fenêtres — exceptionnellement profondes. Dans l'escalier, associé à une chapelle hors-œuvre, il combine d'une façon aussi inattendue — pour qui vient du Val de Loire — des volées droites très amples, analogues à celles de Bury, avec un couvrement hypergothique à voûtes d'ogives complexes... Mais ces recherches intéressantes resteront sans lendemain à cause de la concurrence de l'art de la Loire et de l'évolution rapide du style dans la région parisienne après 1525. Seule l'ordonnance à grands pilastres sera reprise, en particulier à Écouen, mais cette disposition ne constitue pas un trait propre à Nantouillet : de tels pilastres correspondant à des jambes du mur sont fréquents dans la région parisienne dès la fin du XVe siècle et se voient même à l'aile Louis XII de Blois. Aussi ne partageons-nous pas le point de vue de François Gébelin qui attachait beaucoup d'importance à l'ordonnance de Nantouillet : l'originalité du château est ailleurs.

V. Le château royal : Romorantin, Chambord, les *loges* de Blois

Vainqueur à Marignan — à vingt et un ans! maître du Milanais, François Ier découvre avec émerveillement l'art italien. Il forme alors un grand projet : construire dès son retour une résidence entièrement neuve — à la différence de Blois — qui exprimerait avec éclat la puissance royale et le nouveau cours de la culture française. Comme Charles VIII, mais avec une conscience plus nette de l'enjeu, il fait donc tout de suite appel à des artistes italiens et la chance veut que le plus illustre d'entre eux se laisse tenter : en 1516, Léonard de Vinci, âgé de soixante-quatre ans, quitte l'Italie afin de réaliser les rêves du roi, et, par la même occasion, les siens...

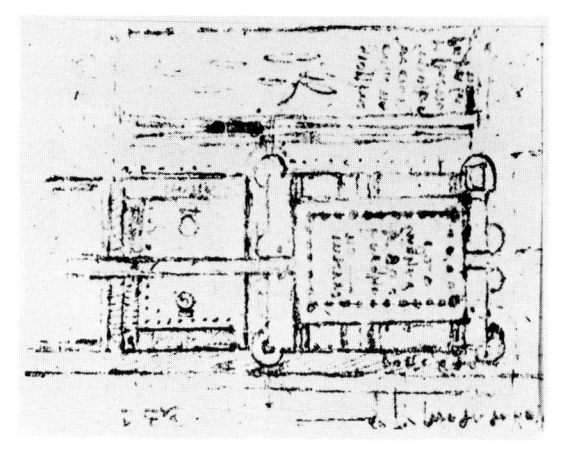

Le château dont Léonard donne le plan devait s'élever aux confins de la Sologne, à Romorantin. Les dispositions générales rappellent celles du Verger : une cour et une avant-cour situées sur le même axe. Mais plusieurs traits sont italiens : les escaliers rejetés dans les angles, les galeries entourant la cour de tous côtés. A l'extérieur, d'autres galeries longent la façade sud : de là, le roi aurait assisté aux fêtes données sur la rivière... En face du château, une rue droite bordée de maisons mène à une place : Léonard entend lier une ville nouvelle au palais comme on le fera plus tard à Richelieu et à Versailles.

Pour des raisons qui nous échappent, ce grand dessein cessa de plaire et Romorantin ne devint pas — pour quelque temps — la capitale de la France. Mais les idées qui avaient retenu l'attention du roi et de son entourage en 1516-1517 ont inspiré peu après d'autres constructions : la cour entourée de galeries de La Rochefoucauld, les loggias extérieures de Blois et de Madrid.

Dès 1518, un autre projet, très différent, remplace celui de Romorantin. Le roi décide d'élever le nouveau château à Chambord, près de Blois, et de lui donner l'aspect d'un donjon énorme associé à une vaste enceinte. Ces appellations traditionnelles, toutefois, ne doivent pas faire illusion car le donjon de Chambord n'emprunte que quelques traits à l'architecture militaire : le plan massé, les tours d'angle, la couverture en terrasse. Ses dispositions les plus intéressantes sont en réalité d'origine italienne.

En haut, château de Chambord (Loir-et-Cher). Vue générale gravée par Du Cerceau.
En bas, château de Chambord. Élévation du grand escalier à double vis, gravure tirée de Le Rouge, 1750.

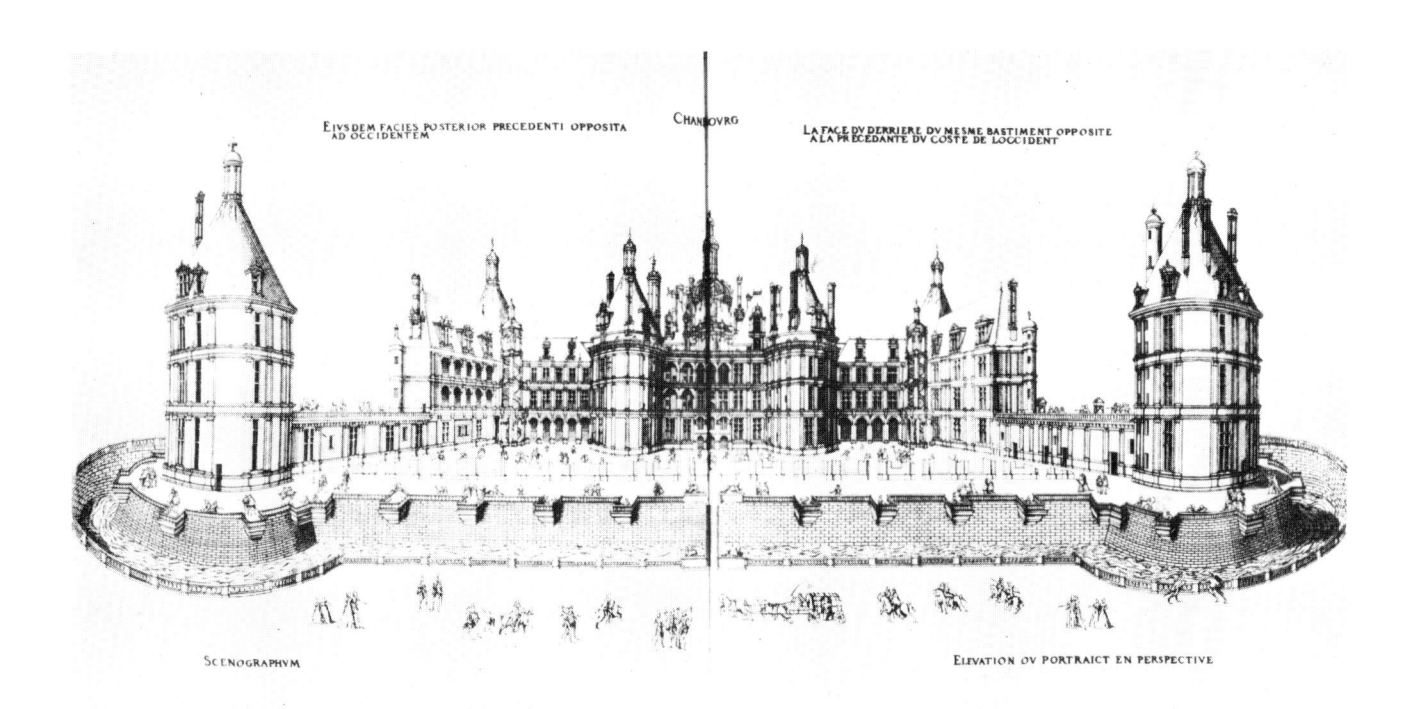

Rigoureusement carré, le donjon comporte à chaque étage une grande salle en croix et quatre appartements semblables logés dans les angles (et quatre autres dans les tours). Ce plan, parfaitement logique, où toutes les parties se répondent de part et d'autre du centre, est inconnu en France. Il jouit au contraire d'une grande faveur en Italie depuis le milieu du XVe siècle : Francesco di Giorgio, Léonard de Vinci l'adoptent dans des projets de palais et d'églises, Bramante l'utilise à Saint-Pierre de Rome, commencé en 1506, l'édifice le plus célèbre de l'époque.

Dans l'avant-projet du château, connu par un modèle en bois qui existait encore au XVIIe siècle, l'escalier présente également un caractère italien : deux volées droites parallèles occupent l'un des bras de la salle en croix. Ensuite, on lui préféra un escalier en vis à double révolution, situé au centre du château, qui rappelle par sa structure ouverte la grande vis de l'aile François Ier. Un tel changement d'idée n'implique pas, contrairement à ce que l'on a pu dire, un abandon des idées italiennes car nulle part en France n'existe d'escalier situé au centre d'un édifice, ni de vis à double révolution de grande dimension. En fait, la position centrale semble la conséquence logique du plan centré (qui aurait été compromis par un escalier situé dans un bras de la croix) : l'escalier, surmonté par une lanterne immense (jouant à l'extérieur le rôle dévolu à la coupole dans les églises de plan centré) forme l'axe vertical autour

Blois (Loir-et-Cher). Façade des « Loges » de l'aile François Ier.

duquel s'organise toute la composition. La structure devient ainsi visible. A qui attribuer ce parti extraordinaire, à la fois logique et merveilleux ? Léonard de Vinci, qui meurt à Amboise en mai 1519, quelques mois avant l'ouverture du chantier, en paraît seul capable : le plan en croix, l'escalier central, la vis à double révolution — il avait d'abord prévu quatre montées, semble-t-il ! — ont leurs modèles dans ses dessins. Le grand projet de François Ier lui a donné l'occasion de réaliser tardivement des idées conçues en Italie vingt ans plus tôt.

Cette intervention, toutefois, concerne uniquement le plan et la structure, car l'aspect extérieur demeure profondément français et même plus médiéval que tout ce que nous avons vu jusqu'ici. Le donjon, les tours rappellent les châteaux forts ; les parties hautes, achevées vers 1535, faites de toits multiples, de cheminées, de tourelles, de lucarnes, reproduisent, avec un autre vocabulaire ornemental, les couronnements fantastiques des châteaux du duc de Berry dont les *Très riches Heures* conservent le souvenir. Les images les plus expressives du passé se trouvent donc une dernière fois évoquées, comme si on avait voulu faire de Chambord le symbole de la monarchie française.

Ainsi, suivant que l'on s'attache à la structure ou à l'apparence, Chambord paraît lié aux spéculations italiennes (de la fin du *quattrocento*) et aux habitudes nationales. Deux formes d'imagination opposées ont concouru à sa genèse : l'imagination abstraite de Léonard habile à créer des plans et des escaliers sans précédent, l'imagination visuelle des architectes français encore sensibles aux formes traditionnelles du luxe et de la puissance. De leur accord inattendu, paradoxal, est né cet édifice prodige qui résume — en les portant à l'extrême — toutes les ambitions de la première Renaissance française.

Les travaux de Chambord furent assez lents : jusqu'en 1525 ils concernent surtout les fondations, difficiles dans un terrain marécageux. En attendant la réalisation de ce grand projet, le roi tente de donner à Blois un caractère plus grandiose en élevant vers 1520 une nouvelle façade extérieure faite de loggias — ou *loges* — superposées. Cette idée apparaît déjà dans le projet de Romorantin, mais le modèle principal en fut sans doute la façade du palais du Vatican élevée par Bramante dix ans plus tôt (dont les *loges* furent décorées par Raphaël). Comme l'extrémité gauche de la façade de Blois comporte des travées rythmiques inspirées de la cour supérieure du Belvédère, on voit que deux motifs romains très récents sont associés dans cette partie du château. Un tel choix a évidemment une signification politique : il s'agit d'imiter, d'égaler si possible, le plus récent et le plus prestigieux des palais. Malheureusement, les architectes du roi échouent dans l'entreprise, incapables de comprendre le nouveau langage : entre la façade sur cour de l'aile François Ier qu'ils viennent de terminer et les constructions de Bramante qu'on leur propose d'imiter, l'écart stylistique est trop grand. Mais les maladresses de la façade des Loges n'enlèvent rien à son importance : en prenant pour la première fois comme modèle les monuments de Rome, les maîtres d'œuvre de Blois ouvraient une voie nouvelle : celle qui mène, non sans hésitations ni retours, aux grandes œuvres de la *haute Renaissance* française.

Château d'Oiron (Deux-Sèvres). Le grand escalier.

VI. Après 1525

Ces recherches, désormais, n'auront plus pour cadre le Blésois ou la Touraine mais la région parisienne où le roi fixe sa résidence principale dès son retour de captivité. Les rares œuvres importantes que l'on peut rattacher alors en Ile-de-France à l'art de la première Renaissance sont les parties de Chantilly construites en 1525-1530 (détruites) ainsi que le portail d'entrée de Nantouillet qui diffère sensiblement du reste du château.

Les travaux de Blois sont interrompus (la façade des Loges reste inachevée) et Chambord demeure le seul chantier royal ouvert dans la région de la Loire. Contrairement à toute attente, le projet le plus grandiose, le plus onéreux et à la limite le plus absurde fut réalisé, au prix de trente ans d'efforts, dans une fidélité totale au style de la première Renaissance (au moins jusqu'en 1543) : le dernier paradoxe de ce château — et le signe le plus évident de sa singularité — c'est sans doute d'avoir été construit...

Cependant, l'art de la première Renaissance demeure vivant dans le Val de Loire ainsi que dans l'ouest et le sud-ouest de la France. Villegongis (Indre), Valençay (Indre), Oiron (Deux-Sèvres), La Rochefoucauld (Charente), Montal (Lot), Assier (Lot), pour ne prendre que quelques exemples, témoignent de l'influence exercée par Bury, Blois, Bonnivet, Chambord jusqu'en 1540 et même au-delà. Parfois (Châteaubriant, Assier) des motifs plus classiques — qui ne viennent pas nécessairement de la région parisienne — entrent en combinaison avec les formes de la première Renaissance. Mais d'autres œuvres plus tardives et pourtant de la plus haute qualité (tel l'escalier d'Oiron en 1542) utilisent encore uniquement le vocabulaire architectural des années 1520.

Une étude complète de cette forme d'architecture devrait prendre en compte tous ces édifices et beaucoup d'autres, plus modestes. On s'apercevrait alors que les formules nouvelles se sont diffusées assez lentement et de façon inégale — à la différence du style antiquisant qui se répand très vite dans tout le royaume après 1540. Même en Poitou, proche du Val de Loire, la plupart des châteaux demeurent gothiques jusqu'en 1525-1530 et les édifices Renaissance, d'ailleurs remarquables, font figure d'exception. Autant qu'on puisse en juger, les bâtisseurs intéressés par le style italianisant semblent avoir été peu nombreux et les artistes capables de construire ou de sculpter avec talent dans ce style encore plus rares, au moins dans le premier quart du siècle. Les grands châteaux, souvent précoces, ne doivent donc pas faire illusion : il n'y a pas eu de conversion soudaine et générale à l'art nouveau.

VII. L'Italie et la France

Dans ces pages trop brèves, nous ne pouvions retenir que les édifices majeurs de la première Renaissance française : Gaillon et les grands châteaux de la Loire auxquels on ajoutera désormais Bonnivet. Mais cette sélection — nous l'avons dit au début — n'a rien d'arbitraire, car ces châteaux sont ceux où les architectes ont expérimenté des partis nouveaux. En reprenant leur étude nous n'avions pas pour but de célébrer des chefs-d'œuvre (inégalement réussis d'ailleurs), mais d'expliquer l'apparition d'une nouvelle forme d'architecture à travers un processus continu et rapide d'assimilation et de création.

Château d'Oiron (Deux-Sèvres). L'aile gauche renfermant la galerie.

Dans la mesure où la connaissance de l'art italien a stimulé l'invention et l'a orientée dans un sens déterminé, nous avons insisté sur les rapports franco-italiens — sans sacrifier toutefois à l'*italocentrisme* qui affecte trop souvent les études sur la Renaissance européenne. Les habitudes de construire nationales, en plein renouvellement depuis le milieu du XVe siècle, expliquent seules, en effet, les particularités de la Renaissance française : son goût des parois légères, des toits élevés, des lucarnes ornées, des escaliers transparents... Sauf exception, l'admiration portée à l'art italien n'a provoqué aucun transfert de formes étrangères en France, à la différence de ce qu'on observe en Europe centrale où quelques créations précoces paraissent de ce fait plus avancées que les nôtres. Les œuvres importées ou dues à des ornemanistes venus en France restent elles-mêmes très rares et datent pour la plupart du début du siècle. Les architectes appelés par le roi — Fra Giocondo, Dominique de Cortone, Léonard de Vinci — ont diffusé des idées, inspiré souvent les partis les plus novateurs, mais ils n'ont jamais élevé des constructions de type italien ni même envisagé de le faire. Enfin, certaines des inventions les plus remarquables de ce temps, les escaliers ouverts de Blois et de Bonnivet par exemple, présentent un caractère purement national.

Pour expliquer la première Renaissance française, on n'opposera donc pas les nouveautés étrangères aux traditions nationales comme si la France ne pouvait subir que des influences ou y résister. D'une façon plus subtile et plus intéressante, les idées et les formes nouvelles ont été reçues par un milieu actif et sûr de ses ressources dont elles ont stimulé les capacités d'invention. Au terme de ce processus, qui dure jusqu'au milieu du siècle, l'architecture française apparaîtra totalement renouvelée sans avoir jamais cessé d'être elle-même. Rarement l'imitation aura été aussi créatrice.

Les expériences de la région parisienne 1525-1540

Monique Chatenet
François-Charles James

A. Les châteaux de François Ier

En 1525 et 1526 la France connaît l'une des périodes les plus sombres de son histoire. Le roi, fait prisonnier à Pavie, est à Madrid, aux mains de Charles Quint. Les constructions royales sont arrêtées. Blois ne sera jamais repris. A son retour de captivité, François Ier, délaissant les rives de la Loire, décide d'établir sa résidence habituelle dans la région parisienne. Les châteaux royaux d'Ile-de-France, à l'abandon depuis si longtemps, sont pour la plupart en ruine : il faut donc les reconstruire, agréable perspective pour un roi *qui aimoit tant à bastir*. En 1527, s'ouvrent les chantiers de Madrid et de Fontainebleau, suivis de ceux de Villers-Cotterêts (Aisne) en 1532, de Folembray (Aisne) en 1538, de Saint-Germain en 1539, de La Muette et de Challuau en 1542. Sept châteaux en quinze ans! Le nombre surprend, et plus encore, la variété stylistique des œuvres. Abandonnant délibérément les ordonnances ligériennes, les *deviseurs* royaux des bords de la Seine cherchent de nouveaux partis. Les idées neuves ne manquent pas, mais aucune ne semble satisfaire pleinement. La période 1525-1540 ne possède pas la cohérence de la première Renaissance; c'est une époque d'incertitude qui se traduit par une succession d'expériences hétérogènes.

I. Madrid

L'entreprise la plus audacieuse, la plus soigneusement élaborée et incontestablement la plus réussie de la période est le château du Bois de Boulogne, mieux connu sous le nom de Madrid. Commencé en 1527 (sa construction est évoquée dans un document du 3 décembre 1527, encore inédit), le bâtiment principal fut achevé en 1551. Les communs et la chapelle furent entrepris beaucoup plus tard, sans respect pour le projet initial. Les historiens se sont longtemps querellés pour savoir qui, du Tourangeau Pierre Gadier ou du Florentin Girolamo Della Robbia, avait été l'architecte de Madrid. Cette querelle, née d'une mauvaise interprétation des textes, était à vrai dire sans objet : si Gadier et Della Robbia eurent tous deux, en tant que *maîtres maçons,* la responsabilité du chantier — c'est à ce titre qu'ils apparaissent dans les comptes — rien ne prouve qu'ils aient été les *deviseurs* du bâtiment, c'est-à-dire les auteurs des projets, les deux tâches étant à cette époque souvent séparées.

Le château de Madrid était, comme Chambord, une résidence de chasse : son parc, le bois de Boulogne, considérablement agrandi par François Ier, garda jusqu'à la Révolution sa vocation cynégétique. Placé au bord de la Seine, entouré d'arbres, il constituait également une agréable résidence d'été aux portes de la capitale. Comme Chambord aussi, Madrid était établi sur un site neuf permettant une composition libre, l'édifice n'ayant à s'ajuster à aucun vestige médiéval.

Le corps de logis de Madrid, démoli à la Révolution, mais connu par de nombreux dessins et gravures, présente avec le donjon de Chambord de frappantes analogies. Le programme est le même : trente-deux appartements et quatre grandes salles répartis sur quatre niveaux.

Comme à Chambord, deux axes de symétrie perpendiculaires ordonnent le plan dont les subdivisions s'inscrivent dans des rapports de proportions simples. Ce procédé venait évidemment d'Italie, et l'influence des idées de Léonard de Vinci fut aussi forte à Madrid qu'à Chambord. Les projets de Léonard de Vinci pour la villa de Charles d'Amboise à Milan semblent avoir été connus de l'auteur de Madrid qui en reprend plusieurs éléments dans la partie centrale du château. Mais là s'arrête la comparaison : Madrid n'est pas une copie de Chambord, loin de là.

A Chambord, la grande salle, soumise aux contraintes du plan central, adopte une disposition peu commode puisque son centre est encombré par le célèbre escalier. En l'absence de *grand escalier,* la grande salle de Madrid peut avoir des proportions idéales; elle est flanquée de deux loggias et d'une *sallette* annexe, surmontée d'une tribune. Les appartements de Madrid sont placés de part et d'autre de la salle dans deux grands pavillons entourés de loggias et cantonnés de tours. La simplicité de ces appartements, composés d'une chambre et d'une seule garde-robe, contraste avec le faste de ceux de Chambord. Enfin le système de distribution, prévu à Chambord sur les deux faces latérales du donjon, est étendu, à Madrid, aux quatre côtés de l'édifice : à chaque niveau les loggias, sur lesquelles sont ancrées les tours des six vis hors œuvre, forment une circulation continue autour du noyau central. Cette ceinture de tours donne à l'édifice une silhouette de château français, mais les tours adoptent des plans carrés évoquant l'Italie.

La tour carrée, à vrai dire, n'est pas nouvelle en France, tant s'en faut! Sans avoir à se référer aux premiers donjons, on peut citer nombre de châteaux du XVe siècle qui l'emploient. Mais cette forme n'avait pas réussi jusqu'alors à s'imposer, tant était forte la valeur symbolique attachée à la tour ronde, signe de reconnaissance du château.

192

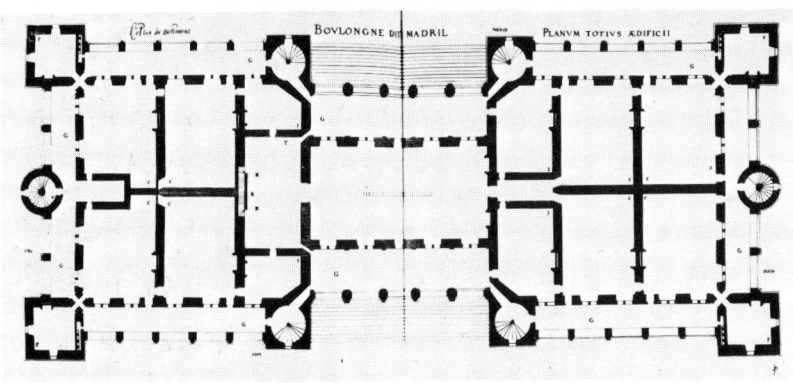

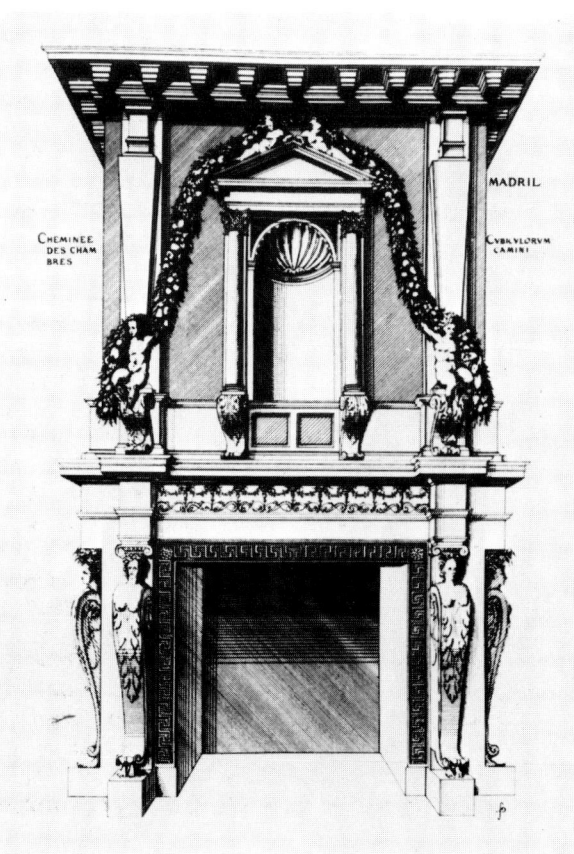

Château dit de Madrid au Bois de Boulogne (Hauts-de-Seine).
1. Vue de la face du devant. Gravure de Du Cerceau.
2. Plan du bâtiment. Gravure de Du Cerceau.
3. Détail de la façade donnant sur les jardins, Gravure de J. Marot.
4. Cheminée de l'une des chambres. Gravure de Du Cerceau.

Son adoption par le roi en 1527 renversa la tendance ; cependant c'est à la cour du Cheval Blanc de Fontainebleau, où, comme nous le verrons plus loin, sont employés de véritables *pavillons* d'angle, que le pas décisif fut franchi.

Les dessins et gravures d'Androuet Du Cerceau, de Marot et de tant d'autres ainsi que les nombreux témoignages écrits nous permettent de nous représenter l'aspect des façades de Madrid. Comme dans un édifice médiéval, chaque articulation du plan est individualisée à l'extérieur par une toiture indépendante. L'application de ce principe à une composition aussi complexe devait créer une impression étrange, rendue plus bizarre encore par la polychromie de la décoration. Les façades des loggias, les chambranles des fenêtres, les lucarnes et les souches des cheminées étaient en effet entièrement recouvertes de terres cuites en fort relief, émaillées de vives couleurs, œuvres de Girolamo Della Robbia.

On ne connaît aucun précédent direct à ce décor, et c'est à tort qu'on a évoqué les *azulejos* espagnols ; l'origine est indéniablement italienne. Certes, si les façades lombardes sont fréquemment couvertes de reliefs en terre cuite, l'emploi de la majolique, ou terre cuite émaillée, reste plus discret en Toscane. Toutefois, au cloître de la chartreuse de Galluzzo près de Florence, les médaillons de majolique exécutés par Giovanni Della Robbia, frère aîné de Girolamo, s'inscrivent sur des façades peintes : on n'est plus très loin du décor de Madrid, qui allie, dans un esprit purement quattrocentesque, les reliefs en *cotto* du palais Stanga de Crémone et la vive polychromie de la place de Vigevano. Certains détails sont plus personnellement *dellarobbiesques,* comme les fenêtres en tabernacle et les pilastres à rinceaux du rez-de-chaussée ; enfin l'on note, quoique disposés avec la plus grande fantaisie, des éléments plus *modernes* : colonnes ou pilastres des trois ordres, entablements à triglyphes et métopes. Au dernier niveau, probablement construit entre 1540 et 1550, l'ordonnance est beaucoup plus habile ; l'ordre dorique à architrave, les lucarnes à frontons triangulaires supportés par des termes atlantes, le décor mural de trophées ont un aspect antiquisant qui annonce le Louvre de Lescot. C'est ce style qu'on retrouvait à l'intérieur, mêlé à une version dellarobbiesque du maniérisme bellifontain. Les splendides gravures de Du Cerceau qui nous en gardent le témoignage font comprendre l'émerveillement des visiteurs devant « l'éblouissante beauté » de ce décor.

Madrid, le château-villa, est une œuvre d'une audace extrême. Son parti, son décor ne laissent pas d'étonner. C'est une *folie* royale, comme le Nonsuch d'Henry VIII. Aussi comprend-on assez aisément que la noblesse française n'ait pas cherché à s'inspirer de ses dispositions, difficilement adaptables à un château seigneurial. D'ailleurs, les courtisans s'intéressent davantage à Fontainebleau, la résidence favorite de François Ier.

II. Fontainebleau

Fontainebleau est une œuvre paradoxale. Le meilleur et le pire s'y côtoient ; la décoration intérieure constitue l'un des plus beaux ensembles du maniérisme européen, mais l'implantation générale des bâtiments est d'une surprenante incohérence : *una vasta mole indigesta e confusa,* écrivait le cardinal Bentivoglio. Résidence favorite de François Ier, Fontainebleau a souffert, plus que toute autre demeure royale, des impatiences et des revirements du souverain.

Fontainebleau, en 1527, est un vieux château ruiné, jadis construit par Saint Louis, flanqué d'un couvent, l'abbaye des trinitaires. Le roi semble avoir été séduit par le site, dont la forêt giboyeuse, les arbres et les rochers formaient un cadre idéal pour la chasse. Les travaux commencent en 1527 par la construction d'une nouvelle cour, à l'ouest du vieux château, la future cour du Cheval Blanc. En 1528, François Ier ordonne la restauration du vieux château, qu'il fait relier aux nouveaux bâtiments par une galerie longue de plus de soixante mètres. La galerie constitue effectivement un lien fonctionnel entre les deux ensembles, mais ne confère aucune unité à cet extraordinaire assemblage.

François Ier avait-il prévu ces dispositions dès 1527 ou, pressé d'habiter son château préféré et instruit par son expérience chambourcine, se résigna-t-il à cette solution moins satisfaisante, mais plus rapide ? La restauration du vieux château semble bien avoir été entreprise à la hâte, occasionnant par la suite d'innombrables remaniements. Il en résulte un fait paradoxal : la cour principale de Fontainebleau — celle du vieux château, qui regroupe les appartements royaux — est une construction totalement anarchique, alors que la cour secondaire — la cour du Cheval Blanc — est un ensemble très soigné. Conséquence fâcheuse : on s'est, à partir de 1530, donné beaucoup plus de mal pour rectifier la vieille cour que pour achever le bel ensemble occidental.

La cour du Cheval Blanc

En 1527, sur les terrains partiellement occupés par l'abbaye, commence la construction du nouveau château. Trois ailes flanquées de pavillons

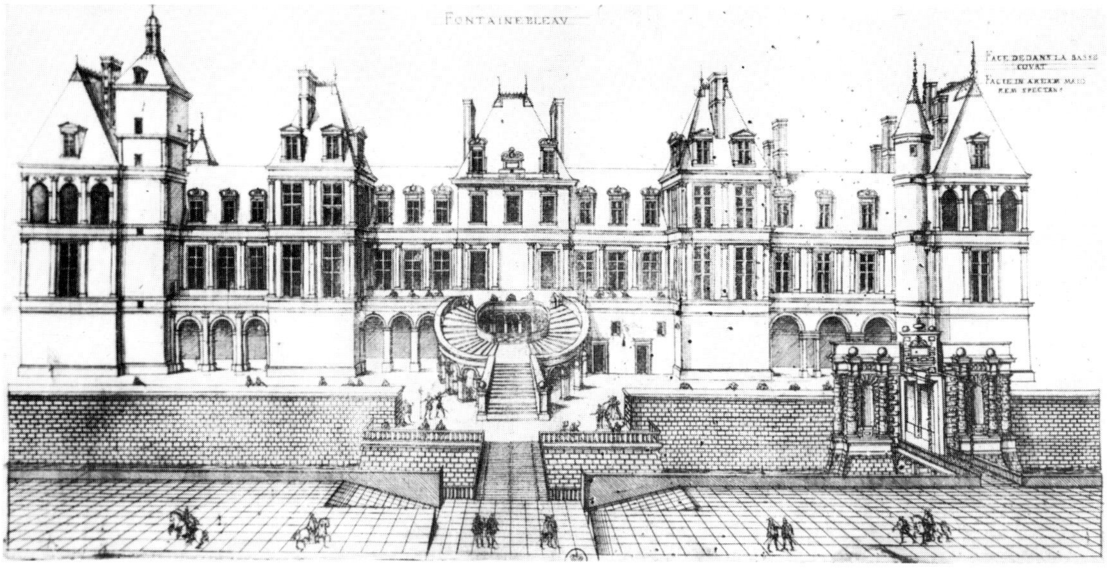
FONTAINEBLEAV
FACE DEDANS LA BASSE COVRT

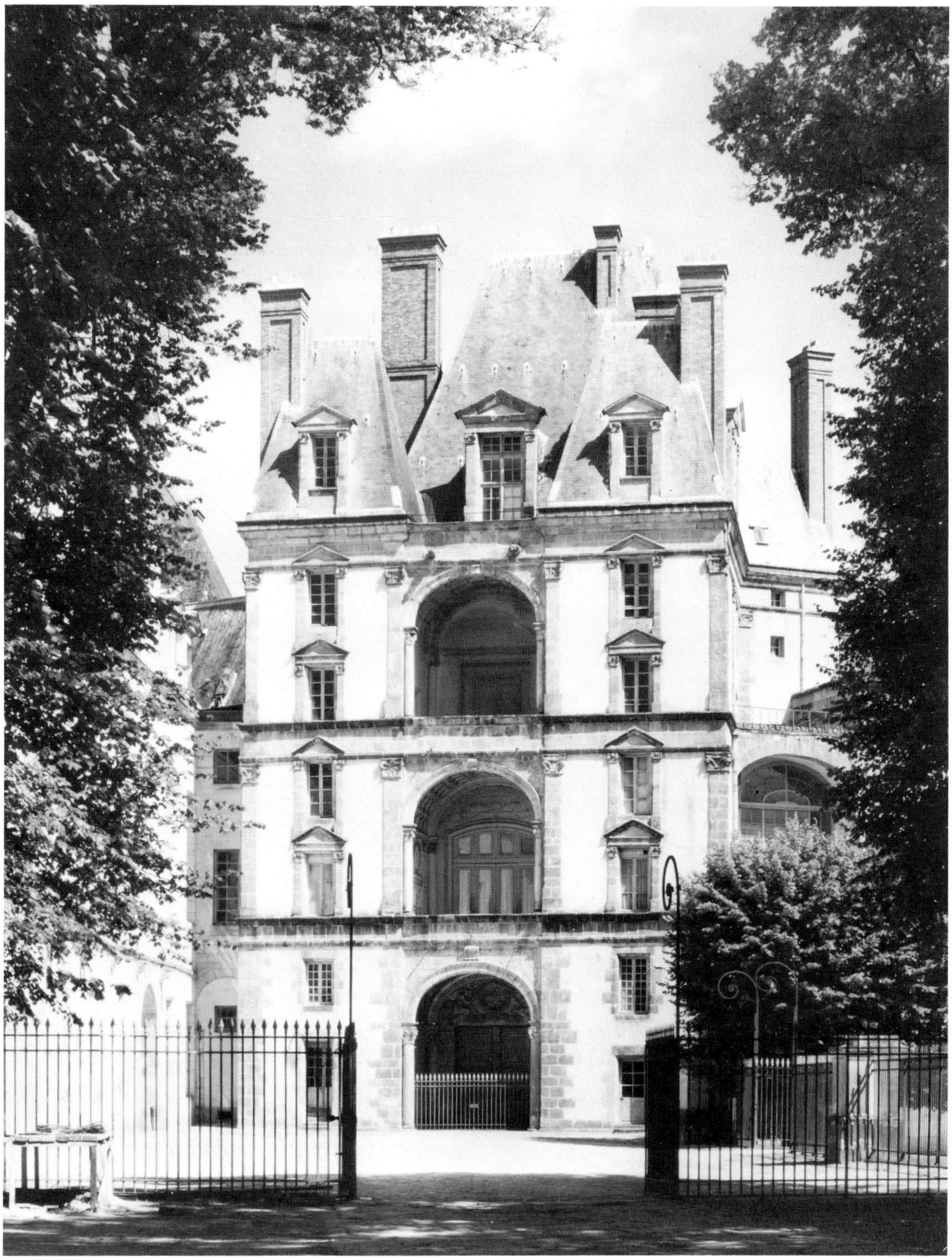

Château de Fontainebleau (Seine-et-Marne). Page de gauche, en haut, la grande façade sur la cour du Cheval blanc. Gravure de Du Cerceau (Les plus excellents bâtiments de France). *En bas, la Porte Dorée.*

Ci-contre, reconstitution du grand escalier de la cour Ovale, par l'architecte A. Bray.

La cour Ovale

sont d'abord bâties : une galerie au sud, des logements à l'ouest de part et d'autre d'un pavillon d'entrée, des cuisines et le logis des religieux au nord, séparés par un autre pavillon. La forme du plan, la régularité des dispositions extérieures et intérieures, la faible élévation rappellent un peu l'enceinte de Chambord, mais l'articulation des masses par des pavillons carrés est beaucoup plus moderne et évoque les *cascine* italiennes, telle la Sforzesca de Vigevano. L'emploi de briques comme armature de la construction et l'utilisation de briques moulées aux chapiteaux et aux entablements sont aussi des procédés italiens, bien que réalisés par un maître maçon local, Gilles Le Breton. La sobriété du décor, en totale opposition avec la profusion ornementale de Blois, de Chambord ou de Madrid, fixe les normes du style architectural bellifontain. La maçonnerie en *moellons et briques,* reprise à Saint-Germain, La Muette et Challuau, connaîtra un très grand succès en Ile-de-France.

Le dernier côté de la cour, à l'est, était occupé par le logis abbatial et l'église du couvent qui furent démolis petit à petit, à mesure qu'avançaient les travaux. La construction, commencée vers 1530 par le pavillon nord, avança donc très lentement et ne s'acheva qu'en 1565. L'édifice a naturellement beaucoup souffert de la lenteur des travaux. Cependant, malgré les repentirs, ce long bâtiment, flanqué de quatre pavillons reliés par des terrasses, laisse deviner un parti original proche de celui de Madrid. Avec son grand corps de logis et sa ceinture de communs, la cour du Cheval Blanc entre bien dans la lignée des grands projets de *châteaux neufs,* comme Chambord ou Madrid. Dans sa version bellifontaine, le château royal, débarrassé de tout souvenir de son origine militaire, devient une royale maison de plaisance.

Traitée isolément, l'œuvre aurait eu peut-être une plus grande influence; composante secondaire d'un vaste ensemble, elle semble être passée presque inaperçue. Certains éléments, comme la polychromie des façades ou les pavillons carrés, seront reproduits, mais l'idée directrice du projet sera oubliée. Les pavillons d'angle, qui ne procèdent pas obligatoirement de l'influence de Fontainebleau, apparaissent dans plusieurs châteaux, nous en reparlerons plus loin. L'avant-cour de Villers-Cotterêts (Aisne, 1532), avec ses trois ailes brique et pierre, reflète probablement l'influence de la cour du Cheval Blanc, mais les façades de ces bâtiments destinés aux offices ne présentent guère d'intérêt architectural.

Les bâtiments du vieux château, en ruine pour la plupart, étaient irrégulièrement groupés autour de la *cour Ovale,* qui n'a d'ovale que le nom. On se contenta, en 1528, de reconstruire sur les fondations médiévales. L'implantation anarchique des bâtiments, la pauvreté du décor des façades, la maladresse de la mise en œuvre trahissent la précipitation avec laquelle a été décidée l'entreprise, et l'ensemble est pour un château royal d'une affligeante médiocrité, même si les traditionnels éléments de prestige, le pavillon d'entrée et le grand escalier, témoignent de réelles recherches architecturales.

Le parti de la Porte Dorée est dans son principe celui du pavillon d'entrée de Gaillon et de nombreux édifices médiévaux : un corps rectangulaire, presque carré, flanqué vers les douves de deux tours d'angle. Mais il n'y a plus de douves à Fontainebleau et entre les deux tours carrées, à l'italienne ou jugées comme telles, sont placées des loggias superposées ouvrant sur des appartements. Comme le mur d'enceinte à Blois ou le donjon à Chambord, un thème médiéval, ici l'entrée, est soumis à examen et radicalement modernisé. Malheureusement la médiocrité de la mise en œuvre détruit en grande partie l'effet recherché.

Le parti du grand escalier est plus ambitieux encore. Construit à partir de 1531, l'édifice s'inspire lui aussi d'un thème médiéval : non pas celui de la *grande vis,* déjà utilisé à Blois et à Chambord, mais celui du *perron,* illustré au Moyen Âge par deux exemples célèbres, à Montargis et au Palais de Paris. Le perron de Fontainebleau, si l'on en croit la restitution d'A. Bray, est une œuvre ostentatoire, symbole grandiose de la majesté royale. Deux volées droites parallèles mènent à un repos d'où part une troisième volée qui, comme l'arche d'un pont, s'élance vers le premier étage d'un avant-corps. Ce dernier est traité *à l'antique :* des colonnes composites superposées flanquent de grandes baies cintrées; le niveau supérieur, couronné d'un lourd entablement, se dresse au-dessus du perron à la manière d'un arc de triomphe. Le caractère antiquisant, la monumentalité toute romaine de l'élévation suggèrent une participation italienne, peut-être celle de Rosso, arrivé en France en 1531.

Rosso n'eut malheureusement aucun contrôle sur la mise en œuvre du projet, et c'est à Gilles Le Breton que fut confiée l'exécution de cette première composition française inspirée de l'Antiquité. Redoutable privilège! Le maçon bellifon-

En haut, château de Fontainebleau (Seine-et-Marne), galerie François Ier.
En bas, château de Saint-Germain-en-Laye (Yvelines). Façades intérieure et extérieure. Gravure de Du Cerceau (Les plus excellents bâtiments de France).

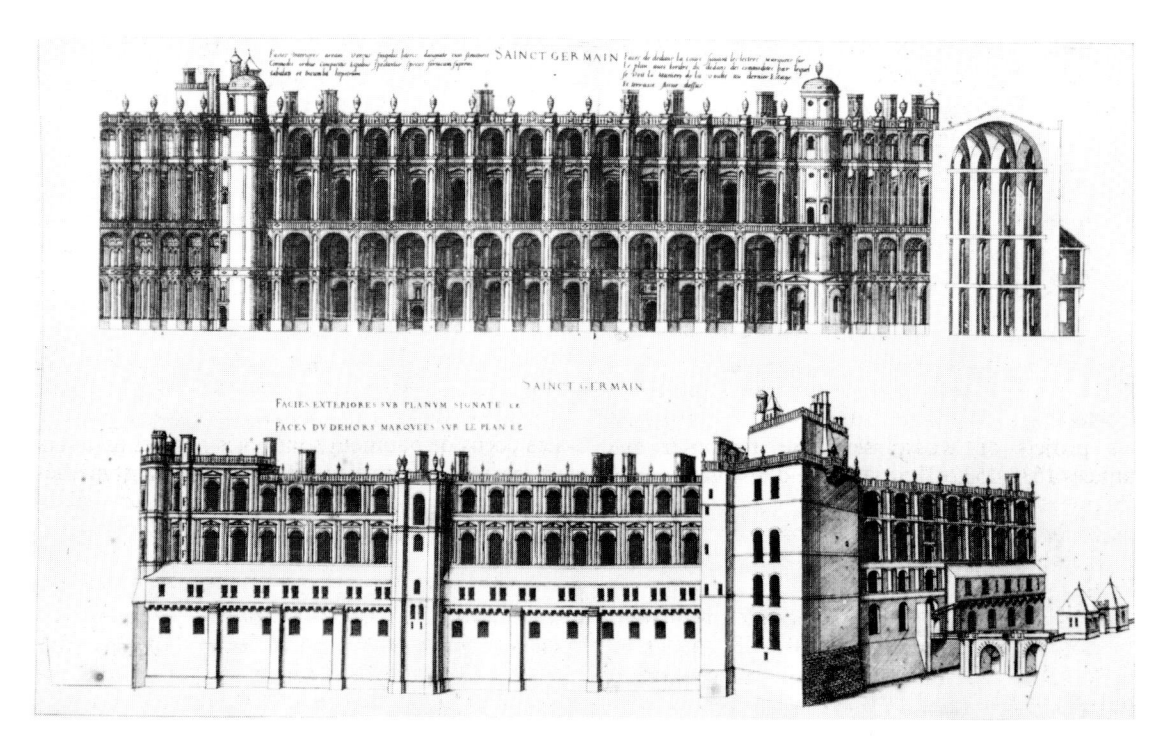

tain, qui ignorait totalement les règles grammaticales de cette langue savante qu'est l'ordonnance classique, a multiplié les barbarismes : arcs en anse de panier, chapiteaux pseudo-composites, cordons moulurés sur les architraves, etc. La syntaxe vitruvienne est particulièrement maltraitée : les pilastres beaucoup trop courts et l'entablement démesurée du rez-de-chaussée forment avec les colonnes trop grêles de l'étage un contraste extrêmement désagréable.

Ainsi l'ambition royale se heurte à l'ignorance du maître maçon. Mais comment Le Breton aurait-il pu étudier la théorie vitruvienne à une époque où le traité de l'architecte latin n'est encore connu, en France, que de quelques humanistes? Le roi en savait-il, d'ailleurs, beaucoup plus long que son maçon? Rien n'est moins sûr : si François Ier avait jugé sévèrement l'œuvre bellifontaine, en aurait-il fait reprendre les dispositions à Villers-Cotterêts en 1532? Les ordres superposés de l'aile centrale de Villers-Cotterêts, visiblement inspirés de ceux de Fontainebleau, ne témoignent d'aucune connaissance réelle de la grammaire classique.

Le décor intérieur

François Ier voulut pour *son* Fontainebleau une ornementation qui pût égaler les grandes réalisations italiennes. En 1530 et 1532 arrivent à la cour deux artistes italiens : Rosso, un Florentin qui avait travaillé à Rome, et Primatice, un Bolonais, collaborateur de Jules Romain au palais du Té de Mantoue. Tous deux vont créer, entre 1530 et 1540, le premier à la galerie, le second aux chambres du roi et de la reine, un système décoratif qui devait faire de Fontainebleau l'un des plus célèbres centres artistiques d'Europe.

On ne sait qui, de Rosso ou de Primatice, a créé ce système alliant aux fresques les stucs en fort relief. Les premières réalisations du Bolonais (chambre du Roi : 1533-1535; chambre de la Reine : 1534-1537) sont antérieures à la galerie (stucs : 1535-1537; peintures : 1534-1540), mais les projets de Rosso semblent remonter aux années 1530-1532. Il ne subsiste d'ailleurs que des fragments de l'œuvre de Primatice : la cheminée de la chambre de la Reine, les murs de celle de la duchesse d'Étampes (1541-1544), transformée au XVIIIe siècle en cage d'escalier.

La galerie François Ier est encore un élément revu et corrigé du château médiéval. Son architecture n'a guère d'intérêt, et c'est à l'intérieur que se place l'innovation : l'extraordinaire composition murale de Rosso combinant boiseries, fresques et stucs. L'exubérante fantaisie des stucs en fort relief, où se mêlent de grandes images d'*ignudi,* de termes, de satyres, à des *putti,* animaux, guirlandes de fleurs, masques, *cuirs découpés,* crée une sorte de monde fantastique, souvent teinté d'humour, dont l'irréalité s'adapte merveilleusement à l'ésotérisme délibéré du programme iconographique, glorification de la monarchie française sous l'allusion de la fable et de l'*emblème*. Le tableau où trône l'*Éléphant fleurdelysé,* symbole de la majesté royale, un plumet armorié sur la tête, serait d'un ridicule achevé s'il n'était entouré de cet invraisemblable délire formel; de même, aussi curieusement, la scène du *Sacrifice* s'enveloppe, dans cet étourdissant contexte, d'une atmosphère mystérieuse qui sert parfaitement l'illustration du *droit divin*.

Ainsi, à Fontainebleau, l'art des décorateurs est bien supérieur à celui des architectes. Il en est de même pour Villers-Cotterêts, qui fut commencé en 1532; le château (profondément défiguré au cours des siècles) est surtout remarquable par le décor intérieur sculpté de la chapelle et de l'escalier. Folembray, entrepris en 1538, incendié au XVIe siècle et connu par une gravure de Du Cerceau, ne mérite qu'une mention, mais Saint-Germain (1539) est une œuvre beaucoup plus ambitieuse.

III. Saint-Germain-en-Laye

Saint-Germain était un considérable château médiéval. Rebâti par Charles V, il était encore en assez bon état en 1528 quand François Ier y fit faire quelques aménagements. La reconstruction véritable ne commença qu'en 1539 et devait se poursuivre après la mort du roi sous la direction de Pierre Chambiges, puis de Guillaume Guillain. Le programme est à peu près celui de la cour Ovale de Fontainebleau. Une grande partie des anciens bâtiments est conservée — enceinte flanquée de tours, donjon, chapelle — à laquelle sont adjoints plusieurs *corps d'hôtel* neufs et une grande salle. La cour garde sa forme irrégulière. Les corps de bâtiment sont reliés par des escaliers en vis hors œuvre, disposition typiquement médiévale à laquelle on avait pourtant renoncé à Fontainebleau. Mais la silhouette de Saint-Germain n'est plus celle d'un château gothique : la couverture en terrasse qui unit tous les bâtiments efface les dispositions irrégulières du plan. Ce parti, qui rompt avec la tradition d'une manière absolue, est caractéristique d'une période d'expériences où l'on a toutes les audaces. Il sera repris à La Muette et à Challuau.

A gauche, château de la Muette de Saint-Germain-en-Laye (Yvelines). Plan gravé par Du Cerceau.
A droite, château de Challuau à Villecerf (Seine-et-Marne). Plan gravé par Du Cerceau.

Les voûtes supportant les terrasses reposent sur des contreforts qui rythment régulièrement les murs de la cour et font oublier les saillies des escaliers. On s'est servi, pour modeler les façades, de l'exemple blésois. Des arcs, tendus entre les contreforts aux deuxième et quatrième niveaux, déterminent de fausses loggias. Des balustrades surmontant les arcs forment de grandes lignes horizontales continues tout au long des façades. Comme à Blois, les supports sont ornés de deux pilastres flanquant une niche. La composition est rendue très gaie par la polychromie des parties hautes, les briques soulignant les lignes directrices de la structure.

On retrouve la brique sur les façades extérieures, au-dessus du chemin de ronde. Les contreforts alternent avec des arcs ou de grandes baies cintrées surmontées de frontons triangulaires, motif que François Gébelin a rapproché des fenêtres de la Scuola di San Marco de Venise. Il est vrai qu'un peu de l'atmosphère de la cité des Doges règne sur ces façades largement ouvertes, qu'étirent en longueur les balustrades des balcons et des terrasses. Si l'interprétation de Chambiges est bien française, le dessin général est incontestablement italien : le *Livre III* du traité d'architecture de Sebastiano Serlio, publié à Venise en 1540, n'est-il pas dédié au roi de France?

Serlio est né à Bologne, mais malgré sa formation auprès de Peruzzi, son style architectural est plutôt vénitien. Saint-Germain est entrepris à l'époque où le Bolonais, qui cherche un mécène pour l'édition de son traité, propose ses services au roi de France. L'offre sera d'ailleurs acceptée et Serlio arrivera à Fontainebleau en 1541. L'aspect vénitien des façades de Saint-Germain n'est donc pas surprenant. Plus étrange est le rôle modeste qu'aura Serlio à la Cour et le peu de cas que les hommes en place feront du vieux théoricien. Ainsi la salle de bal de Fontainebleau sera entreprise sans que Serlio puisse faire prévaloir ses conseils.

IV. La Muette et Challuau

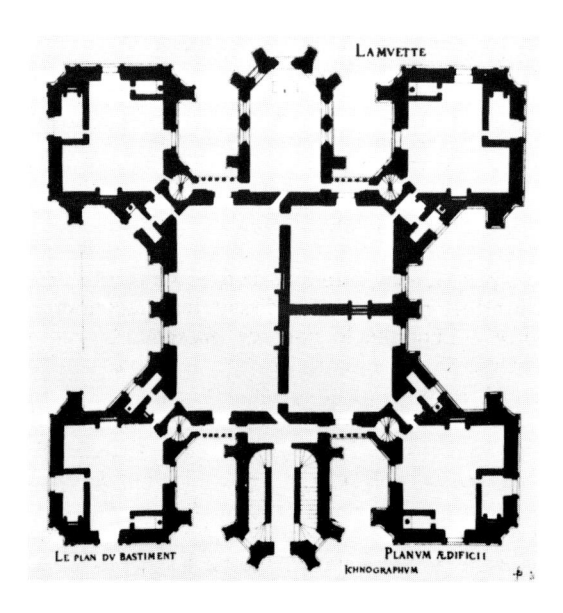

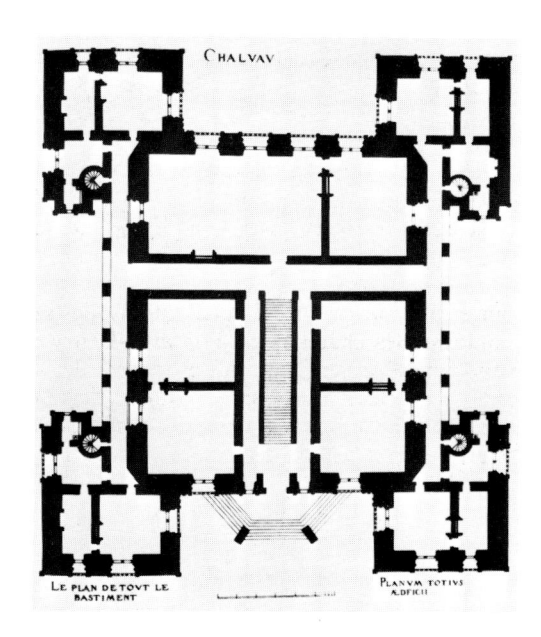

La Muette est un pavillon de chasse royal de la forêt de Saint-Germain, édifié à partir de 1542 par Pierre Chambiges, et Challuau, une construction contemporaine destinée à la duchesse d'Étampes. Les deux châteaux, qui se ressemblent comme des frères jumeaux, marquent au terme de la période l'aboutissement des recherches architecturales sur le thème du *château neuf*. Madrid inspire bien quelques éléments, comme les tours carrées, Saint-Germain aussi (terrasses, polychromie des façades), mais l'essentiel vient du donjon de Chambord : le plan carré cantonné de tours, la distribution par deux galeries latérales, la forme des escaliers. L'escalier du *modèle* est repris à Challuau, tandis que le grand escalier de La Muette combine le couloir central du *modèle* avec les doubles révolutions du projet final de Chambord. L'aspect extérieur des deux édifices, connu par les gravures de Du Cerceau, est vraiment curieux : grosses masses cubiques, cantonnées de lourdes tours carrées, sur lesquelles chapelles et escaliers hors œuvre se greffent sans harmonie. On sent, en regardant ces curieux assemblages, combien l'idée de la façade à l'italienne est étrangère à l'architecte.

Ainsi s'explique peut-être l'insuccès de ces expériences. Les artistes royaux d'Ile-de-France ne perçoivent pas la façade comme une composante architecturale à part entière et considèrent que, si le plan est régulier, l'ordonnance de la façade est nécessairement parfaite. Madrid, la cour du Cheval blanc, La Muette et Challuau témoignent éloquemment de cette conception.

La façade reste aussi essentiellement perçue comme un *enrichissement*. La formule inventée à Madrid est charmante, mais fait presque exclusivement référence à l'art du quattrocento. Le portique de la cour Ovale correspond mieux, dans son principe, aux recherches italiennes contemporaines. Mais les maçons français qui n'avaient pas, comme leurs collègues ultramontains, l'expérience de la grammaire vitruvienne, n'étaient aucunement préparés à affronter le thème le plus savant de la composition classique. Le résultat confirme la témérité de l'entreprise : le portique de Le Breton est à peu près à l'art de Vitruve ce que le charabia de l'écolier limousin de Rabelais est à la langue de Cicéron...

De plus, les maçons d'Ile-de-France, habitués à noyer sous les enduits des maçonneries médiocres, n'ont pas, comme les Ligériens, la perception de la qualité plastique de la pierre. Traitées dans le rude grès bellifontain, les maladresses ne s'estompent pas dans la beauté de l'appareil... et les maladresses sont nombreuses! L'impatience royale impose aux constructions un rythme précipité, lourd de conséquences : Fontainebleau le montre, Saint-Germain aussi; pourquoi n'avoir pas corrigé la *sauvage quadrature* de la cour? Les projets ne semblent pas avoir eu le temps d'arriver à maturité. Madrid, en reprenant les principes théoriques du plan de Chambord, avait su renouveler le thème, mais La Muette et Challuau sentent le procédé.

Malgré l'arrivée à la Cour, entre 1530 et 1540, de nombreux artistes italiens, l'architecture française paraît engagée dans une impasse : l'architecture royale en tout cas, car dans plusieurs cercles humanistes provinciaux se développe la connaissance de Vitruve. Les hôtels de Caen ou de Toulouse, les châteaux de Fontaine-Henry (Calvados) ou d'Assier (Lot), qui proposent dès avant 1540 des solutions autrement plus satisfaisantes que celles de Fontainebleau ou de Villers-Cotterêts (Aisne), sont les signes annonciateurs d'un prochain renouveau.

B. L'architecture de la région parisienne
I. Le provincialisme parisien et le style de la Loire

Avec le retour du roi à Paris, la capitale retrouve dans la vie artistique française le rôle prééminent qui avait été le sien sous les quatre premiers Valois.

A Paris et en Ile-de-France plus qu'ailleurs, des destructions impitoyables ont répandu l'illusion d'une absence de créativité architecturale face à la magnifique éclosion du Val de Loire où les témoins d'importance sont encore très nombreux. En dépit de son séjour prolongé sur la Loire, la royauté n'avait pas négligé sa capitale, mère de toutes les bonnes villes du royaume. Louis XII avait protégé deux entreprises d'importance égale à celle de son château de Blois : la nouvelle chambre des Comptes au Palais et le pont Notre-Dame pour lequel Fra Giocondo, ami de Budé et introducteur des études vitruviennes en France, avait été consulté. L'Université, les cours souveraines attiraient de manière permanente des élites nombreuses et cultivées auxquelles l'imprimerie parisienne doit son essor et la riche aristocratie marchande de la ville, sa puissance. Les liens qui unissent le patriciat et la grande robe parisienne à la finance tourangelle sont trop étroits pour ne pas donner à penser que, si l'une a beaucoup construit, les autres en firent autant. Leur activité artistique sort difficilement de l'oubli mais une évidence s'impose.

L'architecture parisienne connaît alors une phase vernaculaire. Depuis un siècle et plus, les maîtres maçons de la capitale développaient un mode de construction original. Les chaînages appareillés (ou *jambes*) des murs de face, placés au droit des murs de refend, des poutres ou des encoignures, étaient renforcés par une saillie plane large d'un pied (0,32 m) et épaisse de quelques pouces, montant de fond de comble. Ce contrefort mince qui raidissait les maçonneries porte à l'époque le nom de *dosseret*. L'ordonnance à dosserets se rencontre couramment dans les édifices construits en brique ou moellon et pierre, mais demeure pratiquement inexistante dans les constructions en pierre de taille, excepté pour certains édifices religieux où on la préféra au contrefort. Son croisement par les larmiers aboutit à un quadrillage régulier des façades, solidaire de la structure interne du bâtiment et indépendant des percements. Par ce moyen simple, ignorant résolument l'italianisme, l'architecture gothique finissante avait développé, sans rapport avec les créations ligériennes, un système dont la monumentalité témoigne de sa profonde originalité.

La grande importance historique de Nantouillet (Seine-et-Marne) lui vient d'être un de ces rares témoins échappés à l'influence des chantiers royaux, tant par sa précocité et son éloignement de la Cour que par la force de cette tradition de l'art de bâtir. Le conservatisme des maçons parisiens pénètre profondément le chantier de Fontainebleau où l'ordonnance de la cour Ovale s'explique mieux par référence au système des dosserets qu'à celui tout neuf de Chambord où le jeu des pilastres est indépendant de la structure. Dans l'évolution de l'ordonnance à dosserets, Fontainebleau marque une étape importante, l'introduction de bases et de chapiteaux antiquisants. La plasticité de cette ordonnance est telle que l'on continuera à l'employer avec ou sans éléments à l'antique durant de longues décennies. Au besoin même, il suffira pour rajeunir un bâtiment médiéval d'y introduire les bases et les chapiteaux qui lui faisaient défaut.

Toutefois, ce système qui se répand sur une aire débordant les frontières de l'Ile-de-France ne règne pas sans partage. A Sarcus, édifice énigmatique, trois ailes entièrement ouvertes au rez-de-chaussée par des arcades développaient une ordonnance répétitive, rigoureuse et un peu mécanique, toute gothique de structure, à l'intérieur de l'enceinte quadrangulaire d'un château médiéval. Seule l'incroyable abondance décorative de l'ensemble était touchée par le style nouveau. A Chantilly, au contraire, Pierre Chambiges applique pour le Grand Maître Anne de Montmorency, les leçons de la Loire dans le corps de logis neuf, très proche de l'élévation de l'hôtel de Semblançay à Tours. Dans l'aile voisine et au perron du grand escalier, s'exprime un sentiment bien différent : les arcades en plein cintre sur impostes, les piliers à colonnes engagées révèlent un goût nouveau, classicisant. La rare élégance de ces morceaux fut immédiatement vantée par Grolier, le célèbre bibliophile : *Vous le trouverez beau et tout d'autre façon de maçonnerie que vous n'avez vu jusqu'ici,* tranchant par là sur Fontainebleau, Chambord et même Madrid.

Le futur connétable revient pourtant au style qui a fait l'originalité de Nantouillet dans l'extraordinaire forteresse de Fère-en-Tardenois (Aisne). Dans le même temps, à Châteaubriant, aux confins de la Bretagne et de l'Anjou, son parent Jean de Laval fait élever un corps de logis où se retrouvent pêle-mêle les influences concurrentes de l'Ile-de-France — dosserets — de Chambord — pilastres superposés et pavillons — et un vitruvianisme sensible dans la correction plus recherchée des ordres.

II. Le débat typologique (1530-1540). De Bury à Ecouen

Autour de Bury

Il s'agit là d'édifices élevés à l'intérieur d'enceintes plus anciennes conservées en tout ou partie, dont la configuration défensive conditionne le développement de la construction nouvelle. D'autres entreprises contemporaines, négligeant les bâtiments antérieurs, soit que ceux-ci s'y prêtent, soit qu'on en fasse table rase ou même, plus rarement, que l'on abandonne le site ancien, instaurent un véritable débat typologique autour du traditionnel plan quadrangulaire, opposé au plan centré sur lequel glosent les constructions royales les plus novatrices (Chambord, Madrid, La Muette).

Bury, dès la fin du règne de Louis XII, avait fixé en quelque sorte les termes du débat en proposant une organisation claire des organes du château autour de la cour : corps de logis seigneurial en fond de cour, deux ailes en retour, l'une d'offices et l'autre de *galeries à croisées* et une aile d'entrée basse à portique, articulés autour d'un axe de pénétration très évident, marqué par le châtelet d'entrée, le centre du logis où l'escalier à rampes droites, logé dans un pavillon plus élevé, forme passage vers le jardin, et la chapelle en bordure de ce dernier. Intérieurement, la distribution était faite de volumes simples placés d'enfilade, sans dégagement.

Avec François Ier, la réflexion sur la distribution, très active dans le milieu des Bâtiments du Roi, amène une affirmation remarquable de la notion d'appartement, ensemble de pièces que l'on a cherché à rendre indépendant, le plus souvent en multipliant les escaliers. Madrid, Chambord, La Muette de Saint-Germain-en-Laye mettent en avant la tour, ou le pavillon, ou les deux concurremment (Chambord) pour y parvenir. Dans le sillage de Chambord, des tours presque hypertrophiées font leur apparition. Le cas de Valençay est bien connu. Limours et Nanteuil-le-Haudoin en Ile-de-France, tous deux détruits, le sont moins. Au contraire de la tour dont la rotondité se prête mal à une combinaison de volumes cubiques et nécessite une masse de maçonnerie dispendieuse, le pavillon, lui, par sa

Pages suivantes : château d'Écouen (Val-d'Oise). A gauche, vue générale. Gravure de Du Cerceau. A droite, le portique de Jean Bullant.

subtilité plastique, est promis à un succès dont notre langue quotidienne témoigne la permanence.

Assez curieusement, ce sont moins les châteaux royaux eux-mêmes qu'une autre entreprise voulue par François Ier qui force le succès par sa valeur exemplaire. Au mois de décembre 1532, le roi agréait le projet du nouvel hôtel de ville de Paris présenté par Dominique de Cortone, projet qui fut définitivement arrêté l'année suivante. Souvenons-nous de sa façade illusionniste, calée par deux pavillons latéraux, masquant une forme de terrain particulièrement difficile, des deux passages médians et leurs longues rampes conduisant à la cour surélevée, entourée de tous côtés par deux étages de portiques, du grand escalier droit déporté dans l'aile sud, débordant sur la cour par une saillie arrondie.

Ce *cortile* italien réaffirmait l'utilité tant des doubles circulations que du rejet sur le côté de l'escalier, une double formule mise autrefois en pratique à l'aile Louis XII de Blois. La leçon porte ses fruits à Nanteuil-le-Haudouin (Oise) où le future dédicataire du *Songe de Poliphile* en français, Henri de Lenoncourt, fait bâtir un corps de logis à passage central, doublé sur cour par un double étage de galeries ouvertes, terminées par des escaliers en vis peu saillants. A Marchais, près de Laon, un autre intime de la duchesse d'Étampes, Nicolas de Boussut, seigneur de Longueval, fait construire un corps de logis à galeries entre deux pavillons d'angle dont l'un contient un grand escalier droit. A Limours (Essonne), on ajoute au vieux corps de logis deux pavillons carrés. L'un d'eux avait aussi un grand escalier droit. Deux ailes latérales, l'une d'offices et logements, l'autre de galeries, celle du rez-de-chaussée à portique, reliaient ces pavillons aux tours déjà citées. Avec son aile d'entrée basse et voûtée, démolie et rebâtie plus tard par Philibert de L'Orme, Limours différait donc peu de Bury. Nanteuil s'en écartait davantage, par l'effacement apparent de l'axialité si précise du château blésois. A Marchais (Aisne), au contraire, un double caractère s'affirme, la commodité — la circulation double du logis seigneurial s'accompagne d'une multiplicité accrue des escaliers — et l'enchaînement rythmique des pavillons et des corps de bâtiment, sensible au niveau des toitures.

Un effet identique existait à Meudon (Hauts-de-Seine) où la duchesse d'Étampes et son oncle le cardinal de Meudon transforment l'ancien domaine des Sanguin. Autant que la documentation permette l'analyse de cet important édifice disparu, la duchesse fit ajouter deux ailes terminées par des pavillons à un bâtiment rebâti au début du siècle, sans doute proche du style et de l'agencement du logis de Nantouillet. Le trait le plus caractéristique de ces adjonctions était le retrait accusé des ailes sur les pavillons attenants où l'on avait construit un portique à terrasse, imitant en cela celui de l'appartement des Bains du Roi à Fontainebleau. Fait plus curieux, l'aile d'entrée traditionnelle disparaissait au bénéfice d'un mur elliptique décoré d'un portail triomphal. Villandry, en Touraine, sous les réaménagements des XVIIIe et XIXe siècles et les dérestaurations de ce siècle, offre des affinités certaines avec le grand château proche de Paris, notamment par ses ailes à arcades ouvertes terminées par deux pavillons quadrangulaires. On peut se demander raisonnablement s'il y eut jamais une aile d'entrée.

A Villesavin près de Chambord, autre demeure plus modeste du seigneur de Villandry, Jean Breton, qui pouvait de là surveiller les ouvrages du château royal dont il avait l'administration, la séduction et l'intégrité du monument suscitent doublement l'intérêt. Une chronologie plus complexe qu'on ne le dit y ajoute un attrait supplémentaire. Objectivement, c'est un simple rez-de-chaussée terminé par deux pavillons carrés légèrement saillants sur la façade postérieure. Une aile, plus basse et un peu dénivelée, en retour d'équerre, où sont les offices, se prolonge vers l'entrée par un autre pavillon relié, autrefois, au pavillon, symétrique, de la chapelle par un *mur d'architecture qui [leur] sert de communication,* élevé en bordure de fossé avec pont-levis au milieu. La chapelle, isolée, n'est rattachée au corps de logis que par un mur d'architecture, là où l'on attendrait une aile de galerie. La hiérarchie des corps de bâtiment est appuyée par un habile jeu de silhouette des toits. Le manque d'homogénéité chronologique n'est accusé que par des disparités de style qui intéressent la seule aile des offices à droite. Une première restauration, en 1515, a laissé deux lucarnes sur la façade extérieure, qui sont des témoins archéologiques uniques du style supposé des œuvres hautes de Bury, de Veuil (Indre) ou de L'Islette (Indre-et-Loire). La troisième campagne, 1537, amène la régularisation complète du château telle qu'on l'observe aujourd'hui. La connexion la plus étroite qu'on puisse relever chez ce contemporain des grandes demeures princières d'Ile-de-France est à nouveau l'abandon de l'aile d'entrée pour un simple mur-écran.

On touche là, dès 1537 à Villesavin, peut-être en 1539 à Meudon, l'aboutissement du lent dépérissement de l'aile d'entrée dans les châteaux de la Renaissance, une histoire à rebondissements comme en témoigne le seul survivant des grands châteaux seigneuriaux de cette période aux environs de Paris, Écouen.

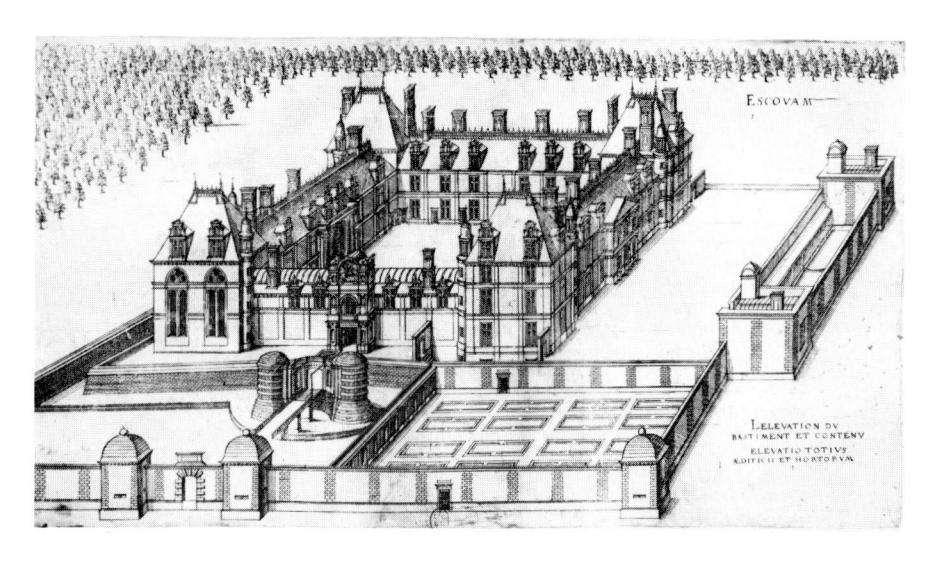

Écouen ou l'anti-Bury

Nul ne peut mieux faire comprendre l'évolution de l'architecture française dans ces années cruciales du milieu du XVIe siècle que la superbe demeure du connétable Anne de Montmorency, parvenue jusqu'à nous comme par miracle. Pendant vingt ans, les modes et les styles qui fleurissent à la cour de France s'y sont inscrits comme l'image d'un visage dans un miroir. Nous ne retiendrons pour le présent que l'admirable Écouen primitif. L'austère majesté de l'édifice a été exprimée à merveille par le recours au vieux fonds parisien, l'ordonnance à dosserets, dans l'aile occidentale, la plus ancienne, ordonnance utilisée ici bien plus pour sa puissance esthétique que pour son rôle structural rendu sans objet par l'épaisseur et la qualité d'une maçonnerie entièrement exécutée en pierre de taille. Cela a été si bien senti par le constructeur que les façades des pavillons attenants relèvent sans transition de l'esthétique de Chambord, même si le rythme formel initial est conservé et se poursuit partout ailleurs dans le château pour revenir à son esprit d'origine dans le pavillon du connétable (nord-est). L'élément principal du décor se réfugie dans les œuvres hautes, lucarnes et cheminées, qui sont parmi les plus riches et magnifiques de la Renaissance française. Si leur composition est, pour l'essentiel, inspirée des châteaux du Val de Loire (Chambord en particulier, mais aussi Blois et Chenonceaux), le vocabulaire ornemental si plaisant des demeures ligériennes est soigneusement écarté pour une décoration châtiée de style antiquisant dont la grammaire décorative s'affirme très rapidement grâce à la lecture de Serlio — le connétable, avant sa disgrâce, a été mêlé aux tractations de l'ambassadeur à Venise Pellicier pour la venue à la cour de l'architecte bolonais — et à l'utilisation de ses planches, essentiellement le *Quarto libro*.

Cette volonté de « modernisme » allait de pair avec la conception générale du plan, en rupture avec les usages constatés dans les édifices contemporains depuis Bury. Le château s'élève sur une terrasse ceinte de fossés remparés, assimilée un peu vite à une simple fausse braie. Son tracé très rare, deux demi-bastions accolés, préfigure l'ouvrage à cornes à double flanc que la fortification du siècle généralisera. Comme le bâtiment lui-même est dépourvu de tout caractère militaire ou féodal, la présence de ce morceau d'architecture militaire, base même de l'édifice, n'est pas fortuite. Il tire de la modernité de son tracé une valeur métaphorique qui concourt à affirmer la personnalité du maître des lieux dont l'héraldique, partout présente, atteste l'identité et proclame la qualité de premier personnage militaire de l'État.

Pour le bâtiment, le corps de logis en fond de cour, avec ailes en retour, est abandonné au profit de deux corps de logis à pavillons rectangulaires, parallèles à l'axe de pénétration et réunis à l'ouest par une aile d'entrée de moindre volume, abritant à l'étage une galerie, et au rez-de-chaussée, de part et d'autre du passage d'entrée, des pièces ne prenant jour que sur la cour. Assez logiquement, on aurait attendu, comme dans le Gaillon du cardinal d'Amboise, qu'une autre aile vînt fermer la cour à l'est. C'est au contraire l'une des innovations de ce plan que les travaux d'aménagement en cours du musée national de la Renaissance ont mis en évidence : l'absence de cette aile dans le plan primitif et la fermeture de la cour par un simple mur-écran, disposition semblable à celle rencontrée à Meudon mais vouée, au contraire de son contemporain, à une existence éphémère.

Le vieil Écouen, œuvre puissante par ses volumes nets et sa maçonnerie d'une grande beauté soulignée par le registre mineur de l'ornementation, tire sa monumentalité des plus sûres ressources de l'art de bâtir national. Il lui manquait, pour qu'il fût un bâtiment à l'expression résolument moderne, d'avoir assimilé les règles de l'architecture classique. Ce défaut apparaît d'autant plus sensible qu'au moment même où sa décoration intérieure s'achève (1541-1542 pour l'aile du fond, 1544 pour la chapelle), l'architecture humaniste s'est affirmée dans un manifeste provocateur, à Saint-Maur-des-Fossés (Val-de-Marne).

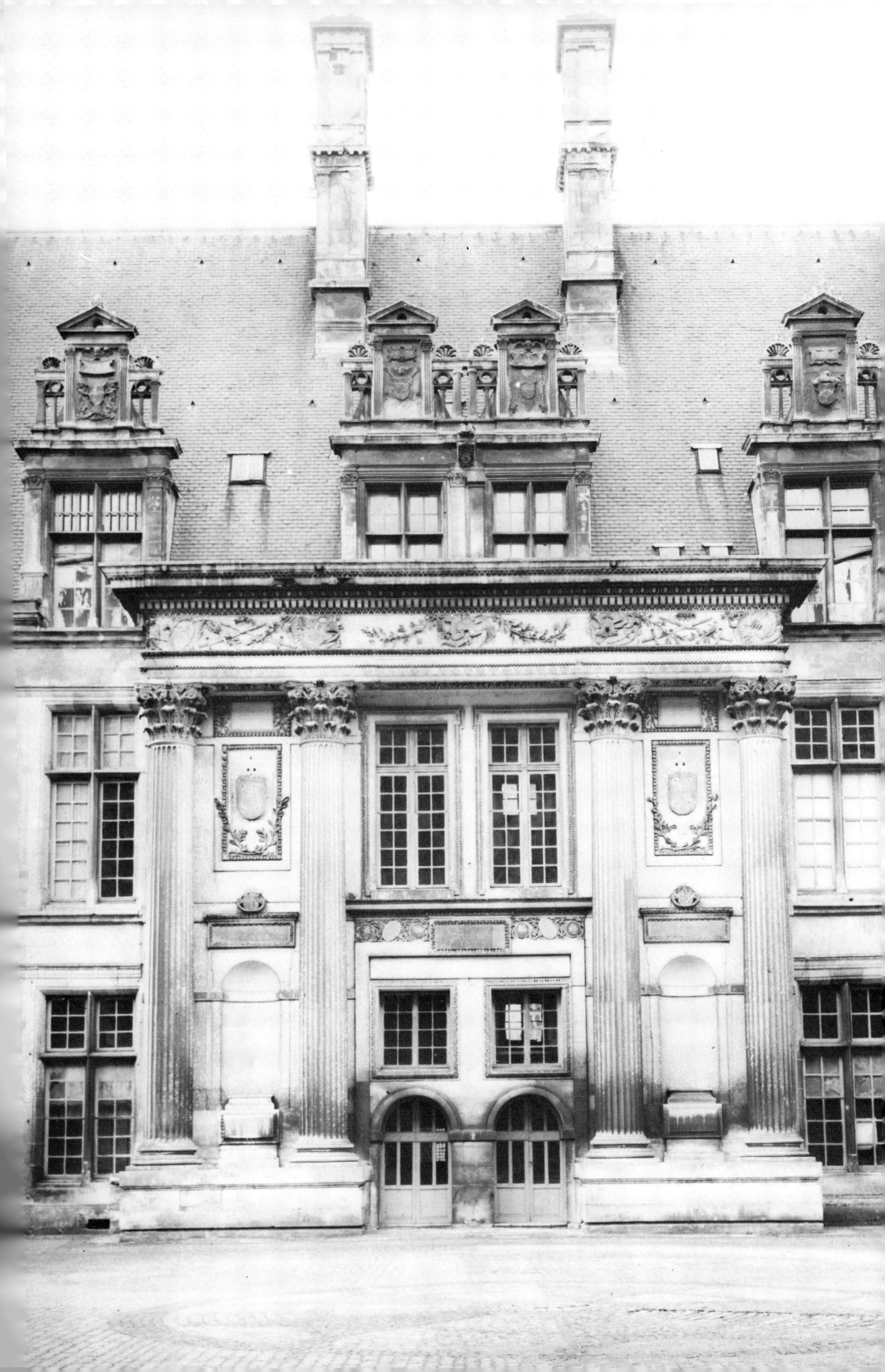

Villers-Cotterêts (Aisne). Chapelle utilisée comme salle des États.

L'architecture savante 1540-1560

Jean Guillaume
François-Charles James

Les formules successives expérimentées sur les chantiers royaux depuis 1527 étaient trop diverses pour donner naissance à un style cohérent capable de supplanter le style de la première Renaissance défini dès 1515 et largement diffusé ensuite dans le royaume. Aussi les innovations qui se multiplient à partir de 1535-1540 dans la région parisienne et dans de nombreux centres provinciaux résultent-elles moins de ce qui a précédé que de circonstances nouvelles.

Les progrès de l'humanisme expliquent ainsi que l'on se soit intéressé de plus en plus à l'architecture antique et à l'emploi correct des ordres — dont Serlio codifie pour la première fois clairement l'usage dans ses *Livres* IV et III publiés en 1537 et 1540. En même temps, les Français perçoivent mieux ce qui manque à leur architecture pour égaler les œuvres de l'Antiquité et de la Haute Renaissance italienne : des formes plus simples, un décor plus sobre et plus énergique. Enfin deux personnalités exceptionnelles apparaissent, les premiers *architectes* français au sens moderne du mot : Pierre Lescot et Philibert de L'Orme. Ils sauront répondre aux aspirations contemporaines et créer une architecture nationale aussi « moderne » que l'architecture italienne.

A la différence de la première Renaissance, provoquée par un événement fortuit, les guerres d'Italie, la deuxième Renaissance — que nous appellerions volontiers Haute Renaissance par analogie avec la terminologie adoptée pour l'Italie — est liée à une évolution en profondeur de la culture nationale. Le triomphe de l'humanisme explique à la fois le prestige des ordres, le besoin d'une architecture plus monumentale et l'apparition des grands maîtres, comme il explique au même moment la naissance d'une littérature nouvelle. La *Défense et illustration de la langue française*, les premières manifestations de la Pléiade ne sont pas contemporaines du Louvre et d'Anet par un effet du hasard.... En réalité, les années 1540-1560 sont décisives dans tous les domaines : le mouvement intellectuel et artistique inauguré par la découverte de l'Italie, encouragé constamment par François Ier, atteint son plein développement : la culture française moderne — artistique et littéraire — prend définitivement forme au milieu du siècle.

I. La révélation de l'architecture savante

Saint-Maur

Protecteur de Rabelais, ambassadeur du roi à Rome, évêque de Paris, depuis 1532, le cardinal Jean Du Bellay qui a connu l'enchantement des *vigne* romaines, ne dispose dans sa garenne de Saint-Maur (Val-de-Marne) que du méchant logis décanal, en contrebas du village, coincé entre le réfectoire de l'abbaye et un bras de la Marne. A une date plus précoce que l'on ne pense généralement, le cardinal demande à un autre de ses protégés, le jeune Philibert de L'Orme, dont il lance la carrière, une maison plus conforme à ses goûts. Ce sera une villa à l'italienne dont le financement — le cardinal n'avait pour lors pas beaucoup d'écus de reste, au témoignage de de L'Orme — se révéla difficile. Les anciennes archives de l'abbaye gardent la trace négligée de l'expédient auquel recourut le cardinal pour poursuivre l'entreprise, l'aliénation proposée au chapitre en juillet 1540 du vieil hôtel que l'abbaye possédait à Paris pour en consacrer le produit *ad opus novi edificii quod apud dictum locum sancti Mauri de novo construi fecit...* Le chapitre y consentit le mois suivant et, après enquête, le roi en ordonnait la vente aux enchères le 5 mai 1541. Dans une position *divinement bien choisie,* d'où l'on découvrait l'un des paysages les plus beaux des environs immédiats de Paris, et suivant une orientation déterminée avec soin, de L'Orme disposa autour d'une cour carrée quatre corps de bâtiment sans tour ni pavillon sinon la saillie des ailes sur celle de l'entrée, dépourvue de l'attique qui dissimulait partout ailleurs les toits à faible pente. Bien que Jacques Androuet Du Cerceau dise que Du Bellay *fit faire un corps de logis et la cour seulement,* l'histoire ultérieure, très compliquée, de ce monument disparu prouve que l'aile droite où étaient divers appartements et, en demi sous-sol dans la partie antérieure, cuisine et offices, avait été aussi construite. Le plan *quasi semblable,* donné par de L'Orme dans son *Architecture* rappelle naturellement le parti adopté à Bury, mais il innovait sur plusieurs points. Ainsi, dans l'aile en fond de cour, la distribution de l'espace, de part et d'autre d'un vestibule axial, en deux salles pour chacun des appartements pris dans la partie postérieure des ailes latérales, l'un (frais) pour l'été à l'est, l'autre (chaud) pour l'hiver au sud, explique le soin apporté par de L'Orme à l'orientation. Avec l'aile d'entrée, dont le plan est contredit par une gravure de de L'Orme lui-même, celui-ci substituait au portique habituel divers logements et songeait à une entrée *alla moderna,* un vestibule — atrium —, réminiscence, parmi d'autres, du palais du Té à Mantoue, comme le volume général, l'articulation des façades sur un seul ordre, la rustication des extérieurs, les rythmes variés.

Par contre, on peut s'interroger sur la suréléva-

Ancy-le-Franc (Yonne). Ci-dessous, gravure Du Cerceau (Les plus excellents bâtiments de France). *Ci-contre, vue de la cour.*

tion très importante du rez-de-chaussée. La tradition architecturale ne l'ignorait pas, qui exhaussait souvent mais de hauteur moindre le niveau du rez-de-chaussée du corps de logis par rapport à la cour et y plaçait des caves. La grande dénivellation de Saint-Maur se rattache à un antécédent précis, le château de Madrid, où le plan massé avait fait adopter des offices en sous-sol, faute d'ailes où les disposer. A Saint-Maur, de L'Orme appliquant partiellement la formule de Madrid en tira un effet esthétique très différent puisque la majeure partie du soubassement était massive. De L'Orme attachait assez de prix à l'élévation de la cour pour y consacrer un relevé coté dans son *Architecture,* soucieux qu'il était de la valeur exemplaire de sa manière d'assembler les ordres classiques avec les portes et les croisées. L'agencement des percements regroupés suivant les axes et les diagonales de la cour mais séparés par un trumeau plus large que les travées voisines était absolument inédit. A sa date, Saint-Maur est un chef-d'œuvre excentrique, trop nouveau par bien des côtés et trop marqué de dandysme ultramontain pour être compris immédiatement. Dans un contexte très voisin, le Grand-Jardin du duc Claude de Guise à Joinville (Haute-Marne) témoigne, dès 1546, que la leçon a été perçue dans la surélévation de ce simple rez-de-chaussée décoré d'un ordre unique. Il faudra le tournant des années 1550 pour qu'avec Vallery (Yonne) la rustication des façades extérieures et les chaînes de bossages s'imposent, parce que plus proches de la structure murale à la française.

Le Grand Ferrare

En fait, c'est un vieil homme, un Italien attiré par François Ier à sa cour en 1541 pour lui confier des travaux d'architecture à Fontainebleau, qui va apprécier tout de suite la révolution artistique introduite par le jeune Français. Sebastiano Serlio, doué d'une remarquable faculté d'assimilation et d'une culture égale à celle de de L'Orme, saura faire la synthèse de la *commodité* française et du goût italien. A défaut d'agir sur les Bâti-

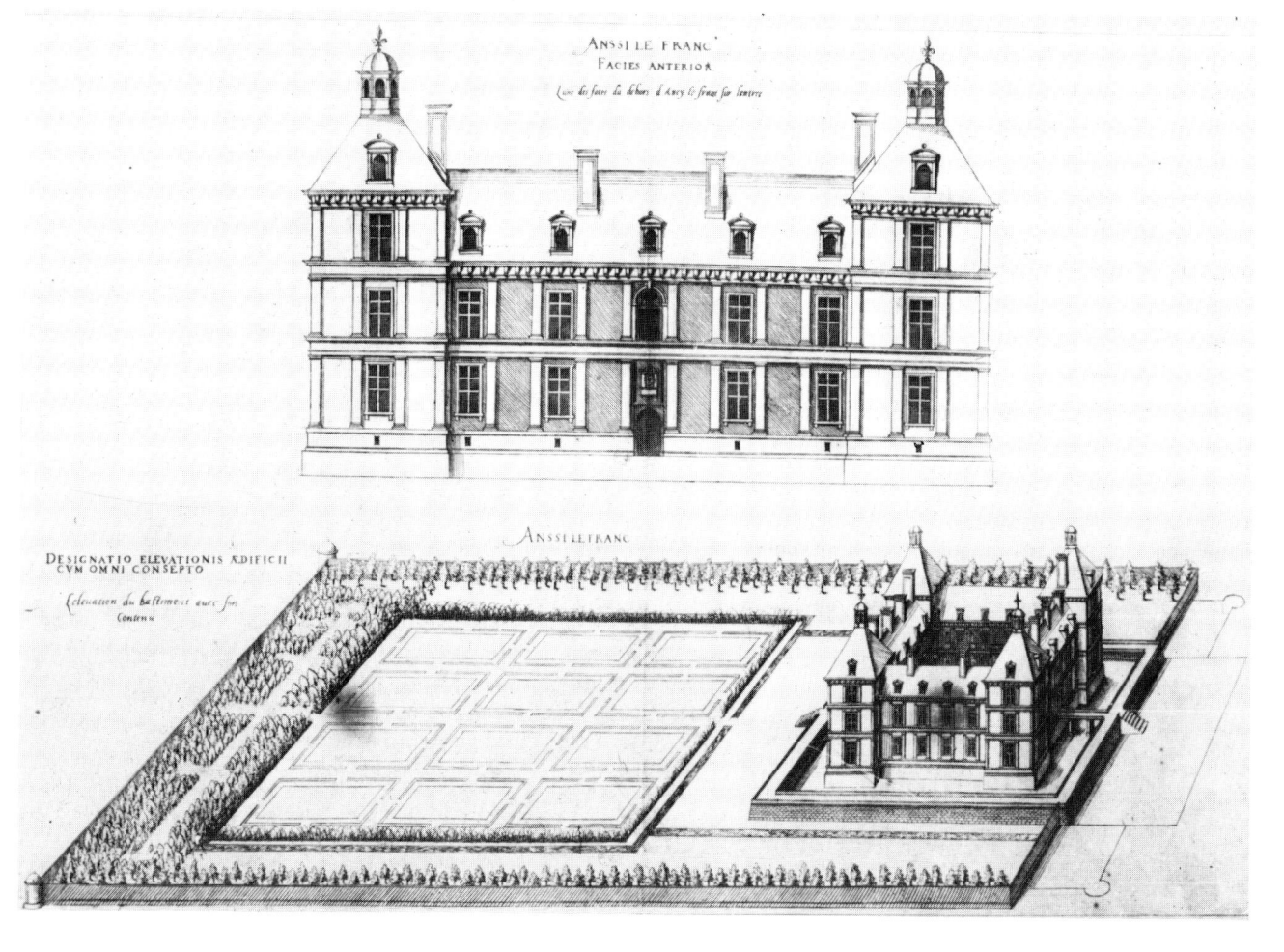

Page suivante : Le château du cardinal Du Bellay à Saint-Maur (Val-de-Marne). Élévation et plan gravés dans l'Architecture *de Philibert de l'Orme.*

ments du Roi où il n'a pu s'imposer, c'est avec deux œuvres menées à leur terme qu'il introduit le goût classique en France. Il le doit à deux commanditaires, l'un, italien, le cardinal de Ferrare Hippolyte d'Este, qui veut faire régulariser une architecture vernaculaire, l'autre, français, Antoine III de Clermont, beau-frère de Diane de Poitiers, qui voudra tout italien. La maison du cardinal de Ferrare à Fontainebleau, élevée sur un immense terrain libre *fuori della città,* est par ses dimensions autant un château qu'un hôtel, bien plus même, tant est vraie la définition que donne Viollet-le-Duc de l'hôtel : un château dépourvu de droits féodaux. Ferrare, dont il ne reste plus que le grand portail sur la rue, un des morceaux les plus regardés de l'architecture bellifontaine, nous retiendra ici surtout pour la manière dont Serlio aborde l'architecture française. Hippolyte d'Este, pour le compte duquel son trésorier avait contracté dès mars 1542 la construction d'une maison à la mode du lieu, fit appel sur ces entrefaites à son compatriote. D'un plan qui s'apparentait fort à celui de Villesavin (1537), à ceci près que le corps de logis suivait la mode de Saint-Maur par une surélévation importante, Serlio réordonne et amplifie les composants. Il respecte la hiérarchie corps de logis surélevé et aile d'offices à ras de terre, mais il en unifie le rapport dans les parties hautes en la remontant d'un étage d'entresol. Des murs de clôture qui achevaient de fermer la cour, il remplacera l'un par une aile de niveau avec le corps de logis, où étaient la galerie et une chapelle de plan centré à son extrémité, et il conservera celui sur rue. Philibert de L'Orme se souviendra de la démonstration de Ferrare à Anet. Pour l'heure, Serlio, à l'école des Français, emprunte le jeu contrarié des baies à Écouen et Saint-Maur, la basse-cour à Bury dont il amplifie le plan par un jeu de paume symétrique. Hormis le portail d'entrée, il donne l'exemple d'une construction où les seuls rythmes dispensent du recours aux ordres classiques. Elle fut achevée et inaugurée en 1546 par François Ier quelques mois avant sa mort ; le roi jugea ne pas en avoir vu en France de plus belle et de mieux entendue.

Ancy-le-Franc

La même année était sorti de terre le plus célèbre château de Bourgogne, Ancy-le-Franc. L'attribution à Serlio en a été longtemps hésitante jusqu'à la découverte d'un abondant matériel manuscrit et graphique provenant de cet architecte. On y trouve des plans, des élévations, des indications écrites dont l'interprétation, face à la réalité du monument, a prêté immédiatement et prête encore à discussion.

La distribution de l'édifice construit est très proche de celle proposée par Serlio dans ses dessins. Le Bolonais y mettait en forme plusieurs innovations apparues dans la décennie précédente. Le *cortile* surélevé de l'hôtel de ville de Paris s'y alliait au système mis en œuvre à Nanteuil-le-Haudouin et Meudon, des vis d'angle combinées avec des galeries, ici placées complètement en œuvre comme à Écouen. La partie la plus originale du projet serlien était l'appartement seigneurial, l'un des plus développés de la Renaissance, qui étirait sur un tiers de la superficie du château des pièces à usage privé et donc retirées — étude, cabinet, garde-robe — et une suite superbe : chambre, bibliothèque (dans le pavillon sud-est) et galerie privée occupant toute la longueur de l'aile sud face aux jardins jusqu'à la chapelle (pavillon sud-ouest). Cette conception grandiose aura un écho immédiat à Écouen où le connétable de Montmorency fera construire, à l'imitation de la *galleria segreta* d'Antoine de Clermont, entre son appartement du pavillon nord-est et la chapelle dans le pavillon opposé, une quatrième aile achevée en 1549 dont la galerie supérieure portera longtemps le nom de *galerie de Monseigneur.* L'intérêt pour le plan fermé en sera temporairement relancé.

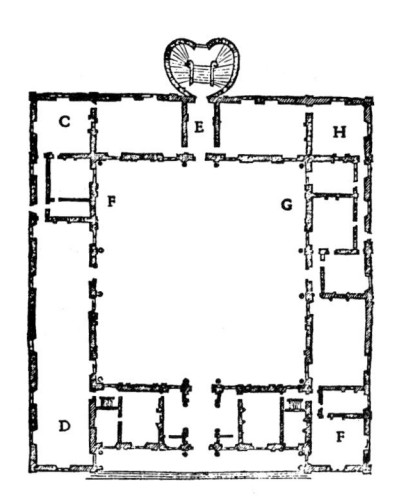

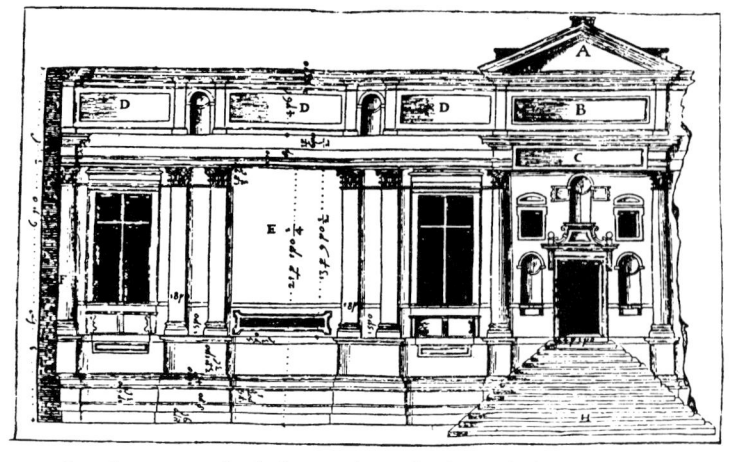

Dans l'édifice actuel, si la distribution proposée par Serlio n'a pas été fondamentalement remise en cause dans sa logique, il y a eu redéfinition des volumes intérieurs initialement prévus. Les entresols y abondaient. Leur multiplicité aurait grevé nettement le coût prévisible de la construction. Leur abandon s'explique donc pour des raisons bien compréhensibles d'économie. Une grande hauteur d'étage n'étant plus nécessaire, on pouvait encore gagner sur ce point, et on n'y manqua pas. Cependant, un abaissement relatif des niveaux n'aurait dû amener qu'une simple remise en proportion des ordonnances primitives. En fait, c'est à une étude nouvelle qu'elles furent soumises après que, pour des raisons de commodité évidentes, on eût décidé d'agrandir de moitié les trois escaliers en vis secondaires, tous placés à un endroit très sensible du plan. Cet agrandissement condamnait les élévations de la cour car les travées des extrémités n'étaient plus assez larges pour contenir les escaliers. Il rendait donc nécessaire une réduction du nombre des travées pour disposer de plus de plein et une restructuration du plan pour parvenir à un nouvel équilibre des volumes internes. Par approches successives, les quatre angles du château ont été modifiés, les pavillons perdant de leur importance au profit des ailes qui furent quelque peu allongées. L'aile orientale subit, elle, un remodelage de plus grande conséquence. La réforme du plan comme la mise en œuvre des nouvelles élévations sont intervenues au stade de l'établissement du projet définitif car le bâtiment actuel est homogène de la cave au grenier.

Tel qu'il apparaissait à l'œil du visiteur, avant les quelques remaniements du XVIIe siècle, le château d'Ancy-le-Franc était, en ce qui concerne la conception interne, une superbe synthèse des courants qui agitaient l'architecture française depuis le retour de François Ier en France. L'expression formelle, en revanche, tranchait totalement sur tout ce que l'on avait vu au point que les bâtiments royaux, même les plus récents, pouvaient passer pour de vieilles lunes. Ancy-le-Franc imposait en France le grand style romain issu de Bramante et de Peruzzi, celui que Serlio révérait comme son maître. A l'extérieur, un simple quadrillage de pilastres doriques unis couvre les murs de son réseau sur lesquels il se détache par un habile piquage qui rappelle le procédé du criblé dans l'estampe. Sur la cour, au contraire, les ordres sont montés suivant la formule de la travée rythmique dérivée du Belvédère de Bramante que Serlio avait représentée dans son *Terzo Libro.*

Pourtant, cette œuvre immédiatement admirée, qui inspirera plusieurs générations d'architectes et de maîtres maçons — Jacques Androuet Du Cerceau publiera même un pseudo-Ancy-le-Franc dans son *Premier livre d'architecture* (projet XXVI) — n'entraîna pas l'adhésion de son auteur. A ses yeux de théoricien qui au même moment s'apprête à publier son *Secondo Libro* sur la géométrie et la perspective, ce qu'Ancy-le-Franc a gagné en épargne, en commodité et en richesse expressive dans la mue de son projet primitif, il l'a perdu faute de la cohérence organique que procure à un ensemble le respect de la trame réticulée perceptible dans son premier plan. Serlio paraît avoir beaucoup souffert de cette perte au point qu'il dissimulera toujours l'évolution subie par son projet, même si, dans les planches de l'Albertina à Vienne, il laisse paraître certains des changements décidés dans l'emploi des ordres. Ce schéma tramé, si proche en définitive du système utilisé dans le même temps par l'architecture vernaculaire parisienne qu'il avait eu le loisir de bien observer, l'obsédera au point que, sollicité quelques années plus tard, en 1552, par François d'Agoult, baron de Sault, de lui transformer sa *fabbrica già cominciata ma nel vero male ordinata* de Lourmarin, le mystérieux *Rosmarino* de son *Settimo libro,* c'est sur la conception de base de son premier projet d'Ancy-le-Franc qu'il proposera les transformations nécessaires.

II. Le temps des chefs-d'œuvre : le Louvre, Anet, Vallery

Les solutions adoptées à Écouen, à Saint-Maur, à Ancy-le-Franc ne pouvaient déterminer l'avenir de l'architecture française : Saint-Maur et Ancy, admirables dans l'emploi des ordres, différaient trop du type habituel du château, Écouen, fidèle aux usages locaux, vraiment monumental dans le jeu des volumes et le parti décoratif, ignorait le style *antique*. Tout change au contraire avec le Louvre, Anet et Vallery, commencés entre 1546 et 1549. Ces trois édifices prendront immédiatement une valeur exemplaire parce qu'ils associent dans une synthèse parfaite les grands thèmes de l'architecture nationale et le système de formes de la Haute Renaissance italienne, doté désormais d'une valeur universelle.

Le Louvre

Projetée depuis 1527, la reconstruction du nouveau Louvre commence en 1546. François Ier dut éprouver une profonde satisfaction en ouvrant ce chantier, le dernier qu'il ait entrepris avant de mourir en mars 1547 : il pouvait confier à un Français — un humaniste féru d'architecture — le soin d'élever l'édifice le plus prestigieux du royaume, le palais du roi dans sa capitale. Serlio, à qui le roi avait aussi demandé un projet, fut écarté au profit d'un représentant éminent de la nouvelle génération. La politique culturelle constamment suivie par François Ier trouvait ainsi son accomplissement : inaugurée par l'appel à Léonard, elle s'achevait par le triomphe d'un maître français formé à l'école de l'Italie.

Avec une aisance admirable, Lescot sut triompher de toutes les difficultés et créer, du premier coup — on ne lui connaît pas d'œuvre antérieure — un édifice unique en son genre, aussi « moderne » que les palais romains et pourtant profondément français. Les dispositions générales (trois ailes de même hauteur, pavillons d'angle) évoquent celles d'Écouen, mais nous ignorons ce qu'aurait été l'entrée puisque le projet initial ne fut réalisé que sur deux côtés, à l'ouest (corps de logis principal) et au sud (aile gauche donnant sur la Seine). En revanche, nous connaissons parfaitement les façades de ces deux corps : les façades extérieures (englobées dans les constructions du XVIIe siècle) par le dessin du Du Cerceau, les façades sur cour par l'observation directe puisqu'elles subsistent, à peu près intactes, dans l'angle sud-ouest de la cour Carrée actuelle.

Les façades extérieures et le pavillon d'angle, appelé pavillon du Roi, empruntent de nombreux traits au palais Farnèse, le plus récent et le plus grandiose des palais romains : bossages d'angle, bandeaux séparant les étages, fenêtres de formes différentes à tous les niveaux. L'ordonnance française, fondée sur les travées verticales, cède la place à une composition par étages. Les lucarnes elles-mêmes disparaissent! Pourtant l'édifice pro-

Page précédente : Le Louvre (Paris). En haut, la façade sur cour; en bas, la façade sur la Seine avec le pavillon du Roi. Gravures de Du Cerceau.

*Château d'Anet (Eure-et-Loir). Page de gauche : coupe de la chapelle. Gravure de Roussel d'après De l'Orme.
Page de droite : porte du château. Gravure publiée dans l'*Architecture *de De l'Orme.*

duit un tout autre effet que le palais Farnèse. Les ailes, allongées, s'opposent au pavillon, élevé comme une tour; les fenêtres restent nombreuses et de proportions élancées, conformément aux usages français; les encadrements de baies peu saillants, finement sculptés, diffèrent totalement des encadrements italiens, beaucoup plus vigoureux.

Sur la cour, l'assimilation du langage de la Haute Renaissance italienne est plus subtile encore. Divisées en trois niveaux ayant chacun son caractère propre (rez-de-chaussée à arcades, étage noble et attique), très ornées au premier et au second étage, les façades évoquent l'ordonnance du palais dell'Aquila, l'un des rares édifices civils de Rome possédant un décor abondant en façade. Mais Lescot complique la composition en introduisant dans chaque façade un élément étranger à l'art italien : les trois avant-corps qui interrompent les horizontales et modifient du tout au tout l'aspect de la façade. Le problème était de lier ce motif au reste de la composition en lui conservant son unité. Lescot y est parvenu en imaginant des solutions différentes à chaque niveau : d'un étage à l'autre le volume de l'avant-corps s'affirme de plus en plus (jusqu'au fronton final qui se détache sur le toit) tandis que son décor ressemble davantage à celui des parties voisines (des bas-reliefs couvrent uniformément l'attique alors que l'entrée seule est ornée au rez-de-chaussée). L'architecture italienne de la Haute Renaissance qui aime les articulations fortes n'avait jamais donné l'exemple de variations aussi subtiles.

On rend donc très mal compte de l'art de Lescot lorsqu'on le loue d'avoir utilisé de façon parfaite les ordres antiques. Son vrai mérite — beaucoup plus grand — est d'avoir imaginé des effets inédits, accordés au goût français, en utilisant des motifs empruntés aux chefs-d'œuvre de l'architecture romaine. Le jeu des avant-corps, l'enchaînement souple des parties, le traitement subtil de l'ornement constituent autant de nouveautés qui feront date : pendant deux siècles, le langage inventé par Lescot sera celui de l'architecture *classique* française.

Anet

Anet (en partie détruit), construit en même temps que le Louvre, mais achevé beaucoup plus tôt, ne lui doit à peu près rien. Cherchant un accord entre les usages français et le style italien, de L'Orme est parvenu à des résultats très différents de ceux de Lescot. Le programme, il est vrai, invitait aux recherches les plus audacieuses : au lieu d'exprimer la puissance d'une famille, le château de Diane de Poitiers est un monument personnel, glorifiant un grand destin et un grand amour. Mais la chance a voulu, surtout, que ce projet singulier fût confié à un architecte hors de pair qui eut ainsi, au moins une fois, l'occasion de donner toute sa mesure.

De L'Orme reprend le plan général d'Écouen, trois corps et une aile d'entrée plus basse, en en modifiant toutes les données : il supprime les pavillons, remplacés par de petites tourelles, et déplace le mur d'entrée vers l'avant par plusieurs ressauts afin de détacher le pavillon central, lui-même lié à une enceinte beaucoup plus vaste englobant deux cours annexes et un grand jardin tracé dans l'axe du château, premier exemple depuis Bury et Ancy d'un aménagement systématique de l'espace.

La conception des façades est plus « française » qu'au Louvre car de L'Orme met l'accent sur les travées verticales, d'autant plus visibles qu'elles sont alternativement larges et étroites; il conserve les lucarnes, elles-mêmes de formes variées, et fait ressauter le mur au-dessus et au-dessous des fenêtres, créant ainsi une bande verticale sur laquelle se détachent les frontons des fenêtres. Au lieu d'isoler les encadrements comme le font toujours les Italiens, de L'Orme les intègre dans une série continue qui conduit le regard jusqu'aux lucarnes. Ce motif, analogue dans son principe aux pilastres superposés de la première Renaissance, connaîtra, pour les mêmes raisons que son prédécesseur, un immense succès dans l'architecture française, jusqu'au milieu du XVIIe siècle. Les ordres n'apparaissent qu'à l'avant-corps central, remonté à Paris dans la cour de l'École des Beaux-Arts, composition brillante, mais peut-être moins originale, car elle dérive des avant-corps du Louvre et surtout de l'entrée d'Écouen, l'effigie de Louis de Brézé remplaçant au sommet, celle du connétable.

Dans le pavillon d'entrée et la chapelle, heureusement conservés, de L'Orme a cherché systématiquement l'originalité. Le pavillon d'entrée — dont nous parlerons seul ici — ressemble à un arc de triomphe à trois baies, mais toutes les dispositions habituelles des arcs antiques sont modifiées. Au niveau inférieur, les parties latérales avancent de part et d'autre de la baie centrale; plus haut, elles sont rejetées en arrière et se terminent en arrondi. Habitués à la forme simple des arcs, nous ne parvenons pas à attribuer une place exacte aux différents plans qui jouent sans cesse les uns par rapport aux autres... Vingt ans plus tôt, Michel-Ange avait recherché des effets du même genre, à une échelle plus réduite, dans la chapelle Médicis et au vestibule de la Laurentienne mais personne n'avait encore osé l'imiter quand de L'Orme reprit l'idée et imagina cette composition « instable » de grande dimension. Plusieurs motifs utilisés dans le décor prouvent d'ailleurs que de L'Orme a prêté une grande attention à l'œuvre de Michel-Ange : les longues consoles triglyphes qui ornent la partie supérieure du pavillon appartiennent au répertoire du Florentin, les souches de cheminée en forme de sarcophage, allusion au veuvage de Diane, situées sur les terrasses de chaque côté de l'entrée dérivent des sarcophages des Médicis dont de L'Orme a compliqué à plaisir les formes déjà peu orthodoxes.

Les inventions les plus singulières de de L'Orme ne pouvaient guère être imitées. En revanche, l'association du langage de la Haute Renaissance classique et maniériste aux formes traditionnelles de l'architecture française, travées, lucarnes, tourelles..., fera école, d'autant plus aisément que le décor utilisé est le plus souvent très sobre, ce qui met en valeur par contraste certaines parties très ornées. Par ailleurs, la recherche systématique d'effets variés, surprenants, paradoxaux ouvrait une voie nouvelle à la création : cet exemple stimulant autorisait toutes les fantaisies. Pendant près d'un siècle, il allait constituer une sorte d'antidote au vitruvianisme.

Vallery

Vallery (inachevé, très mutilé aujourd'hui), construit pour le maréchal de Saint-André à partir de 1548-1549, est vraisemblablement l'œuvre de Lescot. Plusieurs dispositions dérivent du Louvre et d'Anet : la forme du pavillon, réplique du pavillon du Roi, et l'enchaînement vertical des encadrements de fenêtres, inspiré du système utilisé par de L'Orme. Mais Vallery se distingue par deux traits originaux, importants pour l'avenir : l'appareil brique et pierre et l'emploi systématique des bossages.

L'appareil brique et pierre, traditionnel en Val de Loire et en Normandie, est associé pour la première fois à des bossages, ce qui laisse penser que l'architecte s'est souvenu du palais Farnèse où les bossages d'angle et les encadrements de baies se détachent sur un mur de briques. En tout cas, la polychromie devient avec Vallery l'un des moyens d'expression de la Haute Renaissance française : associé ou non aux bossages, le « brique et pierre » sera l'un des motifs-types de notre architecture jusqu'au milieu du XVIIe siècle.

Les bossages, apparus en France à Saint-Maur et au Louvre sous forme de chaînes d'angle, deviennent à Vallery l'élément principal du

Vallery (Yonne). Gravure de Du Cerceau (Les plus excellents bâtiments de France).

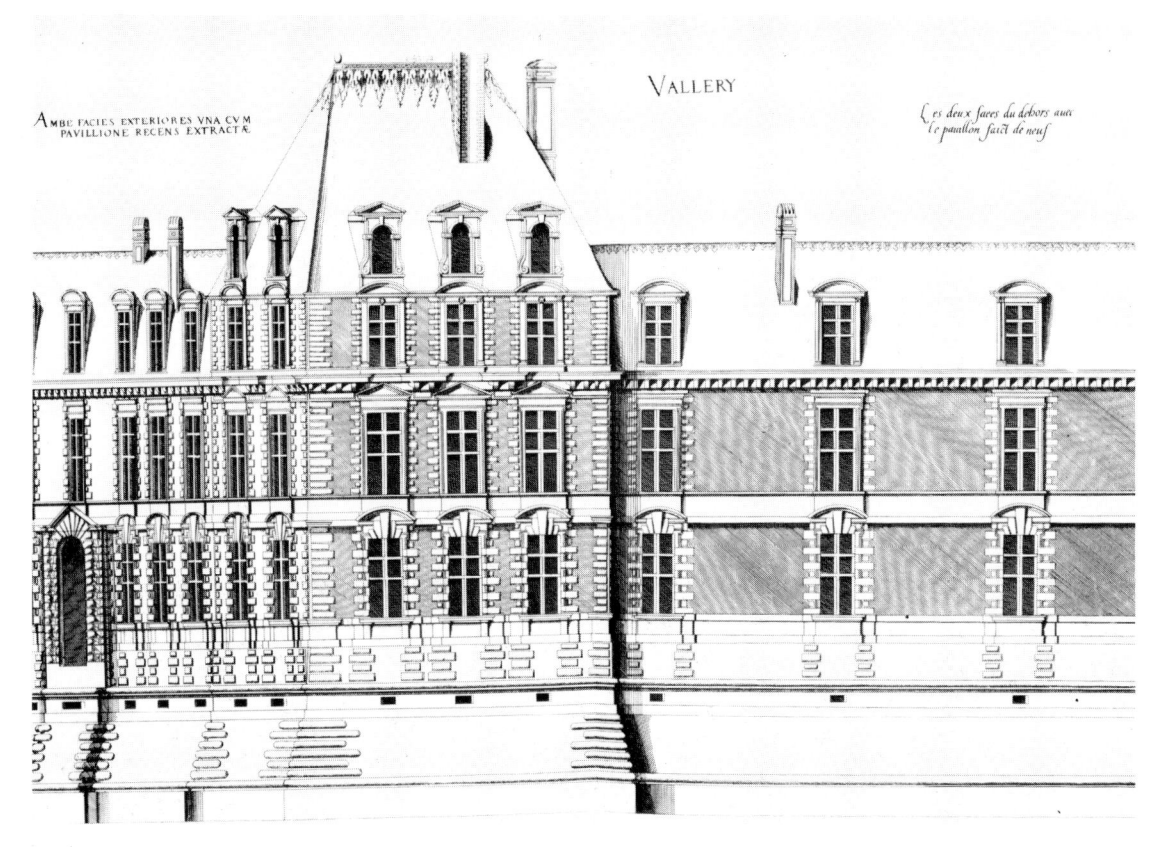

décor. L'architecte toutefois n'utilise pas ce motif de la même façon que les Italiens. Au rez-de-chaussée, les encadrements de baies sont assez proches des modèles de Jules Romain et de Serlio, mais au premier étage et à l'attique du pavillon, les bossages se réduisent à deux chaînes verticales qui longent les côtés des fenêtres. Comme les baies sont étroitement liées les unes aux autres dans le sens vertical, on a l'impression que les bossages forment une chaîne continue sur toute la hauteur du mur. Au lieu de dessiner un cadre autour de chaque baie, ils soulignent la division en travées de la façade : une nouvelle façon d'utiliser les bossages, proprement française et vouée au plus grand succès, était ainsi trouvée.

Le Louvre, Anet, Vallery commandent l'avenir de l'architecture française. Nées du même souci — assimiler le langage de la Haute Renaissance italienne — ces trois grandes œuvres présentent des caractères différents, parfois contradictoires, qui autorisent des développements variés. Le Louvre est à la source d'un courant *classique* qui triomphera au milieu du XVIIe siècle (après avoir assimilé de nouveaux italianismes). Anet suscitera des inventions plus libres qu'on peut qualifier de *maniéristes,* en se rappelant qu'elles sont liées avant tout au goût français pour une architecture animée et pittoresque. Enfin Vallery donne l'exemple de procédés de construction simples mais riches d'effet qui seront constamment utilisés. En quelques années, un art nouveau est né, sûr de ses ressources, capable de rivaliser avec les créations les plus hautes de l'art italien.

III. Les châteaux d'Anne de Montmorency

Le nouveau langage affine ses moyens d'expression tout au long du règne de Henri II, qui se terminera par un nouveau point d'orgue, la mise en chantier de Verneuil-sur-Oise, rêve ambitieux d'un seigneur valétudinaire et d'un poète déçu. Nulle part on ne peut mieux suivre l'épanouissement du nouveau style que dans les châteaux d'Anne de Montmorency. Le connétable, revenu aux affaires, ne cesse de bâtir. En matière architecturale comme dans la politique où les partis lui disputent l'esprit du roi, il affirme sa position face à la maîtresse du prince qui bâtit Anet, au favori Saint-André qui élève Vallery, et à la puissance montante des Guise qui ont construit dès 1546 le château-villa de Joinville.

Sa fervente admiration pour l'Antiquité (qui lui fait prendre en 1548 une ordonnance pour la sauvegarde des monuments antiques de Nîmes) inspire le style qu'il défend dans ses entreprises. Cet idéal est parfaitement illustré à Écouen où, après les essais bien modestes du vieil Écouen, les additions postérieures montrent cette quête exigeante qui atteint son but dans le fameux porti-

Chantilly (Oise). Le petit château construit par Jean Bullant.

que colossal de l'aile sud, écrin à la mesure des chefs-d'œuvre qui l'ornaient, les deux *Esclaves* de Michel-Ange. Ce magnifique morceau de bravoure, dû à Jean Bullant, s'inscrit dans un vaste dessein né après la fermeture du château par une aile est (sous l'influence d'Ancy-le-Franc) et la refonte de l'aile nord. Il s'agissait de créer de nouvelles symétries par des avant-corps qui constituent le plus riche répertoire d'ordres classiques que nous ait légué la Renaissance. A l'aile orientale, démolie en 1787, se rattachait la construction d'un portail triomphal à trois étages dont le dernier, en forme de niche, abritait la statue équestre du connétable, héroïsé à la romaine. Ce chef-d'œuvre unique, détruit à la Révolution, était sans doute du dessin sinon de la main de Jean Goujon auquel on doit attribuer la conception d'ensemble.

Goujon quitte le service du connétable vers 1547 pour celui du roi et dirigera l'atelier du Louvre. La refonte du plan du château royal en 1549 trouve son écho à Écouen où l'aile nord, à peine achevée, est reprise pour y aménager les appartements royaux qui occuperont toute sa partie occidentale, du majestueux escalier au pavillon d'angle inclus. Un grand portique à ordres superposés de belle facture mais à la composition embarrassée donne à la façade sur cour une symétrie inexistante dans le plan de l'aile. Sur la façade extérieure, les dimensions du grand escalier, la projection hors œuvre de ses paliers de repos ont aggravé en tous sens les problèmes de symétrie. Pour y remédier, Bullant a adopté une solution originale : une ordonnance très classique de deux ordres superposés, l'un toscan, l'autre dorique, quadrille la façade, mais à la différence d'Ancy-le-Franc, qui a inspiré cette composition, les entablements ne sont plus continus. Les travées de fenêtres, où croisées et lucarnes sont liées par des tables, forment un élément indépendant qui rompt le toscan et sectionne le dorique. Sur ce quadrillage instable, l'architecte a détaché une loge saillante traitée en arc de triomphe, le repos supérieur formant une terrasse (qui sera couverte plus tard). Un ordre dorique, d'un dessin admirable, plus riche que celui de la façade, achevait de donner à l'ensemble de la composition une sorte d'irrationalité constructive, bien accordée avec le problème posé.

Le connétable n'était pas ennemi de ce genre de gageure. A Fère-en-Tardenois (Aisne), pour remplacer l'ancien pont de bois qui reliait son château, rénové sous le précédent règne, aux communs, par-delà un fossé large de soixante mètres et profond de vingt, il fait lancer un pont de pierre portant un chemin couvert qui rappelle la *strada coperta* du château des Visconti à Vigevano ou anticipe le *corridoro* de Cosme de Médicis à Florence. Le pont de Fère est bien plus qu'un simple ouvrage utilitaire. Le trait de génie du connétable est de l'avoir combiné avec une galerie d'apparat qui court en plein ciel au-dessus du passage inférieur. Jean Bullant, l'architecte du

Château de Verneuil (Oise). Page de gauche, vue générale du second projet.
Page de droite, vue générale du château (premier projet) au milieu de ses jardins. Gravures de Du Cerceau
(Les plus excellents bâtiments de France).

connétable, pour animer un bâtiment de pareille longueur en respectant le programme, s'est livré à des recherches nouvelles où l'équilibre des masses, le jeu des ombres, le choix des matériaux, les rythmes, la science des profils concourent à créer un effet grandiose qui fait du pont de Fère l'une des œuvres les plus fabuleuses de la Renaissance. L'exemple du connétable sera suivi par Diane de Poitiers à Chenonceaux où de L'Orme entreprend pour elle un pont sur le Cher destiné à supporter une galerie, entreprise menée à son terme, mais différemment, par la reine Catherine de Médicis en 1576. L'idée avait été reprise entre-temps, dans un contexte différent, à Maulne en Tonnerrois.

Le petit château de Chantilly, dont on couvre en 1559 la galerie (actuelle galerie des Campagnes du Grand Condé), est l'œuvre la plus subtile et la plus parfaite qu'ait laissée Bullant. La forme, une aile longue entre deux pavillons plus massifs placés transversalement, est promise à un bel avenir. De nombreux éléments apparus à Fère-en-Tardenois se retrouvent à Chantilly mais la composition des façades brille par la diversité des combinaisons et l'aisance de leur emploi.

Sauf les extrémités des deux pavillons sur l'étang, aucune façade ne possède le même agencement. La complexité des rapports d'une façade à l'autre ne s'exprimait nulle part mieux que dans l'aile médiane, aujourd'hui défigurée. Sur l'étang, son retrait en arrière des pavillons extrêmes servit à établir une terrasse, bordée d'un garde-corps sur consoles courant au ras de l'eau. La forme horizontale de ce garde-corps est reprise à l'étage par le long soubassement sur lequel ressautent les allèges des fenêtres passantes disposées à intervalle régulier, contrairement aux souches de cheminées qui ne sont symétriques qu'entre elles. Le jeu des tables d'attente, d'une pièce ou en série sur des trumeaux de toutes dimensions, n'est plus ponctuel comme à Vallery, mais devient un élément majeur d'animation. Sur ce point, Chantilly marque une étape. Ce système, en effet, va faire école quand il sera couplé avec le bossage. Simple d'emploi, s'accordant avec tous les types de construction, il apparaît constitué très tôt dans un édifice proche de Chantilly, Verneuil-sur-Oise.

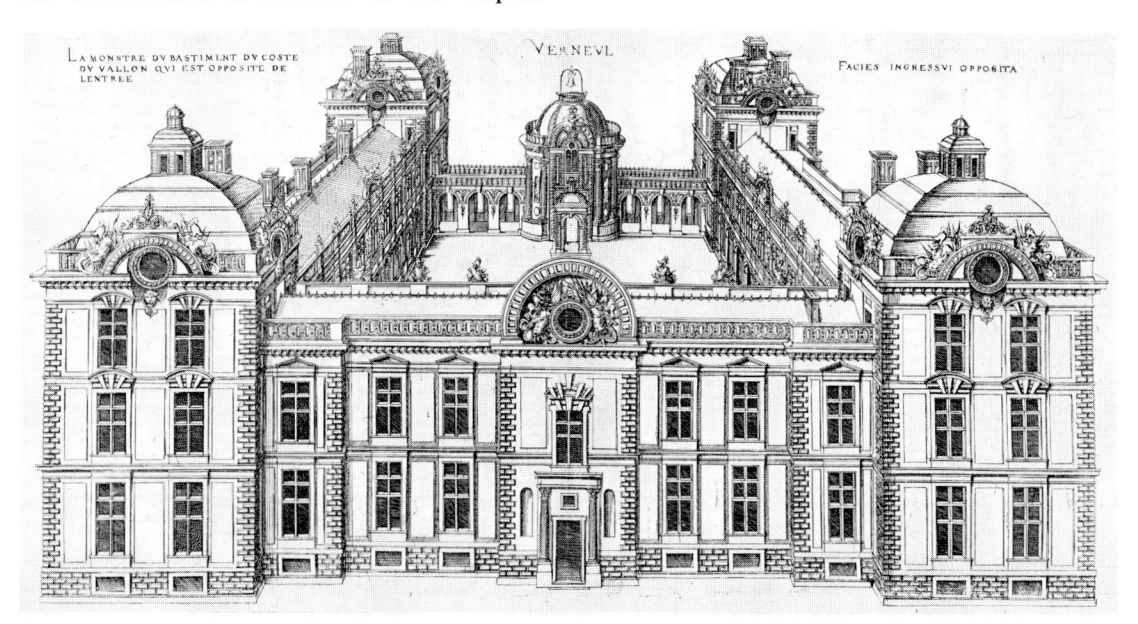

IV. Verneuil ou le triomphe de l'imagination

Dans un vallon proche de l'Oise en bordure de la forêt de Halatte, la famille de Boulainvilliers possédait un château reconstruit au siècle précédent. D'heureuses alliances matrimoniales l'avaient apparentée à la famille royale. La mort héroïque de Philippe III de Boulainvilliers en 1536 avait arrêté son ascension. Son fils Philippe IV aurait pu prétendre à de hauts emplois si de graves dissensions familiales et plus encore une mystérieuse fièvre tierce répétitive ne l'en avaient écarté « Fort amateur de l'architecture », au dire de Jacques Androuet Du Cerceau, c'était également un lettré, lié d'amitié avec Etienne Jodelle, auteur de la *Cléopâtre captive,* la première tragédie française. Après l'échec de la mascarade qu'il avait composée et donnée à l'hôtel de ville de Paris, le 17 février 1558, pour célébrer la reprise de Calais, Jodelle trouva refuge auprès de son ami. Le poète était aussi un amateur d'architecture passionné. L'inaction de l'un, le dépit de l'autre, l'union de leurs deux talents valent à l'histoire du château français une de ses pages les plus curieuses. Le projet de construire un nouveau château prit forme très vite car Philippe de Boulainvilliers racheta la même année à ses frères leurs parts dans la terre de Verneuil.

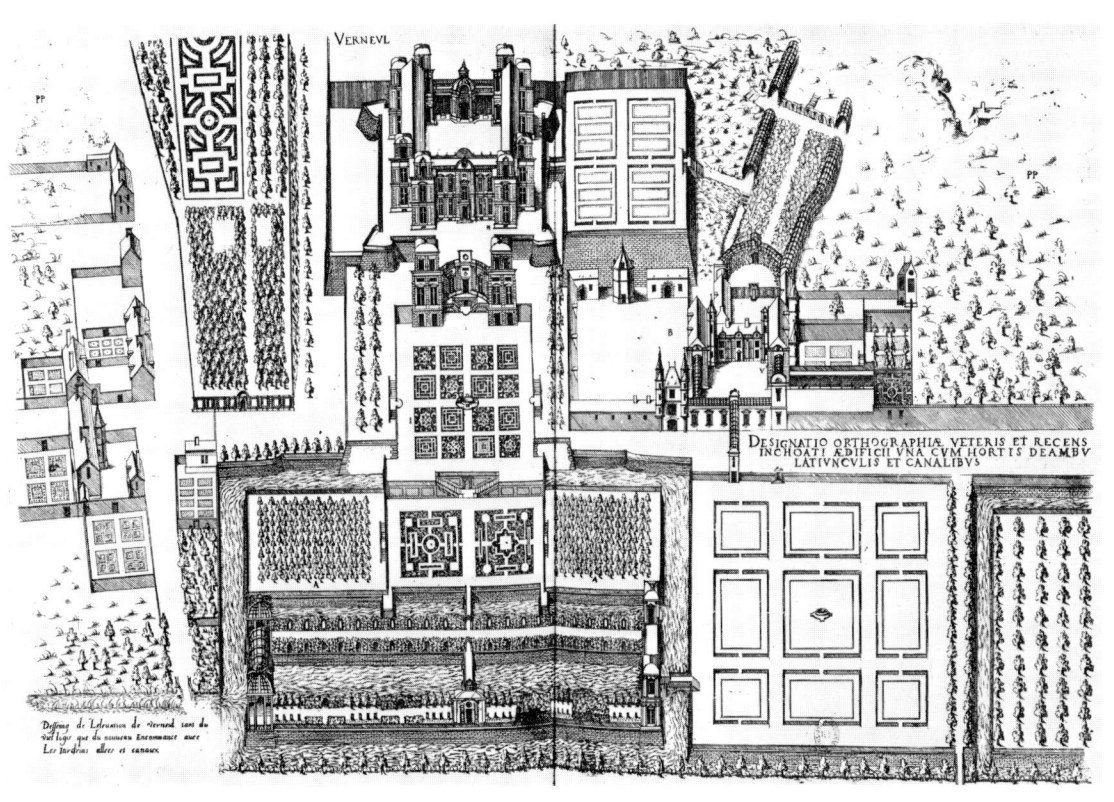

La pierre étant tirée du lieu même de la construction et ne coûtant qu'à tailler, on se mit rapidement à l'ouvrage. C'était sans compter avec les incessantes difficultés financières du jeune seigneur de Verneuil, toujours à court d'argent et sollicitant le connétable de Montmorency de renflouer sa cassette. Au printemps de 1560, commande était passée à Ponce Jacquio d'un énorme programme de statues destinées à orner les façades de la cour, mais le chantier n'avança que très lentement au point que la conception du château évolua plusieurs fois. Jacques Androuet Du Cerceau, qui fut étroitement mêlé à l'évolution ultérieure du château, a laissé plusieurs dessins et gravures qui permettent d'en suivre les pensées successives. Le plan du projet mis en œuvre entre 1558 et 1560 est connu par un dessin de la Bibliothèque vaticane, mais les élévations correspondantes ne peuvent être appréhendées qu'en interrogeant la documentation écrite et graphique qui éclaire l'histoire de cette demeure, réduite de nos jours à l'état informe de monticules couverts de taillis qu'il faudra bien fouiller un jour.

Le plan met en évidence l'héritage du passé dans un projet établi pour un site vierge. Boulainvilliers et Jodelle restent fidèles à la conception du château fermé issue d'Ancy-le-Franc, reprise à Écouen et par de L'Orme lui-même à Limours (Essonne) en 1555. Des réminiscences plus anciennes sont perceptibles. Les pavillons d'angle cantonnés de grosses tourelles carrées rappellent Madrid auquel on travaillait encore. Les escaliers sont extraordinaires : du côté du jardin, les trois rampes parallèles (non représentées sur le plan) évoquent le modèle en bois de Chambord ; du côté opposé, un escalier circulaire se combine avec l'entrée du château ; un troisième escalier sur plan ovale, enfin, aurait occupé l'aile orientale. Les deux grands escaliers circulaire et ovale auraient développé leurs rampes autour d'un jour central de grand diamètre : ceci, quelques années avant l'escalier de de L'Orme aux Tuileries, prouve les intentions novatrices des deux hommes.

Celles-ci apparaissent aussi dans la conception de la cour. L'uniformité du parti disparaissait

Château de Fère-en-Tardenois (Aisne). Le pont supportant la galerie.

sous l'omnipotence du programme iconographique qui se proposait d'illustrer le destin du monde par les quatre Monarchies antiques, croisant ainsi le thème biblique de l'explication prophétique par Daniel du songe de la statue de Nabuchodonosor à celui des *Viri illustres* de Plutarque. L'ambition vertigineuse du programme sculpté allait de pair avec une surabondance décorative foisonnante dont Jodelle, dans certains de ses poèmes, fait bien ressentir le caractère onirique.

Réalisée complètement, la cour de Verneuil aurait provoqué un effet de saisissement d'autant plus irrésistible que les dehors étaient « sages », si l'on peut dire. L'aile sur le val entre les deux pavillons ne monta, du temps de Boulainvilliers, jamais plus haut que les appuis du premier étage, mais assez rapidement pour être l'un des rares éléments demeurés stables dans les plans successifs. Cette indication permet de conjecturer que l'emploi des tables sur les trumeaux existe bien dès le premier projet et qu'il se combinait avec des bossages limités aux chaînes d'angle.

Verneuil, sur ce point, complète l'art de Vallery, tout en portant en lui le germe des extravagances décoratives que les classiques reprocheront au style que Jacques Androuet Du Cerceau et ses fils propageront à la suite de Boulainvilliers et de Jodelle.

V : Chaumont-sur-Loire (Loir-et-Cher) — Première demeure de la famille d'Amboise (fin XVe siècle).

VI : Chambord (Loir-et-Cher) — La lanterne de l'escalier.

VII : Maulnes, à Cruzy-le-Châtel (Yonne) — Le château pentagonal d'Antoine de Crussol.

VIII : *Tanlay (Yonne)* — *Commencé par François d'Andelot, achevé au XVII*e *siècle.*

IX : Kerjean, à Saint-Vougay (Finistère) — L'influence de Philibert de l'Orme en Bretagne à la fin du XVIe siècle.

Les châteaux des guerres de Religion

Bruno Tollon

Il peut paraître paradoxal de consacrer un chapitre à l'évolution du château français pendant la période des guerres de Religion. Les règnes de Charles IX et d'Henri III n'ont-ils pas laissé avant tout l'image du malheur des temps? La succession de campagnes militaires, même si elles sont coupées de longues trêves, est catastrophique pour la santé du royaume; l'insécurité endémique des campagnes, les brusques accès de fièvre obsidionale dans les villes tissent une histoire mouvementée et sombre, à première vue peu favorable au développement d'une grande architecture.

En réalité, on a trop vite considéré cette période comme une douloureuse parenthèse pour le domaine de l'art, et le silence des grands manuels devrait inviter à y regarder de plus près. La multiplication récente des travaux consacrés à cette seconde moitié du siècle rend aujourd'hui possible une révision. Si bien qu'on doit désormais, non seulement rendre justice à cette période décriée, mais aller plus loin et, avec Jean-Jacques Gloton, y voir « un moment passionnant de l'architecture française ».

I. Les commandes royales

Un examen de la multiplication des chantiers royaux conduit à se demander si, durant les guerres civiles, l'abaissement du pouvoir royal et les difficultés de tous ordres ne semblent pas jouer, assez paradoxalement, un rôle de stimulant. La reine mère comme les rois ses fils, piètres politiques en bien des occasions, multiplient les fondations de prestige propres à rehausser leur image auprès de la Cour et de la Ville. C'est dans cette optique qu'il faut considérer les commandes passées par Catherine de Médicis et les souverains successifs aux trois plus prestigieux architectes du temps.

Philibert de L'Orme, le plus célèbre et le plus sollicité, dans son projet pour les Tuileries (1561), rivalise avec les grands palais italiens dessinés avant tout pour le plaisir des yeux. Tout y est organisé pour répondre au concept de la demeure royale. On en connaît les façades, animées de décrochements, qui ont reçu les nobles accents de l'« ordre français », aux fameuses colonnes baguées. L'escalier — son dessin est unique en Europe — en constitue le morceau de bravoure : il occupe le pavillon central signalé par un dôme. Il conduisait aux terrasses d'où la Cour pouvait admirer le panorama des bords de Seine et les parterres du vaste jardin clos. Dans le même dessein d'assurer la liaison du château et des jardins, la reine mère commande en 1563 une série de transformations pour Saint-Maur (Val-de-Marne). L'architecte relie les pavillons, qui doublent la surface du logis initial, en utilisant un système de galeries. Dans le jardin, il construit un vaste cryptoportique à bossages dans la tradition italienne. Dans la même tradition viennent s'inscrire deux autres entreprises de Catherine de Médicis : Montceaux-en-Brie (Seine-et-Marne), célèbre pour son ordre colossal en façade, et Chenonceaux où Jean Bullant, au tempérament original et affirmé, prend la suite de Philibert de L'Orme. Il exécuta en 1580 la galerie à deux étages qui enjambe le Cher, réalisant seulement une partie des projets démesurés de la reine mère.

Le goût des grandes compositions est poussé plus loin avec les projets d'un émule de Bullant, Jacques Androuet Du Cerceau. Le roi Charles IX a acquis en 1570 de vastes terres au bord de l'Andelle, il s'adresse à ce dernier pour composer à Charleval (Eure) une œuvre digne d'un successeur de François Ier. Le plan retenu, connu par les gravures, permet de déceler en Jacques Androuet Du Cerceau l'héritier le plus attentif de Serlio, utilisant ses projets grandioses pour un palais royal. Chambord aurait pu tenir dans l'immense basse-cour de cinq cents pieds carrés! Avec la disposition logique des avant-cours, des cours latérales disposées par paires, de la cour d'honneur puis des jardins et des grands canaux, il annonce bien des partis célèbres du XVIIe siècle. L'originalité de l'architecte éclate dans l'organisation des façades sur la cour. La sculpture insérée dans les articulations de l'ordre colossal trouve sa place dans une association étroite que l'Italie n'a jamais connue, sinon dans quelques réalisations urbaines de Palladio. Les effets d'appareil, le changement d'échelle dans les figures sculptées, la diversité des frontons traduisent une indifférence aux canons classiques, multiplient les effets de surprise, et offrent avec un bonheur royal le modèle d'une architecture de fête.

Au même moment, dans le même esprit et avec le même raffinement que les commandes royales, le duc de Nemours propose à Du Cerceau de remanier le château de Verneuil (Oise). Le dernier projet, vers 1576, constitue la troisième version de ce chantier toujours ouvert. Il est un jalon fondamental pour la compréhension des grands châteaux construits dans les trente années qui vont suivre. Du Cerceau a retenu une solution qui simplifie les masses et ramène à quatre le nombre des pavillons. L'intérêt réside encore ici dans l'escalier du dôme au tracé surprenant, comme dans le souci des effets plastiques : façades animées de tables de pierre et de chaînages en bossages, frontons pour les fenêtres, grands pavillons décrochés coiffés de toitures à

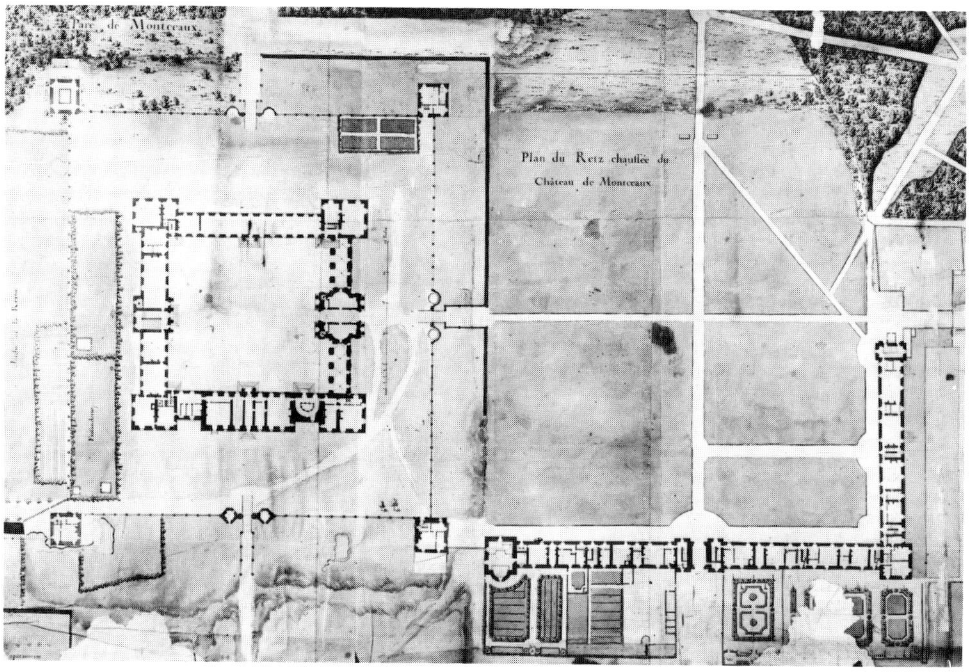
Parc de Montceaux
Plan du Retz chaussée du
Château de Montceaux

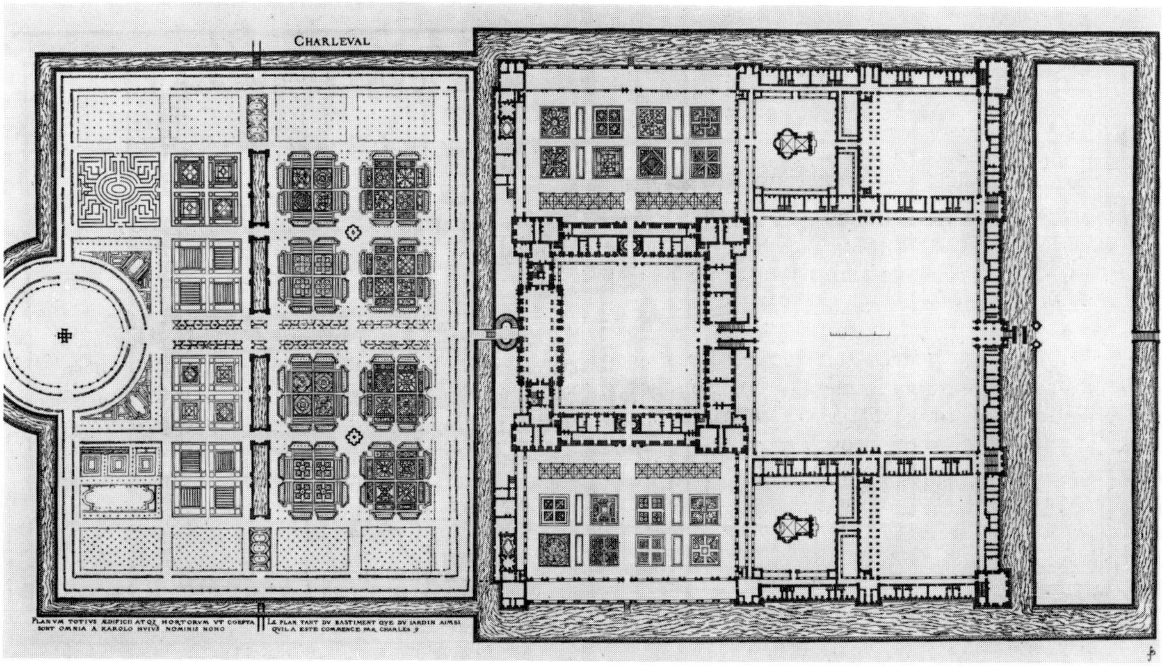
CHARLEVAL
PLANVM TOTIVS ÆDIFICII ATQ HORTORVM VT COEPTA SVNT OMNIA A KAROLO HVIVS NOMINIS NONO
LE PLAN TANT DV BASTIMENT QVE DV IARDIN AINSI QVIL A ESTE COMMENCE PAR CHARLES 9

Page de gauche en haut, château de Chenonceaux (Indre-et-Loire). Le pont-galerie ajouté par Jean Bullant au château primitif.
Au centre, château de Montceaux (Seine-et-Marne). Plan général des bâtiments avec l'avant-cour ajoutée par Salomon de Brosse. État au XVIIIe siècle (Archives Nationales).
En bas, château de Charleval (Eure). Plan des bâtiments et jardins projetés pour Charles IX. Gravure de Du Cerceau (Les plus excellents bâtiments de France).
Ci-dessous, château de Saint-Maur (Val-de-Marne). Le château du cardinal Du Bellay transformé pour Catherine de Médicis. Gravure de Du Cerceau (Les plus excellents bâtiments de France).

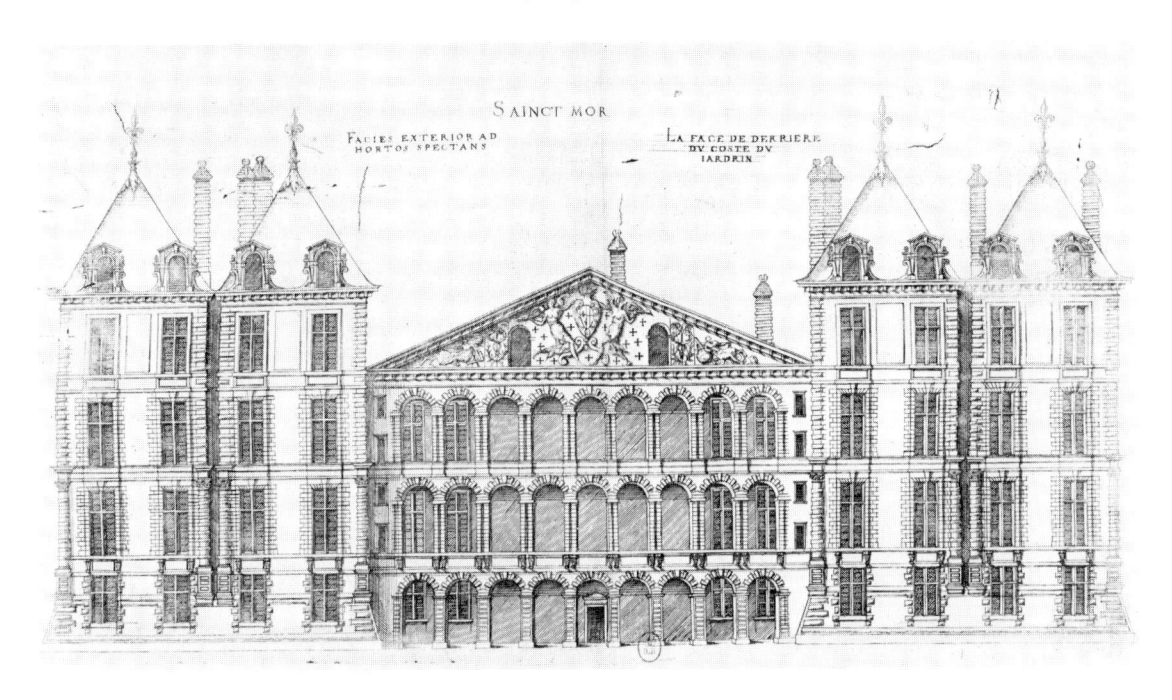

l'impériale. Contrairement au dessin dans le goût italien, inspiré de la tradition de Bramante et de Raphaël que le Primatice avait choisi en 1565 pour l'aile de la Belle Cheminée de Fontainebleau, qui consacrait l'abandon du grand dessein de Philibert de L'Orme disgracié, le projet de Du Cerceau marque la disparition des ordres en façade, et le recours aux frontons cintrés affirme la noblesse des pavillons. Cette architecture de Cour, triomphale et surprenante, ne peut se laisser enfermer dans la qualification de *maniériste,* car ses orientations vont du purisme antiquisant de Bullant (dans les avant-corps colossaux ajoutés aux façades du château d'Écouen) aux décors fougueux et savoureux de Du Cerceau et de ses émules.

Ces innovations continuent de retenir l'attention de la cour, en priorité, et plus largement de toute la noblesse. Désormais les initiatives royales, nombreuses et spectaculaires, peuvent à nouveau jouer le rôle de modèles nationaux. On pourrait objecter que trop de chantiers n'ont pas abouti. En réalité, cela ne nuit pas à la divulgation des nouveautés car les projets circulent et surtout la gravure vient fournir, grâce à la multiplication des images, un moyen de leur donner un retentissement immédiat. Les planches gravées sont à la mode. Déjà, dès le milieu du siècle, Serlio avait senti tous les avantages de l'illustration de manuels destinés aux hommes de métier et à la clientèle. A Jacques Androuet Du Cerceau revient le mérite d'avoir su exploiter systématiquement le procédé.

II. Les gravures de Du Cerceau

Avec les deux volumes des *Plus excellents bâtiments de France,* publiés en 1576 et 1579, celui-ci dresse un panorama des œuvres royales ou privées les plus dignes d'admiration, et le titre retenu souligne nettement l'orientation pédagogique et anthologique de son entreprise : c'est un répertoire composé uniquement de châteaux et de palais. Il a voulu répondre à une curiosité, à un engouement manifestes. Toutefois, ce maître-livre, davantage destiné à être feuilleté que directement utilisé, s'intègre dans le cadre d'une entreprise singulièrement plus large. L'architecte a, vingt ans durant, multiplié les éditions de recueils divers; leurs planches se consacrent essentiellement aux châteaux. Du Cerceau sait offrir à sa clientèle virtuelle des projets modernes et d'accès facile pour le profane : ainsi, le premier, il a voulu associer aux plans des élévations et des *montées,* ces belles représentations en perspective plongeante qui procurent tous les détails désirables. Le château français n'aurait pas connu l'évolution si sensible dans les années 1560-1580 sans les publications successives et capitales de ces *Traités des divers bâtiments,* comme Louis Savot les désigne en 1623.

Dans cette vaste série, le *Premier livre d'architecture* (1559) et le *Troisième livre... de bâtiments pour seigneurs, gentilshommes et autres qui voudront bâtir aux champs* (1572) n'offrent que des modèles de châteaux. Ainsi, à côté des *Traités d'architecture* de Philibert de L'Orme (1567) ou de Jean Bullant (1563), réflexions savantes destinées à un public humaniste et aux architectes, les gravures, véritables catalogues de désirs, répondent d'une manière pratique aux besoins immédiats des châtelains ou les suscitent.

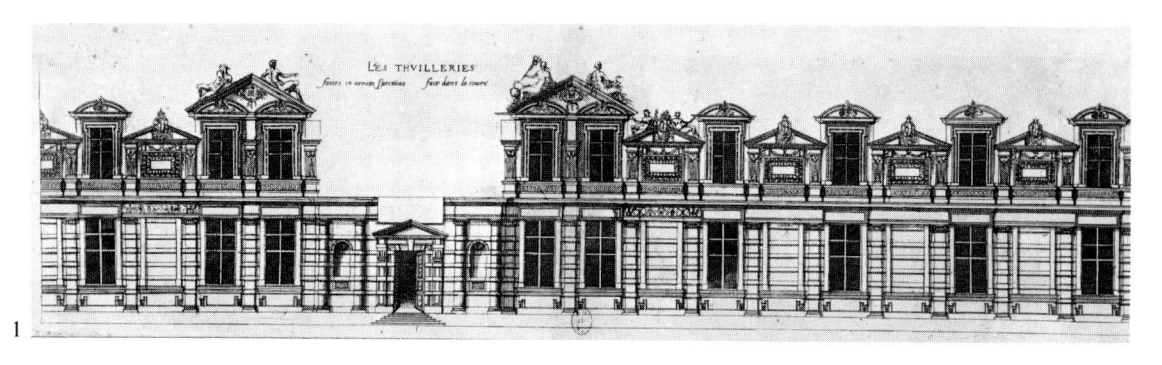

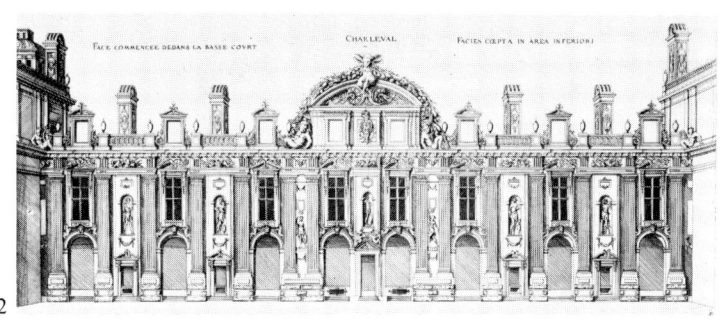

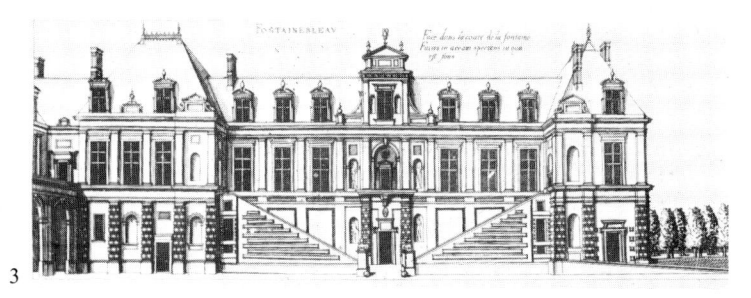

La faveur qui s'attache aux gravures de Du Cerceau prend ainsi l'ampleur d'un véritable phénomène. Les vues si claires et tentantes n'ont-elles pas l'aspect d'œuvres achevées qu'il est bien facile d'imaginer dans un site donné de prairies, de labours et de bois? C'est là une démarche tout à fait nouvelle : même en Italie, la gravure sur cuivre, qui avait connu une précoce fortune, ne s'est jamais consacrée à l'architecture. En France, le succès de la planche gravée est attesté par la multiplication des rééditions assurées par les héritiers attentifs de la dynastie des Du Cerceau; l'ouvrage attendu de David Thomson éclairera, sous peu, ces problèmes. En 1623 encore, un traité d'architecture bien connu, celui de Louis Savot, renvoyait pour le château aux modèles des *Divers bâtiments* de Du Cerceau.

Du Cerceau avait en effet justement soupçonné l'élargissement considérable de la clientèle. Non seulement à Paris, mais dans toutes les villes du royaume s'est constituée une aristocratie d'affaires et de fonction, avide de titres et de considération : noblesse de robe des villes de parlement, grands marchands parvenus aux honneurs municipaux. Tous ces nouveaux riches placent leur fortune dans la rente foncière et les biens nobles. Sans doute Serlio avait déjà pensé à eux dans son dernier ouvrage consacré aux constructions domestiques, mais celui-ci était resté manuscrit. Du Cerceau en reprend l'idée et propose un choix plus vaste qui va des *Plus excellents bâtiments de France* aux nombreux modèles de *bâtiments particuliers,* du manoir à la grande demeure. Lorsqu'on feuillette ses recueils, surgit, en ces temps de fièvre politique et de fanatisme religieux, l'image inattendue d'une France rêvant de châteaux. Les écrivains politiques et les poètes confirmeront l'impression : il n'y a pas de thème repris avec plus d'insistance chez Michel Du Faur de Pibrac ou Guillaume de Salluste Du Bartas, chez Jean Estienne ou Olivier de Serres, que la célébration de la vie saine, rustique et patriarcale qui se déroule à l'ombre du château.

III. La multiplication des châteaux

La gravure permet donc de saisir combien l'évolution fut rapide : à comparer les planches aux châteaux, on mesure l'étendue du succès du nouveau style. Désormais, dans tout le royaume, la préférence va aux plans pratiques, logeant des appartements bien articulés, et à une ornementation savoureuse. Deux grands partis sont caractéristiques : la première solution conserve la disposition traditionnelle du grand logis prolongé par des ailes autour d'une cour fermée, car certains seigneurs préfèrent avoir *en leur clos toutes les choses qui leur sont nécessaires*. La seconde solution, d'un caractère résolument novateur, retient un plan massé qui rejette au-delà des douves les écuries et les communs, parti appelé à une longue existence.

Nombreux sont les châteaux du premier type : Sully en Bourgogne, Villelaure en Provence, Kerjean en Bretagne, Caumont ou La Réole en Gascogne. Bon exemple de plan massé, le château de Wideville (Yvelines) fournit un jalon bien daté grâce aux marchés de construction de 1580 retrouvés par Catherine Grodecki-Gauchery, Montmuar près d'Epernay garde la forme massive propre aux donjons, comme Ormesson (Val-de-Marne), construit par Baptiste Du Cerceau. Quel que soit le plan retenu pour le dessin au sol, les châteaux de cette génération confirment la victoire du pavillon sur la tour circulaire. Les services se trouvent la plupart du temps rejetés dans le sous-sol : les salles des cuisines et du commun servent d'assise à l'étage noble auquel on accède par un perron, des douves venant compléter la mise en valeur de l'assiette du château. Enfin on remarquera les caractères communs retenus pour l'ornementation : les effets

1. Château des Tuileries (Paris). Façade sur la cour. Gravure de Du Cerceau (Les plus excellents bâtiments de France).
2. Château de Charleval (Eure). Projet pour la façade donnant sur la cour. Gravure de Du Cerceau (Les plus excellents bâtiments de France).
3. Château de Fontainebleau (Seine-et-Marne). L'aile de la Belle Cheminée bâtie par Primatice. Gravure de Du Cerceau (Les plus excellents bâtiments de France).
4. Château de Kerjean à Saint-Vougay (Finistère). Lithographie d'après A. Mayer.
5. Château de Sully (Saône-et-Loire). Façade de l'aile d'entrée sur la cour.

d'appareil, avec les refends, les bossages, fourniront des motifs qui soulignent chaînages et montants des baies; de façon générale, c'est sur le portail que se limite la superposition triomphale des ordres d'architecture.

Une mise au goût du jour va aussi caractériser d'anciens châteaux simplement modifiés pendant cette période, et ils sont nombreux. Les dangers du temps imposent d'abord de telles rénovations : de Lanquais en Périgord à Joigny en Auxerrois, au Pailly et à Sully en Bourgogne, deux réalisations de Gaspard de Saulx-Tavannes, tous adoptent la formule des gros pavillons, héritiers emblématiques des anciens donjons. Mais la recherche du prestige est aussi pressante, les plus spectaculaires particularités seront adoptées par bien des gentilhommières, la preuve en est fournie par le recours quasi général aux appareils diversifiés et aux bossages.

Un autre exemple illustrera la diffusion d'une solution nouvelle. Les tours d'angle peuvent, en certains cas, affirmer leur rôle militaire en prenant une forme losangée : cette solution, issue des bastions de Peruzzi ou de Serlio, a connu un succès que les circonstances ne suffisent pas à expliquer. Blaise de Monluc a conçu de véritables bastions à Estillac (Lot-et-Garonne) comme déjà, avant lui, Claude d'Urfé à La Bastie en Forez (Loire). Autour de Toulouse, cette formule commode a retenu la préférence des bâtisseurs; outre le château de Ferrals (Aude), de nombreux manoirs bastionnés sont visibles sur le Terrefort toulousain, en Lauragais, et sur les premiers coteaux de Gascogne : La Réole (Haute-Garonne) et Lacroix-Falgarde en fournissent les prototypes, signés de la main d'un architecte et ingénieur du roi. Tous utilisent la forme bastionnée mais les pavillons conservent le caractère de véritables tours, si indispensables à l'allure noble du château.

A regarder les façades de ces châteaux où l'agrément semble l'emporter sur les impératifs de la protection, on serait tenté d'en conclure que leur défense était impossible, et l'appareil militaire réduit au décor. En réalité, il n'en est rien : les tours rectangulaires, et plus encore les tours losangées, assurent un flanquement parfaitement efficace : les larges fossés sont pris en enfilade sous le feu des meurtrières ménagées à la base des tours. Il n'est pas rare de rencontrer au niveau des cuisines, installées en sous-sol, de véritables casemates de tir pour des armes de rempart. Ainsi, les abords des châteaux se trouvent battus par un nombre important de bouches à feu. Enfin, aux étages, les fenêtres jouent un rôle analogue puisque des embrasures sont ménagées dans l'allège de chaque ouverture. Veut-on une preuve de cette valeur défensive adaptée aux menaces de coups de main ou même de siège en règle? Paul Roudié a rappelé récemment que le château de Laforce en Dordogne a pu résister victorieusement à un siège royal, en 1621, sans doute supérieur en qualité militaire aux escarmouches du XVIe siècle.

Ainsi le nombre important des constructions neuves et des transformations de châteaux aux dimensions moyennes doit retenir l'attention : on y trouve toutes les orientations nouvelles de l'architecture domestique. Sans doute Du Cerceau n'était pas l'inventeur des formules popularisées par ses gravures, mais il a su répondre à un besoin précis du moment, et l'on ne saurait trop insister sur son mérite. L'éventail si nuancé des modèles proposés et des solutions retenues incite à souligner un autre trait : la hiérarchie observée dans les gravures devrait en dire long sur les cloisonnements sociaux et la complexité d'une société en mutation. Ne serait-ce pas le visage architectural de la France du XVIIe siècle que l'on doit déjà discerner dans ces réalisations des années 1560-1590?

Exemples de châteaux médiévaux renforcés à l'époque classique. Dessins de Robert Bornecque.

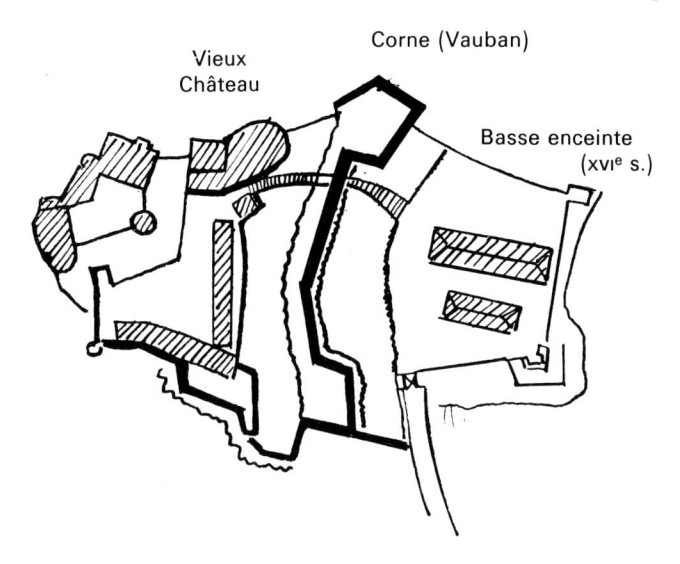

Château de Joux (Doubs)
- Vieux Château
- Corne (Vauban)
- Basse enceinte (XVIᵉ s.)

Guillaumes (Var)
- Vieux Château
- Corne

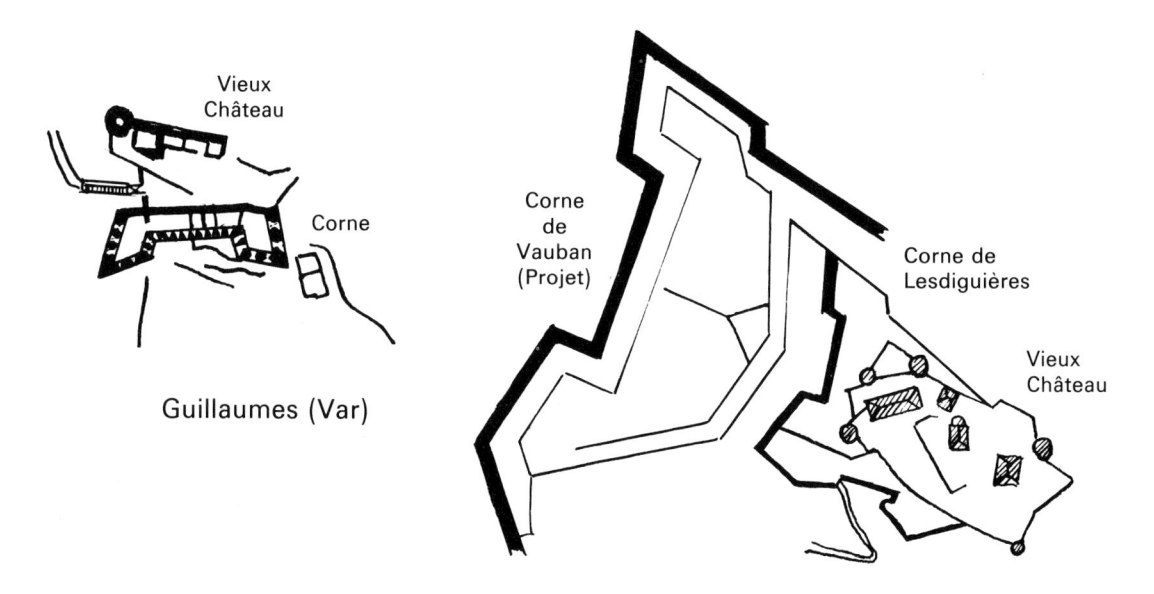

Briançon (Hautes-Alpes)
- Corne de Vauban (Projet)
- Corne de Lesdiguières
- Vieux Château

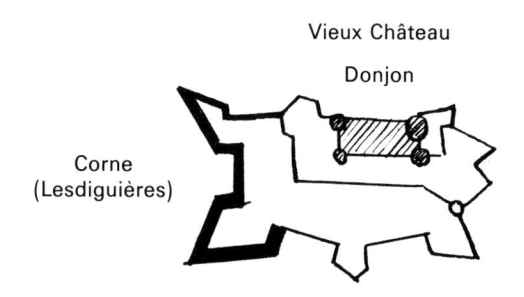

Exilles (Dauphiné) (Aujourd'hui : Piémont)
- Vieux Château
- Donjon
- Corne (Lesdiguières)

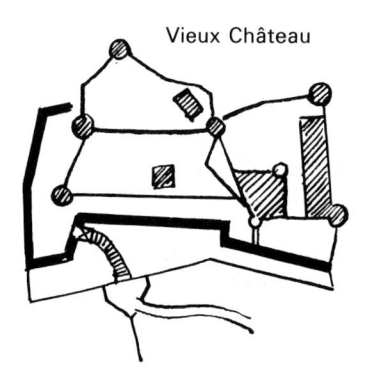

Queyras (Hautes-Alpes)
- Vieux Château
- Corne ou Fausse-braie (Vauban)

Du château fort à la forteresse
XVIᵉ-XVIIIᵉ siècle

Robert Bornecque

Durant tout le Moyen Âge, le château s'est défini avant tout comme un édifice fortifié dont le rôle militaire était primordial, sinon exclusif. La tendance au luxe et au confort qui se fait jour dès le XIVᵉ siècle et surtout au XVᵉ n'élimine jamais la fonction défensive, même si elle l'amoindrit. L'apparition de l'artillerie à feu dans la première moitié du XIVᵉ siècle, sans entraîner de conséquences décisives immédiates, amorce une évolution qui aboutira finalement à la distinction absolue entre le château de plaisance, entièrement conçu pour l'agrément, et le fort ou la citadelle, uniquement calculés pour donner la meilleure défense. Cette transformation sera lente et ne s'achèvera vraiment qu'au XVIIᵉ siècle. Nous observerons que les enceintes urbaines furent en même temps que les châteaux un vaste champ d'expérience pour la fortification et que la plupart des perfectionnements évoqués ici ont été également pratiqués pour améliorer la défense des villes, mais leur étude n'entre pas dans le domaine de cet ouvrage.

Entre le milieu du XIVᵉ et le milieu du XVᵉ siècle, la faiblesse de la nouvelle artillerie n'avait pas nécessité de changement sensible, ni dans la poliorcétique ni dans l'architecture militaire. Des pièces relativement plus maniables, d'un emploi plus sûr et d'une plus grande capacité de destruction, grâce notamment à des boulets de fer dotés d'une vitesse initiale plus grande, imposèrent, surtout à partir des années 1450, des modifications dans la conception des nouveaux bâtiments et des aménagements pour les châteaux plus anciens dont on voulait conserver l'efficacité. Il s'agissait de répondre à une double exigence dont tout devait découler : utiliser l'artillerie à feu contre l'assiégeant et résister à la sienne.

I. Les châteaux forts au XVIᵉ siècle

Utiliser l'artillerie

Le XVIᵉ siècle allait continuer sans rupture à apporter des perfectionnements, puis des nouveautés capitales à l'ancien dispositif des châteaux forts. Pour pouvoir tirer des coups de canon depuis un château, il fallait d'abord aménager des embrasures aux formes adaptées, la plus fréquente ayant une section rectangulaire présentée en largeur, s'évasant vers l'extérieur et diaphragmée en son milieu par une dalle percée d'une ouverture circulaire du diamètre du tube, surmontée d'une mire ou fente de visée verticale. L'amplitude du champ de tir étant très limitée, l'orientation des embrasures devait être étudiée avec soin ; le petit château de Verdelles (Sarthe), construit entre 1490 et 1494, donne peut-être le premier exemple de plans de feux flanquants et croisés, disposés de façon à supprimer les angles morts. Le maniement des pièces, leur recul ne s'accommodaient guère d'un simple chemin de ronde : pour utiliser les courtines, il fallait les terrasser, afin d'obtenir un terre-plein suffisant derrière les embrasures. Les tours se prêtaient mieux à l'emploi des canons, soit dans leurs étages voûtés, soit sur leur sommet en terrasse. Plus le diamètre en était considérable et plus on pouvait y mettre de pièces en batterie.

Les Italiens utilisèrent volontiers au XVIᵉ siècle des *torrioni*, énormes cylindres à plusieurs étages d'embrasures, véritables tours à canons ajoutées à la défense de châteaux plus anciens. Dürer les conseille également et la France conserve quelques exemples de ces *rondelles* aux châteaux de Sedan (milieu du XVᵉ siècle), de Fougères, de Nantes (1480-1490), de Saint-Malo, de Joux (sur ordre de Charles Quint). On employa aussi des tours à canons de format plus modeste, comme celles dont fut doté le château de Tournon (Ardèche).

On s'aperçut très vite aussi que le tir plongeant était le moins efficace. L'ère du flanquement par le haut s'achevait. On utilisa de préférence les salles basses des tours. La difficulté d'évacuer la fumée de ces casemates explique l'usage prolongé des terrasses sur les tours dont on avait réduit la hauteur. La tour Gabriel au Mont-Saint-Michel est à la fois d'un diamètre supérieur à la moyenne et d'une élévation limitée. Les canons de sa terrasse tirent par des créneaux ouverts dans le large parapet, tandis que deux étages d'embrasures desservent les casemates (aménagement vers 1534). Une autre solution, vite imaginée et souvent adoptée, consistait à placer l'artillerie en avant de l'enceinte du château, soit au pied même des murs — *fausse braie* —, soit au-delà des fossés éventuellement dédoublés — *boulevard*. Fausses braies ou boulevards répondaient d'ailleurs aussi à la seconde préoccupation des architectes militaires, qui était de résister le mieux possible aux batteries de l'assiégeant.

Résister à l'artillerie

On s'aperçut vite en effet que l'épaisseur des murs ne pouvait guère mettre à l'abri de la brèche. Si l'on utilise parfois des maçonneries formidables (11 mètres d'épaisseur au Fort de Ham en 1475) cela n'est ni nouveau (10 mètres à Coucy au XIIᵉ siècle), ni bien efficace, ni général (de nombreux murs du XVIᵉ siècle n'excèdent pas

En haut, château d'Écouen (Val-d'Oise). Plan du château. Gravure de Du Cerceau (Les plus excellents bâtiments de France).
Au centre, forteresse de Saint-Malo (Ille-et-Vilaine). Gravure de Cl. Chastillon.
En bas, Mont Saint-Michel (Manche). Tour Gabriel.

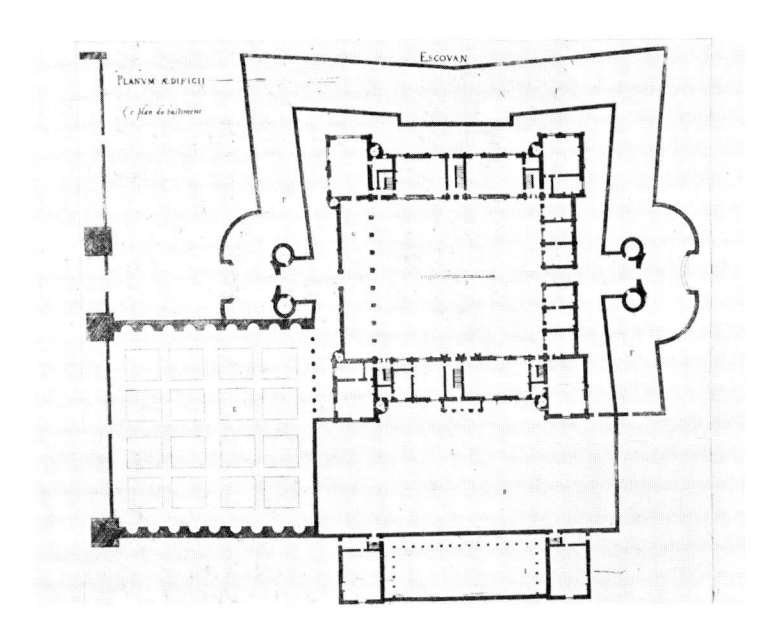

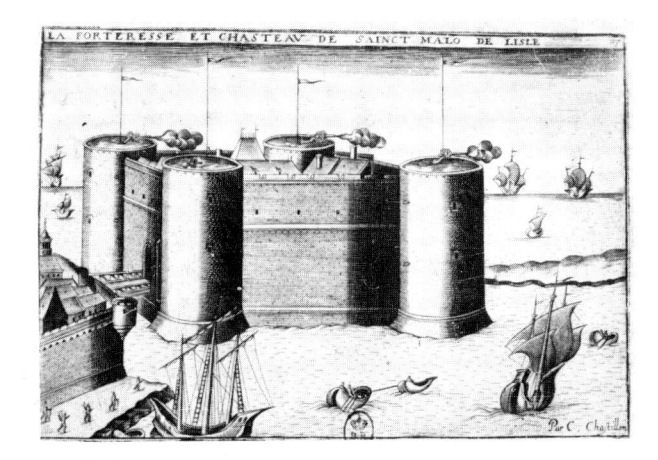

2 mètres). Mieux valait abaisser les tours et les courtines et les terrasser pour les rendre moins vulnérables, ce qui rejoignait aussi les exigences d'un bon emploi de l'artillerie de défense. Toutefois, la crainte de l'escalade, mode d'assaut très usité encore au XVIe siècle, le souci de dominer, le poids des habitudes aussi firent conserver ou même construire des tours élevées dotées d'un fragile couronnement de mâchicoulis. Le symbole seigneurial que finissaient par représenter ces derniers, leur attrait décoratif leur valurent un long attachement de la part des constructeurs, par exemple à Châteaubriant, à Dampierre-sur-Boutonne (Charente-Maritime), à Monbazillac, à Gordes (Vaucluse), etc.

On chercha aussi à présenter aux boulets des surfaces obliques destinées à les faire ricocher. Pour ce faire, on construisit comme au Moyen Âge des tours à bec. Ce dispositif fut développé de façon spectaculaire dans deux cas au XVIe siècle. A Saint-Malo, Philibert de L'Orme dirigea selon toute vraisemblance la construction d'un dièdre monumental en avant d'une tour du château : sa forme lui valut le surnom de *la Galère*. On retrouve le même bouclier au château de Portes (Gard), par ailleurs bien faible; sa construction remonte sans doute à la seconde moitié du XVIe siècle.

La véritable solution consistait à éloigner le plus possible l'artillerie adverse, en entourant le château de défenses annexes largement étalées, qui pourraient servir également, nous l'avons dit, à la mise en batterie des canons de la défense. En donnant aux anciennes barbacanes plus d'ampleur, en les terrassant et en ouvrant dans leur parapet des embrasures d'artillerie, on faisait de ces pièces de véritables bastions, comme à Bonaguil (début du XVIe siècle) ou à Présilly (Jura, XVIe siècle). La forme pentagonale adoptée dans le second cas paraît plus évoluée, mais l'ouvrage reste isolé et ne couvre que la porte. Tantôt on multiplie ces *bastions* séparés (Vaujours, Indre-et-Loire), tantôt on les allonge pour ceinturer tout un côté (Picquigny, Somme) et ils deviennent des boulevards. Comme exemples de « dehors » terrassés réalisés à la fin du XVe ou au XVIe siècle on peut citer Le Plessis-Bourré (Maine-et-Loire), Clisson (Loire-Atlantique), Goulaine (Loire-Atlantique), Bonaguil (Lot-et-Garonne), La Haute-Guerche (Maine-et-Loire), Lassay (Mayenne), Picquigny, Présilly (Jura), Ranrouët (Loire-Atlantique), Schoeneck (Moselle), Vaujours, etc. Les flanquement sont de plus en plus soigneusement étudiés, obtenus notamment par des tirs qui balaient les fossés à partir de tours basses d'assez petit format, les *moineaux*, ainsi à Bridoré (Indre-et-Loire), Écouen, Lagarde (Ariège). La nécessité apparaîtra bientôt de défendre chaque élément par les tirs flanquants de ses voisins. Les ingénieurs seront alors conduits à abandonner la forme ronde, génératrice d'angles morts, pour adopter des tracés à saillants triangulaires qui deviendront la règle de la fortification bastionnée.

Dans ce domaine, les ingénieurs italiens acquièrent une avance considérable qui s'explique par les innombrables guerres de ville à ville, jalonnées par toutes sortes de sièges, dont leur pays est déchiré. Il est d'usage d'attribuer à Sanmicheli la création du premier bastion moderne en 1527, à Vérone. Viollet-le-Duc, il est vrai, donne d'après un plan de Troyes antérieur à 1530 le dessin d'un bastion à orillon remarquablement conçu. Ce sont pourtant bien des Italiens à qui François Ier et ses successeurs jusqu'à Henri IV confieront tous leurs travaux de fortification, et qui publieront des ouvrages théoriques sur l'architecture militaire. Citons au moins les noms de Maggi et Castriotto, particulièrement actifs et connus en France.

Sans prétendre dresser une liste exhaustive, il convient de donner quelques exemples d'améliorations défensives apportées au cours du XVIe siècle à des châteaux plus anciens, pour aborder ensuite la question de ceux qui furent entièrement construits au cours de cette même période. Une constatation très naturelle s'impose : c'est après 1560 que des travaux de caractère militaire ont surtout été réalisés en France. On estimait, dans la période troublée traversée alors par notre pays, que des châteaux rapidement réaménagés pouvaient encore permettre une bonne résistance à des attaques pas trop appuyées.

Châteaux renforcés

La transformation du château de Rochechinard (Drôme), intervenue sans doute au milieu du XVIe siècle, est modeste car il s'agit d'un fort de montagne érigé sur une lame rocheuse, vulnérable seulement par son extrémité occidentale. De ce côté, en arrière d'un fossé qui coupe l'isthme rocheux, on dressa un bouclier de maçonnerie au tracé polygonal qui évoque celui d'un petit bastion tout en conservant l'élévation d'une tour. Aucune fenêtre ne s'y ouvre, mais de nombreuses embrasures en serrure pour des armes à feu portatives s'échelonnent du haut en bas pour mieux tenter de neutraliser les installations de batteries de siège sur la pente rapide qui fait face. Une bretèche sur corbeaux, une petite terrasse crénelée complètent les possibilités de défense active. La masse de l'édifice offre une très grande résistance grâce à des murs épais de plus de deux mètres, au tracé semi-circulaire de l'espace intérieur voûté et surmonté d'une grande épaisseur de maçonnerie (au moins 5 mètres), disposée sur un versant en long plan incliné et dallé. La difficulté d'acheminer une pesante artillerie de siège réduit la puissance de feu de l'attaque et, du même coup, les châteaux forts de montagne, même peu modernisés, garderont longtemps une capacité de résistance qui échappera vite à leurs homologues de plaine, sauf exécution de travaux de grande ampleur.

Le château de Lagarde (Ariège), construit au XIVe siècle, fut doté de nouveaux bâtiments en 1526. C'est à ce moment peut-être, mais probablement un peu plus tard, qu'on améliora ses défenses en creusant en avant d'une plate-forme qui dessine une fausse braie autour du château, un fossé sec de 15 mètres de large dont l'escarpe et la contrescarpe sont maçonnées. Des batteries placées sur la fausse braie pouvaient balayer les approches du château, situé en pays plat, tandis que la défense des fossés est remarquablement assurée par quatre moineaux postés en saillie sur les angles de la fausse-braie. Cylindres de 8 mètres de diamètre environ, ils sont dotés de deux étages d'embrasures rectangulaires pour armes à feu portatives. Du niveau supérieur on peut battre les glacis, tandis que le rez-de-chaussée enfile seulement les fossés. La construction est encore peu perfectionnée, du fait notamment de l'absence de tout système d'évacuation de la fumée qui eût rendu l'emploi de ces moineaux bien aléatoire.

Il est facile de constater, vers la fin du XVIe siècle, un net progrès dans l'ampleur et le dessin des nouveaux ouvrages destinés à permettre à d'anciens châteaux de faire face à l'artillerie. C'est surtout le tracé qui est remarquable dans le boulevard ajouté au château de Montreuil-sur-Mer (Pas-de-Calais) à un moment indéterminé de la seconde moitié du XVIe siècle. Au nord-ouest, des tours dont on réduisit la hauteur pour les couvrir de terrasses servant à la mise en batterie, deux bastions polygonaux forment un front régulier de fortification classique, du type des *ouvrages à corne*. Le fossé qui les précède dessine un saillant central muni d'un chemin couvert d'une bonne capacité de défense flanquante. Le château de Ranrouët (Loire-Atlantique) émerge peu à peu, grâce à de patients travaux, de l'étouffante végétation qui l'emmurait. Il repose sur un socle rocheux situé au milieu de marécages protecteurs. Un boulevard semi-circulaire de 25 mètres de diamètre, qu'on pourrait aussi bien appeler barbacane, fournit une plate-forme basse de laquelle on pouvait effectuer par des créneaux des tirs rasants. L'état des travaux de dégagement ne

Château de Murol (Puy-de-Dôme). Lithographie d'Engelmann d'après Alaux (1831).

permet pas encore de dire s'il existait des casemates dans la masse du terrassement. Cette pièce de forme encore primitive (puisque semi-circulaire) est complétée par une suite de bastions triangulaires (on en compte douze sur un plan cadastral du début du XIXe siècle) qui forment une couronne autour du château et dont le dégagement permettra sans doute une étude instructive. Il faut probablement rattacher cette série de défenses aux travaux prescrits en Haute-Bretagne par le brillant ambitieux que fut le duc de Mercœur, gouverneur de la province en révolte contre le roi de France.

Vers la même époque, le château d'Angers fut également l'objet de renforcements analogues. Il est difficile de préciser en quoi consistèrent les travaux exécutés en 1562 par l'architecte Jehan de L'Espine sur les plans de Philibert de L'Orme. En revanche, on sait avec certitude que l'ordre de rasement donné en 1587 par Henri III pour éviter que le château ne tombât aux mains de l'ennemi n'aboutit qu'à découronner les tours. En 1592, le gouverneur Donadieu de Puycharic pouvait y établir des terrasses aptes à porter de l'artillerie et faire pratiquer aux étages inférieurs des embrasures carrées pour fauconneaux. Il renforça aussi deux points faibles de la défense par des sortes de bastions triangulaires encadrés de deux tours rondes, postés en avant du fossé, l'un à l'angle est, vers la ville, l'autre à l'angle ouest, vers le pont sur la Maine. C'est un peu plus tôt que Blaise de Monluc avait ajouté, du côté vulnérable de son château d'Estillac (Lot-et-Garonne), deux hauts bastions (ou peut-être trois) pour donner de l'espace à la défense et améliorer l'efficacité de ses tirs d'artillerie. Ces ouvrages ne sont pas terrassés mais garnis de salles voûtées et sont donc plutôt des tours bastionnées.

Les aménagements réalisés au château de Murol (Puy-de-Dôme) sont à la fois plus grandioses et mieux conçus. Non contents de quelques améliorations apportées au corps lui-même de la forteresse (embrasures, échauguettes), les propriétaires, membres de la famille d'Estaing, firent construire à quelque distance une nouvelle enceinte qui commande la pente par une courtine équipée de bastions en amande. Les embrasures d'artillerie et d'armes légères assurent à la fois la

A gauche, exemples d'embrasures d'armes à feu. 1. Rochechinart; 2. Ferrals; 3. Dijon (château); 4. Fleckenstein, 5. Louppy. Dessins de Robert Bornecque.

A droite, exemples de culs-de-lampe d'échauguettes sur les citadelles de Grenoble et Sisteron. Dessins de Robert Bornecque.

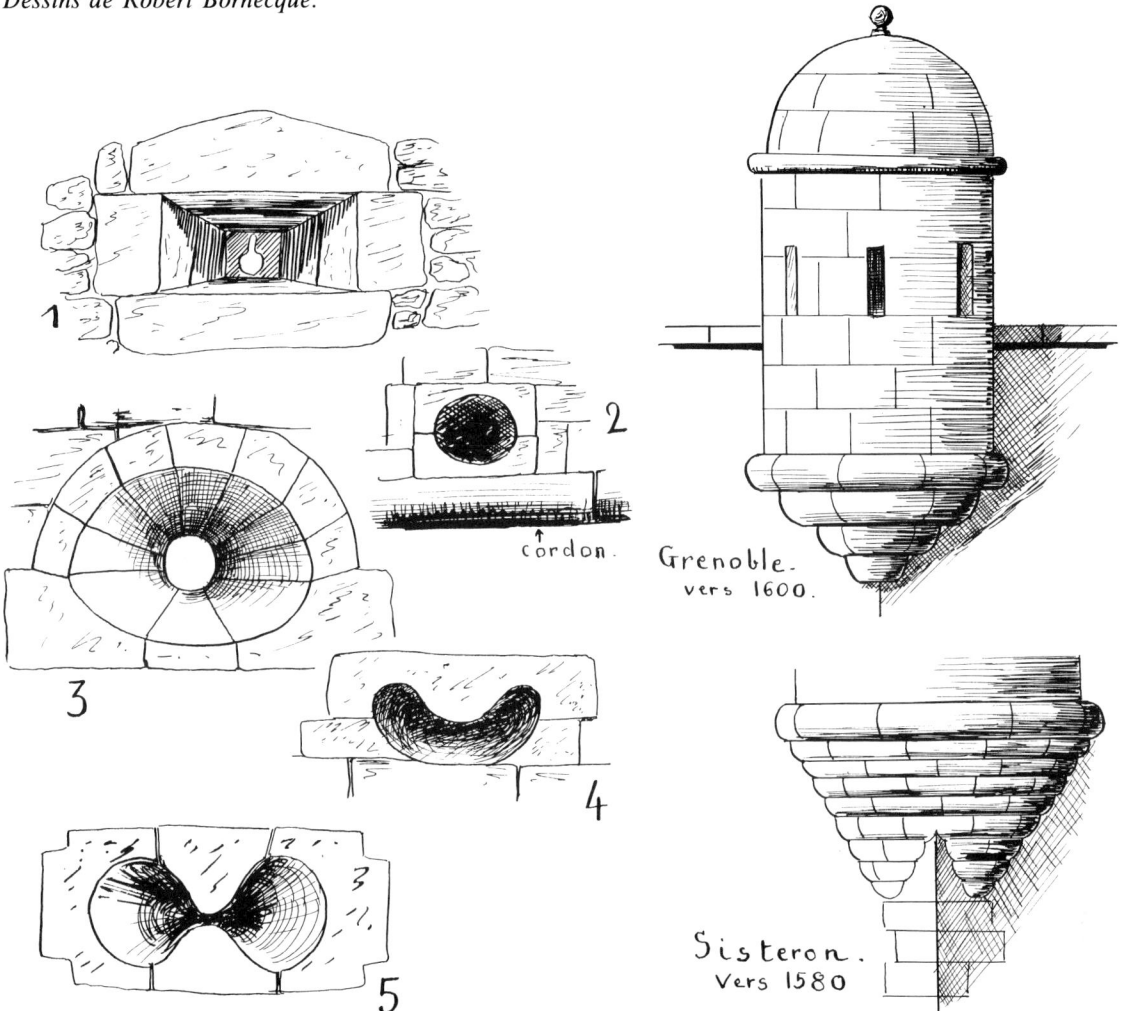

protection à distance par les feux en écharpe des premières et la défense rapprochée réciproque des ouvrages par les tirs flanquants des secondes. Malheureusement la réalisation, dans une maçonnerie très médiocre, ne fut pas digne de la qualité du projet, ce qui tendrait à confirmer que le financement des nouveaux types de fortification, joint à leur armement, atteignait un niveau excessif pour les moyens seigneuriaux.

Dans beaucoup de châteaux du XVIe siècle on utilisa une pièce de fortification qui s'est rarement conservée en raison de sa fragilité : l'*échauguette*. Ces guérites posées en encorbellement sur les saillants des ouvrages servaient non seulement à mieux surveiller le pied des murailles ou la campagne alentour, mais à fournir des postes de combat, comme en témoignent les embrasures pour armes individuelles dont elles sont dotées ou encore la fumée de poudre dont les environnent les peintres ou graveurs qui représentent des sièges. L'ouvrage pentagonal qui couvre la porte du château de La Haute-Guerche (Maine-et-Loire) en porte trois dont le corps cylindrique est en brique et le cul-de-lampe en pierre moulurée, d'un style qui indique nettement le XVIe siècle. Trois baies carrées ouvertes dans chacune de ces tourelles permettent l'observation et le tir. La couverture (restituée) est en charpente, de forme conique. La porte du château de Schoeneck (Moselle) est surmontée d'une bretèche ronde en grès, avec toit conique de même matériau. Il n'y a pas de cul-de-lampe puisque la base est ouverte pour permettre des tirs plongeants. Une embrasure en serrure souligne le rôle défensif de cette échauguette, construite lors des travaux de 1545-1557. Vers la même époque, anciennes et nouvelles défenses du château de Murol sont dotées d'échauguettes rondes, sauf celles qui couronnent les contreforts du mur est, qui sont rectangulaires. On en repère aujourd'hui une quinzaine dont le culot au moins a survécu. Celui qui s'accroche à la casemate nord est orné d'une fine mouluration antiquisante qui souligne les préoccupations décoratives. Le magnifique éperon du château de Portes (Gard) est surmonté d'une échauguette cylindrique dont seul le cul-de-lampe est resté intact. Constitué d'une série de boudins circulaires inscrits dans un cône renversé, il correspond parfaitement au type en usage dans le dernier quart du XVIe siècle, que l'on retrouve à un grand nombre d'exemplaires dans la citadelle de Sisteron (Alpes-de-Haute-Provence) ou dans les travaux ordonnés par Lesdiguières à Grenoble à partir de 1590. Malgré sa fragilité apparente, l'échauguette sera constamment utilisée par Vauban et ses successeurs, mais selon un plan pentagonal à culot largement mouluré.

Nouveaux châteaux

Quels enseignements peut-on tirer de l'examen des châteaux entièrement construits au XVIe siècle, pour lesquels propriétaires et architectes avaient liberté d'initiative? On constate que la recherche d'une résidence d'agrément, objectif très net déjà au siècle précédent, l'emporte maintenant sur toute autre considération. Or le charme d'un séjour est le plus souvent inversement proportionnel aux précautions militaires qu'impose un programme défensif; ouvertures sur l'extérieur, recherche de la lumière, fin décor s'accordent mal avec la résistance à l'artillerie ou même à une attaque surprise.

Contre cette dernière menace, que pourrait exercer une troupe de brigands ou d'aventuriers, évidemment démunis d'artillerie, les châteaux du XVIe siècle ne sont cependant pas sans recours. La plupart continuent à s'entourer d'eau, soit en s'installant au milieu d'une rivière (Chenonceaux, Azay-le-Rideau), soit en s'enveloppant de fossés. Ceux de Chambord comblés au XVIIIe siècle, étaient bordés d'une fausse braie en arrière de l'escarpe. Pleins d'eau ou secs, ces fossés n'étaient franchis que par un nombre limité de passages surveillés (ponts-levis), faciles à interdire (Saint-Germain-en-Laye, Ancy-le-Franc, Anet, le Louvre, les Tuileries, La Tour-d'Aigues, etc.). Le pont d'entrée d'Écouen, en avant du fameux portique disparu, était défendu par deux moineaux. Nantouillet disposait d'une véritable enceinte flanquée de tours. Un peu partout on aperçoit des embrasures pour armes à feu légères qui ne sont pas seulement décoratives. Certaines ont pu être pratiquées après la construction, quand le besoin s'en fit sentir. Nous avons vu qu'il ne faut au contraire pas accorder de valeur militaire sérieuse aux mâchicoulis, chemins de ronde et créneaux, qui survivent longtemps pour des raisons de prestige et de pittoresque.

Mais si le danger devenait plus sérieux, les quelques précautions ménagées en vue d'une surprise s'avéraient inefficaces. On le vit bien durant les guerres de Religion, lorsque le roi et son entourage quittèrent ces demeures trop exposées pour se mettre à l'abri des murailles plus solides et mieux gardées de forteresses plus anciennes comme Amboise, Saint-Germain-en-Laye (rebâti en conservant la plupart des défenses du temps de Charles V) et mieux encore Vincennes. Plusieurs seigneurs essayèrent pour leur part d'associer l'agrément du séjour avec une défense point trop dérisoire. Certains châteaux de la seconde partie du siècle conservent des traits bien archaïques. Le château de Couiza (Aude), construit vers 1540-1550, est encore encadré de quatre tours rondes et sa façade nord porte un mâchicoulis, comme les tours du château de Monbazillac (Dordogne), son contemporain, ou celles de Coussay (Vienne). Malgré les grilles des fenêtres et les canonnières multipliées à différents niveaux, le château de Couiza sera pris par les protestants en janvier 1577. Commencé également vers 1540, continué jusqu'en 1570 avec une intention défensive imposée par les circonstances, le château de L'Écoublère en Daon (Mayenne) se contente d'un large fossé plein d'eau, d'un châtelet d'entrée à deux tours rondes et de bâtiments flanqués de quelques autres tours.

La seconde moitié du XVIe siècle offre aussi plusieurs exemples intéressants de châteaux résidentiels dont les parties défensives ont été exécutées selon des tracés plus modernes. En Tonnerrois, le château de Maulne (Yonne) affecte un plan régulier à cinq tours d'angle en forme de bastions losangés qui ne laisse pas de surprendre. On évoque les dessins de Peruzzi, de Serlio, ou encore l'écrasant palais de Caprarola. Les tours bastionnées fournissent des possibilités de feu, notamment par les embrasures ouvertes dans leurs flancs et dont les tirs se croisent devant les courtines. D'autres embrasures rondes percent les faces de certaines tours. Mais la défense la plus sérieuse s'effectuait depuis une enceinte terrassée rectangulaire, entourée de fossés et dotée de quatre bastions d'angle et de deux bastions au milieu des longs côtés. On notera aussi que le château se situait au centre d'un vaste espace creusé, muni d'une contrescarpe revêtue et formant, derrière la première enceinte, une seconde coupure, franchie par un pont-levis. L'élévation du château se trouvait d'autant mieux masquée dans toute sa partie basse.

Le château de Caumont (Gers) affecte un plan rectangulaire enserrant sur trois côtés une cour intérieure. Les tours ont la forme de bastions en losange dont les flancs sont perpendiculaires aux courtines. Comme dans les autres exemples, l'évocation du bastion est plus sensible en plan qu'en élévation, en raison de la hauteur des tours. Des embrasures d'armes à feu, un fossé confirment la volonté défensive, tandis que les larges et

Château de Ferrals (Aude). Plan du dispositif de défense. Dessin de Robert Bornecque.

nombreuses ouvertures en fixent bien les limites : résister à un coup de main de partisans, non à un siège pourvu d'artillerie. Le château de Ferrals (Aude) fut commencé en 1564, mais il est resté inachevé (les parties hautes n'ont pas été construites). Il semble avoir été prévu comme un bâtiment carré flanqué de quatre tours en forme de bastions, puis complété, par un repentir intervenu en cours de travaux, d'une esplanade qui s'achève vers le sud par un nouveau front encadré de tours bastionnées. Un fossé large de 10 à 15 mètres et profond de 8 à 12 l'entoure, franchi par deux ponts dormants et levis, au nord et au sud. L'accès principal (au sud) longe le fossé pour tourner à angle droit à la gorge d'un bastion à orillons qui couvre l'entrée. La porte qui traverse la première courtine est flanquée de deux tourelles rondes en encorbellement, échauguettes ou plutôt moineaux. La présence d'un cordon au sommet du soubassement talué, le chaînage en bossage des angles saillants donnent à cette fortification une allure déjà très évoluée. Des embrasures de divers calibres montrent que l'on prévoyait l'emploi de canons et pas seulement d'armes portatives. Ferrals se présente comme un édifice beaucoup mieux conçu et efficace que Caumont, tout en renonçant à l'espoir de tenir devant une armée équipée d'artillerie. Seuls, quelques grands châteaux forts royaux pouvaient prétendre réaliser un tel exploit, en laissant du même coup de côté tout agrément résidentiel !

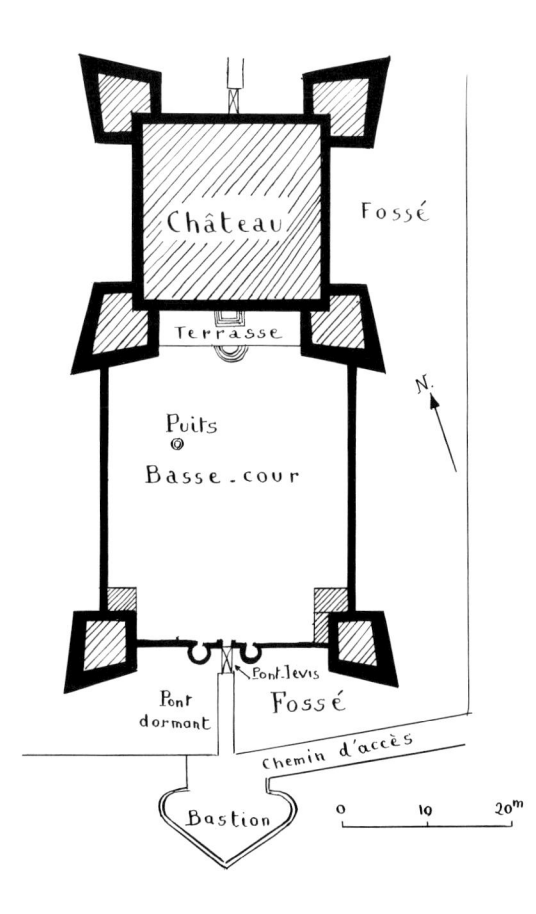

Le château de Dijon, malheureusement détruit à la fin du XIXe siècle, est l'un de ces forts de grande puissance. Construit de 1477 à 1513, sur les ordres de Louis XI, après la réunion de la Bourgogne au royaume, il se présentait d'une façon traditionnelle avec un haut donjon carré et une enceinte flanquée de quatre tours. Celles-ci, bâties au début du XVIe siècle, abritaient dans leur base trois étages de batteries casematées dont les chambres de tir bien aérées et qui pouvaient s'isoler de la casemate étaient en grand progrès sur celles du château de Ham (Somme). Sous les quatre étages d'embrasures des courtines régnaient deux galeries voûtées superposées, destinées à l'écoute et à la défense du fossé sec. Les deux côtés accessibles, vers la campagne et vers la ville, étaient couverts par une barbacane, la première atteignant 40 mètres de long. Des casemates, des embrasures dans le parapet et des banquettes pour tirer *en barbette* fournissaient trois étages de feux. On imagine la capacité de défense de cette forteresse comme la résistance de ses murs épais de 9 mètres, mais aussi les moyens financiers qu'exigeaient non seulement sa construction, mais la mise sur pied de son artillerie et l'entretien de sa garnison. On peut également placer dans la même série le château de Saint-Malo, encadré de quatre tours et mis en état au début du XVIe siècle, ainsi que celui du Taureau, à Morlaix.

En 1520, François Ier pour protéger le port de Marseille fit élever un château sur l'îlot d'If. Là encore les formes sont traditionnelles, mais les puissantes tours à canons qui flanquent le carré central sont de beaux exemples des *rondelles* pratiquées au même moment par les Italiens et les Allemands. A la fin du XVIe siècle, le système fut renforcé par une enceinte bastionnée entourant complètement l'île.

Le territoire français possède encore deux châteaux qui furent construits ou renforcés par les rois d'Espagne : Salses et Collioure. Le premier, édifié entre 1497 et 1510 environ (et modifié au XVIIe siècle), rappelle en plus puissant encore le plan du château de Dijon. Un donjon, plus élevé à l'origine, chevauche l'enceinte orientale tandis que trois barbacanes, qui sont en fait déjà des demi-lunes tracées en fer à cheval,

Tanlay (Yonne). Le châtelet d'entrée précédé d'un front bastionné et d'un pont-levis. Gravure d'Israël Silvestre.

couvrent les côtés les plus menacés et non plus seulement les portes. L'énorme épaisseur des courtines, le profil arrondi du parapet — pour faire ricocher les boulets — et le nombre des embrasures sont autant de dispositions prises en fonction de l'artillerie. Même lorsque le donjon et les tours d'angle avaient toute leur hauteur, et malgré l'aspect hérissé que donnaient aux superstructures les nombreuses tourelles en encorbellement de caractère très espagnol, le château de Salses était largement enterré et en mesure de résister et de riposter à un siège appuyé d'artillerie. On y avait en outre pratiqué à l'avance des galeries de contremine dont le fonctionnement efficace contre les Français, lors du siège de 1503, est un des tout premiers exemples de ce redoutable moyen défensif.

Il existait déjà un château à Collioure, mais Ferdinand le Catholique le fit renforcer de 1503 à 1510, sans doute par l'ingénieur qui construisait Salses, d'une enceinte au parapet arrondi, flanquée de tours rondes ou bastionnées. A partir de 1554, Charles Quint, puis Philippe II firent améliorer le dispositif en enveloppant par des bastions d'anciennes tours et en construisant des casernes : les châteaux royaux, en effet, deviennent de plus en plus des points d'appui qui doivent pouvoir fournir effectifs, vivres et munitions pour les campagnes projetées.

Ces quelques exemples indiquent clairement que dans la première moitié du XVIe siècle on peut encore confier la défense d'une région à des forteresses qui conservent, en les adaptant quelque peu, les éléments fondamentaux des châteaux forts traditionnels. Mais l'avenir appartient tout de même à la fortification bastionnée, seule réponse valable à l'artillerie. Les constructions royales l'adoptent rapidement, elles aussi, dans la seconde moitié du XVIe siècle. Le fort Carré d'Antibes, si souvent, et bien à tort, attribué à Vauban, est de ce point de vue un exemple très instructif. Entre 1550 et 1553 se place la construction de la tour Saint-Laurent sur la colline qui ferme le port au nord. Il s'agit d'une belle tour à canons, une *rondelle* de 32 mètres diamètre hors œuvre, avec des murs de 4,50 mètres d'épaisseur. Elle croise ses feux avec deux autres tours. Les angles morts engendrés par la forme ronde conduisirent à entourer le cylindre initial de quatre bastions pointus, construits entre 1575 et 1585. Le tracé étoilé fournit d'excellents flanquements, bien que l'angle aigu de l'étrave des bastions ait été vite jugé fragile. L'attribution si fréquente à Vauban montre bien que, malgré des nuances perceptibles au spécialiste, le château fort a ici, dès la fin du XVIe siècle, cédé la place à la citadelle classique.

II. XVIIe et XVIIIe siècle

La séparation entre forteresse et résidence seigneuriale est devenue totale à l'époque classique. Il convient pourtant de formuler à ce sujet quelques remarques. Jusqu'au milieu du XVIIe siècle bien des châteaux de plaisance, d'où semble exclu tout souci militaire, sont soigneusement entourés de douves dont le rôle décoratif de miroir d'eau encadré de balustrades se change soudain en une protection contre la tentative inopinée d'une bande de brigands ou de partisans (sous la Fronde); les ponts qui franchissent ces fossés peuvent toujours être assez facilement interdits. A Tanlay (Yonne), le *petit château*

(1610), précédé d'un pont-levis, conserve une finalité défensive évidente. Les fossés et les soubassements puissants des châteaux de Rosny (Yvelines), de Balleroy (Calvados), du Versailles de Louis XIII, de Maisons (Yvelines), de Vaux-le-Vicomte (Seine-et-Marne) même, pouvaient à l'occasion être encore utiles. Le château de Lagarde (Ariège) donne même un exemple rare de fortification complémentaire apportée à un château résidentiel en 1648 sous forme d'un rempart terrassé flanqué de quatre bastions qui enveloppe les bâtiments et défenses antérieurs. François de Montvallat obtient en 1627 du seigneur de Chaudesaigues l'autorisation de « rebâtir son château avec telles fortifications qu'il jugerait convenables » (château de Montvallat, Cantal).

Même les châteaux médiévaux, modernisés ou non, encore nombreux et habités, étaient en mesure de fournir des moyens efficaces de défense et nombre d'entre eux soutinrent des sièges au XVIIe siècle : La Réole (Gironde), Collioure (Pyrénées-Orientales), Puylaurens (Tarn), Quéribus (Pyrénées-Orientales), Schoeneck (Moselle), Ray-sur-Saône (Haute-Savoie), etc. Ce n'est pas sans motif que Richelieu ordonna le démantèlement des châteaux forts ! En 1793 encore, on en fit autant par prudence au château de La Hunaudaye (Côtes-du-Nord). Mais si l'on construisit parfois selon les formules anciennes — Kergroadès (Finistère) en 1613, Kergournadéac'h (Finistère) en 1680 — c'est en Bretagne, province isolée à la brillante tradition militaire, et surtout pour réutiliser des fondations qui imposaient un plan, sinon une élévation, de type médiéval.

En fait, la véritable architecture militaire est désormais tout entière aux mains du roi ou de ses représentants. Or, même pour la défense de l'État, les possibilités des anciens châteaux ne sont pas négligées. Mais pour les mettre en mesure de repousser des sièges appuyés par l'artillerie, on continue dans la voie explorée au XVIe siècle et l'on dote les anciennes défenses d'une enceinte bastionnée dont le tracé et l'étendue dépendent du terrain, des moyens et du temps dont on dispose. Les exemples abondent. Entre 1589 et 1621, Duplessis-Mornay, gouverneur du château de Saumur, fit établir par l'ingénieur italien Bartoloméo une suite continue de bastions et de redans dessinant un ovale irrégulier dont la forteresse occupait l'une des extrémités. L'entrée se fait par l'ouest, dans un front régulier encadré de deux bastions à orillons rectangulaires, précédé d'une demi-lune qui sert de relais central aux ponts qui franchissent le fossé. Avec des proportions encore mesquines, c'est le tracé qui deviendra la règle. Cette fortification nous offre aussi des exemples d'un ouvrage fréquemment utilisé dès le début du XVIe siècle, le *cavalier*. Il s'agit d'un terrassement aux parapets généralement dotés d'embrasures, comme c'est ici le cas, et qui permet de prendre sur la campagne un commandement précieux pour foudroyer l'ennemi avant qu'il ne s'approche trop des glacis. Le château de Sisteron fut également transformé en citadelle, probablement dans les deux dernières décennies du XVIe siècle. Une tradition (vraisemblable) attribue des travaux à Errard de Bar-le-Duc, au début du XVIIe siècle. L'adaptation, facilitée par le relief abrupt, a enveloppé d'enceintes bastionnées le château primitif.

Lesdiguières, au cours de ses nombreuses campagnes alpines, fit aménager nombre d'anciens châteaux forts que leur position sur des hauteurs escarpées ne mettait pas totalement à l'abri de l'artillerie. Le procédé le plus régulièrement employé consiste à couvrir le côté le plus exposé par un ouvrage à corne précédé d'un fossé et d'un glacis. Ce nouveau front, situé en contrebas, fournit des tirs beaucoup plus rasants que le château lui-même. Ainsi fut fait en Dauphiné aux châteaux d'Exilles (actuellement en Piémont) ou de Briançon (Hautes-Alpes). Quand il fallait créer de toute pièce un point fortifié, on lui donnait désormais une enceinte bastionnée, à l'intérieur de laquelle s'élevaient les bâtiments nécessaires à la garnison : casernes, hangars, magasins à poudre, etc. La citadelle de Puymore (Gap, Hautes-Alpes), disparue, le fort Barraux (Isère), conservé, nous présentent ainsi le nouvel avatar du château fort, selon l'évolution amorcée depuis un siècle.

Mais l'ancien château survit encore parfois. Vauban lui-même n'en demandera pas toujours la destruction en vue de son remplacement, et se contentera d'y proposer des aménagements. Tel fut le cas à Salses, dont on diminua surtout les fragiles superstructures, à Collioure, à Perpignan où l'ancien noyau médiéval fut enveloppé de bastions, fossés et glacis. Vauban fait aussi volontiers usage de l'ouvrage à corne pour couvrir les vieux bâtiments et accroître leur puissance de feu. Il en demanda sans succès de nouveaux à Exilles ou à Briançon, mais put en faire construire aux forts de Château-Queyras (Hautes-Alpes), de Guillaumes (Var) et de Joux (Doubs). La minceur relative des murs et le manque d'embrasures efficaces le souciaient : ses devis prévoient l'épaississement des courtines et des tours. A Seyne-les-Alpes (Alpes-de-Haute-Provence), les ingénieurs, avec l'accord de Vauban, conservent la tour isolée du XIVe siècle, qui occupe une bosse

Ci-contre, Château-Queyras (Hautes-Alpes). Élévation de l'ouvrage à corne en avant du château delphinal, d'après un dessin de 1705 (Dépôt général des fortifications, Vincennes).
En bas, Fort-Barrau (Isère). Plan-relief (Musée des Plans-reliefs).

près de la ville, aménagent sa terrasse pour le canon et l'enveloppent d'une petite enceinte bastionnée pour en faire, entre 1692 et 1700, une citadelle qui rappelle de bien près les premiers essais du XVIe siècle. Le fort de Villeneuve-lès-Avignon sera encore l'objet d'un projet analogue, mais plus vaste, au milieu du XVIIIe siècle.

A Blamont (Doubs), sur un axe d'invasion d'accès pourtant facile, Vauban, dans son projet de 1687 (Dépôt général de fortifications, Vincennes, carton I de Blamont, d-3), maintient le château médiéval existant et lui attribue le rôle principal. Il demande même que l'on construise la quatrième tour qui manque, que l'on remette en état les ponts-levis, que l'on élargisse et approfondisse les fossés et que l'on enveloppe le tout *d'une plate-forme ou boulevard*. A l'égard des tours, il faut les renforcer en les voûtant sur trois étages, percer des embrasures, des créneaux dans le parapet, moyennant quoi, conclut l'illustre ingénieur, *... ce château... ne pourrait être pris avec du canon de 12 et serait en état de se marchander avec de gros [canons] 7 à 8 jours de temps...* Cet avis, qui s'impose par les titres de son auteur, est une défense et illustration du château fort assez inattendue.

En montagne, Vauban utilise d'ailleurs et très volontiers les moyens traditionnels. Pour le château de Saint-Vincent (Alpes-de-Haute-Provence), il donne dans son projet de 1692 le dessin d'une tour carrée couronnée d'un chemin de ronde sur mâchicoulis, avec deux échauguettes d'angle et un toit en pyramide. On imagine l'allure médiévale d'une telle redoute, que l'on retrouve d'ailleurs dans la tour de défense côtière qu'il fit exécuter quelques années plus tard à Camaret (Finistère). Souhaitant remplacer le vieux château de Briançon, vraiment trop ruiné, Vauban propose en 1700 un bâtiment en trapèze flanqué de cinq tours rondes, élevé de deux étages et couronné d'un parapet où alternent embrasures et créneaux. Le plan, vu superficiellement, pourrait passer pour celui de la Bastille. On sait également que Vauban ordonna la construction de plusieurs tours isolées, rondes ou carrées, dotées de *mâchicoulis en bois* (donc, en fait, des hourds) dont l'usage se poursuivit au XVIIIe siècle (Saint-Vincent-les-Forts, Briançon). Il s'agissait d'ouvrages légers, destinés à donner l'alarme en cas d'infiltration ou à servir de tête de pont. Leur défense n'était prévue qu'avec des fusils, ce qui se justifiait en montagne.

Partout, en plaine aussi bien qu'en montagne, on continuera à attacher grande importance, comme au Moyen Âge, aux *fermetures*. Palissades, pont-levis, vantaux doublés de plaques de fer, orgues, qui sont une herse perfectionnée, assommoirs sont les obstacles successifs que Vauban exige pour défendre tout accès à une place, fût-ce le moindre poste. Ses successeurs agiront de même longtemps encore.

Un dossier de 1747 évoque par d'admirables profils aquarellés et un plan le nouveau *château* qu'on voulait construire à Briançon. Ancré dans le roc, aux trois quarts souterrain, compartimenté par de profondes coupures, n'émergeant que par des courtines basses et terrassées et d'inébranlables coupoles, il est comme l'antithèse de la définition traditionnelle du château fort, dressé haut sur son socle. Conçus et construits de 1720 à 1732 selon des principes analogues, les Têtes, le Randouillet, Anjou, Dauphin, qui assurent à distance la défense de Briançon, méritent parfaitement leur nom de forts, mais ils sont totalement dépourvus de ce qui pourrait encore faire d'eux des châteaux. Ainsi s'achève une longue évolution.

L'habitat seigneurial reflet de la vie rurale au XVIᵉ siècle

Elisabeth Gautier-Desvaux

Faire œuvre d'historien de l'art ne consiste pas seulement à étudier les formes pour elles-mêmes, à établir une savante classification des styles : c'est aussi considérer toute création plastique comme porteuse d'un message, reflet d'une fusion intime entre la sensibilité d'un individu et *les schémas de pensée et d'action les plus révélateurs d'un groupe social déterminé* (P. Francastel). L'œuvre d'art est langage, dans le sens même où l'entend le philosophe Merleau-Ponty et elle possède à ce titre une double valeur : *signifiante,* elle présente un certain nombre de constantes figuratives caractéristiques d'un milieu et d'une époque déterminés dont l'analyse permet de compléter, voire de rectifier l'interprétation générale d'une période donnée de l'histoire; *signifiée,* elle prend un relief nouveau sous l'éclairage de la conjoncture politique, économique et sociale qui a présidé à sa naissance.

Le domaine de l'architecture constitue un champ d'investigation particulièrement fructueux pour la sociologie de l'art. Aussi l'étude des demeures seigneuriales du XVIᵉ siècle ne peut-elle guère s'esquisser sans brosser conjointement les grands traits d'un siècle tumultueux dont la *modernité* cache parfois un archaïsme latent, dont l'éclat masque les prodromes d'une crise sévère.

L'essentiel du présent chapitre repose sur une étude régionale que nous avons consacrée au Perche. Les données en ont été élargies par le dépouillement de publications récentes en archéologie, en histoire économique et sociale. Notre démarche vise donc, non à fournir des conclusions sans appel, mais à lancer des hypothèses de recherche ouvertes à toute suggestion.

I. L'héritage médiéval

Le XVIᵉ siècle marque, selon la tradition, l'avènement des *Temps modernes,* de la découverte du Nouveau Monde jusqu'à la Révolution, par opposition au Moyen Âge relégué dans un obscur chaos. Vision schématique que contredit une observation plus fine de la trame économique et sociale : « Le Moyen Âge ne s'achève ni en 1453 avec la prise de Constantinople par les Turcs et la disparition du dernier vestige de l'Empire romain d'Orient ni en 1492 lorsque Christophe Colomb et ses compagnons, croyant toucher les côtes orientales des Indes, firent entrer l'Amérique dans l'histoire de l'Ancien Monde. Comme toutes les époques historiques, le Moyen Âge n'en finit pas de mourir et laisse, dans les institutions et les mentalités des siècles *modernes,* bien des éléments vivaces » (B. Bennassar et J. Jacquart). Un de ces éléments, et sans doute le plus tenace, réside dans la seigneurie, cellule de base du système féodal, au cœur de laquelle s'implante le château.

La seigneurie

A vrai dire, la matérialisation foncière du lien unissant le vassal à son suzerain n'apparaît que tardivement. Les fondements de la société féodale, élaborée lors de la formation des principautés territoriales, reposent sur la seule *foi,* relation personnelle engageant le faible envers le puissant auquel il doit aide et conseil, en échange de sa protection. Ce lien se double, dès la fin du Xᵉ siècle et au début du XIᵉ siècle, d'un gage tangible : le fief, portion de territoire de taille variable — une petite seigneurie correspond en général à un *finage* — confié à titre précaire, puis héréditaire au vassal. L'idée-force de ce pacte demeure l'assistance mutuelle en cas de conflit : en se constituant une *clientèle,* le grand assure ses frontières, il accroît sa milice personnelle.

Aussi l'implantation des chefs-lieux de fiefs obéit-elle à des critères d'ordre stratégique autant qu'économique. Certes, maintes seigneuries ressuscitent les limites d'anciennes *villae,* occupent les lisières de forêts à essarter qu'elles mettent en valeur selon le principe ancien de la dualité réserve-tenure; mais — selon un processus que les troubles accentueront — nombre d'entre elles garantissent les *limes,* surveillent les axes routiers, s'établissent dans les positions clés.

Le rôle des châteaux

La pression des rivalités territoriales incite progressivement les seigneurs à ériger des châteaux. Les plus puissants, dont le territoire dépasse souvent la paroisse, amorcent le mouvement, bientôt suivis par la masse des petits féodaux. Comme le constate Jacques Le Maho dans le *Grand Caux :* « Il existe une coïncidence presque permanente entre les foyers de regroupement des terres et les châteaux. Seuls les personnages dotés de demeures fortifiées étaient en mesure d'entreprendre des annexions territoriales. La construction d'un château fort est donc un élément déterminant dans l'essor des lignages seigneuriaux. »

Les mottes tronconiques ceinturées de fossés et couronnées d'une tour en bois constituent sans doute le type archaïque de ces fortifications, dont les dépendances domestiques et la chapelle se dressent en contrebas, dans une basse-cour ou *baile* ceinte d'un fossé concentrique. Ce modèle évolue, semble-t-il, à la fin du XIIᵉ siècle et au début du XIIIᵉ siècle, vers un type de fortification

En haut, manoirs de Malétable et La Ventrouze (Orne). Exemples de permanence du site : le « Chastel sur motte » et le « Wasserburg ». Plans cadastraux vers 1811 (Arch. dép. de l'Orne).
Au centre, manoir du Royau à Préaux (Orne). Le logis seigneurial du XVIe s. réutilise une structure défensive ancienne : une tour ronde dont les murs atteignent 2 m d'épaisseur. Plan par Élisabeth Gautier-Desvaux.
En bas, manoir du Mont-Gâteau à Ceton (Orne). Construit d'un seul jet au lendemain des conflits franco-anglais, le logis seigneurial allège sa structure : une tour octogonale en assure la desserte horizontale et verticale. Plan par Élisabeth Gautier-Desvaux.

moins contraignant, largement répandu dans les campagnes françaises, en Angleterre et en Rhénanie, le *moated site* ou *Wasserburg*, terre rectangulaire légèrement surélevé et entouré de fossés en eau, au centre duquel se dresse la résidence seigneuriale.

Cette structure, attestée en maintes régions françaises jusqu'à la fin du XVe siècle, sous la terminologie de *maison forte*, précède immédiatement l'habitat seigneurial qui nous intéresse présentement. Elle survit assurément en partie sous l'habillage élaboré au XVIe siècle par l'aristocratie foncière et dans lequel il est souvent difficile de départager éléments de permanence et signes de mutation.

II. La reconstruction
Le *beau seizième siècle*

Une conjoncture nouvelle

Des facteurs d'ordre économique et social ont préparé de longue date les mutations profondes des *Temps modernes* : poids des mauvaises récoltes et des épidémies (la *peste noire*), mais aussi lente transformation du paysage agraire au cours des XIVe et XVe siècles, marquée par une régression des cultures, une concentration nouvelle de l'habitat, une diminution des revenus de la terre et son corollaire, une chute de la rente seigneuriale. A court terme, l'impact de la guerre de Cent ans accuse encore le phénomène de récession.

Les incidences démographiques de la guerre de Cent ans sont assurément les plus visibles. Elles varient naturellement d'une région à l'autre, mais semblent avoir plus cruellement frappé les régions d'habitat dispersé : villages désertés, essarts abandonnés. En Hurepoix, des témoignages concordants permettent de penser qu'aux alentours de 1450-1470 la campagne avait perdu plus de la moitié de sa population globale, par rapport aux hauts niveaux atteints à la fin du XIIIe siècle. En Brie, une charte d'affranchissement concédée en 1455 constate : « Notre terre de Brye est toute dépouillée, de nulle valeur et inhabitée par défaulte de peuple. »

Mais plus encore que la classe paysanne, la classe seigneuriale a pâti des troubles sévissant à l'état endémique depuis les années 1340. La guerre la frappe directement dans ses hommes, puisque ceux-ci sont appelés à participer à l'*ost* royal : elle la frappe aussi dans ses biens : « Les paysans, à la moindre alerte, s'enfuyaient dans les bois, les îles ou les marais, avec leur bétail, leurs outils et presque tous leurs maigres biens. Et ces petites exploitations où il y avait assez peu à voler n'attiraient pas toujours les routiers. Au contraire, les granges seigneuriales étaient des cibles de choix : les fours, les moulins, les pressoirs s'y trouvaient; s'ils étaient inutilisables, c'est toute la communauté qui en souffrait » (G. Fourquin). L'état désastreux de la noblesse du Perche, au lendemain de la terrible bataille de Verneuil (1424), est ainsi brossé par le bailli Courtin :

« Ce fut en cette bataille que le nom de l'antique noblesse du Perche se perdit en la plus grande partie, laquelle demeura sur place; car depuis ce temps, nous trouvons la noblesse porter aultre nom que l'antien, ce qui est arrivé par mariages des damoiselles qui demeuroient ou veufves de maris, ou héritières des maisons par la mort des gentilshommes leurs maris ou leurs frères... Voilà tout le païs tout en feu, désolé, délabré, tant qu'il ne reste plus de ce qui estoit de son embellissement et antiques remarques que le gravois : le voilà pillé, fourragé, les maisons des nobles qui n'estoient fortes pour résister prises, saccagées, tant qu'il ne leur demeura aucun de leurs prétieux meubles et rien de ce que l'ennemy peut emporter. De ceste grande ruyne, la noblesse du Perche est longuement incommodée. » (*Histoire du Perche*, éd. Vic. de Romanet et H. Tournouer, 1904.)

Ainsi s'explique la restructuration des cadres de la noblesse foncière qui s'opéra dans de nombreuses régions françaises à la fin du XVe siècle. Jean Jacquart note, à la même époque, le renouvellement à peu près total des lignages de la gentilhommerie de l'Ile-de-France : « Peu de familles pouvaient faire remonter la possession de leurs seigneuries et fiefs à un passé lointain... A part de rares exceptions, la guerre de Cent Ans avait achevé de décimer et de ruiner la plus ancienne noblesse. Mais elle avait permis à de nouvelles familles d'écuyers ou de chevaliers, authentiquement nobles, venus d'autres provinces, de les remplacer. »

Le rattrapage démographique, dès l'instauration de la paix, suivit un rythme accéléré pour atteindre, vers 1560, un maximum et même un surpeuplement relatif. Il faudra attendre le milieu du XVIIIe siècle pour dépasser ces hauts niveaux.

Les contemporains, tel Claude de Seyssel en 1519, ont été frappés par cet essor remarquable, trois siècles après les poussées démographiques du XIIIe siècle : « Il ne fait à douter que la multitude du peuple ne soit inestimable, et plus, sans comparaison que jamais ne fut. Et cela se peut évidemment connaître aux villes et aux champs, pour tant que aucunes et plusieurs grosses villes qui souloient être à demi-vagues et

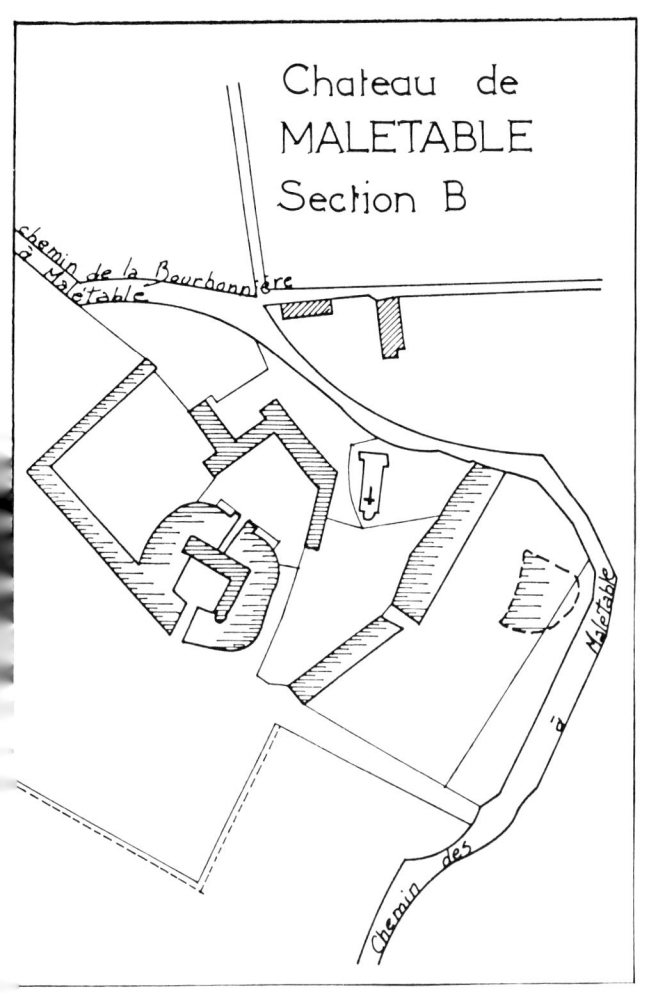

Château de MALETABLE Section B

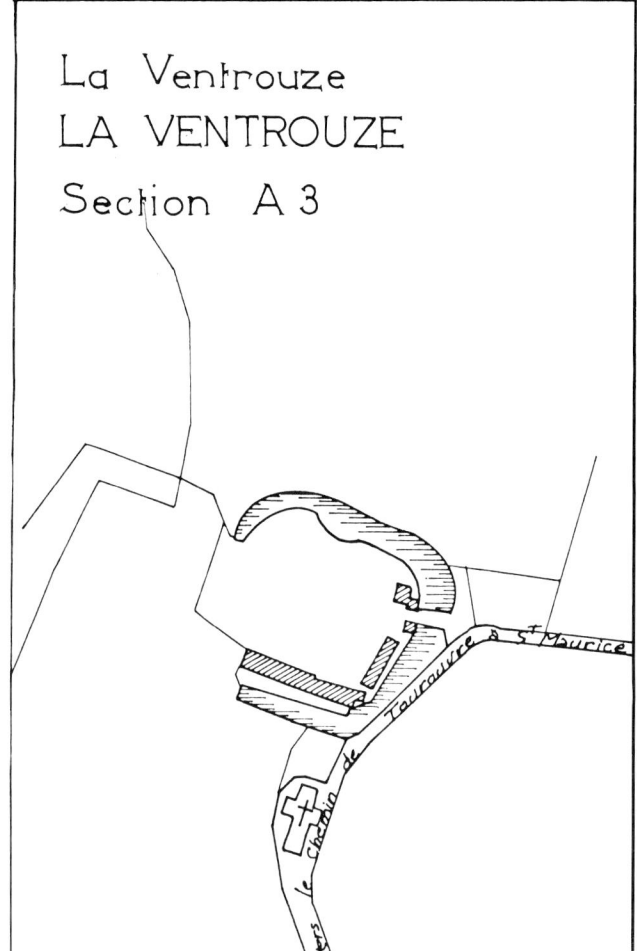

La Ventrouze LA VENTROUZE Section A 3

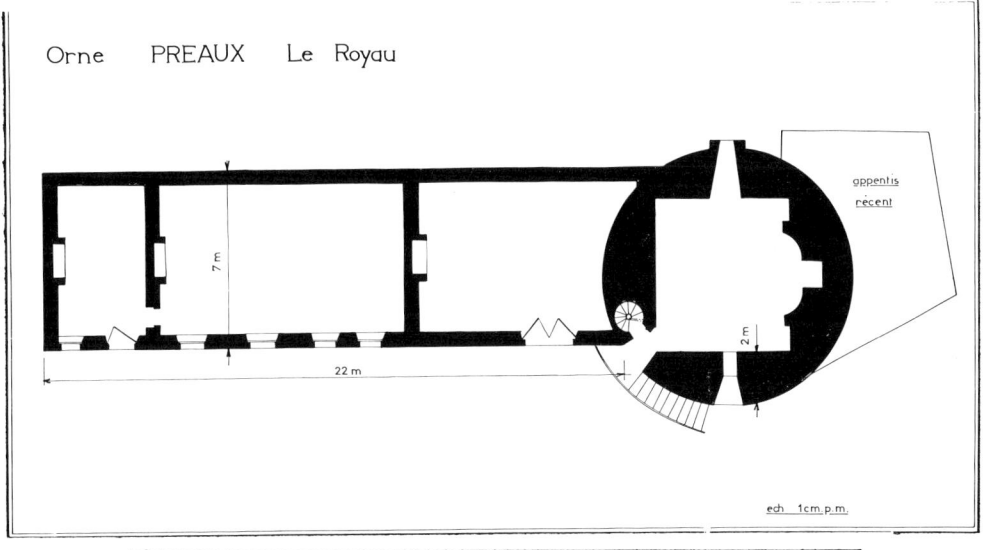

Orne   PREAUX   Le Royau

appentis récent

7 m

22 m

2 m

ech 1cm.p.m.

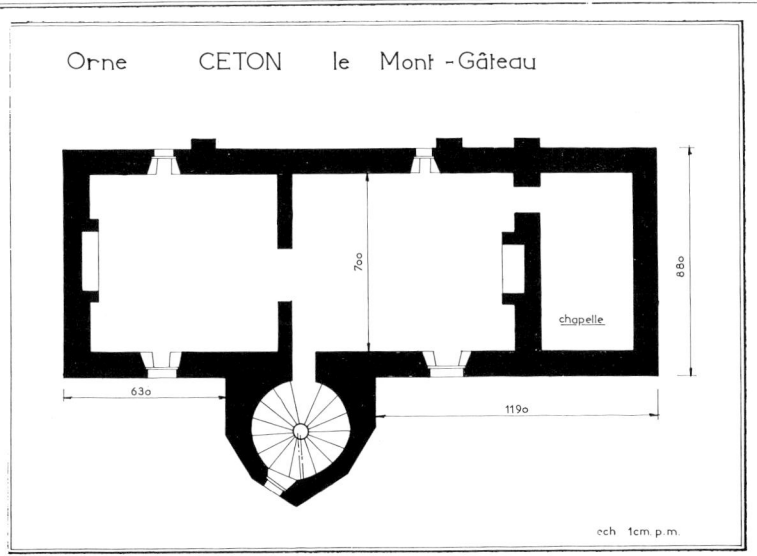

Orne   CETON   le Mont-Gâteau

700

880

chapelle

630

1190

ech 1cm.p.m.

Manoir-ferme de Boiscordes à Rémalard (Orne). Un habitat à vocation agricole : logis et bâtiments d'exploitation enfermés dans un même périmètre défensif. Plan par Elisabeth Gautier-Desvaux.

vides, aujourd'hui sont si pleines que à peine y peut-on trouver lieux pour bâtir maisons neuves. Par les champs aussi, on connaît bien évidemment la copiosité du populaire par ce que plusieurs lieux et grandes contrées qui souloient être incultes ou en friches ou en bois, à présent sont tous cultivés et habités de villages et de maisons. » (*La grande monarchie de France,* 1541.)

Les données climatiques favorisent encore le mouvement : bonnes et mauvaises récoltes s'équilibrent régulièrement jusqu'au dernier tiers du XVIe siècle, marqué par un refroidissement du climat et la fréquence de médiocres récoltes, par le retour offensif de la peste bubonique. Cette croissance se traduit par une hausse des prix agricoles, attestée par les mercuriales, et des fermages. Comme le fait remarquer Jean Jacquart, « le montant des fermages n'était pas uniquement déterminé par le volume de la production agricole, mais l'acceptation, par les exploitants, de telles augmentations suppose un accroissement réel de celle-ci ».

Cette conjoncture positive présida à la convalescence agricole, caractéristique des soixante premières années du XVIe siècle.

La restauration du patrimoine

Mutation, croissance. Au milieu de ce vaste mouvement, une cellule tient bon : la seigneurie « reconstituée par les maîtres du sol au lendemain de la guerre de Cent Ans... dominait encore largement le monde rural, malgré les lentes transformations qui altéraient peu à peu son visage. A l'exception de quelques alleux, rares et exigus, tous les biens fonciers, fiefs nobles ou censives roturières, entraient dans le réseau complexe des mouvances féodales, selon le principe coutumier : *Nulle terre sans seigneur* (J. Jacquart).

La permanence du cadre seigneurial

Malgré l'extraordinaire morcellement des fiefs et l'extrême complexité de la géographie féodale amorcée depuis le XIIIe siècle, le réseau de dépendance verticale, caractéristique du système vassalique, régit encore les relations de fief à fief. La prestation de foi et d'hommage rendue par le vassal à chaque mutation se déroule selon le rituel symbolique : nue tête, sans épée ni éperons, le *noblement tenant* se présente à la porte principale du *chief manoir* de son suzerain et *advoue tenir à foy et hommage, rachapt, tailles, cheval de service et autres droits et debvoirs...* (Hommage de la seigneurie de Tourouvre au Perche, 13 septembre 1579) le fief dont il décrit sommairement la teneur. Le seigneur, même nouvellement implanté sur ses terres, maintient fermement son autorité sur les tenanciers installés sur sa mouvance : « Dans presque tous les cas le seigneur est juge de ses censitaires que, par un significatif abus de langage, contamination du vieux vocabulaire féodal, il nomme ses vassaux... S'il a souvent renoncé à la juridiction criminelle (trop coûteuse et abandonnée aux tribunaux royaux), il persiste... à dominer le civil » (P. Goubert). Ce pouvoir de contrôle de la seigneurie sur l'individu se double de droits sur le groupe par le biais de la police et du *ban* (assortis de leurs contreparties lucratives) et la perception de droits casuels.

Ces aspects institutionnels de la seigneurie ne doivent pas en masquer la vocation économique : « Au milieu du XVIe siècle, on peut dire que le fief n'est guère plus qu'un mode de tenure de la terre soumis à des obligations différentes de celles que doivent les censives, mais dont le statut tend à se rapprocher de celui des terres roturières » (J. Jacquart). La dualité, héritée du cadre domanial, subsiste entre *réserve,* mise en valeur par un fermier ou directement par le seigneur à l'aide de serviteurs, et *censives,* confiées à des tenanciers, moyennant le versement de redevances en nature ou en argent et la prestation d'un certain nombre de services. A vrai dire, le revenu procuré par les cens ne cessera de décroître au cours du XVIe siècle, comme nous le montrerons plus loin.

Il serait naturellement nécessaire de nuancer ces réflexions selon les provinces françaises. Constatons seulement, avec Pierre Goubert, la faiblesse des liens seigneuriaux et de la rente purement seigneuriale dans le Midi, par opposition à la Bretagne et à la Bourgogne qui ont révélé des types extrêmement rigoureux de seigneuries.

La reconquête du sol

Surfaces en friches, bras disponibles, tels sont les éléments positifs hérités de la conjoncture générale au lendemain de la guerre de Cent ans. La remise en valeur des terres s'impose donc et la seigneurie s'avérera un élément moteur du processus de reconstitution.

L'implantation seigneuriale se maintient sur les sites traditionnellement occupés — la permanence de l'habitat caractérise généralement les cellules les plus importantes — mais on assiste parallèlement à un véritable essaimage de petites unités dans les zones interstitielles, en marge des forêts. Le mouvement est caractéristique dans le

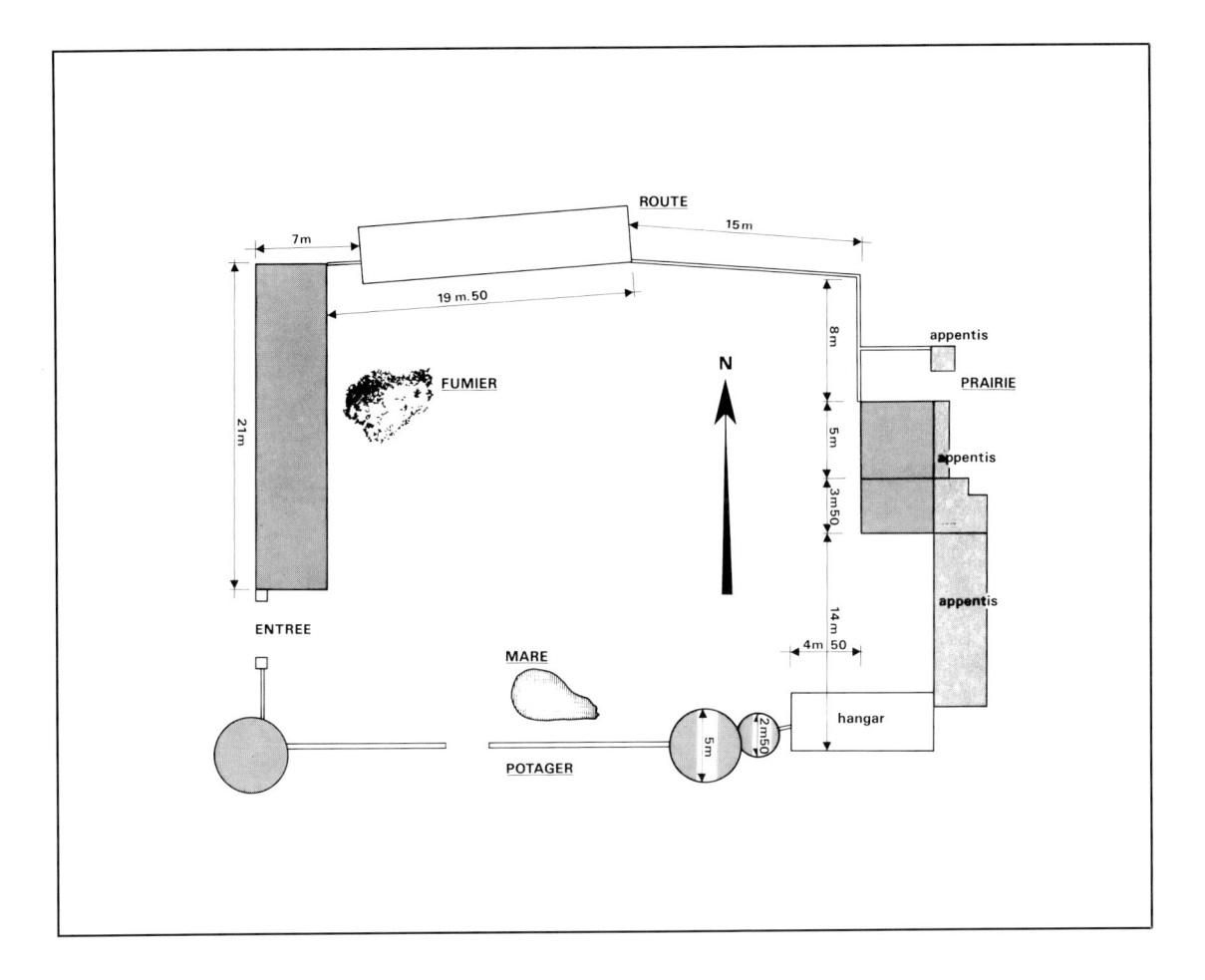

Perche, où de nombreux manoirs, implantés dans des sites nouveaux — souvent par des cadets de famille — portent un nom patronymique, *la Bretonnière, la Mouchetière, l'Aitre aux Riants*, contrastant avec les toponymes hérités du vocabulaire défensif, *la Motte, la Haye, la Bretèche*.

Profitant du mouvement, le seigneur peut procéder à un certain remembrement de la réserve autour du chef-lieu de son fief pour assurer une meilleure rentabilité des cultures. Toutefois ce mouvement demeure assez réduit : il semble que l'on ait hésité à annexer d'anciennes tenures censuelles et procédé plutôt à des réaccensements aux taux traditionnels. La superficie du domaine indirect dépasse toujours largement celle du domaine direct, dans des proportions toutefois difficiles à chiffrer. Jean Jacquart l'estime au rapport trois quarts contre un quart dans le Hurepoix. Les exemples étudiés dans le Perche semblent confirmer cette tendance et mettent en évidence une valeur moyenne fort réduite des réserves seigneuriales : quinze hectares environ. Il semble que les seigneuries foncières n'aient donc pas vraiment profité de la tendance favorable du XVIe siècle — la loi de l'offre et de la demande joue en faveur des résistances paysannes et le glas du servage a sonné depuis longtemps — pour accroître leurs domaines. Ainsi s'explique la vogue connue par la diffusion des préceptes agronomiques antiques : faire fructifier la réserve, c'est assurer la survie du fief.

Les incidences archéologiques

Pour résumer schématiquement la situation du milieu du XVIe siècle, on peut dire que la plupart des fiefs, à part les grandes unités territoriales, sont entre les mains de petits gentilshommes, généralement pourvus de fonctions militaires ou d'offices dans la province, plus rarement dotés de charges à Paris. C'est ainsi que, sur les 98 gentilshommes consignés dans le procès-verbal de la *Coutume du Perche* en 1559, 74 sont mentionnés avec leurs titres et l'on dénombre 48 écuyers (65 %), 9 chevaliers, 4 gentilshommes de la Chambre du roi, 3 conseillers, un avocat, un président au Parlement, un maître des Eaux et Forêts du Perche et 7 divers. Situation comparable à celle constatée en Hurepoix par J. Jacquart, « au sud et au sud-ouest de la région, loin de l'influence dévorante de la capitale, où subsiste tout un peuple de modestes gentilshommes souvent issus de lignages anciens... Comme tant d'autres ruraux, ces gentilshommes en étaient réduits à chercher des activités et des ressources secondaires pour compléter le revenu de leurs terres. Beaucoup, dans la meilleure condition, servaient déjà dans les armées royales ».

Le chef-lieu de la seigneurie reste néanmoins leur seule résidence, quelle qu'en soit la terminologie régionale, bien mouvante et souvent contestable : *château, ferme-château* (Pays messin et Namurois), *maison forte* (Bourgogne), *manoir* (Bretagne, Normandie, Perche, Boulonnais, Pays de Montreuil), *logis* (Poitou, Quercy, Anjou et Vendée), *bastide* (Provence). Aussi les maîtres assument-ils fréquemment en personne la gestion de leur domaine : l'implantation des bâtiments, leur disposition même reflètent assez fidèlement les préoccupations de cette catégorie sociale.

Le choix du site

Nombre de résidences seigneuriales, au lendemain des troubles, réinvestissent les sites précédemment occupés : les structures anciennes, massives, servent de base à des constructions plus légères. Des logis rectangulaires, largement percés, viennent s'appuyer contre des tours de défense rondes ou carrées. Divers stratagèmes sont mis en œuvre pour assurer un minimum de cohésion à ces ensembles parfois disparates : « Pour bien accorder le vieil bastiment avec le nouveau, soubs une telle grâce et dextérité que tous les membres de la maison s'y puissent trouver bien à propos et sans aucune subjection... Faire gallerie suspendue autour d'une cour est propre pour moins occuper la cour, et aussi pour donner plus de clairté au premier estage, et pour accomoder quelque vieil chasteau qui est difforme, ainsi qu'il s'en voit plusieurs qui sont si mal façonnez que l'on ne sauroit quasi dire de quelle forme ou figure ils sont » (Philibert de L'Orme, *Le premier tome de l'architecture*, 1567). Souvent, la résidence médiévale a été rasée pour faire place à un édifice plus moderne et construit d'un seul jet, à l'intérieur de l'ancien *baile* ou en contrebas; la motte féodale tronconique la surplombe fréquemment, signe tangible de la permanence de l'habitat seigneurial, par exemple au manoir de La Motte en Ceton (Perche).

La demeure peut enfin remplacer ou compléter un ensemble de bâtiments symboliquement *mottés* sur un tertre rectangulaire du type *Wasserburg*, de création plus récente et généralement implanté dans les bas-fonds, par exemple au Grand Boulay à Feings (Perche).

Mais, comme nous l'avons précédemment montré, nombre de chefs-lieux de fiefs s'implantent, au XVIe siècle, dans des sites nouveaux, échappant aux critères d'ordre défensif qui avaient, le plus souvent, dicté la situation de leurs aînés. Les impératifs d'ordre économique l'emportent désormais sur les critères stratégiques. Il s'agit d'occuper le cœur d'un ensemble de terres fertiles, bien irriguées : les vallées offrent à cet égard un cadre privilégié. Il faut assurer à l'habitation un approvisionnement facile en eau potable : les sources jaillissent au pied des forêts et peuvent y être captées facilement. La demeure doit rester abritée des vents : la situation à mi-pente s'impose. Le creusement des fondations requiert un terrain ni trop dur ni trop mou, les matériaux doivent être disponibles à proximité : une étude de la nature des sols précédera la construction. Autant de recommandations scrupuleusement édictées dans les manuels agronomiques de l'époque et non moins scrupuleusement suivis dans la réalité, ainsi qu'en témoigne l'étude statistique des critères d'implantation, par exemple la concentration des manoirs percherons le long de la riche vallée de l'Huisne. Comme le résume fort bien Bernard Palissy dans sa *Recepte véritable par laquelle tous les hommes de la France pourront apprendre à multiplier et augmenter leurs thrésors...* (au titre significatif) :

« Je veux eslire un lieu planier au bas de quelque montagne ou haut terrier, à fin de prendre quelque source d'eau dudit terrier, pour la faire dilater à mon plaisir par toutes les parties de mon jardin... Il y a en France plus de quatre mille maisons nobles où ladite commodité se pourroit aisément trouver et singulièrement le long des fleuves. »

Le domaine

La demeure seigneuriale se dresse généralement au cœur d'un ensemble « de terres et de bois bien groupés qui sont sous la dépendance directe du seigneur qui peut les travailler avec l'aide de serviteurs et de jardiniers, ou les confier à de bons fermiers » (P. Goubert). Un lien étroit — et logique — unit très vraisemblablement la taille du domaine et celle des bâtiments, du moins lorsque ceux-ci sont de nouvelle construction; en effet, une préoccupation exprimée dans tous les recueils d'économie domestique — rédigés à l'attention des propriétaires de *maisons rustiques* (Charles Estienne, *L'agriculture et maison rustique*, 1564), c'est-à-dire les maîtres de seigneuries foncières — et résumée dans l'adage *Il faut construire la cage de l'oiseau*, consiste à trouver un savant équilibre entre l'importance des revenus fonciers et le coût moyen annuel de l'entretien du logis et de ses dépendances.

« Le laboureur doit bastir selon le revenu de ses héritages et ce qu'il a de bien : car souvent advient que le bastiment de trop grande entreprise couste plus à entretenir qu'à faire. Il faut donc compasser la grandeur d'icelluy tellement que s'il advient quelque fortune, il puisse être réparé du revenu d'un ou deux ans du pourpris où il est » prônait déjà Palladius, *Les treize livres des choses rustiques* (trad. par H. Jean Darces, Paris, 1554). Cette proportion (un ou deux ans de *revenant bon* des récoltes de la réserve pour une remise en état quasi totale des bâtiments; *fortune* pouvant se lire, selon le contexte, *incendie* ou *pillage*) serait intéressante à chiffrer. Pierre Chaunu, dans l'introduction à l'enquête collective réalisée sur le bâtiment du XIVe au XIXe siècle, estime pour sa part « qu'avec un pour cent du capital immobilier, le remplacement et la croissance d'un bâtiment sont facilement assurés ». Il est vrai que la main-d'œuvre représente alors un pourcentage assez négligeable dans la mise en œuvre d'un bâtiment. Prudence et modération bien paysannes guident en tout cas toutes les recommandations des contemporains, du mode plaisant :

Une maison-forte bourguignonne. On reconnaît ses éléments constitutifs : enceinte bordée de fossés, tours d'angle, porte cochère et porte piétonne, colombier. Plan terrier du XVIIe siècle (Arch. dép. de la Côte-d'Or, E 458 bis).

« Donnez-vous de garde que tant de travaux et de peines que vous prenez incessamment à croître votre état, avancer enfants et faire votre maison grande, ne vous rendent de bonne heure au logis et tombeau » (Noël Du Fail, *Propos rustiques, Baliverneries, Contes et discours d'Eutrapel*)

au mode sérieux :

« Quiconque voudra faire bâtir doit premièrement se proposer de faire la cage pour l'oiseau, c'est-à-dire de proportionner son bâtiment au revenu de sa terre, à sa condition, à ses besoins, et surtout aux moyens qu'il a d'en pouvoir sortir à son honneur. En user autrement, on tomberait dans l'excès ou la mesquinerie, l'un et l'autre desquels sont également méprisables et ridicules » (Sébastien Le Prestre, marquis de Vauban, *Oisivetés*).

La nature du domaine conditionne assurément les dispositions des bâtiments agricoles sis dans l'enclos seigneurial, à côté du logis. Granges imposantes des terres céréalières, étables, bergeries des zones d'élevage — bien que la culture soit toujours prépondérante en France, par opposition au mouvement amorcé en Angleterre avec le système de l'*enclosure* — celliers et pressoirs des régions viticoles.

Le droit nobiliaire semble toujours avoir prévu, lors des partages successoraux, la protection d'un minimum vital foncier, indispensable à l'entretien du *chief manoir*, à l'exercice des monopoles seigneuriaux (banalités de pêche et de chasse, de four et de moulin) et peut-être à son prestige. La *Coutume du Perche*, rédigée en 1559, prévoit ainsi :

« Entre nobles, en succession directe, appartient au fils aisné ou ses représentants, soit fils ou fille, pour son droit d'ainesse et préciput, le chastel et manoir principal, haute et basse cour avec le circuit estant dedans ledict circuit, comme granges, estables et autres édifices, pressoir, douves et fossés. Et s'il n'y a fossez, luy appartient avec ledit manoir et clostures un arpent de terre. Appartient aussi audit aisné le bois de haute fustaye estant près de la veüe de ladite maison limitée et réduite à un quart de lieue... Et doit avoir ledit aisné le bois de haute fustaye, la fuie, garenne, estangs et moulins, encore qu'ils ne soient assis au fief dudit principal manoir, pourvu qu'ils soient à la veüe d'iceluy principal manoir. Et où lesdites choses seroient assises dedans ledit fief, les doit avoir aussi, encore qu'elles ne soient à la veüe dudit manoir. » (Bourdot de Richebourg, *Coutumes du pays, comté et bailliage du Grand Perche*, dans *Nouveau Coutumier général*, 1727.)

Précautions éloquentes qui furent reprises de façon implicite par les roturiers nouveaux seigneurs — doit-on rappeler que seigneurie et roture n'étaient pas forcément antinomiques — aux yeux desquels bois et haute futaie, moulin, pressoir, colombier constituaient des emblèmes prestigieux.

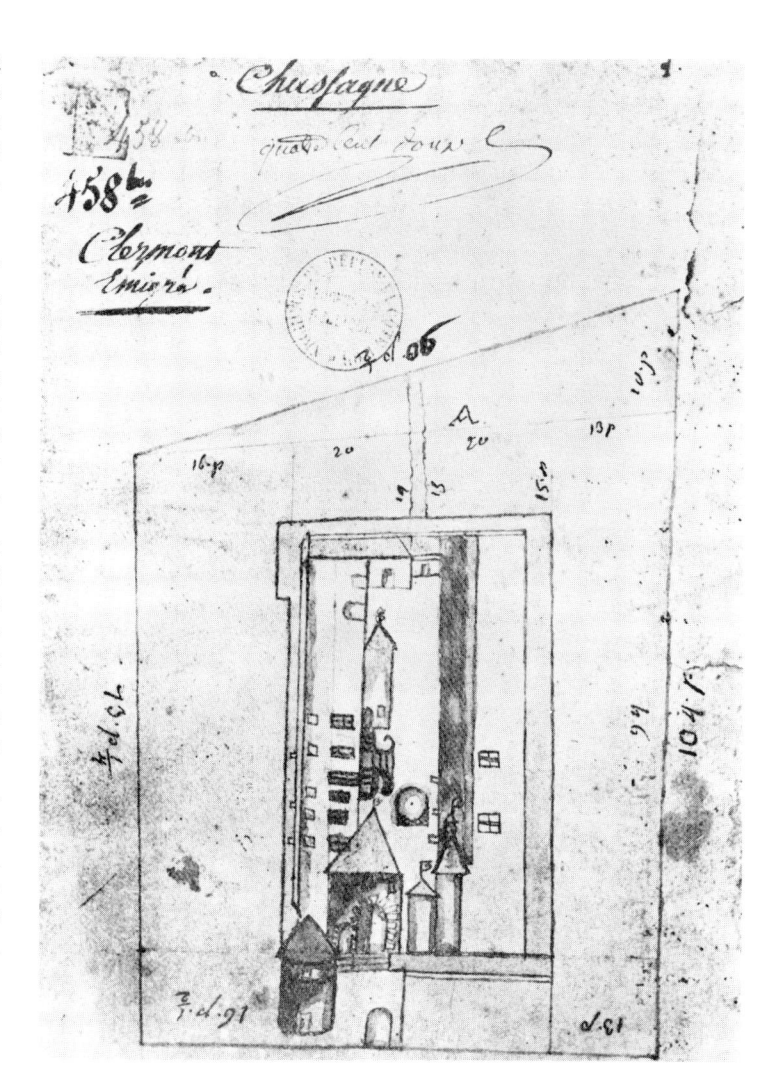

L'enclos seigneurial

Le vocabulaire attesté dans la *Coutume du Perche*, *chastel et manoir principal, haute et basse cour avec le circuit estans dedans dudit lieu*, met en évidence la permanence des structures castrales médiévales. Même si, sur le terrain, ces deux éléments s'avèrent souvent confondus, la distinction *haute cour*, ou cellule défensive, et *basse cour*, ou cellule domestique, est soigneusement marquée. Cette dissociation apparaît encore parfois topographiquement lors d'une implantation sur *moated site* ancien : une première enceinte rectangulaire protégée de douves en eau ou de fossés secs abrite le logis et un petit jardin (légèrement surélevés sur un petit tertre); une deuxième enceinte de même plan, plus vaste et identiquement fossoyée, située à une distance variable, entoure les bâtiments agricoles.

Mais le plus souvent, en cas de nouvelle installation, un périmètre unique enserre demeure et exploitation. Dans le rectangle ainsi délimité, l'habitation du maître, parallèle au petit côté et perpendiculaire au grand en sa moitié ou en son tiers, délimite deux sous-ensembles : d'un côté, le petit jardin *noble,* mi-ornemental, mi-potager, sur lequel ouvrent les principales croisées du logis (généralement vers le levant), de l'autre, la cour utilitaire autour de laquelle s'alignent granges, étables, bergeries, écuries, pressoir, remises et autres annexes agricoles. La démarcation entre contenu symbolique et contenu économique de la seigneurie est par ce biais préservée.

Quant à l'enceinte, dite encore *clôture, circuit, estrize* du lieu, elle a progressivement perdu sa valeur défensive véritable. Des douves ou des fossés doublés de murailles, parfois des murailles seules, ou tout simplement les parements aveugles des bâtiments agricoles, en délimitent le tracé; des tours rondes renforcent les angles dans les meilleurs cas. De telles dispositions ne sauraient guère permettre de soutenir un siège véritable; tout au plus représentent-elles un moyen de dissuasion contre les attaques des brigands.

La surface de l'enclos protégé, jardin seigneurial et cour de ferme compris, varie proportionnellement à l'importance des bâtiments et donc à celle du domaine. La superficie moyenne des *pourpris* de manoirs étudiés dans le Perche avoisine un arpent, soit cinq mille mètres carrés environ; quelques exceptions (mais il s'agit des sièges de châtellenies anciennes) atteignent douze arpents, soit six hectares.

C'est dans l'enclos que se dressent également les bâtiments annexes liés à l'exercice des prérogatives seigneuriales, tels le colombier et la chapelle. Le colombier représente non seulement un emblème honorifique, mais aussi un élément appréciable dans la mise en valeur du domaine; la fiente de pigeon ou *colombine* constitue en effet un engrais recherché pour l'amendement des terres. Il va de soi que les proportions du colombier sont déterminées par la surface domaniale : les pigeons, redoutables destructeurs, ne doivent pas risquer d'endommager les exploitations voisines. Quant à la chapelle, moins fréquemment attestée, puisque seuls les seigneurs de quelque importance possèdent le droit de patronage, elle se dresse généralement à proximité du logis et perpendiculairement à sa façade principale, la chapelle étant orientée. Le colombier et *a fortiori* la chapelle signalent à coup sûr un établissement seigneurial. Il semble bien que les tours, tours d'angle de l'enceinte et tours flanquant le logis, aient joué un rôle emblématique similaire : le siège de l'autorité seigneuriale se démarque de l'habitat du commun par une symbolique architecturale généralement issue de la tradition militaire.

Le logis

Quelles qu'en soient les proportions, mis à part les ensembles très importants, les logis se caractérisent généralement par leur côté fonctionnel plus que par leur souci de décorum. Les architectes n'interviennent pas systématiquement dans la construction; en témoigne la pénurie cruelle de devis, plans, cahiers des charges, qui affecte l'archéologue quand il entreprend l'étude documentaire d'unités modestes. « Le cas extrême est représenté par l'activité familiale analogue à celle des fronts pionniers lorsque le futur utilisateur est à lui-même son propre entrepreneur... ou confie à l'artisan les tâches délicates » (P. Chaunu). Dans les cas extrêmes également, la distribution interne du logis ne diffère guère des habitats médiévaux : vaste cuisine et salle au rez-de-chaussée, chambres au premier étage. Les théoriciens du *mesnage des champs* insistent d'ailleurs sur le rôle primordial de la cuisine :

« Les autres Anciens... ont commandé de commencer la maison par la cuisine : c'est-à-dire regarder premièrement au revenu... Il faut donc l'asseoir si bien que l'issue en soit petite, c'est-à-dire que le bien ne s'y consume pas trop tost ou plus que de raison, ains qu'estant mesnagé comme il appartient et avec honneste frugalité, il y en puisse plutost avoir de reste que de faute au bout de l'année » (Olivier de Serres, *Le théâtre d'agriculture et mesnage de champs,* 1605).

La cuisine est en effet non seulement le cœur du domaine, lieu de consommation des fruits d'une économie autarcique, mais encore bien souvent le cœur chaleureux de la maison, bien chauffée, avec la salle, pièce à tout faire « où les personnes les plus distinguées par leur rang et par leur naissance vivaient en famille de sorte que le maître, la maîtresse, les enfants, les domestiques se trouvaient réunis dans une même chambre qui servait à la fois de cabinet d'étude, de salon, de chambre à coucher, de salle à manger et même de cuisine. » L'étroite promiscuité que traduit ainsi Noël Du Fail *(Baliverneries, contes et discours d'Eutrapel)* se retrouve généralement au premier étage où la chaleur humaine compense l'inconfort relatif des chambres (voir le grand nombre de

Manoir de Mermonde à Macé (Orne). En haut, vue du château au début du siècle. En bas, au XVIIIe siècle, Mermonde est intégré, avec deux autres manoirs (La Bretonière et Chardoné), dans le domaine direct du château de Médavy. Plan terrier (Arch. dép. de l'Orne, chartrier de Médavy).

bois de charlics de couchettes mentionnés dans les inventaires après décès). La spécialisation des pièces s'accroît avec l'importance du bâtiment. Il est certain toutefois qu'un mode de vie communautaire caractérisait l'existence quotidienne des seigneurs de la Renaissance; Gilles de Gouberville dans son *Journal* nous en donne un aspect savoureux.

Siège d'une exploitation agricole, l'habitat seigneurial rural du XVIe siècle répond donc à cette vocation par une configuration spécifique, que relèvent cependant divers attributs symboliques tels que fossés, tours, colombier ou chapelle. L'évolution économique et sociale amorcée dans les années 1560 bouleversera cette structure et la rendra caduque.

III. Vers la crise

Les mutations amorcées dans le courant du XVIe siècle n'ont vraiment porté leurs fruits que dans le premier quart du siècle suivant. Elles ont néanmoins bloqué, dès 1560, le mouvement intense de reconstruction responsable des nouvelles implantations seigneuriales.

Les facteurs de mutation

Deux processus économiques parallèles affectent progressivement noblesse et paysannerie; leurs effets se conjuguent à l'incidence directe des guerres de Religion pour remodeler les structures agraires. Nouveaux domaines, nouveaux seigneurs, nouvelles demeures en seront la conséquence.

Les facteurs de mutation à long terme sont l'endettement de la noblesse et la paupérisation de la classe paysanne.

La noblesse, anciennement possessionnée, voit progressivement ses revenus s'amenuiser. La crise démographique consécutive à la guerre de Cent ans avait en quelque sorte favorisé la paysannerie : devant l'ampleur de la tâche de restauration, les maîtres du sol avaient lâché du lest et concédé une diminution des cens sur les terres inféodées. D'autre part l'emprise croissante de l'économie monétaire accentuait une tendance au paiement en numéraire au détriment du paiement en nature. Le hiatus entre le montant des redevances, affecté de l'inflation caractéristique du XVIe siècle, (tandis qu'aucun réajustement n'était psychologiquement possible), et la valeur réelle de la terre s'augmentait donc. Cette érosion des revenus du domaine indirect marque toute la fin du XVe siècle et, après une stabilisation provisoire autour de 1500, s'accélère à partir des

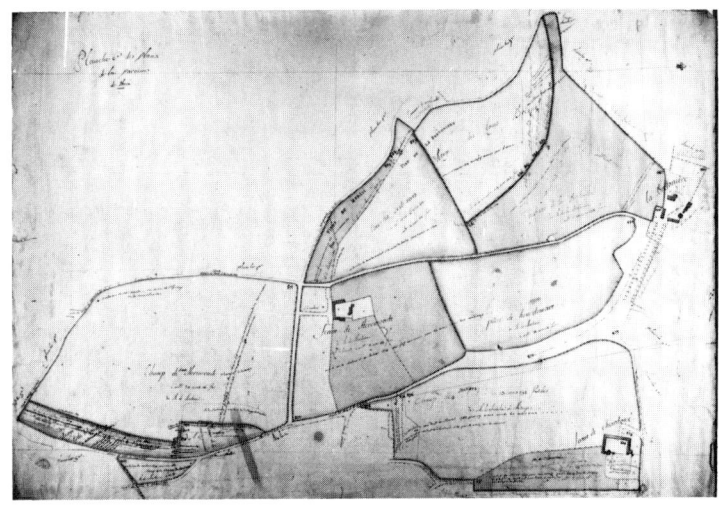

Manoir de Courboyer à Nocé (Orne). Le manoir vu à l'époque romantique. Lithographie parue dans La Normandie illustrée *(1854).*

années 1520. La réserve est donc seule productive désormais; mais suffit-elle vraiment lorsque sa superficie ne dépasse pas quinze hectares?

Au-dessus d'un seuil critique, qui reste à déterminer, un certain nombre de hobereaux résidant sur leurs terres s'endettent et sont contraints d'aliéner au profit de rassembleurs de terres que nous évoquerons plus loin.

Cette évolution ne profite pourtant pas vraiment à la classe paysanne. En effet, après la grande dépression démographique des années 1450, la croissance amorcée à la fin du siècle se poursuit pour atteindre, vers 1560, une relative surpopulation. L'équilibre entre hommes et ressources se rompt donc vers cette époque, rupture que ne peut pallier la stagnation des rendements céréaliers. Le droit successoral roturier, aux termes duquel « il n'y a aucun advantage à l'aisné, fors qu'il a la maison manable, s'aucune en a sur le lieu tenu à foy et hommage, avec l'issue d'icelle maison » *(Coutumes du pays, comté et bailliage du Grand Perche),* favorise une parcellisation extrême de la propriété paysanne.

« La barre des cinq hectares qui garantit l'indépendance sur les meilleurs terroirs n'est que rarement atteinte. » En Hurepoix, Jean Jacquart constate que sur 2584 tenures décrites dans sept terriers, 87,9 % couvrent moins de deux hectares et demi, 94,1 % moins de cinq hectares et 97,4 % moins de dix hectares. Dans le Perche, des lots couvrant sept hectares et demi à la fin du XVe siècle se voient progressivement réduits à deux hectares et demi au cours du XVIe siècle. La plupart des familles paysannes, vers 1550, ne cultivent donc plus assez de terres pour assurer leur subsistance. Il ne leur reste plus, souvent, qu'à déguerpir au profit du créancier citadin, homme de loi ou gros fermier, qui a jusqu'alors avancé les fonds.

Les caprices climatiques alourdissent la tendance : tous les témoignages concordent pour permettre de diagnostiquer, après une période de réchauffement à la fin du Moyen Âge, un temps de léger et durable refroidissement. C'est le *petit âge glaciaire* que les historiens font débuter vers 1580 et durer jusqu'au milieu du XIXe siècle. Dans cette économie agricole durement touchée, un ample mouvement de transfert des terres s'esquisse. L'incidence immédiate des guerres de Religion va l'amplifier.

La France entière subit, de 1560 à 1598 et particulièrement de 1589 à 1594, le cortège d'épreuves liées à la guerre : exactions des compagnies, famines, épidémies. De mauvaises récoltes successives, en 1573, 1585 et 1586, viennent y conjuguer leurs effets catastrophiques.

Les incidences démographiques restent difficiles à appréhender sur le plan quantitatif. Du point de vue qualitatif, il est certain que les guerres de Religion affectèrent particulièrement la petite noblesse rurale, traditionnellement vouée au métier des armes : « L'épreuve eut surtout pour résultat d'accélérer la crise foncière qui menaçait depuis longtemps ce groupe social. A la différence des grands seigneurs, ils n'avaient que des fiefs et des censives de dimensions réduites et d'un rapport assez mince. Leurs réserves ne constituaient pas des exploitations vastes et rentables... Souvent absents pendant les guerres, ils avaient peu gagné et beaucoup dépensé au service du roi » (J. Jacquart).

Les conséquences : nouveaux maîtres du sol, nouvelles demeures

La crise de la noblesse rurale et de la petite paysannerie laisse le champ libre à un nouveau groupe de propriétaires terriens capables d'acheter une ou plusieurs seigneuries et de les arrondir par des lots paysans. Certes, parmi les rassembleurs de terres, on trouve de grands ordres religieux, favorisés par le climat de piété qui accompagne la réforme catholique au lendemain des troubles, et l'élite aristocratique dont les solides assises foncières ont assuré le maintien malgré les aléas conjoncturels. Mais le gros de la troupe des profiteurs provient des rangs de la bourgeoisie. Bourgeoisie anoblie par des charges de judicature et de finances ou par des offices municipaux, bourgeoisie marchande, pour lesquelles la possession d'un fief et des droits y attachés, en particulier les droits de justice, représente la consécration d'une patiente promotion sociale. Forts d'une solide pratique de la gestion, les nouveaux seigneurs procèdent à une mise en valeur raisonnée des domaines, dans lesquels les réserves constituent désormais l'essentiel. C'est ainsi que l'on constate au Perche, en l'espace de cent ans, un triplement de la surface moyenne des domaines directs *avoués* à la Chambre des comptes : de 1600 à 1624, la moyenne est de 24,35 hectares, de 1625 à 1649, de 31,29 hectares, de 1650 à 1674 de 44,35 hectares et de 1675 à 1699, de 75,76 hectares. Certains domaines atteindront même plusieurs centaines d'hectares comme la seigneurie de Landres (25 à 30 hectares en 1336, 357 au milieu du XVIIIe siècle) ou celle de Voré (19,38 hectares en 1411, 2 040 lors de son achat par Helvétius). Sur ces vastes ensembles, des superficies conséquentes sont prélevées pour réaliser des parcs d'agrément plantés d'arbres de haute futaie dont la majesté sied à l'ampleur des résidences.

Plusieurs seigneuries se trouvant parfois regroupées au sein d'un même domaine, leurs terres sont confiées à des fermiers qui remplacent sur les lieux les anciens lignages. Seuls les bâtiments de ferme et une petite partie du logis restent alors entretenus; colombier, chapelle, enceinte, désormais inutiles ou changés de destination, se dégradent lentement.

Le chef-lieu, élu comme domicile du nouveau maître, ne connaît pas toujours un sort plus heureux. Celui-ci ne représente en effet qu'une résidence occasionnelle, un havre de délassement estival pour le propriétaire citadin. Les édifices agricoles constituent donc un voisinage malséant qu'il convient d'éloigner; l'exiguïté du logis du XVIe siècle, par ailleurs, ne permet pas d'abriter une nombreuse domesticité : on agrandit donc, on s'efforce d'instaurer la symétrie, on accroît des percements jugés trop mesquins, ou, plus radicalement encore, on rase le bâtiment pour édifier à son emplacement un château classique. La demeure seigneuriale du XVIe siècle a vécu.

Pour résumer en une formule lapidaire l'évolution de l'habitat seigneurial rural entre la fin de la guerre de Cent Ans et les guerres de Religion, on serait tenté d'aligner les attributs suivants : défense, exploitation, résidence. Ce serait là systématisation abusive, car ces éléments s'avèrent intimement liés au cours des siècles. Tout au plus peut-on déceler une prédominance successive de chaque caractéristique, la seigneurie du XVIe siècle et son chef-lieu représentant en quelque sorte une transition entre l'abri médiéval fortifié et la résidence occasionnelle du Grand Siècle. Idéal à la mesure de l'homme célébré par Guy Du Faur de Pibrac *(Les plaisirs du gentilhomme rustique,* 1570) et Noël Du Fail, cadre d'un art de vivre sans prétentions dont Gilles de Gouberville nous communique la saveur dans son journal. Mythe ou réalité? Il semble bien en tout cas que les hommes de la Renaissance aient été conscients de vivre un âge d'or fragile; et cette foi tranquille dans l'homme et la raison habite à tout jamais leurs œuvres.

Château d'Écouen (Val-d'Oise). Cheminée de la salle d'honneur.

Le décor intérieur à la Renaissance

Henri Zerner

Les châteaux de la Renaissance tels que nous les connaissons ont souvent perdu entièrement leur décor intérieur. Il nous en reste une carapace modifiée au cours des siècles pour le confort de civilisations très différentes de celle qui les a vu naître. Les décors postérieurs ont souvent aussi disparu, parfois remplacés par un décor néo-Renaissance qui ne facilite guère la restitution des dispositions originelles, sur lesquelles, par ailleurs, textes et représentations sont rares.

I. Le mobilier

On parlera ici surtout du décor fixe et de la grande décoration, mais il ne faut pas oublier que le mobilier est un élément capital de l'aménagement intérieur. On ne constate pas, semble-t-il, d'innovation importante à cette époque dans le type de meuble, à l'exception de l'armoire à deux corps qui ne prend vraiment forme que vers le milieu du XVIe siècle. Le répertoire est celui de la période gothique : coffres, dressoirs et buffets (ces deux termes presque synonymes), armoires et cabinets (ici encore, la distinction n'est pas ferme, puisque le terme *armoire* désigne tout meuble à vantaux et peut même se dire d'un buffet), lits, tables et sièges variés depuis la chaire à haut dossier jusqu'au tabouret, à l'escabeau, et même au *carreau* (coussin sur lequel on s'assied par terre).

Bien entendu, ce mobilier a suivi l'évolution de l'art décoratif, comme l'ont étudié E. Bonnaffé puis A. Molinier. A partir des dernières années du XVe siècle, les motifs italiens se mêlent aux motifs flamboyants et finissent par les supplanter, tandis que la structure même du meuble reste celle de la fin de la période gothique. Vers le milieu du siècle, on remarque une transformation plus profonde du meuble dont l'architecture même change. Du reste, ce sont maintenant des architectes qui donnent les modèles, surtout Jacques Androuet Du Cerceau dont les estampes connaissent une immense diffusion, mais aussi Jean Goujon, qui fut à la fois sculpteur et architecte, et Hugues Sambin, qui fut beaucoup plus qu'un menuisier.

La pièce dont la disposition nous est le mieux connue, peut-être parce qu'elle était la plus traditionnellement réglée, est la chambre. Philibert de L'Orme indique ainsi que dans les chambres on ne doit pas placer la cheminée au milieu du mur parce qu'il faut garder la place suffisante pour laisser la *ruelle* entre le lit et le mur d'une part, et d'autre part la place de la chaire — cette chaire à haut dossier un peu solennelle dont il reste bien des exemples — entre le lit et la cheminée. On plaçait en outre dans la chambre une couchette pour la personne de service, un dressoir, une table, un ou plusieurs coffres de parement qui pouvaient servir de siège et même parfois de couchette. Le lit lui-même était surmonté d'un ciel et entouré de rideaux. La chambre avait un usage diurne beaucoup plus important qu'aujourd'hui.

Nous connaissons moins bien la façon de meubler les grandes pièces de réception, comme la salle d'honneur d'Écouen ou la salle de bal de Fontainebleau. Il se peut qu'elles n'aient été meublées que de façon provisoire, pour les occasions. Ainsi établissait-on sûrement un siège à dais si le prince était présent. On dressait des tables sur tréteaux et un buffet pour les banquets, et l'on apportait des sièges, mais ces pièces n'étaient probablement pas meublées en temps ordinaire ; il semble bien que c'était aussi l'usage dans les palais italiens.

Il faut enfin bien souligner l'importance des textiles qui constituent l'essentiel du confort domestique. L'inventaire de l'hôtel de Catherine de Médicis à Paris, dressé par un tapissier, ce qui est significatif, décrit avec précision, outre les tapis et tapisseries, les innombrables garnitures de lits, de bains, de coussins, qui venaient périodiquement renouveler le décor d'une demeure de luxe. Même si l'on admet que la reine était particulièrement portée vers ce genre d'ouvrages, ils ont certainement joué un rôle du moins comparable dans les châteaux, tout au long du XVIe siècle.

II. Le jeu des matériaux

Ce dont nous n'avons guère idée, parce qu'il n'y en a plus d'exemple complet, c'est le jeu des matériaux dans la décoration intérieure, où la pierre, le bois, le verre, les tissus, les objets précieux se complétaient. Le vitrail civil, qui était d'un usage universel en France dans les demeures de luxe, a presque entièrement disparu. Il ne nous en reste guère que quelques panneaux isolés, et un ensemble important : l'histoire de Psyché conservée à Chantilly et provenant d'Écouen.

Les sols étaient généralement carrelés ; le plancher ne se généralisera qu'au XVIIe siècle. Le carrelage lui-même était recouvert de nattes, sauf, probablement, dans le cas des somptueux carrelages en faïence émaillée à motifs ornementaux et héraldiques tels que le potier rouennais Masséot Abaquesne en exécuta pour Écouen ou pour La Bâtie d'Urfé (Loire). A Fontainebleau, on a déjà préféré le plancher, qui peut être composé somptueusement d'un jeu de bois différents.

En haut, château de Fontainebleau (Seine-et-Marne). Détail des lambris de la galerie François Ier.
En bas, château de Blois (Loir-et-Cher). Détail des boiseries du cabinet de la Reine, dans l'aile François Ier.

Les murs aussi étaient recouverts de nattes, les tapisseries étant éventuellement suspendues par-dessus. C'était là le décor d'hiver; chez Claude Gouffier, le cuir doré remplaçait en été la tapisserie. Il n'était pas rare non plus que le mur fût lambrissé sur toute sa hauteur selon un usage qui remonte au moins à la fin du Moyen Âge. On en connaissait un exemple à Gaillon, où les ornements italianisants avaient déjà remplacé les *serviettes* traditionnelles du style flamboyant, à en juger par les boiseries de la chapelle qui nous sont parvenues. Le même château contenait aussi une pièce tendue de velours, mais c'était là une mode italienne qui ne semble pas s'être acclimatée en France. Les murs couverts de peintures, aspect le plus spectaculaire de la décoration à la Renaissance, restent exceptionnels et l'on verra qu'à Fontainebleau le lambris conserve encore une bonne surface du mur, sous la peinture. On a pu récemment remonter le lambris de la bibliothèque d'Écouen, décor traditionnel par la méthode d'assemblage de petits panneaux verticaux mais mis à la mode du jour parce qu'il est traité dans un goût classicisant très raffiné; le bois verni et la dorure y jouent avec des motifs héraldiques peints, d'une grande finesse.

Quant au plafond, il est le plus souvent composé de grosses poutres croisées par des solives. Le bois peut être apparent et dans certains cas sculpté, mais il est plus souvent peint et parfois doré. Avec l'introduction des modes italiennes, ces plafonds *à la française* sont entrés en compétition avec les plafonds à caissons, soit sculptés soit simplement peints. On rencontre les premiers exemples de caissons dès le XVe siècle — Le Plessis-Bourré (Maine-et-Loire) — mais leur disposition va rester généralement contaminée, en France, par le système gothique local. On assiste ainsi à des compromis, le plus fréquent étant celui où les caissons s'insèrent tant bien que mal entre les poutres (galeries François Ier à Fontainebleau, galerie d'Oiron). Mais le plafond à la française n'a jamais été totalement abandonné et on le trouve encore intact en plein XVIIe siècle. On a retrouvé à Écouen des vestiges suffisants du plafond à la française pour juger comment, grâce à une ornementation peinte et dorée très délicate et élégante, on accommodait ce système traditionnel de couverture à un goût classicisant. Lorsque les pièces étaient voûtées d'arêtes, les voûtains étaient généralement peints sur le plâtre.

III. Éléments de sculpture

Le décor architectural en pierre est réservé à des secteurs bien définis : l'escalier, la chapelle;

En haut, château de Josselin (Morbihan). Cheminée portant le nom d'Alain de Rohan.
En bas, château de Blois (Loir-et-Cher). Cheminée de l'aile François Ier.

dans les pièces, la cheminée; parfois, mais plus rarement, les encadrements de portes des vestibules (Bournazel, Aveyron). On note quelques rares exceptions comme les voûtes à caissons sculptés des salles de Chambord. Celles de la salle des cariatides au Louvre sont plus tardives. Les escaliers sont souvent construits hors-œuvre (Blois) ou à claire-voie (Azay-le-Rideau), constituant un espace ambigu dont le décor architectural met l'intérieur directement en rapport avec l'extérieur. Cette relation est ressentie même à Chambord, où l'escalier est pourtant au centre du bâtiment. C'est la voûte qui porte la décoration la plus riche, surtout dans les escaliers à rampe droite, qui s'y prêtent mieux. Azay fournit un bel exemple pour le style de la Loire. Plus tard on trouve de tels escaliers à Villers-Cotterêts (Aisne), dont l'un surtout est célèbre pour ses scènes sculptées en haut relief, et au Louvre.

Les chapelles ont plus ou moins d'indépendance. A Villers-Cotterêts, par exemple, la chapelle est complètement intégrée au bâtiment. Elle ne se signale pas à l'extérieur et son décor en pierre est d'un caractère religieux suffisamment peu accusé pour qu'on ait pu la transformer en salle des États. Mais plus souvent les chapelles se signalent à l'extérieur, en général par une saillie (à Anet par deux petites tours en obélisque et un dôme). A l'intérieur, c'est une église de petites dimensions qui suit l'évolution du style depuis la chapelle Saint-Hubert à Amboise, dont le décor est encore purement flamboyant, jusqu'à la chapelle de la Trinité à Fontainebleau, en passant par le classicisme savant de Philibert de L'Orme (Anet).

Dans les pièces, la cheminée est en général l'occasion d'une décoration de caractère architectural. Cette habitude remonte à la période médiévale et les exemples sont innombrables. Philibert de L'Orme consacre tout un chapitre de son *Architecture française* aux cheminées, tant du point de vue de la décoration que du fonctionnement. Il note que l'habitude en France est de construire les cheminées en saillie et de les élever à la verticale. On peut ajouter que la tendance est de leur donner le maximum d'indépendance alors qu'en Italie la cheminée est plus souvent intégrée au reste de la décoration. Les superbes cheminées sculptées d'ornements flamboyants à Josselin (Morbihan) sont un bel exemple des habitudes françaises. A Amboise, à Blois et dans les autres châteaux de la Loire, on voit l'ornementation italianisante supplanter les motifs gothiques, mais la conception d'ensemble ne change pas. En revanche, les Italiens de Fontainebleau vont mettre un moindre accent sur la cheminée. La seule qui nous reste de Primatice (chambre de la

Château de Villeneuve-Lembron (Puy-de-Dôme). Peinture murale représentant un astrologue.

Reine) est traitée en peinture et stuc, et devait s'intégrer au reste de la pièce. Il est caractéristique que lorsque Philibert de L'Orme prend en main le décor de la salle de bal, il y construit une vaste cheminée de caractère architectural et enrichie de satyres en bronze. Si à Écouen la célèbre cheminée de la salle d'honneur est seule à être sculptée (une Victoire, attribuée sans fondement à Jean Goujon), il est clair que les autres cheminées peintes sont une solution économique de remplacement; en tout cas, elles ne s'intègrent pas dans un décor mural peint puisqu'on ne voit qu'une étroite frise peinte sous le plafond à la française. Les eaux-fortes de Du Cerceau ont popularisé, après le milieu du siècle, le type de la cheminée surmontée d'un tableau. Les compositions qu'elles proposent sont généralement des paysages, dont l'architecte s'accommode mieux que des compositions à grands personnages qui au XVIe siècle sont habituellement associés au pur ornement (c'est aussi le cas à Écouen). La *Belle Cheminée* de Fontainebleau, malheureusement détruite (des éléments dépecés en subsistent à Fontainebleau et au Louvre) sera sous Henri IV le dernier triomphe des cheminées monumentales à la française.

IV. La décoration peinte

On a tendance à considérer la décoration peinte dans les châteaux français comme une acquisition de la Renaissance. Point de doute en tout cas que, sous un climat souvent froid et humide, la tapisserie offrait un décor plus confortable que la fresque; en outre la tapisserie, vite roulée et facilement transportable, convenait particulièrement à des habitudes de vie encore ambulantes. Pourtant on ne saurait se prononcer d'une façon absolue, et la *chambre du Cerf* ou cabinet de travail de Clément VI, dans la tour de la Garde-Robe au palais des Papes d'Avignon, à l'originalité si surprenante dans l'ensemble de peinture italienne du palais, pourrait refléter des traditions qui ne doivent rien à l'Italie. Au début du XVIe siècle, au château de Rochechouart, on trouve vers 1510 une pièce décorée de scènes de chasse où la disposition — un peu déconcertante — des peintures, non plus que le style, presque populaire sans être naïf, ne rappellent en rien la peinture italienne. Faut-il y voir un cas exceptionnel, transposition peinte d'un décor normalement exécuté en tapisserie, ou au contraire le témoin d'une série disparue? La *galerie des Cerfs* à décor mural peint est sans doute une tradition qui remonte assez haut. A Gaillon (Eure), à côté de la chapelle décorée par Andrea Solario et par conséquent d'importation totalement italienne, il y avait des peintures aux murs des galeries ouvertes, alors que le velours, le bois et la tapisserie régnaient dans les appartements.

Ces exemples ne constituent pourtant que des fragments épars difficiles à replacer dans une évolution définie d'après l'état actuel de nos connaissances. Il est probable qu'à peu d'exceptions près, la tapisserie restait le décor favori des grandes pièces d'apparat. Les nombreuses séries qui nous restent pour la fin du XVe et le début du XVIe siècle l'attestent avec éloquence. Leur qualité est parfois éblouissante, si l'on songe par exemple à la Dame à la Licorne ou aux plus belles pièces à décor *mille fleurs*. Les nombreuses mentions d'inventaires laissent deviner l'abondance des tapisseries dans les grandes demeures. François Ier fit encore des achats importants de tapisseries; mais à partir de 1540 environ, si les lissiers produisent encore des chefs-d'œuvre comme la célèbre tenture de Diane qui décorait probablement Anet, la tapisserie a une concurrente. Les peintres italiens attirés par François Ier ont établi en France les premiers jalons d'une tradition de peinture murale qui allaient servir d'exemple jusqu'en plein XIXe siècle; Delacroix s'en est délibérément inspiré.

L'originalité de Fontainebleau

La galerie François Ier à Fontainebleau marque une étape capitale dans l'histoire de la décoration, en France et en Europe. Comme ce chef-d'œuvre a été gravement altéré, il importe pour bien le comprendre d'en restituer par la pensée le caractère original. On sait qu'en doublant cette aile du château, le XVIIIe siècle a aveuglé les fenêtres d'un de ses longs côtés, et qu'il a fait disparaître une petite pièce, ou *cabinet,* qui attenait à la galerie en son milieu du côté nord et faisait partie du même ensemble décoratif. Les boiseries étaient continues et la peinture de *Jupiter et Sémélé,* qu'on voyait au-dessus de la cheminée du cabinet, répondait à *Jupiter et Danaé* qui se trouve dans le compartiment central du côté sud de la galerie (la correspondance était perceptible non seulement à cause des sujets, mais parce qu'il s'agissait de deux ovales couchés). Au XVIIe siècle, on a aussi défiguré le compartiment du *Sacrifice* pour percer une grande porte donnant sur l'escalier du roi; mais l'atteinte la plus grave peut-être a été le percement des grandes portes aux extrémités de la galerie. A l'origine, il y avait au centre des petits côtés un tableau de Rosso, ovale vertical, et l'on accédait à la galerie par des portes suffisamment

Château de Fontainebleau (Seine-et-Marne). En haut : stucs de la chambre de la duchesse d'Étampes, décorée par Primatice.
En bas : cheminée de la chambre de la Reine.

petites pour être dissimulées dans le lambris. Ceci évitait l'impression désagréable de corridor que l'ensemble produit aujourd'hui.

Dans sa conception originale, la galerie de Fontainebleau était un environnement complet, continu et clos. Le riche plancher (sans rapport avec celui qu'on voit aujourd'hui), en chêne à filets de noyer en carrés et losanges, répondait peut-être au dessin du plafond à caissons. Ce dernier était peint et doré, mais sa restauration moderne n'a pas reproduit les couleurs originales. Un lambris en noyer à motifs ornementaux garnis de F et de salamandres, avec rehauts d'or, monte à mi-hauteur de la pièce. Les portes-fenêtres que nous voyons remplacent des fenêtres à appuis de maçonnerie, en sorte que le lambris se poursuivait sans interruption sur le mur d'allège et dans les embrasures, donnant ainsi une plus grande impression de continuité. Entre la cimaise de ce lambris et le plafond se déployait l'enlacement de stucs et de peintures inventé par Rosso. Chaque compartiment, entre les croisées, présente une composition en triptyque dont les parties latérales répondent aux solives du plafond, créant ainsi un lien entre les niveaux. Cette portée des poutres est du reste continuée jusqu'au sol par le dessin du lambris, si consciemment que le devis de la menuiserie mentionne avec précision *les deux autres [panneaux] qui seront en façon de pilliers soubz l'endroit des poultres...* Enfin les fenêtres elles-mêmes étaient garnies de vitraux, peut-être à décor armorié. On avait donc une décoration ininterrompue, d'une richesse sans précédent, comme l'ornementation d'un précieux coffret tournée vers l'intérieur.

Nous avons insisté sur le caractère complet et continu de la galerie parce que l'on est tenté d'isoler l'étude des stucs et des peintures. Néanmoins, il faut avouer que c'était là l'élément le plus nouveau en France. Rosso et ses aides y portèrent au plus haut degré de perfection et de complexité l'art italien de la décoration murale, adapté aux conditions locales. Par ses proportions et par ses hauts lambris, la galerie est très différente de ce qu'on voit alors en Italie. En revanche, les compositions historiques et mythologiques n'ont aucun rapport avec ce que l'on connaissait en France, même si l'on suppose que nous avons perdu beaucoup de peintures murales. On imagine l'impression que dut produire ce déploiement sur des yeux pour lesquels la décoration « moderne » était celle des tapisseries *mille fleurs*. Les sujets classicisants, parfois très obscurs et érudits, d'un programme iconographique qui nous échappe encore, même si l'on en devine les grandes lignes, demandaient sûrement des explications; mais même le visiteur non averti était frappé dès l'abord par un genre de figuration tout nouveau, par les nus héroïques, par une atmosphère de mythologie poétique bien différente de celle qu'avaient cultivée les grands rhétoriqueurs et que reflètent par exemple des tapisseries comme l'exquis *Narcisse* (Boston). Sans entrer dans le détail des sujets, sans recourir à des sources littéraires plus ou moins savantes, l'expérience quotidienne permettait de reconnaître dans les figures une transposition idéalisée, agrandie, comme une apothéose de la vie de Cour, d'autant plus que les emblèmes de François Ier y sont partout répandus et que les traits mêmes du roi apparaissent au moins une fois (personnage central de l'*Unité de l'État*).

Le rôle de Rosso et de Primatice

On a beaucoup discuté la part qu'il fallait faire respectivement à Rosso et à Primatice dans les innovations décoratives de Fontainebleau avant 1540 (date de la mort du premier). La question est rendue particulièrement difficile du fait que les premières œuvres de Primatice à Fontainebleau sont détruites, à l'exception de la cheminée de la chambre de la Reine (seul vestige de cette pièce). Mc Allister Johnson et Sylvie Béguin ont du moins bien éclairé notre connaissance de la chambre du Roi. Mme Béguin, en particulier, a démontré qu'il fallait distinguer deux campagnes, l'une au début, l'autre à la fin de la carrière de Primatice. Les scènes de l'*Odyssée* décrites par les guides anciens du château et connues par quelques dessins préparatoires et par des copies n'ont été exécutées qu'en 1570 et ont remplacé les peintures de 1533-1535 (probablement l'histoire de Psyché); on avait pourtant conservé les grands termes en stuc dorés et le reste de la décoration d'origine. Ces auteurs ont aussi suggéré que Primatice n'avait pas lui-même conçu le décor de 1533-1535 mais qu'il exécutait un projet de Jules Romain. Cette affirmation demande à être nuancée. Primatice a en effet utilisé des dessins de Jules Romain, et son style pictural à cette date est encore sous l'influence de l'art de Mantoue. En revanche, on imagine mal que Jules Romain ait eu l'idée de disposer l'alternance des stucs et des peintures au-dessus d'un haut lambris. Cette innovation, adaptation de la décoration italienne aux conditions et aux habitudes françaises, est bien plus probablement le fait de son élève et représentant, ou bien de Rosso.

Mc Allister Johnson a tenté d'accroître la part de Primatice à cause de l'antériorité supposée de la chambre du Roi sur la galerie, mais Mme Béguin fait justement remarquer que si cette dernière fut en effet exécutée plus tard, les projets de Rosso pour cette grande entreprise durent commencer très tôt. Quant aux observations de P. Vanaise sur le rôle supposé de Nicolas Bellin, Mme Béguin y a répondu en faisant remarquer que cet artiste, s'il a fait plus tard carrière en Angleterre, n'était à Fontainebleau qu'un exécutant parmi d'autres. Il faut reconnaître que, dans l'ornementation, ce sont la galerie et l'ornement rossesque qui ont servi de modèles à ce qu'on appelle le *style bellifontain*. Les graveurs, surtout Antonio Fantuzzi, puis Du Cerceau, ont joué un rôle important. En isolant l'appareil ornemental de la galerie, ils l'ont ainsi rendu adaptable à toute sorte d'usages, depuis les serrures jusqu'à la décoration monumentale, et ils l'ont largement diffusé.

Si le rôle de Rosso fut essentiel à la mise en place du système décoratif de Fontainebleau, Primatice eut l'avantage d'un long règne artistique qui se prolongea, incontesté, depuis la mort du Florentin en 1540 jusqu'en 1570. On a sûrement perdu quelques décorations de Rosso à Fontainebleau, en particulier au pavillon de Pomone où il collabora avec Primatice, et sans doute aussi au pavillon des Poêles. Mais c'était certainement peu de chose à côté de ce qu'a laissé Primatice. C'est celui-ci qui, par la variété et la fécondité de son talent, fit de Fontainebleau comme une nouvelle Rome. L'appartement du Roi (chambre, cabinet et salle) ayant entièrement disparu, la chambre de Mme d'Étampes, défigurée par sa transformation en cage d'escalier, nous donne une idée de la manière de Primatice vers 1540. C'est un art plus suave, plus classicisant que celui de Rosso. Les peintures sont entourées de stucs en haut-relief, au-dessus d'un haut lambris, selon le même principe qu'à la galerie. Mais ici les mêmes motifs (grands nus féminins, putti et guirlandes) se répètent, avec de légères variations d'un compartiment à l'autre. L'appareil décoratif n'a pas la frénésie et le lourd contenu iconographique que lui avait assigné Rosso. Les peintures représentent des épisodes de la vie d'Alexandre, surtout des épisodes galants. Le programme, au moins pour l'essentiel, est aussi clair ici, tant pour le sujet que pour ses références à la situation moderne, qu'il est obscur dans la galerie.

Parmi tant de décorations d'une veine aimable et souvent légèrement érotique que Primatice produisit jusque vers 1543-1545, l'ensemble le plus surprenant était sans doute l'appartement des Bains, décoré dès avant 1540. C'était une suite de six pièces situées sous la galerie François Ier, avec bain froid, étuves, *sudatorium* et salles de repos. Primatice y avait installé les chefs-d'œuvre de la collection de tableaux assemblée par François Ier, comme la *Charité* d'Andrea del Sarto, *la Vierge aux rochers* et la *Joconde* de Léonard de Vinci. Ces peintures étaient prises dans des encadrements de stuc et faisaient partie intégrante de la décoration. Outre ces morceaux célèbres dont une bonne partie ont survécu et font l'orgueil du Louvre, les bains de Fontainebleau avaient une décoration murale dont les commentateurs nous signalent le caractère particulièrement sensuel et même érotique. Nous avons une idée, par les dessins et les estampes, des compositions de l'histoire de Callisto que Primatice avait disposées dans la grande salle, celle du bain froid. Elle contenait un grand bassin pour plusieurs personnes en son milieu, entouré d'une balustrade en bois. Ce grand développement du bain, avec ses associations sexuelles constantes dans la culture occidentale depuis l'Antiquité romaine, cette suite de pièces consacrée à l'exaltation du corps et des sens (ce qui explique la présence de la collection royale), tout cela n'a pas d'équivalent en Italie.

En revanche, on trouverait un précédent au début du siècle dans le palais de Philippe de Clèves dont l'installation de bains, sans être aussi vaste et complexe qu'à Fontainebleau, occupait trois pièces et avait une décoration à peintures érotiques. C'est que dans le Nord, plus qu'en Italie, la tradition des bains et en particulier des bains publics s'était maintenue depuis l'Antiquité. Avec la Renaissance, elle prend un aspect nouveau, avec une volonté humaniste de recréer, à petite échelle, l'atmosphère des bains romains à l'intérieur de la résidence princière.

Après le règne de François Ier, Primatice mena surtout à bien deux grands projets à Fontainebleau : la galerie d'Ulysse et la salle de bal. La première, commencée dès le règne de François Ier, fut d'une exécution très longue, puisqu'elle ne fut achevée qu'en 1570. Avec elle, Primatice abandonne le stuc : tout est peint, même la voûte et le faux lambris. Les murs portaient cinquante-huit sujets de l'histoire d'Ulysse. Le plafond était décoré d'arabesques au milieu desquelles prenaient place de petits tableaux mythologiques selon le système mis au point par Raphaël aux Loges du Vatican. Cette galerie d'une immense longueur (toute l'aile sud de la cour du Cheval blanc) fut l'ouvrage le plus admiré de Primatice, mais elle fut détruite au XVIIIe siècle.

En 1553, Nicolo dell'Abate, en pleine maturité, vint s'installer en France comme principal exécutant des projets de Primatice, et sa manière personnelle a, dès ce moment, marqué la décoration bellifontaine. Il avait une vivacité et une liberté de pinceau très différentes de l'exécution un peu timide que l'on connaissait, et une palette très personnelle. On s'en rend encore compte à la salle de bal, malgré le mauvais état de sa conservation. Cette grande pièce occupe deux étages dans un corps de bâtiment qui vint remplacer des constructions antérieures entre la Porte dorée et la chapelle Saint-Saturnin, à la fin du règne de François Ier. Elle fut terminée sous Henri II par Philibert de L'Orme. C'est la seule salle du château de proportions vraiment monumentales. Le parti décoratif d'ensemble fut probablement mis au point par Philibert de L'Orme en accord avec Primatice. L'architecte établit un somptueux plafond en menuiserie à grands caissons d'un dessin absolument correct, là où Gilles Le Breton prévoyait une voûte de maçonnerie que sa portée même rendait difficile à réaliser. A la cheminée, dont on a parlé plus haut, répondait à l'autre extrémité de la salle une tribune pour les musiciens. Les compositions mythologiques peintes sur les dessins de Primatice règnent au-dessus d'un haut lambris dessiné par Philibert de L'Orme : dans les écoinçons, dans les profondes embrasures des fenêtres, sur le fond de la tribune, et de part et d'autre de la cheminée. Le parti très large, et le brio de Nicolo dell'Abate allié à la souplesse d'invention de Primatice font de cette salle la décoration la plus somptueuse de Fontainebleau; nous n'en connaissons malheureusement qu'un état radicalement restauré.

Château de Fontainebleau (Seine-et-Marne). Salle de bal.

La décoration peinte dans la suite de Fontainebleau

La décoration peinte de Fontainebleau est restée au XVIe siècle un ensemble unique par l'ampleur, la richesse et la diversité. C'est le seul des châteaux de François Ier où le roi ait fait exécuter de grandes décorations peintes. Le château de Madrid au bois de Boulogne, par exemple, était très original à cause de la faïence émaillée que l'on trouvait non seulement sur les façades, mais aussi, pour certains éléments, à l'intérieur (cheminée, gravée par Du Cerceau); le décor peint, au contraire, ne semble pas avoir été important. Les successeurs de François Ier ne firent peindre que très peu de décors en dehors de Fontainebleau, avant le règne de Henri IV qui reprendra la tradition.

Les peintres de Fontainebleau exécutèrent eux-mêmes quelques décorations dans certains châteaux qui n'appartenaient pas au roi. Le Primatice travailla ainsi pour le cardinal de Lorraine au château connu sous le nom de Grotte de Meudon. On est mal renseigné sur cet édifice entièrement disparu, mais il semble que la grotte à l'italienne et le bain en faisaient les principales attractions. C'était une demeure de plaisance, ancêtre des folies du XVIIIe siècle, et l'on peut penser que la peinture y jouait un grand rôle sans pouvoir donner de précisions. Ailleurs, l'intervention du peintre semble s'être limitée à la chapelle : Fleury-en-Bière (Seine-et-Marne), Beauregard (Loir-et-Cher).

Si l'art de Fontainebleau eut des répercussions considérables sur le style ornemental, sur la peinture de chevalet et même sur le vitrail religieux, il ne semble pas, même en tenant compte des destructions, que la grande décoration picturale ait créé une véritable émulation. A propos d'Écouen, on a vu plus haut que, malgré une dépendance étroite des encadrements décoratifs par rapport aux modèles bellifontains de 1536-1540, ces peintures ressortissent à une tout autre conception de la décoration. La cheminée, plutôt négligée à Fontainebleau, est le principal objet d'attention, et, bien que peinte, elle est traitée dans un goût architectural. Les murs, eux, sont laissés libres, sans doute pour la tapisserie, sauf une étroite frise peinte au-dessous du plafond à la française. Les compositions des dessus de cheminée, d'un accent inspiré par la Flandre, rappellent le style de Caron et de sa génération, et tout indique que ces œuvres ne sont pas antérieures à 1550. On se rapportait donc pour l'encadrement à des formules un peu vieillies. Au demeurant, si l'invention est assez fertile, l'exécution n'est pas de premier ordre. Au total, une œuvre décevante pour la demeure d'un des plus brillants personnages du royaume.

Si Écouen est une déception, Oiron (Deux-Sèvres) est une énigme. Claude Gouffier y fit exécuter des décorations peintes importantes. Grand écuyer de Henri II, il fit représenter, dans une galerie ouverte du rez-de-chaussée, les plus beaux chevaux des haras royaux. L'idée vient-elle de Mantoue, s'agit-il au contraire d'une tradition française, ou d'une initiative indépendante? On saurait d'autant moins exprimer une hypothèse que les peintures ont disparu. Il nous reste la surprenante galerie du premier étage, couverte de grandes peintures murales représentant l'histoire de Troie. D'après les documents, c'est l'œuvre de Noël Jallier, peintre dont nous n'avons aucune autre mention. Au contraire d'Écouen, nous trouvons ici un décor peint complet, même le soubassement non lambrissé. Fait très curieux, le maître d'Oiron n'est parvenu à fixer son parti décoratif que progressivement, en cours d'exécution, et il n'a pas pris la peine de revenir sur ses pas et d'effacer les signes de son hésitation. Autre étrangeté, il a peint une grande composition à l'angle de deux murs, de sorte que le tableau (avec son cadre) est plié à angle droit, archaïsme ou renvoi à la disposition de tapisseries, ou bien effort malheureux d'innovation? Ces bizarreries, qu'on attribuerait volontiers à un artiste très provincial, s'allient chez Jallier à une connaissance évidente de l'art le plus moderne, des solutions décoratives les plus récentes de Fontainebleau et de Rome, et s'il y a quelques souvenirs de la galerie François-Ier, ils n'interviennent pas au début de l'élaboration et restent secondaires. On peut, en revanche, se demander si Jallier ne s'est pas inspiré du parti choisi pour les murs de la galerie d'Ulysse à Fontainebleau qui comportaient un faux lambris peint en soubassement, mais dont autrement nous ne savons rien. Les effets illusionnistes des encadrements (draperies passant derrière le cadre, etc.) sont parfois un peu crus, mais il est frappant de noter que pour ses grandes compositions ambitieuses, Jallier ne s'est pas, comme tant d'autres, servi de modèles gravés. Il semble avoir agencé ses sujets lui-même non sans adresse, dans un idiome qui n'est pas précisément celui de Fontainebleau ni de l'Italie et qui n'est pas sans rapport avec le romanisme nordique, ou peut-être avec Jean Cousin, à en juger par les paysages du fond.

Un quart de siècle plus tard, on trouve à Ancy-le-Franc (Yonne) l'ensemble connu le plus complet en dehors de Fontainebleau. Les formules ne se sont pas renouvelées. La chambre des

Arts est si proche par sa conception de ce que faisait Primatice vers 1545-1550 que Louis Dimier a pu un moment la lui attribuer jusqu'à ce qu'il se fût rendu compte qu'elle était postérieure à la mort du maître. Elle revient donc à un proche imitateur. Plusieurs pièces présentent un décor trop dégradé pour qu'on puisse bien juger de sa qualité, mais il atteste du moins l'ambition de l'ensemble. Les grotesques mis à la mode par la galerie d'Ulysse y jouent un grand rôle. Dans une pièce où ils couvrent les murs, ils entourent de petites compositions sur l'histoire de Jason reprises du recueil gravé par Boyvin d'après Léonard Thiry; l'exécution en est médiocre (mais il faut se méfier des repeints). Ce décor à grotesques, abondamment répandu par la gravure, fut populaire dans le dernier tiers du siècle. On en trouve plusieurs exemples dans des châteaux secondaires, où il est souvent cantonné aux voûtes et aux embrasures : Chareil-Cintrat (Allier), peut-être dès 1560 environ, Villeneuve-Lembron (Puy-de-Dôme), Domeyrat (Haute-Loire), Le Lude (Sarthe). Ce genre de décoration, plus facile à entreprendre que les grandes compositions à figures, est bien adapté à des chantiers modestes, à une époque où les guerres de Religion ont à peu près interrompu les grands travaux. La voûte de la tour de la Ligue au château de Tanlay (Yonne) est un exemple de ce que pouvait donner le grand décor figuré en ces temps difficiles.

Le nouveau style de décoration architecturale

Si le château d'Anet avait moins souffert, on comprendrait mieux les contrastes de la décoration intérieure, et en général de l'art en France au milieu du XVIe siècle. En dehors de la chapelle, il ne nous reste plus de la décoration intérieure que quelques fragments : des morceaux de serrurerie d'une grande finesse, des débris de vitraux (si ce sont bien ceux d'origine), surtout des restes de menuiserie, en particulier la merveilleuse porte qu'on voit à l'École des beaux-arts. Cette demeure fut élevée pour Diane de Poitiers à une vitesse surprenante et sans épargner aucun moyen, avec l'intention évidente d'étonner la cour. C'était donc, presque nécessairement, une réplique à Fontainebleau qui résumait les fastes du précédent règne. Ceci ne veut pas dire pour autant qu'elle représente un parti français, une résistance nationale face à l'italianisme envahisseur. Sans doute, Philibert de L'Orme avait-il un sens aigu des traditions nationales, et surtout des conditions locales; mais il avait aussi systématiquement assimilé l'art antique et l'art italien qu'il connaissait de première main. Il faut plutôt y voir la conception d'un architecte en face de celle des peintres de Fontainebleau. Il se peut bien que de L'Orme n'ait pas beaucoup aimé la peinture, et encore moins les peintres. Toujours est-il qu'il ne fit pas faire, autant que l'on sache, de décoration peinte importante sur les murs. En revanche, la menuiserie et le vitrail avaient un grand développement et l'architecte leur avait donné tous ses soins. Le sensationnel à Fontainebleau dépendait dans une large mesure de la figuration peinte et parfois sculptée, même si le reste était très soigné; Philibert de L'Orme compte plus sur l'ornement architectural entièrement renouvelé et sur le jeu des matières traité avec un goût particulièrement élégant et châtié. Ainsi la vitrerie, dont l'architecte était très fier, était *d'émail blanc* et c'était là une nouveauté; il renonce au chatoiement des verres colorés pour une lumière adoucie qui, jouant sur le bois de noyer rehaussé de dorures mais sans excès, devait produire une harmonie chaude, riche de matière mais sobre de coloris.

Le cabinet de travail de Du Thier au château de Beauregard, une des rares pièces du XVIe siècle qui nous soient parvenues avec leur décoration à peu près complète, nous donne probablement par reflet une idée de ce que fut l'art d'Anet. Maurice Roy a supposé que Philibert de L'Orme avait suivi les travaux, mais sans présenter d'arguments décisifs. C'est un décor entièrement en bois, d'une grande élégance. Quelques peintures, des natures mortes, animent la partie supérieure du lambris, mais l'équilibre est tout autre que dans les œuvres de Fontainebleau que nous avons examinées, la peinture étant prise dans le lambris dont elle occupe certains panneaux; de plus la nature morte est toute proche de l'ornement. Des recherches récentes font penser que les peintures sont postérieures au règne d'Henri II et à la date du reste de la pièce, mais elles reflètent probablement l'idée originelle car on trouve des peintures ainsi intégrées dans le lambris dans le devis d'un cabinet fait pour Catherine de Médicis. Un dessin qui nous conserve le souvenir d'une cheminée d'Anet la montre surmontée d'un paysage. C'est ce que l'on trouve souvent dans les modèles de cheminées publiés par Du Cerceau qui suit probablement l'exemple de Philibert de L'Orme. Ici, comme à Beauregard, la peinture joue un rôle annexe et presque ornemental, le paysage étant à l'époque un genre non expressif.

Ce qui nous échappe surtout à Anet est la décoration des grandes pièces d'apparat. Un texte bien connu nous apprend que la galerie comportait des portraits de la maîtresse du lieu dont faisait peut-être partie la *Diane chasseresse* du Louvre, mais nous ne savons pas comment ces

Château d'Anet (Eure-et-Loir). Tapisserie de l'Histoire de Diane, la mort d'Orion.

tableaux étaient disposés ou encadrés. Sans doute la tapisserie jouait-elle un rôle important (et les tissus en général). La tenture de Diane, dont les six morceaux connus ne constituent probablement pas l'ensemble complet, offrait de quoi garnir les murs d'une grande salle; et toujours, bien sûr, il faut compter avec les vitraux.

Ce décor architectural, ce maniement savant de l'ornement dans une ordonnance plus structurée, ne fut pas seulement le fait de Philibert de L'Orme, mais d'une génération. Pierre Lescot — et il faut peut-être joindre le nom de Jean Goujon au sien puisque les conditions de leur collaboration demeurent mystérieuses — a donné des exemples de décoration intérieure qui manifestent une assimilation aussi complète du vocabulaire classique à des fins originales. Lescot, d'après le texte de sa nomination, avait la haute main non seulement sur la construction du nouveau Louvre, mais sur l'aménagement intérieur et même sur le mobilier. L'ensemble de la salle de bal (dite aujourd'hui des Cariatides) et du *tribunal*, surélevé de trois marches et séparé de la salle par de riches colonnes corinthiennes, constitue déjà une véritable scénographie architecturale (les remaniements du XIXe siècle ont altéré l'effet). On conserve la chambre du Roi, bien que déplacée à l'intérieur du Louvre. Le plafond, commandé en 1556 à Scibec de Carpi sur des dessins fournis par Lescot, est resté à peu près intact, tandis que le reste de la menuiserie fut profondément remanié. Au XVIIe siècle, Sauval s'est longuement étendu sur cette œuvre merveilleuse. Non seulement elle est d'une perfection rarement égalée, mais un ornemaniste du XVIIe siècle ne l'aurait pas désavouée. La forte articulation des motifs, la plénitude du relief, l'équilibre entre l'extrême richesse ornementale et la clarté du parti d'ensemble ont évidemment servi de modèle aux grands décorateurs du siècle de Louis XIV. On peut même dire que c'est au XVIIe siècle seulement que les innovations spectaculaires du règne d'Henri II, préparées il est vrai au règne précédent, ont été vraiment assimilées, après plusieurs générations de troubles politiques et d'hésitation stylistique.

La décoration sous Henri IV

Les guerres de Religion avaient arrêté presque entièrement tous les grands chantiers architecturaux et décoratifs, en particulier dans les bâtiments du roi. Après le retour de la paix, l'œuvre de restauration d'Henri IV, œuvre énorme de remise sur pied d'un royaume après un demi-siècle ou presque de troubles et cinq ans de guerre civile intense, cette œuvre impliquait tout naturellement la reprise et l'entreprise de travaux dans les résidences royales. La culture n'est du reste jamais étrangère aux affirmations du pouvoir, surtout lorsqu'il s'agit d'un règne qui a besoin d'établir sa légitimité. Henri IV n'entreprit guère de nouveaux chantiers; les Valois lui en laissaient suffisamment à compléter, restaurer et aménager. C'est dans ces circonstances qu'apparaît ce que l'on appelle la seconde école de Fontainebleau dont les maîtres furent Toussaint Dubreuil, Ambroise Dubois et Martin Fréminet. Ces habiles décorateurs ont travaillé dans les principales résidences : Fontainebleau, le Louvre, les Tuileries, Saint-Germain-en-Laye. Fontainebleau n'est donc plus exceptionnel comme il l'était auparavant et la grande décoration peinte se répand. Malheureusement il ne nous reste que très peu de chose de ces vastes travaux : la chapelle de la Trinité, et le cabinet de Théagène et Chariclée (maintenant dit salon Louis XIII) à Fontainebleau; encore ce dernier a-t-il été remanié.

Dans cette campagne artistique, si évidemment liée à un programme de consolidation politique, il n'est pas surprenant de constater des renvois au passé. Du reste, il y a à la fois continuité et retour en arrière. D'une part Dubreuil, le plus doué de ces décorateurs, dont les débuts sont très mal connus, semble bien s'être formé à Fontainebleau auprès des continuateurs de Primatice et de Nicolo dell'Abate et avoir ainsi recueilli la tradition de leurs mains. Mais il y a aussi un effort rétrospectif pour revenir aux grands exemples du règne de François Ier. Ce roi fut, à n'en pas douter, le principal modèle d'Henri IV, et il était normal qu'on tournât les yeux vers les illustrations de son règne. Dubreuil et Dubois se sont systématiquement inspirés de Primatice dans leurs compositions, avec leurs demi-figures à l'avant et leur disposition en plans successifs très accusés.

Pourtant les ensembles décoratifs de cette époque avaient leur originalité et Louis Dimier a pu parler de *progrès* dans ce domaine par rapport à la grande époque de Fontainebleau. L'accord général est assez différent parce que la peinture à l'huile (soit sur toile, soit sur le plâtre) a remplacé la fresque. Au cabinet de Théagène, on s'aperçoit que la peinture est mieux intégrée au décor, le lambris étant lui-même peint, et la division en bandes superposées moins abrupte. Le plafond de la galerie de Diane à Fontainebleau présentait comme la galerie d'Ulysse, à laquelle elle faisait suite, un décor de grotesques, mais l'agencement des tableaux insérés y était plus articulé, plus scandé, et Dimier y a justement vu une étape vers les rythmes de Vouet et de Le Brun. En somme, on peut dire que, si ces peintres se sont servis chez Primatice pour les exemples de composition picturale, ils ont tenté, comme décorateurs, d'assimiler la leçon du décor architectural du temps d'Henri II.

Dans le choix et le traitement des sujets, on enregistre aussi des nouveautés. Mme Béguin a fait observer le succès des cycles romanesques comme le *Roland furieux,* la *Jérusalem délivrée,* ou *Théagène et Chariclée* au détriment de la mythologie. Même lorsque la mythologie est mise à contribution, elle change pourtant de caractère. Ainsi à la galerie de Diane, voyait-on des personnages modernes, en particulier Henri IV, juxtaposés aux dieux de la fable. C'est que ceux-ci ne sont plus pris au sérieux comme ils l'étaient à la Renaissance grâce à l'action combinée d'un respect profond de l'Antiquité enfin retrouvée et d'une permanence tenace des croyances magiques sur l'action des astres auxquels ces dieux antiques étaient associés. Dépourvue de son efficacité, la mythologie va se réduire à un superbe langage codé au service des dithyrambes officiels. Cette évolution est déjà bien entamée dans la galerie de Dubois, et lorsqu'en 1620, les peintres de la seconde école de Fontainebleau étant tous morts, Rubens peindra la galerie Médicis au Luxembourg, il se souviendra peut-être de cet exemple pour mettre définitivement au point la mythologie allégorique du Grand Siècle. Pourtant le contexte décoratif de ces peintures prestigieuses était assez banal, comme l'a montré Jacques Thuillier. Ce sera le rôle de Vouet et de sa génération que de donner une vie nouvelle à la décoration. Mais si l'on avait conservé plus d'œuvres du règne d'Henri IV, on jugerait peut-être qu'ils ont développé plutôt que renouvelé les formules.

L'époque d'Henri IV et de Louis XIII

Claude Mignot

Par leur site, leurs dimensions, leur fonction, les châteaux diffèrent des hôtels urbains; leur histoire n'en est pas moins parallèle à celle des hôtels. Pendant les premières décennies du XVIIe siècle, les châteaux restent fidèles comme eux aux modèles élaborés au XVIe siècle. Par-delà l'interruption des guerres de Religion, les architectes renouent tout naturellement avec les solutions et les problèmes antérieurs et, de 1570 à 1630, on n'observe aucune rupture fondamentale dans la conception du château comme l'indique la réédition du *troisième livre d'architecture* de Jacques Androuet Du Cerceau (1582, 1615). Ainsi daté vers 1630 sur des critères stylistiques, le château de Wideville s'est révélé être bâti un demi-siècle plus tôt. Cette continuité sera plus évidente lorsqu'on connaîtra mieux les réalisations des années 1580 : Fresnes (Seine-et-Marne), Courances (Essonne), etc. Puis, entre 1635 et 1645, une série d'innovations techniques (escaliers à vide, combles brisés), distributives (vestibules, salles à l'italienne, alcôves) et esthétiques (rejet de la polychromie, recherche de la simplicité ornementale) se conjuguent pour définir un nouveau type de château dont le plan plus ouvert, les distributions plus complexes, les élévations plus sobres et les jardins plus amples rompent décidément avec la tradition.

I. Les conditions sociales

La relative prospérité économique qui marque les décennies 1610-1640 favorise sans aucun doute la construction. De même que les villes, Paris notamment, se reconstruisent et s'étendent, les campagnes se couvrent de nouveaux châteaux. Nous manquons de données statistiques précises, modulées selon les provinces et les différentes strates de la noblesse, mais ces études ne pourront sans doute que confirmer l'idée d'une répartition géographique et sociologique très inégale de ces créations, qui atteignent, semble-t-il, un niveau sans précédent (une liste en a été donnée par L. Hautecœur, *op. cit.*, p. 955-961).

Richesse et pouvoir étant largement concentrés à Paris, les réalisations les plus notables sont le fait de personnages installés dans la capitale, ministres, secrétaires d'État, financiers, parlementaires. Qu'ils construisent autour de Paris ou de Fontainebleau, ou sur leurs fiefs provinciaux, ils font appel à des architectes parisiens. Salomon de Brosse construit Coulommiers en Brie, Blérancourt en Picardie; Marc Robelin, Brèves en Nivernais; François Mansart, Balleroy en Normandie et Blois; Jacques Le Mercier, Richelieu en Poitou; Pierre Le Muet, Chavigny en Touraine, Tanlay en Bourgogne, Pont en Champagne, etc. Aussi le poids du régionalisme, sensible encore dans les constructions les plus modestes, ne porte-t-il dans les plus importantes que sur la pente des toits ou les matériaux.

La qualité du maître de l'ouvrage est plus importante que la région; elle vient déterminer, et l'on n'y prend pas toujours assez garde, les distributions, mais aussi d'une certaine manière le style des élévations. Une double lecture sociologique et historique est nécessaire : on ne peut parler d'évolution distributive et stylistique qu'à niveau social identique.

Victimes du temps des troubles, un bon nombre de petits gentilshommes campagnards ont le plus grand mal à entretenir le château ou le manoir familial. Au mieux, ils le modernisent modestement, perçant de nouvelles baies (Sigy ou Farcheville en Ile-de-France, Fages-Saint-Cyprien en Dordogne) ou établissant sur l'irrégulière plate-forme médiévale un nouveau corps de logis (Le Gratot dans la Manche). Au pire, ils sont contraints de vendre, soit à la strate supérieure de la noblesse, qui rassemble, dans ces décennies, fiefs et seigneuries en grands domaines, soit à la noblesse d'offices, qui constitue peu à peu, surtout autour des villes de parlement (Dijon, Rouen, Bordeaux, Aix et évidemment Paris), une couronne de domaines plus ou moins opulents.

Plus qu'au roi dont le rôle est relativement effacé — si Henri IV agrandit et aménage somptueusement le Louvre, Fontainebleau et Saint-Germain-en-Laye, il ne crée pas de nouveau château; quant au Versailles de Louis XIII, il ne se distingue pas des créations contemporaines —, l'initiative architecturale appartient aux ministres, surintendants des finances et gouverneurs de province, ainsi qu'aux parlementaires et officiers royaux. Mais ces derniers ont souvent des moyens relativement limités, tandis que les premiers restent attachés à des formes traditionnelles; les initiatives les plus intéressantes viennent d'un petit groupe intermédiaire de financiers et de présidents de cour souveraine, qui avec des moyens supérieurs à ceux de la petite noblesse d'offices, sont plus libres face à la tradition médiévale.

L'effacement de la petite noblesse rurale et le rôle contrasté des différentes strates nobiliaires expliquent l'évolution très sensible qui affecte entre 1590 et 1650 l'importance relative des fonctions traditionnelles du château français : militaire, féodale, agricole et résidentielle.

Château de Tanlay (Yonne). Vue générale du côté de l'entrée. Gravure de XIXᵉ siècle.

II. Fonctions

Maison noble aux champs, le château garde sous Henri IV et Louis XIII une forte valeur nobiliaire. L'achat d'un fief reste l'un des moyens les plus usuels d'anoblissement, la construction d'un château, l'un des signes essentiels d'une ascension sociale. De Jean de Sève, trésorier de la généralité de Lyon, qui fait construire en 1606 le château de Fléchères en Bresse, au cardinal de Richelieu, qui fait rebâtir en 1631 le château familial lorsqu'il est nommé duc et pair, les exemples sont innombrables. Inversement, la construction d'un château précède souvent et justifie un anoblissement. En 1637, Claude Bouthillier, surintendant des finances depuis 1632, fait reconstruire un château sur le petit fief de Chavigny en Touraine; en 1639, Chavigny est érigé en comté pour son fils Léon, qui devient *Monsieur de Chavigny.* En 1642, René de Longueil, président à mortier, fait construire le somptueux château de Maisons (Yvelines); en 1661, Maisons devient un marquisat. D'une certaine manière, c'est encore, comme au Moyen Âge, le château qui fait le noble.

Mais le château change de nature. Au XVIᵉ siècle, et jusque dans la résidence royale du Louvre, l'héritage médiéval joue encore, on l'oublie trop souvent, un rôle considérable; d'innombrables châteaux forts, dont la vocation militaire est confirmée pendant les guerres de Religion, coexistent avec des résidences de grand luxe. Or au début du XVIIᵉ siècle, le patrimoine castral français connaît un renouvellement profond, le double jeu des destructions et des constructions ou reconstructions réduisant considérablement l'importance de cet héritage.

Les guerres de Religion constituent sans doute, avec la guerre de Cent Ans, l'un des épisodes essentiels de l'histoire négative du château français qui, depuis les origines, double l'histoire positive des nouvelles fondations. Pendant les troubles, qui ne prennent fin qu'en 1598, nombre de châteaux sont détruits ou endommagés et, après le retour de la paix, le roi ordonne encore le démantèlement de nombreux châteaux forts. Henri IV fait ainsi démanteler le donjon d'Étampes (1589), les châteaux de Dreux et de Merville (1593), de La Ferté-Milon (1597), de Rochefort-sur-Loire (1598), de Carlat (1603), de Craon (1604) etc. Ce mouvement se poursuit sous Louis XIII : châteaux de Pierrefonds (1617), de La Réole (1622), de Chinon, de Fougères, de Josselin, de Pézenas (1628), des Baux (1632), d'Usson (1633) etc. Ces destructions ne sont, le plus souvent, que très partielles : on arase les tours du château d'Angers, on découronne le château de Coucy. Cela suffit : les châteaux forts perdent leur affectation, pour devenir de pittoresques silhouettes, qui retiennent l'attention des graveurs (château de Montlhéry).

Parmi les nouveaux châteaux, bien rares sont ceux qui, tels Montrond (Cher), pour le prince de Condé (1635-1646), tirent parti des progrès considérables accomplis dans le domaine des fortifications et s'entourent, comme les citadelles qui protègent les frontières, de tout un système de cavaliers, demi-lunes, fausses braies et ravelins. Dans sa lutte contre les protestants et les mécontents, le roi, soutenu par les parlementaires

En haut, château de Chavigny (Indre-et-Loire). Gravure d'Israël Silvestre.
Au centre, château de Brissac (Maine-et-Loire). Greffe colossale du château classique sur la forteresse médiévale.
En bas, château de Vizille (Isère). Façade postérieure. Relevé de l'architecte des Monuments Historiques (1890).

catholiques, cherche à limiter ces initiatives. En 1614, le bureau de la Ville de Paris demande la destruction des châteaux et forteresses qui ne sont pas sur les frontières ou dans les villes capitales de province, et souhaite que les châteaux ne puissent désormais « être bâtis de manière à soutenir effort, si ce n'est de simples voleurs ». Dernier remous des guerres religieuses, premiers symptômes de la Fronde nobiliaire, tel est le sens de ce maintien d'une certaine valeur défensive, sensible çà et là. Le château de La Force en Périgord, canonné en 1622, ne fut pas pris. En 1629, une ordonnance royale, le code Michaud, interdit, sauf autorisation expresse, toute fortification, *hors les murailles, fossés et flancs de clôture.* Par la volonté royale, le château perd ainsi presque toute fonction militaire. Histoire des fortifications et histoire des châteaux se séparent définitivement sous Louis XIII.

Comme toujours, les mentalités et les formes n'enregistrent qu'avec retard ces déplacements. Les châteaux neufs ne se dégagent que lentement de l'archétype médiéval auquel ils restent fidèles, pour des raisons symboliques plus ou moins conscientes, par leur implantation, leur plan et leur silhouette. Au début du siècle, Olivier de Serres recommandait que le logis du seigneur fût « en dehors entièrement entouré de tours rondes ou carrées », et en 1624, dans un texte fort intéressant que nous utiliserons largement, *L'architecture française des bâtiments particuliers,* Louis Savot remarque : « La façon des bâtiments des villes a été et est encore à présent différente de celle des champs. Aujourd'hui, les maisons nobles aux champs sont la plupart bâtiments forts, principalement à coups de mains, et revêtus de fossés, ce qui ne se pratique pas ès villes. » Pour Savot et ses contemporains, il n'est point de château sans fossé.

Cet appareil militaire qui n'a plus qu'un objectif limité, résister à un coup de main de voleurs, garde une forte valeur symbolique qui explique en partie sa survivance à sa fonction. Fossés, créneaux et tourelles sont signes de noblesse. Maximilien de Béthune, nommé duc de Sully, fait relever le donjon de son nouveau duché et créneler les tours de Villebon (Eure-et-Loir). Les propriétaires se plaisent souvent à conserver tours et logis anciens. A Brissac (Maine-et-Loire) un corps moderne vient s'insérer entre deux tours médiévales que l'on entaille. A Richelieu (Indre-et-Loire), l'ancien corps de logis est conservé et doublé au-delà d'un nouveau pavillon d'escalier.

Châteaux de crête, châteaux de rivière, le désir de conserver au château son assise médiévale assure la survivance de ces deux implantations traditionnelles. A Brissac (1606-1621), à Vizille

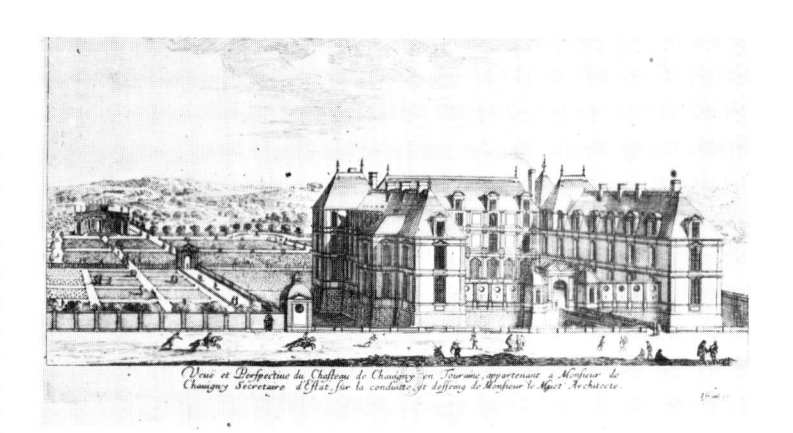

(Isère) (1602-1622), châteaux de crête, le plan déterminé par le site reste atypique, le désir de continuité l'emporte sur le souci moderne de régularité. Le site de fond de vallée, même s'il est renouvelé par le développement de l'art des jardins, n'est pas sans inconvénient (humidité, pestilence), on s'en aperçut trop tard à Coulommiers (Seine-et-Marne). Aussi commence-t-on à préférer, même s'il faut pour cela abandonner l'assise médiévale, comme à Brèves en Nivernais ou à Pont en Champagne, placer le château à mi-coteau, au-dessus de la rivière, quitte à avoir des fossés secs, pour trouver une vue dégagée sur toute la vallée, vers laquelle descend un jeu de terrasses.

Insensiblement, l'appareil militaire est détourné de sa fonction. A Coulommiers, le châtelet d'entrée est occupé par une chapelle; à Liancourt (Oise), on fait courir des faisans dans les fossés; à Pont-sur-Seine (Aube), on aménage une salle d'été à l'étage du rez-de-chaussée des fossés, ceux-ci jouant le rôle de cryptoportiques.

Il semble qu'au début du siècle, Henri IV et Sully aient espéré substituer à cette fonction militaire désuète une fonction agricole renouvelée. La publication en 1600 par Olivier de Serres du *Théâtre d'agriculture et ménage des champs* relève sans doute de cette politique. Cet encouragement à la noblesse rurale n'aboutit qu'imparfaitement; rares sont les châteaux qui deviennent, comme le domaine du Pradel d'Olivier de Serres, le centre d'une exploitation agricole modèle. Situés sur un terroir agricole, accompagnés de fermes, ils constituent certes un placement fort recherché mais, sauf pour les plus modestes, de même que leur fonction militaire s'amenuise, leur fonction agricole reste subordonnée à leur fonction résidentielle de plus en plus déterminante.

Au XVIe siècle et au début du XVIIe siècle, vignes et prairies viennent encore serrer de près le château et ses quelques parterres. La ferme est placée à l'écart ou, selon une disposition qui n'est pas sans rappeler le *baile* médiéval, ferme et château sont juxtaposés sur un terre-plein unique, les deux cours étant séparée par un mur-écran : Courances (Essonne), Berny (Val-de-Marne).

Dès le XVIe siècle, les architectes avaient songé à étendre au paysage rural les principes de l'aménagement urbain. Les planches du volume de Jacques Androuet Du Cerceau, *Les plus excellents bâtiments de France* (1576-1579), témoignent de ce souci d'un aménagement concerté du bâtiment et de ses dépendances. Au début du XVIIe siècle, les applications de ces principes se multiplient. Faute de cartes anciennes, nous ne pouvons vérifier ce phénomène que pour quelques réalisations. On soigne les abords, demi-lunes, larges avenues bordées d'ormes ou de platanes et de fossés, qui deviennent à Courances, disposition exceptionnelle, deux canaux. Au Plessis-Fortia (Loir-et-Cher, 1638), une avenue de plus d'un kilomètre, axée sur le clocher de l'église, relie le château au village. Les dépendances sont organisées symétriquement et forment avant-cour, comme à Blérancourt (Aisne) ou à Pont-sur-Seine (Aube). Lorsque cette symétrie ne saurait exister, comme à Berny ou à Tanlay (Yonne), un jeu de murs-écrans et un changement d'axe permettent de la simuler.

La composition est parfois encore plus ambitieuse, comme à Richelieu (Indre-et-Loire), où tout le paysage est organisé autour du château : l'axe de la ville nouvelle, fondée par le cardinal, et l'axe des allées forestières viennent se croiser devant le portail du château; Versailles n'apportera rien de plus. A Balleroy (Calvados), le château est le sommet d'une orchestration — peut-être postérieure au château — plus modeste mais aussi savante, qui lie étroitement village, dépendances et logis seigneurial.

Le domaine agricole est peu à peu intégré tout entier au dessin et organisé selon les mêmes principes que les parterres. « La disposition du parc sera belle, écrit Louis Savot, s'il est divisé en vingt allées... Les places qui sont entre ces allées seront remplies les unes de bois sauvages, les autres d'arbres fruitiers et les autres employées en prairies, terres labourables et vignes selon l'étendue du parc ». Le paysage rural dans sa diversité est organisé pour la jouissance esthétique.

Les jardins changent ainsi de caractère. Au début du siècle, on se contente de quelques parterres de broderie que l'on se plaît à regarder des fenêtres. Lorsqu'ils se veulent plus spectaculaires, les jardins suivent la formule italienne des terrasses architecturées reliées par de grandes rampes obliques, Saint-Germain-en-Laye. Mais cette formule ne convenait guère pour les sites français, plus plats; aussi assiste-t-on à la mise au point progressive d'une nouvelle formule. Les parterres de broderie s'étendent et leur dessin se raffine; les jeux d'eau connaissent à Rueil (Hauts-de-Seine) et surtout à Liancourt (Oise, 1637-1650) un développement sans précédent. Le grand canal, que l'on trouve déjà à Fleury (Seine-et-Marne) puis à Fontainebleau, s'inscrit plus fermement dans le dessin du jardin à Richelieu, puis à Tanlay. A Pont-sur-Seine (1640-1645) avec ses terrasses enchaînées, son grand canal axé, ses allées et ses pelouses, la formule nouvelle est presque au point, mais les terrasses encore un peu hautes cassent trop brusquement les lignes de pente. Enfin à Maisons (Yvelines), le dessin se fait encore plus vaste. Le jardin à la française est né.

En haut, château de La Force (Dordogne). Étonnante composition polygonale dont il ne reste que des ruines. Gravure du XVIIIe siècle.
En bas, château de Richelieu (Indre-et-Loire). L'immense composition symétrique préfigure Versailles. Gravure de G. Pérelle.

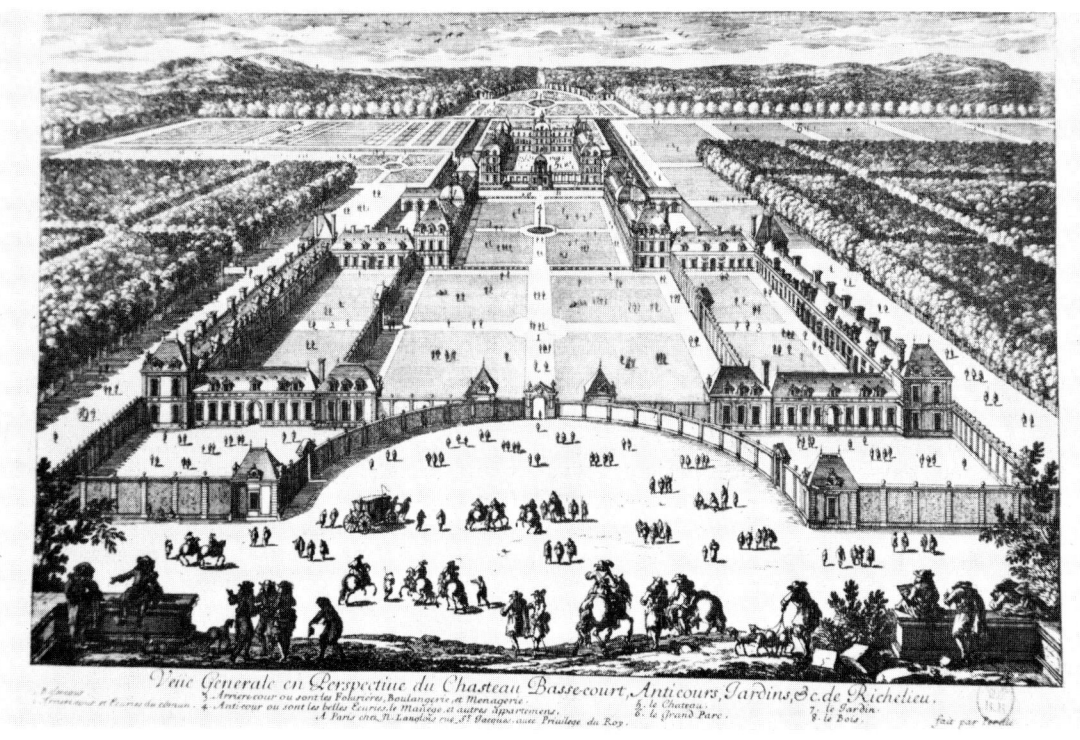

262

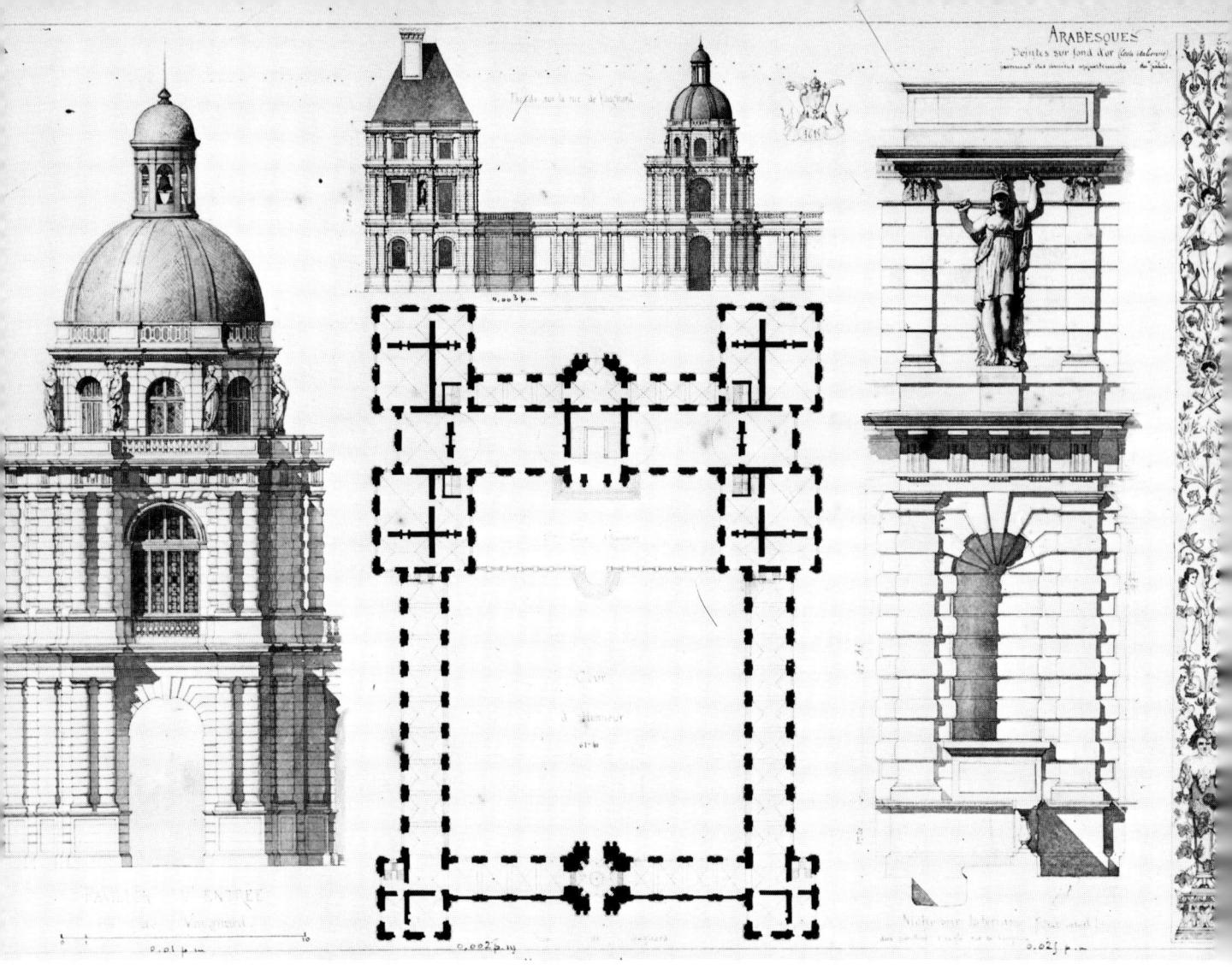

En haut, palais du Luxembourg (Paris). Plan et détails des façades. Relevés de J.C. Formigé (1874).
En bas, château de Cheverny (Loir-et-Cher). Type du plan massé à pavillons juxtaposés.
Page suivante, château de Vaux-le-Vicomte (Seine-et-Marne). A gauche, plan par J. Marot.
A droite, façade du côté de l'entrée.

III. Les plans

Au début du siècle, la persistance discrète de l'archétype médiéval n'est pas moins sensible dans le plan du château proprement dit. Les architectes de la Renaissance avaient rêvé sur les modèles italiens du *palazzo* et de la *villa* et multiplié expériences et inventions typologiques. Vers 1600, toutes ces expériences semblent abandonnées et on observe un resserrement typologique très net autour des formules les plus simples et les plus traditionnelles. Le château de La Force en Périgord (1604-1614) avec sa cour polygonale qui rappelle les expériences typologiques de Jacques Androuet Du Cerceau reste un cas exceptionnel.

Des fossés pleins ou secs délimitent un terre-plein rectangulaire plus ou moins vaste, sur lequel les corps du château s'organisent. On distingue trois types de plans : plan en quadrilatère, autour d'une cour, avec une aile antérieure plus basse; plan désarticulé avec un corps principal au fond du terre-plein et deux pavillons détachés aux angles antérieurs; plan massé, avec un pavillon entre deux corps plus bas, ou un corps entre deux pavillons.

Le plan massé se généralisant vers 1640, quelques historiens — F. Gébelin, L. Hautecœur — ont cru pouvoir conclure à un abandon progressif du plan en quadrilatère et au passage insensible, par disparition des ailes puis des pavillons détachés, au plan massé. Cette présentation évolutionniste est séduisante, mais un peu forcée. Il n'y a pas filiation d'un type à l'autre. Ces trois plans ont leurs prototypes au XVIe siècle et coexistent tout au long de notre période. Plan en quadrilatère, plan désarticulé et plan massé relèvent non de partis architecturaux concurrents, mais de programmes différents.

Jusque vers 1635-1640, le plan le plus habituel reste, pour les châteaux comme pour les hôtels urbains, le plan en carré autour d'une cour, comme l'indique bien Savot dans son *Architecture française* : « Les corps de logis simples sont plus ordinaires en France qu'en autre lieu. Cette forme se pratique ordinairement en bâtissant sur les quatre côtés d'une cour, sur l'un desquels on dresse le corps de logis principal opposé à la face de l'entrée... sur les deux autres côtés joignant le précédent, on dresse deux autres corps d'hôtel appelés bras ou potences, en l'une desquelles on construit souvent une galerie, l'autre s'emploie en divers logements... Le quatrième côté est celui de l'entrée, qui doit être directement opposé à la face du principal corps de logis. On le bâtit ordinairement en terrasse à un seul étage aux champs, pour rendre les vues de tout le logis plus gaies et plus libres, et tout le logis plus riant... Cette forme de logis est aussi toujours accompagnée de quatre pavillons en sortie et défense dressés aux quatre coins. »

Ce plan, version modernisée du château médiéval et non adaptation du *palazzo* italien, et que l'on trouve déjà à Bury (1510), permet de distribuer tous les éléments nécessaires à une grande demeure, salles et appartements de part et d'autre de l'escalier central, galerie dans l'aile droite, appartements des officiers dans l'aile gauche. Loin d'être progressivement abandonné, il reste le grand parti adopté, tout au long de notre période, par tous les architectes, de Salomon de Brosse à François Mansart, des Métezeau à Pierre Le Muet, dès que le statut social du client l'exige.

Citons Rosny-sur-Seine pour Sully (1598), Cadillac pour le duc d'Épernon (1599), Coulommiers pour la duchesse de Longueville (1613) et le Luxembourg, château suburbain, pour Marie de Médicis (1614) par Salomon de Brosse, Chilly pour le surintendant des finances Antoine Coiffier (1627) par Clément Métezeau, Versailles pour Louis XIII par Philibert Le Roy (1631), Richelieu pour le cardinal par Jacques Le Mercier (1631), le projet de Blois pour Gaston d'Orléans par François Mansart (1635), encore qu'ici la distribution soit bien plus complexe; Chavigny (1637) et Pont-sur-Seine (1638) pour Claude Bouthillier, surintendant des finances, et Tanlay pour Particelli d'Hémery (1642) par Pierre Le Muet, etc. Les seuls contre-exemples, Brissac pour le duc de Brissac (1599) et Vizille pour le duc de Lesdiguières (1611-1618), s'expliquent par un site resserré, encore qu'à Vizille on ait cherché à rappeler le modèle traditionnel en aménageant au nord de l'aile principale une cour bordée de bâtiments et fermée d'un mur sur le quatrième côté.

Ce plan présente plusieurs variantes : pavillons d'angle simples ou doubles, pavillon indépendant pour l'escalier ou non, dans le corps principal; aile d'entrée formée d'un simple corps de portique couvert en terrasse (Richelieu, Versailles), ou d'un mur-écran (Chavigny); accès marqué par un pavillon rappelant les châtelets médiévaux (Coulommiers, Richelieu, Tanlay), ou par un portail monumental (Rosny, Chilly, Chavigny).

Le plan désarticulé n'est pas un plan plus moderne, mais un parti plus modeste; il apparaît tout naturellement lorsque le maître de l'ouvrage aux revenus et au statut social plus modestes renonce à la galerie et aux appartements d'officiers. Salomon de Brosse emploie le grand parti en quadrilatère à Coulommiers pour la duchesse de Longueville, mais pour Charlotte de Vieuxpont à Blérancourt le plan désarticulé à pavillons détachés. Ces pavillons contiennent généralement

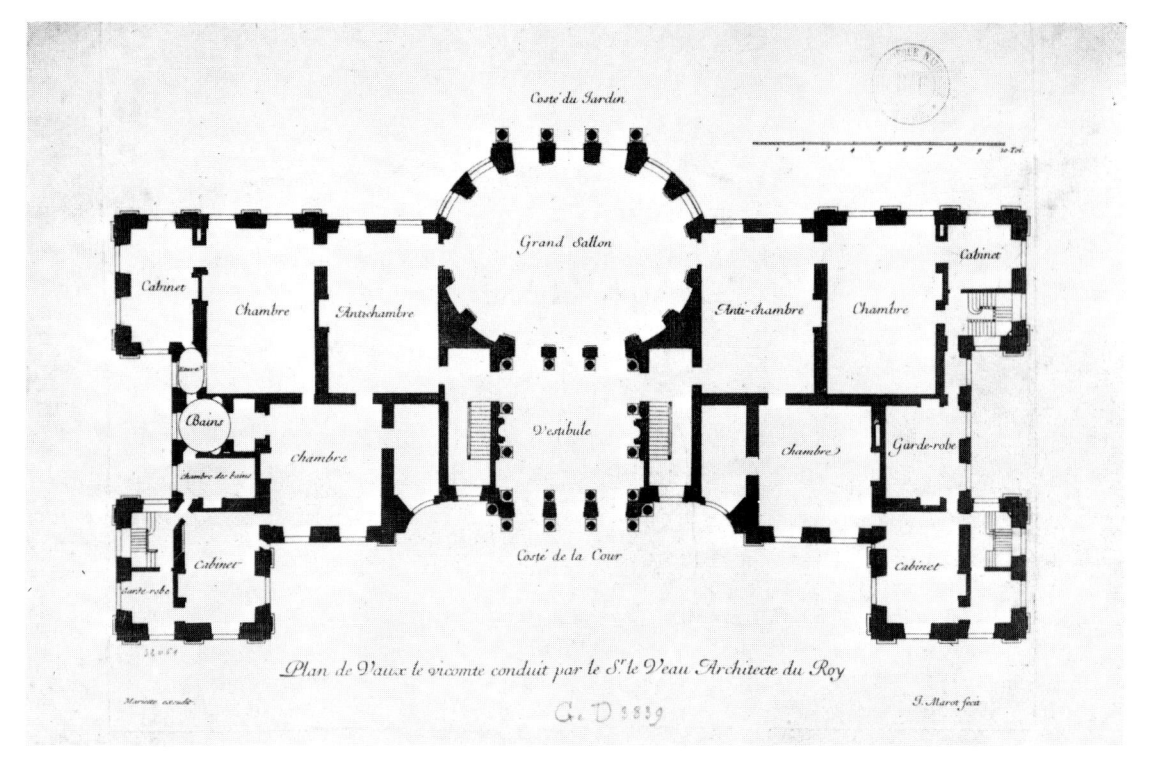

Plan de Vaux le vicomte conduit par le S.r le Veau Architecte du Roy

une chapelle et le logement du portier; encadrant un grand portail, ils rappellent discrètement et économiquement l'aile antérieure du grand parti. Citons, outre Blérancourt, Le Mesnil-Voisin (Essonne), Fumichon et Balleroy (Calvados), Le Plessis-Fortia (Loir-et-Cher), Rabodanges (Orne).

Lorsque ces pavillons détachés sont absents, on parle de plan massé, mais on trouve deux types bien différents. A Saint-Loup-sur-Thouet (Deux-Sèvres), Poyanne (Landes), Cheverny (Loir-et-Cher), cinq corps sont juxtaposés. On trouve aussi un corps central à cinq ou sept travées, calé par deux pavillons en équerre. Ce dernier parti que l'on trouve à La Grange à Yerres (1621) ou à Cany (Seine-Maritime) apparaît dès le XVIe siècle dans les plans de Jacques Androuet Du Cerceau et est repris par Le Muet dans sa *Manière de bâtir* en 1623 (planche 97).

Dans toutes ces compositions le dessin des toitures joue un rôle déterminant. Comme les dimensions des fermes droites trouvent vite une limite et que l'on ne pratique encore guère les noues, chaque corps est couvert de sa propre toiture. L'architecte est donc tout naturellement amené à juxtaposer ses corps plus qu'à les imbriquer.

Du plus modeste pavillon à la plus grandiose composition, tous les châteaux relèvent de la même manière de bâtir par corps. « On peut bâtir en toute sorte de formes et de figures, écrit Louis Savot, mais les principales, les plus fréquentes et les plus commodes sont celles qui sont en corps de logis simples ou doubles ». La longueur des poutres et des fermes déterminent trois formes élémentaires : le pavillon carré couvert d'un toit à double poinçon ou en dôme, le corps de logis simple rectangulaire couvert d'un toit en croupe, le corps de logis ou le pavillon double avec mur de refend et toit recoupé par le dessus. Toute composition architecturale, de la plus simple à la plus complexe, repose sur une juxtaposition de ces éléments. Selon l'importance du programme, on assemble deux, trois, cinq, sept de ces corps. Saint-Loup-sur-Thouet, Cheverny ou Cany ont certes des plans massés, mais ils restent composés de corps de bâtiment juxtaposés linéairement, individualisés par leur haute toiture. Le plan massé de Vaux-le-Vicomte est plus loin de Blérancourt ou de Cany que ceux-ci du Luxembourg ou de Richelieu. Au-delà de la diversité des plans et des distributions, l'unité de la période naît d'une même manière de penser la composition architecturale, par juxtaposition linéaire de corps.

D'un type à l'autre, le passage est d'ailleurs aisé. Le terre-plein forme une cour virtuelle, que François Mansart souligne par un jeu de marches et de terrasses à Balleroy, et il n'est pas rare que l'on réalise cette virtualité en bâtissant des ailes lors d'une seconde campagne, ainsi à Grosbois (Val-de-Marne) ou à Bâville (Essonne).

La distinction de ces trois types de plans ne saisit d'ailleurs qu'un aspect du problème. Quel que soit le plan-masse retenu, se pose le problème de la distribution du corps principal, et aucun des agencements pratiqués n'est spécifique de tel ou tel plan-masse. L'escalier est généralement placé au centre, souvent dans un pavillon particulier (à Saint-Loup-sur-Thouet, plan massé, comme à Richelieu, plan en quadrilatère), parfois latéralement (à Thon en Lorraine ou à Chavigny en Touraine). Il est encadré de salles, tandis que les appartements sont rejetés latéralement, soit dans un pavillon rectangulaire placé en équerre (à Richelieu comme à Saint-Loup), soit dans deux pavillons (au Luxembourg, plan en quadrilatère, comme à Blérancourt, plan désarticulé). A Balleroy, distribution moins courante, on trouve un grand pavillon central, contenant salle et escalier, encadré de deux corps plus bas contenant les appartements. Dans toutes ces compositions, la distribution est très simple, l'architecte consacrant un corps à chaque « département ».

Entre 1635 et 1645, de nouvelles données techniques et distributives viennent complètement renouveler le problème.

L'invention des combles brisés et la parfaite maîtrise des noues permettent d'unifier les toitures et de composer sur des corps doubles. L'escalier connaît, lui aussi, une transformation décisive. L'escalier à rampes droites, toujours usuel au début du siècle — Bussy-Rabutin (Côte-d'Or), Chambray (Eure), Saint-Loup-sur-Thouet, etc. — reste sombre, même si l'on perce le mur-noyau d'arcades (Cheverny). A Chavigny, on écarte les deux volées, créant ainsi une cage sur laquelle elles s'ouvrent par des arcades qui offrent au visiteur une série de vues plongeantes ou contre-plongeantes très séduisantes, mais posent au niveau des voûtes de délicats problèmes de stéréotomie. Aussi songe-t-on à bander un arc rampant, appuyé sur les murs extérieurs ou sur des trompes, pour dégager une cage vide. A Balleroy, une colonne soutient encore le palier, mais à Blois la nouvelle formule est au point et l'escalier forme un grand espace unifié.

En même temps, l'escalier est rejeté latéralement et l'axe des circulations s'ordonne autour d'un vestibule monumental traité à l'antique avec colonnes et pilastres (Pont-sur-Seine, 1638). Cet atrium et le grand salon à l'italienne tendent à remplacer comme pièces de réception la salle rectangulaire à la française et la galerie.

Tous ces changements favorisent la recherche de distributions plus groupées, même, et c'est ici la grande nouveauté, pour les plus grandes entreprises. Louis Le Vau joue là sans doute un rôle essentiel. Le Raincy (Seine-Saint-Denis) prépare ce qui sera la synthèse de ces recherches : Vaux-le-Vicomte. Mais déjà à Maisons, François Mansart avait renoncé au plan en quadrilatère pour ce qui devait être la plus grande entreprise de la décennie (1642).

IV. Les élévations

Pour les élévations comme pour les plans, on n'observe aucune rupture dans les années 1590-1600. Lorsque les chantiers rouvrent, les architectes renouent tout naturellement avec les formules architecturales des années 1570-1580.

Le grand style reste celui mis à la mode par les Androuet Du Cerceau. A Fontainebleau, la porte du Baptistère renoue avec l'invention formelle des années 1570. A la Grande Galerie du Louvre (1595-1610), ou au château de Montceaux (1599-1620), on retrouve l'ordre colossal, les colonnes baguées, les rythmes subtils et les ornements sophistiqués de Verneuil ou de Charleval.

Mais la formule du rustique français, chaînes de pierre harpées montant de fond et encadrant trumeaux de brique et travées de fenêtres, connaît parallèlement un succès sans précédent. Cette formule et la formule inverse (chaînes de brique sur trumeaux de moellon) ne sont pas nouvelles. On les trouve dès le XVIe siècle à Vallery (1553), au logis des abbés de Saint-Germain-des-Prés à Paris (1586), et sur la cour du Cheval blanc à Fontainebleau (1570) et elles sont employées sans solution de continuité jusqu'au XIXe siècle, où la mode romantique du néo-Louis XIII les remet à l'honneur. Mais il y eut bien une vogue brique et pierre pour les grands châteaux dans la première moitié du XVIIe siècle.

« Vers 1620, écrit en 1655 Henri Sauval, la brique et la pierre étaient les seuls matériaux que l'on employait dans les grands bâtiments. Ils avaient paru avec tant d'applaudissement sur les murailles de la place Dauphine, de la place Royale, des châteaux de Verneuil, de Montceaux, de Fontainebleau et de plusieurs autres édifices royaux et publics, la rougeur de la brique, la blancheur de la pierre et la noirceur de l'ardoise faisaient une nuance de couleur si agréable en ce temps-là qu'on s'en servait dans tous les grands palais » *(Histoire et recherche des antiquités de la Ville de Paris,* éd. posthume, 1722).

Chaque travée encadrée de ses chaînes harpées de pierre ou de brique constitue un motif autonome que l'on peut espacer et répéter selon les besoins. Frontons, chambranles moulurés, allèges sculptées, claveaux en saillie peuvent venir enrichir le motif de base de variations plus ou moins riches. L'architecte dispose d'un vaste registre, du style sobre que l'on trouve à Brèves en Nivernais (1618) ou Balleroy (v. 1625) au style sophistiqué de Brissac (1606) ou de Beaumesnil (1631).

La force d'attraction de cette formule est telle que l'on cherche à retrouver soit la polychromie avec deux pierres de couleurs différentes (à Balleroy, un schiste rose se substitue à la brique, à Bienassis, on joue sur deux nuances de grès), soit le jeu pittoresque des harpes avec un appareil tout en pierre (Oiron), tandis qu'à Coulommiers la formule classique des ordres superposés se colore de trumeaux de brique.

Dans ce contexte, Blérancourt avec ses ordres superposés et son appareil de pierre paraît, plus qu'un prodrome du classicisme, une curiosité architecturale.

De 1625 à 1635, on croit observer un lent glissement vers l'unification des masses, la simplification des lignes, la sobriété du décor.

Le château Henri IV se souvient encore des principes de composition des châteaux médiévaux, tours hautes et basses courtines. A Coulommiers et au Luxembourg, Salomon de Brosse fait ressortir la silhouette des pavillons, substituts des tours médiévales. Les hautes toitures couvrant chaque corps jouent évidemment un rôle décisif dans cette esthétique, et la multiplication des pavillons décrochés que l'on observe souvent (à Grosbois, à Fléchères, à Flamanville), montre qu'il s'agit d'un parti délibéré. Là encore, il n'y a aucune rupture avec les compositions animées de Du Cerceau.

Vers 1630, les architectes cherchent, semble-t-il, à regrouper les toitures, à réduire le nombre des décrochements pour unifier la silhouette. Le contraste entre la silhouette découpée de Saint-Loup-sur-Thouet (1606) ou du Luxembourg (1614) avec la silhouette unifiée de Cheverny (1634) ou de Chavigny (1637) est assez significatif.

Au début du siècle, l'accent est mis sur les lignes verticales et les parties hautes. Les travées sont souvent serrées, les trumeaux étroits. Pilastres colossaux ou chaînes montent de fond jusqu'à de grandes lucarnes, coupant bandeaux et corniches. La travée constitue un motif autonome, qui se distribue assez librement sur l'élévation.

Vers 1630, on recherche un nouvel équilibre des lignes de composition, horizontales et verticales. On renonce aux lucarnes passantes; les bandeaux horizontaux s'affirment et courent de manière ininterrompue autour de la façade. Calages et trumeaux s'élargissent. Le contraste entre Brissac et Cheverny est assez frappant.

Au début du siècle, les architectes aiment animer la surface d'un jeu pittoresque d'ornements. Vers 1630, on observe une épuration du goût. Les chaînes harpées qui donnaient aux façades leur pittoresque animation sont abandonnées au profit du motif plus simple du pilastre à refends horizontaux.

Revenant à plus de sobriété, les architectes abandonnent les colonnes baguées, les canons trop étirés de Jacques Androuet Du Cerceau. On renonce à couvrir le mur d'ornements. A Blois, à Chavigny, les ordres se font plus corrects. A Richelieu, les façades se dépouillent. A Balleroy, le dessin des chaînes de pierre s'épure.

Ce glissement du goût a été bien senti par les contemporains. Blondel annotant Savot en 1673 note : « Le goût du temps dans lequel cet auteur a écrit... était de remplir les façades des bâtiments, non seulement de colonnes et de pilastres, mais même de cartouches, de masques et de mille autres ornements composés de grotesques bizarres; et l'on n'avait pas encore les yeux accoutumés à cette beauté naturelle et simple de la belle architecture, qui se contente par la seule symétrie ou juste rapport des parties les unes aux autres et à leur tout... » Le contraste entre Brissac ou Oiron et Richelieu ou Chavigny est assez parlant.

Mais la distinction d'un style Henri IV et Marie de Médicis, exubérant et sophistiqué, et d'un style Richelieu, sobre et retenu, ne saurait rendre compte de la diversité des solutions retenues. Le jeu des provincialismes, et surtout la coexistence de plusieurs modes architecturaux (sobre, orné) viennent troubler cet ordre trop linéaire. A Blérancourt (1612), Salomon de Brosse adopte un style sobre et classique, mais à Coulommiers (1613), un dessin pittoresque et animé. Les projets de Mansart pour Blois sont contemporains du dessin sévère de Le Mercier pour Richelieu. Le style rustique pittoresque de Brissac (1606) se retrouve encore au château de Beaumesnil (vers 1630-1640); inversement, le style rustique sobre de Balleroy (v. 1625) se trouve déjà à Brèves (1618), et même au palais abbatial de Saint-Germain-des-Prés (vers 1580).

Vers 1630, le brique et pierre commence à passer de mode comme le note Henri Sauval : « on ne s'est avisé que cette variété les rendait semblables à des châteaux de cartes, que depuis que les maisons bourgeoises ont été bâties de cette manière ». L'abandon n'est que très progressif. Claude Bouthillier se fait construire simultanément à Chavigny un château tout de pierre, à Pont un château brique et pierre. Le premier projet pour Vaux-le-Vicomte en 1656 prévoyait encore des trumeaux de brique.

Le brique et pierre continue d'être employé dans les constructions les plus modestes, notamment en Picardie, en Normandie et en Touraine, mais on cherche pour les grands édifices une nouvelle formule prestigieuse.

A Richelieu, Le Mercier se contente d'un simple quadrillage de bandeaux et de chambranles, comme pour laisser aux sculptures qu'il dispose sur sa façade tout leur rayonnement. Cette formule, d'où naîtra le style classique sévère des années 1670, est concurrencée par le style somptueux de Mansart, qui à Blois jouent

En haut, château de Maisons-Laffitte (Yvelines). Vue de la façade d'entrée et de l'avant-cour. Dessin de J.C. Formigé.
En bas, château de Cadillac (Gironde). Cheminée de marbre polychrome. Relevé de l'architecte des Monuments Historiques.

avec virtuosité du répertoire classique. Maisons sera le triomphe de ce style animé, qui avec ses ressauts et ses arrangements rythmiques d'ordres est une sorte d'équivalent français du baroque romain — les théoriciens néo-classiques ne s'y sont pas trompés.

Dans tout château, comme dans les hôtels urbains, un motif est particulièrement soigné, le portail. Dans les châteaux les plus modestes, il ressemble aux portails des hôtels urbains, encadrements de bossage ou travée d'ordre, portant fronton. Les modèles restent ceux du XVIe siècle, portes de Serlio, Vignole, Michel-Ange ou Du Cerceau. On y puise tour à tour les compositions les plus complexes (Sévérac-le-Château, dans le Rouergue) et les plus sobres (Brécy). Mais dans les grandes compositions, on érige un véritable châtelet d'entrée, traité comme une porte de ville (Richelieu, Tanlay). Le portail à la flamande avec deux piliers et une grille n'apparaît qu'à la fin de notre période, à Maisons.

Le décor intérieur des châteaux ne diffère guère de celui des demeures urbaines, plafonds à poutres et solives peintes (Bourdeilles, Dordogne) ou à caissons (Haute-Goulaine, Loire-Atlantique); murs couverts de tapisseries, d'étoffes ou de cuirs au-dessus d'un lambris bas d'appui (Cheverny), ou de lambris de hauteur sculptés ou peints (boiseries de Saint-Geoire remontées à Ancy-le-Franc). Parmi les ensembles les mieux conservés, citons, outre Fontainebleau (salle des gardes, salon Louis XIII), La Roche-Pichemer (Mayenne), Sury-le-Comtal et Saint-Marcel-de-Félines (Loire), Cormatin (Saône-et-Loire), Oiron (Deux-Sèvres).

La cheminée est toujours le grand meuble architectural intérieur. La qualité de ses matériaux, de sa modénature, de ses sculptures ou de ses peintures est un élément essentiel de prestige. Jusqu'en 1640, on reste fidèle à la cheminée à la française, mais l'évolution de son dessin s'inscrit dans l'évolution générale, de la fantaisie décorative des grandes cheminées de Cadillac (Gironde) à la retenue plus classique de celles de Tanlay. Vers 1640, ce décor intérieur se renouvelle, lui aussi : apparition des plafonds à voussure, des cheminées à la romaine, des alcôves (l'une des premières étant celle du château de Colombes, comme l'a montré Jacques Wilhelm).

Commencé en 1642, le château de Maisons, premier grand château sans ailes, avec vestibule central et escalier à vide, toitures à noues, jardin à larges perspectives, avant-cours symétriques et grille d'entrée, regroupe presque tous les traits novateurs. L'archétype médiéval s'efface, le château moderne est né.

Un jardin clos au XVe siècle. Miniature du Roman de Renaud de Montauban (Bibl. de l'Arsenal).

Les jardins avant Le Nôtre

Kenneth Woodbridge

I. De Charles V à René d'Anjou

Les jardins sont des œuvres éphémères par comparaison avec les productions des autres arts, en raison même des matériaux dont ils sont faits, et aussi parce que chaque mode nouvelle tend à recouvrir ce qui l'a précédée.

Les documents représentant des jardins français sont pratiquement inexistants avant que le réalisme flamand ne pénètre les miniatures dans le courant du XVe siècle. Elles nous offrent alors la vision d'un jardin clos, divisé en plates-bandes rectangulaires garnies de plantes basses, avec d'autres plus hautes, disposées le long des murs (*Le livre des eschecs amoureux,* Bibl. Nat., ms. fr. 143, fol. 190 v). Les jardins représentés sont fréquemment entourés d'une tonnelle en treillage, couverte de vigne sauvage ou d'autres plantes grimpantes (houblon, chèvrefeuille, rosier, jasmin, courge, *pomme d'amour* c'est-à-dire tomate); les surfaces plantées sont entourées de palissades basses, faites de claies ou de treillages plus ou moins ouvragés, pour les protéger des animaux (*Renaut de Montauban,* Bibl. de l'Arsenal, ms. 5072-5, fol. 71 v). Dans les plus beaux de ces jardins, la fontaine est à la fois une nécessité et un ornement; des sièges de gazon sont disposés sur des socles de brique, parfois abrités par une tonnelle, pour la commodité d'un jardin d'agrément.

Vers le milieu du XVe siècle, en France, dans quelques cas, on adopta la mode italienne d'orner les jardins d'arbustes ou de fleurs plantés dans des vases décoratifs en poterie. Mais l'influence directe de l'Italie et de l'Islam s'était fait ressentir beaucoup plus tôt par l'intermédiaire des rois français de Naples et de Sicile. L'*Opus ruralium commodorum,* écrit par le Bolonais Pietro de Crescenzi au XIIIe siècle, fut dédié à Charles II d'Anjou; une traduction française en fut commandée par Charles V en 1373 et la première édition parut en 1486. Cette œuvre reste le plus important, si ce n'est le seul traité d'agriculture et d'horticulture en langue française avant la publication en 1564 de l'ouvrage de Charles Estienne et Liébault, *L'agriculture et maison rustique*.

Il traite spécialement de l'ordonnance des jardins qui convient aux résidences royales et donne en particulier des conseils pour tailler les ormes et les peupliers en forme de murs crénelés avec des tabernacles et des pavillons, pratique qui se répandra au XVIe siècle. Bernard Palissy a perfectionné cette méthode dans son livre, *Dessein du jardin délectable* (1563).

Les jardins de Charles V à l'hôtel Saint-Pol, à en croire Sauval (*Histoire et recherches des antiquités de la ville de Paris,* 1724), comportaient un certain nombre d'enclos séparés, ou « préaux », entourés de tonnelles, avec des pavillons construits également en treillage et surmontés d'une boule et d'une girouette aux armes de France. Mais l'attrait esthétique, comme pour tous les jardins médiévaux, était accessoire par rapport à la production de fruits, de légumes et d'herbes médicinales. Il y avait une partie du jardin plantée en forme de labyrinthe; autrement, le décor se réduisait à une fontaine d'où l'eau jaillissait d'un mufle de lion en pierre dans une vasque de marbre.

La revendication des droits de la maison d'Anjou sur le royaume de Naples par le roi René puis par Charles VIII mit davantage les Français en contact direct avec la culture italienne. René se préoccupait de restaurer l'agriculture en Anjou à l'issue de la guerre de Cent Ans; comme il était aussi comte de Provence, il encouragea l'échange de plantes entre le Nord et le Sud. On lui attribue l'acclimatation en France du mûrier. Dans la dernière partie de sa vie, entre 1454 et 1480, il prit un grand plaisir à créer des jardins pour son usage personnel, non seulement dans ses principaux châteaux, à Aix et à Angers, mais dans les autres manoirs des environs; chaque fois qu'il était possible, il faisait construire des galeries pour les contempler, comme à Angers, à La Reculée et plus tard à Avignon. Il choisissait en priorité l'emplacement de ses jardins en fonction de l'aspect spectaculaire du site : à Chanzé, sur un rocher surplombant la Maine, et à Gardanne, sur une colline qui se trouve maintenant au centre de la ville, avec des vues embrassant la campagne environnante; quand il était à Aix, il préférait habiter un pavillon construit dans un jardin, en bordure de la ville.

Tout cela témoigne d'un plaisir très vif pris aux aspects esthétiques du jardin plutôt que d'un quelconque progrès dans son dessin.

II. Naissance du jardin classique sous Louis XII

Le jardin classique français prend naissance lorsque, par un renversement de valeurs, on passe d'une conception horticole à une conception architecturale conformément à la théorie classique de la beauté, formulée par Alberti comme étant « une harmonie de toutes les parties, en quelque objet qu'elle se manifeste, ajustées ensemble avec de tels rapports et proportions que rien ne peut en être ajouté, retiré ou modifié sans l'anéantir ». Le jardin médiéval, tel qu'il est décrit dans le *Roman de la rose,* faisait appel à tous les sens, plus particulièrement à l'odorat et à l'ouïe. Dans le *Songe de Poliphile* (1499), l'appel s'adresse à l'esprit et à la vue à travers la mesure, la proportion et la référence à l'Antiquité. L'influence italienne se fait jour au début du XVIe siècle à la fois dans le travail des artisans italiens et dans l'impact de la théorie italienne sur la pratique française. Les nouveaux jardins de Blois tracés pour Louis XII, et de Gaillon, tracés pour son ministre le cardinal Georges d'Amboise, comportaient d'immenses pavillons de bois, de dessin italianisant, enjambant l'allée centrale pour abriter les fontaines de marbre. S'il faut en croire Félibien, le pavillon de Blois mesurait entre 15 et 18 mètres de haut. A Gaillon, le pavillon était peint en bleu et or, richement décoré d'armoiries et d'autres motifs : le bassin de la fontaine avait été commandé à Gênes en 1506. Quant à la fontaine que nous voyons sur une gravure de Du Cerceau, elle s'élevait dans la cour et avait été offerte par la République de Venise.

Dans ces deux sites, de puissants murs de soutènement furent construits pour créer des terrasses. Le jardin principal de Blois — il y en avait d'autres situés au-dessus et au-dessous — était long de 200 mètres, large de 75 mètres, et était entouré de galeries construites en bois, sauf une partie de pierre, dans l'angle sud-est où se trouvait un passage menant de l'entrée à la chapelle et à un élégant pavillon octogonal construit contre le mur est. Un prêtre napolitain, Pacello da Mercogliano, eut la charge de ces jardins dès leur conception vers 1500, jusqu'à sa mort en 1534. Dom Antonio Beatis, secrétaire du cardinal Louis d'Aragon, qui visita Blois vers 1517, a noté la variété des fruits et des légumes qui s'y trouvaient; il rapporte que des orangers et des citronniers poussaient dans des caisses que l'on mettait à l'abri pendant l'hiver; c'est sans doute le plus ancien exemple d'une orangerie en France. Le jardin était disposé en compartiments carrés, chacun d'entre eux entouré d'une palissade de bois façonné. On trouve les mêmes clôtures à Gaillon où elles étaient peintes en vert avec d'élégantes portes à claire-voie. Il est possible que Pacello ait été un expert dans l'art de disposer les parterres en motifs décoratifs faits de petites plantes, à en juger par les planches gravées et les dessins du Du Cerceau, mais comme ils furent exécutés après 1560, ils ne peuvent guère servir de témoignage. Vers 1510, d'après une lettre de Jacques d'Atri à Isabelle d'Este-Gonzague (Roberto Weiss, « Le château de Gaillon en 1509-1510 », dans *Journal of the Courtauld and Warburg Institutes, t. XVI),* cha-que parterre était planté différemment de fleurs, d'arbres fruitiers, ou de buis et de romarin taillés en forme de personnages, de navires, d'oiseaux et d'autres animaux. Un parterre présentait les armes de France avec une devise en lettres antiques réalisées *avec de toutes petites plantes;* un autre avait la forme d'un labyrinthe. Disposition exceptionnelle qui lui était particulière, Gaillon comportait une retraite isolée dans le parc, appelée *le Lidieu,* qui s'élevait probablement à l'endroit où les sources étaient captées dans des réservoirs qui alimentaient les fontaines du jardin principal. On y trouvait une chapelle, une maison et un jardin avec une fontaine et des tonnelles. Après 1550, le cardinal de Bourbon lui ajouta un canal, un ermitage de rochers et un somptueux *casino* dans le style de la Haute Renaissance ou du maniérisme, appelée la *Maison blanche;* ce fut la construction française qui s'approcha le plus des *vignes* et des *casinos* des cardinaux italiens.

III. Premiers jardins ouverts ordonnancés autour du château

Tandis que Blois et Gaillon donnaient des versions plus vastes et plus élaborées des jardins clos traditionnels, pourvues d'une décoration à l'italienne, l'influence de la théorie italienne elle-même se manifeste par de nouvelles dispositions et par l'intégration du château et du jardin dans un schéma général régulier. Au château du Verger, bâti au nord-est d'Angers par Pierre de Rohan, maréchal de Gié, entre 1482 et 1488, les jardins furent tracés symétriquement de chaque côté du nouveau château, à l'intérieur des murs de clôture, et une allée bordée d'arbres, longue d'environ huit cents pas, conduisait de l'entrée jusqu'aux rives du Loir, à l'ouest.

A Bury, à l'ouest de Blois, édifié par Florimond Robertet entre 1511 et 1524, le jardin était disposé à environ 5 mètres en dessous des pièces principales de l'étage noble, gradation calculée en fonction de l'approche axiale à travers la cour d'honneur et l'entrée principale du logis. Bien plus, celui-ci était situé au bord d'une colline escarpée, de telle manière qu'en sortant de la maison on avait le jardin au premier plan d'une vue qui s'étendait sur la vallée de Cisse jusqu'à la forêt de Blois.

Ailleurs, il fut plus difficile d'imposer une régularité à des situations données. Les transformations de François Ier à Fontainebleau introduisirent quelque ordre dans le plan d'ensemble; mais la nouvelle cour de la Fontaine avait pour

En haut, château de Blois (Loir-et-Cher). Vue générale montrant l'ampleur des jardins bas et haut tracés pour Louis XII. Gravure de Du Cerceau (Les plus excellents bâtiments de France).
En bas, château de Gaillon (Eure). A gauche, vue générale des jardins du cardinal d'Amboise gravée par Ciartres. A droite, détail du jardin haut avec son pavillon. Gravure d'Israël Silvestre.

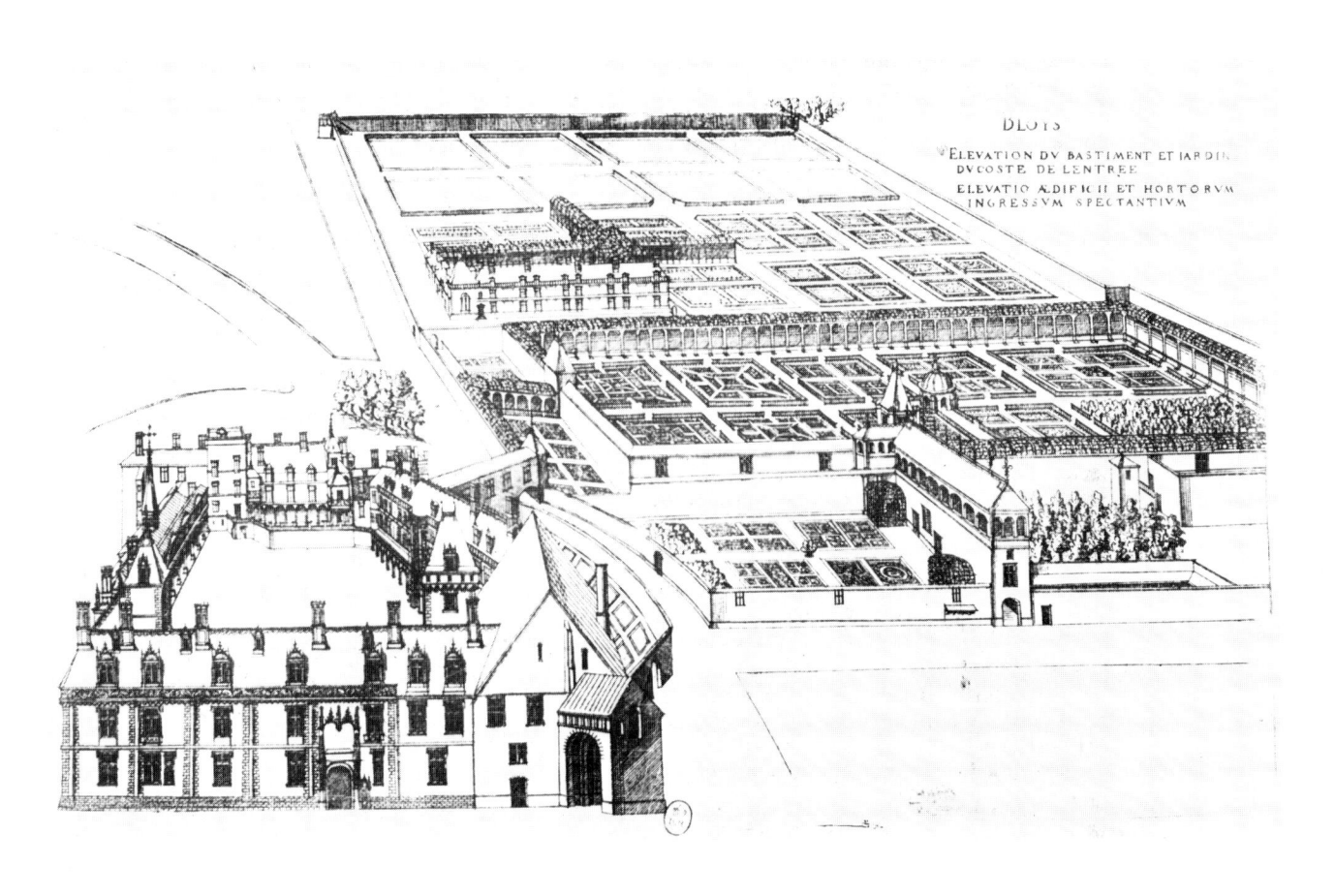

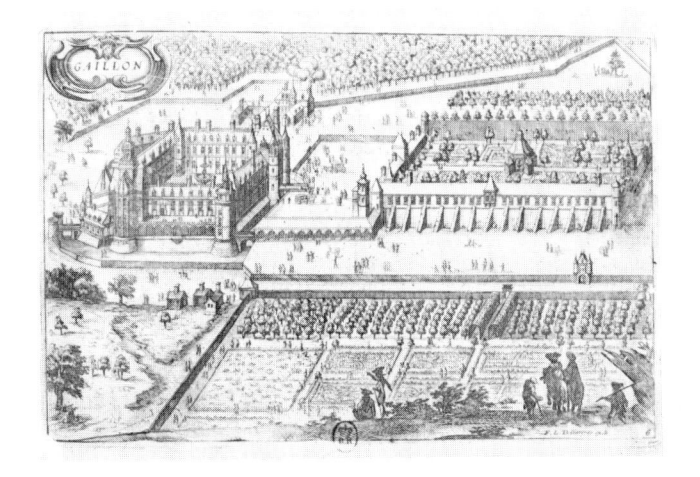

centre un bassin de forme trapézoïdale, et au-delà s'étendait la forêt. Les jardins disposés à l'ouest dans un espace irrégulier, ou au nord derrière les appartements royaux, n'avaient que peu de liens ordonnés avec l'architecture, tandis que le nouveau jardin à l'est de la chaussée manquait de repère architectural ; ce fut Henri IV qui lui en fournit un à la fin du siècle.

A Chantilly, agrandi et embelli par Anne de Montmorency entre 1524 et 1527, un grand jardin carré fut entrepris dès 1524 à l'ouest des douves, dominé par une élégante galerie et un pavillon des bains. Le Petit Château, attribué à Jean Bullant (vers 1560), forme un ensemble cohérent sur une île attenant au vieux château, avec une véritable loggia de la Renaissance ouvrant sur un petit jardin ; mais les vastes étendues de terrain durent attendre Le Nôtre pour recevoir un axe ordonnancé.

Les artistes italiens au service de François Ier contribuèrent plus au décor qu'au dessin des jardins. Les moulages des statues antiques, apportées d'Italie à Fontainebleau par Primatice et Vignole entre 1540 et 1543, furent l'origine du premier programme important de sculptures de jardin. La première grotte aménagée en France, la Grotte des Pins (vers 1540) est attribuée à Primatice qui dirigea aussi les travaux commandés par Catherine de Médicis entre 1560 et 1563, en particulier la galerie peinte et sculptée dans le jardin privé au nord des appartements royaux, actuellement jardin de Diane. Une autre galerie monumentale en bois fut édifiée pour Renée de France à Montargis, dans les années 1560.

L'architecte Sebastiano Serlio, appelé en France en 1540, joua un plus grand rôle par l'influence de ses écrits que par ses œuvres. Son *Quarto libro* paru en 1537 (le premier publié) présente les premiers projets gravés pour des jardins disposés en compositions groupées et en labyrinthes. On lui doit les plans du château d'Ancy-le-Franc (Yonne, vers 1546) construit pour Antoine III de Clermont-Tonnerre. Le site parfaitement plat s'offre de lui-même à un plan symétrique incorporant château et jardins dans un espace rectangulaire soigneusement proportionné ; le château, construit autour d'une cour carrée, était lui-même entouré d'une terrasse à l'extérieur des fossés secs, séparée du jardin par une bande de prairie. Au-delà du jardin, mais à l'intérieur des murs, on trouvait des bosquets avec des cabinets de verdure mentionnés ici pour la première fois.

L'une des conséquences de l'appel à des créateurs italiens fut de stimuler la compétition des Français. Philibert de L'Orme qui travaillait pour Henri II et Catherine de Médicis inaugura en France la responsabilité pleine et entière de l'architecte sur la conception globale du château et du jardin : il en fit la démonstration à Anet, construit pour Diane de Poitiers entre 1546 et 1552. Son plan imposa de la régularité à l'ancien château qu'il était chargé d'incorporer, en le réduisant et en créant une façade symétrique à la cour d'honneur avec une entrée monumentale. Celle-ci était flanquée de deux petits jardins identiques plantés de bosquets, conduisant par un escalier ovale — inspiré de la gravure de Serlio figurant l'escalier circulaire de Bramante dans la cour du Belvédère au Vatican — à une petite terrasse servant de couverture à une cave ou à une resserre. Elle était limitée à son extrémité par un édifice surmonté d'une cheminée en forme de sarcophage, un mémorial rappelant le souvenir de Louis de Brézé, le mari de Diane. Conformément au précédent du jardin de Bury, le jardin principal d'Anet était le point culminant d'un axe aboutissant à une terrasse construite au-dessus d'un cryptoportique, entre les deux avant-corps du corps de logis. Une volée de marches en forme de croissant menait au jardin qui était disposé en compartiments rectangulaires ; ceux qui se trouvaient sous la terrasse étaient plantés selon des dessins héraldiques qui portaient les emblèmes des ancêtres de Diane de Poitiers ou rappelaient ses relations avec la famille royale. De même qu'à Blois, le jardin était entouré de galeries, mais de galeries de pierre d'une construction plus élaborée, avec des pavillons aux angles nord-est et nord-ouest. Entre ceux-ci, une chambre utilisée pour le bain et les divertissements s'ouvrait sur un bassin semi-circulaire alimenté par la rivière canalisée de l'Eure. Philibert de L'Orme écrit dans le premier tome de *L'architecture* (1567) que lorsque l'architecte construit sur un terrain marécageux, il doit faire appel à son imagination pour le drainer, comme il le fit lui-même à Anet, transformant un terrain bourbeux pour le rendre *autant délectable et plaisant que parc ou jardin qu'on puisse voir.*

La dynastie des Mollet, jardiniers royaux, prend naissance à Anet. Peu après 1582, sur les ordres du petit-fils de Diane de Poitiers, Charles de Lorraine, duc d'Aumale, Claude Mollet reçut les instructions de l'architecte Étienne Dupérac et commença à traiter le parterre comme une composition unique au lieu d'en diversifier les compartiments comme il était d'usage. Ainsi le principe du rapport harmonieux entre les parties fut appliqué aux aspects horticoles du jardin tout autant qu'à sa disposition architecturale. En 1595, Claude Mollet et Étienne Dupérac entrèrent tous les deux au service du roi ; Dupérac dirigea sans doute la construction des terrasses du château neuf de Saint-Germain-en-Laye, commencé par Philibert de L'Orme.

IV. Au temps de Du Cerceau

L'œuvre de Jacques Ier Androuet Du Cerceau, *Les plus excellents bastiments de France* (1576 et 1579), complétée par ses dessins que conserve le British Museum, bien que sélective, reste le plus précieux ensemble de documents sur les jardins en France entre 1560 et 1575. Nous y voyons la gracieuse galerie ajoutée au jardin de Gaillon par le cardinal de Bourbon peu après 1550, et le remarquable ensemble du *Lidieu* avec la *Maison blanche,* qui a disparu sans laisser de trace. Parmi les jardins les plus importants que nous n'avons pas encore mentionnés se trouvent Chenonceaux, Dampierre (Yvelines), Montargis, Vallery (Yonne) et les Tuileries.

A Chenonceaux, un jardin fut dessiné pour Diane de Poitiers sur la rive nord du Cher, entre 1551 et 1557, formant une terrasse surélevée cernée de murs pour le protéger des inondations de la rivière. Catherine de Médicis en fit faire un autre sur la rive sud, dont l'allée centrale venait prolonger une perspective qui commençait par une longue avenue d'ormes — assez inhabituelle pour être remarquée par les contemporains — et se poursuivait sur le pont et la galerie qui relie le château à l'autre rive du Cher. Sous l'influence de Catherine, les jardins furent utilisés pour des divertissements somptueux. L'un des plus célèbres se déroula à la fontaine du Rocher, à l'ouest de l'avant-cour, entourée d'une terrasse circulaire recouverte de treillages. Dampierre possède un système de canaux qui a survécu aux transformations ultérieures d'Hardouin-Mansart et de Le Nôtre.

Montargis, qui abrita après 1560 la protectrice de Du Cerceau, Renée de France, duchesse de Ferrare, comprend des jardins disposés en demi-cercle sur la colline autour du château, d'où rayonnent à travers les champs des allées d'ormes convergeant en une vaste patte d'oie. Le vieux château de Vallery fut reconstruit par Jacques d'Albon, maréchal de Saint-André, entre 1548 et 1562, avec un jardin clos indépendant, bordé d'un côté par une élégante galerie à l'italienne reliant des pavillons jumeaux.

Dans les provinces, les anciens châteaux féodaux n'offraient plus des cadres appropriés. C'est ainsi que l'élégant pavillon de Joinville (Haute-Marne), connu sous le nom de Grand-Jardin, construit par Claude de Lorraine, duc de Guise, vers 1546, et les augmentations de Claude d'Urfé à La Bastie d'Urfé (Loire) — galeries, loggia, nymphée et rotonde — sont les signes d'un style de vie beaucoup plus raffiné qu'auparavant. L'éloignement et des considérations politiques expliquent l'absence de ces maisons dans l'œuvre de Du Cerceau. Il est plus difficile de comprendre l'absence de Montceaux, commencé pourtant par Catherine de Médicis en 1547; c'est sans doute parce que le château resta inachevé jusqu'après 1594. Montceaux était remarquable par son dégagement : la vaste plate-forme entourant le château n'était bordée que de balustrades, pour laisser profiter de la vue merveilleuse sur la vallée de la Marne à l'est et sur les jardins descendant en deux larges terrasses carrées vers le sud.

Les projets de Du Cerceau pour Charleval (Eure) et Verneuil (Oise) représentent des idées d'ordonnances de jardins soit pour terrains plats, soit pour terrains escarpés. Tous deux partent du style fermé de la Renaissance (Anet) et s'orientent vers l'ouverture, la complexité et l'ornementation. Ils ne furent aucunement réalisés. Charleval fut abandonné dès les premiers travaux et Verneuil ne sera achevé, sous une forme modifiée, que par Salomon de Brosse entre 1600 et 1616, sans les jardins en terrasse. Malgré tout, les projets de Du Cerceau peuvent être considérés comme des prototypes de ce qui sera réalisé plus tard, à une plus grande échelle, à Saint-Germain-en-Laye.

Les vues à vol d'oiseau de Du Cerceau suggèrent une absence de relief qui n'existe pas en réalité. Sa représentation du jardin français de la Renaissance doit être complétée par des dessins, par exemple les illustrations d'Antoine Caron pour l'*Histoire d'Artémise* (Louvre, Cabinet des dessins, RF 29728 bis 3 et 4) ou les dessins de Paul Vredeman de Vries (École des beaux-arts, M 649 et 650). On peut aussi les comparer au *Dessein du jardin délectable* (1563) de Bernard Palissy, dans lequel il décrit un jardin idéal, avec des conseils sur la manière de façonner des pavillons avec des arbres vivants et des grottes en céramique comme celle qui lui est attribuée aux Tuileries, entre 1570 et 1572.

L'Agriculture et maison rustique de Charles Estienne et Liébault, un traité complet sur l'aménagement d'un domaine à la campagne, donne des conseils pour tracer des jardins, et comporte des notes sur les plantes que l'on doit y faire pousser. Dans son édition de 1582, revue et augmentée, Liébault signale les progrès réalisés en matière de jardins depuis la première publication du livre en 1564; les parterres, écrit-il, « sont sans comparaison mieux façonnés et remplis de plus beaux et plaisans compartimens que ceux

En haut, château d'Anet (Eure-et-Loir). Vue générale du château et des jardins. Gravure d'après Du Cerceau.
En bas, château de Vallery (Yonne). Les jardins. Gravure de Du Cerceau (Les plus excellents bâtiments de France).

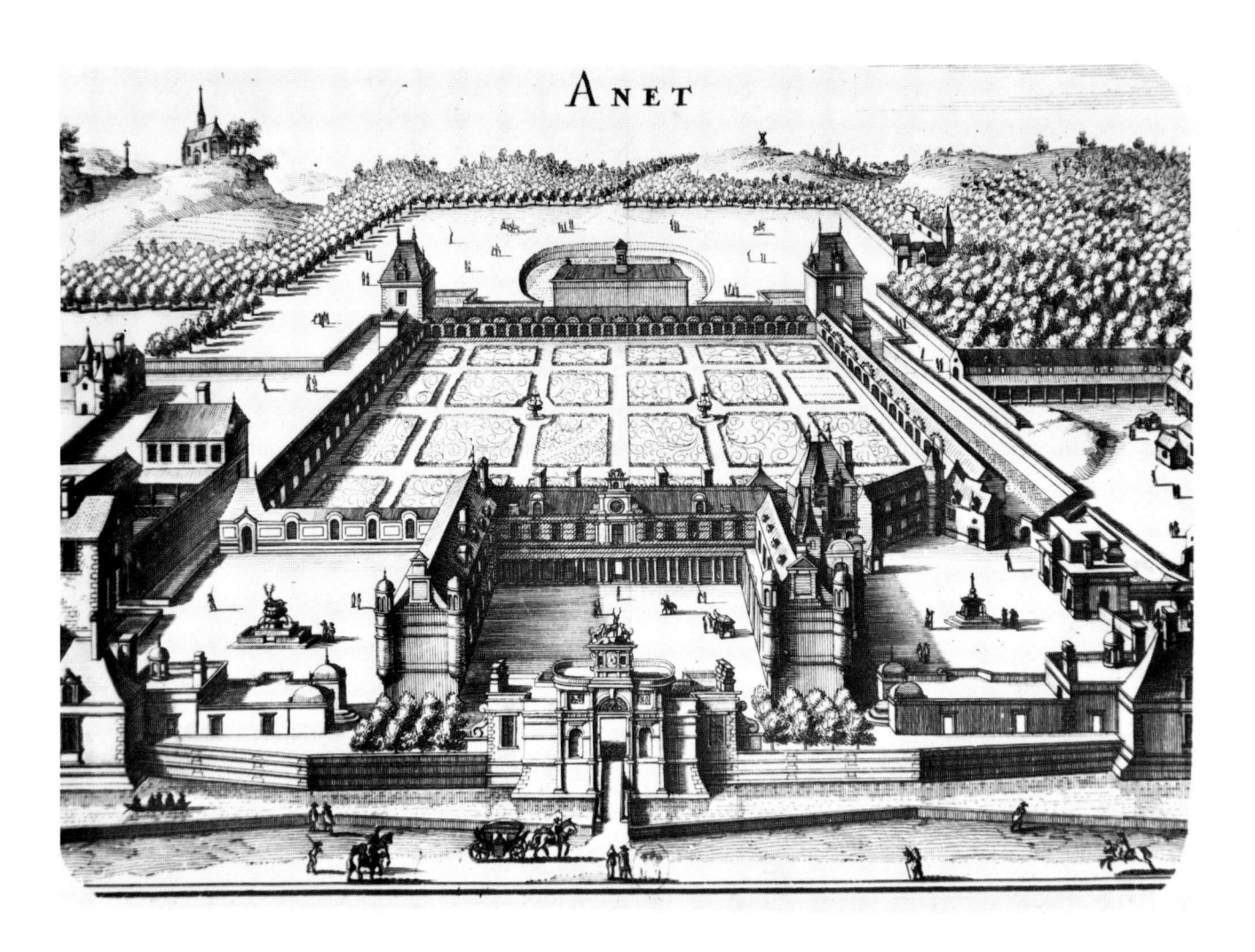

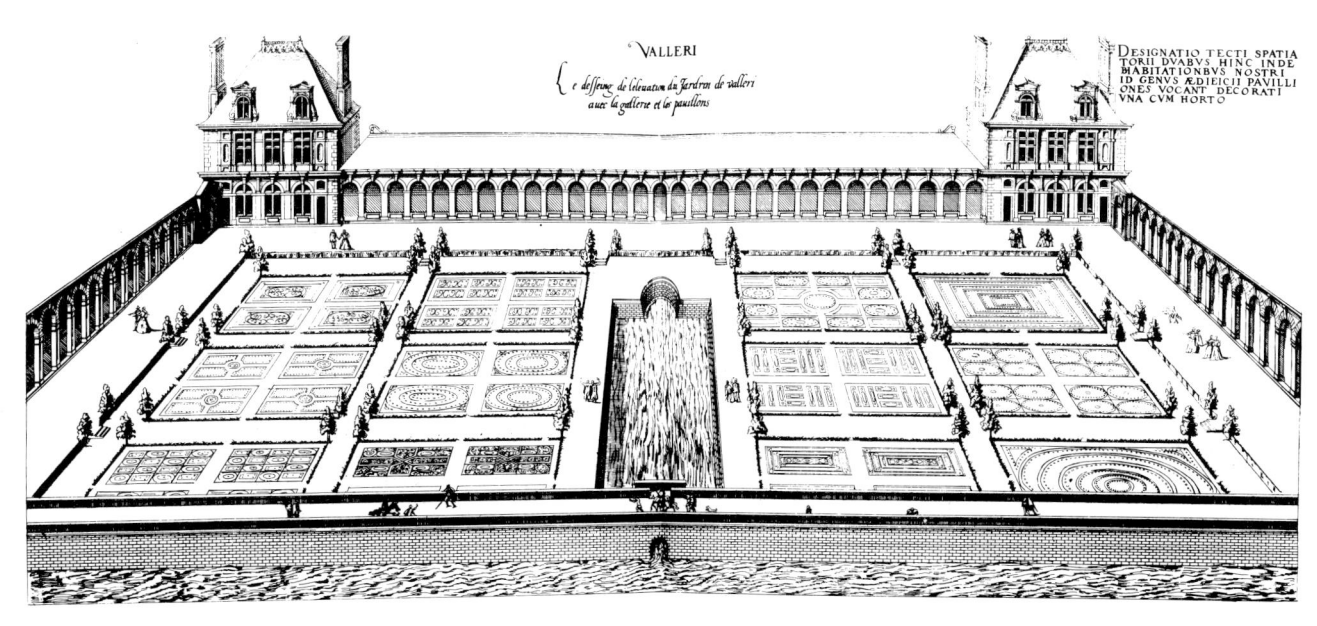

des anciens. » Il insère un chapitre sur *la forme de disposer les herbes par compartimens de diverses façons,* accompagné de modèles d'entrelacs. La vogue de cette sorte de dessins fut empruntée aux tapis du Proche-Orient. Elle fut sans doute encouragée en France par les schémas de la version française du *Songe de Poliphile* (1546). Du Cerceau inclut quatre de ces dessins dans son *Bastiment à plaisir* imaginaire (British Museum, Prints and Drawings, n° 120). D. Loris dans *Le trésor des parterres de l'univers,* en 1629, donne de nombreux exemples de ce qu'il appelle *les figures à la française, lesquelles sont entrelacées.* Le dessin était fait d'une herbe unique telle que le thym et l'hysope et même avec des tuiles. On évitait le buis à cause de son odeur désagréable ; il ne devint à la mode que quand on eut besoin d'une plante plus durable pour les parterres de broderie très élaborés. Claude Mollet rapporte qu'il utilisa le premier le buis pour des parterres en 1595. Il créa des modèles de parterres aux Tuileries, à Saint-Germain-en-Laye et à Fontainebleau, et le *Théâtre d'agriculture* d'Olivier de Serres (1600), l'ouvrage le plus important qui aît été publié sur l'organisation d'un domaine comportait néanmoins un chapitre sur la disposition des jardins ; il est sans nul doute influencé par les conversations que l'auteur eut avec le jardinier royal. Le livre d'Olivier de Serres est le premier qui se préoccupe des effets d'optique ; il observe en particulier que, lorsque les compartiments sont faits pour être vus de loin, les rangées de plantations doivent être plus distantes les unes des autres que lorsqu'elles sont proches de l'œil.

V. Les jardins royaux de Catherine de Médicis et d'Henri IV

Au début du XVIIe siècle, les jardins royaux les plus importants sont les Tuileries, Fontainebleau et Saint-Germain-en-Laye. Le jardin des Tuileries, conçu pour Catherine de Médicis entre 1563 et 1572, resta un jardin clos, séparé du palais par une voie publique, jusqu'à ce que Le Nôtre le redessine après 1666. Il avait 600 mètres de long, ce qui était exceptionnel pour l'époque, (Blois n'avait que 200 mètres) et il était divisé en espaces rectangulaires par des allées, disposition qui a été conservée dans ses grandes lignes. Aux Tuileries, chaque espace était planté d'une façon différente : les plus proches du palais étaient garnis de fleurs et de plantes en motifs décoratifs, entourées de palissades basses avec des berceaux en treillage à chaque angle ; les plus éloignés, aux trois quarts du jardin, étaient plantés d'arbres et d'arbustes ; certains comportaient des fontaines, un labyrinthe ou la grotte en céramique que Palissy construisit entre 1570 et 1572. C'était aussi un jardin de rapport, planté de beaucoup d'arbres fruitiers. L'importance était donnée à l'axe central et à la grande allée large de 9 mètres et plantée d'ormes, tandis que les allées latérales n'avaient que 6 mètres et étaient plantées de sycomores et de sapins, et plus tard, selon Boyceau, de platanes. Le jardin fut dévasté par la guerre civile, puis restauré par Henri IV qui y établit un centre de production de la soie en construisant la terrasse le long de l'actuelle rue de Rivoli pour la planter de mûriers. Il fit faire des plantations intensives de mûriers dans d'autres jardins royaux, y incluant, à Fontainebleau, un immense berceau ou tonnelle entouré de canaux au sud du bassin.

Les Tuileries furent une véritable pépinière de grands jardiniers, chacun d'eux ayant son domaine particulier de responsabilités sous l'autorité de l'*intendant,* un des officiers de la maison royale. Pierre Le Nôtre, fondateur de la dynastie, était jardinier en chef sous le règne de Catherine de Médicis ; on lui associa Claude Mollet en 1595 et plus tard Jean Desgots. Les Mollet eurent la charge du jardin créé par Henri IV entre les Tuileries et le Louvre et que l'on appelait le *jardin neuf* ou le *petit jardin des Tuileries.* La famille Le Nôtre était préposée aux parterres du vieux jardin, appelé le *grand jardin;* mais les Mollet étaient responsables de l'allée de mûriers et des palissades ouvragées d'arbres de Judée que l'on voit sur une gravure de Mathieu Mérian (1614) à chaque extrémité du jardin. En raison de leur lien avec la capitale, les Tuileries prirent de plus en plus d'importance, car elles furent accessibles aux Parisiens presque dès leur création.

Les jardins en terrasses du château Neuf de Saint-Germain-en-Laye, qui descendaient en sept niveaux vers le fleuve, furent achevés entre 1599 et 1610. Le sol, rendu instable par les excavations, fut renforcé par des rampes massives sous lesquelles les anciennes cavernes furent transformées en galeries et en grottes, pourvues d'automates actionnés par eau, à l'imitation de ceux de Pratolino. C'est dans cette intention que des ingénieurs hydrauliciens florentins, Tomaso et Alessandro Francini, furent invités vers 1599, acclimatant ainsi en France la dynastie des Francine, dont le triomphe final fut la création des fontaines de Versailles. Outre Saint-Germain, les frères Francini furent chargés des fontaines de Fontainebleau et travaillèrent au Luxembourg, à l'aqueduc d'Arcueil (Val-de-Marne, 1612-1635), à

Château de Fontainebleau (Seine-et-Marne). Le Grand Canal et les cascades. Gravure de N. Langlois.

Wideville (Yvelines, 1630-1636) et à Rueil (Hauts-de-Seine, 1632-1637).

Les principes des mécanismes hydrauliques furent exposés par Salomon de Caus dans *Les raisons des forces mouvantes* en 1615; mais, malgré les progrès scientifiques, l'adduction d'eau pour alimenter des jeux d'eau de plus en plus élaborés reste un problème. En même temps, les Français exploitaient les sites incomparables de leurs rivières et se servaient des terrains marécageux pour créer des nappes d'eau stagnante en vue de l'agrément et de l'utilité tout à la fois (Fontainebleau, Chantilly, Dampierre). Les canaux de grande dimension sont aussi typiquement français. Le tout premier, d'environ 800 mètres de long, fut creusé à Fleury-en-Bière dans la dernière moitié du XVIe siècle. Il fut suivi du Grand Canal de Fontainebleau, en 1609, qui mesure 1 145 mètres de long sur 39 mètres de large. Le canal de Tanlay, long de 529 mètres de long, fut créé entre 1643 et 1648, et terminé à son extrémité par le château d'eau de Pierre Le Muet, écran d'architecture destiné à dissimuler le bassin dans lequel les eaux sont recueillies.

A Richelieu, les eaux canalisées de la Mable (1630-1640) fournirent une seconde perspective coupant le jardin principal à angle droit; c'est là un précédent que Le Nôtre développera comme effet de surprise. Mais en raison du manque de relief des lieux, aucun de ces premiers canaux n'a l'effet spectaculaire des derniers, ceux que l'on domine, en particulier à Versailles et à Sceaux.

VI. Les parterres du début du XVIIe siècle

La botanique avait fait d'immenses progrès pour répondre à la demande de la médecine. Durant la seconde moitié du XVIe siècle, on pouvait se procurer un nombre sans cesse croissant de plantes cultivées. Le premier jardin botanique d'Italie fut créé à Padoue en 1545. Le premier en France est planté à Montpellier en 1596, lorsque Richer de Belleval reçoit mission d'Henri IV de *rechercher les plantes de nostre royaume... et les faire porter dans nos jardins de Montpellier, Paris et Fontainebleau.* L'érudit Fabri de Peiresc (1580-1635) cultivait des plantes rares dans ses jardins d'Aix-en-Provence et de Belgentier, au nord de Toulon. Les médecins de Louis XIII, Guy de La Brosse et Jean Héroard, fondèrent à Paris en 1626 le *Jardin royal des plantes médicinales,* l'actuel Jardin des Plantes. Le jardin de Gaston d'Orléans à Blois, planté sur les conseils de son médecin Abel Brunyer, comportait plus de cinq cents espèces et deux mille deux cents variétés en 1655. La collection ne se limitait pas à l'introduction de nouvelles espèces. Les variétés cultivées de fleurs et en particulier de tulipes de Hollande devinrent de plus en plus accessibles dans les premières décennies du XVIIe siècle.

Pour répondre à cette demande de fleurs, on créa des jardins fleuristes. René Morin était établi à Paris en 1619. Son catalogue de 1621 constitue le premier recueil commercial, énumérant des arbustes, des herbacées, et surtout des bulbes et des oignons (tulipes, anémones, crocus, renoncules etc.). Le premier et le plus fameux jardin fut celui de Jean Robin dans l'île de la Cité ; Marie de Médicis lui rendait de fréquentes visites, car elle avait une passion pour les fleurs et la broderie. Elle chargea Pierre Vallet, nommé *brodeur ordinaire du roy,* de faire des dessins de fleurs pour servir de modèles de broderie aux dames de la Cour. Réunis en soixante-treize planches gravées, ils constituèrent le *Jardin du roy très chrétien Henri IV* (1608), important recueil du contenu d'un jardin de cette époque. Gaston d'Orléans aussi fit reproduire les plantes de son jardin : les plus célèbres de ces miniatures sont de Nicolas Robert (1614-1685).

Les fleurs étaient plantées soit dans des jardins destinés à cet usage, comme on le voit sur la vue de Liancourt gravée par Israël Silvestre en 1655, *Face du costé du jardin à fleurs,* soit en bordure des parterres de broderie affectant la forme de rinceaux réalisés en buis, sur des sols de terre de couleur, qui remplacèrent les anciens compartiments à la mode dans les jardins de la deuxième décennie du XVIIe siècle.

Bien que Claude Mollet affirme dans son livre posthume, *Théâtre des plans et des jardinages* (1652), qu'il créa les premiers *parterres de broderie* à Anet entre 1582 et 1595, il est évident, d'après les dessins qu'il fournit pour le livre d'Olivier de Serres (1600), qu'ils étaient très différents des parterres de Saint-Germain-en-Laye, des Tuileries, du Louvre et du Luxembourg qui sont représentés dans le *Traité du jardinage* de Jacques Boyceau de La Barauderie en 1638. Ce livre fut publié après sa mort par son neveu, Jacques de Menours, qui succéda à son oncle comme intendant des jardins du roi.

Boyceau était intendant quand les jardins du Luxembourg furent dessinés pour Marie de Médicis, entre 1615 et 1635. Pour la première fois, un parterre de broderie ouvragé fut directement rattaché à la façade sud du palais par un large perron. Le jardin ne pouvait s'étendre au sud à cause de sa mitoyenneté avec le couvent des Chartreux. Selon un plan primitif (Bibl. nat., Estampes, Va 419 j, f. 13) il avait été prévu de clore la perspective du parterre de ce côté avec une grotte, comme à Wideville. L'idée fut abandonnée pour une raison inconnue. L'édifice que l'on nomme la *fontaine Médicis,* fermant l'extrémité est d'une allée courant parallèlement au château, vers la rue d'Enfer, fut édifié avec une façade en forme de grotte, semblable à celle de Wideville (1630-1636). Toutes deux ont la forme d'un arc de triomphe surmonté d'un entablement avec un fronton arrondi portant un écusson, et soutenu par des statues couchées. L'auteur de ce projet n'a pas été identifié, mais la ligne générale et la décoration rustique rappellent celles du *Livre d'architecture* (1631) d'Alessandro Francini. Il pourrait en être l'auteur, étant donné les liens des Francini avec le Luxembourg et Wideville.

VII. L'architecture de jardin

Ces importants exemples d'architecture de jardin *ouvert* annoncent la prolifération des éléments architecturaux à l'imitation des jardins italiens tels que ceux de la villa Lante et du casino de Caprarola — achevés dans le dernier quart du XVIIe siècle — et des villas Aldobrandini et Torlonia à Frascati au début du XVIIe siècle. Le cardinal de Richelieu acquit le domaine de Rueil en 1633 et l'agrandit pour en faire un vaste enclos avec *des vignes, des champs de blé, des bosquets... et des allées fort longues* (John Evelyn, 1644). Le château était planté dans une vallée peu profonde orientée du nord au sud. L'eau était amenée sur deux kilomètres vers un réservoir supérieur pour alimenter la Grande Cascade, immense escalier d'eau à trois rangées de fontaines, dessiné par l'architecte du cardinal, Jacques Le Mercier. Il y avait trois grottes, la grotte de Rocailles en face de la Grande Cascade et fermant l'horizon au sud, la Vieille Grotte de style rustique et la Grande Grotte dominant un canal bordé de fontaines dont une rangée se déversait dans une série de vasques bordant la rive, comme à la cascade de Liancourt (Oise). Les contemporains remarquèrent particulièrement l'arc de triomphe grandeur nature représenté en trompe l'œil sur l'orangerie, avec une vue de ciel et de collines peinte entre les arches, *si réelle que... les oiseaux croyant le traverser, se heurtaient contre le mur* (Evelyn, 1644). Un arc de triomphe similaire fut peint plus tard dans le jardin de l'hôtel d'Aumont, à Paris. On pouvait voir également des perspectives peintes en trompe l'œil dans le jardin des Gondi à Saint-Cloud.

Le château de Liancourt, construit dans les

Château de Balleroy (Calvados). Composition générale sur un axe unique ordonnée par François Mansart. Dessin de la collection R. de Gaignières en 1715 (Bibl. nat., Estampes).

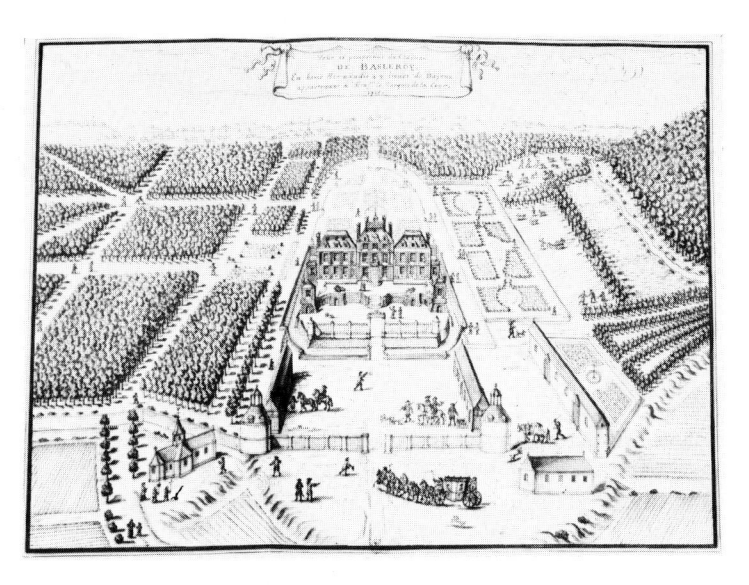

années 1580, mais agrandi au début du XVIIe siècle, occupait un domaine de 80 hectares; on l'admirait vivement pour la variété de ses bosquets, de son décor de canaux et de pièces d'eau. La cascade, disposée sur toute la largeur du parterre à l'ouest du château, était considérée par Denis II Godefroy en 1637 comme « des plus singulières. C'est une mode et façon des plus beaux jardins de plaisance d'Italie — écrit-il — dont l'invention est parvenue jusques icy, consistant en descentes d'eau correspondant par tuyaux et tombant, sur des couloirs de plomb, de degrez qui sont tous couverts et verdoyants de gazon, ce qu'ils nomment cascades, ainsy qu'elles sont au nombre de vingt-deux à trois marchepieds au susdit jardin... » La Grande Cascade de Rueil annonce celle de Saint-Cloud et la cascade de Liancourt celle de Le Nôtre à Vaux.

Parmi les autres exemples d'architecture de jardin du début du XVIIe siècle, nous pouvons mentionner Brécy (Calvados), récemment restauré, étageant derrière le château cinq niveaux de terrasses de largeur croissante, dont la décoration sculptée est de style maniériste, avec une porte monumentale et une grille en fer forgé pour clore l'allée centrale.

Les terrasses de Montjeu (Saône-et-Loire) sont d'une autre sorte : elles encadrent le parterre et s'étirent pour embrasser le vaste panorama sur les montagnes au sud d'Autun. On les a attribuées à Le Nôtre (E. de Ganay), mais un plan perspectif démontre qu'elles lui sont antérieures (Archives nationales).

Les innovations qui eurent le plus d'influence dans ce que l'on peut appeler le haut jardinage, au moins pour l'ouverture de son ordonnance architecturale et l'intégration des parties en un ensemble harmonieux, apparurent à Richelieu (Indre-et-Loire) ainsi que dans les œuvres de François Mansart à Balleroy (Calvados), à Maisons (Yvelines) et à Petit-Bourg (Essonne). En 1628, le cardinal de Richelieu eut l'idée d'installer sa famille dans le plus grand château d'Europe. Conçu par Jacques Le Mercier et achevé après la mort du cardinal par son petit-neveu Armand-Jean Vignerod Du Plessis, duc de Richelieu, ce domaine instaurait par la disposition des espaces une nouvelle échelle et un nouveau modèle de magnificence. De part et d'autre du château, l'axe principal traversait d'un côté la succession des cours et se poursuivait de l'autre côté dans les jardins, en deux parterres : le premier était entouré de douves et le second, flanqué de deux grandes grottes architecturées, se terminait par une grande haie en hémicycle percée d'une grille centrale laissant apercevoir l'avenue qui s'allongeait dans le parc en donnant une impression d'infini. Entre les deux parterres, la Mable canalisée formait un second axe perpendiculaire. Sans parler du volume, le programme de sculpture inaugurait une nouvelle dimension. Le jardin de l'île attenante au château était désigné comme le parterre des Romains, car il était décoré de marbres antiques. Neptune et ses chevaux de bronze ornaient la fontaine du bassin central. Vingt statues bordaient l'hémicycle de chaque côté de la grille, disposées dans des niches ménagées dans la haie de phylliréa, remplacés plus tard par des charmes. Le château et son parc étaient associés à une ville nouvelle au plan parfaitement régulier, comme la matérialisation du rêve d'un urbaniste de la Renaissance, et la préfiguration de Versailles.

VIII. Les jardins de François Mansart

En associant le château et ses jardins selon un plan très original, François Mansart poussa l'élaboration de ses recherches plus loin qu'aucun architecte ne l'avait fait jusque-là. Bien plus, par le choix même du terrain il tira de la perspective étendue au maximum l'effet le plus saisissant. C'est en cela, ainsi que par certaines dispositions architecturales, qu'il influença directement André Le Nôtre, ainsi que nous l'apprend un récit manuscrit sur la jeunesse de Jules Hardouin-Mansart (Bibl. nat., ms. fr 22936) : *François Mansart donna des ouvertures à mondit Sr. Le Nostre... et le faisoit avec d'autant plus de plaisir qu'il trouvoit en luy un suject digne d'en profiter.* On peut noter en particulier que le procédé

Château de Richelieu (Indre-et-Loire). Plan du château et des jardins. Gravure de J. Marot.

exploité par Le Nôtre de disposer l'axe principal de ses compositions à travers une vallée, comme à Chantilly et à Dampierre, était déjà utilisé par Mansart dès 1626 à Balleroy, où il créa une nouvelle rue de village coupant la précédente, de telle sorte qu'en arrivant par cette direction on apercevait le château de la façon la plus avantageuse.

A l'exception de quelques éléments à Balleroy et à Maisons, on ne peut plus voir aujourd'hui aucun des tracés de François Mansart. A Balleroy, les allées ont subsisté mais le parterre qui en avait été l'aboutissement a disparu depuis longtemps. Il reste actuellement un parterre de broderie dans ce qui fut l'avant-cour. Parmi les autres châteaux de Mansart, Maisons (1642-1651) reste l'événement marquant dans la construction des châteaux en France, par son dégagement, ses fossés secs et ses allées traitées en perspective ouverte, coupées seulement par des sauts-de-loup. A l'intérieur de l'enceinte, deux jardins étaient placés symétriquement en vis-à-vis, tandis qu'au milieu une large terrasse dominait les parterres jusqu'à la Seine, et la vue se prolongeait dans le parc au-delà du fleuve. De l'autre côté, au-delà de l'avant-cour et des portes d'entrée, une longue avenue menait par une porte accompagnée de six pavillons dans la forêt de Saint-Germain. Bien que cette partie du parc ait été vendue pour un lotissement résidentiel au XIXe siècle, la grande avenue et le parterre au bord de la Seine ont été préservés.

Petit-Bourg fut considéré par Louis Huygens, fils du secrétaire du prince d'Orange, comme le plus réussi des jardins de Mansart, avec sa descente en cinq niveaux et davantage jusqu'à la terrasse à balustrade qui surplombait la rivière. « Mais ce qui surpasse tout le reste — écrit Huygens — est une fort belle cascade qui descend du premier jardin jusqu'au second par des grandes coquilles de 20 ou 30 jets d'eau de chacque costé et qui fait en bas contre la demy lune un jet d'eau le plus haut que j'aye encore veu en France. »

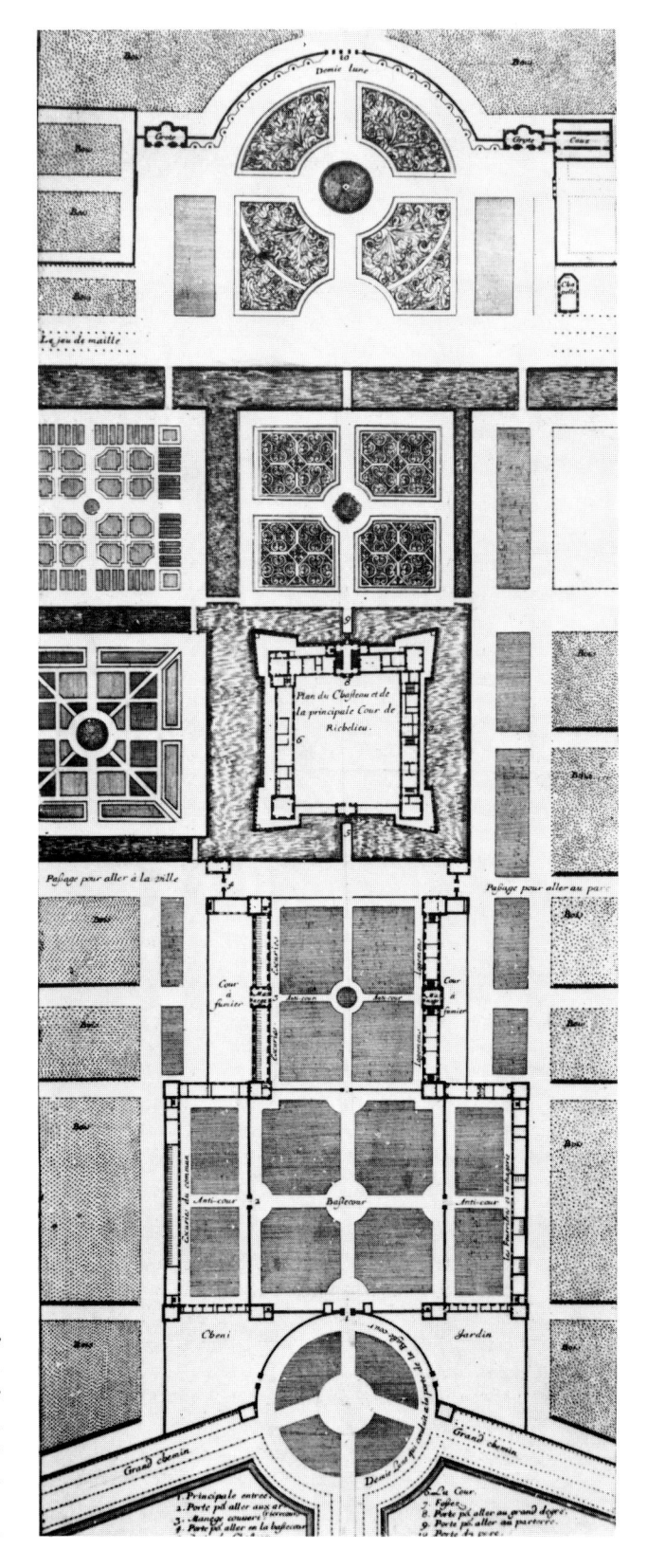

A la suite de ces chefs-d'œuvre, des ouvrages furent consacrés aux jardins et confrontés aux textes plus anciens dans lesquels le jardin n'était qu'une partie du paysage champêtre. Les principaux sont le *Traité du jardinage* de Jacques Boyceau de La Barauderie (1638), *Le Jardin de plaisir* d'André Mollet (Stockholm, 1651) et le livre posthume de Claude Mollet, *Théâtre des plans et jardinage,* dédié à Nicolas Fouquet (1652). Tous traitent de l'essentiel du jardinage (situation, sol et plantes) mais leur accent est différent. L'ouvrage de Claude Mollet est le plus ancien car son manuscrit attendit longtemps avant d'être publié. C'est aussi le plus copieux, plus de quatre cents pages ; il concrétise l'expérience d'une vie de jardinage, décrite avec une grande richesse de détails et de souvenirs personnels. Il traite à peine de l'ordonnance du jardin, à laquelle Boyceau, en quatre-vingt-sept pages, accorde beaucoup plus d'attention. Boyceau insiste sur l'importance de la diversité, non seulement dans le plan (en utilisant des segments de courbe aussi bien que des droites), mais aussi dans le relief (bosquets, salles, cabinets, berceaux, pavillons, fontaines, sculptures) et dans les sites qui comportent des différences de niveau. Il parle des arbres, mais ne mentionne pas les fleurs ; son chapitre *Des parterres* ne comporte ainsi qu'un seul paragraphe, ce qui laisse à penser que les dessins qui occupent une large part du livre furent ajoutés par Jacques de Menours ou par l'éditeur.

En revanche, dix des quarante pages du texte d'André Mollet sont consacrées à la description de nombreux plans de *parterres de broderie, parterres de gazon* et *cabinets de verdure*. Il n'est pas question d'irrégularité, ni au sol ni autrement. Sa description de la disposition d'un jardin et les deux plans qu'il fournit sont des modèles de l'ordonnance classique française :

« Premièrement nous disons que la Maison Royalle doit estre située en un lieu avantageux, pour la pouvoir orner de toutes les choses requises à son embellissemens ; dont la première est d'y pouvoir planter une grande advenue à double, ou à triple rang soit d'ormes femmelles, ou teilleux (qui sont les deux espèces d'arbres, que nous estimons plus propres à cet effect) laquelle doit estre tirée d'allignement perpendiculaire à la face du devant de la Maison, au commencement de laquelle soit fait un grand demy cercle, ou quarré ainsi qu'il se peut voir au dessein general folio 2. Puis à la face de derrière de laditte Maison, doivent estre construits les parterres en broderies prez d'icelle, afin d'estre regardez et considerez facilement par les fenestres, sans aucun obstacle d'arbres, pallissades, ou autre chose haute qui puisse empescher l'œil d'avoir son estendue.

« Ensuitte desdits parterres en broderie, se placeront les parterres ou compartimens de gazon, comme aussi les bosquets, allées, et pallissades hautes, et basses, en leurs lieux convenables ; faisant en sorte que la plus-part des dites allées aboutissent, et se terminent toujours à quelque statue, ou centre de fontaine ; et aux extrémitez d'icelles allées y poser des belles perspectives peintes sur toile, afin de les pouvoir oster des injures du temps quand on voudra. Et pour perfectionner l'œuvre soit placé les statues sur leurs piedestaux, et les grottes basties en leurs lieux plus convenables. Puis eslever les allées en terraces suivant la commodité du lieu, sans y oublier les volières, fontaines, jets d'eau, canaux, et autres tels ornamens, lesquels estans deuement practiquez, chacun en leur lieu, forment le jardin de plaisir parfait. »

L'année 1661 voit s'ouvrir le règne personnel de Louis XIV qui a atteint sa majorité. Le premier Versailles existe déjà depuis plus de vingt-cinq ans. Tous les éléments de son développement futur se trouvant déjà rassemblés, ils n'attendent pour être mis en œuvre que la volonté et le génie.

X : *Grosbois à Boissy-Saint-Léger (Val-de-Marne) — Le style brique et pierre, à la jonction des XVIe et XVIIe siècles.*

XI : Dampierre (Yvelines) — Construit par Jules Hardouin-Mansart pour le duc de Chevreuse.

XII : Chantilly (Oise) — L'admirable composition de Le Nôtre met en valeur le grand château (rebâti par Daumet au XIXe siècle) et le petit château bâti par Jean Bullant au XVIe siècle.

XIII : Bouges (Indre) — Belle demeure néo-classique dans le style de Gabriel élevée pour un maître de forges au milieu du XVIIIe siècle.

Art royal et art français sous Louis XIV

Françoise Boudon

La dépense d'énergie créatrice, la mobilisation des talents, le déploiement d'habileté manuelle, le volume d'argent englouti dans les constructions royales de la fin du XVIIe siècle justifient en très grande partie qu'on s'autorise à assimiler l'art français à l'art royal. Versailles investit encore entièrement l'histoire de l'architecture de cette période. On ne s'est jamais privé de le célébrer. Pour quelle autre entreprise — hormis les édifices pontificaux — trouve-t-on une telle masse de documents spécialement dessinés et gravés qui doivent assurer la diffusion de son image à tous les stades de son développement, une telle profusion de textes manuscrits et imprimés qui décrivent minutieusement le détail des inventions architecturales et décoratives, de l'iconographie peinte et sculptée, de l'aménagement des jardins et du parc, de la féerie des fêtes? De Félibien à Dézallier d'Argenville, la lecture attentive de la succession des guides serait presque suffisante pour suivre la fantastique cascade des bouleversements et des transformations qui finissent par faire Versailles. Cette production de commande — à laquelle le roi lui-même prête la main en rédigeant un guide des jardins — n'est que la partie visible de l'iceberg. Reste l'extraordinaire masse d'archives et de dessins que l'insatiable curiosité des chercheurs n'a pas encore épuisée. Une historiographie de plus en plus érudite, sérieuse et critique rassemble les éléments d'une chronologie fine, reprend l'interprétation de documents connus mais trop hâtivement exploités, épuise le dépouillement de fonds pléthoriques, s'attaque à l'examen des sources nouvelles.

I. L'évolution de notre connaissance de Versailles

Cet immense travail d'analyse favorise un courant archéologique qui n'est pas sans danger. Dans quelques cas, ce type d'investigation s'est révélé extrêmement fructueux. Les fouilles de 1947 ont conforté les hypothèses de Kimball sur les projets fournis par Le Vau entre 1668 et 1669. La découverte des fondations d'un pavillon dans l'angle sud-est de la cour, les restes d'un avant-corps arrondi au centre du perron attestent le début de réalisation du second projet — un parti magnifique à trois salons saillants en façade — qui impliquait non seulement la destruction du vieux château mais le bouleversement d'une partie des jardins que Le Nôtre venait de composer, puisque le projet prévoit une avancée de 20 mètres sur l'alignement antérieur. Les murs déjà hauts de 70 centimètres, le chantier est arrêté. On élève finalement, en avant du vieux château épargné, un corps de logis d'une faible profondeur, évidé en son milieu par une terrasse. Ces découvertes fournissent un jalon supplémentaire qui permet de restituer l'ambiance capricieuse dans laquelle baigne le chantier royal et de saisir le climat d'incompréhension qui entoure Le Vau.

Moins spectaculaire mais tout aussi importante, une soigneuse reconstitution des campagnes de travaux poursuivis sans interruption de 1671 à 1680 dans les appartements royaux fournit des données non négligeables sur leur distribution et donne son sens à un programme iconographique qui demeurait incompréhensible (A. Schnapper). Consacré aux planètes, c'est lui qui informe artificiellement sur la distribution en sept pièces symétriques des deux appartements. Le rapport traditionnel de hiérarchie entre l'appartement de la Reine plus petit que celui du Roi n'est plus recevable. L'appartement des Bains, ensemble très nouveau dans le programme d'un château royal, d'une magnificence inouïe non dépourvue d'érotisme, est restitué dans la complexité de sa distribution, dans la richesse et l'ampleur de son décor peint, dont on sait maintenant de façon certaine qu'il comprenait une *quadratura* de Colonna. Enfin, de l'analyse soigneuse des transformations de l'appartement de la Reine, on peut déduire avec sûreté la succession des chapelles antérieures à celle de Mansart, succession plus simple qu'on ne le disait jusqu'ici.

Mais le souci de précision dans la reconstitution comporte un risque : l'occultation des problèmes de la création architecturale au profit du seul souci archéologique. L'hypothétique avancée, en 1678, de la façade de la cour de Marbre à 30 centimètres, de la façade initiale engage un plus grand luxe d'arguments que ne le fait l'analyse des projets proposés alors par Mansart. Les dessins de l'architecte, récemment arrivé sur le chantier, trahissent un effort pathétique pour agrandir à tout prix le château et trouver une solution satisfaisante aux problèmes de raccordement des deux façades avant et arrière et de l'éclairage de la Grande Galerie. Le parti de verticalisme s'impose alors à lui. Les propositions un peu maladroites et lourdes pour rehausser le corps de logis sur la cour de Marbre, pour le couvrir d'immenses toitures et le surmonter d'un dôme constituent un moment particulier dans l'histoire des formes architecturales versaillaises. L'étirement en hauteur des volumes déplaît au roi. Cette solution rejetée, il faudra bien en venir au parti inverse, d'excessive horizontalité. Man-

282

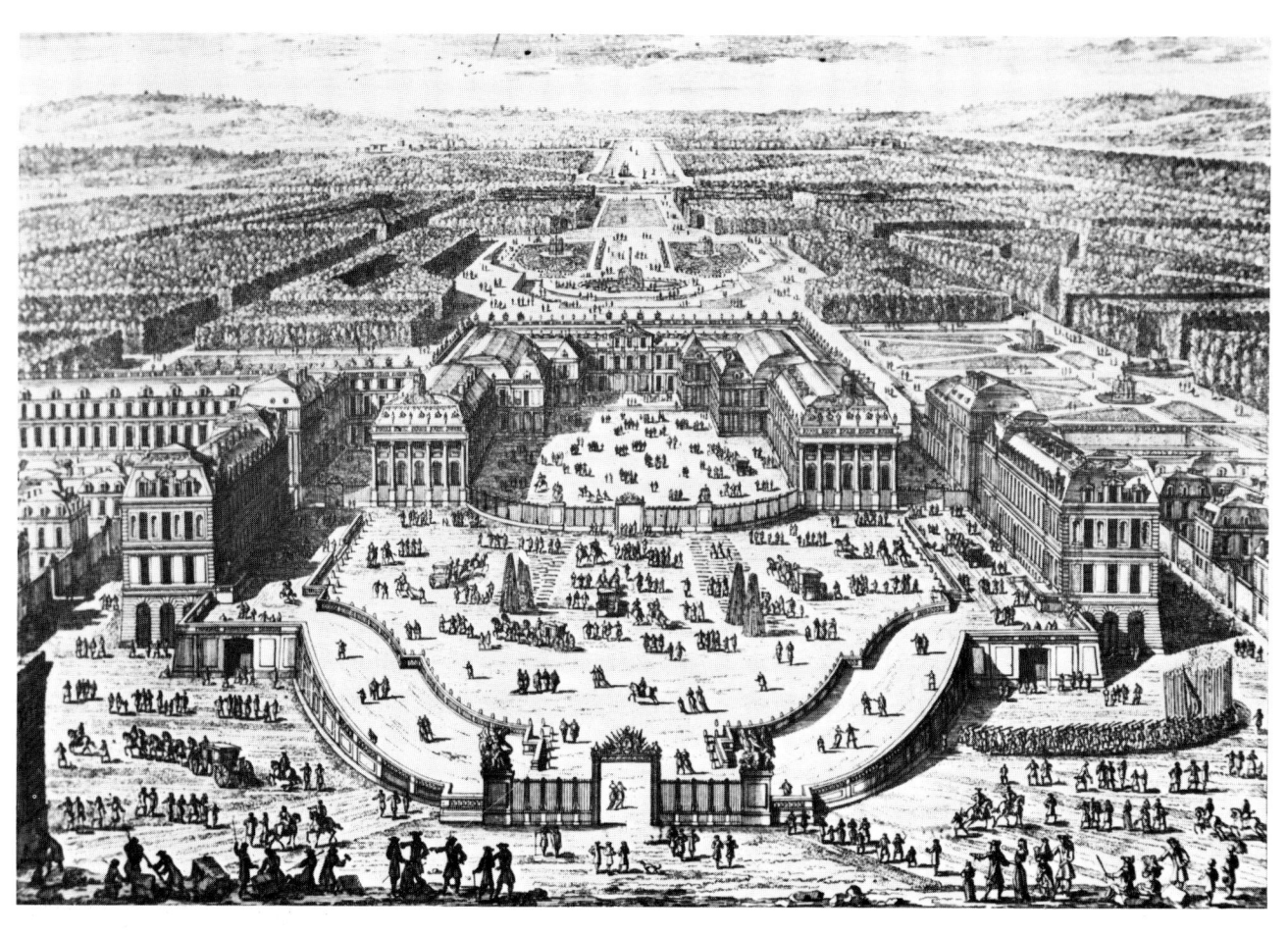

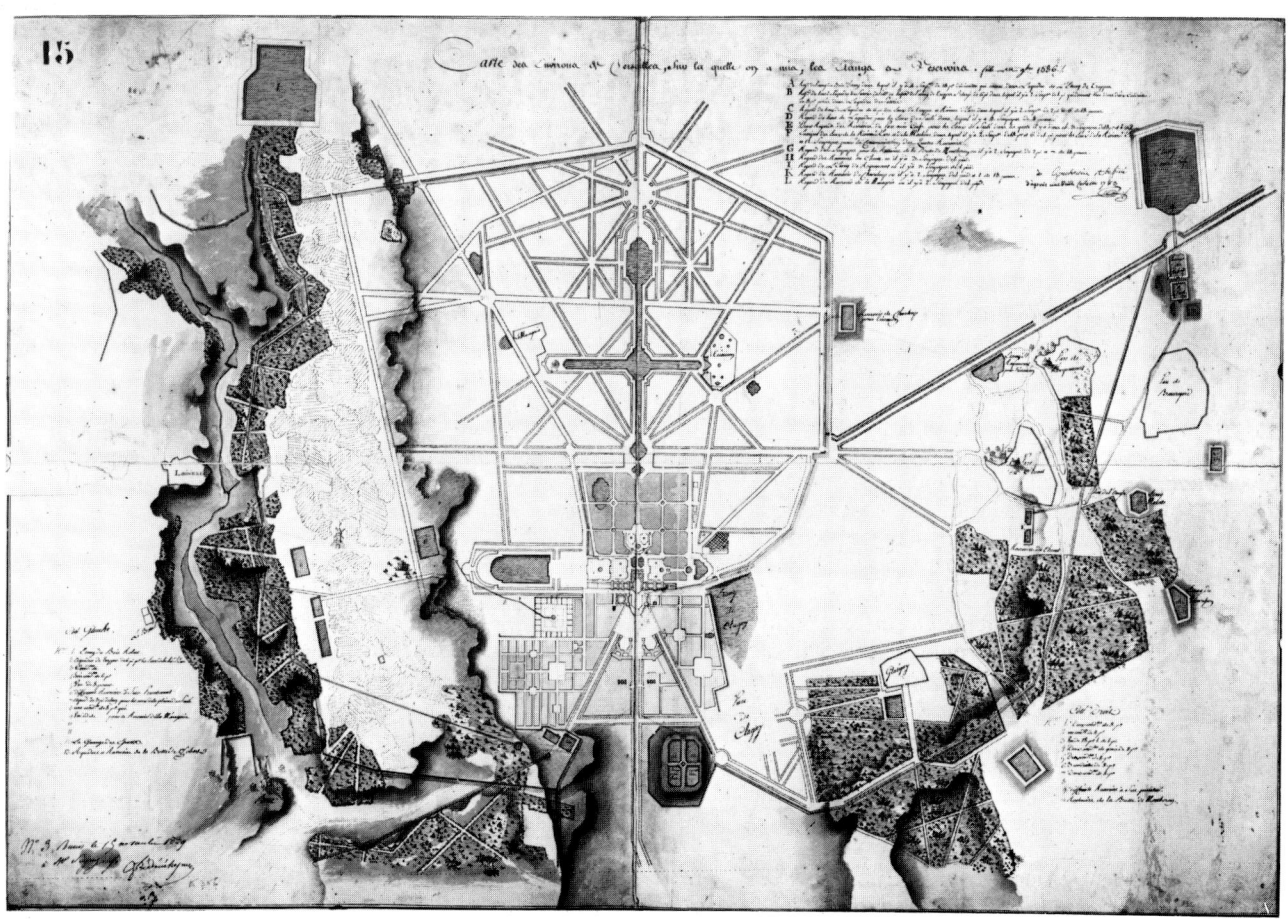

sart reprendra à Meudon, sous une forme voisine, la proposition dédaignée par le roi.

Une méthode de travail trop exclusivement archéologique risque d'entraîner la recherche vers des reconstitutions de détail presque sans bénéfice pour l'histoire de l'architecture qui, à Versailles plus qu'ailleurs, est profondément liée à celle des personnes, maître d'ouvrage et architectes. Le roi et ses châteaux sont à ce point liés que l'évolution de la personnalité royale et l'évolution architecturale de ses maisons semblent aller de pair. On sait aussi l'énorme investissement politique que Louis XIV met dans ses bâtiments; miroirs évidents de sa gloire et de sa puissance, ils deviennent d'emblée d'éminents instruments de propagande. Le voyage de Mansart à Nancy auprès du prince lorrain, la diffusion des images versaillaises dans les Cours européennes en sont des témoignages certains. Dans cette mesure aussi, l'attention que le roi porte à ses châteaux est extrême. Ce prince orgueilleux qui veut régner sur le monde n'impose pas seulement sa volonté par la guerre ou les manœuvres politiques, mais aussi par l'image qu'il donne de sa propre personne dans ses constructions.

La célébration du roi ne se fait pas seulement à travers les allégories peintes de l'escalier des Ambassadeurs, des appartements royaux et de la Grande Galerie, elle régit la composition de l'ensemble, bâtiments et jardins. Un subtil réseau de correspondances se tisse à l'ouest du château entre la légende apollinienne, la traduction allégorique des vertus royales et l'allusion aux forces cosmiques. Il informe le programme iconographique compliqué qui se développe somptueusement, des sculptures du parc et des bassins jusqu'aux motifs les moins accessibles à l'œil, au sommet de la façade. Mais le programme n'est pas si déterminé, sa résonance n'est pas si magique que l'on ne puisse le transformer : la grotte de Thétis, merveille de complexité et d'intentions superbement traduites, un des temps forts du programme symbolique arrêté dans les années 1660, ne dure cependant pas plus de vingt ans (1664-1684). En revanche, il ne semble pas que l'on ait tranformé le programme de Marly, en qui se concentrent toutes les recherches sur la glorification royale.

II. Le roi et ses architectes

Cette composante transcendantale des créations royales s'allie paradoxalement avec un solide goût, terre à terre et réaliste, de Louis XIV pour les choses du bâtiment et du jardinage, un trait du caractère royal que l'on connaissait sans en avoir tiré toutes les conséquences pour l'histoire de l'architecture versaillaise. C'est désormais chose faite (B. Jestaz). L'exploitation érudite et minutieuse de nouvelles sources d'archives, une très fine analyse de la psychologie royale

Pages précédentes : Château de Versailles (Yvelines).
En haut à gauche, vue générale. Gravure de N. Langlois, 1688.
En bas à gauche, plan de la ville, du parc et de ses environs, en 1686 (copie de 1783).
A droite, le corps central et le parterre d'eau.
Page ci-contre : en haut, Versailles. Entrée du premier Trianon. Gravure d'Aveline.
En bas, Versailles. Plan des jardins du Trianon. Gravure de Pérelle.

démontrent clairement que l'architecte du Trianon de 1687 est Louis XIV. L'originalité de l'édifice doit moins au talent de Mansart qu'à la vision architecturale du roi, tout imprégnée des vertus de l'édifice antérieur, le Trianon de porcelaine.

Le plan si particulier du Trianon, désarticulé et comme dilué dans la nature, les dispositions paradoxales de la distribution qui font que l'on dédaigne d'exploiter la vue sur le canal, tout cela est œuvre du roi. Au Trianon, les architectes sont entièrement à son service. Le comble élevé proposé par Mansart, bien dans l'esprit de ce qu'il avait imaginé pour Versailles, est rejeté. Le roi veut conserver au Trianon son aspect de petite maison : il exige un comble bas, invisible du sol, au risque de gêner le tirage des cheminées. Louis XIV, amateur de jardins, rêve d'un contact intime avec la nature policée et fleurie que savent lui composer ses jardiniers. Les recommandations qu'il avait faites pour Versailles en 1668 — que *du milieu de la cour, les quatre vues soient percées* — n'avaient pu être retenues. Au Trianon, Louis XIV veille à ce que l'on édifie un château bas, à un seul niveau et transparent en son centre, *quelque chose de fort léger* entre cour et jardin. Le roi précise le détail du motif : une sorte de loggia fermée vers la cour par des baies transparentes et ouvertes sur le jardin. En 1691, on supprime les vitrages ; d'un bâtiment à péristyle on passe à un ensemble de deux corps de logis reliés par un portique ouvert. A l'unité, on substitue la dualité, à la fermeture, l'ouverture. C'est cet édifice transformé, si différent du projet original, qui va servir de modèle à l'architecte lui-même, à l'hôtel de Lorge (1697), puis à ses contemporains et à ses successeurs, la critique ne cessant de louer, dans une œuvre qui n'était pas de lui, son génie évident. La pression que Louis XIV exerce sur le premier architecte explique sans doute en partie la désinvolture de Mansart à l'égard des règles édictées par l'Académie. Le roi éprouve de l'indifférence pour les exactes qualités de la mouluration, des proportions, et n'est guère sensible aux subtilités que l'on développe sur l'emploi des ordres. Le caractère original du baroque français pourrait être né de cette collaboration particulière du roi avec ses architectes. « Le baroque français ne réside pas dans la forme plastique ni même dans la forme spatiale, mais précisément dans les exigences royales qui sont indifférentes aux querelles du classicisme. La différence est sociologique ; elle est dans les fonctions. Le baroque français est l'expression artistique de la monarchie absolue » (F. Kimball).

Les volontés royales débordent le cadre ordinaire des relations client-architecte. Non seulement elles influent sur la forme des bâtiments projetés ou réalisés, mais encore elles structurent les relations professionnelles des artistes, elles imposent à l'agence son organisation. Quand le roi arrête l'idée d'un péristyle pour le Trianon, Mansart est aux eaux de Bourbon. Il est immédiatement remplacé par de Cotte qui donne le dessin demandé. Mansart reprend le chantier à son retour. L'atelier d'architecture est exactement organisé pour répondre à des exigences de cette nature. La structure fortement hiérarchisée de la foule d'artistes nécessaires à un tel chantier engendre une méthode de travail nouvelle, caractéristique du milieu versaillais. Entre la commande et l'œuvre, la démultiplication des tâches intercale toute une cascade d'idées nouvelles, de modifications qui suivent pas à pas la fluctuation des caprices royaux, traduisent l'habileté des exécutants ou concrétisent les résultats de sournoises luttes d'influence. Les transformations du second projet de Le Vau n'auraient pas d'autres raisons que l'interchangeabilité des artistes érigée en principe. Pendant le séjour de Le Vau dans le Nivernais, d'août 1669 à février 1670, la responsabilité du chantier passe automatiquement à d'Orbay qui transforme l'audacieuse proposition de Le Vau, non sans avoir consulté Colbert, l'éternel opposant, d'où la conservation du vieux château, d'où surtout la suppression des saillies en façade et son recul.

Le caractère collectif du travail fourni par le *Bureau des plans et dessins* est un fait désormais admis par les historiens de l'architecture. Les biographies à caractère mythique, le portrait de l'architecte comme démiurge ou, au contraire, comme imposteur sans talent profitant du travail d'obscurs génies, les thèses exagérément restrictives ou laudatives ont fait leur temps. Ce type de travail d'équipe ne nivelle pas les talents. Dans ce milieu actif et exigeant, loin d'être laminées, les personnalités développent une habileté, un savoir-faire, un art personnel remarquables. Du Bureau des plans sortent de Cotte, Boffrand, Gabriel. Les autres ateliers, organisés sur le même schéma, réagissent de semblable façon. On a pu récemment, à propos des sculptures de la façade sur jardin de Versailles, montrer la distance qui sépare le modèle dessiné par Le Brun de la réalisation (F. Souchal). Cette distance vaut la peine d'être mesurée. Aucun affadissement ni édulcoration, pas de trahison du modèle. L'interprétation se fait superbement par l'introduction d'un style propre qui valorise et l'idée et l'exécution.

Paradoxalement, cet énorme effort d'érudition et d'analyse critique n'a pas encore fourni l'outil qui fera avancer l'histoire de l'architecture de la fin du XVIIᵉ et du début du XVIIIᵉ siècle : une chronologie précise et comparative des travaux menés à Versailles et dans les grands chantiers privés, urbains ou champêtres. L'entreprise n'est pas aisée. Elle nécessiterait que soient résolus des points obscurs de l'histoire de Versailles : on débat encore pour savoir si le second projet de Le Vau, repoussé presque aussitôt que proposé, date de 1669, comme il est traditionnellement admis, ou si, conçu en 1665, il a attendu quatre ans avant d'être abandonné. S'il en était ainsi, on devrait pouvoir lui trouver un champ d'influence plus vaste, puisqu'il aurait eu plus de temps pour être diffusé, analysé et critiqué. Ce travail de chronologie comparative nécessiterait aussi que les dates de construction et d'aménagement des demeures privées soient mieux connues. L'histoire renouvelée de l'hôtel de Lorge remet en question les travaux de Kimball sur l'exemplarité du décor de Versailles après 1690 (B. Jestaz). Après cette date, l'invention architecturale à Versailles s'alimente à des sources extérieures; ce n'est déjà plus le *style Louis XIV*. A vrai dire, en beaucoup de points, Versailles avait déjà auparavant habilement exploité les formules architecturales et décoratives venues d'ailleurs.

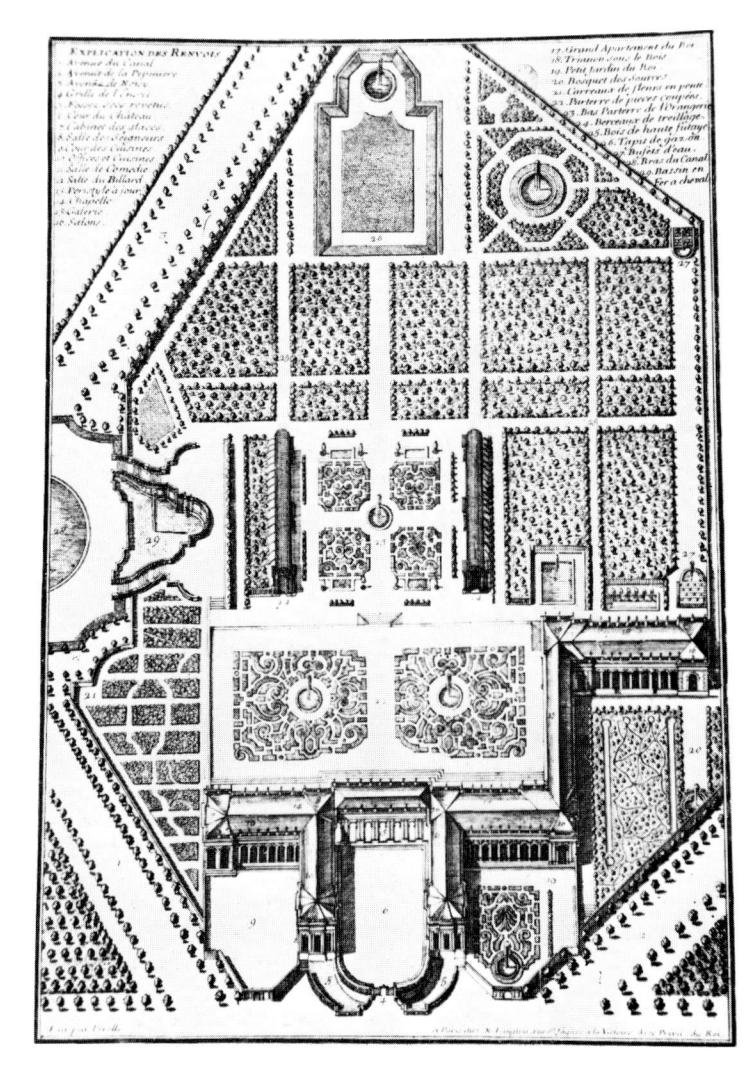

Une chronologie fine de l'activité des artistes travaillant à Versailles informerait aussi sur leurs moments de disponibilité et donc d'activité dans des chantiers privés. Il semble que les sculpteurs, exagérément occupés par le programme d'ornementation des parcs royaux, aient disposé de très peu de temps pour satisfaire les commandes particulières. La situation est un peu différente pour les architectes. Le coût très élevé des chantiers de construction nécessitera leur fermeture autour de 1690. La guerre, qui épuise les finances publiques, obère aussi le trésor royal; elle laissera les architectes, et par contrecoup les peintres, libres de travailler pour de riches clients qui, moins en vue que le roi et plus modestes dans leurs ambitions, peuvent plus aisément dépenser sans faire injure à la misère publique. On pourrait ainsi suivre et définir l'influence de Versailles. Dans l'état actuel des recherches, sauf pour quelques grands artistes, on est loin de pouvoir établir un rapport entre le chantier royal et les chantiers privés. Leur activité dans les châteaux d'Ile-de-France est connue mais pas encore systématiquement étudiée.

III. L'activité de construction autour de Versailles et en province

On est loin de posséder une analyse sérieuse des grands châteaux bâtis autour de Versailles à la fin du siècle. Dès que l'on s'éloigne un peu de cette aire géographique et du milieu royal, la situation est bien pire. La fâcheuse manie des guides et répertoires d'attribuer toute demeure un peu soignée à Mansart et tout jardin un tant soit peu composé à Le Nôtre indique assez l'étendue de l'ignorance. Presque aucune date n'est connue, presque aucune attribution n'est certaine. Tout est à faire, sachant que, pour les demeures provinciales, les sources imprimées sont inexistantes. Les contemporains ont rarement décrit leurs demeures. Des *Mémoires* on tire très peu de renseignements explicites : on parle peu de ce que l'on connaît bien et peut-être y a-t-il une volontaire attitude de réserve en face de la faconde royale. Les guides et les récits de voyage ne sont pas plus diserts. Ce n'est pas de cette gazette de la vie de la Cour qu'est le *Mercure galant* qu'il faut attendre un écho de la vie de province. La longue description qu'il fait du château de Navarre (Eure) n'est pas fortuite (il s'agit de la demeure du duc de Bouillon); elle est, en revanche, parfaitement exceptionnelle. Les dépouillements des archives publiques sont à peine ébauchés. On soupçonne l'extrême richesse des fonds privés — le chartrier du château de Serrant (Maine-et-Loire) renferme tous les marchés, mémoires, toisés, quittances des travaux entrepris à la fin du XVIIe siècle; on connaît même le nom des architectes — mais aucun inventaire systématique n'en a été fait. Les fonds iconographiques contemporains, commandés ou achetés par le roi (les dessins de Gaignières entrent dans les collections royales en 1711), aussi précieux qu'ils soient, ne constituent pas une documentation suffisante. On devrait les compléter par un recours systématique aux cartes dont le nombre croît de façon spectaculaire dans la deuxième moitié du siècle; elles comportent souvent des vues cavalières très précieuses de châteaux mal connus, comme nous le dirons dans un chapitre suivant.

L'intérêt exclusif porté par les historiens sur Versailles a jusqu'ici empêché que soit entrepris un grand travail sur les châteaux de province. L'importance de l'activité architecturale dans l'ensemble du royaume durant cette période, sa qualité, la diffusion ou l'occultation des thèmes proposés ou développés à Versailles, autant de questions presque encore sans réponse.

L'histoire du monde rural à la fin du XVIIe et au début du XVIIIe siècle a suscité depuis quelques années quantité d'excellents travaux qui n'abordent qu'indirectement les questions touchant l'habitat, grand ou petit, ferme ou château. Les études sur l'architecture provinciale sont rares; aucune n'approche l'érudition et la finesse d'analyse de celle de Jean-Jacques Gloton sur la Provence baroque. Les statistiques sont totalement inexistantes : combien de châteaux sont construits de neuf, combien sont seulement modernisés, combien même sont démolis et pourquoi? Il y a dans la démolition du château un révélateur du goût du temps qu'il ne faut pas négliger. Y a-t-il des régions plus actives que d'autres? Doit-on continuer à professer qu'entre 1670 et 1710 la construction des grandes demeures rurales est partout, sauf peut-être en Ile-de-France, beaucoup plus réduite qu'elle ne l'était auparavant et qu'elle ne le sera ensuite? Ces recensements, quand ils seront établis, ne pourront se passer d'études stylistiques afin que puissent être évaluées l'importance des courants novateurs et la force des tendances archaïques dont cette période n'est pas exempte.

Il ne semble pas que les recherches à venir puissent faire apparaître la fin du XVIIe siècle comme une période d'intense activité architecturale. Une donnée objective demeure : le pays est sans argent. Les difficultés économiques du royaume pendant le règne de Louis XIV sont bien connues. Les guerres n'ont pas seulement laissé exsangue le manouvrier, obligé le roi à fermer ses chantiers et à fondre sa vaisselle d'argent, elles ont aussi ruiné la noblesse paysanne. L'appauvrissement est général, mais il a évidemment profité à quelques-uns. Le fossé se creuse entre les très pauvres et les très riches, en majorité des commerçants, des dignitaires de l'entourage du roi, des hommes chargés de hautes fonctions — intendants des finances, secrétaires d'État — dont les fortunes scandaleuses se tradui-

Château de Boufflers (Somme). Plan de Mansart, gravé par Mariette.

sent par des constructions splendides à Paris et autour du château royal.

La plaine de Versailles se couvre de demeures élevées par les courtisans. Les terrains se font rares, les plus mauvais sont encore bons. Le pauvre Barbezieux dépense des millions, dans les années 1700, pour bâtir et faire décorer par les artisans royaux une maison *en plein champ, qu'on appela l'Étang, ... dans la plus triste situation du monde mais à portée de tout, c'est-à-dire du roi* (Saint-Simon). L'emplacement doit être bien détestable puisque, moins de cinquante ans plus tard, le château est démoli. Mais on ne cerne cette activité architecturale que de façon très approximative. Il n'existe pas encore d'études approfondies sur l'architecture de la plaine de Versailles et de la couronne de Paris pendant le règne de Louis XIV.

On ne sait pas non plus qui, dans l'entourage du roi, se passionne pour l'architecture. Les ducs semblent avoir été de grands bâtisseurs. Pour tenir fermement dans sa main cette classe privilégiée, le roi se montre toujours extrêmement généreux. Les largesses royales, qui s'expriment de multiples façons, ont indirectement aidé à l'édification de grandes demeures comme La Meilleraye (Deux-Sèvres) en 1676, autour de laquelle le duc de Mazarin élève une orangerie et une ménagerie à l'exemple royal, comme Dampierre (Yvelines, 1676-1680), comme Navarre (Eure), comme Boufflers (Somme), tous les trois du dessin de Mansart. Mais on est loin de pouvoir tirer de ces exemples une loi générale sur l'activité constructrice des ducs et pairs sous Louis XIV; les travaux récents sur ce groupe d'élite apportent, indirectement, quelques éléments de réponse (J.P. Labatut). Tous les ducs et pairs ne font pas construire ou reconstruire avec autant de splendeur. Les difficultés financières de la vieille famille de Brissac expliquent l'arrêt des travaux du château, au début du siècle, et peut-être aussi en partie le peu d'entrain que les Cossé mettent à reprendre le chantier. Le château restera dans sa demi-splendeur, déjà un peu démodé, inachevé et hétéroclite. Rambouillet est rien moins que moderne et agréable; on se contente de transformer le parc autour de l'antique demeure. Il faudrait pouvoir déterminer, dans le nombre et la dissémination des possessions ducales, quels sont les châteaux que l'on conserve dans leur intégrité, peut-être par respect pour la tradition familiale — Saint-Simon qualifie de *belle maison* le vénérable château de Verteuil (Charente) qu'habite, sans le moderniser, le duc de La Rochefoucauld — quels sont ceux que l'on abandonne ou que l'on abat, quels sont ceux que l'on aménage ou que l'on reconstruit.

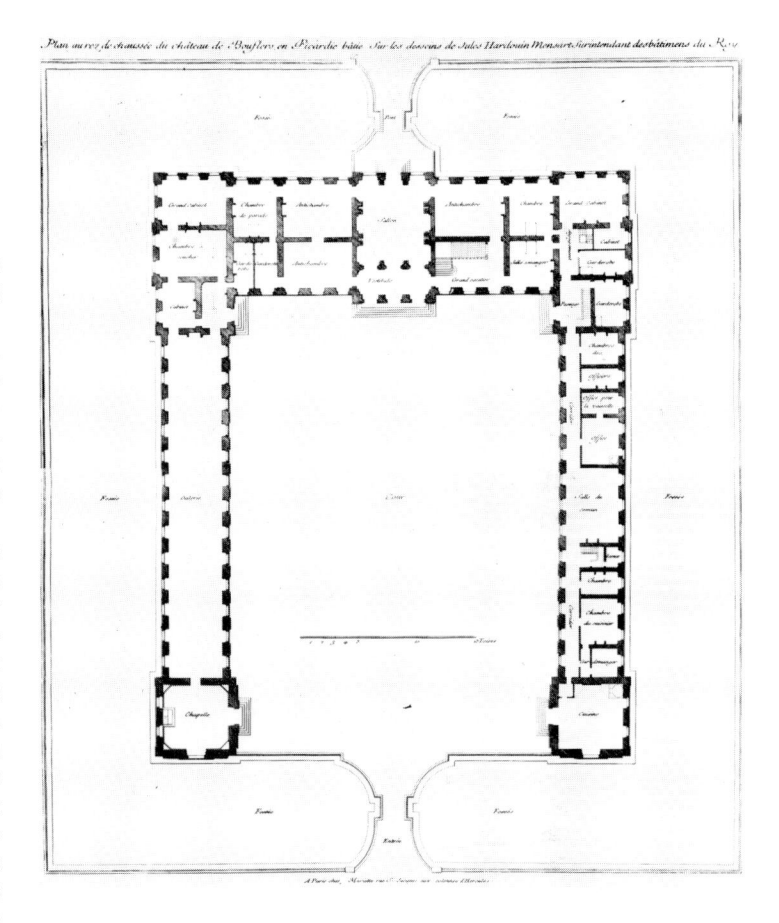

Quelles raisons personnelles ou économiques, quelles influences artistiques ou sociales président à ce choix?

Les grands du royaume, quelques hommes d'État peuvent concilier vie à la Cour et activité architecturale en province. Il est évident qu'il n'en va pas de même pour la majorité des courtisans. Mais on ne peut estimer de façon précise jusqu'à quel point la présence quasi obligatoire à la Cour affaiblit l'intérêt des courtisans pour leur demeure campagnarde et les rend inaptes à la chose architecturale. S'il en était vraiment ainsi, on pourrait s'attendre qu'en revanche, les exilés de la Cour soient de grands bâtisseurs. Ce que l'on voit à Lauzun (Lot-et-Garonne) ne permet pas de conclure dans ce sens : le gros pavillon court élevé vers 1685 pour relier deux corps de logis construits antérieurement avec une grande finesse est d'une maladresse étonnante.

Enfin, on ne sait presque rien de l'activité des bourgeois enrichis qui profitent de l'appauvrissement des classes extrêmes de la société pour acquérir des terres et constituer de grands domaines, rien non plus des possibilités que peut avoir la noblesse locale pour bâtir. Il semble bien que le centre de la France, traditionnellement pauvre et ravagé par des mouvements de révolte contre l'autorité royale, se contente d'un patrimoine rustique et vieilli. Dans le Val-de-Loire, très peu de châteaux sont construits, ou même simplement modernisés (Jeanson). En Provence, si l'on excepte Puyricard (Bouches-du-Rhône, 1665) — prestigieuse demeure cardinalice mais bâtie avec de si pauvres moyens que la ruine irrémédiable n'attend pas vingt ans pour se manifester — la tendance est aux toutes petites maisons de campagne, d'une modestie assez éloquente ; dans cette province où le mécénat de l'époque baroque se concentre sur l'architecture urbaine, le château brille alors par son absence. Dans la région de Saint-Malo, la fin du XVIIe siècle est, pour les commerçants et les armateurs, une période d'intense activité, de paradoxal enrichissement. Occupés à constituer leurs fortunes, ils s'intéressent peu à l'architecture. Il est encore trop tôt pour bâtir, au moins à la campagne. L'éclosion des « malouinières », ce type particulier de grandes demeures rurales, d'une très grande beauté dans leur simplicité, toujours magnifiquement situées entre la campagne et la mer, n'intervient qu'à l'extrême fin du règne de Louis XIV, pour s'épanouir surtout dans les années 1730.

IV. Les formes architecturales

Là où l'on construit de neuf, les formes architecturales sont extrêmement réservées dans leurs plans et leurs volumes. Il n'y a pas de brusques partis pris architecturaux, de mode envahissante et impérieuse, mais plutôt un lent glissement vers une architecture sévère et retenue, d'une *noble et belle simplicité,* pour reprendre le mot de La Bruyère à propos de Pontchartrain (Yvelines). Les fortes inventions d'Antoine Le Pautre, les volumes subtilement animés de Le Vau constituent un événement, un mouvement éphémère des années 1650-1660. Jusque et par-delà Boffrand, on entre dans une période d'extrême retenue dans la disposition des masses, dans le traitement des volumes intérieurs et extérieurs, dans le jeu des pleins et des vides en façade, dans l'utilisation du décor et de la mouluration.

Le plan-masse ne connaît pas d'invention spécifique ni d'exclusion, si ce n'est celle du parti à cour centrale refermé sur lui-même, comme le proposait encore Le Pautre dans les années 1650. L'archaïsme du parti est manifeste ; il rend encore plus surprenante son utilisation au château de Perrigny (Côte-d'Or) que Mariette attribue à Desgots. Il ne semble pas que l'on puisse raisonnablement élaborer un plan de ce type à la fin du siècle sans y être forcé par la disposition des lieux et la présence d'importantes fondations antérieures. Mais cet argument tient mal : à Grancey (Côte-d'Or), sur une ancienne plate-forme bastionnée, sensiblement carrée, on élève une nouvelle demeure de plan rectangulaire. La démolition fréquente d'un des quatre corps de logis fermant la cour est bien significative du peu d'attrait que présente un parti en contradiction avec le développement des jardins et des parcs. A Versailles, la disparition de l'écran qui ferme la cour de Marbre a une portée plus symbolique : entre lui et sa ville nouvelle, le roi préfère à un mur maçonné la subtile barrière d'un espace scénique, d'un emboîtement profond de volumes se rétrécissant jusqu'à la chambre du Roi. Toutes les autres formes de plans-masses sont utilisées, sans que l'on puisse encore dire quelles raisons topographiques, historiques, quel type d'influence président au choix des formes.

Le phénomène le plus intéressant et le plus riche de promesses est sans doute l'adoption du plan carré palladien avec espace central intérieur circulaire. Le Pautre, dans ses inventions, l'avait développé avec une puissance écrasante. Mansart le reprend à Marly. De tous les thèmes développés par l'architecture du temps, ce sont certainement ceux de Marly qui auront la plus grande pérennité. Il est vrai que, dans la carrière de Mansart comme architecte du roi, Marly constitue un chantier privilégié. C'est la seule des maisons royales, avec la Ménagerie, qui ait été édifiée d'un seul jet, sans reprise ni altération, la seule commande pour laquelle l'architecte a pu inventer, sans être contraint à un rattrapage. Le détail de sa conception est encore mal connu. Il semble, cependant, que rien n'a jamais altéré le parti initial — une constellation de pavillons isolés gravitant autour d'un pavillon central —, ni les hésitations sur l'implantation des pavillons proches du pavillon royal, ni les excessives proliférations des communs, ni les importants changements d'orientation des accès (une fois qu'il fut devenu assuré que la Cour ne viendrait plus de Saint-Germain mais de Versailles). Il y a dans le plan centré et dans le parti d'identité de traitement des quatre faces du pavillon royal un pouvoir d'adaptation exemplaire. Ce caractère fort et simple confère à Marly une valeur de modèle que n'ont pas à ce point les autres demeures royales. On l'imite facilement dans la mesure où l'on ramène à quelques éléments simples un programme extrêmement complexe où

Marly (Yvelines). Le château royal environné des douze pavillons destinés à recevoir les hôtes de Louis XIV. Gravure de Mariette.

s'imbriquent des éléments d'ordre social, symbolique et cosmique.

Au moment où s'achève la première partie des travaux de Marly (1679-1686), Mansart fait lui-même la démonstration de cette facile réduction d'un grand thème architectural. Il élève à Navarre (Eure) un pavillon carré à ordre colossal, sur un soubassement assez haut. Mais déjà, il apporte des modifications à l'idée initiale : le château de Navarre est surmonté d'un dôme, comme il proposera de le faire, sans succès, quelques années plus tard, pour Marly. Du château royal, Navarre n'a que l'apparence : il lui manque la fascinante efflorescence de son ornementation peinte et le cadre d'un parc entièrement composé en fonction de l'architecture. Les jardins de Navarre ne sont que de beaux jardins. Le thème palladien est repris par Pierre Bullet à Issy. Entre 1681 et 1709, sans jamais abandonner le plan massé quadrangulaire, il modifie plusieurs fois le projet, de façon à peine perceptible pour le profane, essentielle pour le théoricien. La solution adoptée, un petit volume net d'où se détachent deux avant-corps centraux, enrichis d'une superposition d'ordres, percé de baies cintrées au rez-de-chaussée, surbaissées à l'étage, fait d'Issy un *exemple de ce que peut le goût... appuyé des préceptes*. (J.F. Blondel, *Cours d'architecture civile*). Les générations suivantes sauront utiliser ce modèle. Pour l'heure, il n'a encore que peu de succès. On lui préfère de beaucoup une forme de plan en rectangle allongé, avec pavillons plus ou moins saillants. Le nombre de châteaux construits sur ce schéma est si élevé qu'on a voulu y voir un des traits spécifiques du château français de la fin du XVIIe siècle. Mais avant de conclure formellement, il faudrait déterminer le nombre de demeures neuves qui ont sciemment utilisé ce plan et celles qui, comme à Sucy-en-Brie, en 1660, ont été réédifiées sur des fondations anciennes similaires, car ce tracé est courant depuis la fin du XVIe siècle; il se prolongera d'ailleurs jusqu'au XIXe siècle.

La forme en U — un corps de logis prolongé par deux longues ailes en équerre bordant la cour — est très répandue. Ce type de plan a même des lettres de noblesse sans pareil : c'est lui que propose Le Vau pour Versailles au concours de 1668. C'est aussi le plan de Boufflers, avec une distribution liée à ce type de parti : un grand salon central au milieu du corps de logis principal, petits appartements dans les pavillons, galerie se terminant par une pièce d'apparat ou une chapelle. Cette disposition n'a pas la connotation archaïque qu'on lui a donnée, de même que le plan massé rectangulaire ou en I n'a pas la

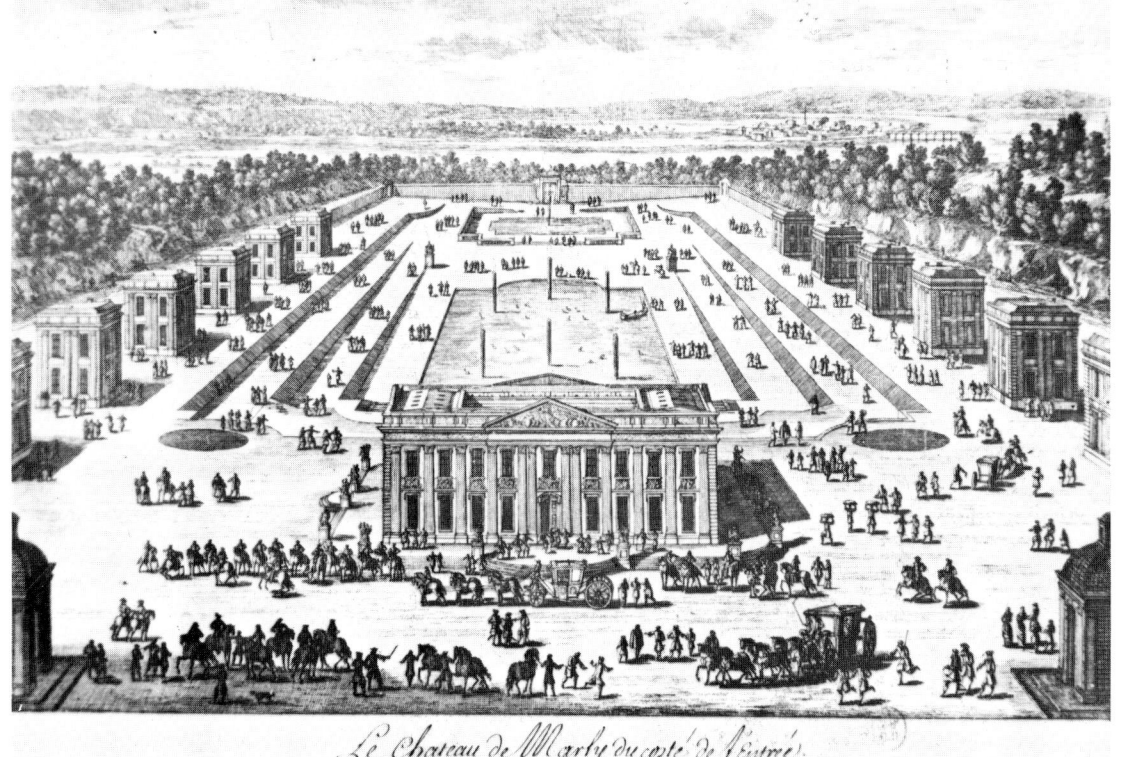

Le Château de Marly du costé de l'entrée.

résonance « moderne » qu'on lui prête. En fait, les deux solutions, loin de s'exclure, coexistent, et il arrive même que l'une naisse de l'autre. En un temps très bref à Clagny, dans des délais un peu plus longs à Bagnolet (Seine-Saint-Denis) comme à Serrant, l'obligation d'agrandir la demeure oblige à passer radicalement d'un plan en I à un plan en U. Le passage du Trianon de porcelaine au Trianon de marbre offre, dans un premier temps, à peu près le même processus de transformation. A Saint-Cloud (Hauts-de-Seine), le plan en U est le résultat d'une prolifération un peu différente. Le pavillon isolé qui constituait le château des Gondi se trouvera finalement placé comme une excroissance malencontreuse dans une des ailes d'un vaste et magnifique château à trois corps de logis disposés autour d'une très grande cour. Mais à Choisy (Val-de-Marne), quelques années plus tard, l'influence du modèle versaillais incite à choisir un autre type d'extension : le doublement, en continuité, de la façade sur jardin. Le principe d'horizontalité, d'extension dans le paysage l'emportait.

V. Agrandissement ou modification de châteaux existants

Pour beaucoup des châteaux de cette époque, la composition relève moins d'un choix de formes constituées que d'un subtil compromis entre le désir de faire œuvre d'architecture et les contraintes imposées par un édifice existant qu'il importe d'agrandir. Les premiers à donner l'exemple ne sont pas les moindres : presque toutes les maisons royales ou de l'entourage du roi sont dans cette situation. Versailles, de ce point de vue, est un cas limite. Les découvertes d'Alfred Marie et de Fiske Kimball ont définitivement balayé la tranquille assurance de Louis Hautecœur qui voyait le château royal grandir comme un organisme. La croissance difficile et cahotique de Versailles trahit les multiples problèmes auxquels sont confrontés les architectes : maintenir la cohérence de leurs propositions malgré les volontés royales — si sensibles dans le premier projet de Le Vau — et malgré la présence du vieux château. Les raisons de sa conservation ont donné lieu à une exégèse prolixe qui ne se dément pas. La plus récente, d'une finesse provocante, celle de Bernard Teyssèdre, exagère habilement une hypothèse de Kimball. Il faudrait voir, dans l'obstination à épargner le château de Louis XIII, l'œuvre perfide de Colbert. L'évidence honteuse d'un rapetassage inévitable, si peu digne d'un grand roi, devait, dans l'esprit du ministre, dégoûter Louis XIV de sa nouvelle folie et le ramener au Louvre.

Que Louis XIV ait souhaité se débarrasser du château de son père ne fait plus de doute. Que les solutions les plus radicales aient été les plus coûteuses ne fait non plus aucun doute. Les plans proposés par Le Vau étaient gigantesques mais assuraient enfin au roi une demeure moderne, dont la distribution, double en profondeur, permettrait un agencement splendide des pièces d'apparat. Les tergiversations et les demi-mesures des années 1670 ne servent à rien. Il faut se rendre à l'évidence : la sédentarité de la Cour, l'envahissement de la bureaucratie, corollaire de la volonté royale de gouverner de Versailles, font que le château, envahi d'une foule pléthorique, doit être démesurément agrandi. Le cérémonial somptueux et glacé qui anime la vie de Cour exige une distribution particulière des appartements royaux. On met ingénieusement à profit le hiatus entre le vieux château et l'*enveloppe* : les appartements publics entourent les appartements privés et ne communiquent avec eux qu'en des points bien précis. La destination des pièces change plusieurs fois, mais le principe demeure. La mort de la reine, la disgrâce de Mme de Montespan permettent au roi d'occuper tout le bel étage autour de la cour de Marbre. Il aménage somptueusement l'aile nord pour ses collections, divise l'aile sud en salons et antichambres qui conduisent théâtralement la foule jusqu'à la chambre du roi. La distribution de l'enveloppe n'est pas moins savante. Blondel s'émerveillera de l'extraordinaire échappée que l'on a depuis le salon de la Guerre sur la Grande Galerie et l'enfilade des huit pièces d'apparat de l'aile nord. Cette double distribution, si admirable dans son parti et son dessein, est, comme toujours à Versailles, le fruit d'un ravaudage architectural habile et intelligent.

En revanche, les activités administratives sont sans effet sur la distribution des locaux. Le personnel attaché à chaque ministère travaille dans des conditions incroyables d'inconfort et d'inadaptation. Il n'y a pas, à Versailles, de programme spécifique pour les fonctions gouvernementales. L'aile des Ministres comme l'aile des Princes fournissent des espaces polyvalents utilisés selon les besoins en appartements ou en bureaux. Le programme est plus nettement défini pour les services de bouche et les équipages, suscitant les magnifiques bâtiments du Grand Commun et des Écuries. Avec les annexes de la Ménagerie, de l'Orangerie et de Trianon, ces services constituent désormais le programme type de la demeure royale. Blondel le tient pour

Château de Barbentane (Bouches-du-Rhône). Façade vers le jardin.

caractéristique; les princes du XVIIIe et du XIXe siècle ne s'y tromperont pas.

Parce qu'ils sont le plus souvent élevés ou agrandis par les architectes du roi, les châteaux princiers proches de Versailles, les demeures élevées en province par les grands dignitaires laïcs ou ecclésiastiques du royaume profitent des recherches architecturales élaborées dans le Bureau des dessins, à moins que, comme à Clagny (Yvelines), à Saint-Cloud, il n'aient été les terrains d'expériences qui trouvent à Versailles leur expression achevée. Dans l'état actuel de la recherche, il semble que toutes les réalisations provinciales de qualité aient été élaborées au contact de Versailles. L'importance et le nombre des chantiers ouverts dans la région parisienne attirent à eux la main-d'œuvre habile et les bons talents. Les artistes locaux, sans stimulant, sont sans imagination, sinon sans savoir-faire.

L'exemple de Serrant (Maine-et-Loire) est très révélateur à cet égard. Les ailes élevées par deux architectes de la région en 1671 reprennent si exactement la composition et le décor renaissant du corps de logis central qu'on les croyait, jusqu'à maintenant, appartenir à la même campagne de construction. La chapelle est, en revanche, d'une facture contemporaine, élaborée et fine. Son dessin a vraisemblablement été demandé à un architecte parisien, il s'agissait de construire un espace convenable pour le mausolée du marquis de Vaubrun, commandé à Coysevox. On procède de même façon à Barbentane (Bouches-du-Rhône).

Il n'y a guère que le cardinal Grimaldi, le constructeur de Puyricard (Bouches-du-Rhône), pour chercher son inspiration ailleurs que dans les ateliers royaux. Ses origines le poussaient évidemment à s'adresser à des compatriotes. Le parti général, cette haute et longue demeure à trois étages, couronnée d'une terrasse, a été conçu à Gênes. La distribution est révélatrice d'un programme particulier : un palais pouvant

Château d'Oiron (Deux-Sèvres). L'ancien château du XVIe siècle transformé radicalement pour le marquis de La Feuillade.

accueillir en conciles provinciaux un grand nombre de prélats et leurs suites. Les appartements nombreux sont presque tous relégués sous les combles; le bel étage est occupé par deux appartements d'apparat et par une immense salle de réunion ouvrant par de hautes baies sur un paysage immense.

Dans l'ensemble, la *manière* des architectes du roi, celle surtout de Mansart, se détache sur une production provinciale extrêmement retenue, sévère, presque monotone, comme privée de forces imaginatives et des ressources des traditions locales. La simplicité des élévations est générale : des corps de logis massifs, à peine animés de faibles décrochements pour indiquer l'axe central ou les angles, rarement une recherche de composition entre les étages carrés et les niveaux extrêmes — quand les châteaux dépassent, ce qui est rare, deux niveaux —, parfois un jeu de contraste entre l'élévation du pavillon central et celle des ailes, moins hautes d'un niveau, comme au château de La Chaize en Beaujolais (1674), des toitures à combles brisés. La balustrade de couronnement est encore un motif trop spécifique de la demeure royale pour que l'usage en soit répandu. S'il est utilisé à Oiron (Deux-Sèvres), non sans lourdeur et maladresse, pour couvrir les pavillons, c'est évidemment à la demande expresse du marquis de La Feuillade, un familier de la Cour.

Le décor est partout d'une sévérité et d'une monotonie qui confinent parfois à l'indigence. C'est partout les mêmes motifs obligés de refends ou de chaînages aux angles et au centre de la façade, le même fronton brisé ou incurvé, orné pauvrement d'un motif sculpté presque standardisé. La seule leçon tirée des inventions de Mansart, et qui soit souvent bien répétée, est celle du traitement de l'axe central du corps de logis. Le groupement de trois baies cintrées, encadrées de pilastres ou de colonnes au rez-de-chaussée, ouvrant sur un balcon à l'étage, est un motif souvent utilisé, malgré les critiques des théoriciens. L'appareil de brique et de pierre, très répandu dans toute la France, est un des seuls éléments d'animation de cette sobre architecture qui constitue le cadre le plus familier de la campagne française et se prolonge loin dans le XVIIIe siècle.

VI. Le rapport du château au jardin

L'invention, la splendeur de l'architecture et du

Pontchartrain (Yvelines). Le château et l'immense parc du chancelier de France. Peinture du XVIIIe siècle (coll. part.).

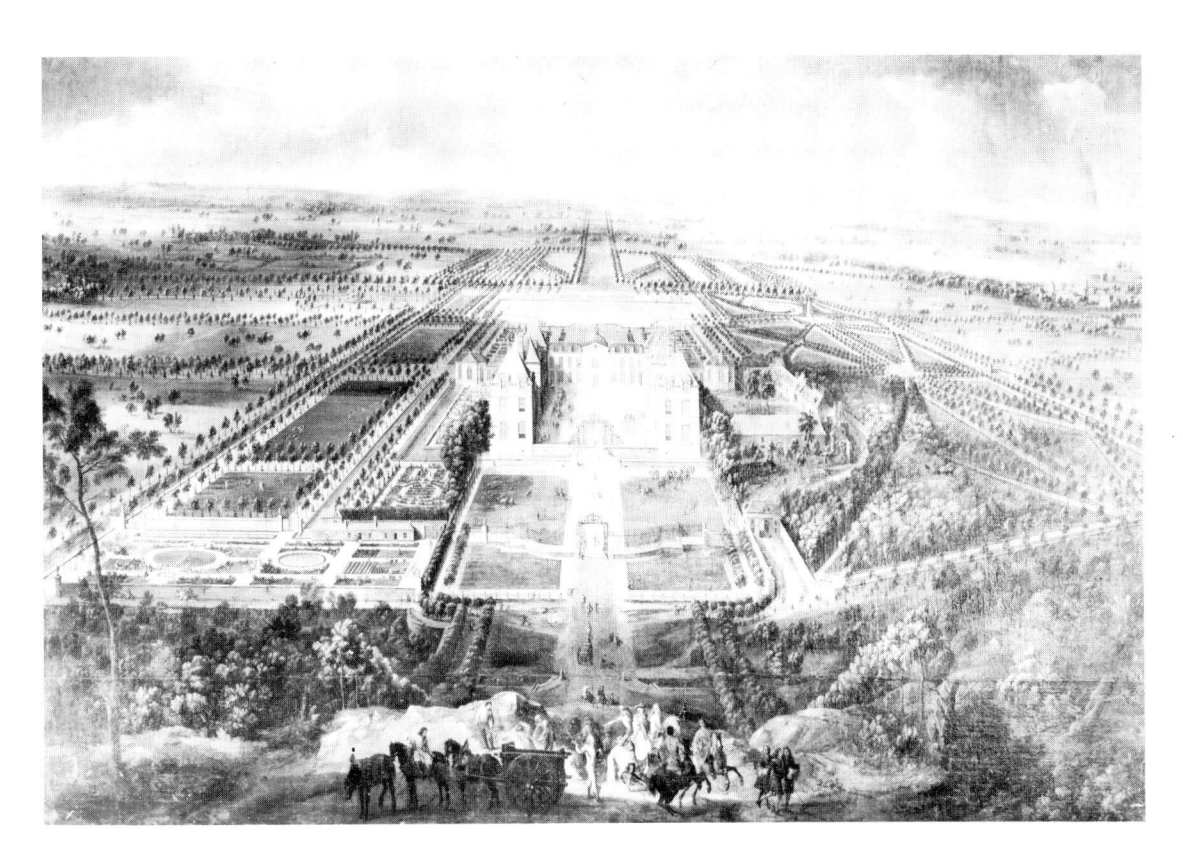

décor versaillais ont frappé les imaginations, mais c'est le rapport exemplaire du château aux jardins qui l'emporte et qui a le plus fortement influé sur les comportements du commun. Après l'exemple de Vaux, la formidable explosion du parc de Versailles consacre le modèle : le parc doit être immense. L'extraordinaire et constante transformation de la plaine de Versailles n'a pas pu ne pas toucher profondément les esprits. En 1669, le parc est six fois plus grand qu'il l'était en 1663. A la fin de 1685, il est encore agrandi par sa jonction avec celui de Marly. Cette extension va de pair avec un bouleversement du relief et une transformation de la topographie des lieux encore jamais vus. Brutalement, des chemins sont sectionnés, des villages engloutis, des champs arrachés à leurs fonctions traditionnelles. Des routes nouvelles sont créées; le réseau autour du château royal est d'une densité exceptionnelle pour un pays qui ne circule encore que par de méchantes routes et la rivière. Cette immensité de terrains prélevés sur la campagne est strictement organisée et structurée en un magnifique dessin qui s'étend bien au-delà des limites du parc. A l'est, la patte-d'oie structure la ville, drainant la circulation depuis les châteaux de Saint-Cloud et de Sceaux; à l'ouest, au-delà du parc, des avenues plantées se prolongent à perte de vue. Un dialogue s'établit entre la demeure royale et les petits châteaux de la région. Versailles s'enorgueillit de cette couronne de satellites et chaque demeure rachète sa modestie par cette liaison privilégiée avec la résidence royale.

Quelle est la doctrine, dans cet effort d'aménagement du paysage? Les châteaux doivent-ils limiter le champ de vision, servir de terme aux perspectives royales ou accompagner le point de fuite? Les reconstructions ne sont pas si nombreuses que l'on puisse à proprement parler d'une politique définie et encouragée par le roi. Mais il n'est pas certain que le façonnage profond du paysage architectural autour de Versailles n'ait pas été envisagé.

L'exemple du château de Noisy (Yvelines) en fournirait une preuve. Dès son rattachement au domaine royal en 1675, on envisage — la gravure de Pérelle en fait foi — de remplacer le petit château Renaissance élevé au bout de l'avenue qui le relie à Versailles par deux longs bâtiments symétriques qui prolongeront la perspective au lieu de la fermer. Ce cas limite indique la direction dans laquelle s'engage la dialectique du château et du paysage. Désormais, plus de château sans un parc et des avenues organisées en réseau, qu'ils mènent, comme on s'y efforce, vers d'autres châteaux, qu'ils relient la maison à la

Ménars (Loir-et-Cher). Le château vu du bord de Loire. Dessin de Pérignon (Musée du Louvre).

route, ou, au pire, qu'ils se perdent dans la campagne; la perspective tracée par Le Nôtre à Pontchartrain a 13 kilomètres de long. Peu de demeures de la fin du XVIIe siècle et du début du XVIIIe siècle qui ne s'entourent de parcs.

Les conditions économiques se prêtent exactement à cette mode. La spéculation forcenée sur la terre, rapidement menée par la classe riche des grands commis de l'État et des commerçants, entraîne une restructuration spectaculaire de la campagne. Lorsque l'on possède, comme Jean-Jacques Charron à Ménars (Loir-et-Cher), comme Louis Phélypeaux à Pontchartrain (Yvelines), d'immenses étendues de terres, il est aisé d'y délimiter un parc que l'on aménage avec soin pour faire oublier la modestie ou le relatif archaïsme de la demeure principale. Nicolas Desmarais, le neveu de Colbert, fait des dépenses immenses, aménage des pièces d'eau, aplanit des collines, déplace des villages entiers pour créer un parc splendide autour d'une sévère demeure bâtie un siècle plus tôt. Cette attitude est générale.

Pendant le règne de Louis XIV, pour la plupart des châteaux, la modernisation passe au moins autant par la transformation de la campagne environnante que par la reconstruction des bâtiments. Toute proportion gardée, Louis XIV n'avait pas envisagé autrement la transformation du premier Versailles. L'attention portée au parc, au site qui entoure le château prendrait presque le pas sur l'architecture. On en a une preuve avec la proposition faite par Charles Perrault, en 1701, de reconstruire Versailles à Savigny-sur-Orge, dans un site magnifique, sillonné de rivières et de cours d'eau, ce qui lui manquait si cruellement. Indifférent aux richesses accumulées dans le château royal, aux déploiements d'inventions architecturales, il trouve une issue qu'il pense heureuse aux défauts trop évidents du site versaillais.

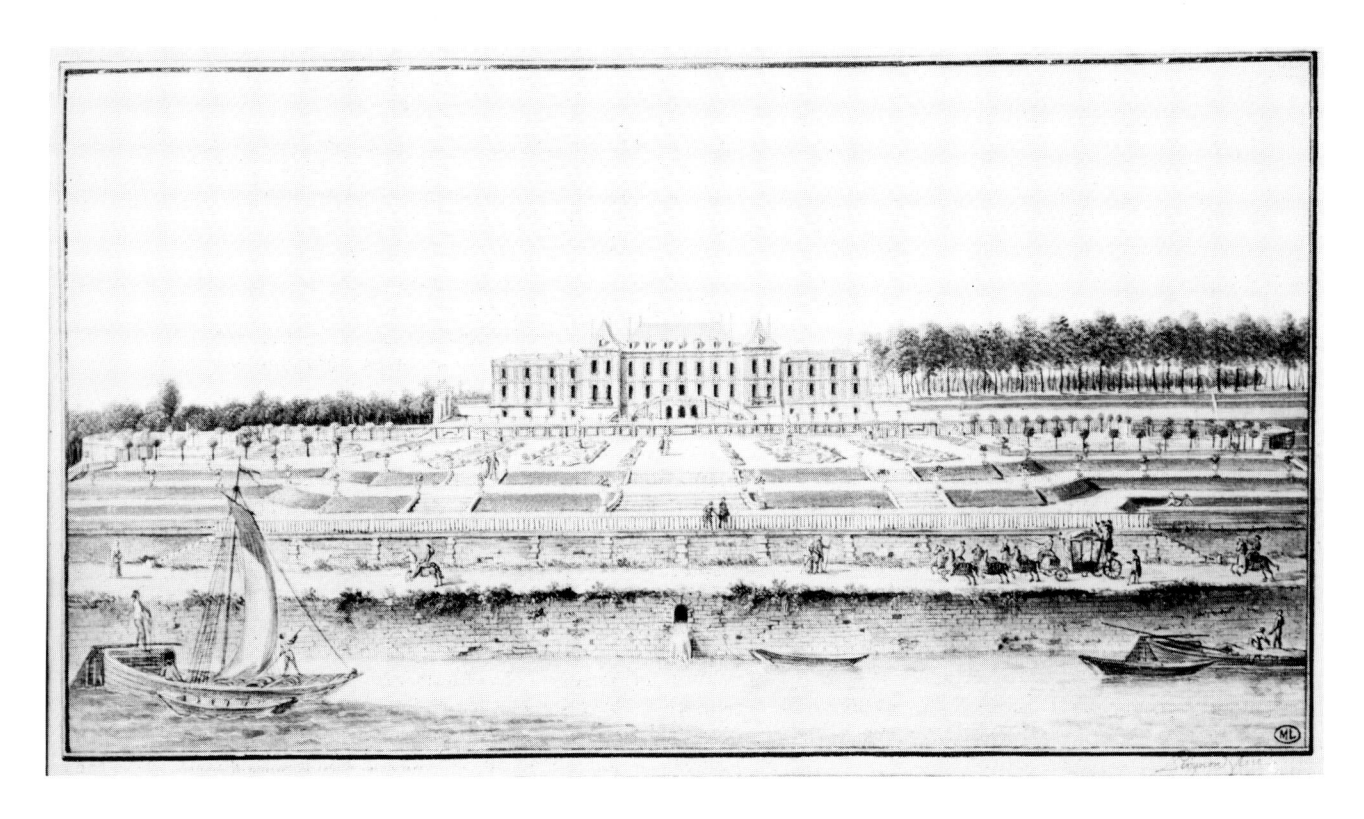

Le jardin classique à partir de Le Nôtre

Gérard Mabille

Peu d'architectes français sont aussi populairement célèbres qu'André Le Nôtre ; peu d'œuvres cependant sont entourées, dans notre connaissance, d'autant d'incertitudes et même d'inexactitudes, si bien qu'aujourd'hui son rôle exact se définit avec peine par rapport à celui de ses prédécesseurs immédiats, de ses contemporains ou de ses successeurs. Pour admirables et admirées que soient leurs créations, il semble qu'on ne leur ait pas accordé autant d'attention qu'à l'architecture proprement dite ; or, nous commençons à nous en persuader, les jardins, loin de constituer un accompagnement à quelque chose de plus essentiel, sont porteurs d'un enseignement peut-être encore plus riche.

Loin de vouloir contester une gloire en tout point justifiée, nous devons reconnaître avant toute chose que Le Nôtre ne saurait à lui seul être tenu pour responsable des caractères de ces jardins devenus *à la française* après qu'on en eût inventé d'autres. La seule chronologie le prouve : le genre se dégage naturellement des jardins réguliers hérités du Moyen Âge et de la Renaissance. A Richelieu (Indre-et-Loire), vers 1630, sont rassemblés tous les éléments, ou presque, d'un langage dont l'usage durera jusque vers 1770. Il est donc évident que Le Nôtre ne peut être considéré que comme le meilleur et le plus fécond représentant d'un art dont l'épanouissement s'étend sur un siècle et demi.

I. André Le Nôtre et son œuvre

Infiniment plus modeste qu'un Le Brun ou qu'un Mansart, Le Nôtre, en tant qu'homme, nous échappe. Issu d'une famille de jardiniers, il naquit à Paris, le 12 mars 1613. Son père Jean remplissait les fonctions de jardinier en chef du roi au jardin des Tuileries. Les goûts précoces qu'André manifesta pour le dessin et la peinture ne purent qu'être encouragés par la fréquentation de maîtres tels que Simon Vouet ou François Mansart. Il semblerait qu'il fit même œuvre d'architecte, en particulier au service de Gaston d'Orléans. Sa carrière, néanmoins, devait être celle d'un jardinier, puisqu'il reprend en 1637 la charge de son père aux Tuileries avant de devenir en 1645 *dessinateur des plantz et jardins du Roy*. C'est en tant que tel qu'il fut amené à créer les plus beaux jardins du royaume, son génie lui permettant de répondre en tout point aux désirs de son principal client, Louis XIV, auquel des liens d'estime et d'amitié profonde l'attachèrent jusqu'à sa mort, le 15 septembre 1700.

Dans l'état actuel de nos connaissances, Vaux est, en 1656, sa première œuvre certaine de créateur de jardins, et marque donc pour nous le début de sa véritable carrière. Celle-ci se déroula essentiellement au service du roi, pour qui il dessina les Tuileries, Versailles, Trianon, Clagny, Saint-Germain, Fontainebleau, ou de ses proches parents puisqu'il travailla pour le Grand Dauphin à Meudon, pour le duc d'Orléans, frère du roi, à Saint-Cloud, pour le prince de Condé à Chantilly. Les grands fonctionnaires de l'État l'employèrent également : c'est à Fouquet que revient le mérite de lui avoir commandé sa première grande œuvre, Vaux, ainsi que le jardin de sa propriété de Saint-Mandé ; Colbert lui confia son domaine de Sceaux, tandis que son rival et successeur, Louvois, lui demanda Meudon et Montmirail (Marne) ; Phélypeaux, contrôleur général des finances s'adressa à lui pour Pontchartrain (Yvelines). Dampierre au duc de Chevreuse, Anet au duc de Vendôme témoignent de ses relations moins fécondes avec la haute noblesse. Si nous ajoutons Guermantes (Seine-et-Marne), Bercy, Issy, Montmorency, nous aurons à peu près dressé la liste des œuvres certaines d'André Le Nôtre.

Son intervention est néanmoins possible dans beaucoup d'autres endroits, mis à part le complexe problème de Marly sur lequel nous reviendrons. Le Nôtre passe traditionnellement pour l'auteur des jardin du Raincy (Seine-Saint-Denis), d'Ognon (Oise), de Valgenceuse (Oise), du Fage (Oise), de Courances (Essonne) en Ile-de-France, de Navarre et de La Mésangère en Normandie, de Montjeu en Bourgogne, de Castres et de Castries en Languedoc. Les problèmes d'attribution sont en effet singulièrement complexes au sujet de Le Nôtre, dont les dessins sont très peu nombreux et sur lequel les témoignages écrits sont imprécis ; il était donc inévitable que l'imagination et la légende prennent leur relève.

Indépendamment de ces problèmes, la manière et l'art de Le Nôtre nous sont relativement familiers par le fait que ses créations les plus importantes ont été sans trop de dommages conservées, ou nous sont connues par une documentation suffisante. Le Nôtre n'a laissé aucun écrit théorique sur son art et, de par le caractère empirique de sa méthode, c'est uniquement par l'analyse de ses œuvres réalisées que nous pouvons établir, *a posteriori*, des principes généraux. Ceux-ci se laissent aisément mettre en lumière et témoignent de la profonde cohérence de son œuvre. Néanmoins, Le Nôtre fait preuve d'une remarquable capacité de renouveler ses réalisations ; chaque parc semble avoir été envisagé par lui comme un problème nouveau dont la donnée

Ci-dessous, Versailles (Yvelines). Le Parterre du Midi et la Pièce d'eau des Suisses.
Page de droite : en haut, Sceaux (Hauts-de-Seine). Les parterres et le grand canal. Gravure de Rigaud.
Au centre, Vaux-le-Vicomte (Seine-et-Marne). Les cascades et les parterres vus du canal. Gravure d'Aveline.
En bas, les bassins, Gravure d'Aveline et de Pérelle.

essentielle est le site. Dans le choix de ce dernier, Le Nôtre intervient sans doute très peu : le parc n'étant que l'accompagnement de la maison, il n'en est qu'une conséquence. Il arrive du reste souvent à l'architecte-jardinier d'avoir à tenir compte d'une implantation plus ancienne, comme c'est plus particulièrement le cas aux Tuileries, à Versailles, à Meudon, à Saint-Cloud, à Chantilly où un édifice antérieur avait déjà été entouré d'un parc. Le rôle de Le Nôtre en est rendu plus délicat. N'ayant pas déterminé lui-même le choix des axes, il est conduit à tirer parti d'une disposition qui n'est pas toujours la meilleure, ce en quoi son mérite n'est que plus grand. Dans d'autres cas, la résidence étant créée de toute pièce, l'emplacement a été décidé par des impératifs pratiques, sinon esthétiques; on peut alors imaginer une décision commune du commanditaire, de l'architecte et du jardinier.

Il est remarquable de constater que Le Nôtre est parfaitement capable de s'accommoder de sites aux caractères les plus divers : c'est sur des terrains parfaitement horizontaux qu'il a dessiné les Tuileries, Clagny et Trianon; d'autres fois, le terrain, sans être véritablement accidenté, présente une inclinaison douce et régulière, comme à Vaux, à Versailles; plus souvent cependant, l'emplacement, irrégulier, présente des escarpements désordonnés qui, loin d'être un désavantage, deviennent un attrait essentiel, ainsi à Saint-Cloud, Meudon, Sceaux, où la rigueur et la logique le cèdent à la surprise et au pittoresque. D'une manière générale, l'habileté de Le Nôtre est de ne jamais trahir la nature d'un site en lui imposant par de profonds bouleversements une nouvelle physionomie. Au contraire, il en utilise les moindres reliefs, souligne les pentes les plus faibles par des talus, des terrasses ou des emmarchements, de manière à donner une logique et une fonction à ce qui n'était qu'un simple accident.

C'est en ce sens que ses jardins ne sont en aucune manière le contraire de la nature, mais en représentent bien plutôt une recomposition idéale. Ainsi Le Nôtre semble toujours répugner à user d'une stricte symétrie à laquelle il préfère des équivalences infiniment plus subtiles : à Versailles, le parterre du Midi s'ouvre largement à la lumière, au-dessus de l'Orangerie, alors que le parterre du Nord bute sur des bosquets.

Ce respect de la nature se manifeste enfin dans le traitement des perspectives et dans les rapports entre les jardins et leurs abords : aucune clôture ne vient obstruer les premières, grâce aux sauts-de-loup ou *Ah-Ah* qui interrompent les murs et les clôtures à leur rencontre avec les allées prolongées à l'infini dans la campagne. Ainsi la fusion est réalisée entre les deux parties de l'univers : le dedans et le dehors, qui ne forment plus qu'un.

L'orientation des lignes dominantes du parc mérite également quelques remarques. Il est vrai qu'elle est souvent imposée par l'emplacement de la maison dont elle ne peut que reprendre l'axe; cependant, il est bien évident que l'on s'efforce au maximum de se tourner vers le soleil; l'idéal, pour cela, est de pouvoir regarder l'est, le sud et l'ouest. Peu de parcs en effet sont tournés vers le nord; plus nombreux sont ceux qui font face au midi, tels Vaux ou Meudon; plus nombreux encore sont ceux qui s'ordonnent sur un axe est-ouest : Versailles sur ce point est exemplaire, encore que cette orientation parfaite, déterminée par Louis XIII, soit antérieure à l'intervention de Le Nôtre. Avec les Tuileries, Trianon, Clagny, Saint-Cloud, Sceaux, la même situation privilégiée se retrouve, faisant de tous ces parcs le lieu idéal du coucher de soleil dont le spectacle glorieux s'offre chaque jour.

Si la conception de Le Nôtre en matière de jardins est bien celle d'un architecte, il n'en reste pas moins qu'une différence fondamentale existe entre cette catégorie et la véritable architecture. Cette dernière en effet doit faire face à des problèmes fonctionnels en même temps qu'à des préoccupations esthétiques. En jardinage, seul l'agrément peut être un critère; ni le goût ni l'imagination n'y subissent de servitude.

Ceci n'implique cependant pas que les éléments utilisés par Le Nôtre s'organisent sans aucun ordre. Bien au contraire, si l'on réduit les moyens dont il dispose à deux catégories, les couverts et les découverts, et à trois éléments, le minéral, le végétal et l'eau, on constate que le

297

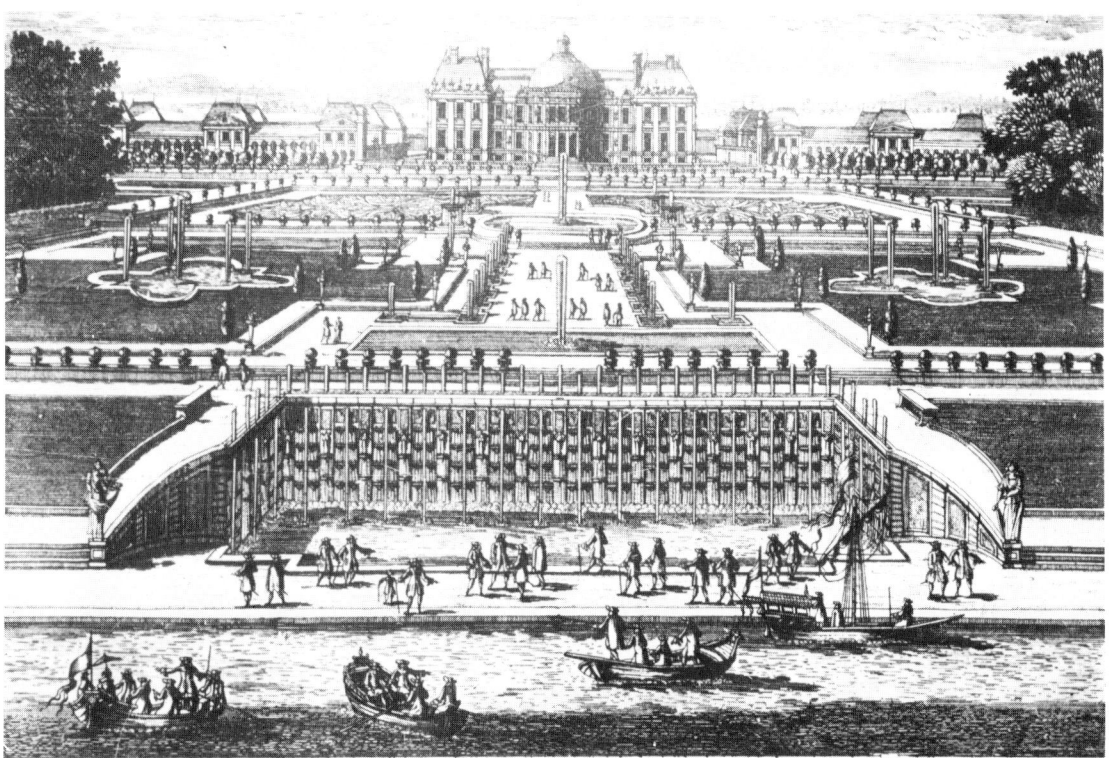

En haut, Versailles (Yvelines), les jardins du premier Trianon (Trianon de porcelaine). Gravure de Pérelle.
Au centre, Saint-Cloud (Hauts-de-Seine), les cascades. Gravure d'Israël Silvestre.
En bas, parc de Versailles, bosquet de la Salle de bal. Gravure de Langlois.

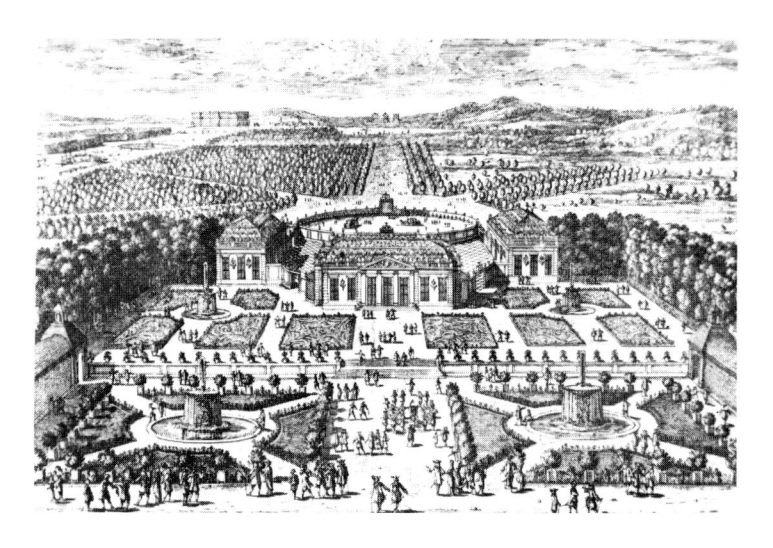

passage de l'un à l'autre se fait selon une démarche immuable. Les axes en sont l'armature indispensable. Déterminés par la conformation du terrain et l'orientation de la maison, ils sont responsables de l'ampleur et de la majesté de la composition; plus ils sont importants, plus ils sont longs, ou, du moins, s'efforcent de le paraître, l'infini étant leur seule limite admise.

Les jardins ayant pour fonction de mettre en valeur l'édifice principal tout en offrant à partir de ce dernier un paysage remarquable, l'axe principal du parterre se confond nécessairement avec celui du château qui en est le double point de départ. L'allée d'accès aboutissant à la cour d'honneur, du côté de l'arrivée, et la perspective principale côté jardin ne sont qu'une seule ligne droite. Versailles est le plus parfait exemple de ce principe fondamental qui n'est qu'exceptionnellement abandonné si le terrain vient à manquer ou si le relief s'y oppose, comme c'était le cas à Saint-Cloud. Il est aussi possible, lorsque le château est antérieur et irrégulier, que l'axe principal passe purement et simplement ailleurs, comme à Chantilly où le véritable centre de la composition est une plate-forme, la terrasse du Connétable.

De même qu'une ville romaine qui s'implantait autour de l'intersection de deux rues principales, le *cardo* et le *decumanus,* le jardin régulier de Le Nôtre comporte un deuxième axe, perpendiculaire au premier, passant presque toujours au pied de la façade principale sur jardin. A Versailles, ce second axe comprend la pièce des Suisses, l'Orangerie, le parterre du Midi, le parterre du Nord, l'allée d'Eau, les bassins du Dragon et de Neptune. A Vaux, à Clagny et à Choisy, c'est une simple allée longeant la façade principale. A Sceaux, il se développe sur la gauche et engendre l'Allée de la Duchesse, les Cascades, l'Octogone, des pièces de gazon enfin. Cet axe secondaire, cependant, est généralement multiple. A Sceaux par exemple, il est repris plus à l'ouest par le canal. A Vaux, il se répète dans l'allée que bordent des canaux et qui joint la grille du potager à la Grille d'Eau, et surtout dans le Grand Canal qui borne les parterres. Chacune de ces versions de l'axe secondaire, à mesure que l'on avance sur l'axe principal, suscite la surprise et multiplie les effets, de même que les perspectives établies parallèlement au grand axe. La raideur de ce canevas est évitée par la présence de diagonales dont la réunion en *pattes d'oie* élargit l'horizon à chaque extrémité du grand axe.

C'est à partir de ces lignes de force que Le Nôtre distribue et répartit les organes de sa composition : les espaces découverts ou *parterres,* auxquels s'opposent les espaces couverts ou *bos-*

quets. Les premiers se situent obligatoirement aux abords immédiats de la résidence afin d'en dégager les façades et d'en mettre en valeur l'architecture. Une variété savamment orchestrée rythme leur nature et leur disposition ; on trouve d'abord au pied des façades les parterres les plus raffinés, c'est-à-dire ceux de broderie de buis dans le dessin desquels on mesure le talent de dessinateur de Le Nôtre et où la couleur peut jouer un rôle important quand les compartiments en sont garnis de brique ou d'ardoise pilée, ou plus simplement de fleurs. Plus qu'à la promenade, ces parterres sont destinés à être contemplés d'un point plus élevé, tel que les fenêtres de la maison ou une terrasse.

Au-delà, s'étendent généralement les parterres de gazon, *à l'anglaise,* qui deviennent des *boulingrins* lorsqu'ils sont en cuvette. Un ou plusieurs bassins offrent un agrément supplémentaire : celui de l'eau, qui anime la surface du terrain par ses reflets et en brise l'horizontalité par quelques jets. L'eau peut, du reste, devenir le seul élément et former alors un *parterre d'eau* dont Versailles offre le plus bel exemple. Les différents parterres ne sont généralement pas au même niveau et s'étagent par l'intermédiaire de faibles terrasses. Au-delà, le regard bute sur les masses boisées ou bosquets qui ménagent une subtile transition entre les jardins et les forêts environnantes. Lieu idéal de la promenade, ils sont aménagés comme une deuxième demeure qui serait le reflet de celle de pierre ; on y parcourt les allées, les étoiles, les ronds, les salles de verdure, comme de véritables appartements. Le mimétisme va si loin qu'on n'hésite pas à aménager salles de bal, théâtres, salles de festin, galeries, dont Versailles offrait les modèles les plus extraordinaires, mais dont on retrouve des manifestations plus modestes dans presque tous les parcs contemporains. L'attrait en est rehaussé par des ornements de richesse variable, allant du simple banc de pierre aux pavillons de marbre, du modeste rond d'eau aux plus somptueuses fontaines. La statuaire de marbre, de pierre, de plomb ou de bronze y introduit la fable et un monde d'allégories et de divinités dont découle toute une toponymie : « Allée de Flore », « Salle de Mercure », « Rond de Bacchus », à la fois poétique et commode. Presque tous les jardins comportent un labyrinthe dont l'idée est héritée du Moyen Âge, sinon de l'Antiquité : on se plaît à se perdre dans un dédale de charmilles pour le simple plaisir de parcourir ses allées, comme à Saint-Cloud, à Chantilly, à Sceaux, au Raincy, ou pour y découvrir des merveilles plus savantes, telles que les trente-neuf fontaines du Labyrinthe de Versailles illustrent les fables d'Ésope.

L'eau apporte la fraîcheur, le mouvement, la vie dans les canaux, bassins, fontaines, allées d'eau, cascades, goulottes, et y produit les effets les plus variés. Plate et dormante comme un miroir, bouillonnante, s'élevant en jet, dévalant les pentes en nappes et en cascatelles, jaillissant par surprise au bord des allées et inondant les promeneurs, elle est le luxe suprême que seule la nature peut accorder.

La fantaisie qui préside à tous ces aménagements est sans limite ; elle vise à créer des effets de surprise et d'émerveillement par des moyens qu'elle emprunte sans aucun doute à l'univers baroque et qui relèvent en même temps de l'art du spectacle : trompe-l'œil, perspectives accélérées, portants, coulisses, etc. Tout est mis en œuvre pour persuader les humains qu'ils se trouvent dans l'univers de la féerie et du merveilleux, celui-là même où vivent les dieux.

Le rêve peut aller plus loin encore : si les canaux de Vaux, de Versailles, de Chantilly, de Sceaux ou de Rambouillet ont une fonction esthétique primordiale, celle d'embellir et de magnifier la perspective, ils ont également une signification poétique remarquable ; ils sont la mer, l'océan sur lesquels on s'embarque en de mystérieuses aventures vers des terres lointaines. A Vaux, on ne peut atteindre autrement les grottes et la deuxième partie du parc. A Versailles, les bras du Grand Canal conduisent à des lieux enchantés : la Ménagerie avec ses oiseaux exotiques, Trianon, ce pavillon de porcelaine entouré des fleurs les plus rares. A Chantilly, la Ménagerie et le Palais d'Isis se trouvent à l'extrémité ouest du canal. A Dampierre, la grande pièce d'eau contient une île ou s'élèvent cinq pavillons. La fascination qu'exercent ces promenades nautiques parvient en fin de compte à des résonances galantes, comme en témoignent les îles d'Amour de Versailles ou de Chantilly qui évoquent Cythère mais peut-être aussi, par-delà les *mers dangereuses,* les *terres inconnues* de la carte du Tendre. Le *Pèlerinage à Cythère* de Watteau, la *Fête à Rambouillet* de Fragonard, ainsi que de nombreux airs des opéras de Lully ou de Rameau n'ont pas d'autre sens.

L'art de Le Nôtre, dont nous venons de proposer une synthèse, présente sans aucun doute une forte cohérence et l'analyse de ses œuvres les plus importantes et les plus sûres aura montré avec quelle habileté il reste fidèle à lui-même tout en se renouvelant constamment. Doit-on ou ne doit-on pas y inclure Marly, la dernière et la plus surprenante des créations de Louis XIV ? Aucun élément déterminant ne permet de résoudre définitivement la question. Établis à partir de 1679,

Château de Chantilly (Oise). Vue aérienne.

ces jardins ont difficilement pu être conçus sans la moindre intervention de Le Nôtre, qui précisément se rend cette année-là en Italie; peut-être est-ce là l'origine du ton très italien de cette résidence? Pourtant, lorsqu'on analyse Marly, on est frappé par des caractères très particuliers. L'éclatement du château en une quinzaine de pavillons séparés remet en cause l'organisation habituelle des œuvres de Le Nôtre. On ne peut plus y localiser distinctement la résidence par rapport aux jardins, et par sa dispersion elle s'y intègre tellement qu'il ne reste plus qu'un tout homogène et indissociable. La conception de ce qui relève de l'art des jardins bénéficie de son côté de l'apport de l'architecture : treillages, arbres taillés en voûtes ou en portiques, terrasses de maçonnerie, appartements verts, etc., tout ce dont, nous le savons, Le Nôtre n'abusait pas. N'est-il pas plus logique d'y reconnaître en définitive l'œuvre de Jules Hardouin-Mansart? Quoi qu'il en soit, Marly marque une évolution importante et, si les éléments habituels de Le Nôtre s'y trouvent encore, la syntaxe en est fondamentalement altérée.

II. Le jardin français au XVIIIe siècle

La mort de Le Nôtre, en 1700, puis d'Hardouin-Mansart en 1708, n'entraîna pas la disparition des jardins réguliers dans la mesure où ceux-ci furent les seuls en usage en France jusque vers 1760. Observe-t-on cependant au XVIIIe siècle une évolution qui refléterait le passage du classicisme louis-quatorzien à la fantaisie du rocaille? L'art dont Le Nôtre fut le meilleur représentant fut-il plus ou moins profondément transformé?

Il ne semble pas, au contraire. Selon un phénomène qui s'observe aisément dans l'architecture proprement dite, l'esthétique classique garde son emprise; de même qu'il n'y a pas de différences fondamentales entre les édifices de la fin du XVIIe siècle et ceux du milieu du XVIIIe siècle, l'écart se notant uniquement dans les détails de l'ornementation, de même l'art des jardins reste essentiellement fidèle à lui-même tout en subissant, dans l'ordre du décor, l'empreinte du

Château de Marly (Yvelines). Plan général des bâtiments et des jardins. Gravure de Pérelle.

rocaille. La continuité est d'autant plus naturelle que les principaux dessinateurs de jardins sont apparentés à Le Nôtre, comme son neveu Desgots ou Garnier d'Isle, gendre du précédent. Si aucune entreprise royale comparable à celles du siècle précédent n'est à signaler, les chantiers n'en sont pas moins nombreux. On assiste même à une reprise d'activité concernant les résidences privées.

Plus remarquable est le développement des spéculations théoriques publiées sur les problèmes de jardinage et dont le XVIIe siècle n'avait pratiquement offert aucun exemple. A dire vrai, ces écrits, bien loin de renouveler l'art des jardins, renferment plutôt une codification académique des principes que Le Nôtre avait développés empiriquement. D'Aviler et Blondel, dans les *Cours d'architecture* qu'ils publient autour de 1750, en sont les meilleurs exemples. Le premier accorde une importance particulière au choix du site et à la nécessité d'en tirer le meilleur parti; la plupart des conseils qu'il donne ensuite sont d'une remarquable banalité. Blondel, pour sa part, se fait le défenseur du bon goût. rejette *le sublime* et tout ce qui sent *l'apport* au profit d'une noble simplicité alliée à la diversité des formes; cependant les quelques exemples de compositions de jardins illustrant son volume sont d'une étonnante monotonie. Plus importante est la *Théorie et pratique du jardinage* écrite par Dézallier d'Argenville en 1747, dont le contenu est le fruit de réflexions beaucoup plus personnelles. En fait, rien n'y vient vraiment bouleverser l'art des jardins, les principes de Dézallier restent ceux de Le Nôtre : respect du site, harmonie entre l'art et la nature, équilibre entre les couverts et les découverts, prolongement des perspectives, variété des formes, etc. Un très important chapitre, consacré à la description des essences d'arbres et à l'usage qu'on peut en faire, nous en apprend davantage sur les préoccupations plus spécifiques au XVIIIe siècle. Les conclusions que l'on peut tirer de l'étude de tous ces traités sont donc assez limitées : la fidélité aux méthodes de Le Nôtre en est l'élément fondamental, on n'y trouve aucun sentiment de changement ni aucune volonté de renouvellement, c'est le triomphe de l'académisme. Pourtant, ni Blondel, ni d'Aviler, ni Dézallier n'ont été de véritables créateurs de jardins, leur contribution ne s'éloigne pas de la pure compilation.

Les authentiques continuateurs de Le Nôtre sont avant tout des praticiens, tels que Desgots, qui travaille à Bagnolet (Seine-Saint-Denis) pour le duc d'Orléans (1717), à Champs (Seine-et-Marne) pour Poisson de Bourvalais (vers 1708) ou à Bizy (Eure) pour le maréchal de Belle-Isle

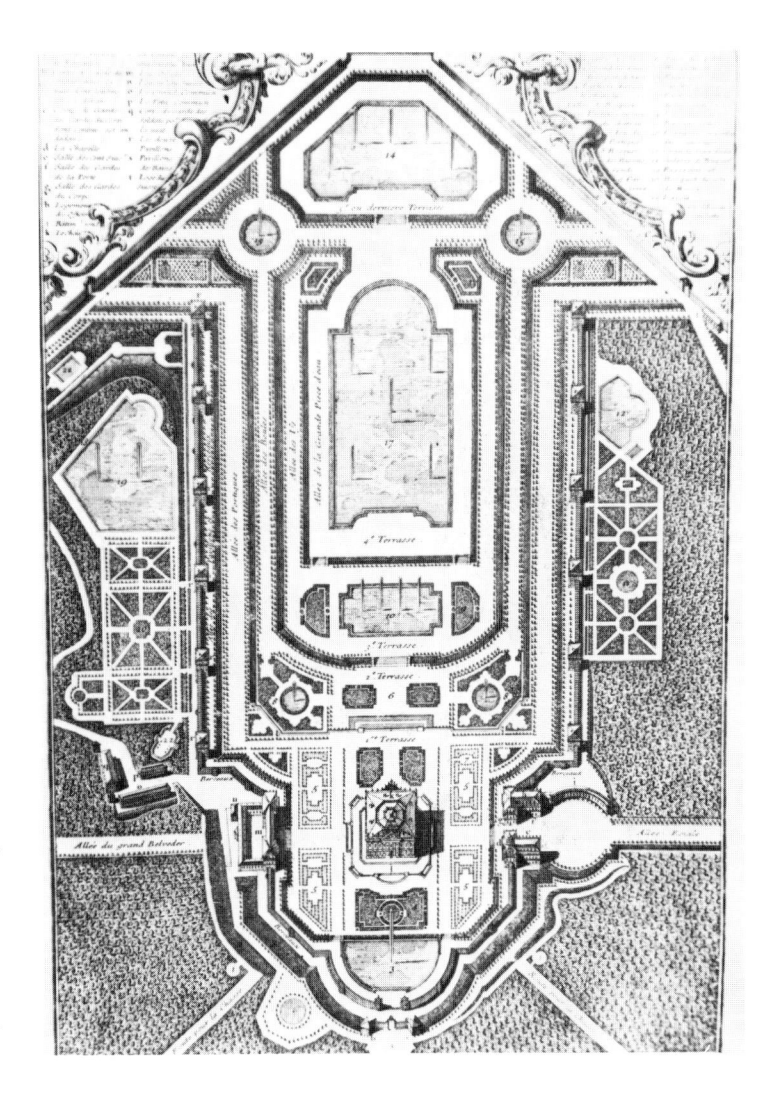

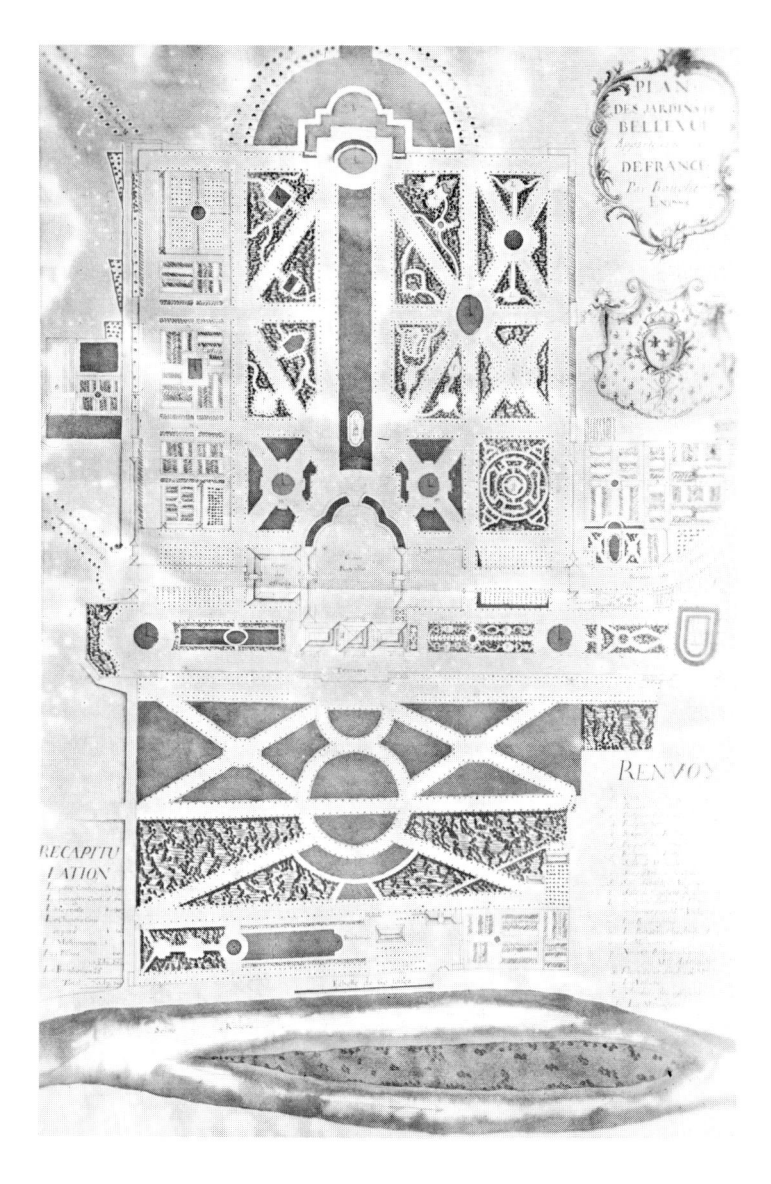

Château de Bellevue à Meudon (Hauts-de-Seine). Plan des jardins. Dessin de Boucher en 1778.

(1721), Garnier d'Isle, jardinier de Mme de Pompadour à Crécy (Eure-et-Loir, 1748) et à Bellevue (Hauts-de-Seine, 1748-1750). D'autre part, la plupart des architectes font également œuvre de jardiniers : Robert de Cotte à Chanteloup (Indre-et-Loire, 1713), Mansart de Jouy à Brunoy (Essonne, 1738), Lassurance à l'Ermitage de Versailles (1748, pour Mme de Pompadour), Courtonne à Villarceaux (Val-d'Oise, vers 1750), Cartaud à Montmorency (1704-1709), Chevotet à Champlâtreux (Oise, 1751) et à Petit-Bourg (Essonne, 1756), Le Carpentier à Courteilles (Eure, 1754) et à La Ferté-Vidame (Eure-et-Loir, 1764-1767). Ange-Jacques Gabriel est responsable de tous les chantiers royaux et c'est à ce titre qu'il est amené à remanier les jardins de Versailles, de Choisy, de Compiègne, de La Muette, et à créer ceux de Saint-Hubert (Yvelines). A l'étranger, il n'est pas rare que des réalisations importantes soient dues à des Français : Girard intervient à Vienne, au Belvédère, et crée à Munich les jardins de Nymphenburg et de Schleissheim ; en Espagne, Philippe V, petit-fils de Louis XIV, fait aménager les jardins de La Granja par Marchand et Boutelou.

Si aucun des ensembles aménagés au XVIIIe siècle n'est aussi important que les plus beaux exemples du XVIIe, leur nombre n'en demeure pas moins grand. On y trouve en outre plus de variété. Dans certains cas, on observe la plus totale fidélité à la tradition établie par Le Nôtre. Ainsi, à Champs, l'ampleur de la conception et des perspectives, la succession des parterres de buis et de gazon, la disposition des bassins et des masses boisées prouvent à quel point Desgots entend imiter les plus belles œuvres de son oncle. Il faut sans doute dater du début du XVIIIe siècle un plan anonyme conservé au château de Courson (Essonne) et correspondant probablement à un projet en partie réalisé pour les Lamoignon à cet endroit ; prévu pour un site de plaine, ce plan comporte tous les éléments habituels : dans l'axe, parterre de broderie, parterre de gazon, bassin rond, grande pièce d'eau inspirée par le Miroir de Marly, puis, de part et d'autre, parterres secondaires, bosquets et salles de verdure. En 1751 encore, Gabriel propose pour Compiègne un plan qui s'inspire avec autant de majesté que de monotonie et de froideur de la manière de Le Nôtre ; trois terrasses en fer à cheval emboîtées l'une dans l'autre rappellent Marly, mais l'absence totale de pièce d'eau en diminue beaucoup l'agrément.

D'une manière plus courante, l'aspect des nouveaux jardins évolue vers plus de simplicité et d'intimité. Ainsi les parterres de broderie sont souvent remplacés par de simples gazons, les perspectives se font plus courtes. On trouve de nouveaux plaisirs à renouveler. les essences d'arbres dont on constitue des salles de verdure; ainsi trouve-t-on à Bellevue des arbres de Judée, des érables de Virginie, des peupliers d'Italie, des peupliers de Caroline. Les effets d'eau sont toujours appréciés mais ils deviennent plus rares et moins monumentaux. Quelques parcs en tirent encore l'essentiel de leur charme, comme Brunoy (Essonne), où Mansart de Jouy multiplie à la demande de Pâris de Montmartel bassins, canaux, cascades et jets d'eau, ou Bizy, dont l'abondant ensemble de fontaines, de cascades et d'allées d'eau, œuvre de Desgots et Contant d'Ivry, subsiste encore.

Les plans d'ensemble montrent souvent une remise en cause des procédés classiques et deviennent volontiers confus. Quoique établi en Castille, le parc de La Granja doit être considéré comme une œuvre française, on y observe la plus grande fantaisie dans la répartition des parterres, des perspectives, des fontaines et des bosquets, le tout trahissant un grand empirisme, sinon une certaine faiblesse dans la conception, qui manque totalement d'unité. Dans des plans plus réguliers, l'enchaînement de l'accès, des cours, des bâtiments et des jardins est souvent bouleversé. Ainsi, à Villarceaux, Courtonne fait de l'avant-cour un premier parterre flanqué de bosquets. De même à Chanteloup, créé par Robert de Cotte (1722) et remanié pour Choiseul par Le Camus de Mézières (après 1761), le château est situé entre deux parterres dont l'un occupe la place logique de la cour d'arrivée. A Bellevue enfin, le parc comprenant deux parties, l'une à l'est, étagée au-dessus de la Seine, l'autre à l'ouest, au-delà de la cour et composée de deux séries de bosquets de part et d'autre d'un tapis vert, l'accès se fait par un axe transversal nord-sud, parallèle au château; rien ne pourrait être plus contraire aux dispositions traditionnelles que cette combinaison de deux types de jardins : l'un plat et régulier, inspiré de Versailles, l'autre établi en terrasses sur un escarpement dominant une rivière. Mme de Pompadour semble du reste avoir eu une forte prédilection pour les sites de cette dernière catégorie, comme le prouvent ses autres résidences de Crécy, au bord de la Blaise, et de Ménars, au bord de la Loire.

La multiplication des pavillons ou folies s'accompagne de variations infinies sur le thème des jardins réguliers à petite échelle, combinant parterres, quinconces, bassins, cabinets de verdure. Tels étaient les ermitages aménagés pour Mme de Pompadour à Versailles par Lassurance, Compiègne et Fontainebleau par Gabriel. Le jardin de la ménagerie de Trianon, appelé aujourd'hui Jardin français, dessiné par Gabriel en 1750, est conçu selon un plan en X que l'on retrouve à l'Hermitage du duc de Croÿ (1743-1756), associé à des éléments irréguliers en vue d'introduire un peu de variété à l'intérieur de formules dont la mièvrerie devient lassante. Un essoufflement certain se fait sentir.

Dans l'article qu'il consacre aux jardins dans l'*Encyclopédie* en 1765, Jaucourt est plein d'amertume et de sévérité sur *la décadence* de l'art de Le Nôtre : « Depuis la mort de ce célèbre artiste, l'art de son invention a étrangement dégénéré parmi nous et, de tous les arts de goût, c'est peut-être celui qui a le plus perdu de nos jours. Loin d'avoir enchéri sur ses grandes et belles idées, nous avons laissé tomber absolument le bon goût dont il nous avait donné l'exemple et les principes. »

Jean-Joseph de Laborde avait acquis en 1764 des héritiers du duc de Saint-Simon le domaine de La Ferté-Vidame (Eure-et-Loir). Grâce à des transformations radicales qu'il y fait exécuter en quatre ans par l'architecte Le Carpentier, l'antique résidence encore médiévale devient un ensemble à l'importance duquel on s'obstine à ne pas rendre justice. Rien pourtant n'est plus impressionnant que cet immense château de brique et de pierre, autrefois coiffé de hautes toitures, aujourd'hui ruiné et revêtu de lierre, et de toute évidence inspiré de l'architecture du siècle précédent. Le parc qui s'étendait autour était non moins étonnant, avec ses vastes parterres, ses pièces d'eau, ses canaux bordés de balustrades et ses interminables perspectives trouant les forêts sur plusieurs kilomètres. Créée à une date où les jardins classiques passaient de mode, par un homme qui posséda vingt ans plus tard un des jardins anglais les plus accomplis, Méréville (Essonne), une telle œuvre prend un sens particulier. Il faut y voir autre chose que le crépuscule d'un art révolu; la simple absence d'imagination ou la routine n'aurait pas engendré une œuvre aussi magistrale. Par un brusque retour à ses sources, le *jardin à la française* se pastiche lui-même; Le Carpentier est mieux qu'un suiveur lointain et abâtardi de Le Nôtre, il s'inspire de l'art de ce dernier après une méditation savante et nostalgique. Une telle démarche est du reste en parfait accord avec une tendance profonde de l'art français à la fin du règne de Louis XV, à savoir une consciente inspiration du style Louis XIV dans lequel on trouve l'image très flatteuse de temps plus glorieux. Il y a autant de science que de rêve dans l'œuvre du marquis de Laborde, œuvre sans postérité mais non pas à contre-courant puisque l'on y trouve une dimension nouvelle : la sensibilité préromantique.

Château de Volonne (Alpes-de-Haute-Provence). Décor de gypseries.

Le château méditerranéen à l'époque classique

Jean-Jacques Gloton

La Provence et plus largement le Midi méditerranéen constituent la contrée de France où l'histoire du château classique s'est développée de la façon la plus particulière. Grande demeure de tradition féodale, résidence secondaire de la noblesse de robe ou de la bourgeoisie, simple manoir du gentilhomme campagnard, tous les programmes ont trouvé ici des solutions, fonctionnelles et plastiques, qui se confondent rarement avec celles de l'Ile-de-France, de la Guyenne ou de la Franche-Comté. Les matériaux dont on dispose, les sites et les climats auxquels il faut s'adapter ne sont pas seuls en cause. Les goûts et les façons de vivre orientent fortement les choix. Mais surtout, artistes et amateurs font référence à des modèles qui ne sont pas toujours ceux que l'on apprécie habituellement en France : mieux même, ils semblent par moment éprouver le besoin d'inventer autre chose et d'exprimer en quelque sorte le génie du lieu.

Il est difficile de théoriser sur une matière aussi diverse et mouvante. A mesure que s'enrichit l'inventaire des demeures méridionales entre François Ier et Louis XVI, que de nuances à apporter aux idées reçues! Que de contradictions que l'on voudrait expliquer, sinon surmonter! Chaque château est un cas particulier, mais au-delà du plus hétéroclite des catalogues, voici qu'une histoire commence à se dessiner. D'abord existe ici une évidente crise du château à l'époque classique. La grande bâtisse de la Provence traditionnelle, perchée au-dessus du village, ne parvient plus, même restaurée, même reconstruite, à s'adapter aux nouveaux genres de vie. Mais ce n'est pas non plus la simple ferme améliorée dont se contentent souvent encore les riches Aixois et Marseillais du temps de Louis XIV qui peut à long terme constituer le type du nouveau château méridional. Cette crise des solutions autochtones ne sera surmontée qu'à la faveur d'une ouverture, beaucoup plus importante qu'on ne le dit habituellement, sur les grands foyers créateurs de l'architecture classique. L'Italie ne pouvait manquer d'inspirer les Français du Midi, mais elle a moins compté, finalement, que la France septentrionale, celle de la Cour et de la capitale, pour transformer les perspectives. De nouveaux types de châteaux ont fait leur apparition en Provence et en Languedoc, à partir de modèles conçus aux bords du Tibre et surtout de la Seine. Ces types se sont enracinés, adaptés, transformés et peu à peu, au-delà des phénomènes habituels d'importation, on va voir se constituer et fructifier un genre particulier de maison des champs qui, dans son architecture, son décor et le contexte de ses jardins, appartient en propre à cette France méditerranéenne de l'âge classique.

I. La crise du château méditerranéen

Le fait saute aux yeux, il n'est pas une contrée en France qui possède moins de châteaux classiques — de vrais, grands, beaux châteaux classiques — que nos provinces méditerranéennes. La Révolution, la Bande noire, la civilisation industrielle ne sont pas ici à mettre en cause. Depuis 1789, Provence et Languedoc n'ont guère perdu de « chefs-d'œuvre oubliés »; plus simplement, en 1789, il n'y avait dans ces contrées qu'un tout petit nombre d'édifices répondant à la définition du château classique français.

On le sait, à travers le royaume tout entier, l'ancienne noblesse avait mal supporté l'évolution économique de la fin de l'Ancien Régime. A plus forte raison, dans des régions aussi pauvres que la majeure partie du Midi méditerranéen, les modestes seigneurs des hautes vallées n'ont jamais pu songer à bâtir une demeure à l'image de celles d'Ile-de-France ou de Bourgogne. Bien sûr, en 1789 chaque village a son *château* : près de Castellane, Allons en compte même cinq, autant qu'il a de coseigneurs! Mais ces châteaux-là ne sont le plus souvent que de médiocres bâtisses que l'on isolerait mal des autres maisons du village, n'étaient leurs tours rondes, signe de reconnaissance indubitable. Pour le reste, les matériaux frustes, que l'enduit ne recouvre pas toujours, moellons de la colline, galets roulés du torrent, les percées irrégulières, la masse confuse des bâtiments mêlés disent assez la modestie des ambitions et des moyens. Ce sont d'antiques demeures, périodiquement réparées et agrandies sans transformation décisive. Simplement un peu de confort, un peu plus de soleil entrant par les fenêtres, une touche d'art et d'agrément : un portail à bossages, à l'intérieur quelques peintures et quelques gypseries qu'exécutaient pour un prix raisonnable des ateliers de village ou des artistes itinérants. Les grandes surprises sont rares pour le chercheur qui inventorie les châteaux de l'arrière-pays méditerranéen! Parfois pourtant, c'est le coup au cœur, comme lorsque au-delà du seuil sans apparence du petit château de Volonne (Alpes-de-Haute-Provence) on découvre soudain peut-être les plus belles gypseries du XVIIe du Sud-Est : mais Volonne avait été acheté par de riches Aixois! Les décors habituels sont sans commune mesure et, au demeurant, le manque d'entretien, les saccages auxquels donnent lieu les transformations intérieures, lorsque ces châteaux sont encore habités, font que l'on aboutira très vite désormais à leur totale liquidation. Restera le charme pittoresque des bâtiments bien intégrés dans le site : sera-ce assez pour qu'on protège ces cent témoins fragiles de la rude histoire du Midi?

L'époque classique a connu, ici comme ailleurs, de nombreux transferts de seigneurie : Volonne en est un exemple, et avec ces nouveaux venus, gens de robe ou d'affaires, des moyens différents pouvaient permettre une renaissance des vieux châteaux de Provence et de Languedoc. Il n'en fut rien, à quelques exceptions près : la crise ne fit que s'aggraver. C'est au XVIIe siècle, entre Henri IV et la jeunesse de Louis XIV, que s'opèrent les grandes mutations de propriété et assez vite les principales demeures seigneuriales venues du fond du Moyen Âge prennent l'apparence qu'elles ont conservée depuis. On doit Tourves (Var) aux Valbelle, une famille issue du commerce marseillais, passée au Parlement d'Aix, donnant des prélats, des officiers supérieurs, de hauts fonctionnaires. La Verdière (Var) est le château des Forbin d'Oppède et les grandes transformations classiques commencent après la Fronde, sous le premier président au Parlement Henri de Forbin. Du Parlement encore viennent les présidents de Brue qui restaurent Saint-Martin (Var), tandis que le président d'Escalis, qui appartient à la Chambre des comptes, va renouveler Ansouis (Vaucluse). Un financier enfin, le sieur Maurel, que l'on appelle le Crésus de Provence, entre en possession de Pontevès (Var) à la faveur de son troisième et plus brillant mariage. Chacun de ces personnages, considérables et fortunés, apportera des transformations aux anciennes demeures : jamais ces travaux n'iront jusqu'à produire de véritables châteaux classiques. Tourves, La Verdière, Ansouis, Saint-Martin-de-Pallières, Pontevès demeureront, en gros, des forteresses traditionnelles, sans plan régulier, mélanges plus ou moins confus de vieilles tours et de logis modernes. Rien de commun, sinon parfois au niveau de la grammaire décorative et de l'arrangement des appartements les plus soignés, avec les châteaux, décisifs pour le classicisme français, que le président de Longueil ou le financier Bordier élevaient alors près de Paris, à Maisons (Yvelines) et au Raincy (Seine-Saint-Denis), avec l'aide d'un Mansart ou d'un Le Vau.

Dans les contrées méditerranéennes, il est évident que les gens fortunés ont d'autres soucis que celui du château, à l'époque qu'il est convenu d'appeler les Temps modernes. Grands magistrats ou financiers sont loin de disposer de ressources comparables à celles de leurs confrères parisiens : des choix difficiles s'imposent donc à eux. Pour les personnages officiels, dépositaires de la loi et de l'autorité de l'État, priorité aux devoirs de représentation : il faut tenir table ouverte, régaler sans relâche les fidèles de collations, de concerts et de fêtes, dans le cadre d'un hôtel dont l'opulence soit à la mesure de ce que le président de Grimaldi-Régusse nommait *la dignité de la charge*. C'est dans l'agrandissement de la maison en ville, dans le décor de sa galerie et de sa chambre de parade, qu'il convient d'investir les revenus que n'a pas engloutis le train de vie quotidien. Et l'on sait, par le témoignage de Mme de Sévigné et ses inquiétudes devant la situation financière de ses enfants Grignan, que peu de fortunes provençales étaient en mesure de résister. Les hommes d'affaires sont peut-être plus à leur aise et ils n'ont pas, dans la société hiérarchisée du XVIIe siècle, les mêmes devoirs de représentation. C'est d'eux que pourrait venir le renouveau des anciens châteaux du Midi. Mais qu'est-ce que le banquier Maurel ferait d'un Pontevès coûteusement reconstruit à vingt lieues de la cité? A bon escient, notre Crésus a donné tous ses soins au superbe et confortable hôtel qu'il a fait bâtir sur le cours à carrosses : il y trouve tout ce qu'il peut souhaiter, des bureaux fonctionnels pour la banque au rez-de-chaussée, des appartements privés agréables au premier, et sous ses fenêtres le charmant spectacle d'un grand jardin classique terminé par trois jolies fontaines. Au diable les châteaux! C'est par ses créations urbaines, comme chacun sait, par Aix, Avignon, Arles, Nîmes, Montpellier et leurs hôtels, leurs édifices publics, leurs promenades, que le Midi méditerranéen tient dans l'histoire de l'architecture française classique une place d'exception.

Au regard de tant d'œuvres belles et originales que la contrée doit à son antique tradition urbaine, le petit nombre des châteaux bâtis à l'âge classique — petit nombre par rapport à des régions de civilisation rurale, Bourgogne ou Normandie — ne doit pas retenir trop longtemps l'historien de l'architecture. Mais la crise dont nous parlons n'est pas seulement quantitative : plus grave est que ce petit nombre de châteaux bâtis sous le ciel méditerranéen comporte trop de choses d'une étonnante médiocrité. Des châteaux mal construits, tout d'abord. Puyricard (Bouches-du-Rhône) représente un cas extrême : mauvais matériaux, absence de fondations, artisans de village moins chers que ceux de la ville, point d'architecte. On sait que le château spectaculaire du cardinal Grimaldi s'est effondré moins de trente ans après sa construction. Mais des négligences moins catastrophiques s'observent ailleurs et nous valent aujourd'hui bien des murs fissurés, des tours qui se disloquent et des logis dangereusement inclinés. Encore si ces châteaux qui n'étaient plus faits pour l'éternité étaient bien pensés pour le temps présent ! mais on est surpris de constater qu'ils bénéficient rarement de la recherche architecturale si active, ne disons pas à Paris, mais tout simplement à Aix, Avignon ou Montpellier.

Trop de ces châteaux méridionaux ne semblent connaître ni l'escalier à cage ouverte, ni la spécialisation des pièces, ni le confort des petits appartements, si courants à la ville. Quant à l'esthétique classique, on cherchera souvent en vain la symétrie des percées, l'avant-corps à colonnes et fronton, ce fameux *habit de cour* de l'architecture française, le balancement des pavillons, l'heureuse composition des masses qui ailleurs semblent appeler la vue cavalière d'un Pérelle ou d'un Rigaud. Au mieux, les illusions de l'ordre classique. A Châteauneuf-le-Rouge, siège récent d'un marquisat aixois, se déploie au midi une harmonieuse façade que prolongent des parterres à la française : il faut faire le tour du château pour découvrir l'organisation extrêmement lâchée des bâtiments autour d'une cour intérieure et surtout l'incroyable amoncellement de constructions disparates qui forment le corps occidental. Les principes qui régissent l'ouvrage apparaissent clairement : ce sont ceux de l'architecture rurale, ce *château* est une ferme dilatée.

Il faut s'arrêter à cet exemple de relation entre architecture aristocratique et architecture populaire en Provence, car le cas est loin d'être isolé. Une des caractéristiques les plus remarquables de la ferme provençale consiste dans son arrangement purement accumulatif, qui juxtapose *à la bonne,* sur un axe principal ou bien autour d'une cour, les diverses unités du programme, logis, étable, bergerie, remises etc., chacune avec sa masse, ses percées, sa toiture indépendante. L'effet est généralement heureux et l'on n'oublie pas la franche silhouette des beaux mas du Ventoux ou du Luberon. Les châteaux ne manquent pas, qui ont su tirer des effets plaisants de ces principes empruntés à l'architecture rurale. Un exemple curieux, plutôt abrupt, est donné par Confoux, une grande maison de campagne des archevêques d'Arles à la fin de la Renaissance : autour de la cour carrée, les différents éléments du château, logis, pavillons, pigeonnier, remises se dressent en toute liberté — la seule règle est le balancement des masses — avec leur volume, leurs percées, leur toiture particulière. Plus raffiné, mais partant des mêmes principes, le beau château de Campagne, près de Riez (Alpes-de-Haute-Provence), saura, au début du XVIIIe siècle, arranger avec un naturel incomparable les différentes composantes de son programme. Cas extrême : rarement la crise du château méridional aura été surmontée avec plus de bonheur et de simplicité. Trop souvent, le constructeur de château s'enlisera dans les schémas traditionnels ; son besoin de se rattacher aux usages ancestraux, aux manières de faire qui furent de tout temps celles du terroir, de la province, l'empêchera d'accueillir les solutions modernes qui permettraient de sortir de la crise. Le nouveau château méridional tient au passé, au plan à cour intérieure (Taillas et Niozelles, Alpes-de-Haute-Provence ; Jarjayes, Hautes-Alpes) aux petits escaliers rampe sur rampe (Rustrel, près d'Apt ; Éguilles, aux portes d'Aix), surtout il tient aux indispensables tours rondes qui vont par quatre, aux angles du logis (Aiguines, Var ; Beauregard, Vaucluse ; Gémenos, Bouches-du-Rhône ; Saint-Martin-de-Pallières, Var) ou par deux, encadrant la façade principale (Vauvenargues, Bouches-du-Rhône ; Montclar, Noyers et Ardène, tous trois dans les Alpes-de-Haute-Provence), à la tour unique, qui se campe fièrement pour accueillir les visiteurs (Villevieille, Alpes-de-Haute-Provence).

Cette persistance des tours rondes est un des traits les plus curieux et significatifs du château méridional à l'époque classique. Elle n'est pas particulière aux édifices restaurés, ou totalement reconstruits sur le site ancien. Elle vaut tout aussi bien pour des demeures transplantées dans le cadre le plus accueillant de la vallée ou de la grande plaine : Tourtour (Var), Les Baumelles (Var), La Roque-d'Anthéron (Bouches-du-Rhône), Lézignan-la-Cèbe (Hérault). Elle concerne les gros châteaux de représentation : Saint-Martin, La Verdière (Var), Vins (Var), mais aussi les petites maisons de campagne, *bastides* ou *rendez-vous de chasse :* Vachères (Alpes-de-Haute-Provence), Château-l'Arc (Bouches-du-Rhône). De toute évidence, on passe ici du simple attachement sentimental à l'intention politique. En période de déclin de l'aristocratie, face à la monarchie absolue appuyée sur la bourgeoisie, la persistance des tours est comme le symbole de la permanence de l'ordre ancien et du pouvoir seigneurial, un trait de ce néo-féodalisme qu'ont bien décrit les historiens de la Méditerranée après Philippe II. Ce genre de château du Midi français offre un évident air de famille avec ses cousins italiens et espagnols. Archaïsant comme eux, parfois aussi s'efforçant comme eux à d'intéressants renouveaux plastiques. Car l'invention architecturale peut fort bien s'épanouir à partir d'un programme néo-féodal. Voyez en Languedoc le château de La Garenne, à mi-chemin de

Château d'Éguilles (Bouches-du-Rhône).

Montpellier et de Pézenas : au-dessus d'une robuste terrasse, les tours deviennent pavillons carrés et les gros bossages disent de façon moderne la tradition guerrière chère à l'aristocratie. L'effet est celui d'une *villa-castello* très expressive, d'affinités fortement italiennes. On en dira en somme autant du château d'Éguilles près d'Aix-en-Provence, œuvre du conseiller au Parlement Vincent Boyer. Le point de départ est, ici, encore plus traditionnel : le site est le sommet du village perché, le parti architectural, un logis massif cantonné de tours et dominé par un donjon. Le résultat est insolite et profondément expressif : les tours latérales adoptent le plan carré, la façade au midi, élevée, soulignée d'énergiques refends, bien calée sous sa grosse corniche qu'animent comme sur les hôtels aixois des mascarons baroques, s'articule au moyen d'un escalier à deux rampes opposées avec une grande terrasse dominant la vallée. Tout ici est repensé selon l'esthétique large du XVIIe siècle, escalier central traversant le logis en profondeur, galerie au premier, le parcourant d'est en ouest et communiquant avec deux cabinets logés dans les tours. L'auteur de ce superbe ouvrage est Pierre Pavillon, le maître du premier baroque à Aix.

Jamais, semble-t-il, l'architecte d'Éguilles n'aura l'occasion de s'attaquer au programme de la maison des champs moderne — son pavillon Vendôme est tout autre chose, un *casino* sophistiqué, typiquement suburbain — et c'est dommage. Car cet artiste, parisien de naissance et de formation, tout acquis aux conceptions des de Brosse et des Mansart, eût sans doute fait progresser la question de façon appréciable. Bien des gens à Marseille et à Aix n'attendaient plus du *château* que les charmes de la vie à la campagne, détente, fraîcheur, simplicité. Dès le temps du roi René, une solution économique avait la faveur des riches citadins avides d'air pur : on l'appelait la *bastide*. C'est une exploitation agricole, proche de la ville, où le propriétaire s'est fait aménager, à petits frais, une maison entre la grange et le logis de son fermier. Ainsi pouvons-nous imaginer les résidences campagnardes de René d'Anjou à Gardanne, à Pérignane près d'Aix... Le luxe en était fort modeste, une belle cheminée dans la salle, une galerie de bois courant le long du jardin de roses, un petit vivier. L'essentiel, c'était le genre de vie que l'on pouvait mener à la bastide, le bonheur d'errer dans la pinède et l'oliveraie, d'écouter jaser le ruisseau, de toucher les grappes de la vigne et la toison des troupeaux, de voir danser le soir venu les paysans sous le grand chêne. La détente à la bastide devient avec les temps classiques le rêve le plus cher des nouvelles classes fortunées, hommes d'affaires, administrateurs, magistrats, tous gens de la ville et qui éprouvent naturellement le besoin d'en sortir. Un texte célèbre de l'intendant Nicolas Arnoul, représentant de Louis XIV à Marseille, stigmatise en termes fort vifs, mais finalement bien pénétrants, ce qui lui semble devenu une véritable manie, la passion de la bastide. Imbu de colbertisme, l'administrateur s'indigne du manque à gagner : comment des gens utiles peuvent-ils *abandonner la meilleure affaire du monde* pour les plaisirs de la campagne? Mais il perçoit bien aussi la dimension culturelle du problème et se désole de voir des personnes fortunées qui pourraient faire bâtir de beaux châteaux comme on en voit autour de Paris et d'autres grandes villes du royaume, être tombés intellectuellement si bas, *si abâtardis,* écrit Arnoul, qu'ils puissent se contenter d'aussi *méchants trous de maisons*. La critique est lucide sur ce point : pour une nation artistiquement

Page suivante : en haut, pavillon Vendôme, Aix-en-Provence (Bouches-du-Rhône). En bas, château d'Alco, Montpellier (Hérault).

majeure comme est devenue la France de Louis XIV, la passion de ce que l'on pourrait appeler la *bastide-cabanon* empêche, au moins autant que la manie des *quatre tours*, l'épanouissement nécessaire du château classique dans les provinces du Midi. Par chance — et c'est ce qu'Arnoul ne mesurait pas assez — bien des Provençaux et des Languedociens, dès les premiers temps de la Renaissance, avaient sans le savoir partagé ses idées et conçu pour le Midi une architecture autrement ambitieuse. Ce sont eux qui ont arraché les provinces méridionales à la routine et au laisser-aller, eux qui ont introduit les meilleurs modèles de l'art vivant, national et international, eux qui finalement ont permis le renouveau d'un château classique authentiquement méditerranéen.

II. Le château à la française dans le Midi méditerranéen

Il est en effet d'autres demeures seigneuriales en Provence et en Languedoc : celles qu'on peut légitimement appeler *les châteaux classiques à la française*. Leur variété, leur qualité, leur originalité échappent encore trop souvent aux historiens (pour ne rien dire des écrivains touristiques). A la lecture de la somme détaillée de Louis Hautecœur, comme à celle des manuels plus denses de Blunt ou de Kalnein, on croirait volontiers que le Midi méditerranéen n'a point d'autre château classique à proposer à l'amateur que La Tour-d'Aigues (Vaucluse), La Mosson (Hérault), Barbentane et Borély (Bouches-du-Rhône). La réalité, telle qu'elle ressort peu à peu des recherches régionales récentes, risque d'être fort différente. On s'en rend compte chaque jour un peu mieux : il a existé constamment dans les provinces méridionales, à l'époque classique, une clientèle curieuse, cultivée et exigeante, en relations professionnelles et sociales fréquentes avec la Cour et la capitale, et qui s'est passionnée pour l'introduction dans le Midi des formes les plus avancées de l'architecture et de l'art français. Ces gens-là ont pu disposer d'une main-d'œuvre, en partie autochtone, en partie étrangère à la contrée, dont la qualification et la culture ont permis la réalisation des projets les plus savants. Bien des artistes étaient passés par la Cour et la capitale, d'autres savaient interpréter intelligemment les gravures qu'ils possédaient en portefeuille ou les dessins que leur patron avait fait exécuter sur mesure. Le processus que l'on observe à Borély (Bouches-du-Rhône), où un homme d'affaires méridional de grande culture fait confiance à un architecte local, Brun, pour tirer parti des plans élaborés par un Parisien, Clérisseau, a dû se produire plusieurs fois, de la Renaissance au néo-classicisme. On le pressent à La Tour-d'Aigues (Vaucluse), qui est impensable sans des rapports précis avec le cercle Goujon-Lescot, à Barbentane (Bouches-du-Rhône), reflet des schémas en usage chez les Le Vau, peut-être à La Gaude (Aix), où l'on croit voir passer l'ombre de Ledoux, à Tourves (Var), dont la colonnade sent son atelier parisien...

D'une façon générale, le Midi méditerranéen a bien joué sa partie dans le concert des châteaux classiques français : soit qu'il se mêlât à l'ensemble sans accent particulier, soit qu'il apportât un timbre, une coloration propres à l'harmonie générale. A la Renaissance et au XVIIe siècle, l'imitation pose quelque problème au niveau des toitures : ni les grands combles ni l'ardoise ne s'accordent avec les habitudes méridionales. Il faudra apprendre à construire de hautes charpentes pour exécuter fidèlement les plans de La Tour-d'Aigues, de Villelaure (Vaucluse) et du pavillon Vendôme. Il faudra aussi ruser sur le matériau et vernir les tuiles des châteaux du Luberon en gris foncé, avant de se résoudre à aller chercher en Anjou, pour le *casin* aixois, les ardoises à la mode de France. Avec le XVIIIe siècle, en revanche, plus de difficulté : le goût est aux toitures basses et aux terrasses, depuis longtemps familières au Midi, et la tuile romaine se fait facilement oublier derrière une balustrade ou une corniche saillante. D'une façon de plus en plus naturelle, le château méridional se coule dans le moule parisien.

Pour des raisons relativement obscures — désarroi de la noblesse provençale au lendemain du rattachement de 1483, invasion de Charles Quint en 1526 — il n'y a pas dans les contrées méditerranéennes de château qui dérive des grandes résidences de la Loire : pas un seul exemple de l'ordonnance de Blois ou de Chambord. En revanche, le décor intérieur y fait précisément référence, mais tardivement (vers 1540), à la grande cheminée de Gordes (Vaucluse), à l'escalier de Lourmarin (Vaucluse). Plus tard, les cheminées de ce dernier château renvoient à la littérature parisienne la plus avancée (*Second livre d'architecture* de Du Cerceau). Dans le Midi, le grand morceau de la Renaissance *française* est évidemment La Tour-d'Aigues, dont Gébelin a bien montré, dans les masses, les élévations et le détail décoratif, les liens étroits avec Écouen et avec le pavillon du Roi au Louvre. Il faudrait souligner aussi l'importance des deux portiques latéraux, d'ordre colossal, sur la cour : bien visibles sur les dessins du XVIIIe siècle, ils renvoyaient encore au château des Montmorency,

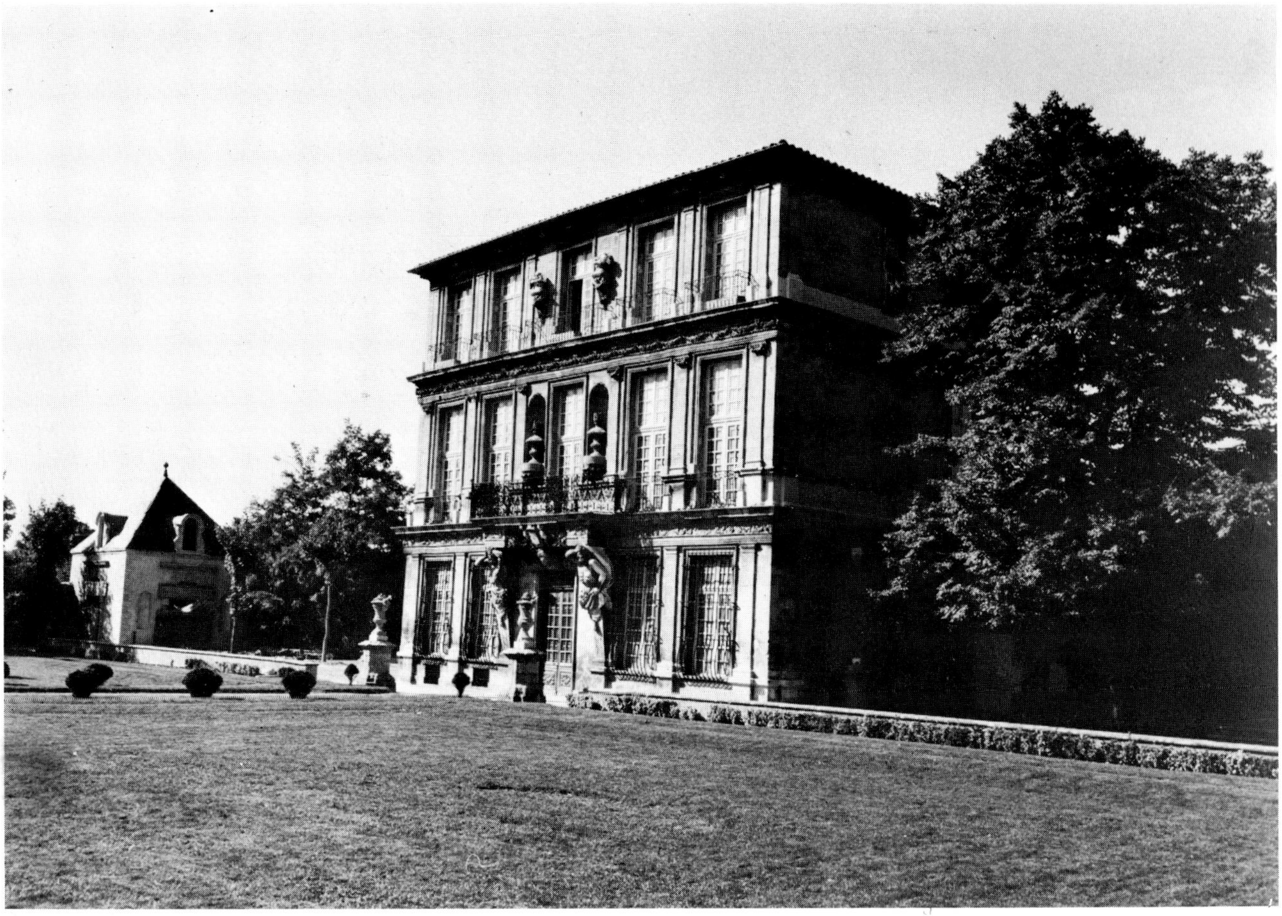

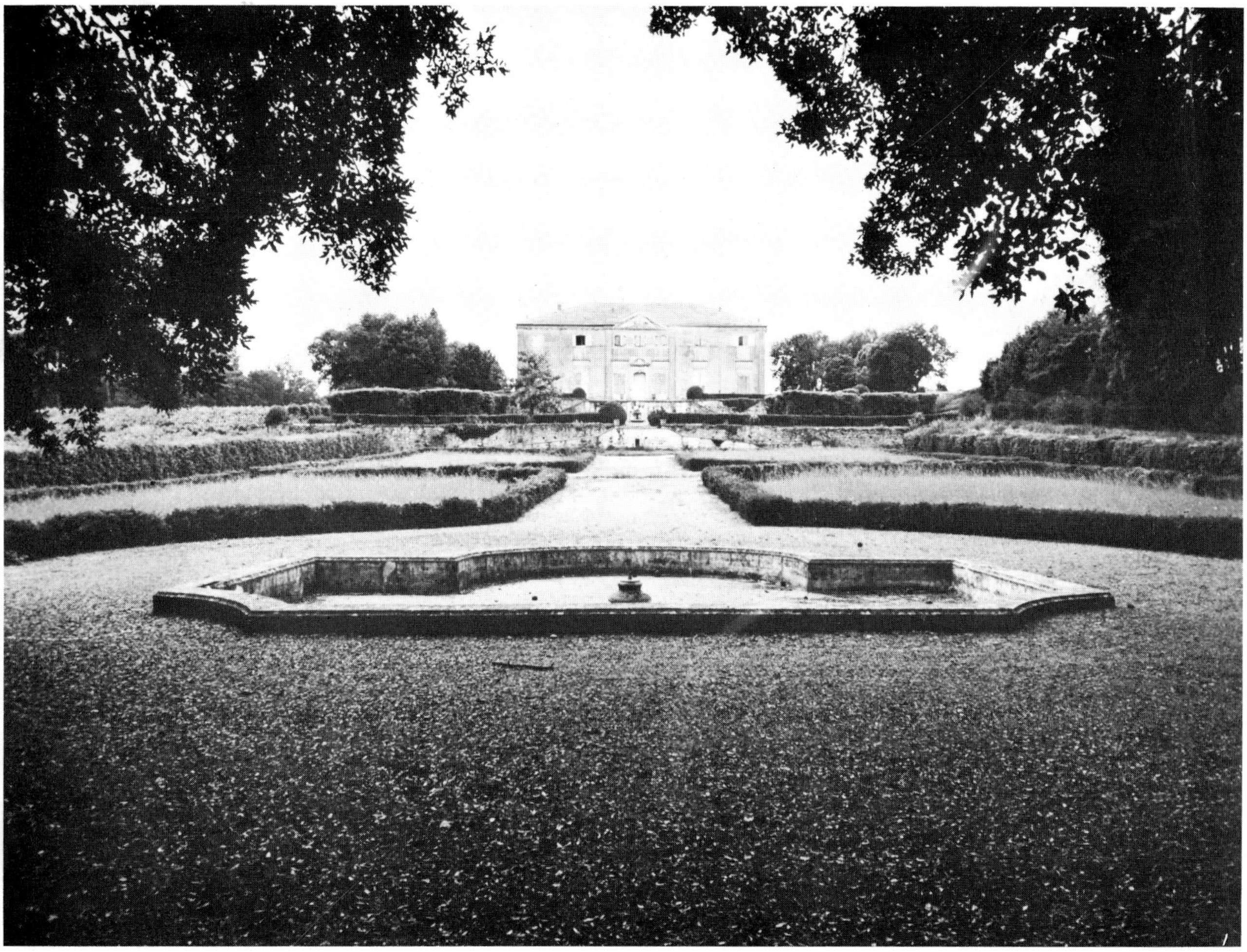

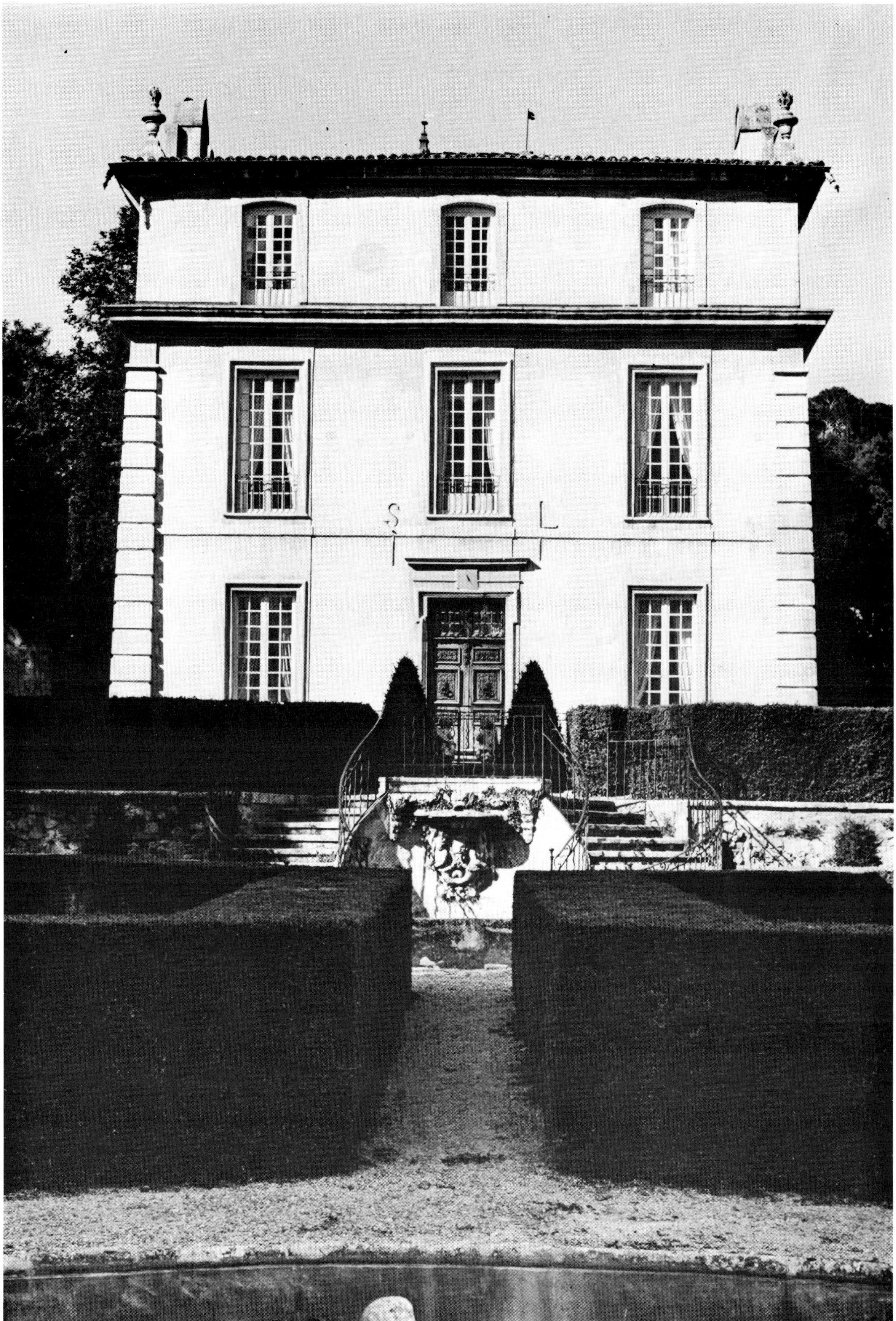
S L

Page précédente : château de La Gaude, Aix-en-Provence (Bouches-du-Rhône).

arrondis, cour d'honneur bordée par les communs, tout au fond le logis en U, dont le centre est bien marqué par l'avant-corps à fronton triangulaire et pilastres colossaux sur soubassement à arcades. Vers les jardins, la façade postérieure était bien celle d'un château, mais la coloration méridionale, avec sa terrasse formant belvédère entre deux pavillons cubiques, un nymphée en contrebas et au-delà, sans doute, des parterres. Il est bien dommage qu'un monument de cette qualité attende toujours une remise en valeur de plus en plus problématique.

Resterait à définir Castille, le fameux *château aux mille colonnes* des environs d'Uzès (début du XIXᵉ siècle). Nul doute, le logis n'appartient pas à l'architecture *française* : c'est une petite bastide méridionale à quatre tours, dont toutefois les décors intérieurs — la salle à manger dorique — n'ont rien de provincial. Mais l'aménagement du parc tout autour a pris une telle priorité sur la demeure, que c'est lui en fin de compte qui est Castille : et il faut de toute nécessité ranger l'ouvrage dans le groupe d'inspiration nationale, voire internationale. Ces portiques dessinant hémicycles et galeries autour du manoir devenu invisible, puis ces innombrables fabriques (en grande partie, hélas ! disparues), temples monoptères et tholos, fontaines, mausolées, colonnes dressées, pylône et obélisque, et ce grand arc d'entrée aux bossages traités en dents d'engrenage, rien de tout cela n'est autochtone : bien sûr, le baron de Castille rêvait de la villa Adriana, comme tout le monde à cette époque, mais son jardin d'antiques est parfaitement conforme au goût de Paris... et de Saint-Pétersbourg !

Pour avoir une idée juste de l'intérêt porté aux modèles français par les amateurs provençaux, il faudrait tenir compte de nombreux projets dessinés sous Louis XVI et qui n'ont pu aboutir en raison des bouleversements de la Révolution. Si elle possédait aujourd'hui, au sommet des vastes et riches jardins (heureusement conservés) de Bourgane (Vaucluse), de Jouques et de Bouc-Bel-Air (tous deux dans les Bouches-du-Rhône), les demeures que voulaient élever les Montclar, les Arbaud et les Albertas, la Provence n'aurait rien à envier aux provinces les mieux pourvues en beaux châteaux Louis XVI. Sans doute aussi Tourves (Var) eût-il été entièrement reconstruit, comme semblent l'indiquer certaines pierres d'attente, dans le grand style héroïque dont la colonnade et l'obélisque nous ont laissé un étourdissant échantillon, proche des grands projets non réalisés de Ledoux pour Mᵐᵉ Du Barry.

Au regard, les derniers châteaux classiques qui verront le jour dans la première moitié du XIXᵉ siècle semblent modestes. Certains ne manquent pourtant ni d'invention ni de qualité plastique : ainsi Astros, près de Vidauban, et surtout, à l'est de Marseille, Fontvieille, dont le type de villa méditerranéenne renvoie, à travers le cercle de Penchaud, à l'enseignement parisien de Percier et Fontaine. Le style classique allait bientôt s'effacer devant les fantaisies de l'historicisme et de l'exotisme : mais là encore, c'est une histoire bien française que raconteront le néo-gothique Charleval au nord-est de Salon, le néo-Renaissance Castellamare à Marseille et dans le Var, les orientalisantes Bormettes d'Horace Vernet... Une histoire sur laquelle il était temps de se pencher, mais qui déborde notre propos.

Faut-il limiter à ces exemples de transposition quasi textuelle le rayonnement des châteaux à la française dans le Midi méditerranéen? Nous ne le pensons pas. Une influence plus subtile a souvent en effet permis aux modèles parisiens de se transformer sensiblement dans la forme, pour s'adapter aux conditions locales, sans pour autant rien perdre de l'esprit d'origine.

N'est-ce pas déjà ce qui se passe, dans le premier XVIᵉ siècle, à Gordes et à Lourmarin? Les murs enduits, les fenêtres rares, les toits bas ou les terrasses n'évoquent pas, de prime abord, les châteaux d'Ile-de-France. Pourtant l'organisation régulière des façades révèle, à y regarder de plus près, un souci de l'ordonnance qui est celui de Nantouillet ou d'Écouen. Mieux, la composition des fenêtres-tabernacles, sur la cour de Gordes, ne peut guère avoir d'autre source que très précisément la Porte dorée de Fontainebleau. Sur le second versant de la Renaissance, les façades d'Uzès (Gard) et de Marsillargues (Hérault) donnent lieu au même genre d'observation : certes, l'accent du Midi se reconnaît dans la priorité des pleins sur les vides, dans la silhouette moins élancée sous des toits à faible pente, mais le détail décoratif et l'esprit général ne sont guère différents de ceux qui caractérisent dans les mêmes années les projets de Du Cerceau, puis son Verneuil et son Charleval.

Le XVIIᵉ et le XVIIIᵉ siècles poursuivront cette adaptation des thèmes *français* aux données méridionales. Voici que les châteaux de Languedoc et de Provence descendent dans la plaine et adoptent les dispositions classiques de la France du nord. Le plan en U apparaît à Lézignan (encore cantonné de tours rondes), puis de façon plus pure à Saint-Pons (en pays d'Aix), au Griffon (Marignane), à Gueidan (Valabre, Bouches-du-Rhône), où les ailes se réduisent à de légères projections, à La Gazette (Sisteron, Alpes-de-Haute-Provence), où, bien que plus tardif, le

Château de Tourves (Var)

En haut, château de Gordes (Vaucluse).
Au centre, château d'Ansouis (Vaucluse).
En bas, château de Vauvenargues (Bouches-du-Rhône).

dispositif tripartite garde toute sa clarté. Le plan massé rectangulaire entre deux pavillons carrés nous donne d'abord le Grand-Saint-Jean (Bouches-du-Rhône) et Saumanes (Vaucluse), puis (au XVIIIe siècle) Entrecasteaux (Var), Taulanne (Alpes-de-Haute-Provence), l'aile neuve de Buoux (Vaucluse). Comme à la Renaissance, le rapport des pleins et des vides, la silhouette tassée sous les toits bas, la couleur des matériaux, pierre ocrée et tuile rousse, confèrent à ces châteaux d'esprit français leur caractère méridional. Parfois aussi on substitue la génoise populaire à la noble corniche septentrionale. Mais au fond, ce ne sont plus, souvent, que des nuances qui distinguent les châteaux classiques d'Ile-de-France et ceux de Provence. On n'en éprouve que plus de plaisir à savourer l'accent de quelques demeures restées bien méridionales en plein règne de Louis XVI. La Pioline, aux portes d'Aix, est une ancienne maison de campagne, assez modeste, à laquelle on a voulu donner les airs d'un noble château classique : cour d'honneur précédée d'une grille que scandent des piliers coiffés de vases Médicis, remises traitées en ailes de grand style, à l'intérieur le plus fastueux salon Louis XVI de l'école aixoise. Mais on reste en Provence : le hall à l'italienne abrite un curieux escalier de tradition baroque et surtout la façade ignore toujours l'avant-corps central à pilastres et fronton et conserve sa génoise naïve. Près d'Aix également, Cabanes est plus pur, car d'une seule venue. Plan carré, façades sévères, fenêtres cintrées, c'est un château français *de transition,* Louis XV-Louis XVI. L'accent provençal se reconnaît à la couleur des matériaux, mais surtout aux murs traités à ressauts et grosses moulures, aux volets massifs, peints sang-de-bœuf, à ce je ne sais quoi de rude qui vient du terroir et qui marque les moindres détails de l'architecture.

Ce sont là châteaux de plaine, à la mode d'Ile-de-France. A plus forte raison, les châteaux demeurés fidèles au site perché garderont toujours, si pénétrés soient-ils de culture française, une évidente couleur locale. Presque toutes les grandes demeures d'origine féodale vont s'ouvrir sur la campagne : on abat l'un des côtés de la cour (Meyrargues, Bouches-du-Rhône) ou bien, à l'occasion d'une reconstruction, on adopte le plan en U (Grignan, Drôme; Castries, Hérault; Jouques, château des archevêques d'Aix. On peut aussi créer une terrasse en avant d'une des façades extérieures du château traditionnel : imitant Écouen du côté de Chantilly, La Tour-d'Aigues (Vaucluse) se dote de cet agrément moderne dès le XVIe siècle, le long de la façade latérale regardant la vallée. L'exemple sera suivi sous Louis XIII à Vauvenargues (Bouches-du-Rhône) et à Ansouis et cette fois c'est la *belle façade,* où s'ouvre le grand portail du château, qui bénéficie du dégagement de la terrasse. Vus de ce côté et surtout vus de près, avec leurs bossages et leurs frontons brisés, Ansouis et Vauvenargues appartiennent bien à la grande famille des châteaux classiques français. Mais à mesure que l'on s'éloigne, que l'on ne perçoit plus que la silhouette néo-féodale et la couleur rousse des murs et des toitures, on sent combien cette région, pénétrée peu à peu par la culture nationale, est restée fidèle à ses traditions.

III. La contribution méditerranéenne

L'erreur serait de croire qu'une région ne s'exprime bien que dans le maintien jaloux de ses traditions. L'histoire des châteaux classiques du Midi est là pour montrer, de Gordes à La Pioline et à Ansouis, les forces nouvelles que le génie du Midi a puisées dans les leçons venues de la Cour et de la capitale. Il faudrait aussi se demander quel renouveau l'Italie voisine a pu favoriser de ce côté-ci des monts. Mais surtout le moment est venu de préciser la contribution propre des artistes et des amateurs méridionaux dans cette histoire du château des temps classiques : car il est bien évident que l'on rencontre dans ces contrées des maisons des champs et — intimement liées à elles — des jardins, qui ne sont réellement inspirés d'aucun modèle extérieur, mais résultent essentiellement des recherches originales menées sur place pendant les siècles classiques, en accord avec les sensibilités et les cultures du lieu, mais sans dévotion particulière pour les pratiques des siècles passés.

On a beaucoup parlé de l'influence italienne dans le Midi français, mais pour ce qui nous intéresse, rien de bien positif ne résiste à l'examen. Fort peu d'artistes venus d'outre-monts ont travaillé dans les châteaux du Midi : aucun architecte (même à Puyricard, en pays d'Aix), un tout petit nombre de décorateurs, parfois de qualité et d'un génie national caractérisé (peintures en trompe-l'œil de Saumanes), plus souvent des artistes de second ordre et qui ne se distinguent guère par leurs productions de celles de leurs concurrents français (décors de gypseries). En revanche, beaucoup d'artistes français, provençaux ou non, ont rapporté d'un voyage d'Italie des idées qui ont fructifié autour d'Aix, d'Avignon et de Marseille.

Quelques châteaux offrent un parti architectural incontestablement italien. A la Renaissance, la cour bordée d'arcades sur trois côtés (deux aujourd'hui) de Suze-la-Rousse (Drôme) compose le *cortile* le plus typique de France au XVIe siècle (avec La Rochefoucauld, Charente) et l'on pourrait en rapprocher, sous Henri IV, la loggia à deux étages du château de Vins, d'un italianisme plus discret. Au milieu du XVIIe siècle, les châteaux rebâtis dans les villes de Valréas et de Marignane, respectivement par La Valfenière et peut-être par Daret, offrent des dispositions typiques de palais romains de la Contre-Réforme : ici un *cortile* d'un très pur classicisme, ouvert à l'origine par un portique sur le jardin (palais Borghèse), là de hautaines façades à fenêtres-tabernacles et puissante corniche (palais Chigi). Puyricard, de propriétaire italien, dérivait directement de la villa Médicis, avec des arrangements intérieurs génois : peut-être à son tour a-t-il inspiré un projet non réalisé de grande villa baroque pour Saint-Marc (Aix), au début du XVIIIe siècle.

Des souvenirs d'Italie marquent souvent le décor des châteaux de Provence. Ainsi les portails à atlantes du pavillon Vendôme, de Calissanne (Berre), de Saint-Pierre-des-Canons (Salon), mais ils avaient déjà été adoptés pour les hôtels particuliers. Ainsi encore, assez rares, les peintures plafonnantes de Murs en Vaucluse, de Marignane, du pavillon Lenfant (Aix), elles aussi mises à la mode par les demeures urbaines et donc déjà relativement *provençalisées.* Et puis, il faut surtout se garder d'attribuer automatiquement à l'Italie tout ce qui dans le château est pittoresque, opulent, plein de fantaisie. Ce serait oublier l'importance du baroque français. Ainsi les riches cheminées de gypserie (Marignane, Vauvenargues, pavillon Lenfant, Voreppe en Dauphiné) dérivent directement des modèles de Le Pautre, dont le succès a été particulièrement grand auprès des amateurs méridionaux. Qu'importent les sources, d'ailleurs ? Ce qui compte ici c'est l'accord d'un certain style avec la sensibilité des gens du lieu, c'est le plaisir, en fin de compte, qu'ils prennent à vivre au milieu de ce genre de décor, c'est l'assimilation d'un langage qui leur est devenu naturel.

La bastide

C'est aussi d'assimilation, mais d'une assimilation qui n'est qu'un point de départ pour des développements originaux, qu'il faut parler à propos de l'aspect le plus attachant sans doute de la maison de campagne dans le Midi méditerranéen, la bastide classique et son jardin. On a vu ce qu'est à l'origine la bastide : un logis de maître

En haut, château de L'Armellière (Bouches-du-Rhône).
En bas à droite, La Félicité, près d'Aix-en-Provence (Bouches-du-Rhône). Détail de la façade.
Au centre à gauche, château de La Tour-d'Aigues (Vaucluse). Portique d'entrée.
Au-dessous, château de Villelaure (Vaucluse). Restes du portique d'entrée.

plus précisément, bien sûr, au frontispice intérieur dessiné par Bullant pour accueillir les Esclaves de Michel-Ange. Tout proche, Villelaure fut également un château parfaitement français : même plan en U, avec galerie entre les deux pavillons avancés, mêmes toitures élancées. Les archives soulignent la nécessité d'imiter en tout les façons de faire de La Tour-d'Aigues. L'intéressant à Villelaure est son pavillon d'entrée, un peu enterré aujourd'hui et surtout découronné de son troisième niveau. Tout porte à le croire, on avait une fois encore tourné les yeux vers le château des Montmorency, dont le portail d'entrée avait servi de modèle pour les trois niveaux du frontispice provençal. On en retrouve l'essentiel dans les deux premiers étages et la présence d'un socle au troisième invite à restituer là une grande arcade abritant une statue équestre. Peu de châteaux provinciaux de la Renaissance présentent autant que ceux-là de qualité plastique et d'intérêt pour l'histoire nationale. Faut-il ajouter qu'ils ne doivent pratiquement rien aux édifices antiques du Midi, à l'exception peut-être des trophées de La Tour-d'Aigues, qui rappellent assez certains motifs de l'arc d'Orange? Pour l'essentiel, la science classique n'est pas recueillie sur place, mais puisée aux sources modernes, traités et châteaux d'Ile-de-France.

A l'aube du XVIIe siècle, L'Armellière fournit un nouveau jalon au développement de l'architecture française dans le Midi. C'est un petit château massé, inspiré peut-être des modèles de Du Cerceau, et dont le parti général se retrouve dans bien des demeures françaises du temps d'Henri IV et de Louis XIII. Les ornements des façades, chutes de fruits aux fenêtres, sirènes au-dessus de la corniche, trahissent la présence d'un architecte bourguignon ou familier de la tradition de Sambin. L'âge classique du Grand Siècle est particulièrement bien représenté par Barbentane, dont nous avons la chance de conserver les dessins : les hautes toitures figurées dans le projet primitif devaient donner à ce frère cadet de Sucy-en-Brie, surtout du côté de la cour d'honneur (arrangée en jardin au XIXe siècle), un air tout à fait parisien. A Barbentane, c'est le XVIIIe siècle qui ôtera beaucoup de son caractère français au château, en substituant la terrasse au toit primitif, en développant à l'intérieur un rococo très international, en réalisant des jardins en terrasses tout à fait italiens. On en pourrait dire autant du pavillon Vendôme à Aix. Certes, avec son portail à atlantes inspiré des hôtels de la ville, ce *casin* ne fut jamais tout à fait septentrional. Mais le dessin primitif, les deux niveaux aux ordres superposés, le grand comble encadré de hautes souches de cheminées, tout cela, vu depuis le parterre à la française, ne devait guère surprendre le visiteur parisien. C'est encore ici le XVIIIe siècle qui, en ajoutant un étage et en rendant la toiture presque invisible, a rangé le monument du côté de l'architecture méridionale.

Ce XVIIIe siècle sera pourtant ici, dans l'ensemble, le siècle français par excellence. Les dix premières années donnent tout de suite le ton, avec, de part et d'autre du Rhône, Montfrin en Languedoc et Lagoy en Provence : deux châteaux très différents, très personnels, mais que réunissent le même goût de la composition régulière et fine, le même usage discret de l'avant-corps classique et surtout cette façon typiquement française de mettre en valeur le logis seigneurial par la composition habile et bien balancée des remises, des communs, des grilles et des portails autour de la cour d'honneur. L'ampleur du dispositif garde quelque chose du Grand Siècle.

Mais très vite s'acclimate ici, comme on pouvait s'y attendre, le petit château typique du XVIIIe français, la *folie* qui est en quelque sorte un hôtel particulier transporté aux champs. Ce sont d'abord, sous Louis XV, toute une série de maisons gracieusement décorées, Sauvan près de Forcalquier, Tourreau au nord d'Avignon, Pommier à une lieue de Salon, La Félicité aux portes d'Aix et l'extraordinaire guirlande montpelliéraine, La Mosson, Alco, Engarran... Plus tard les formes se raidissent et se simplifient et ce sont les deux châteaux Louis XVI de La Gaude et de La Piscine, le premier, aixois, d'une austère grandeur en dépit de sa petite taille, le second, montpelliérain, plus galant et pompéien. On voit mal ce que ces demeures pourraient avoir de différent de celles qui se bâtissaient à la même époque aux portes de Paris ou de Bordeaux.

De même ces contrées ne manquent pas de grands châteaux du XVIIIe siècle, en tout point comparables à ceux du reste de la France. Ce sont d'abord les deux principales demeures des environs de Marseille, Saint-Joseph au nord, avec ses avant-corps classiques, ses courtes ailes prolongées en terrasses, son salon ovale dominant le parc, le charme pimpant de ses gypseries Louis XV, puis Borély au sud, un peu froid dans la pureté de son élévation Louis XVI, bien architecturé à l'intérieur, adouci d'accents pompéiens, mais surtout déployant les fastes du trompe-l'œil et du décor plafonnant dans un esprit néo-baroque dont il existe bien des exemples ailleurs en France à la même époque. En pays d'Aix, le grand château de la fin de l'Ancien Régime est Peyrolles, à qui sa situation dans le village donne l'abord d'un très vaste hôtel particulier : portail monumental entre deux murs

317

Château de Castries (Hérault).

sans caractère, coincé entre la ferme et la grange d'un domaine agricole. Vient l'âge classique. Une certaine bastide en façon de gros cabanon perpétue le laisser-aller des *méchants trous de maisons* que déplorait Nicolas Arnoul. Mais parallèlement se dégage un type original, savant, fonctionnel et esthétiquement satisfaisant qui va s'imposer pendant trois siècles comme la maison de campagne idéale pour le Midi méditerranéen : cela a quelque chose d'une villa italienne (modeste), mais assimilée, adaptée, intégrée au paysage, au milieu de jardins qui ressemblent aux jardins d'Italie, mais ne sont plus des jardins italiens, en sorte qu'il faut bien faire sa place à part à cette création de la Provence d'Ancien Régime, la bastide classique.

Dès le XVIe siècle, le goût raffiné de certains Provençaux avait orienté les recherches des architectes vers le problème de la maison de campagne de qualité. Au pied des Alpilles, La Tour du Cardinal, le Mas de la Brune et le Mas de Brau introduisaient le vocabulaire antique, colonnes et frontons, inauguraient un ordre harmonieux dans la composition des façades et des volumes. L'incertitude des temps maintenait des dispositions défensives, une tour, une échauguette, ailleurs une cour bien close. La paix revenue, les cercles humanistes proches du Parlement s'intéressent à la villa italienne, telle que la présentent les traités, une maison civile, au volume pur sous un toit en pyramide, isolée et bien assise dans un site régulièrement aménagé. On ne sait pas grand-chose de la Floride de Guillaume Du Vair à Marseille, mais le Belgentier (Var) de Peiresc apparaît tel que le vit Rubens en 1626, dans l'estampe de Silvestre : c'est une villa (et un jardin) d'inspiration nettement italienne, qui tourne le dos à la tradition provençale du pavillon à quatre tours (Valabre, pavillon dit du roi René) aussi bien qu'à celle de la bastide de la fin du Moyen Âge sans ambition architecturale, ni environnement régulier. Le retentissement dut en être considérable (l'existence même de la gravure en est la preuve). Mais Belgentier ne sera pas d'abord textuellement imité. A La Calade, près d'Aix, le côté de l'arrivée présente une façade encadrée de tours et précédée d'une cour fermée que bordent remise et chapelle : en revanche, le côté opposé s'organise de façon déjà toute classique, la façade civile et géométrique, coiffée d'un toit en pyramide, domine le jardin régulier que longe une terrasse.

Les expériences décisives se situent dans la seconde moitié du XVIIe siècle. C'est alors que la bastide classique se définit clairement, isolée de la ferme, entourée de son jardin d'agrément : le plan est carré, le volume cubique, le toit pyrami-

En haut, château de Bel-Air (Bouches-du-Rhône).
En bas, Château-Robert (Bouches-du-Rhône). Décor intérieur.

dal repose sur une simple génoise. Le mur est enduit et si, sous Mazarin, le portail à bossages, les refends, les armoiries sculptées rappellent la grande architecture traditionnelle du château : Repentance à Aix, Luxembourg à Marignane, par la suite l'évolution est rapide vers un art extrêmement dépouillé, dont la beauté réside toute dans les proportions heureuses de la masse et des ouvertures (Gaufridy, Mont-Joli, en pays d'Aix). Les références aux modèles italiens disparaissent, sans que l'on se rapproche pour autant de modèles français : la bastide provençale se constitue en type indépendant.

La distribution est régulière et simple : vestibule central conduisant vers l'escalier, axial ou latéral, à droite et à gauche au midi le salon et la salle à manger, au nord les services. Les chambres au premier suivent le même ordre, éventuellement reproduit à l'étage supérieur, lorsqu'il existe, pour les domestiques. Certaines demeures s'installent franchement en plaine et l'élévation est la même au nord et au sud, mais beaucoup affectionnent les coteaux et la dénivelée peut alors donner une salle d'été, à demi enterrée, ouverte seulement au midi du côté de la vallée (Mont-Joli). Le type est fixé pour tout le XVIIIe siècle au moins. A la fin du règne de Louis XIV quelques expériences pour introduire l'escalier à double révolution seront sans lendemain (pavillon Lenfant, Ganteaume, Saurine, tous à Aix). Certains Aixois voudront étoffer la demeure, lui donner l'ampleur d'un vrai château (Montjustin), l'encadrer de pavillons (Aiguebelle, Le Tholonet). De même avec La Magalonne à Marseille. Mais l'idéal bien uni et ramassé continue d'inspirer la plupart des constructeurs de la capitale provençale : Bel-Air, Château-Robert, Bourgogne. Le décor intérieur suit la mode, mais avec discrétion : de gracieuses gypseries, Louis XV et surtout Louis XVI, des toiles peintes aux sujets variés, arabesques (La Mareschale à Aix), chinoiseries (La Cazette à Sisteron), chasses (Alpheran, en pays d'Aix comme aussi les suivants), marines (Mont-Final), architectures antiques (Château-Robert), paysages forestiers (Saint-Antonin). On a cru d'abord que cette architecture était issue de celle de la maison rurale, mais il n'en est rien : le processus est celui d'une création artistique savante, appuyée sur la doctrine — plus encore que les modèles formels — de la Renaissance italienne. Il est vrai qu'au XIXe siècle l'agriculteur provençal imitera souvent l'ancienne maison de maître pour son propre logis : d'où le grand nombre de ces petits édifices, harmonieux et simples, qui font partie intégrante du paysage méditerranéen et méritent comme tels une protection vigilante.

Château d'Albertas (Bouches-du-Rhône). Nymphée.

La simplicité de la bastide classique fait ressortir davantage encore la richesse et le raffinement des jardins qui l'entourent. Mais les espaces plantés et aménagés qui accompagnent certains grands châteaux comptent aussi parmi les réussites les plus spectaculaires de l'art du Midi français. On ne sait à peu près rien du jardin provençal à la Renaissance. En tout cas, les *jardins à l'italienne* du roi René à Gardanne relèvent simplement de la légende. Les choses s'organisent au XVIIe siècle, et certainement autour de la bastide classique : deux préoccupations complémentaires, celle de tirer comme en Italie le meilleur parti des eaux par le jeu des terrasses, celle de jouir, comme en France, d'une vue bien ouverte sur l'ensemble de la composition. Peiresc, qui donna le premier exemple de ce qu'il était possible de faire en Provence, connaissait tout aussi bien Tivoli que Fontainebleau. Sa curiosité personnelle le portait surtout à acclimater des espèces exotiques et Belgentier maria en un mélange capiteux aux ormeaux et aux mûriers de Provence les jasmins d'Espagne, les jacinthes de l'Inde et les orangers de la Chine. Après lui, l'époque Louis XIV expérimente l'architecture des jardins baroques, fers à cheval, cascades, grottes, nymphées..., et le XVIIIe siècle est l'âge des grandes réalisations : les unes se réfèrent presque uniquement aux types d'Ile-de-France (La Tour-d'Aigues; jardins des environs de Montpellier), les autres traduisent avec plus ou moins d'originalité non seulement les données climatiques mais surtout le goût particulier de cette contrée pour un certain genre opulent de jardin, un aspect de la sensibilité méridionale.

Le charme propre du jardin classique provençal tient d'abord à l'agrément de ses eaux et de ses ombrages. Le climat a dicté les aménagements les plus typiques : la présence du bassin au plus près de la maison, longeant la façade au midi, le resserrement des bosquets qui amènent leurs allées et leurs chambres de verdure à deux pas du salon, l'intimité fraîche des petits jardins clos hérités du Moyen Âge, la profondeur des buis taillés en murs de labyrinthe. A ces composantes de base s'ajouteront, selon la fantaisie de chacun, les éléments variés du répertoire baroque, propres à relancer la curiosité du promeneur de surprise en surprise. L'architecture y joue un grand rôle, avec ses terrasses colossales (Barbentane), ses escaliers aux tracés sophistiqués (Buoux en Vaucluse), ses ponceaux imprévus (Jouques, jardins d'Arbaud), ses fers à cheval enserrant une fontaine (Mont-Final), ses salles souterraines (La Saurine), ses grottes de coquillages (Arnajon au Puy-Sainte-Réparade), ses nymphées (Albertas entre Aix et Marseille). La statuaire complétant les ressources abondantes des vases sculptés traite les thèmes les plus divers : héros antiques (Albertas) et figures familières (La Mignarde), animaux réalistes (chienne allaitant de Gallice), ou fantastiques (sphinges d'Albertas et de Barbentane). On aime les types robustes et savoureux, le dauphin jovial et les chiens moustachus (La Gaude), mais aussi la grâce flexible des déesses adolescentes (La Mignarde), la gentillesse naïve des jeunes enfants (petit jardin d'Albertas). Certaines pièces baroques, l'Hercule de Bel-Air ou le Neptune de La Bougerelle sont dignes des parcs princiers. Mais après avoir joui du charme des détails, c'est peut-être surtout l'impression harmonieuse produite par la vision d'ensemble (La Gaude, Bourgogne, Albertas, Aiguines...) que retiendra le visiteur, au sortir de ces domaines qui manifestent avec une force si particulière l'originalité profonde du château méditerranéen dans l'histoire de l'architecture française du XVIe au XVIIIe siècles.

La première moitié du XVIIIe siècle

Jörg Garms

Le demi-siècle compris entre 1705 et 1755 n'est pas un moment exceptionnel dans l'histoire du genre architectural du *château*, tandis que le vocable de *maison de plaisance* recouvre au contraire une réalité vivante et en pleine expansion.

Depuis longtemps le château ne sert plus à la sécurité des familles nobles. Après le règne de Louis XIV, sa fonction représentative, faire montre de grandeur, a perdu beaucoup de force et de crédibilité. L'agrément de la vie à la campagne s'est, par contre, imposé à l'aristocratie et à la riche bourgeoisie, et ceci dès la fin du siècle précédent, au cours de laquelle les termes *château* et *maison de plaisance* commencent à se superposer partiellement.

I. Les théoriciens

Jacques-François Blondel distingue, en bon professeur, dans son *Cours d'architecture* (1771-1777) parmi les *bâtiments érigés à la campagne* les maisons royales, les châteaux, les maisons de plaisance et les maisons de campagne, mais s'il insiste sur des différences de rang social et de dignité architecturale, les dictionnaires contemporains, plus réalistes, tendent plutôt à les émousser. D'Aviler déjà, dans l'*Explication des termes d'architecture* de son *Cours d'architecture* (1690) réédité pendant tout le siècle, tient compte de ce mélange : « Chasteau, c'est une maison royale ou seigneuriale bâtie en manière de forteresse, avec fossés et pont-levis. On appelle aussi chasteau une maison de plaisance sans défense effective, où les fossés ne servent que d'ornement... », et « Maison de campagne, c'est à la campagne le château d'un seigneur, ou la maison d'un particulier, qui sert de séjour agréable pendant la belle saison... Elle est ainsi nommée parce qu'elle est plustôt destinée au plaisir, qu'au profit de celui qui la possède. On l'appelle en quelques endroits de la France cassine, en Provence bastide, en Italie vigna, en Espagne et au Portugal quinta. C'est ce que les Latins nomment villa... ».

Les termes à la mode, maison de plaisance, maison de campagne, maison des champs, maison de bouteille, permettent tout au plus des distinctions de nuances selon le propriétaire, l'éloignement de la ville et la taille de l'édifice. Si l'on ajoute aux variétés précédentes tous les pavillons, trianons, ermitages et folies, constructions indépendantes ou annexes de quelque château aux destinations diverses mais offrant toujours moins de commodités qu'une maison complète, on mesure le nombre et la diversité des édifices construits durant ce demi-siècle.

Entre les traités d'architecture du style Louis XIV finissant autour de 1700, c'est-à-dire entre les livres de d'Aviler, Frémin, Decordemoy et Leclerc, et ceux qui paraissent après le milieu du XVIIIe siècle, annonciateurs du néo-classicisme, l'*Architecture françoise* de Blondel, l'*Essai* et les *Observations* du père Laugier, deux ouvrages d'importance sont publiés à six ans de distance : *De la distribution des maisons de plaisance et de la décoration des édifices en général,* du jeune Jacques-François Blondel (1737) et *L'art de bâtir des maisons de campagne,* de Charles-Étienne Briseux (1743). Bien qu'ils traitent de toutes sortes de problèmes, la maison de plaisance se trouve au centre de leurs préoccupations. Il y a en effet une forte demande à satisfaire et d'autre part on ne construit guère d'édifices publics, comme le regrette Blondel. Briseux propose « sur vingt-deux longueurs, soixante-dix formes de bâtimens... ce qui peut être réellement avantageux et se réduire à une pratique ordinaire, le bourgeois, le gentilhomme et le seigneur... pourront y puiser des projets » et Blondel commente : « Les maisons situées dans les villes ont de grands avantages : on s'y trouve à la portée de vaquer à ses emplois ; on a la liberté d'y jouir des sociétés qui nous conviennent le plus, on y peut s'attacher aux sciences et aux arts, y contenter ses inclinaisons et diversifier ses plaisirs ; mais les maisons de campagne ont des attraits qui peuvent disputer la préférence, aussi voit-on tous les ans les seigneurs et les personnes aisées s'y retirer pour profiter des douceurs de la vie champêtre pendant quelque temps. Les grands vont s'y délasser des occupations importantes qui les attachent au bien de l'État, les autres y vont recueillir les fruits de leur domaine, et quelquefois un père de famille, par un esprit d'économie, s'y confine pour le reste de ses jours, afin d'y vivre à la faveur des différentes récoltes qu'offre chaque saison. »

L'étonnante coïncidence de ces deux ouvrages s'inscrit certainement dans une longue transformation, encore mal perceptible, des modes de vie ; en témoigne l'immense fortune dont ont joui tout au cours du siècle deux publications qui datent de son début : Antoine-Joseph Dézallier d'Argenville, *La théorie et la pratique du jardinage* et Louis Liger, *Le nouveau théâtre d'agriculture*. Blondel justifie d'ailleurs le choix du sujet de son traité par la possibilité d'introduire jardinage et agriculture dans ses considérations ; c'est assez dire combien ces préoccupations étaient à la mode.

Les livres de Blondel et de Briseux sont contemporains d'une première vague d'intense activité de construction et de rénovation de

Jossigny (Seine-et-Marne). Façade donnant sur le parc.

maisons de campagne; une seconde, plus importante encore, suivra dans les années 1750 et 1760. Le quart de siècle précédent, la *Régence* (les périodes de l'histoire de l'art ne coïncident pas parfaitement avec celles de l'histoire politique), a été marqué par l'essor d'un autre type de bâtiment : l'hôtel particulier dans la capitale retrouvée. Le relâchement de la lourde discipline versaillaise vers la fin du règne de Louis XIV, la recherche de commodité et de sociabilité favorisée par le climat de liberté qui marque la Régence permettent alors de perfectionner l'intérieur des maisons, d'où le renouvellement inouï de la distribution et de la décoration des appartements. Les éditeurs Mariette et Jombert en montrent les conquêtes dans leurs recueils, *Architecture françoise* (à partir de 1727) et *Architecture moderne* (1728), dont Blondel et Briseux sont les principaux collaborateurs. Les publications indépendantes de ces derniers suivront, après un délai d'une dizaine d'années. L'application à la maison de plaisance des progrès de l'hôtel parisien permet de sortir des contraintes de la construction en ville, d'oublier l'irrégularité et l'étroitesse des terrains, enfin de voir en plus grand et d'une façon plus régulière; mais Briseux commence encore son exposé en insistant sur le rôle primordial de la distribution. La maison de plaisance de ce demi-siècle n'est donc pas réellement novatrice, elle a au contraire un caractère assez conformiste. Il lui manque, bien sûr, la grandeur — et l'originalité en définitive — des maisons royales de Louis XIV, mais il lui manque aussi le sérieux des maisons de plaisance de la même époque. Malgré quelques pas dans une nouvelle direction, la recherche de la variété, l'esprit inventif sont encore absents dans les plans et les élévations : ce seront des vertus du style Louis XVI (qui se manifeste à partir de 1755-1760).

II. Le type de la maison de plaisance

Il y a un type de la maison de plaisance — pour la fixation duquel Briseux a joué un rôle important — auquel adhèrent la plupart des importantes constructions nouvelles : une bâtisse de masse rectangulaire, articulée en trois avant-corps et deux arrière-corps aux façades sur cour et sur jardin, élevée de deux étages et couverte de combles brisés. Les toits servent à moduler l'ensemble, à mettre en valeur les volumes, à unir et séparer tout à la fois. Le corps central contenant le vestibule et le salon présente de préférence une saillie arrondie ou polygonale, tandis que les corps latéraux suivent le plus souvent la ligne droite. Les petits côtés peuvent être légèrement centrés par une avancée. Le nombre de travées verticales rythmées par les avant-corps varie peu : le plus souvent 2-3-3-3-2, à Robien (1745, Côtes-du-Nord), Bazeilles (1742-1750, Ardennes), Saint-Pierre-l'Église (vers 1750-1758, Manche), Villarceaux (par Courtonne le fils, 1755-1759, Val-d'Oise), ou 3-2-3-2-3, à Long (1733, Somme), ou encore 1-2-3-2-1, à Jossigny (1743, Seine-et-Marne) et Talmay (par J.-A. d'Aviler, 1762, Côte-d'Or), ou 2-4-3-4-2, à Champlâtreux (par J.-M. Chevotet, vers 1750-1760, Oise).

Ce type remonte en dernier lieu aux deux grands modèles créés par Le Vau : Vaux-le-Vicomte et Le Raincy (détruit) qui ont été repris, variés et modernisés autour de 1705 dans deux autres maisons de plaisance des environs de Paris : Champs, par Bullet de Chamblain, et Montmorency, par Cartaud. Ici les pistes se brouillent : même après un quart de siècle, Champs et Montmorency marquent toujours le point de départ pour ce groupe de maisons, mais si la façade sur jardin de Champs (2-2-3-2-2) est encore imitée à Champlâtreux, Montmorency — sans doute à cause de son aspect imposant et de l'emploi de l'ordre colossal — reste sans véritable suite. Jossigny par contre ressemble à l'un des meilleurs hôtels parisiens de l'époque, l'hôtel Biron (musée Rodin, vers 1730). Champs et Montmorency, précurseurs de la maison de plaisance Louis XV, en illustrent d'autres caractéristiques. L'idéal, c'est alors un bâtiment d'aspect relativement simple, des corps qui n'avancent pas trop, des toits dont la fonction est plus de lier que de séparer; pour que le logis se dégage bien, il ne faut pas qu'il se ferme sur une cour en U, ni qu'il s'étende trop en longueur par une multiplication de pavillons et d'arrière-corps. La maison de plaisance paraîtra ainsi tout aérée, entourée de verdure et d'espace ouvert. Selon Briseux, la cour doit être plus large que le bâtiment même, pour permettre au regard de lier cour et jardin, et tous les auteurs sont d'accord pour demander que le château, surélevé du côté du jardin, commande une vaste vue. A Champs, la cour s'orne d'un parterre de gazon, les jardins descendent lentement, et la maison de Crozat à Montmorency se trouvait au milieu des jardins.

Le nouveau propriétaire du château de Rosny (construit par Sully) après 1718, François Olivier de Sénozan, intendant général du clergé, agrandit et redessine les jardins, plante d'autres allées, surtout une avenue d'arrivée. Des parterres de gazon se retrouvent dans les cours de Villarceaux, de Champlâtreux, de Trégranteur (Morbihan) et de Champromain (Eure-et-Loir); celui de Balleroy (Calvados) est transformé dans ce sens. Communs et écuries n'encadrent plus l'approche d'une façon majestueuse, mais se disposent hors de l'ordonnance, ou se cachent derrière des rangées d'arbres. Lorsque la route d'arrivée traverse perpendiculairement l'axe de la cour, on prolonge celui-ci au-delà du rond-point d'intersection par des allées — qui ne mènent nulle part — ou par un saut-de-loup. Ainsi la maison de plaisance semble située au milieu de jardins pour ceux qui se trouvent à l'intérieur; et au regard venu de l'extérieur on oppose le moins d'obstacles possible : on aime les grilles, ornement transparent qui sépare et laisse voir en exaltant ce qui se trouve de l'autre côté. Citons quelques-unes de ces grilles, dont beaucoup sont des œuvres d'un grand raffinement : Abondant (Eure-et-Loir), Santonnay (Saône-et-Loire), Hénencourt (Somme), La Mosson (Hérault, actuellement à L'Engarran), Champchevrier (Indre-et-Loire).

Faire céder l'art à la nature est la maxime du jardinage comme l'entend Dézallier d'Argenville; l'une des conditions fondamentales « que demande une heureuse situation, c'est la vue et l'aspect d'un beau pays... Le plaisir de découvrir... un grand nombre de villages, de bois, de rivières, de coteaux, de prairies et mille autres diversités ». Dans les conditions habituelles, c'est-à-dire avec des dénivellations mineures, on cherche à ce que le logis domine harmonieusement les jardins, mais sans dramatiser, et l'on établit un axe largement ouvert. Les surfaces d'eau y sont encore présentes, mais aux terrasses et aux grands escaliers on préfère des talus et des rampes de gazon, le simple tapis vert l'emporte sur les figures compliquées des broderies et des buissons taillés. Pourtant, lorsqu'une position forte se présente, on en profite. Le nouveau bâtiment de Montmorency en est un exemple : on le voyait de loin et il pouvait jouir d'une vaste vue du haut d'une pente assez rapide. « Le château antique et construit de briques est dans un fond, environné d'eau et de bois, ce qui en rend la situation triste », tel est le jugement que porte sur Rambouillet Dézallier d'Argenville dans son *Voyage pittoresque des environs de Paris*. Il n'en loue que davantage ceux qui construisent dans un site dominant la Seine : « Le ministre qui a choisi cette position [d'Argenson à Neuilly] a judicieusement pensé que l'art n'étale jamais ses richesses avec plus d'avantage que lorsqu'il est aidé et secondé par la nature », et à Asnières, grande maison de René-Louis Voyer d'Argenson, frère du ministre : « La Seine y forme un canal le long de la terrasse... dont l'aspect est des plus agréables ». C'est ainsi que rapidement les hauteurs de la Seine près de Paris, le long du cours sinueux du fleuve, se couvrent de maisons de plaisance : entre les anciens châteaux de Monsieur, frère de Louis XIV, et du Dauphin, Saint-Cloud et Meudon, Mme de Pompadour fait élever Bellevue (Hauts-de-Seine), et Choisy (Val-de-Marne), l'ancien château de la Grande Princesse de Conti, fille de Louis XIV, devient un lieu de séjour favori du roi et de sa maîtresse.

Bellevue dans sa forme originale, due à Lassurance le Jeune (1748-1750), était une construction à deux étages, de plan presque carré (rythme des travées : 3-3-3 × 3-2-3), située entre une vaste terrasse-esplanade d'où partaient des allées se croisant en X — descendant vers la Seine à un pavillon nommé *Brimborion* — et un ensemble formé d'une avant-cour en tapis vert et d'une cour ovale circonscrite par des grilles reliant le corps de logis à des dépendances en rez-de-chaussée et aux jardins.

Bellevue montre bien que la tendance au petit bâtiment ramassé s'accentue; le développement vers les ermitages d'une part, vers le Petit Trianon de l'autre est amorcé. Il s'agit ici, pour ainsi dire,

Château de Bellevue, Meudon (Hauts-de-Seine). Vue générale depuis la grande terrasse. Gravure de Rigaud.

du type décrit plus haut sans ses avant-corps latéraux; le caractère centré du plan est souligné par le décor semblable des quatre faces. A l'intérieur, l'axe principal vestibule-salon subsiste, mais les pièces situées au centre des petits côtés sont orientées perpendiculairement à l'enfilade. Dans la maison de plaisance de la favorite, conçue pour recevoir le souverain, on a voulu réduire le nombre des pièces par rapport aux dispositions habituelles; cela n'a pu se faire qu'en repoussant dans les dépendances toute fonction subalterne. L'exemple en avait été donné à Marly et au Grand Trianon, mais Bellevue a un caractère beaucoup plus complet d'une part, privé et intime de l'autre.

On pourrait établir une autre relation avec des maisons de campagne plus modestes, comme deux exemples du début du siècle : la maison du receveur des tailles Regnault à Châtillon-sous-Bagneux par Le Blond (rythme : 2-3-2 × 5) et celle de M. Galepin à Auteuil par Dullin, toutes deux reproduites par Mariette. La même dimension réapparaît chez Briseux puis, après le milieu du siècle, et également en zone suburbaine et pour des propriétaires bourgeois, à Bagatelle près d'Abbeville (1753, pour le grand industriel du textile Van Robais) et à L'Engarran (vers 1750, pour un conseiller à la chambre des comptes de Montpellier). Dans ce dernier groupe, le corps central est en saillie vigoureuse, contrairement à l'exemple de Bellevue; mais le volume peut en être atténué comme à Dompierre-sur-Authie (1750, Somme). En allant plus loin dans cette progression, si les avant-corps sont à peine marqués, si le décor extérieur est modeste, si un grand toit simple coiffe tout le bâtiment, on aboutit à un type de grande maison qui n'a plus grand-chose de noble; on le connaît déjà à la fin du XVIIe siècle, mais il est surtout fréquent à partir du milieu du XVIIIe. Ainsi à Tourville (Manche), à Juvigny (Calvados), au Jardin d'Angleterre (Bas-Rhin, pour Jean de Dietrich), à Saint-Priest (Corrèze) et à Coarraze (Pyrénées-Atlantiques).

III. Répartition géographique et sociale des nouvelles constructions

Après avoir évoqué la maison de plaisance dans sa situation et dans ses variations d'échelle, examinons les conditions géographiques et sociales de sa multiplication.

Hors de la zone parisienne on constate la plus grande fréquence de constructions en Bourgogne d'une part, dans le Nord-Ouest, de l'autre, de la Bretagne à la Picardie, dans des régions prospères et ouvertes sur le monde par le commerce et l'industrie. Certaines villes sont d'autre part d'importants foyers d'activité à des titres divers : des maisons de plaisance dans le sens le plus strict du mot — constructions légères et faites pour des séjours de courte durée — forment couronnes autour d'Aix-en-Provence, de Montpellier, de Bordeaux (les *chartreuses,* surtout dans la seconde moitié du siècle), de Saint-Malo (les *malouinières*), mais aussi de Rouen et de Dijon. Ce dernier groupe est assez révélateur des conditions sociales du genre. Les propriétaires en sont surtout des marchands et des magistrats, milieux étroitement liés. Les armateurs de Saint-Malo s'adressent volontiers à Garangeau, ingénieur militaire du cercle de Vauban. A Montpellier, bien des constructions sont dues aux architectes Giral et D'Aviler. Hors des environs immédiats des grands centres urbains, les maisons de plaisance des marchands et industriels se font plus rares. Citons pourtant Bagatelle aux portes d'Abbeville (Somme) et Bazeilles (Ardennes) élevés pour les fabricants de textile Van Robais et La Bauche.

L'ancienne noblesse est en général saturée de châteaux; au mieux, elle rebâtit sur des fondations anciennes, sinon elle augmente ou décore ses anciennes demeures.

Les deux groupes sociaux qui jouent le rôle le plus actif et le plus novateur sont — comme sous le règne précédent — les financiers et les magistrats; ils sont aussi les plus actifs dans la vie publique et intellectuelle. Pour eux, citadins à part entière, la maison de plaisance a exclusivement sa signification moderne. Montmorency est dû à Crozat le Jeune et Champs à Poisson de Bourvalais, deux financiers célèbres. François Paparel, trésorier de l'ordinaire des guerres, fait élever le *château* de Vitry-sur Seine et l'un des frères Pâris une maison très originale à Bercy, proche de la Seine (disparue bientôt à cause des infiltrations de la rivière). Les deux maisons de plaisance les plus monumentales de la Bourgogne sont Bierre (après 1749) au marquis de Montigny, trésorier des États de Bourgogne, et Fontaine-Française (1754-1761) au financier Saint-Julien, et les deux maisons les plus intéressantes par leur plan carré, Vantoux (1704) et Perrigny (vers 1720), ont été élevées par des présidents au parlement de Bourgogne. A des gens de robe nous devons les maisons de plaisance déjà mentionnées, Robien, Villarceaux et Jossigny. Après avoir épousé en 1733 la fille de Samuel Bernard, le président Molé pouvait reconstruire l'ancienne maison féodale que sa femme avait héritée de sa mère à Méry-sur-Oise et élever non loin de là, à Champlâtreux, une maison toute nouvelle.

Le clergé ne resta pas étranger à ce mouvement. Claude Jolyot, chapelain du roi, construisit la plus charmante des maisons de campagne bourguignonnes à Beaumont-sur-Vingeanne (après 1724). Des évêques s'adonnent au plaisir tout profane des maisons de plaisance, citons La Jansonne (1717) pour l'évêque d'Arles, et Frescati pour celui de Metz; plus encore, un nombre impressionnant de palais abbatiaux sont construits à cette époque, bâtiments élégants qui ne se distinguent guère de notre genre, par exemple Chaalis (Oise), Clairvaux (Aube), Jean d'Heurs (Meuse), La Ferté-sur-Grosne (Saône-et-Loire), Le Val-Richer (Calvados), Longpont (Aisne), Prémontré (Aisne), Remiremont (Vosges).

IV. Les chantiers ouverts par le roi et les princes

Quel est dans ce développement le rôle du roi et de la famille royale, qui sous le règne précédent avaient presque monopolisé la production monumentale?

L'un des premiers témoignages est donné à Chantilly, le château du connétable de Montmorency venu aux mains des princes de Condé, mis au goût du jour sous Louis XIV par Le Nôtre et Hardouin-Mansart, et qui continue à se développer sous le richissime duc de Bourbon, ministre du jeune Louis XV. La construction la plus importante élevée par lui, dont le caractère grandiose est unique dans la production de ce demi-siècle, est paradoxalement un bâtiment annexe, celui des écuries. Commencées par Jean Aubert en 1719, englobant manège et chenil, elles forment un immense ensemble indépendant, au bord des pelouses. Le duc fit encore apporter quelques changements au château lui-même, des façades nouvelles et surtout une suite magnifique d'appartements nouvellement décorés.

Louis XV ne commença vraiment à s'intéresser aux bâtiments que peu de temps avant la mort de *Monsieur le Duc* en 1740, et ceci surtout sous l'influence de Mme de Pompadour. Le roi se déplaçant continuellement d'un château à un autre, il s'agissait de prévoir partout des travaux partiels d'agrandissement et de transformation, et surtout des décorations nouvelles. Comme le goût et les besoins évoluaient rapidement, des sommes énormes furent dévorées ainsi, « le tout pour ne faire que des nids de rats, à faire et à défaire. C'est le château de Choisy qui est le plus grand théâtre de ces variations. Il n'y a point d'année où l'on ne détruise pour rebâtir ce que l'on change encore l'année suivante », écrivait d'Argenson dans son journal.

Les *Petits appartements* de Versailles occupent sur plusieurs étages une bonne partie de l'aile en retour au nord sur la cour Royale. La Petite Galerie et l'escalier des Ambassadeurs leur furent sacrifiés, tout comme on divisa la Grande Galerie à Choisy et la galerie d'Ulysse à Fontainebleau afin d'y aménager des petits appartements pour la famille royale et les courtisans. Dans le même temps, Louis XV fuyait la magnificence glacée des Grands appartements de son bisaïeul.

A gauche, écuries du château de Chantilly (Oise). Coupe et plan des écuries et du chenil. Recueil des plans de Chantilly (Musée Condé).
A droite, pavillon du Butard, La Celle-Saint-Cloud (Yvelines). Relevés de R. Cottet (Musée du Vieux-Marly).

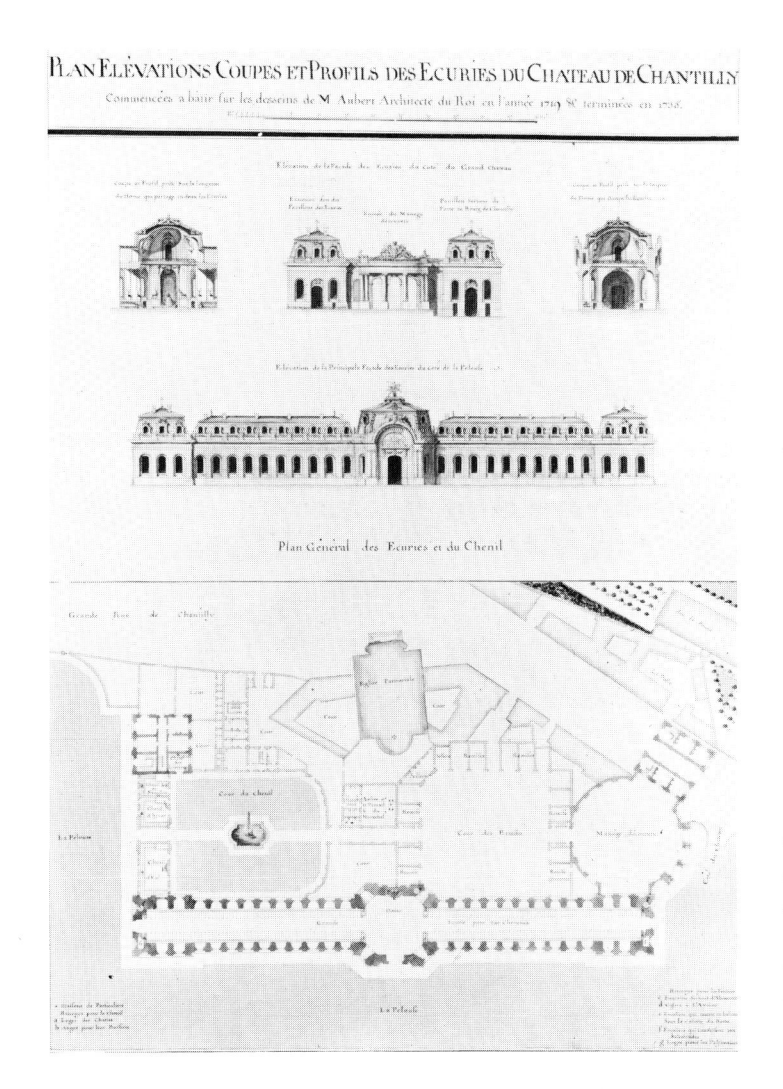

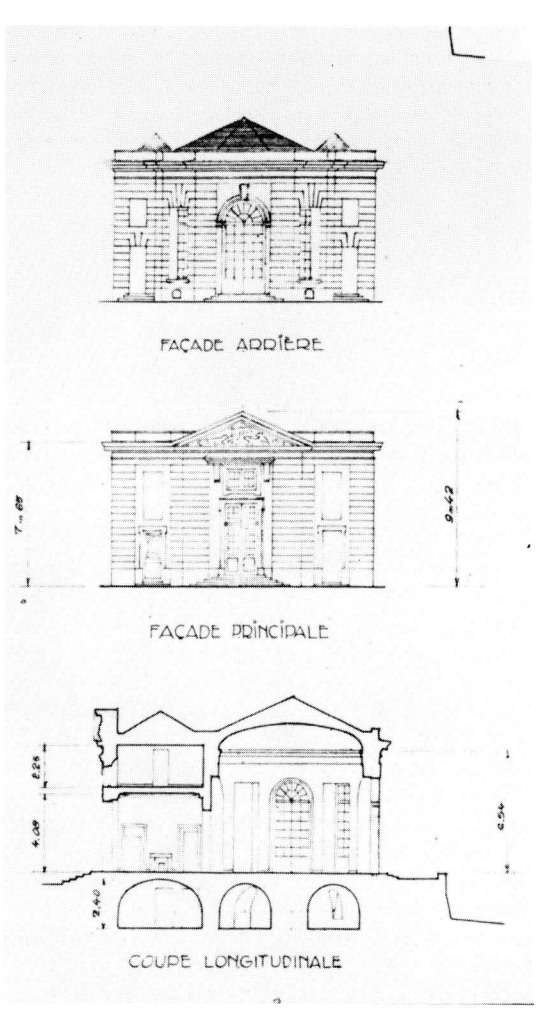

Le même besoin de petites unités privées est à l'origine des ermitages de Mme de Pompadour à Versailles, à Fontainebleau et à Compiègne, où elle se trouvait en même temps à proximité du roi et chez elle; ainsi que du petit château que le roi fit élever à côté du château de Choisy devenu trop vaste par suite des adjonctions qu'il avait lui-même ordonnées. Le goût pour des pavillons à un seul étage, également raffinés par le plan et la décoration, suscite encore la construction du rendez-vous de chasse du Butard entre Versailles et Marly, du *Pavillon français* près du Grand Trianon, etc. Puis il vient un moment où le pavillon ne suffit plus : Saint-Hubert, rendez-vous de chasse entre Versailles et Rambouillet, est reconstruit comme un petit château, son arrangement général ressemble fort à celui de Bellevue.

L'architecte employé le plus souvent par Louis XV et Mme de Pompadour pour ces travaux est Jacques-Ange Gabriel. L'œuvre maîtresse qui résulte de leur collaboration, le Petit Trianon (à partir de 1762), sort de notre cadre chronologique et stylistique, mais s'inscrit dans une évolution continue. On leur doit aussi la réapparition de projets de grande envergure pour les maisons royales, dont certaines réalisations partielles verront le jour dans la seconde moitié du règne, à Versailles, à Fontainebleau, à Compiègne.

V. L'activité de Robert de Cotte et de Boffrand hors du royaume

La conception du grand château royal continuait cependant à susciter les recherches des architectes et l'intérêt des princes. Dans l'ensei-

Château de Lunéville (Meurthe-et-Moselle). Lithographie d'Aug. Bry.

gnement académique, les réalisations du Roi-Soleil tenaient toujours le premier rang; la nostalgie de la grandeur passée se fait même sentir après 1750. Pourtant la mise en chantier de nouveaux palais ne pouvait se concevoir que hors du royaume, et d'abord dans le tout proche duché de Lorraine qui subissait depuis longtemps l'emprise culturelle de la France. Le prestige de la cour de France et celui de l'agence royale d'architecture depuis Hardouin-Mansart incitaient les princes étrangers à reprendre la typologie française et à demander plans et architectes à la France. Inversement, les architectes français rêvaient de commandes outre-Meuse et outre-Rhin. Blondel a ainsi introduit à dessein dans son *Cours* un *magnifique château projeté pour l'Allemagne*.

Léopold de Lorraine, à peine rentré dans son pays libéré de l'occupation française, voulut avoir son *Versailles* (le château de Lunéville, 1702-1706), son *Louvre* (le palais ducal de Nancy, du XVIe siècle, est partiellement démoli à partir de 1715 pour l'édification de bâtiments nouveaux que le roi Stanislas fera démolir à son tour) et sa maison de plaisance moderne (La Malgrange, 1709-1715). Ces constructions furent élevées lors de la stagnation des dernières années du règne de Louis XIV; l'architecte en fut Germain Boffrand, qui réussit ainsi à se détacher de l'agence de Mansart. Le grand concurrent de Boffrand, Robert de Cotte, successeur de Mansart dans la charge de premier architecte du roi, donne des plans à l'Électeur de Cologne (châteaux de Bonn et de Poppelsdorf), mais aussi à un prélat français, Armand-Gaston de Rohan-Soubise, qui, comme prince-évêque de Strasbourg, voulait égaler le faste des prélats d'Allemagne (palais urbain à Strasbourg et résidence d'été à Saverne). Boffrand et de Cotte se succèdent auprès de l'Électeur de Bavière, le premier travaillant pendant l'exil du prince en Belgique et à Saint-Cloud, le second fournissant des plans pour le château de Schleissheim près de Munich. Tous deux sont consultés en concurrence en 1723 par le prince-évêque de Würzburg pour sa résidence. Il faut encore mentionner l'aménagement de très longs canaux dans l'axe de Saverne et de Commercy, attributs indispensables des châteaux princiers.

Mais parmi les nombreux travaux d'autres architectes français en Allemagne — où les idées *Versailles* et *Louvre* s'imposaient toujours — il faut encore compter de nombreuses maisons de plaisance du type que nous avons mis en relief au début de ce chapitre : dans les années 1730, Amalienburg à Nymphenburg pour l'Électeur de Bavière, et Falkenlust à Brühl pour celui de Cologne, par Cuvilliés; après 1750, Benrath près

de Düsseldorf pour le comte palatin, par Nicolas de Pigage, Philippsfreude pour l'évêque de Trêves, par Jean Antoine, Monrepos et La Solitude pour le duc de Wurtemberg, par La Guépière.

Les contributions les plus originales venaient pourtant des deux chefs de file : dans ses projets pour la Buen Retiro (1715) à la demande de nouveau roi Bourbon d'Espagne, et pour Schleissheim (1714), Robert de Cotte repense le type du château-résidence et crée ce qui aurait dû en être la formule moderne. Pour le rendez-vous de chasse de Bouchefort (1705) près de Bruxelles, Boffrand donne une variation sur le thème de Marly en s'inspirant du modèle palladien, la Rotonda. Dans ses deux projets pour La Malgrange il trouve des solutions nouvelles pour la maison de plaisance monumentale en s'approchant de modes anglais pour le premier, de modes italiens et autrichiens pour le second. Cas unique : à la petite maison de plaisance du prince de Rohan-Soubise à Saint-Ouen (après 1710), Boffrand s'inspire à la fois de Marly et du Grand Trianon, ainsi que du château du Val construits par Hardouin-Mansart.

VI. L'œuvre de Héré en Lorraine

Si les châteaux de Boffrand pour le duc de Lorraine avaient un caractère sévère, grandiose et même légèrement anachronique, le renversement sous le *bon roi Stanislas* est complet : rien d'aussi *rococo* en France que les multiples constructions du prince polonais, dont le goût a su soumettre le génie d'Emmanuel Héré, « élève » de Boffrand. Avec son installation en 1737 commence une activité effrénée, d'un caractère différent mais aussi passager que celle de son gendre Louis XV et de Mme de Pompadour. Il fit démolir la plupart des créations de Boffrand et après sa mort, en 1766, la France réserva le même sort à celles de Héré. Ainsi ne reste-t-il que peu de chose pour témoigner de la richesse extraordinaire de l'architecture lorraine.

Ce qu'il y avait de plus original dans les créations de Stanislas n'était pas fait pour durer. On est ici plus éloigné que jamais du *château;* le monde des *fabriques* du jardin à l'anglaise est ici anticipé : pavillons, ménageries et orangeries, ermitages et couvent miniature, le *Trèfle* et le *Kiosque* à Lunéville. C'est le royaume de l'éphémère, dont la féerie et la singularité frappèrent les visiteurs; il apporte une sorte d'équivalence à ce règne un peu irréel mais qui réussit à établir un climat de bien-être et à faire fleurir les arts, les lettres et les sciences.

Stanislas utilisa deux châteaux du temps de Léopold, Lunéville et Commercy, sans grandes modifications, mais il augmenta et enrichit les jardins, et y ajouta de petites maisons-satellites pour les promenades et comme points de vue, telles Chanteheux et Einville.

La nouvelle Malgrange est sans monumentalité, un pavillon entièrement revêtu de faïence et qui ne pouvait finalement remplir ses fonctions de maison de plaisance que par l'adjonction de communs très étendus, qui contenaient pourtant aussi l'appartement de la reine.

L'architecture de Héré est légère et ouverte, l'eau est présente partout et intégrée à l'architecture comme elle ne l'avait jamais été : on y voyait des *colonnes d'eau* et des *stores d'eau*. Les intérieurs sont lumineux et décorés en rocaille surabondante, les kiosques évoquent la Chine et la Turquie. Héré emploie les formes traditionnelles de l'architecture d'une façon répétitive et additive, les étages simplement superposés et les unités enchaînées par des colonnades et des arcades, le tout sans effort de concentration, sans densité et sans dynamisme. Le pavillon de Chanteheux — dont le plan est encore une variation sur le thème de Marly — se présente à l'extérieur en pyramide à degrés. La Malgrange consiste en trois corps reliés entre eux par des galeries et dont les escaliers sont situés à l'extérieur; en outre, la salle à manger occupe un *trianon* séparé. Laugier dans son *Éloge d'un grand prince en Europe* parle de *mille manières de nous surprendre, de nous plaire, de nous enchanter* et de *nouveautés ingénieuses*. Si architecture, décoration et jardinage contribuent à la surprise et au plaisir, on identifierait volontiers les nouveautés aux artifices mécaniques et hydrauliques à l'intérieur et à l'extérieur des pavillons (la table mécanique du kiosque de Lunéville a servi de modèle à celle de Choisy), ainsi qu'au *Rocher* de Lunéville, paysage et village miniatures sur 250 mètres de longueur où des figurines automates exercent leur métier.

VII. Utilisation ou reconstruction des bâtiments anciens

La forme extérieure de Versailles et de Lunéville n'imposait pas encore une mise à jour importante. Tel n'était pas le cas de la plupart des demeures traditionnelles de l'ancienne noblesse qui dataient du Moyen Âge ou de la Renaissance, tout en constituant souvent des mosaïques de tous les siècles. Certainement, la pression de la mode d'une part, le sentiment d'être étranger à ce passé de l'autre étaient plus forts qu'auparavant. Même le château de Fontainebleau a dû se soumettre à une modernisation partielle.

La manière la plus fréquente d'aborder cette tâche était de compléter l'ensemble et, si l'on ne pouvait pas renouveler la *peau* de l'édifice, de lui donner au moins une apparence d'unité au moyen de fenêtres et de corniches. La simple fenêtre bombée et contournée par une platebande, agrandie en général, est un peu la marque de l'époque. Quelques exemples de ce procédé : des travaux plus importants à Valençay (Indre), Sully (Saône-et-Loire), Longecourt (Côte-d'Or), Dinteville (Haute-Marne), Duingt (Haute-Savoie), La Barben (Bouches-du-Rhône), Cosnac (Corrèze), Le Montmarin (Ille-et-Vilaine); les fenêtres à Commarin (Côte-d'Or), Vézigneux (Nièvre), Rochegude (Drôme), Entrecasteaux (Var), Campagne (Dordogne), Vachère (Haute-Vienne), Mailloc (Calvados). La Rochefoucauld (Charente) montre bien comment des ailes peuvent, par leur simplicité, se joindre sans rupture, période après période.

La rupture n'était pas exclue pour autant. Le vieux château étant abandonné ou négligé, une nouvelle maison se fera à sa place, ou à côté, ou un peu plus loin dans le parc : tels Villarceaux (Val-d'Oise), Donjeux (Haute-Marne), Arcelot (Côte-d'Or), Verneuil-sur-Indre (Indre-et-Loire), Douzon (Allier), Assas (Hérault), Loyat (Morbihan), Juvigny (Calvados), Boncéel (Manche).

Mais la possibilité qui offre le plus d'attraits — et aussi peut-être des accents sentimentaux — consiste à juxtaposer l'ancien et le nouveau dans un contraste harmonieux; ceci peut se faire en toute naïveté ou comme une recherche raffinée. Citons les exemples de Méry-sur-Oise (Oise), La Grange-Bléneau (Seine-et-Marne), Joursanvault (Côte-d'Or), Épiry (Saône-et-Loire), Avanges

En haut, château d'Haroué (Meurthe-et-Moselle). Façades sur la cour.
En bas, château de Talmay (Côte-d'Or).

(Rhône), Grillemont (Indre-et-Loire), Comblat (Cantal), La Rigale (Dordogne), Coarraze (Pyrénées-Atlantiques), Crévy (Morbihan), Hébertot (Calvados), Kergrist (Côtes-du-Nord). Un corps de logis entre deux tours vénérables : c'est le contraste entre masse et articulation, entre gros et gracile; rien de plus précieux que Talmay (Côte-d'Or, après 1762) où la petite bâtisse moderne touche tout juste au donjon carré du XIIIe siècle, placé à quarante-cinq degrés et dont la première division horizontale se trouve à la hauteur de la corniche de la maison. A La Roche-Guyon (Val-d'Oise, vers 1740) par contre, où le duc de La Rochefoucauld exilé ajoutait au grand et vieux château une nouvelle entrée, des écuries, une bibliothèque et une galerie, la souplesse du style Louis XV réussit un accord parfait entre les différentes parties.

Rhabiller un bâtiment médiéval en sauvant les attributs de son âge et de son rang — tours et douves surtout — ou le reconstruire sur fondations anciennes en gardant son caractère : c'est une autre solution tentée quelquefois à l'exemple de la magnifique œuvre de Jules Hardouin-Mansart à Dampierre. Boffrand y réussit magistralement au château d'Haroué (Meurthe-et-Moselle) pour le prince de Beauvau-Craon, premier personnage de la cour de Léopold de Lorraine; il donne à l'ensemble des proportions classiques et aménage assez de fenêtres dans les tours pour y placer des cabinets bien éclairés. Autres exemples : Frucourt (Somme), Grancey (Côte-d'Or), Digoine (Saône-et-Loire), Grillemont (Indre-et-Loire), Kergrist (Côtes-du-Nord), Hébertot (Calvados).

VIII. Le décor intérieur

Le nombre des intérieurs Louis XV dans les vieux châteaux est beaucoup plus grand que celui des bâtiments anciens dont l'extérieur porte des traces de notre période. Il s'agit là moins de grandes pièces publiques et de représentation que de salons de compagnie et de salles à manger, de chambres, boudoirs et cabinets privés. Le morcellement des grands espaces dans les châteaux royaux — dont résultait une configuration peu satisfaisante — s'observe le mieux sur les plans des maisons de Stanislas, à Lunéville et à La Malgrange. Ce style tellement tourné vers la perfection de l'intérieur faisait sentir d'autant plus le besoin d'aménager des zones intimes, *vivables,* dans des châteaux d'une autre époque. Un contraste saisissant avec les extérieurs robustes s'établit par exemple à Rambouillet, où les boiseries des petites pièces créées par Verberckt

Château de Rambouillet (Yvelines). Décor du cabinet dit Boudoir de Marie-Antoinette.

pour le comte de Toulouse, fils de Louis XIV, atteignent un maximum de fantaisie et de densité ; il se remarque aussi à Athis (Essonne), simple demeure de Mlle de Charolais, Louise-Anne de Bourbon-Condé, l'amoureuse abbesse de Chelles. Citons aussi, près de Paris, Villette, Ormesson, Sucy-en-Brie, Dampierre et Chantilly, plus loin Villiers-le-Duc (Côte-d'Or), Drée (Saône-et-Loire), Salornay (Saône-et-Loire), Conches (Saône-et-Loire), La Fléchère (Ain), Suze-la-Rousse (Drôme), Vésigneux (Nièvre), Châteauneuf (Cher), La Roche (Vienne), Valmer (Indre-et-Loire), Saint-Hubert (Yvelines). A Étrepy (Marne, XVIIe siècle), on rebâtit en 1741 seulement le pavillon central avec salon.

La meilleure qualité dans la décoration se trouve naturellement dans les maisons royales (Versailles, Fontainebleau, Choisy, Compiègne), ou dans l'ambiance immédiate de la Cour (Chantilly, Rambouillet, Dampierre) et dans l'Ile-de-France en général. En s'éloignant, on rencontre le plus fréquemment les phases tardives du style rocaille (après 1750) : des boiseries et gypseries d'une richesse flamboyante, surtout dans le Sud : Suze-la-Rousse (Drôme), Ansouis (Vaucluse), Uzès (Gard), La Piscine (Hérault), La Roche (Vienne) ; d'autre part le moment de repli, fin et discret, du Louis XV à Mareuil-sur-Ay (Marne), Bierre (Côte-d'Or), Duingt (Haute-Savoie), La Cosse (Haute-Vienne), Valmer (Indre-et-Loire), Trégranteur (Morbihan).

IX. Les variations

Dans l'architecture extérieure, les éléments *rococo* — des agrafes et des cartouches, des profils compliqués et courbes — restent relativement rares, malgré Briseux, dont les *Maisons de campagne* proposent de tels modèles. Il suffit d'en citer quelques exemples : Asnières (Hauts-de-Seine, 1751, par Jacques Mansart de Sagonne), Long (Somme, 1733, dépend de Briseux), Talmay (Côte-d'Or), Assas (Hérault), Bagatelle (Somme).

Ce qui compte beaucoup plus, c'est la finesse de l'appareil et la beauté de la pierre blonde : ces qualités rapprochent du goût parisien : à Beaumont-sur-Vingeanne (Côte-d'Or), Talmay (Côte-d'Or), Douzon (Allier), Malijai (Alpes-de-Haute-Provence), Sauvan (Alpes-de-Haute-Provence), Saint-Pierre-l'Église (Manche), Bazeilles (Ardennes). A l'opposé, certains matériaux régionaux traditionnels qui alourdissent la paroi (briques et chaînages de pierre en Picardie, granit en Bretagne et dans le Massif central) nous en éloignent. L'adjonction d'escaliers extérieurs traduit quand même le plaisir de l'accent vif : Champlâtreux, Beaumont-sur-Vingeanne (Côte-d'Or), Talmay (Côte-d'Or), Hayes (Moselle), Laye (Rhône), La Barben (Bouches-du-Rhône), Fonscolombe (Bouches-du-Rhône), Rochechouart (Haute-Vienne), La Lande (Vendée), La Gataudière (Charente-Maritime), Keranroux (Finistère), Kergrist (Côtes-du-Nord), Caradeuc (Côtes-du-Nord), Robien (Côtes-du-Nord), etc.

Ce qui vaut pour l'appareillage et le vocabulaire des formes extérieures de l'édifice, ce qui vaut également pour la décoration Régence et Louis XV doit être souligné aussi pour les plans de masse et les finesses de distribution du type de la maison de plaisance décrit initialement : ce sont des produits du foyer culturel (surtout de l'hôtel parisien) accueillis en tant que tels dans l'ensemble du pays. Cela ne se passe pas de façon homogène, mais plutôt cas par cas et pourtant part on ne peut pas parler de traditions locales cohérentes. Nous avons déjà mentionné certaines permanences régionales ; le Sud montre une préférence pour la maison à un seul étage, *à l'italienne,* avec le toit caché derrière une balustrade (et un jardin à terrasse et plutôt clos) : Beychevelle (Gironde), La Motte (Tarn-et-Garonne), Montbrun (Dordogne), en sont des exemples caractéristiques.

En dehors de ces variations géographiques, le type idéal n'est pas pour autant le seul valable. Quelquefois les pavillons latéraux de celui-ci avancent davantage du côté cour en décrivant une amorce de l'U traditionnel. Cette solution n'est pas nouvelle (François Mansart s'en était servi à Maisons), Briseux l'affectionne pour permettre certains choix dans la distribution ; on la rencontre à Talmay (Côte-d'Or), Stains (Seine-Saint-Denis), La Grange (Moselle). A notre type — en longueur mais cependant en bloc isolé — s'oppose une tendance à prolonger la façade sur jardin pour former une espèce d'écran, ces ailes étant en général d'un seul étage : Choisy (agrandissement en 1716 déjà), Bellevue (agrandissement en 1767), l'Ermitage à Fontainebleau, Pennautier (Aude), Fontenay (Manche), Pontécoulant (Calvados). Blondel propose dans son traité un tel modèle ; Versainville (Calvados, après 1731) prend presque ainsi l'aspect d'un château du début du XVIIe siècle. Le véritable cube, par contre, est représenté en Côte-d'Or par Vantoux et Perrigny (sur les plans de l'architecte parisien Desgots) déjà mentionnés. Curieusement, cette forme qui semble bien étrangère au style de notre époque — elle appartient en propre au classicisme d'Hardouin-Mansart et plus tard aux contemporains de Ledoux — se rencontre seule-

Château de Ferney (Ain). Façade du château de Voltaire vers l'entrée. Gravure de Masquelier.

ment en Bourgogne; d'un caractère assez proche et très sévère est le château de Laye (Rhône). Le plan central est naturellement plus fréquent pour des pavillons annexes, comme l'Ermitage à Fontainebleau, et en dépassement de cette formule dans l'Ermitage du prince de Croÿ à Condé-sur-l'Escaut (Nord, 1749-1756).

Le type de maison de plaisance présenté initialement ne pouvait pas atteindre à une véritable monumentalité. Le très grand est extrêmement rare dans l'architecture de cette époque : on pense surtout aux écuries de Chantilly; un autre exemple serait le château de Bierre (Côte-d'Or), conservé seulement en partie (qui comportait également de vastes écuries). Il y a aussi quelques châteaux grands et sévères, un peu archaïques, et qui n'obéissent pas à une typologie précise : Grancey (Côte-d'Or), Le Marteray (Isère), Gourdan (Ardèche), La Baume (Corrèze), Lorge (Côtes-du-Nord).

Si quelques maisons de plaisance conservent un peu l'esprit Louis XV jusqu'aux années 1770, comme Pierre-Levée (Vendée) ou Reichshoffen (Bas-Rhin), le retour au Louis XIV dans d'autres cas n'est pas seulement inscrit dans la ligne du développement général, mais il correspond à un besoin de grandeur propre à ce genre. Nommons Fontaine-Française et Bierre en Bourgogne, Montgeoffroy et Sourches dans l'Ouest, La Tour (Calvados) et La Piscine près de Montpellier.

X. Le goût de la petite maison

Maint château, mainte maison de campagne ne trouvent pas leur place dans une telle classification sommaire. Dégageons une fois encore ce qui nous paraît la tendance dominante : c'est une limitation en même temps qu'un enrichissement du genre. Limitation en ce qui concerne l'échelle et la monumentalité, enrichissement des typologies et des fonctions secondaires.

Aussi, même en dehors de la France méridionale, rencontre-t-on des maisons de plaisance à un seul étage : Bezencourt (Somme), Quintefeuille (Calvados), et Les Chasses (Calvados), sans oublier le château Rohan à Saint-Ouen. La petite maison se confond avec le pavillon, l'ermitage, le trianon (qu'on dit équivalent du casino dans les vignes d'Italie) etc. Le *château* de Voltaire à Ferney (Ain) est une maison bien simple.

Si l'ensemble cohérent et imposant est devenu rare, on en est dédommagé par une variété d'espaces, nouvellement aménagés à l'intérieur, accolés au corps principal ou détachés : théâtres (Choisy, Saverne, Champ-de-Bataille, etc.) et orangeries (Choisy, Saverne, Montmorency, etc.) deviennent plus fréquents; les bains jouissent d'une faveur plus récente (Choisy, petit château d'Issy, Rosny, Saverne). Les écuries ont un prestige particulier : Chantilly, La Roche-Guyon, Bierre, Bizy (Eure, par Contant d'Ivry).

Mais plus que toute autre chose plaisent les pavillons pour goûter l'intimité d'une compagnie réduite. Autour de Paris on voit le duc du Maine dédoubler à Sceaux le Pavillon de l'Aurore, datant du temps de Colbert, par la Ménagerie; le maréchal d'Estrées faire élever à Bagatelle la *Babiole* qui va loger les amours de son épouse avec le Régent; le duc d'Orléans dans le parc de Bagnolet construire le Pavillon des Bois et l'Hermitage, ainsi qu'une salle à manger à côté du château (comme c'était le cas à Choisy et à La Malgrange). C'est dans l'invention de ces plans que l'imagination se montre la plus vive.

Un *Hermitage* est, selon le Dictionnaire de Trévoux, *une petite maison ou habitation en lieu désert* et par extension une maison de plaisance *solitaire et écartée que quelqu'un a fait bâtir pour y vivre en retraite, et hors du commerce du grand monde.* A la limite, l'idée du paradis terrestre — qui à ce moment comme toujours s'attache à la maison de plaisance et aux jardins — se fait assez restrictive pour un âge réputé tellement social.

L'opinion sur le genre était déjà divisée à l'époque : le duc de Croÿ écrivait sur l'ermitage royal à Trianon : « Tout cela était distribué avec beaucoup de goût et exécuté avec bien de la dépense, d'autant plus malheureuse que l'on en faisait presqu'autant à chaque maison tant du Roi que de la Marquise, et que ce malheureux goût des petits bâtiments et de ces petits détails coûtait immensément sans rien faire de beau à rester », tandis que le *Mercure de France* appelait en 1763 le Pavillon Royal de Commercy un *palais des fées.*

Illustrons en terminant le thème de la maison de plaisance par les sujets de la décoration choisie par Mme de Pompadour pour Bellevue et qui résument à merveille tous les agréments que la marquise pouvait tirer de sa résidence champêtre : des trophées de chasse et de pêche dans la salle à manger, des chiens et du gibier sur les dessus-de-porte du salon de compagnie; les arts dans les grands tableaux de la même pièce; au salon de musique des sujets musicaux; dans la chambre de la marquise *La confidence* et *La sultane* et des tapisseries aux *Modes du Levant;* et pour terminer, dans la petite galerie, un *Amour enfant* et *l'Amitié* sculptée par Pigalle en remplacement de la statue qui avait donné son nom au Bosquet de l'Amour.

L'époque néo-classique 1750-1790

Jean-Pierre Mouilleseaux

Il est significatif de voir le mot *château* disparaître petit à petit du vocabulaire architectural après 1750 pour ne plus désigner que l'édifice médiéval. Le terme reste lié à l'idéal de féodalité et associé à la fortification. L'*Encyclopédie* le définit encore comme *lieu fortifié par nature ou par art (...) pour tenir le peuple dans son devoir ou résister à l'ennemi.* Désormais les termes *maison de campagne, maison de plaisance* ou *pavillon* correspondent à ce que nous appelons aujourd'hui *château,* terminologie qui sera celle employée ici, pour des raisons de commodité. Il faut donc tenir compte de cette variété nouvelle : la demeure champêtre, qui n'est pas obligatoirement située à la campagne. Les châteaux des faubourgs ou des environs proches de Paris forment une transition entre la demeure urbaine et le château rural; l'apparition d'un genre architectural inédit contribue à rendre plus complexe tout effort de définition.

Si en France, on l'a souvent dit, *c'est le château qui fait la noblesse,* il convient de s'interroger sur le phénomène d'acquisition de terres et de châteaux, de construction de nouvelles demeures. Y a-t-il eu mutation de la propriété foncière en ce qui concerne le château — centre de la seigneurie? Voilà qui dépasse le domaine des transactions immobilières et qui révèle un nouvel aspect de la classe possédante. Acquérir une terre noble, cela peut vouloir dire vivre noblement : recevoir les rentes seigneuriales, occuper le château. D'où un regain d'intérêt pour le château pendant la période étudiée ici.

Mais, paradoxalement, la deuxième moitié du siècle est aussi une époque de difficultés pour un grand nombre d'édifices anciens. On a pu parler en effet de patrimoine menacé à propos des maisons royales abandonnées par Louis XV et par Louis XVI : Clagny (Yvelines) est détruit et on ne pourra plus empêcher l'aliénation de Blois, Madrid près de Paris, La Muette, et Vincennes. De plus, on peut parler d'une situation sociale défavorable pour de nombreux châteaux, quasiment abandonnés par la noblesse. Young remarque le grand nombre de terres et de demeures désertées; déjà le marquis de Mirabeau déplorait la négligence de l'aristocratie. Parfois aussi ce sont les conditions nouvelles qui constituent de trop lourdes charges pour ceux qui les ont fait construire — Montmusard (Côte-d'Or) a pratiquement ruiné son propriétaire — ou les ont recueillis en héritage — Le Marais (Essonne) est une source de soucis pour Mme de La Briche.

Le château, quand il est lié au système féodal, est une des cibles des événements révolutionnaires de l'été 1789. La *grande peur* de fin juillet, émotion populaire issue de la crainte d'un complot aristocratique, se répand dans le Maine, la Normandie et la Franche-Comté. Préludant à l'abandon des privilèges le 4 août, des paysans attaquent les châteaux pour en détruire les archives, c'est-à-dire les bases écrites des droits féodaux. Le château a donc été ressenti comme un vestige haï des servitudes féodales. On connaît assez mal l'étendue des destructions faites à cette occasion, probablement inférieures à ce que l'on rapporte... La prise, suivie de sa démolition, du château de la Bastille, symbole de l'arbitraire en plein Paris, signifient l'abolition d'un passé de servitude; l'espérance de la liberté passe par la fin du château fort.

Il ne saurait s'agir ici de présenter une synthèse sur les châteaux français entre 1750 et 1790. Trop rares sont les monographies sérieuses, les bonnes chronologies des travaux, et l'inventaire des bâtiments existant encore. Quant aux attributions d'architectes, les noms illustres reviennent, sans d'autre base que la tradition. L'iconographie, peu renouvelée, néglige de reproduire le plan des édifices et les coupes transversales. La *castellologie* moderne est encore bien pauvre. Nous essaierons de poser la réflexion en terme de définition, en quelque sorte de nous interroger sur la fonction, sur les structures architecturales et sur l'esthétique du château entre 1750 et 1790.

I. Le château comme *architecture de domination*

Depuis l'époque médiévale, le château *fortifié* a affirmé une domination sur l'espace et sur les hommes. S'il est possible de parler de domination au XVIIIe siècle, en quels termes doit-on analyser cette fonction dans un type d'édifice non fortifié?

Le pouvoir du maître de l'ouvrage

Posons-nous d'abord une question : qui fait construire des châteaux? Malgré l'absence de données statistiques, on est frappé par le nombre de demeures édifiées pour des propriétaires issus du milieu des affaires autour des grandes villes où s'exercent leurs activités : négociants de Paris, Nantes ou Bordeaux, fabricants de drap du Nord (Abraham Van Robais à Abbeville), maîtres de forges de l'Est (de Dietrich à Reichshoffen, Bas-Rhin). Plus rares sont les grandes demeures édifiées à la campagne, surtout par des financiers (Pierre-Levée, Seine-et-Marne, ou La Ferté-

Vidame, Eure-et-Loir, pour J.-J. de Laborde). Les parlementaires, riches et attachés à la vie de province, font bâtir de belles maisons : Arcelot et Montmusard en Bourgogne, Robien en Bretagne. Quant à la vieille noblesse d'épée, elle entreprend des travaux, plus fréquemment qu'il ne semble, de réaménagement ou de reconstruction du château des ancêtres. Les grandes familles, à l'exception des Rohan à Saverne, ne s'illustrent pas par des chantiers très importants. Certains hommes d'État, tels d'Aiguillon et Loménie de Brienne, édifient des résidences au temps de leur faveur. La disgrâce venue, ils mèneront sur leurs terres une vie d'exilé qui se souvient de la Cour : on connaît les fastes de Choiseul à Chanteloup (Indre-et-Loire). Les membres de la famille royale, tenus à vivre ensemble, ne s'éloignent guère de Versailles où la comtesse de Provence fait construire un pavillon par Chalgrin et Madame Élisabeth installe Montreuil. Le comte d'Artois, frère cadet du roi, crée le domaine de Bagatelle, aux portes de la capitale. La plupart du temps, ce ne sont que des petits édifices (*parva sed apta* est le *ça me suffit* inscrit sur la façade de Bagatelle) mais luxueusement décorés. L'effort porte davantage sur l'aménagement des jardins, *paysages d'illusion,* et l'on parle désormais de l'attraction du pittoresque et de la qualité des fabriques plus que de l'architecture du petit château. Le règne de Louis XV a vu la réalisation de créations originales pour les favorites, dont l'intérêt artistique se veut d'avant-garde : le Petit Trianon, pour Mme de Pompadour, et Louveciennes pour Mme Du Barry. Reste enfin le cas des châteaux royaux en chantier, peu nombreux il est vrai, à cause du déficit chronique du budget des Bâtiments. Le seul ouvrage important de l'époque est Compiègne, reconstruit sur un projet de Gabriel entre 1751 et 1786. D'autres châteaux sont transformés par des corps de bâtiment nouveaux (Fontainebleau en 1751) ou équipés avec les moyens du bord et les ressources des décorateurs (Opéra de Versailles en 1770). L'imposante aile Gabriel (1772) dans la cour d'honneur de Versailles reste aujourd'hui le témoin du désir de reconstruire la demeure de Louis XIV du côté de la ville et de lui donner une allure classique et monumentale. On a rêvé un *grand Versailles* et les projets de Boullée pour le concours de 1780 rappellent que les Bourbons sont restés, en intention du moins, des bâtisseurs.

Un autre problème mériterait une étude détaillée : le rapport entre le château et l'hôtel urbain. Nombreux sont ceux qui font bâtir à la ville et à la campagne comme le marquis de Gouvello en Bretagne, qui fait reconstruire dans les années 1780 le château de Kerlevenan en même temps que son hôtel de Vannes. Un même architecte peut alors être chargé de dessiner l'hôtel et le château (de Wailly pour le marquis d'Argenson et Ledoux pour le président Hocquart). Souvent, c'est le travail pour l'hôtel qui introduit l'architecte dans un milieu qui va l'employer pour le château. N'oublions pas que l'architecte est un homme de la ville et c'est par ses réalisations urbaines qu'il peut être connu, critiqué, apprécié : Ledoux, après avoir travaillé pour le président Hocquart, est chargé de construire pour le beau-frère de ce dernier, le marquis de Montesquiou, l'étrange château de Maupertuis (Seine-et-Marne), aujourd'hui démoli. On s'adresse parfois à un architecte officiel : architecte de la province de Bourgogne, Dumorey est chargé de reconstruire Arcelot; architecte de la ville d'Avignon, Brun édifie le château Borély à Marseille. Presque sans exception, tous les grands architectes de la période ont construit, y compris J.-J. Lequeu. Les archives de l'Académie d'architecture conservent le *curriculum vitae* de nombreux architectes mentionnant leurs projets et travaux; ainsi Couture faisait état de plus de quinze dossiers relatifs à des châteaux en Normandie. Certains ont même laissé la trace visible de leur influence : on a longtemps vu Gabriel au Marais et à Leugny (Indre-et-Loire), là où il fallait admettre Barré et Portier (collaborateur de Gabriel à Bordeaux). Ouilly-le-Tesson n'est situé qu'à quelques lieues de Bénouville (Calvados) et la marque de Ledoux y est nette. Mentionnons le cas extrême, peut-être moins rare qu'il n'y paraît, du gentilhomme architecte (variante du gentilhomme campagnard) : on dit que le marquis de Belbeuf fut son propre maître d'œuvre. On a fait en général la part trop belle aux architectes. Dans bien des cas, les correspondances publiées montrent que des propriétaires avertis ou cultivés ont prouvé qu'ils savaient ce qu'ils voulaient : pour Ménars (Loir-et-Cher), Marigny suit et dirige *son* Soufflot. Prenons aussi conscience que, même bien conservé, le château ne peut être lu aujourd'hui comme le reflet de l'idée de son créateur. Avant son achèvement, la construction a pu connaître de notables modifications, sans parler des initiatives de l'entrepreneur qui dirigeait les travaux.

A ce propos, il faudrait s'interroger sur les travaux de construction des châteaux et mieux connaître, en cette fin de l'Ancien Régime, le motif principal qui a poussé à bâtir (ou à accélérer les travaux). Outre la conjoncture économique, des raisons sociales et familiales sont en large part à l'origine des entreprises nouvelles. A l'occasion d'un mariage (surtout si le contrat en fournit les moyens) ou d'une nouvelle charge,

En haut, château de Compiègne (Oise). Nouveau château royal construit sur les dessins de Gabriel.
En bas, château d'Aiguillon (Lot-et-Garonne). Construit par le ministre de Louis XV, le duc d'Aiguillon, qui s'y retira après sa disgrâce.

on refait son château ou on acquiert un domaine. Des motifs plus *philosophiques* doivent également être pris en compte : ils sont liés à la revalorisation de la vie rurale. Le déroulement des travaux et la vie de chantier sont mal connus. Quelques études récentes apportent des éléments nouveaux sur un château de parlementaire breton (Kerlevenan), un château d'architecte (Montmusard en Bourgogne, par de Wailly), un palais princier en Alsace (Saverne). On sait que la construction s'effectue généralement par tranches verticales, d'une extrémité des bâtiments à l'autre, en démolissant au fur et à mesure les anciens murs. On le voit encore à Filières en Normandie, où l'aile gauche du XVIIe siècle subsiste, la reconstruction s'étant arrêtée juste après l'avant-corps central. L'impact du chantier sur le monde rural est difficile à connaître : imaginons l'effet produit par l'arrivée d'ouvriers étrangers, l'emploi de la main-d'œuvre locale, les transports de matériaux, venus parfois de très loin. Lorsque le chantier est trop vaste, le temps et l'argent lui manquent. On connaît le grand dessein pour Le Bouilh, dominant la vallée de la Dordogne. Dirigée depuis Paris par l'architecte Louis, l'entreprise est arrêtée peu avant la Révolution. Une enquête dans les archives privées des châteaux — qui conservent encore les comptes et la correspondance, voire comme à Moncley (Doubs) la maquette originale — permettrait une meilleure connaissance de l'architecture des châteaux, moins reproduits en leur temps par la gravure que les églises.

Le château et le profit

Ce qui décide de l'existence même du château rural ou suburbain, c'est la richesse et, pour le château rural, c'est la richesse foncière. On sait qu'en 1789 la noblesse possède environ trente pour cent du terroir. Avant 1750, une période de hausse des prix des produits agricoles a permis l'accroissement du profit des gros exploitants et des grands rentiers du sol. Paradoxalement, cette opulence a vu s'accroître l'écart avec le monde (la masse) des petits ruraux. A partir de 1770, avec le net reflux des prix, les paysans perçoivent encore plus durement la pression des nobles et des rentiers. Le besoin de trouver de l'argent pour tenir son train de vie, pour modifier et embellir les châteaux en particulier, conduit la noblesse vers une gestion plus tatillonne, une réactualisation des droits féodaux, qui ont fait parler d'une *réaction féodale*. Le château en est devenu le symbole présent dans l'espace rural.

Ce besoin de rentabiliser les droits du pouvoir seigneurial s'accompagne aussi d'une volonté de mise en valeur des terres. Le château, dans certains cas, bénéficie de ce regain d'intérêt, et, à la faveur d'essais agronomiques issus du mouvement des lumières, reçoit de nouveaux équipements. Appuyé par l'idéologie des physiocrates, l'idéal d'un nouveau comportement de gentilhomme campagnard, voire de seigneur agronome, se répand. On connaît des exemples célèbres où les fermes modèles installées près des châteaux sont autant de centres de la lutte contre l'ignorance : à Liancourt (Oise), le duc de La Rochefoucauld tente de démontrer l'inutilité de la jachère improductive et développe l'élevage ovin, comme Choiseul à Chanteloup et Louis XVI à Rambouillet. Bien que rares, de telles expériences participent à la revalorisation du château, du moins dans l'esprit des classes dirigeantes. On peut même parler, dans certains cas, d'un nouveau rapport architectonique entre le château et les communs agricoles, avec une véritable *monumentalisation* des communs (comme la ferme ornée de Herces). Parfois les communs sont intégrés à la composition des masses du château. Le projet du Bordelais Dufart pour le château d'Ambès (1787) groupe en un vaste rectangle fermé la maison du maître au midi et les bâtiments viticoles au nord. Le cas du vignoble bordelais est d'ailleurs significatif puisqu'on peut parler de restructuration avec investissement du capital (de la part des négociants et des parlementaires) dans la vigne. Mieux conçu et mieux exploité, le domaine se voit doté de nouveaux bâtiments agricoles, d'une nouvelle maison de maître, l'ensemble de la cellule d'exploitation viticole prenant plus tard le nom de château.

Près du château, certains propriétaires encouragent des industries. Young mentionne les aciéries d'Amboise créées par Choiseul et Voltaire s'intéresse aux forges de Ferney (Ain). Au moment où la France découvre les vestiges de son archéologie industrielle, il serait important de relever et d'étudier ce qui reste des nombreuses forges et verreries qui existaient *à l'ombre des châteaux*.

La vie de château : les privilégiés

Par sa structure, le château classique est adapté à un type d'activités en marge du monde du travail rural. Dans la noblesse subsistent des attitudes seigneuriales, comme la chasse qui a souvent été à l'origine de l'implantation de nouveaux châteaux. Certains nobles vivent avec entêtement dans la nostalgie du passé féodal et,

Pages suivantes : à gauche, château de Moncley (Doubs). Façade donnant sur la cour.
A droite : château de Bénouville (Calvados). En haut, façade sur le parc. Au centre, coupe de la chapelle.
Gravure de Sellier.
En bas, Herces (Eure-et-Loir), ferme ornée.

comme le père de Chateaubriand dans son château fort de Combourg, ont un comportement mal ressenti par leurs *vassaux*.

La nouvelle orientation de la vie de château semble être consacrée avant tout au loisir. L'*Encyclopédie* (1765) parle des *maisons de plaisance* comme *plutôt destinées au plaisir qu'au profit*. D'autres textes insistent sur l'*agrément*. Agrément d'une vie mondaine, mais reposante, à la belle saison, dans des demeures confortablement aménagées. Le château de Montgeoffroy en Anjou a conservé le mobilier d'origine, acquis à Paris par le maréchal de Contades et décrit dans un inventaire de 1775. Les Mémoires contemporains évoquent les soirées de musique ou de conversation, au Marais (Essonne) ou à Brienne (Aube); la décoration des salons, la distribution des pièces à l'étage noble en témoignent encore. Mais le loisir peut être studieux. Les bibliothèques des châteaux ne sont pas toutes meublées de romans à la mode. On connaît aussi le goût des laboratoires, des *cabinets de physique* comme celui qui fut installé à Chenonceaux pendant le séjour de J.-J. Rousseau, ainsi que des cabinets d'histoire naturelle (à Verrey, Côte-d'Or, pour un membre de l'académie de Dijon). La biographie des grands hommes du XVIIIe siècle peut souvent s'écrire à partir des murs du château : on visitait à l'époque La Brède, la retraite de Montesquieu, et Voltaire, après avoir beaucoup habité les châteaux des autres, installe à Ferney sa petite république de philosophe, en relations avec l'Europe entière.

Le retour à la vie champêtre prôné par J.-J. Rousseau et par Diderot, diffusé par des succès de l'édition, comme *Le bonheur dans les campagnes* (1784), reprend les clichés d'une nostalgie d'un monde meilleur. Quand il est perçu comme le lieu d'un contact entre nobles et paysans, le château est le centre d'entreprises philanthropiques comme à Canon (Calvados), où Élie de Beaumont institue en 1774 une *fête des Bonnes Gens*. D'ailleurs, non loin du château, il y a des ermitages dont les souverains, pas plus que les philosophes, ne sauraient se passer (Ermenonville, Oise). A Versailles, dans le domaine de la reine au Petit Trianon, cohabitent la vie privée et la vie publique, avec le renfort de la nature et de la campagne, même aménagées. Blondel, le théoricien de l'architecture, conseillait de séparer les deux aspects. Cette division est reprise dans la superbe résidence de Montmusard (Côte-d'Or) avec deux corps de bâtiment, de part et d'autre d'un espace de réunion (le salon) et d'un espace d'accueil (le péristyle ouvert); d'un côté les appartements privés, de l'autre les pièces de réception.

Évoquons, en contrepoint de cette image idyllique, le château consacré aux plaisirs. On retrouve dans la littérature, chez le marquis de Sade par exemple, ces petites maisons isolées non loin des villes, ces agréables demeures luxueusement meublées pour une existence raffinée et immorale. On pense aussi à la vie de château comme théâtre des *Liaisons dangereuses,* mais l'image s'assombrit lorsque, fortifié et creusé de souterrains et de cachots, il constitue dans les romans noirs un espace hors la loi, où la victime échappe à tout secours. Soulignons, pour conclure, l'ambiguïté de la notion d'agrément. Présent sur ses terres, le propriétaire peut jouir du *spectacle agréable* du domaine et des travaux champêtres, mais il peut aussi bien les surveiller. A l'exemple de la *villegiatura* des villas de la Vénétie, le château, classique élément de domination sur son site, est aussi élément de domination politique.

Les signes architecturaux de la domination

On peut aussi tenter de lire le château comme ayant inscrit en lui un caractère de domination sur l'espace environnant. C'est en quelque sorte se demander quels sont les signes qui font, au XVIIIe siècle, un château.

Comme on construit rarement un château rural *a nihilo,* on peut s'interroger sur la trace de l'ancien château. Quand il ne s'agit pas de réaménagement — comme au Lude (Sarthe), à Ménars (Loir-et-Cher), à Méréville (Essonne) — ou de rhabillage (Mello, Oise) mais de démolition (cas fréquent), on réutilise les fondations, les anciennes douves (Ermenonville). A l'occasion, les matériaux provenant de la démolition sont récupérés pour la construction du nouveau château ou de ses communs (Le Marais). Le XVIIIe siècle, par ses nombreuses démolitions, a dû contribuer à modifier sensiblement le paysage de l'ancienne France en faisant disparaître des sites féodaux : à Brienne, lors de la reconstruction, la motte médiévale a été arasée.

Remarquons qu'il y a dans le château un évident souci de mise à distance, d'isolement. Il s'agit de garantir une séparation et, au XVIIIe siècle, ce n'est plus pour des raisons de sécurité. La réutilisation de douves anciennes participe aussi de cette volonté, comme aux Boulayes (Seine-et-Marne) et au Marais. Dans un cas, assez rare il est vrai, pour mieux détacher le château, c'est tout le village qui est déplacé et reconstruit avec son église (Le Bourg-Saint-Léonard, Orne).

Par leurs structures, bien des châteaux ont un aspect extérieur qui traduit la société des privilèges : en particulier le commandement. La *hiérarchie* des différents corps de bâtiment, chère au XVIIe siècle français, est fortement recommandée par Blondel : le château doit dominer toutes les autres dépendances. Ensuite il faut une *gradation* des parties de l'édifice. Cela est très souvent respecté au XVIIIe siècle, dans les années 1770. Brienne et Montgeoffroy (Maine-et-Loire) en sont de bons exemples : deux pavillons flanquent un corps de logis avec un avant-corps central couronné d'un fronton. A Assas, dans le Languedoc, une particularité rare : les pavillons latéraux dominent très nettement le corps de logis.

Un autre signe, inscrit dans la structure : l'avant-corps central demeure extrêmement fréquent, jusqu'à la Révolution. Il est à pans coupés ou semi-circulaire. Avec les tendances néo-classiques, il prend parfois les allures d'une rotonde (à Moncley, Doubs) où le salon fait toute la hauteur du bâtiment (à Surville, Seine-et-Marne).

Enfin le château possède un certain nombre d'équipements propres dont la chapelle est l'élément le plus traditionnel. Il nous faut rechercher comment la chapelle est intégrée à l'édifice — à Herces (Eure-et-Loir) et Bénouville (Calvados) — permettant même au propriétaire du Marais de suivre l'office de sa chambre. Au Petit Trianon, la chapelle est construite un peu à l'écart, avec un clocheton, mais elle garde la structure palatine à deux niveaux, le bas situé au plan des communs. On connaît mal un autre équipement, plus culturel : le théâtre. Outre ceux des châteaux de la Cour et celui du Petit Trianon, à demi caché dans le jardin, mentionnons les salles de Ferney chez Voltaire, de Beaugé en Anjou, et de Verderonne près de Liancourt (Oise); le dôme de Fontaine-Française (Côte-d'Or) était prévu pour un petit théâtre. Enfin il faudrait étudier le développement dans l'espace des communs et tenter de distinguer les bâtiments d'exploitation des services propres à la vie du château : cuisines, fruitiers, écuries...

A Ménars (Loir-et-Cher), Gabriel fait communiquer les cuisines avec le château par un passage souterrain. A Louveciennes, les cuisines disparaissent dans le sous-sol. A Choisy, un mécanisme permettait à la table de monter de l'office, toute servie, au milieu de la salle à manger. Le soubassement du palais abbatial de Royaumont (Val-d'Oise) — en fait, une maison de plaisance — abrite caves et cuisines qui sont traversées par un courant d'eau vive. Soulignons que l'on ne sait rien sur l'aménagement de l'hygiène dans les châteaux, à une époque où les demeures urbaines s'équipent (Le Camus de Mézières, *Le génie de l'architecture,* Paris, 1780).

L'examen du vocabulaire des éléments architectoniques traduit également un souci de domination. Les frontons, par exemple, cintrés ou généralement triangulaires, couronnent le centre de l'édifice, parfois au-dessus d'un porche à colonnes ou à arcades. Vers la fin du règne de Louis XVI, il y a une tendance à abandonner le fronton pour rechercher un aspect plus abrupt des masses, en insistant sur les lignes horizontales (Bénouville). L'emploi de la colonne ou du pilastre en série affirme dans son espace extérieur un bâtiment massif, non articulé comme au château des Boulayes. L'ordre colossal donne à l'édifice un incontestable aspect de supériorité (Neublans, Jura), et devient plus rhétorique après 1770 (Moncley et Saverne). Même recherche de puissance avec les lignes droites employées par Ledoux à Bénouville dès 1768. Là, ce sont les éléments (entablement, colonnes) qui remplacent les structures (puisqu'il n'y a pas de hiérarchie dans les parties de l'édifice), pour conférer au château son *autorité*.

II. L'architecture du château ; vers une typologie

S'interroger sur les composantes de l'édifice « château » revient à poser le besoin d'une typologie de l'architecture, qui reste à faire.

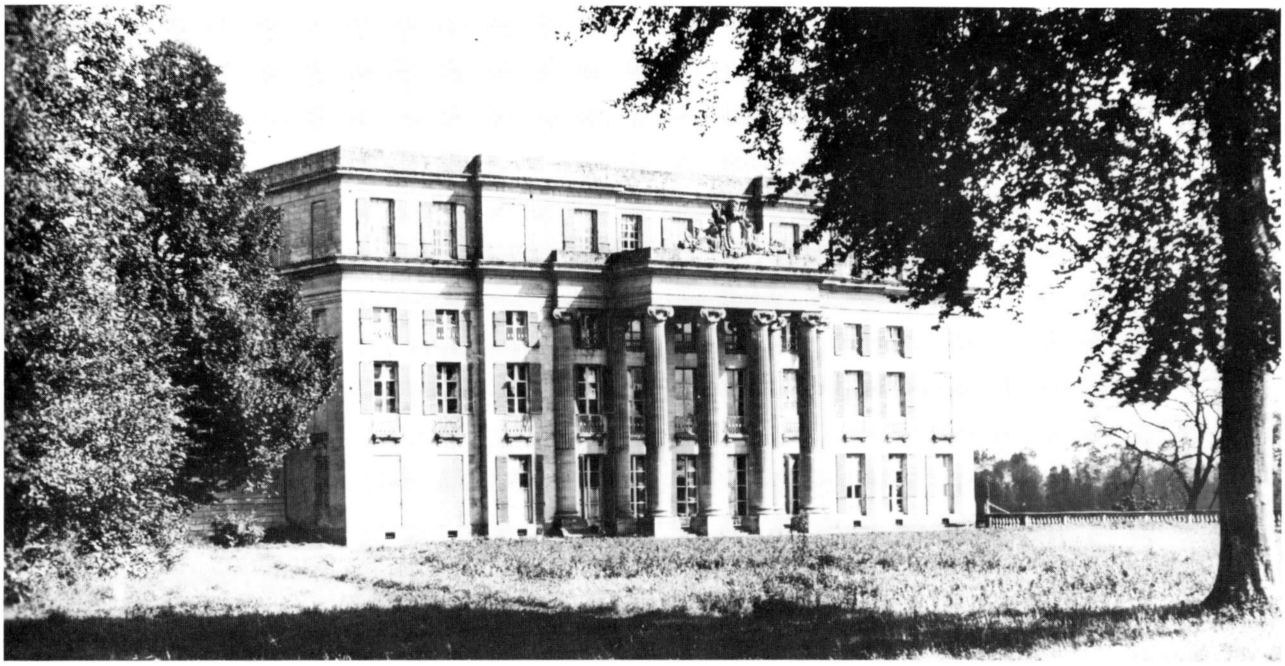

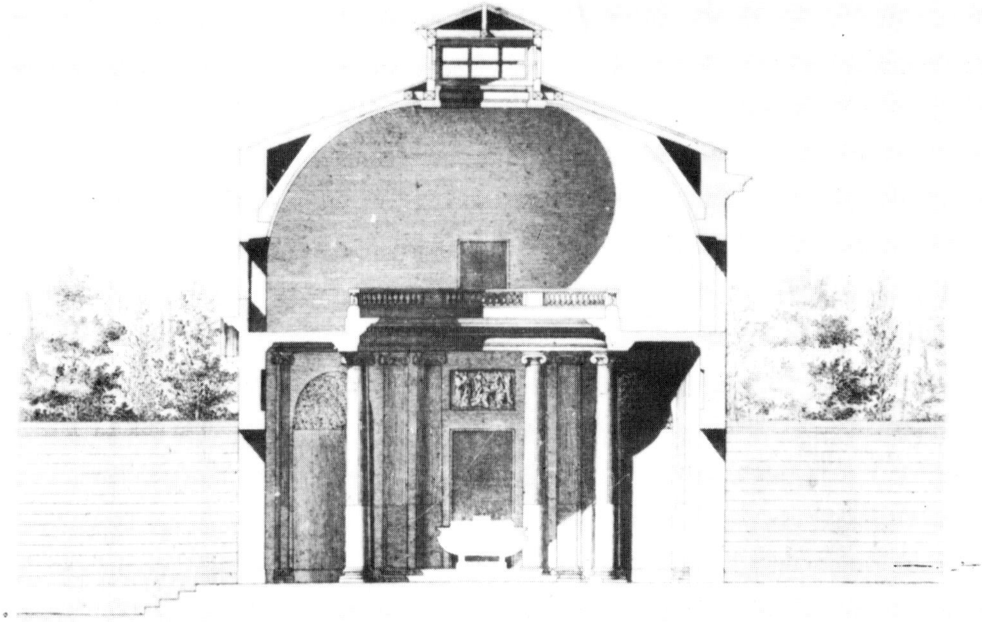

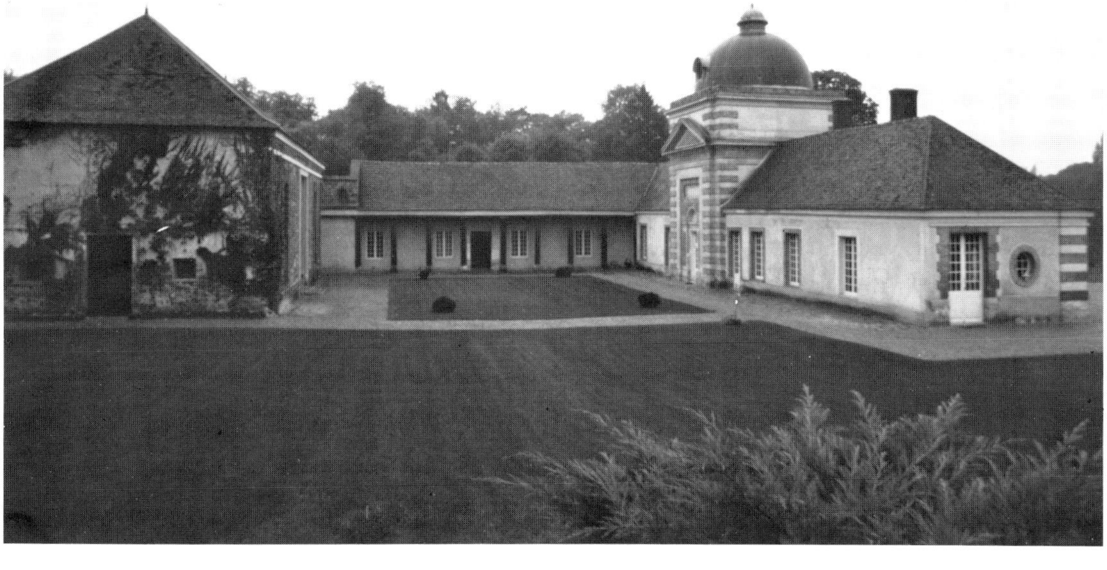

En haut, château de Montmusard (Côte-d'Or). Peinture de J.B. Lallemand (Musée des Beaux-Arts de Dijon).
En bas, le Petit Trianon à Versailles (Yvelines).

L'implantation

L'implantation générale du château semble connaître depuis la fin du XVIIe siècle des modifications remarquables. D'abord dans le choix du site, qui change par rapport à celui du château ancien. De nombreux cas signalent en effet un déplacement du site pour des raisons de commodité ou d'intégration à l'environnement. Les leçons du classicisme continuent à porter puisque pour Quatremère de Quincy, dans l'*Encyclopédie méthodique*, « une meilleure éminence » constitue un site idéal. A Bellevue, le château couronne un site naturel tandis qu'à Belbeuf (Seine-Maritime), à Louveciennes (Yvelines) ou au Bouilh (Gironde), il commande tout un panorama.

C'est à la faveur d'un site exceptionnel et pour profiter de la *vue* que le château de Kerlevenan oriente sa façade principale au nord, sur le golfe du Morbihan. En ligne générale pourtant, l'orientation des châteaux construits après 1750 se fait est-ouest, la façade principale exposée surtout au levant. Les exemples de modification de l'orientation par rapport au château ancien préexistant sont assez nombreux, mais il faudrait une enquête pour préciser.

Vers la fin du XVIIIe siècle, on tend à intégrer l'édifice dans son site naturel ou aménagé (le jardin). Plus moderne est considérée la suppression du perron classique; comme en Angleterre, le château est de plain-pied avec le sol et la végétation, ainsi à Buzay (Charente-Maritime) et à Louveciennes (Yvelines), en 1770. Parfois, ménageant une perspective de verdure, la route d'accès et l'entrée du château sont placées sur le côté de l'édifice, sans effet solennel, comme au château Raba de Talence (Gironde, vers 1782).

D'autres châteaux restent fidèles à la cour d'arrivée monumentale, en fer à cheval, comme l'avait voulu Ledoux à Mauperthuis (Seine-et-Marne, 1767). On est désormais plus conscient que le château est « une des plus belles parties du tableau qu'offre le paysage » (Encyclopédie méthodique). Cette recherche d'un effet pittoresque a bien été mise en valeur par les architectes collaborant avec des peintres de paysage; on en trouve la consécration dans l'ouvrage d'Alexandre de Laborde, *Description des nouveaux jardins de la France et de ses châteaux,* paru en 1808. L'implantation correspond aussi à la situation du château : son rapport géographique avec l'ensemble du domaine et du territoire rural. Comment les liaisons se font-elles? Y a-t-il lien organique? Ou au contraire cloisonnement? On connaît trop mal encore le parcellaire des biens fonciers et les plans des domaines pour tenter une analyse. On pourrait aussi chercher à savoir en quelle mesure l'implantation du château et son architecture ont été à l'origine d'un tracé du hameau ou du village voisin... Du moins peut-on constater la répartition, le long des voies de circulation, routes aussi bien que rivières, de petits châteaux tendant à présenter un début de continu, c'est-à-dire d'urbanisation du paysage rural aux sorties des grandes villes. Pour mieux transporter les barriques de vin, autant que pour profiter de la vue sur la Garonne, de nombreux petits châteaux du Bordelais sont construits le long du fleuve; à Bassens, un canal relie à la Garonne les chais du château Morin, trop éloigné.

Le parti architectural

On le voit, les conditions géographiques et économiques autant que les habitudes de construction et les ressources en matériaux et en main-d'œuvre expliquent la constitution d'ensembles, de *séries* régionales. On peut citer en Bretagne les *malouinières,* dans le Bordelais les *chartreuses,* en Provence les *bastides*. Il resterait à isoler les caractéristiques propres à chaque série et à tenir compte de la présence, dans la ville proche, d'importants chantiers ou d'équipes constituées lors du passage de grands architectes (Soufflot à Lyon, Gabriel et Louis à Bordeaux).

Un début de classification des châteaux par l'agencement des volumes, la composition des corps de bâtiment, permettrait de voir en quelle mesure a évolué pendant la période concernée le prototype classique du château en U ou en fer à cheval. Beaucoup d'édifices sont restés fidèles à ce schéma : deux pavillons ou deux ailes (ce qui est plus rare) flanquent de part et d'autre le corps de logis principal. Citons par exemple dans les années 1750 Fontaine-Française en Bourgogne et La Motte-Tilly en Champagne; et, après 1770 Purnon en Limousin, Craon dans le Maine et Brailly en Picardie. D'autres châteaux ont une composition plus développée, avec des ailes latérales concaves, comme Tourreau dans le Midi et Borny au nord de la France.

Enfin il y a le cas, particulièrement aigu en cette période de recherche et d'expression radicale de l'architecture, des volumes qui s'interpénètrent, faisant jouer entre elles formes rondes et formes carrées, formes ouvertes et formes fermées. On connaît bien désormais la somptueuse réalisation de Charles de Wailly à Montmusard (1765) où les deux ailes, assez cubiques, sont reliées par deux éléments cylindriques : un salon à coupole formant avant-corps et, sur l'autre façade, un péristyle circulaire, à ciel ouvert, appelé *temple d'Apollon*. Solution audacieuse et inspirée où l'espace ouvert pénètre l'espace fermé et où le temple rencontre la demeure privée. Tirant parti du site, une longue terrasse, Victor Louis propose au château du Bouilh (1786) de réaliser deux pavillons (un seul fut construit) réunis par une longue colonnade droite, occupée au centre par une rotonde. Autre exemple, moins connu, l'étonnante composition construite par Pâris près du Havre, à Colmoulin : un massif carré avec, dans les angles, deux pavillons de biais et un avant-corps semi-circulaire au centre. Signalons aussi une survivance : les quatre pavillons d'angle de la tradition française (comme à Ferrières en Quercy, Lot, vers 1775).

Prenons l'exemple d'un type facile à identifier : le corps de logis de plan massé, à quatre façades, isolé des autres bâtiments. Le plus connu est sans doute le Petit Trianon, édifié après 1762 par Gabriel. Remarquons que l'impression d'isolement du château et de plain-pied avec les jardins n'est valable que pour trois façades seulement. La façade d'entrée comporte au-dessous de l'étage noble un rez-de-chaussée formant avec les communs une traditionnelle cour d'honneur, manifestant une séparation au niveau horizontal. Le petit château cubique du premier architecte du roi doit beaucoup, entre autres, au dessin d'un jeune lauréat du premier Grand Prix de 1758, Chalgrin (son *Pavillon au bord d'une rivière* est en effet caractéristique de l'édifice à plan massé, isolé en terrasse et comportant un salon rond dans l'avant-corps central, qui n'existe plus au Petit Trianon). Si l'on retrouve des exemples très proches dans le Berry à Bouges (après 1760), en Normandie à Canon (en 1768), et en Anjou à Pignerolle (vers 1780), plus fidèle encore au dessin des façades de Gabriel, il reste à déterminer si l'on peut parler de prototype et quel en a été le mode de diffusion. Des solutions propres au plan massé vont être adoptées pour des édifices assez petits — Le Bourg-Saint-Léonard (Orne), Virazeil (Lot-et-Garonne), Herces — ou plus importants (Tencin, Isère). Le salon rond central dans le plan se retrouve à L'Hermitage (à Condé-sur-l'Escaut, Nord) et l'idée de l'éclairage zénithal, toute moderne dans l'architecture de l'hôtel, est employée par Chalgrin à Versailles pour le pavillon de Madame et par J.-J. Huvé à Hornoy.

Les structures architectoniques

Autre élément d'étude pour une typologie, les matériaux de construction du château. On observe une correspondance entre l'esthétique classique et l'emploi traditionnel de la pierre blanche en Touraine, en Provence, en Aquitaine. La Normandie et le nord de la France restent attachés à la brique, voire au mariage brique et pierre — Sassy (Calvados), Mareuil (Marne), Belbeuf (Seine-Maritime). On a pu, pour la Picardie, se rendre compte d'une modification du chaînage de brique, qui au XVIIIe siècle est rectiligne. Bien que des constructions maintiennent la tradition du matériau local, le granit de Bretagne à Robien, la brique du Languedoc à Reynerie ou le grès rose d'Alsace à Saverne, on ne peut dégager de type local à partir du matériau. Parfois même le matériau local bon marché est masqué : aux Boulayes, la meulière est recouverte de stuc; à Herces, c'est la ferme qui est construite en brique et en pierre, à côté du château d'Antoine. Le même architecte utilise la pierre pour deux façades du Buisson d'Osmoy (Eure), les deux autres façades étant en brique.

Le rythme adopté pour les façades est intéressant à examiner. A Herces, le même Antoine en 1762 établit quatre façades ayant chacune une ordonnance particulière : au nord, l'entrée avec un fronton triangulaire; à l'est, une façade imposante sur les jardins avec portiques à colonnes, fronton triangulaire et dôme; au sud, des pilastres et des frontons cintrés; enfin à l'ouest, donnant sur la cour des communs, une façade dépouillée avec un retrait central créant l'illusion de deux petits pavillons aux extrémités. Au contraire, Nicolas de Girardin développe en 1785 une ordonnance identique aux quatre façades du château des Boulayes. Cependant le rythme des travées de la façade principale la plus répandue reste fidèle aux principes de hiérarchie et de symétrie : les baies se suivent selon le schéma 2 / 2-3-2 / 2 (Le Bourg-Saint-Léonard).

La fin du XVIIIe siècle dans son obsession du regard, la jouissance par la vue dominant le rapport au pittoresque, a multiplié les occasions d'ouvrir l'édifice clos du château à son espace environnant — on démolit même une partie des cours fermées des vieux châteaux comme La Brède (Gironde) ou Neuville (Yvelines). Des loggias, à Saint-Gratien (Somme) ou à Bordeaux pour les frères Labottière, ouvrent la façade, sans parler des nombreux balcons parfois situés au-dessus des porches à colonnes de l'avant-corps central. L'accent est mis sur les toits en terrasse où l'on peut prendre le frais et contempler le paysage. A Purnon (Vienne), à Sourches (Sarthe) et au Marais, de véritables belvédères sont installés au sommet du toit. Ce désir d'ouverture se traduit aussi par la création de couloirs de circulation autour du château, et les terrasses extérieures sont à la mode : au Lude (Sarthe), à Thouron (Haute-Vienne) ou à Bellegarde (Loiret, en 1782 par C.-F. Viel) on aménage terrasses et perrons pour la promenade, sans avoir à rompre la relation avec le château.

L'espace intérieur

Même souci d'ouverture dans l'agencement des volumes intérieurs. Le thème de l'axe central continue d'être celui qui, de tous, connaît peut-être le plus grand succès. Au centre du château sont placés le vestibule du côté de l'entrée et le salon de compagnie du côté des jardins. Les deux communiquant, on peut parler d'effet d'*architecture transparente*. C'est la solution recommandée jadis par Blondel et reprise en 1761 par Briseux dans son manuel *L'art de bâtir des maisons de campagne*. La doctrine classique reléguait l'escalier sur le côté — à Achy (Oise), à Brienne — tandis qu'à Bénouville, dès 1768, Ledoux rompt la continuité de l'axe central et place l'escalier au centre du bâtiment et l'ennoblit par le décor monumental de la cage d'escalier.

On connaît mal la distribution des châteaux, en l'absence de plans des édifices, même les plus célèbres. Il semble que le dogme classique de l'enfilade soit de plus en plus abandonné. Surtout lorsque le plan massé des petites maisons de campagne oblige à faire communiquer les pièces par des passages souvent situés dans les angles des boiseries. Le couloir central desservant les

Ci-dessous, château de Belbeuf (Seine-Maritime).
Page suivante : à gauche, château de Ménars (Loir-et-Cher). Élévation et plan de l'Orangerie par Soufflot. Gravure de Sellier.
A droite, Château pour un grand seigneur, *dessin de Desprez (École Nationale des Beaux-Arts, Paris).*

pièces est plus rare au rez-de-chaussée, niveau de la réception, qu'au premier étage où se trouvent les chambres. Enfin apparaissent les fonctions qui jusque-là étaient plus discrètes. On prévoit, à l'image des maisons urbaines, une salle à manger. Luxe nouveau, on les décore avec soin, pour faciliter le service, d'un mobilier de fontaines, de dessertes.

Il faudrait remarquer l'ingénieux agencement d'édifices à plan massé comme le Petit Trianon et Bouges (Indre). L'architecte a joué avec les niveaux intérieurs qui ne correspondent pas à l'ordonnance des baies de la façade. Un système d'entresol ménage des espaces pour l'hygiène, la circulation des domestiques et crée des chambres à coucher, basses et faciles à chauffer. Cet effort d'installer un maximum de confort dans un petit volume est significatif du caractère résolument privé de l'architecture domestique du XVIIIe siècle.

En l'absence de répertoire et de descriptions des décors intérieurs conservés, l'histoire de l'art décoratif des châteaux reste à faire. On connaît toutefois le grand soin apporté par les architectes à surveiller les équipes de décorateurs. Et, probablement plus vite que pour l'architecture du gros œuvre, l'aménagement intérieur et son décor ont évolué selon la marche de l'avant-garde. On ne dira probablement jamais assez combien compta pour la formation du goût la décoration brillante des pavillons dans les environs proches de Paris.

Souvent, comme pour Ledoux à Louveciennes (Yvelines), l'enjeu était grand et la réussite, lorsqu'elle tombait sous les yeux des puissants (le roi en l'occurrence), assurée. La décoration plastique a un rôle de premier plan : de très haute qualité, dans une classique demeure (à Maisons, le château toujours admiré de François Mansart) où Bélanger décore des appartements pour le comte d'Artois, ou bien en utilisant les innombrables ressources des panneaux de stucs, bas-reliefs édités en grande série (Kerlevenan, Morbihan), ou, comme en Provence, en maintenant l'univers rocaille des gypseries.

Le décor peint évoque parfois le monde champêtre environnant le château avec toutes les ressources du trompe-l'œil (Bénouville, pavillon de Madame à Versailles); sans parler des cabinets où l'architecture était comme éclatée par le jeu de luxueux panneaux de miroir (Petit Trianon). Il faudrait enfin retrouver les décors exotiques, boudoirs turcs, salons chinois, qui marchent sur les traces des ensembles célèbres à Paris.

III. L'esthétique du château ; théories et styles

Il convient de conclure en examinant le château en tant que proposition théorique du discours architectural et de voir comment, à travers l'enseignement académique, se sont confrontées tradition classique et rupture néo-classique et comment a pris corps un retour aux grands exemples du passé, à la veille de la Révolution.

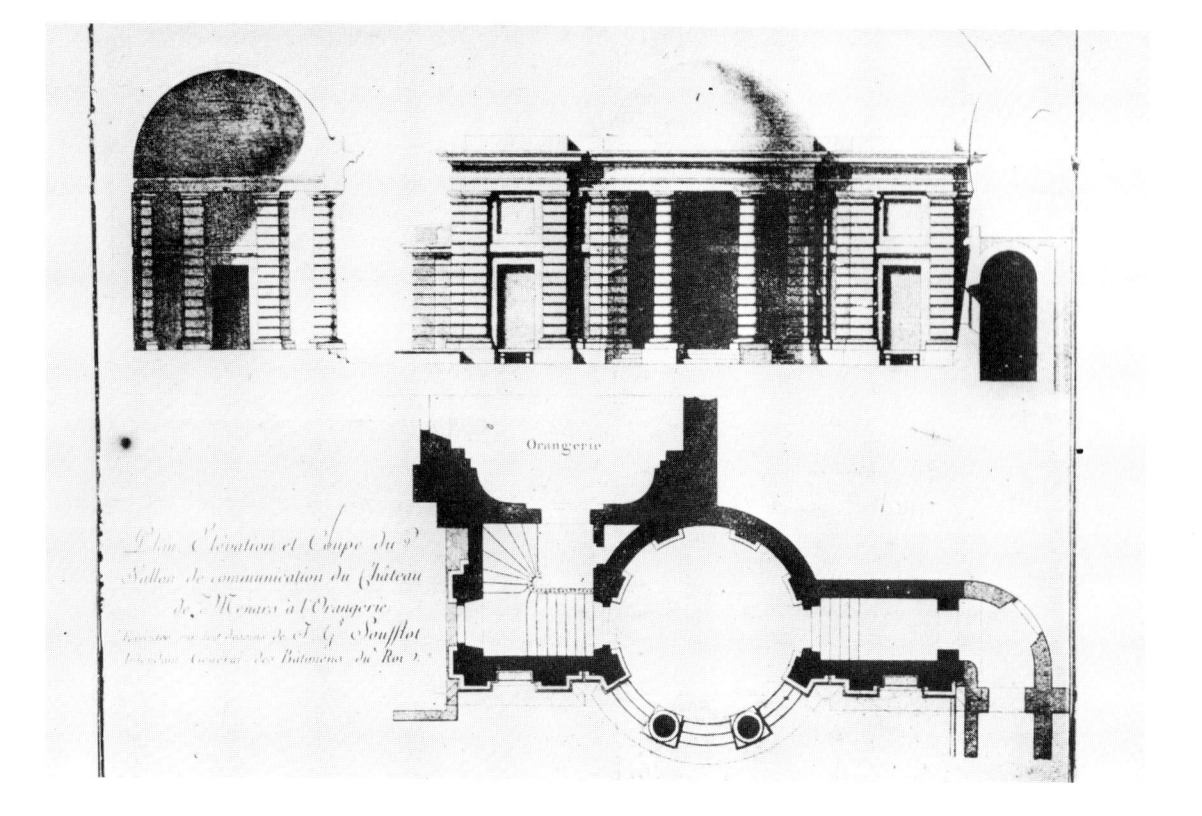

Le château dessiné

Toute préoccupée par la chose publique, l'Académie royale d'architecture intervient peu dans le domaine privé de la construction du château (sauf pour Saverne) et néglige même le problème esthétique. Très rarement les sujets du concours pour le grand prix d'architecture prennent le château pour thème. C'est plus fréquent pour le prix d'émulation et, jusqu'en 1793, de jeunes architectes proposent des projets de maison de campagne.

Peu connue est la notion du château dessiné par l'architecte *pour occuper ses loisirs,* sorte de variations sur un thème donné. Il y a une dimension de rêverie et de recherche indéniable dans les projets — et la réalisation — de Charles de Wailly pour le château de Montmusard. Mont, Muse, Arts, l'architecte, qui joue avec les formes et les idées, joue aussi avec le langage. On pense aux textes accompagnant les dessins de J.-J. Lequeu, a propos des *maisons de plaisance.* La structure de Colmoulin conserve quelque chose de la complexité et de la sophistication des dessins de son architecte Paris, occupant ses loisirs forcés pendant la Révolution à imaginer différents châteaux... Ledoux qualifie son château d'Eyguières de *cazin piquant que le caprice relègue dans la solitude pierreuse* (l'édifice, situé dans la nature, est parcouru par une rivière qui passe sous le bâtiment, à travers les rochers d'une grotte). Bien des écrits d'inspiration maçonnique ou lyrique font allusion à ce genre d'espace, image d'une *cella* primitive exaltant le minéral et l'archaïque — on pense à la *salle à manger* (?) dorique à la voûte étoilée du château de Castille (Gard). Il faudrait répertorier ces lieux plus cachés à qui les contemporains de Ledoux donnaient un sens pour une autre lecture.

La tradition et la rupture du néo-classicisme

A partir des années 1770, la rupture est consommée entre la tradition classique bien connue (et pastichée jusqu'au début du XXe siècle) incarnée encore par Gabriel, premier architecte du roi, et la génération issue du néo-classicisme, au langage formel dépouillé et géométrique.

Blondel, dans son enseignement, a prôné un retour aux solutions classiques (son *Cours d'architecture* paraît tard, en 1771) : la beauté simple de l'architecture du règne de Louis XIV doit être admirée comme un idéal. Ce triomphe de la *grande tradition* après les erreurs du goût rocaille et les effets inutiles s'accompagne d'une fidélité aux exemples de Mansart : Le Buisson d'Osmoy d'Antoine, Purnon (1771) et Saverne commencé en 1779 par Salins de Montfort sont couverts de hauts toits d'ardoise. Quelquefois le toit est à demi caché par des balustres classiques comme à Kerlevenan, dessiné par Jouenne en 1770, et au château Borély près de Marseille, achevé avant 1780 par Brun. (Prenons garde que beaucoup de balustres sont des adjonctions du XIXe siècle...) Le dôme carré, celui du Louvre et des Tuileries, repris à l'École militaire de Gabriel, inspire les toitures d'imposantes demeures : Fontaine-Française (vers 1750), Sourches (1763, par Pradel), La Ferté-Vidame (1767, par Le Carpentier) et Le Marais (vers 1770, par Barré).

On a vu quelques-unes de ces caractéristiques de l'architecture nouvelle, et combien est recommandé l'emploi de l'ordre colossal — et prohibé l'ordre superposé. L'abbé Laugier (dans son *Essai sur l'architecture* de 1753, revu en 1755) préconise d'isoler la colonne du mur et de la faire porter sur le sol *comme les piliers de la cabane rustique portent immédiatement sur le terrain.* On connaît le déroulement de colonnades, véritables citations de l'antique ou de la Rome du Bernin

(Valbelle, 1767; Castille, aux premières années du XIXᵉ siècle). Les recherches tendent à un effet plus contrasté, plus élémentaire des volumes; on pense encore une fois à l'œuvre typique de Ledoux à Bénouville, à ses lignes horizontales (toit en terrasse, corniche débordante) et à sa composition schématique; même la chapelle intérieure, une rotonde avec l'autel central, est le reflet du débat néo-classique.

A propos du difficile problème de situer l'avant-garde et la mode dans l'architecture du château, on ne peut encore répondre à la question d'un éventuel retard du château par rapport à l'hôtel, question évoquée par Louis Hautecœur dans son imposante *Histoire de l'architecture en France* (tome IV, 1952). Il y a des archaïsmes stylistiques, ainsi qu'on peut le voir à Mareuil-sur-Ay (Marne) créé en 1770 par Chevotet, avec une toiture d'ardoise, des murs *brique et pierre* et un décor rocaille. Il y a des rapports dans le plan avec certains hôtels urbains; on cite souvent l'hôtel de Salm, à Paris, édifié par Rousseau, assez tard (1783). Il faudrait aussi savoir en quelle mesure la demeure urbaine, quand elle est isolée, ne prend pas un aspect de domination, caractéristique du château...

Réactions et modes

Interrogeons-nous aussi sur le retour volontaire, en pleine période néo-classique, vers l'architecture du XVIIᵉ siècle, celle de François Mansart surtout, nouveau coup porté au classicisme mitigé de Blondel qui se survit chez Gabriel. On connaît peu l'étonnant premier Grand Prix de J.-L. Desprez (1776) projetant un *château pour un grand seigneur,* ou les dessins de châteaux faits par de Wailly dans le style maniériste de Salomon de Brosse. Le cas n'est pas rare (projets de P.-A. Paris) et la chronologie — bon teint XVIIᵉ siècle — de plusieurs demeures réserve des surprises...

De récents travaux ont permis l'étude d'informations nouvelles démontrant que la leçon palladienne a été mieux comprise et mieux diffusée en France qu'on ne l'avait dit, surtout après 1750, soit au contact des *villas* de la Vénétie, soit par l'édition (en particulier de Scamozzi), soit enfin par les rapports avec l'Angleterre (les dessins de Bélanger). Célèbre réussite de Palladio, la villa *La Rotonda* a servi de modèle idéal à bien des dessinateurs, de prétexte à bien des variations sur le papier (J.-J. Lequeu) ou réalisées. La structure même de certains châteaux français reliés à leurs communs — Barly (Pas-de-Calais), La Cosse (Haute-Vienne), Moncley (Doubs) — évoquent les *barchese* de la Vénétie. Après la maison de faubourg dessinée par Soufflot pour Marigny (1768), les citations palladiennes se multiplient autour de Paris avec la référence à l'idéal de la demeure-temple, pavillon carré de Ménilmontant, attribué à Moreau-Desproux et daté de 1770. A Royaumont, Le Masson, un ingénieur des Ponts et Chaussées, rebâtit le palais abbatial, qui répond, en fait, à l'idée néo-palladienne de la maison de campagne, l'intérieur s'ordonnant même autour d'un salon à serliennes, citation de l'*androne* des palais vénitiens.

On ne peut conclure sans effleurer le sujet de l'influence et de la diffusion de l'architecture du château français à l'étranger. En quelle mesure, depuis Louis Réau (1924), peut-on dire que le château français a été exporté? En Allemagne, Antoine en 1780 propose des plans au prince de Salm, et Desprez s'installe en Suède où il construit un beau théâtre (1780); de Wailly dessine un énorme château pour le landgrave de Hesse; le même architecte n'avait-il pas repris les dessins de Montmusard pour proposer à Catherine II de construire en Russie un pavillon des Sciences et Arts (1772)?

Malgré beaucoup d'incertitudes et d'imprécisions, l'histoire du château français à la fin du XVIIIᵉ siècle doit fournir bien des réponses à la connaissance de l'architecture des Lumières. Espérons qu'à l'occasion d'études historiques et d'inventaires monumentaux, on arrivera à mieux connaître et à mieux faire connaître un patrimoine aujourd'hui très menacé, dans les banlieues des villes particulièrement.

Moulin-Joli à Colombes (Hauts-de-Seine). Sanguine de Watelet (Musée de l'Ile-de-France, à Sceaux).

Les jardins pittoresques 1760-1820

Monique Mosser

Dans le grand catalogue des exemples chers à la démarche classificatrice, au chapitre de l'histoire de l'art, on rencontre souvent l'opposition entre parc classique et jardin irrégulier, entre parterres à la française et gazons à l'anglaise. Ainsi vers 1760, sous la poussée d'influences diverses, on aurait soudain abandonné les grandes ordonnances symétriques *à la Le Nôtre,* les parterres réguliers et les axes répondant aux ouvertures principales de la demeure au profit des irrégularités, de la variété et du foisonnement d'une nature enfin rendue à elle-même. En fait, dans le registre des jardins, comme pour les autres arts, rien n'est si simple, si tranché chronologiquement, et Ernest de Ganay a pu consacrer une étude aux *Jardins classiques du XVIIIe siècle.* En 1786, par exemple, on lit sous la plume de l'un des plus féconds propagandistes de la forme irrégulière, le dessinateur-graveur Panseron : « Malgré l'éloge que nous venons de faire de ces espèces de jardins nous préférerons toujours les jardins français lorsqu'il s'agira de mettre de la grandeur et de la noblesse dans la composition d'un jardin. » De même, le *goût mélangé,* où une zone régulière crée une habile transition entre les lignes sobres de la demeure néo-classique et les formes naturelles du parc, se maintint parfois en France jusqu'à l'époque de l'Empire. A côté de nuances d'ordre théorique ou formel, il convient aussi d'étudier les variations et les transformations qui affectèrent le phénomène du jardin irrégulier, pendant la période qui va de 1760 à 1820.

I. La naissance d'un genre : le pittoresque

En une formule frappante, R. L. Brett a écrit que « la révolte romantique n'a pas pris dans le domaine littéraire mais dans le jardinage », et G. Gusdorff qu'« il ne s'agit pas seulement du décor de la vie, mais du genre de vie; le paysage est plus que le paysage, il devint pour l'amateur de jardins une passion de l'âme, parfois une raison d'exister ». Le rôle d'initiateurs des écrivains et des artistes d'outre-Manche n'est plus à démontrer et l'on sait que dès l'origine ces nouvelles créations paysagères furent désignées par le nom de *jardins à l'anglaise* ou *jardins anglo-chinois.* Cette dénomination a eu pour résultat de faire oublier parfois l'apport d'autres domaines culturels, comme l'Italie, et il serait plus juste de les appeler *jardins pittoresques.* C'est, en effet vers 1720 que des philosophes, des poètes et des amateurs d'art anglais entreprirent de définir une nouvelle catégorie esthétique : *The Picturesque.* Shaftesbury et Pope, entre autres, expriment alors une nouvelle relation à la nature, une nature libérée des *a priori* formels, qui révèle sa beauté dans l'accumulation des rochers sauvages, le mouvement des eaux ou encore les fluctuations de l'ombre et de la lumière. A la génération suivante, pour des artistes comme Capability Brown ou William Kent, il ne s'agira plus seulement de reconnaître la nature en tant que nouvel objet esthétique, mais il faudra au besoin la compléter, l'améliorer. Dès lors, les jardins deviennent un champ d'expérience idéal. A ces données esthétiques viennent s'ajouter des considérations plus purement historiques (économiques ou politiques). Ainsi les protagonistes anglais du nouveau style étaient en majorité des *whigs,* des libéraux, qui vivaient sur leurs terres; en France, on verra plus tard le rôle joué par les physiocrates dans le développement de cette mode. Par ailleurs le renouvellement du regard va de pair avec la mise à l'honneur de valeurs nouvelles; et l'on a parfois trop insisté sur les aspects naïfs ou caricaturaux d'un retour à la nature entre les bergeries d'opéra et les premiers épanchements larmoyants. Une approche plus nuancée montre à quel point la sensibilité extérieure s'harmonise alors avec les modulations de l'espace du dedans, et la dimension poétique et littéraire des jardins irréguliers a trouvé son illustration légendaire à Ermenonville dont le lac et les fabriques sont indissociables du souvenir de Jean-Jacques Rousseau.

Tout phénomène culturel — et l'on peut estimer que celui des jardins est extrêmement représentatif de l'esprit du siècle des Lumières — se situe au point de convergence d'intérêts divers. Ainsi, en même temps que les écrits et les exemples venus d'Angleterre, on découvrit avec enthousiasme la théorie chinoise sur l'art des jardins, transmise d'une façon très fidèle par les pères jésuites qui séjournaient en Orient. F. Attiret, peintre au service de l'empereur de Chine, dans une de ses *Lettres édifiantes* (1743), écrit : « Ici, on veut que presque partout il règne un beau désordre, une antisymétrie. Tout roule sur ce principe : c'est une campagne rustique et naturelle qu'on veut représenter : une solitude, non pas un palais bien ordonné dans toutes les règles de la symétrie et du rapport ». La parfaite assimilation de la théorie chinoise et de l'esthétique pittoresque est illustrée par les écrits et l'œuvre de l'architecte anglais William Chambers, dont les *Designs of Chinese Building, Furniture, Dresses...,* publiés en 1757 en anglais et en français, connaissent un très grand succès. En effet, les principes qui y étaient développés ne pouvaient manquer de trouver des échos favorables à un moment où l'on remettait en question les modèles classiques et où l'on commençait à formuler une critique radicale de certains aspects de la civilisation urbaine. On a depuis longtemps souligné comment, dès 1761 dans *La nouvelle Héloïse,* Jean-Jacques Rousseau fait figure de devancier lorsqu'il fait déclarer à Wolmar à propos de l'*Élysée* de Clarens, ancien verger transformé en un merveilleux jardin naturel : « Il est vrai que la Nature a tout fait, mais sous ma direction, et il n'y a rien là que je n'aie ordonné ».

II. Le jardin comme œuvre d'art totale

En 1787, le marquis de Lezay-Marnesia remarque *l'art des jardins appelle à lui tous les autres arts.* La réciproque est vraie, et le jardin pittoresque peut être alors perçu à la fois comme œuvre picturale, scène théâtrale, musée en plein air ou *antiquarium.* Car le jardin paysager n'est pas plus *naturel* que ne le furent les grands parcs classiques, et nul genre n'illustre mieux l'inutilité du débat *jardins contre nature.* Au nom du pittoresque, on publia des bibliothèques entières de traités et la seconde moitié du XVIIIe siècle vit l'éclosion d'une nouvelle forme littéraire qui associe réflexions esthétiques, conseils de jardinage et guide pour la promenade. Le jardin est décrit, analysé; chaque effet est calculé, orchestré, mis en recette. C'est alors que le jardin devint une œuvre d'art à part entière. En effet, au cours de l'histoire et aujourd'hui encore, il jouit d'un statut ambigu dans le jugement esthétique. On le considère souvent en Occident comme le simple prolongement, l'*accompagnement* de l'architecture, alors qu'en Orient il constitue immémorialement l'une des formes supérieures de l'activité humaine. On constate qu'à cette période, même s'il reste en étroite relation avec la demeure, le jardin acquiert une certaine autonomie et finit — dans certains cas — par annexer l'architecture.

Watelet, dans son *Essai sur les jardins* (1774), analyse l'esprit même du *pittoresque* en relation avec les jardins : « Le pittoresque, comme le désigne son nom, tient aux idées de la peinture. Le peintre assemble et dispose sous l'aspect favorable à son attention les objets qu'il choisit dans la Nature. Le décorateur d'un parc doit avoir le même but, mais borné par ses moyens... (il) rencontre quelquefois des difficultés insurmontables, tandis que la toile docile se prête à toutes les compositions du peintre. » Cette comparaison des démarches du peintre et du *jardinier* n'est pas seulement formelle. Quand les artistes anglais imaginèrent les premiers parcs irréguliers, vers 1740, une de leurs idées dominantes était de recréer *dans la nature* les paysages de Salvador Rosa, de Poussin ou de Claude Gellée. A Stourhead, par exemple, certains *points de vue* avec une échappée sur un temple, perdu dans la verdure, encadré par les masses balancées des arbres, semblent *reproduire* certaines toiles de la collection du propriétaire de l'époque. Le vocabulaire dans ce domaine est très révélateur. En 1756, le terme *fabrique* reste défini dans l'*Encyclopédie* comme *tout bâtiment dont la peinture offre la représentation.* Très peu de temps après, il désignera toute petite construction élevée dans un jardin dans une intention ornementale. Ces échanges constants entre peinture et art des jardins sont particulièrement sensibles à travers la personnalité de certains créateurs comme Watelet, Carmontelle ou Hubert Robert, tous peintres. Si Watelet et Carmontelle restent les chroniqueurs naïfs de leurs principales créations : Moulin-Joli (Hauts-de-Seine) et le parc Monceau, Hubert Robert est le génial représentant de ce qu'il convient d'appeler le *paysage prospectif.* Qu'il s'agisse de Versailles, de Rambouillet et surtout de Méréville (Essonne), parc pour lequel on conserve une importante suite de dessins et de toiles, on le voit remodeler le paysage existant, créer collines et chutes d'eau, faire croître des arbres aux feuillages constrastés et puiser dans ses souvenirs italiens quelques modèles de ruines ou de temple antique.

Mais la comparaison avec la peinture — par définition immobile — laisse une impression d'inachèvement, vite complétée par un recours au théâtre. Watelet reprend : « Le spectateur des scènes pittoresques d'un parc en change l'ordonnance, en changeant de place... On a donc plus de raison d'appeler scènes théâtrales, que tableaux, les dispositions méditées dont on embellit les nouveaux parcs. » La nature devient alors un vaste spectacle — que l'on songe à la découverte émerveillée des Alpes par les voyageurs du *Grand Tour* à la même époque — et, selon une idée déjà exprimée par les Chinois, on vient dans le jardin autant pour y voir que pour y jouer une pièce. J. Baltrusaïtis explique que pour ces derniers la vie de la nature a sa dramaturgie qui rejoint la dramaturgie proprement dite.

Les Chinois distinguent trois genres de scènes : enchantées, horribles *et* riantes *qui correspondent plus ou moins aux scènes de l'été, de l'automne et du printemps.* Elles doivent susciter chez le promeneur des émotions différentes, comme le ferait une pièce de théâtre. On comprend ainsi que

En haut, une avenue dans un parc. Sanguine d'Hubert Robert (Institut néerlandais, Paris).
Au centre et en bas, deux versions du « Manoir antique changé en un château élégant ». Gravures de Perdoux, d'après Constant Bourgeois.
Deux versions du même site transformé par J. de Laborde : le château de Méréville (Essonne).

l'ordre des scènes n'est pas indifférent, maints parcs possèdent un sens précis de parcours et les guides, rédigés par les soins des propriétaires, favorisent la meilleure *lecture* possible. Là aussi, certains artistes passent avec un bonheur égal de la scène au jardin. Bélanger, mais surtout P.-A. Paris, l'architecte des Menus-Plaisirs de Louis XVI, ont laissé dans leurs carnets maints croquis d'arbres, de rochers, de petits édifices, où l'on ne peut distinguer les projets de jardins des modèles pour des portants de toile peinte. Et l'architecte M.-B. Hazon propose, sans le moindre changement, de construire un pavillon chinois d'opéra dans les jardins de M. de Marigny à Ménars (Loir-et-Cher).

La sculpture, bien sûr, continue à être présente dans les jardins paysagers, mais elle n'a plus le rôle prééminent qu'elle détenait dans les grands parcs classiques où elle constituait, associée aux bassins, le support privilégié du programme iconographique et symbolique. On la retrouve associée à l'architecture qui, par la multiplication des fabriques, tend — on le verra — à devenir l'art dominant des jardins. La sculpture n'acquiert son intérêt que par rapport à l'*effet* dans le paysage et le sentiment qu'elle suscite. Un buste orne un tombeau dans un vallon mélancolique, des urnes et des antiques évoquent un coin de campagne romaine, un magot grandeur nature ajoute à l'exotisme d'une pagode. Un des exemples les plus éclairants du changement de comportement est fourni par les transformations de la grotte de Versailles. Originellement, le groupe d'*Apollon servi par les nymphes* se dressait, flanqué symétriquement par les *Chevaux du soleil* dans la grotte de Téthys, cadre architectural orné de rocailles et de coquillages dans la tradition maniériste. Hubert Robert imagina une *vraie* grotte creusée sous un vaste rocher, au milieu de cascades tumultueuses, où les chevaux semblent venir boire. Si le symbolisme reste inchangé, les formes et les objets qui en sont le support subissent une profonde mutation.

III. Artistes et commanditaires

« Chaque jardin sera une sorte d'autobiographie individuelle de son maître : seul il pourra s'y retrouver entièrement, il y inscrira ses habitudes, ses tendances, ses admirations même. Son domaine ne révèlera pas la raison, l'intelligence, la discipline d'une collectivité, comme les jardins d'autrefois; il trahira l'intimité, l'âme de chacun : ce sera comme une confidence au grand jour, un

En haut, plan d'un jardin pittoresque exécuté à Paris en 1780 par Belanger. Gravure de Boulay d'après Krafft.
En bas, jardins joints du duc d'Orléans et de Mme de Montesson à la Chaussée d'Antin (Paris). Plan manuscrit (Archives nationales).

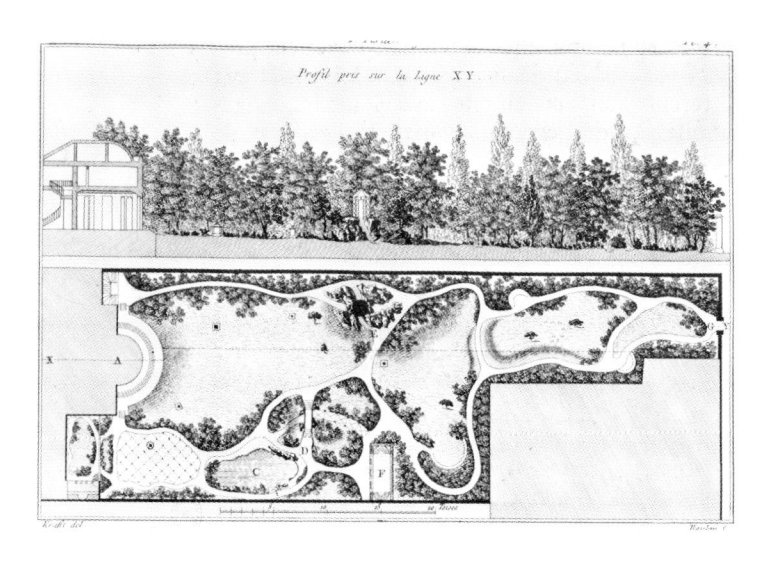

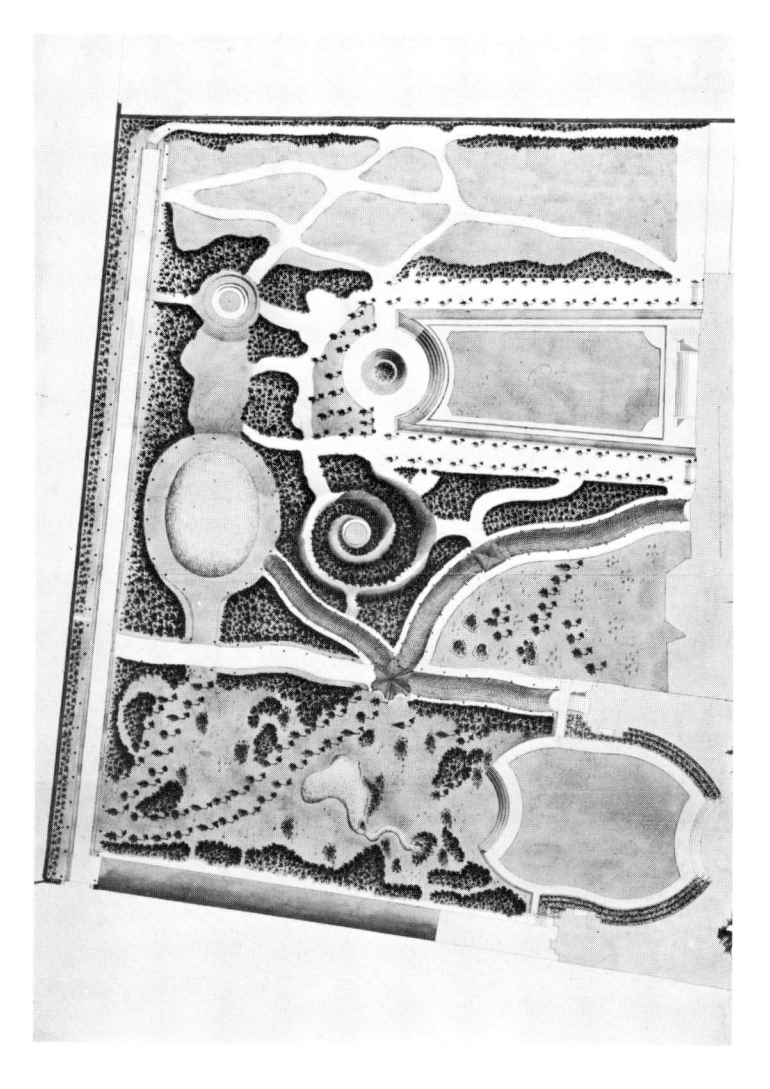

aveu que tout le monde pourra lire. Au reste, on ne parle plus d'esprit mais de cœur : les jardins de l'intelligence vont faire place aux jardins du sentiment », écrit Ernest de Ganay dans son livre resté inédit sur *Les jardins à l'anglaise en France au XVIIIe siècle*. Chaque jardin porte donc en filigrane la silhouette d'un personnage unique : son propriétaire. Et il est vrai que pour les exemples bien documentés, on déchiffre sous la mise en valeur de tel ou tel aspect du paysage, sous l'amour des plantes ou l'accumulation des fabriques, tout le jeu des sentiments, des ambitions, des passions. La personnalité brillante et cynique de M. de Monville transparaît dans les étranges caprices du désert de Retz (Yvelines); le goût du faste et le désir d'éblouir, un peu *nouveau riche,* expliquent les énormes travaux entrepris par M. de Sainte-James à la folie qui porte encore son nom (Hauts-de-Seine). Si les plus grands artistes — surtout peintres et architectes — intervinrent dans maintes réalisations, il n'en demeure pas moins que le propriétaire se veut le maître d'œuvre et le maître d'ouvrage. Un cas remarquable est fourni par la personnalité de M. de Girardin, le propriétaire d'Ermenonville. On attribue traditionnellement un rôle important à Hubert Robert dans la création du parc et Jean-Marie Morel, l'un des principaux théoriciens des jardins, en revendique la paternité. Or le marquis de Girardin a rédigé lui-même un excellent traité, *De la composition des paysages ou des moyens d'embellir la nature autour des habitations en y joignant l'utile à l'agréable* (1777), où il semble faire la somme de ses expériences personnelles. Mais surtout, on conserve un ensemble de dessins où il a représenté d'une main malhabile ses *idées* : temple à Isis, maisons à l'italienne, chalet suisse. Tout est prévu, aussi bien les parties entièrement naturelles, comme *la prairie arcadienne,* que le texte des inscriptions qui doivent *sous-titrer* chaque fabrique et chaque arrangement paysager. Au même moment, le duc de Croÿ constitue toute une documentation sur la Chine en prévision du jardin qu'il souhaite faire aménager autour de son château de Condé-sur-l'Escaut (Nord) et le duc d'Harcourt rédige un important traité sur la *Décoration des dehors, des jardins et parcs.*

Il est difficile d'établir, sauf en ce qui concerne leur superficie respective, de réelles différences entre les jardins irréguliers situés à l'intérieur ou à la périphérie de Paris (Bagatelle, Folie-Beaujon, parc Monceau, etc.) et les jardins plus éloignés. Certains propriétaires ont même un *jardin de ville* et un *jardin des champs,* aménagés dans le style irrégulier. Par exemple, les frères Boutin, propriétaires de la Folie qui devait être transformée en

L'abbé Delille, auteur d'un poème sur les Jardins. *Portrait gravé d'après A. Pujos (1777).*

parc d'attractions au moment de la Révolution, possédaient aussi un vaste domaine à Berchères-sur-Vesgre (Eure-et-Loir) où l'architecte J.-D. Antoine construisit un château et une *ferme ornée* au milieu d'un parc paysager.

En Angleterre, les propriétaires jouèrent aussi un rôle déterminant dans la création de leur jardin; c'est le cas du banquier Henry Hoare à Stourhead, qui ne fit appel à l'architecte Flitcroft que pour la construction de certaines fabriques. A côté d'architectes comme William Kent ou William Chambers, il y a aussi un groupe important de *compositeurs de jardins* qui conjuguent connaissances théoriques, topographiques, hydrographiques, architecturales et botaniques, tels Capability Brown et plus tard Humphry Repton. En France, on rencontre peu de spécialistes comparables : Richard à Trianon ou Th. Blaikie à Bagatelle (mais ce dernier était Écossais).

Ce n'est que sous l'Empire, au moment où triomphent les *parcs romantiques,* que les jardiniers proprement dits arriveront à supplanter les architectes, auxquels jusqu'alors les propriétaires ont confié l'exécution de leur domaine. Il s'agit d'ailleurs, dans bien des cas, à la fois de construire (ou de mettre au goût du jour) la demeure principale ou le château et d'aménager le parc. Bélanger, Brongniart, de Wailly, Gondouin, Soufflot, Ledoux, Mique, Le Camus, Desprez, pour ne citer que quelques-uns parmi les plus célèbres, ont tous consacré une part de leur activité aux jardins. Ils en font souvent le dessin général ainsi que le détail des fabriques et des dépendances, puis conduisent des équipes de terrassiers, de maçons et, bien sûr, l'eau jouant un rôle primordial, de fontainiers. A Ménars, par exemple, le spécialiste Loriot mit au point toute une série de pompes extrêmement modernes. En même temps, les jardiniers s'affairent, taillent les arbres que l'on a conservés, en plantent d'autres, s'occupent des pépinières, des orangeries et des serres, compléments indispensables à tout jardin. Par ailleurs, *œuvres* en perpétuelle évolution, les parcs subissent de nombreuses transformations; on connaît ainsi plusieurs états de celui de Trianon ou de Bagatelle.

IV. Les matériaux de la nature : théorie et pratique

« Des matériaux dont la Nature se compose, les uns sont dans un état de variation continuelle que l'homme ne saurait fixer, les autres sont stables et permanents. Le climat, les effets produits par le soleil relativement aux saisons et aux différents moments du jour, le ciel que les nuages mobiles et des couleurs variables décorent de formes et de tons sans cesse renouvelés; toute cette partie des matériaux de la Nature ne laisse point de prise à l'artiste; il ne peut ni les ordonner, ni les changer à son gré, mais il doit les consulter, il doit y avoir égard dans ses dispositions, puisqu'ils entrent dans l'ensemble et sont le complément de ses tableaux. Il en est d'autres sur lesquels il a plus de pouvoir : tels que le terrain considéré dans ses différents développements, les productions dont il se couvre, depuis le chêne superbe jusqu'à l'herbe qui rampe, les eaux, enfin les rochers... » Morel, qui formule pour la première fois le code des jardins à l'anglaise dans sa *Théorie des jardins* (1776), en dressant l'inventaire des objets dont dispose le *compositeur de jardins,* traduit bien son rôle de démiurge. Au Chant premier de son grand poème des *Jardins,* l'abbé Delille y fait écho :

« Soyez peintre. Les champs, les nuances sans nombre...
   Les arbres, les rochers, les eaux, les fleurs,
   Ce sont là vos pinceaux, vos toiles, vos couleurs :
   La nature est à vous; et votre main féconde
   Dispose, pour créer, des éléments du monde. »

En haut, différents bancs en usage dans les jardins pittoresques. Gravure d'après Krafft.
En bas, pavillon chinois, planche extraite des Jardins anglo-chinois, *de Lerouge.*

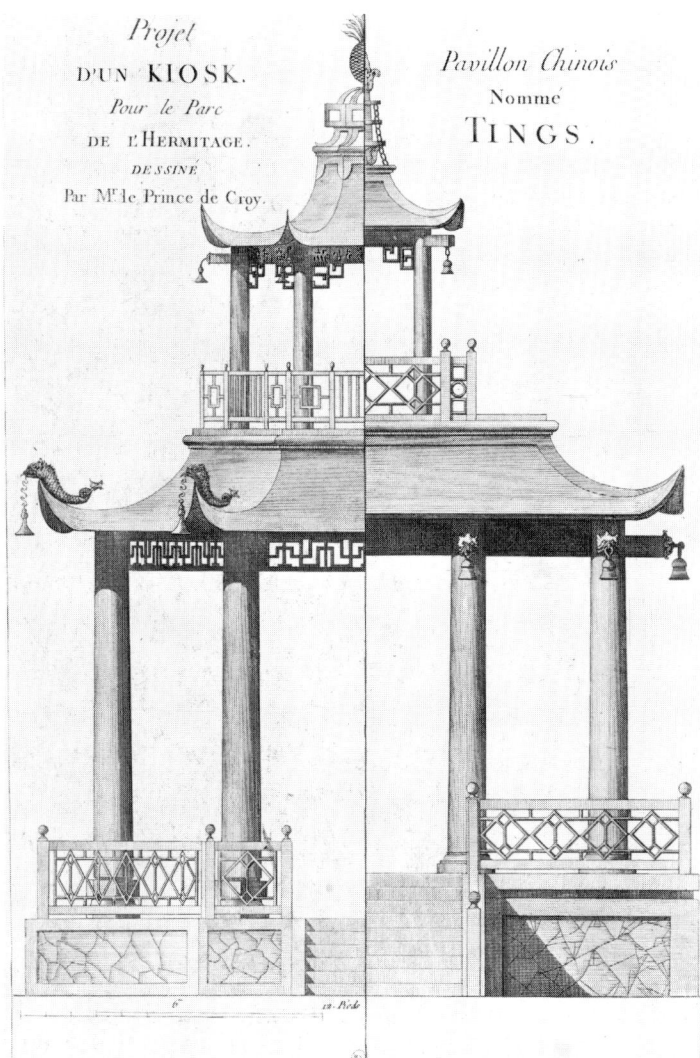

Tous les théoriciens, les Anglais H. Walpole ou Whately, les Français Morel, Duchesne ou Watelet dissertent longuement sur les composantes essentielles du jardin : les eaux, les rochers, les perspectives, la diversité des saisons ou les architectures. Ce n'est que tardivement que les textes céderont le pas aux images et que les auteurs se livreront au jeu des *avant/après,* comme M. de Laborde dans les *Nouveaux jardins de la France* (1808). Cependant, à partir de 1776, Lerouge publie ses carnets de *Jardins anglo-chinois,* recueils à bon marché de modèles en tout genre où l'on trouve pêle-mêle tracés de parcs, répertoires de bancs, de manèges, de balançoires et de fabriques dans les styles les plus divers. Ces sortes de catalogues, qui sont assez révélateurs de l'engouement général du public pour les jardins irréguliers, seront continués par Panseron, Krafft mais surtout Thouin qui fera paraître en 1819 ses *Plans raisonnés de toutes les espèces de jardins.*

Parmi les *matériaux de la nature,* les rochers et les eaux dont les combinaisons se prêtent à mille variations jouent un rôle important dans la structuration et la différenciation des espaces des jardins. Les rochers, de toute taille, sont tantôt regroupés en amas pittoresques (Mauperthuis, Seine-et-Marne, ou jardin de Madame Élisabeth (à Montreuil) comme dans la forêt de Fontainebleau, tantôt associés au thème de la grotte (Folie Sainte-James, Ménars, Ermenonville), du tunnel (Courteilles, Eure) ou de l'escarpement que l'on franchit par un pont vertigineux (Méréville). S'ils ne mettent pas en jeu des considérations aussi philosophiques que dans les jardins zen, les rochers des parcs paysagers n'ignorent pas les règles du jardinage oriental. Ils appartiennent au registre *sauvage,* servant à évoquer des émotions qui vont de la surprise à l'effroi. Ce sont eux qui fondent le paysage, qui en composent l'élément solide, permanent, éternel, comme l'immense roche du parc de Mortefontaine où l'intendant Le Pelletier avait fait graver le vers célèbre de l'abbé Delille :

« Sa masse indestructible a fatigué le temps. »

Quant aux eaux, ce sont elles « qui donnent la vie aux scènes pittoresques. Leur beauté principale est la limpidité. Leur grâce est la liberté du mouvement... elles offrent l'image agréable de la liberté recouvrée » (Watelet). Lacs parsemés d'îles, ruisseaux coupés de cascades, *niagara* domestiques, vastes bassins, sources rustiques apportent aux jardins fraîcheur et scintillement lumineux, mais aussi murmure agréable ou grondement assourdissant, accompagnements sonores accordés au registre du paysage.

On ne peut clore ce chapitre sans accorder un développement à la botanique. Parallèlement au

A gauche, rhododendron, planche tirée du Recueil de plantes et d'animaux, *de Buchoz.*
En haut à droite, outils de jardinage, planche extraite du Traité des jardins, *de Dézallier d'Argenville.*
En bas à droite, glycine, planche tirée du Recueil de plantes et d'animaux, *de Buchoz.*

Parc de La Garenne, Clisson (Loire-Atlantique). Grotte d'Héloïse. Gravure de Thiénon.

développement général des sciences naturelles, l'horticulture fit, au XVIIIe siècle, d'immenses progrès. Jusqu'à la fin du règne de Louis XIV, la décoration florale et arboricole des jardins avait peu varié : ifs ou buis taillés, arbres de lignes, etc. Lorsque la mode des jardins irréguliers triompha, on se découvrit une véritable passion pour les essences exotiques. Les missionnaires, les explorateurs, les ambassadeurs sont alors chargés de rechercher et d'envoyer de nouvelles espèces de tous les coins du monde. C'est vers 1764 que l'on importe d'Angleterre le mélèze noir; le cèdre du Liban avait été acclimaté peu de temps auparavant. Les hêtres, les bouleaux, les ormes, les peupliers sont maintenant plantés systématiquement pour obtenir des effets de *rideaux,* de *bouquets,* contrastant avec le vert plus clair du gazon. Les arbres *toujours verts* et les conifères sont associés aux arbustes à fleurs : lilas, rhododendrons, glycines, cytises. Les serres abritent des fleurs nouvelles : le dahlia importé du Mexique, puis le chrysanthème, l'hortensia, le mimosa... Cette passion de la botanique touche un vaste public qui vient visiter en foule le Jardin du Roi. Plus tard, l'impératrice Joséphine fera dessiner par Redouté les plus belles fleurs des serres précieuses de Malmaison.

Il est souvent difficile, à deux siècles de distance, de se faire une idée précise de ces jardins dont, justement, l'élément principal — la végétation — a subi maintes transformations. Il ne faut pas oublier que ceux qui les ont plantés ne les ont vus que dans leur première éclosion, et Châteaubriand dans les *Mémoires d'outre-tombe* a laissé un beau témoignage sur son parc de la Vallée-aux-Loups : « Les arbres prospèrent. Ils sont encore si petits que je leur donne de l'ombre quand je me place entre eux et le soleil. Un jour — en me rendant cette ombre — ils protégeront mes vieux ans comme j'ai protégé leur jeunesse ». Des documents anciens nous montrent le désert de Retz ou la folie Sainte-James ornés seulement de troncs étroits et de rameaux timides, ce qui tend à donner une importance disproportionnée aux fabriques. On peut penser que les effets originels des arrangements végétaux sont plus faciles à percevoir dans certains jardins anglais jalousement entretenus et soigneusement replantés, ou encore dans des parcs irréguliers, plantés il y a un siècle et parvenus à leur parfaite maturité, comme celui de Ferrières (Seine-et-Marne, créé par Paxton en 1855) où l'automne révèle la maîtrise à laquelle étaient arrivés certains *jardiniers* dans la mise en œuvre des différentes essences.

V. Jardins pittoresques et culture des Lumières

J. Baltrusaïtis donne sa vraie dimension au phénomène du jardin irrégulier quand il écrit : « La genèse d'un jardin paysager n'est pas une simple irruption dans son enclos des champs et des bois environnants. A peine retrouvée, la nature est tout entière transfigurée et transposée dans un domaine visionnaire et symbolique. » En fait, les jardins, *pays d'illusion,* sont porteurs de tout un microcosme et s'inscrivent directement dans la descendance du cabinet de curiosités de l'humaniste et de la bibliothèque de l'honnête homme. En les parcourant on y trouve des échos du paysage anglais, des citations de la campagne romaine ou des évocations de la Chine; les cultures, les époques, les saisons se croisent et interfèrent en des raccourcis saisissants et impossibles. Les relations *logiques* s'inversent et le paysage devient le support bien réel de mondes fictifs, qu'il s'agisse de la légende ou de la littérature. A Clisson (Loire-Atlantique), dans le parc de La Garenne-Lemot, on découvre *le Bain des nymphes* ou *la grotte d'Héloïse;* à Ermenonville, un simple banc de bois couvert de chèvrefeuille rend tangible le monument des anciennes amours de Julie et Saint-Preux. Le cycle du temps s'y retrouve tout entier et Morel critique ce propriétaire qui avait fait figurer dans le tracé de son jardin un résumé de la destinée humaine qui s'achevait par un coin stérile où l'on avait même planté des arbres morts! On conserve aussi la description du *Plan allégorique d'un jardin de la Révolution française et des Vertus républicaines* avec palais du Tyran, chemin de la Fraternité, bassin de l'Homme de la Nature et temple au Génie des grands hommes de l'Histoire. Lieux éminemment poétiques où se concrétisent l'illusion et le rêve, les jardins ne sont pourtant pas uniquement des microcosmes fantastiques. « La connaissance du monde, géographie, folklore, métiers, archéologie, en élargit à l'infini les horizons... Une histoire naturelle, une histoire des civilisations et une technologie pratique prennent part à l'éclosion de ces jardins et se développent autour comme une encyclopédie nouvelle. » Et il est vrai que le parc paysager peut parfois apparaître comme un miroir de l'époque des Lumières; mais les Lumières dans leur double acception, à la fois Raison et Illuminisme.

On a longtemps voulu réduire les jardins pittoresques à la simple manifestation d'une mode : le décor rustique du hameau de Trianon n'étant que le masque d'un luxe faussement discret. Il est vrai que toute nouveauté entraîne des excès. Le goût grec, le style chinois ou gothique se succèdent dans le décor des *folies,* des *petites maisons* et des *vide-bouteilles;* les jardins des financiers parvenus et des actrices empruntent leur répertoire au pittoresque. Mais on ne saurait y voir que des reflets du caprice, on ne crée pas un jardin comme on achète un petit meuble ou un colifichet. Dans un monde qui reposait entièrement sur une économie agraire et où la source des richesses demeurait en grande partie foncière, le jardin reste profondément lié au domaine. On en aura d'ailleurs une confirmation, presque caricaturale, quand, au milieu du XIXe siècle, l'aristocratie, retournée sur ses terres, plébiscitera dans un même mouvement l'architecture néo-gothique et le parc paysager. Mais vers 1770, on est encore loin de cet état d'esprit. Souvent influencés par les idées prônées par les physiocrates, certains propriétaires se lancent dans des expérimentations agricoles plus ou moins réussies. A Chatou (Yvelines), Bertin était aussi fier de faire visiter ses carrés de pommes de terre que de montrer les fabriques construites par Soufflot. A Liancourt (Oise), M. de La Rochefoucauld fait venir un fermier anglais pour développer la culture des prairies artificielles destinées à la nourriture du bétail. Bien des domaines comprennent une *ferme ornée* ou une *laiterie de propreté,* et l'on connaît l'intérêt de Louis XVI pour la ferme expérimentale de Rambouillet où l'on élevait, à deux pas de la superbe laiterie construite par Thévenin et meublée par Jacob, les fameux moutons mérinos. Sous la plume des théoriciens comme dans l'esprit des propriétaires, tout se résume à une idée simple : marier l'utile à l'agréable. Et Voltaire décrit, en 1772, son domaine de Ferney, en ces termes : « J'ai de tout dans mes jardins, parterres, petite pièce d'eau, promenades régulières, bois très irréguliers, vallons, prés, vignes, potagers avec des murs de partage couverts d'arbres fruitiers, du peigné et du sauvage... »

S'ils sont susceptibles de refléter certaines doctrines économiques ou même des remises en question d'ordre philosophique, propres aux dernières décennies du XVIIIe siècle, les jardins peuvent aussi parfois illustrer certaines idées d'ordre symbolique ou ésotérique. C'est dans un jardin que l'architecte Ledoux conduisit, pour une étrange promenade, l'écrivain anglais William Beckford, spécialiste du *roman noir.* A l'aboutissement de l'itinéraire d'Ermenonville, le marquis de Girardin plaça un édifice symbolique qui paraît fortement influencé par les rites maçonniques : un temple de la Philosophie. Ce petit édifice, à première vue, semble être une lointaine dérivation du monoptère dédié à la déesse Vesta à Tivoli. Mais en fait, il ne s'agit nullement d'une ruine et le protecteur de J.-J. Rousseau a longuement commenté ce temple inachevé, consacré à la Philosophie *encore imparfaite,* sorte d'acte de foi en l'esprit humain. Après Montaigne, auquel était dédié le sanctuaire, après Descartes, Newton, Penn, Montesquieu, Voltaire et Rousseau dont les noms étaient inscrits sur chacune des six colonnes, accompagnés d'une brève devise qui caractérisait leur apport à l'humanité, d'autres savants, d'autres penseurs mériteraient à leur tour une colonne. Dans l'herbe, épars autour du monument, des fûts, des chapiteaux, des morceaux d'entablement attendaient — et attendent encore — d'être érigés pour que le temple soit achevé.

VI. Le règne des fabriques

Le jardin-microcosme, qui réunit — comme l'écrit Carmontelle à propos du parc Monceau — *en un seul espace tous les temps et tous les lieux,* ne trouve son intelligibilité que par un moyen d'expression privilégié : l'architecture. La pagode de Chanteloup, le temple de l'Amour à Trianon, le rocher de la folie Sainte-James ou encore l'île des peupliers à Ermenonville ont popularisé ces petits bâtiments. Ce sont eux qui donnent son accent à un aménagement paysager, qui lui confèrent un *caractère.* Que serait un désert sans ermitage, un Élysée sans tombeau, une prairie arcadienne sans cabane? Les théoriciens consacrent tous de longs développements à l'accord qui doit être trouvé entre l'élément architectural et le paysage — le culturel et le naturel —, ainsi que sur le dialogue qu'ils entretiennent. Morel écrit au chapitre « Bâtimens » de son *Traité :* « C'est particulièrement cette relation du caractère au

En haut, pavillon chinois. Dessin de Desprez (Stockholm, Musée National).
En bas, château de Chanteloup (Indre-et-Loire). La pagode. Lithographie de Deroy.

site que j'appelle convenance dans l'art des jardins. Le choix des fabriques dans le paysage *dépend absolument de la nature de chaque situation, et de l'analogie avec les objets environnants* ». On a longtemps sous-estimé le sens et l'importance de ces *monuments miniatures,* supports privilégiés de citations culturelles. En effet, ce sont les fabriques qui traduisent le programme iconographique, donc symbolique, du jardin. En étroite relation avec les registres de l'émotion ou des sentiments, elles éclairent *la part abstraite* des jardins. Ainsi tour à tour, l'amour, le souvenir ou l'amitié habitent les temples, flottent sur les cénotaphes, se gravent dans les rochers.

A une époque où l'expression — le *caractère* — prime tout, où, sous la plume de Boullée ou de Ledoux, l'architecture devient *parlante,* il semble que les jardins soient les laboratoires privilégiés des architectes. Les plus grands d'entre eux n'hésitent pas à tester de nouvelles formes. Par exemple, Soufflot dans le parc de M. de Marigny à Ménars s'applique à moduler le répertoire des ordres et emploie, à une date précoce, le dorique sans base pour le nymphée. Dans le même esprit, aucun des débats théoriques dont l'architecture est le champ n'échappe aux fabriques. Celui concernant la *cabane originelle* semble même fournir un des thèmes récurrents de l'architecture de jardin. La *hutte* du père Laugier trouve de nombreux échos : *Temple symbolisant l'origine de l'architecture* de Soufflot à Ménars, cabanes de Lerouge, de Brongniart. Bélanger, faisant la part de l'humour et de la dérision, invente même un ordre ionique *en bois et écorce,* à la laiterie construite pour Madame à Versailles. La culture architecturale — et tout spécialement archéologique, à un moment où l'Académie de Rome jouait un rôle primordial — trouve dans les jardins un point d'application immédiat. Soufflot, pour le jardin de Bertin à Chatou, construit un admirable nymphée monumental qui semble amplifier le souvenir de ceux qu'il avait pu voir à Herculanum et Pompéi. Charles de Wailly, qui avait longuement travaillé aux relevés des ruines de la villa d'Hadrien à Tivoli, ressuscite le long canal du Canope dans le parc du château d'Enghien appartenant au duc d'Arenberg, dans les anciens Pays-Bas autrichiens. Mais dans la mesure où l'érudition du XVIIIe siècle brille par son éclectisme, l'architecture des fabriques est à la fois encyclopédique et syncrétique.

Le parcours d'un jardin peut parfois s'assimiler à une sorte de *leçon d'architecture dans un parc.* Leçon tantôt savante, tantôt fantaisiste, mais toujours inspirée. Délaissant le primitivisme de la cabane, on passe au dolmen (Ermenonville) et aux grottes, pour arriver à l'antique magnifique-

Folie Saint-James, Neuilly (Hauts-de-Seine). La grotte. Dessin de Belanger (Bibl. nat., Estampes).

ment représenté par l'égyptien et le gréco-romain, puis l'on en vient au gothique et même à la Renaissance. Chaque style, bien sûr, correspond à des bâtiments spécifiques : l'égyptien aux pyramides et aux obélisques, le gothique aux châteaux et aux ermitages, etc. L'autre source privilégiée d'inspiration est l'exotisme, un exotisme dominé par une véritable passion pour la Chine. Il ne s'agit plus de la Chine des magots rococo et des porcelaines précieuses, mais d'une Chine ethnographique et fascinante dont on rapporte des souvenirs précis. Le témoignage *vécu* de Chambers inspire très précisément la pagode de Chanteloup (Indre-et-Loire) ou les pavillons de L'Isle-Adam (Val-d'Oise) et de Condé-sur-l'Escaut (Nord). En fait, toutes ces fabriques, si belles et si originales qu'elles soient, ne prennent tout leur sens que par rapport à une typologie, diffusée par les recueils de Lerouge ou de Krafft. Mais cette constatation ne diminue en rien l'intérêt de cette architecture expérimentale. En effet, qu'il s'agisse de la *redécouverte* du gothique ou d'une juste évaluation de l'importance réelle de l'architecture vernaculaire (chaumières, fermes, etc.) et de son mépris pour les règles de la symétrie, c'est le jardin qui joue à la fois le rôle de révélateur et de catalyseur. Débarrassé des contraintes économiques et formelles inhérentes aux grands monuments, l'architecte peut alors se laisser aller aux caprices de son imagination, et le jardin devient la marge où viennent s'inscrire toutes les expérimentations, le territoire privilégié de l'innovation.

Or, en 1782, l'abbé Delille s'écrie dans l'*Art d'embellir les paysages* :

« Bannissez des jardins tout cet amas confus
D'édifices divers prodigués par la mode,
Obélisque, rotonde et kiosques et pagode,
Ces bâtiments romains, grecs, arabes, chinois,
Chaos d'architecture et sans but et sans choix,
Dont la profusion stérilement féconde
Enferme en un jardin les quatre parts du monde... »

Tout genre comporte ses propres excès, qui déterminent en même temps ses traits spécifiques. Il apparut donc très vite que les praticiens français du style pittoresque avaient fait la part trop belle à l'architecture, convertissant l'espace du jardin en musée ou en *antiquarium* au détriment des autres composantes. On en revint, au moment de la Révolution et surtout sous l'Empire, à une doctrine plus pure où la végétation retrouva ses droits.

On peut donc définir le développement des jardins pittoresques pendant plus d'un demi-siècle comme un phénomène de culture, qui présente en France certains caractères originaux, mais qui, en même temps, s'inscrit à l'intérieur d'une diffusion internationale qui — à l'instar de l'architecture néo-classique — va des jeunes États-Unis d'Amérique à la Russie de Catherine II.

Démolition de la Bastille en 1789. Tableau d'Hubert Robert (Musée Carnavalet).

La ruine des châteaux au XIXe siècle

Françoise Boudon

Aucune statistique n'a été sérieusement entreprise qui permette d'apprécier l'action dévastatrice du XIXe siècle. Il semble que l'on n'ait pas détruit alors plus de châteaux qu'auparavant. Seules les mentalités ont changé. L'idée de *monument historique,* sinon encore celle de *patrimoine,* s'impose tôt et donne aux chantiers de démolition un caractère scandaleux que personne, avant les excès révolutionnaires, n'aurait songé à leur attribuer. La destruction de Coulommiers n'est pas moins exorbitante, au regard du patrimoine monumental, que celle de Montal (Lot). Elle s'est effectuée sans bruit parce que le XVIIIe siècle, fort d'une veine créatrice ardente, était plus indifférent que ne le fut le XIXe siècle à la conservation des richesses du pays. Ce qui change aussi, ce sont les causes des démolitions. La construction des chemins de fer depuis les années 1840, l'urbanisation accélérée à partir des années 1860 sont des agents de ruine nouveaux et d'une redoutable efficacité. Loin de se substituer à l'action persistante d'agents séculaires de la ruine du château (l'usure du bâtiment par détournement de fonction transformant un château en atelier, en manufacture ou en école l'anéantit aussi sûrement que la pioche du démolisseur, le manque d'entretien, le désir de modernisation), ils s'ajoutent à eux et provoquent à la fin du siècle une situation irréversible qui annonce à court terme un avenir catastrophique pour le château.

I. La fin des destructions symboliques

Bien avant la Révolution, la puissance seigneuriale est déjà une enveloppe sans contenu. Cependant, le pouvoir de fascination du château, sa force emblématique sont encore réels; on peut les mesurer aux excès des années 1790. Une fête macabre de sarcasmes, de dérision et de brutalité célèbre une dernière fois la puissance féodale avant de l'anéantir officiellement. Après la Révolution, le château n'est plus qu'un des éléments pittoresques ou monumentaux du paysage rural. Les contemporains le ressentent fortement : « Depuis que ces rapports [féodaux] ont été détruits, les châteaux ne sont plus que des maisons un peu plus grandes que les autres, où l'on vit comme on veut, sans s'intéresser à ce qui se passe aux environs. » (A. de Laborde, *Description des nouveaux jardins de la France et de ses anciens châteaux,* 1808). Des efforts architecturaux inouïs seront ensuite déployés pour compenser cet affaiblissement; ils resteront vains. La ruine du château comme siège d'un pouvoir politique est irréversible. Elle a au moins l'avantage de le préserver des arguments idéologiques qui peuvent décider de sa ruine.

A vrai dire, sa fonction symbolique ne cesse pas brusquement. Soit conviction soit nostalgie, elle perdure quelque temps encore dans les esprits. On en veut pour preuve la démolition du château de Marcoussis. En 1805, le propriétaire, Arnaud Chastenet de Puységur, décide d'abattre la forteresse édifiée par les seigneurs de Graville. Il veut lui éviter d'être transformée en prison d'État. Les raisons officielles invoquées sont nobles : une demeure seigneuriale d'une telle ancienneté ne peut servir aux basses œuvres du nouveau régime. A l'argumentation passéiste se mêlent aussi des arguments philanthropiques. Au vrai, la décision n'est sans doute pas pure de vues prosaïques, parmi lesquelles domine certainement le souci de se débarrasser dignement d'un château inhabitable et impossible à entretenir. Mais on ne s'étonnera pas que, dix ans après l'explosion révolutionnaire, la destruction d'un château garde encore une résonance symbolique manifeste, liée à la fonction que celui-ci tenait dans la société d'Ancien Régime.

Plus on avance dans le siècle, plus s'estompe, avec le souvenir de cette fonction, le risque de voir un château démoli pour des raisons idéologiques. Les projets destructeurs de P.-L. Courier contre Chambord (1821), qui sont loin de faire l'unanimité, procèdent de raisons étrangères à la symbolique castellique. Outres les raisons sociales — la multiplication souhaitée de la petite propriété — il s'agit avant tout d'une raison morale : le théâtre du stupre des Valois et des Bourbons ne saurait être offert en cadeau au jeune prince sur qui reposent les espoirs d'une monarchie renouvelée. C'est une raison éthique qui condamne Chambord, non une raison idéologique.

Les révolutions de 1830 et de 1848 sont surtout urbaines; elles ne troublent guère les campagnes et n'atteignent pas les châteaux. En février 1848, l'administration se rassure à peu de frais, se donne bonne conscience sans tracas en faisant badigeonner les emblèmes royaux que l'on peut trouver à Fontainebleau. Naïve et un peu grotesque dans son inefficacité, l'initiative vaut la peine d'être retenue, car elle procède encore de l'idée que le château a une charge symbolique qui le rend vulnérable.

Cette charge est-elle encore efficace à la fin du siècle? Elle intervient sans doute pendant la Commune; elle est peut-être à l'origine de l'incendie des Tuileries. Mais ceux des châteaux de Saint-Cloud, d'Issy, de Stains, de Meudon sont évidemment à verser au dossier des faits de guerre. En revanche, il y a certainement dans l'indifférence de la IIIᵉ République à reconstruire ces châteaux, relativement peu endommagés, des raisons proprement idéologiques.

Le seul courant de pensée originale qui eût pu sérieusement menacer le château — le saint-simonisme et ses théories sur la propriété — a été totalement inefficient en la matière. Les tentatives de Saint-Simon pendant la Révolution pour démembrer de grandes propriétés ne seront pas poursuivies. Enfantin à Chanteloup agit plus comme liquidateur des biens de Chaptal que comme disciple de Saint-Simon : la liquidation commence en 1823 et sa rencontre avec le philosophe date de 1825. Jacques Laffitte n'invoque le saint-simonisme que pour mieux relancer la médiocre opération de lotissement du parc de Maisons (Yvelines, 1838) : *A l'abri des doctrines saint-simoniennes, Laffitte baptise philanthropie ce qui est spéculation* (G. Poisson). En la qualifiant de *colonie,* il tente de lui donner une teinture sociale qu'elle n'a assurément pas. Elle est toute entière régie par des mobiles financiers.

II. Spéculation et destruction

Si l'idéologie est une raison diffuse, spécieuse et fugace de démolir un château, la spéculation en est une bien plus réelle, concrète et permanente. On manque d'études quantitatives qui permettraient de suivre la vie du phénomène au cours du siècle. On a assez d'exemples, cependant, pour affirmer que dans la première moitié du XIXᵉ siècle, la spéculation sur la ruine du château est particulièrement florissante. A toute époque, le château et son domaine ont constitué un plat de roi pour les marchands de matériaux et de terrains. Mais jamais comme dans les années 1800-1840, ne s'étaient présentées dans toutes les provinces une suite de circonstances aussi favorables pour les spéculateurs : des communes encombrées de biens nationaux souvent en mauvais état qu'elles ne peuvent ou ne savent gérer, exploiter ou revendre, des familles ruinées incapables de remédier aux dégâts causés à leurs demeures par la Révolution, de nouveaux riches pressés d'investir, avides de posséder de la terre. Toutes les conditions sont remplies. La Bande noire peut se mettre au travail.

Les ravages de cette célèbre association d'entrepreneurs de démolition sont immenses. Dans toute la France, une infinité de domaines sont démembrés, vendus par lots, au point qu'on a vu dans la Bande noire l'agent le plus actif de la première moitié du XIXᵉ siècle dans la partition de la terre et dans l'avènement de la petite propriété (Luis Will, article Bande noire dans la *Grande Encyclopédie,* t. V, p. 225), se substituant avec succès aux saints-simoniens. Autant de nouveaux propriétaires de terres, autant de constructeurs en puissance qui auront besoin de pierre et de bois de charpente. A une époque où les matériaux sont chers, où l'extraction de la pierre n'est pas parfaitement mécanisée, les matériaux réemployés ont une grande valeur. Grandes ou petites, médiocres ou splendides, une infinité de demeures sont dépecées, vendues pour leurs pierres, leurs charpentes, leurs tuiles, leurs boiseries, leurs ferrures, leurs sculptures, leurs meubles, comme le fait Jacques Laffitte aux abois, encourageant les acquéreurs de lots en offrant à bon compte les démolitions des écuries de Maisons auxquelles Mansart avait donné deux siècles auparavant tous ses soins. Les romans de Balzac sont pleins d'allusion à cette récupération. Les scandaleuses démolitions de Gaillon (Eure), de Montargis (Loiret, 1809), d'Anet (Eure-et-Loir, 1811), de Chanteloup (Indre-et-Loire, 1828), de Richelieu (Indre-et-Loire), de Fresnes (Seine-et-Marne) dont la chapelle avait été édifiée par F. Mansart (1828), de Navarre (Eure, 1835), de Sarcus (Oise, 1833), de Limours (Essonne, 1836) sont bien connues. Il manque cependant une analyse du phénomène. Les méfaits de la Bande noire, son rayon d'action, le volume des affaires traitées, le choix des bâtiments à démolir, la relation entre les démolitions des châteaux et l'accélération de la construction dans les agglomérations voisines sont encore mal étudiés. La Bande noire est un épouvantail qu'agitent les historiens du vandalisme, sans que soit faite la distinction entre les faits et le mythe, l'imagerie populaire. Il faut aussi prendre garde que ces agissements destructeurs sont souvent autant le résultat d'actions individuelles, occasionnelles, dispersées, que le fruit d'actions concertées d'une *bande* organisée.

Toutes ces opérations ne présentent d'ailleurs pas le caractère de table rase qu'on leur a souvent prêté. Beaucoup de démolitions ont été menées de façon fragmentaire, de manière à lotir le plus possible en démolissant le moins possible pour économiser les heures d'ouvriers et de charrois. Les restes du château de Brèves (Nièvre), étudiés par F.-C. James, illustrent, dans leur pitoyable laideur, le processus toujours suivi dans ce type de démolition, habile, économe dans sa mise en œuvre, effroyable dans ses résultats. Entre 1825 et 1838, en même temps que le domaine de Brèves est divisé, l'ancienne demeure seigneuriale bâtie au XVIIᵉ siècle, bien qu'en parfait état, est ruinée dans ses parties hautes. La grande toiture, d'un

En haut à gauche, château de La Tour-d'Aigues (Vaucluse). Le donjon fut ravagé par un incendie en 1780 puis détruit en partie par les révolutionnaires en 1792.

En haut à droite, château de Fère-en-Tardenois (Aisne). Démoli à partir de 1779 par la famille d'Orléans.

En bas, château de Chinon (Indre-et-Loire). Laissé à l'abandon dès la fin du XVIIe siècle, il fut détruit en partie sous la Révolution et sous l'Empire.

entretien trop coûteux et renfermant un espace inutilisable parce que difficile à diviser, est abattue. Les gros murs, la cage de l'escalier sont rognés jusqu'à être ramenés à la hauteur convenable pour les six petites maisons qui vont se partager la surface du château. De l'austère demeure de François Savary qui constituait un maillon intéressant — et rare dans le Nivernais — du mouvement baroque français, il ne subsiste plus, au-dessus du soubassement bien conservé, que des restes de chaînages, des encadrements de fenêtres et le curieux bandeau de l'entablement au droit de chaque travée, noyé dans un vilain crépi, le château n'est plus qu'un conglomérat informe, une ruine hideuse en faveur de laquelle seul l'historien peu plaider.

Ce type de démolition, si courant encore aujourd'hui, ne connaît pas d'*a priori* stylistique. Tout, du Moyen Âge au XVIIIe siècle, peut être démoli du moment que les matériaux et le terrain sont réutilisables.

III. Démolitions et critères stylistiques

La notion de style cependant joue un rôle non négligeable dans la ruine du château au XIXe siècle, et ceci de deux façons antagonistes, soit qu'elle accélère, soit qu'elle freine le processus de la ruine.

Le goût du temps pour l'architecture *gothique* — mêlé, au respect pour les édifices consacrés par l'histoire, selon une vue partagée par le jeune service des Monuments historiques — est un bon garant contre la démolition. Il peut même contribuer à sauver des ruines très abîmées. Le château de Chinon, depuis longtemps, servait de carrière occasionnelle aux habitants de la ville. Le développement de la construction dans les années 1830 donne à cette pratique épisodique un caractère systématique. Le dépeçage, mené dans le désordre, rend bientôt la ruine dangereuse. Il apparaît alors sage de raser ce qui reste du château. Le 26 août 1854, le conseil municipal vote la destruction des ruines. Le projet, vivement combattu par le parti des *antiquaires,* soutenu par Mérimée, est rapporté en 1855. Les ruines sont consolidées. En 1839, les ruines du château de Grignan (Drôme) — à demi détruit en 1793 — sont sauvées et conservées en l'état grâce au goût vif qu'un amateur, Léopold Faure, porte à l'architecture du milieu du XVIe siècle (elles seront abusivement restaurées au début du XXe siècle).

Mais l'amour de l'art, perversement exploité, peut aussi être un agent de ruine des plus pernicieux. On sait le sort cruel fait à Montal (Lot) dans les années 1880. Des spéculateurs avisés parient sur le goût des amateurs pour la sculpture et le décor de la deuxième décennie du XVIe siècle. Les lucarnes, les trumeaux, les cheminées, mais aussi les frises, les médaillons, tout est arraché sans égard pour le gros œuvre. Le château, sur le point d'être classé en 1877, n'est plus qu'une ruine en 1881, lors de la deuxième vente.

L'argument le plus décisif en faveur de la démolition est sans doute le désir d'être moderne. Le phénomène n'est pas nouveau. Il acquiert cependant, à partir de 1850, une ampleur particulière. Les motivations esthétiques sont fortes; elles sont exacerbées par le courant éclectique qui, offrant la possibilité de satisfaire tous les caprices historicistes, porte en lui un trait jamais encore poussé à ce degré dans l'architecture castellique : le paraître. En outre, les raisons pratiques de reconstruire sont plus décisives qu'elles ne l'ont jamais été. Grâce aux progrès de la technique, pour la première fois, modernisation est véritablement synonyme de transformation du mode de vie. Reconstruire son château permet enfin de jouir à la campagne des raffinements du *comfort* moderne : le chauffage central, l'eau courante, et d'indispensables accessoires comme le monte-plats et le téléphone intérieur. Tout ceci ne saurait trouver place dans les vieux châteaux. Le mouvement de reconstruction s'explique enfin par la prospérité économique du second Empire. Dans tous les cas, les demeures reconstruites sont d'une surface double ou triple de la demeure primitive. Les industriels, banquiers et parlementaires qui sont en même temps grands propriétaires terriens semblent supporter le coût exorbitant d'une reconstruction fastueuse sans affaiblissement apparent de leur train de vie.

Le XIXe siècle reconstruit et restaure; il implante rarement *ex nihilo* de nouveaux châteaux sur des terrains vierges. L'extrême qualité des sites choisis par la longue lignée des propriétaires de châteaux d'ancienne implantation s'impose. Ce sont eux que l'on retient. Une fois le vieux château démoli, on a le choix entre une reconstruction sur les mêmes fondations ou un déplacement. Dans la majorité des cas, ce déplacement se justifie par le désir de s'éloigner du village, traditionnellement lié au château seigneurial dans les sociétés d'Ancien Régime. Le château du XIXe siècle veut s'isoler dans le parc. Et c'est pourquoi la restauration, même radicale, des anciennes demeures, est souvent repoussée. Le fait est évident aux Essarts (Vendée) où la famille de Lespinay campe précairement dans le vieux château incendié à la Révolution jusqu'à ce que son état de fortune soit suffisant pour financer une reconstruction. En 1853, on abandonne le château où Anne de Pisseleu avait fait tant de transformations et l'on édifie, beaucoup plus loin, au milieu du parc, une belle demeure massée, d'un néo-gothique retenu. Les ruines sont visibles de loin, dans les frondaisons, des fenêtres du salon; le village est bien masqué. A Ferrières-en-Brie (Seine-et-Marne), où Paxton construit magnifiquement pour James de Rothschild, les raisons du déplacement sont scénographiques, les raisons de la démolition du château existant sont stylistiques et, comme souvent, sociales. Le banquier ne peut se contenter du petit château sans caractère bâti dans le creux du parc. Le nouveau château, édifié à quelque trois cents mètres de là, sera légèrement surhaussé de manière à dominer le lac et le parc superbement planté. L'ancien château est rasé, son emplacement effacé dans le nouveau dessin des jardins. A La Flachère (Rhône), construit par Viollet-le-Duc en 1863, le déplacement, insignifiant, n'en est pas moins fatal au premier château et à ses communs. Tout est rasé. Il s'agit évidemment de se débarrasser de la vieille bâtisse, dont on ne veut même pas réutiliser les fondations, sans rien perdre des avantages de l'emplacement primitif.

Dans la deuxième moitié du XIXe siècle, l'intense mouvement d'édification des châteaux se fait donc presque toujours au détriment de demeures plus anciennes. Dans ces châteaux détruits, les chefs-d'œuvre n'abondent pas; il s'agit souvent d'architecture hétéroclite, faite de la juxtaposition, de la superposition, de constructions successives. Les commentaires des contemporains sont significatifs. En 1862, le baron de Wismes se félicite de la construction, *sur l'emplacement d'une ancienne maison assez vulgaire,* du nouveau château de La Maboulière (Vendée), dans un style Louis XIII du meilleur ton (*Le Maine et l'Anjou historiques,* t. II, 1862). L'intérêt de ces petites demeures ainsi sacrifiées est, pour l'historien, d'appartenir à une chaîne, de constituer ce qu'il faudrait appeler l'*architecture mineure castellique,* celle qui, élevée souvent par des architectes anonymes, possède des caractères identiques qui perdurent longtemps et se transforment lentement. Architecture banale, peu spectaculaire, et partant peu représentée. Dans quelques cas favorables — celui d'une reconstruction par agrandissement où l'architecte a fait le relevé avant travaux, comme à Lauture (Tarn-et-Garonne) ou à Chamousset (Rhône) — l'image du château primitif a été conservée. Le plus souvent, on ne connaît du château détruit que le plan-masse, enregistré sur les plans cadastraux des années 1830-1840.

La destruction du vieux château démodé n'est pas inéluctable. Plutôt que de la démolir, on reconvertit parfois la vieille demeure, lui assignant alors un usage trivial. Le château devient ferme, régie, conciergerie. Hodé, en Anjou, a donné l'exemple de cette pratique raisonnable et respectueuse. C'est celle que recommande Viollet-le-Duc, dans son apologue sur la construction de la maison idéale. Paul, le héros de l'*Histoire d'une maison* (1873), l'esprit enflammé d'un projet de maison neuve, regarde d'un œil critique le vieux château familial. L'adolescent le détruirait volontiers pour en bâtir un autre plus moderne. L'opposition du père, nette, est nourrie d'arguments sociologiques : « L'habitude des yeux est quelque chose qu'il ne faut point heurter; les gens du pays réunissent dans leur pensée l'habitant et sa maison; changez celle-ci, ils ne reconnaîtront plus celui-là. » La solution proposée est toute de mesure : quand la nouvelle maison sera construite, non loin de la première, les villageois prendront l'habitude d'aller de l'une à l'autre jusqu'au moment où une ruine naturelle emportera la vieille demeure. Le restaurateur de Pierrefonds, à la fin de sa vie, comme s'il était fatigué de la manipulation exercée sur les édifices, de l'altération de leur intégrité, plaide pour la juxtaposition de générations architecturales. Il n'a guère été entendu.

IV. La ruine du château et l'aménagement du territoire

L'expansion industrielle du XIXe siècle n'a pas menacé les châteaux de front. Les manufactures exigent plus qu'auparavant la construction de locaux adaptés et, après 1850, le temps est presque révolu de châteaux convertis en filature, en tannerie ou en distillerie. Les châteaux sont plus menacés par deux éléments de cette expansion — cause ou conséquence — le chemin de fer et l'urbanisation.

La linéarité de la voie ferrée n'est une menace pour le château que dans un cas précis : lorsque celle-ci, forcée par des impératifs techniques évidents, comme la ligne de moindre pente, utilise les fonds de vallée, les rives d'un fleuve. Or ces sites sont par excellence, depuis toujours, le lieu d'implantation des châteaux qui trouvent là l'espace et l'eau nécessaires à leur défense et plus tard à l'aménagement de leurs parcs. La vallée de la Seine, à la hauteur d'Évry, fournit un excellent exemple de la rivalité dramatique qui éclate entre le château et le chemin de fer dans les années

Ci-dessous, arrêté d'un représentant du peuple en Dordogne ordonnant la démolition des châteaux forts du département. 27 frimaire an II (Arch. nat., AD^{XXC} 73, n° 87).
En bas, proclamation des représentants du peuple aux armées du Rhin ordonnant la vente des biens des aristocrates. 2 juin 1793 (Arch. nat., AD^{XXC} 73, n° 188).

1850. Dans ce beau site, depuis le XVIe siècle au moins, une chaîne continue de châteaux se développe des deux côtés du fleuve ; la densité castellique est exceptionnelle, la qualité de l'architecture et la beauté des jardins, remarquables. A partir de 1840, l'installation de la ligne Paris-Fontainebleau, ramenée au bord de la Seine par la présence du plateau voisin, condamne la rive gauche de la façon la plus insidieuse et la plus irréversible qui soit. Aucun château n'est détruit, mais tous les parcs sont sectionnés. La preuve est alors rapidement administrée que sans parc un château ne saurait survivre. L'une après l'autre, ces demeures — Petit-Bourg, Grand-Bourg, Fromont, Neubourg, Mousseaux — qui chaque jour voient passer le train au bas de leur grande pelouse, sont désertés, transformés ou démolis. Il n'en reste plus un aujourd'hui.

Le sort de Bercy n'est pas moins exemplaire. En 1847, la voie de chemin de fer de Paris à Lyon passe au pied du perron du château construit par Le Vau. La gare de Bercy-Conflans est construite au milieu du parc. En 1860, la fondation de la Société des magasins généraux de Bercy consacre la puissance des compagnies d'entrepôts sur ce secteur, attirées par le réseau ferré. En 1861, le château est vendu. La coïncidence des dates n'est pas fortuite. L'acte de vente est assorti d'une clause de démolition obligatoire selon une formule très ancienne et souvent utilisée dans les années 1830 lors des ventes à la Bande noire. Les sociétés historiques sont mises devant le fait accompli. Que sauver d'ailleurs d'une demeure classique dans un paysage d'entrepôts ? Quelques boiseries ? C'est ce qui fut fait. La destruction du château du Raincy (Seine-Saint-Denis) s'organise sur un schéma semblable, à ceci près que les trois quarts de l'édifice avaient déjà été abattus en 1804. La restauration des restes, sous Louis-Philippe, n'empêche pas sa vente, en 1854, comme bien national. La grandeur du parc représente une aubaine extraordinaire pour les spéculateurs. En 1856, un immense lotissement est dessiné, à côté duquel on édifie la gare du Raincy-Villemomble. Tant il est vrai que l'urbanisation suit désormais le chemin de fer. Dans cette mesure, les châteaux situés en dehors des agglomérations sont aussi menacés que les autres. Pour ceux qui sont construits dans les villages ou aux portes des villes, le lent phénomène d'absorption du château par la ville — celui qui a condamné Bicêtre, Château-Trompette — se poursuit inéluctablement : aux portes de Paris, Montrouge, Issy, Ivry sont à la fin du siècle détruits ou si transformés qu'ils en sont méconnaissables.

L'évolution du parc de Petit-Bourg entre la fin du XVIIIe siècle et le milieu du XXe siècle. On voit en bord de Seine le tracé de la ligne de chemin de fer. (Document CNRS. CRHAM. Dessin J. Blécon).

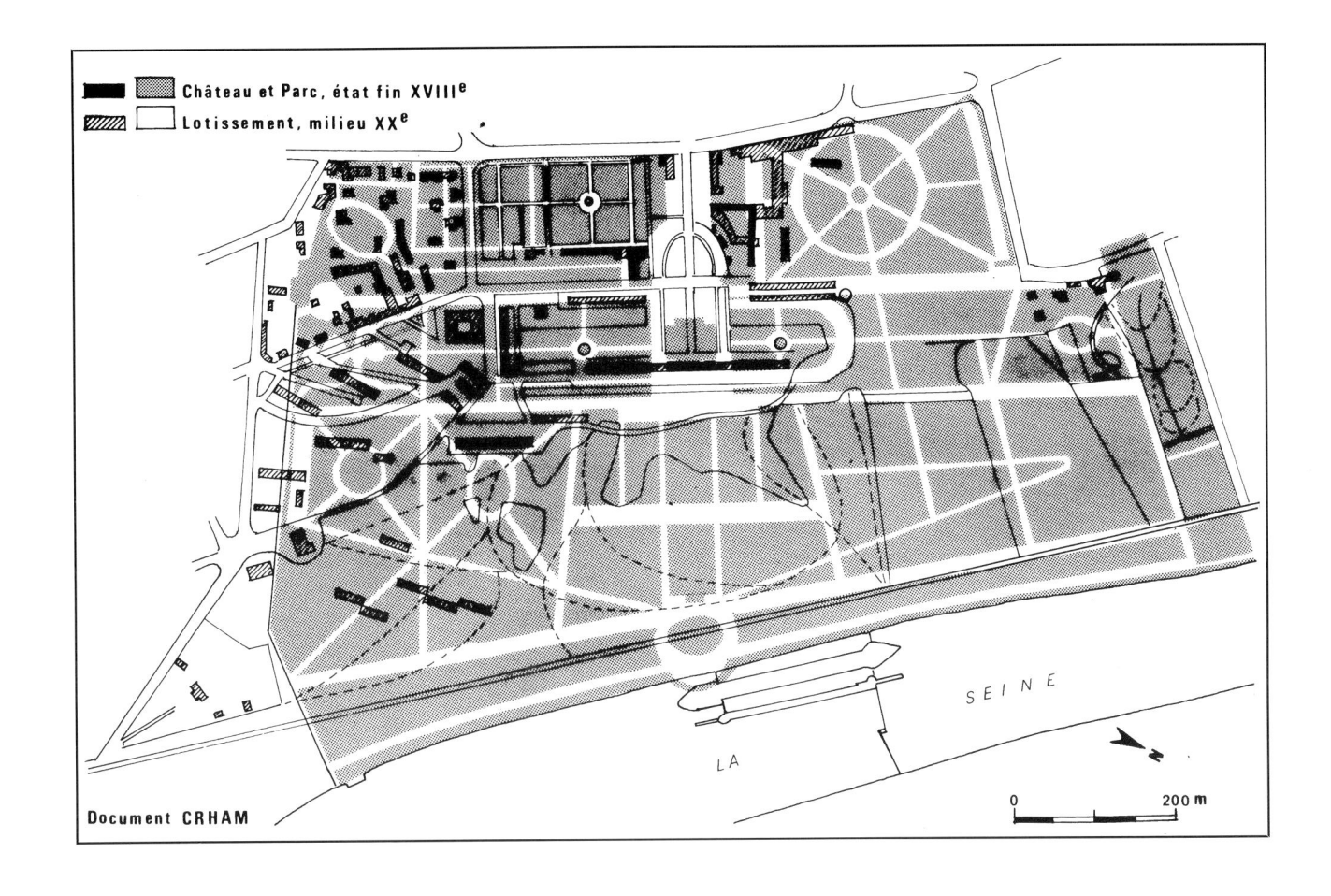

Château-Margaux (Gironde).

Du château à la villa : l'inspiration néo-palladienne

Jean-Pierre Mouilleseaux

La Révolution française a occasionné une redistribution de la propriété foncière. On a vu se constituer de vastes domaines et, en même temps, le retour à la terre a fourni à la bourgeoisie l'occasion d'investir et d'incarner son nouveau pouvoir, comme le montre Balzac dans *Les paysans*. L'architecture des châteaux édifiés alors participa à cet effort de mise en valeur économique et sociale. A Clisson (Loire-Atlantique), par exemple, La Garenne-Lemot se voulait une Arcadie nantaise, qui transforma jusqu'à l'aspect de la campagne; comme il avait patiemment rassemblé les terres, le moderne Mécène y multiplia les constructions, souvenirs de l'Italie classique et rurale.

La région du Bordelais offre peut-être l'occasion d'un rapprochement avec un type particulier d'architecture de la Renaissance, où s'est illustré Palladio. En effet, la *villa* de Vénétie, située au cœur du domaine foncier, est à la fois centre d'administration et résidence de campagne du propriétaire. Il y avait une double fonction de la villégiature, à la fois la détente du loisir et la surveillance des travaux agricoles. Outre la maison du maître, les bâtiments comportaient les communs, voisins ou intégrés à la composition architecturale. C'est un peu le cas du *château* bordelais qui désigne aussi bien la production, un cru particulier, que la propriété viticole et ses constructions. Citons l'exemple privilégié de Château-Margaux en Médoc, édifié à partir de 1810 par l'architecte néo-classique bordelais, Combes. Le château lui-même, isolé, est situé à l'extrémité d'une longue allée bordée d'un côté par les écuries, ateliers et locaux du régisseur, de l'autre par les chais abritant les barriques sous une charpente supportée par des colonnes toscanes. Avec son porche à colonnes couronné d'un fronton, précédé d'un perron très vénitien, et avec ses volumes blancs clairement lisibles, la référence au temple se fait évidente. C'est là une constante de la poétique de Palladio. Autour du petit jardin du château, s'étendent les vignes et d'autres bâtiments, comme une petite cité ouvrière, une bergerie... L'architecte modèle le paysage rural et lui confère, outre les références formelles historiques, une unité proche de l'organisation de certaines plantations du Nouveau Monde. Non loin de Bordeaux, encore, le château de Plassans intègre facilement à l'espace agraire ses corps de bâtiment bas, formant un large U. Le logis central contient en son axe une salle ouvrant côté cour et côté champ par un porche à fronton, ce qui met en évidence, à la façon palladienne, l'élément de transition entre le dehors et le dedans. Le monde rural, concerné par les développements de l'industrie (déjà sous l'Ancien Régime), montre quelques exemples de cette organisation fonctionnelle du château, des constructions à partir d'une activité économique. A Syam, dans le Jura, un maître de forges, et notable de la Restauration, entreprend en 1819 de faire bâtir un château par Lapret (qui venait d'édifier l'église du village). La structure imposante de la maison rappelle la *Rotonda* de Vicence, avec son vaste salon couvert d'une coupole, et les communs reflètent un peu les *barchese* de Vénétie. Mentionnons aussi Jouy-en-Josas (Yvelines) où le château des Oberkampf est postérieur à la manufacture.

Cela conduit à s'interroger sur les survivances du palladianisme dans le château français après la Révolution; ou à s'interroger sur les nombreuses citations de formes et d'éléments. Bien avant les pastiches à la Gabriel datant de l'époque de la IIIe République, on remarquera une continuité dans la tradition du *style Louis XVI*. En Normandie, le château de La Vacherie (vers 1815), précédé d'un porche à colonnes ioniques, articule sèchement ses volumes, à la façon de Ledoux, tandis que près de Paris, le petit château de Saint-Ouen, bâti pour Mme Du Cayla en 1821 par J.J.M. Huvé, est proche du logis néo-palladien de Royaumont (Val-d'Oise, vers 1786). Souvent, le parti architectural s'inspire du plan massé des villas idéales de Palladio, exaltant le rapport entre l'espace clos et l'espace libre. On connaît la célèbre publication de Krafft, *Recueil d'architecture civile contenant les plans, coupes et élévations des châteaux, maisons de campagne, situés aux environs de Paris...* (1800-1807), ou la maison bâtie vers 1825 par Durand à Thiais, dont le plan est en croix et le porche ouvert, conformément aux solutions palladiennes. Des édifices inscrivent leur commandement par un perron ou une terrasse, avec, en leur centre, un avant-corps semi-circulaire précédé de colonnes : comme à la Maison carrée d'Arlac, près de Mérignac (1786-1789) ou au château de Rastignac en Périgord (1811-1817) qualifié de *maison à l'italienne*. Les éléments significatifs du néo-palladianisme ne sauraient être réduits à l'apparition de fenêtres serliennes sur le dessin des façades. Il faudrait aussi tenir compte de l'emploi des colonnes *in antis* à La Noé, dans la région nantaise (1836), et des colonnades superposées, à la façade du grand château de Ferrières (Seine-et-Marne), rendez-vous de chasse des Rothschild, édifié à partir de 1857 par John Paxton, l'architecte du Crystal Palace. Seule une étude archéologique des constructions d'âge classique pourrait permettre de mesurer l'importance des interventions qui ont, au XIXe siècle, modifié l'aspect originel des châ-

La Vacherie à Barquet (Eure). Construction attribuée à Fillette, vers 1815.

teaux. Des perrons, en particulier, furent ajoutés pour donner plus de grandeur aux façades, asseoir l'édifice sur un socle et communiquer avec le terrain par une gradation plus noble que le plain-pied. A Kerlevenan (Morbihan), le perron fut modifié en 1827-1828, donnant un *air italien* à l'édifice du XVIIIe siècle.

Les mots *villa à l'italienne* qualifient très souvent, au début du siècle, ce qui s'appelait auparavant *château* ou *maison de campagne;* mais le terme est chargé d'ambiguïté puisqu'il désigne à la fois la référence à un prototype vénitien, et la marque de l'architecture de la Toscane ou de la campagne romaine, plus familières après tout aux voyageurs français... Cela est évident à Clisson (Loire-Atlantique) où les bâtiments agricoles constituent autant de citations pittoresques à la recherche de l'effet visuel. Ce goût du pittoresque, issu de la sensibilité romantique, provoque un glissement de fonction puisque, de l'architecture rurale, on en vient à concevoir une architecture *rustique,* c'est-à-dire *à la manière campagnarde.* De nombreux ouvrages illustrés paraissent, qui répandent les prototypes d'une architecture de maison de campagne : Percier et Fontaine en 1798, Durand en 1800, le Bordelais Clochar en 1809, Normand en 1815, le Nantais Seheult en 1821, jusqu'à Daly et Viollet-le-Duc sous le second Empire. A la faveur des grandes opérations foncières patronnées par Morny, encouragées par Napoléon III, on voit se multiplier les chalets normands de Deauville, les villas italiennes de la Côte d'Azur, avant les chalets basques de Biarritz.

Un autre type de glissement s'amorce : le pittoresque et ses accords éclectiques envahissent davantage l'édifice principal lui-même et la notion de château-maison de campagne ne correspond plus à une propriété foncière, source de revenus, image d'un pouvoir économique et d'un succès social. La villa est faite pour abriter les brefs séjours du propriétaire, avant tout pour son agrément. Point de terres, mais un petit parc, limité par les murs du jardin voisin (ou alors, des terrains pour le lotissement). Car l'édifice n'est plus isolé mais inscrit dans le schéma urbanistique de quartiers résidentiels installés sur des sites de choix. La villa se hausse sur un soubassement, ce qui, avec son isolement, la distingue encore de la demeure urbaine. A la fin du siècle, comme aujourd'hui, les éléments pittoresques des villas ont perdu peu à peu toute référence historique au passé artistique. Un effet de vulgarisation tend à rendre banal le vocabulaire des formes architecturales, pour aboutir au pavillon de banlieue. Il faut attendre les années 1920 pour que des architectes comme Jean-Charles Moreux ou Emilio Terry dessinent et construisent pour de riches amateurs quelques variations raffinées sur un thème palladien, ou les années 1980, avec le courant « post-moderne » et ses citations dans le texte...

Maison de campagne, Cestas (Gironde). Planche tirée des Habitations modernes, *de F. Narjoux et E. Viollet-le-Duc (1875).*

Le château au XIXe siècle

Françoise Bercé

Faut-il rappeler ici, après tant d'autres, l'apparent paradoxe du château-roi au XIXe siècle? Alors que la Révolution française avait aboli les privilèges et brûlé un peu partout, avec les titres féodaux, les tours, les fuies et les pigeonniers, l'*Annuaire des châteaux* de 1888 dénombre 40 000 propriétaires de ces symboles de la réaction.

Qu'entendre par château? Comme l'avait bien noté Viollet-le-Duc, le rôle essentiel de défense du château féodal a perdu toute signification à partir de la Renaissance. On donnerait volontiers une définition économique du terme de château à partir du XIXe siècle : ce serait le centre d'un domaine agricole, par opposition à la villa ou à la maison à la campagne, qui ne sont pas sources de revenus; on sent tout ce que cette définition a d'incomplet. On pourrait imaginer aussi les dimensions minimales au-dessous desquelles on ne saurait décrire un château, mais une grande maison; cette statistique n'a pas été faite. Ce pourrait être l'unité d'habitation familiale qu'une maîtresse de maison ne saurait gérer sans l'aide de trois, quatre ou cinq domestiques (selon l'époque). Ou encore beaucoup penseront qu'il faut respecter l'appellation donnée par les contemporains aux édifices; en feuilletant les collections de cartes postales du siècle dernier on constatera bientôt que le terme de château recouvre d'immenses demeures comme de grosses maisons ou même des villas. « Hélas, dit M. Gandeleau, paraître est la grosse affaire, et tel petit bourgeois retiré qui se fait bâtir une maison de campagne, veut avoir ses tourelles régulièrement disposées aux angles d'un bâtiment symétrique, et entend qu'on appelle cette bâtisse incommode... le château » (Viollet-le-Duc, *Histoire d'une maison*).

Le patrimoine castral français était si considérable que les constructions sont beaucoup plus rares que les restaurations. On n'a pas cru devoir les traiter de façon distincte : il n'est question ici que des châteaux ayant fait l'objet de modifications profondes et non de restaurations archéologiques.

I. Les châtelains

C'est selon toute apparence l'étude de la composition des classes possédantes, de leur fortune, de leurs origines et de leur goût, qui permettrait de résoudre ces apparents paradoxes. Elle a été partiellement faite d'un point de vue économique et social, mais ses résultats ont été rarement mis en rapport avec l'histoire de l'architecture, sinon par Christian Derouet dans son travail sur Hodé et la noblesse légitimiste de l'Ouest, ou par Véronique Miltgen dans une exposition consacrée à la Touraine néo-gothique.

On sait que, pendant la Révolution, les confiscations pour fait d'émigration n'ont porté que sur environ un tiers du domaine nobiliaire. Paul Bois comme Jean Vidalenc ont montré que les nobles de l'Ouest avaient souvent conservé leurs biens et que, dès 1802, beaucoup de ceux qui étaient rentrés avaient reconstitué une fortune suffisante. Paul Bois montre même qu'en 1825, avant même la loi du *milliard des émigrés,* le domaine s'était reconstitué, non strictement à l'échelon individuel, mais à l'échelon régional, les uns ayant regagné ici ce qu'ils avaient perdu là. La noblesse a cherché en outre, forte de l'exemple anglais, à rassembler des terres formant bloc autour du château, afin de pouvoir pratiquer une culture intensive d'un meilleur rendement. En 1826, les départements où la proportion des grosses cotes est nettement supérieure à la moyenne nationale sont en premier lieu le Maine-et-Loire, un groupe situé au nord d'une ligne joignant les environs de Paris à la Normandie (Seine-et-Marne, Seine-et-Oise, Seine-Maritime, Eure et Calvados) un groupe bourguignon (Nièvre, Saône-et-Loire, Rhône, Allier), et une petite zone languedocienne. Le nord du Bassin parisien vient ensuite, ainsi que le Sud-Ouest aquitain et la basse vallée du Rhône. On dénombre 3 500 châteaux, domaines ou clos pour le seul département de la Gironde. C'est donc plus l'Ouest que l'Est, et plus encore les plaines riches et de grande culture. On peut aisément superposer cette carte de la grande propriété à celle qui a été publiée naguère par Pierre Du Colombier *(Le château de France)*. La duchesse de Clermont-Tonnerre disait que son grand-père Choiseul passait pour l'un des plus grands propriétaires de son temps : « il avait des biens en Seine-et-Marne, dans la Sarthe, dans le Nivernais, cette Royal Dutch des propriétés, et enfin je ne sais combien de fermes dans le Multien ».

La valeur des terres et leurs revenus ne cessèrent d'augmenter jusqu'à la crise de 1880 environ. L'intérêt porté à l'agriculture par les classes instruites, dont témoigne leur appartenance aux diverses sociétés d'agriculture, n'y est pas étranger. L'importante proportion de nobles parmi les grands propriétaires de l'Ouest et l'investissement de leurs fortunes dans la terre ne doivent cependant pas faire oublier une situation très différente en Lorraine ou dans la région de Mulhouse où, ainsi que le souligne l'abbé Choux *(Les châteaux de Lorraine)*, « la bourgeoisie d'affaires et les industriels vont rivaliser avec la noblesse traditionnelle et la noblesse impériale pour la rénovation ou la construction des châteaux ».

Au reste, les revenus de la terre pouvaient se combiner avec des investissements dans l'industrie naissante. G. Dupeux, dans son étude sur le Loir-et-Cher au XIXe siècle, a montré que la noblesse n'avait pas été la dernière à investir dans l'industrie. Dans le Nord, c'est la combinaison de la vie agricole et de l'industrie textile qui fournit la carte de la densité de la population et des régions prospères. Si l'on devait dresser une carte des départements qui en 1890 payaient les plus grosses cotes, sans doute observerait-on des variations sensibles par rapport à la situation de 1820, en raison des progrès évidents de l'industrialisation depuis cette date. Il ne faudrait peut-être pas chercher ailleurs la raison d'un déplacement des grandes réalisations du second Empire et de la IIIe République, de l'Ouest rural vers le Nord, la Lorraine, le Rhône, le Nivernais, en particulier.

Échappent à cette tentative de classification les plus grandes fortunes du temps. On a souvent compté parmi les causes de la prospérité nobiliaire du XIXe siècle le *milliard des émigrés*. En fait, la loi ne servit guère la terre puisque les remplois se firent surtout en rentes. Il faut rappeler que les principales indemnités furent accordées au duc d'Orléans (pour un quart), aux Choiseul, aux Liancourt, à La Fayette, à Gaétan de La Rochefoucauld, aux comtes de Thiars et de Lameth. Effectivement les Choiseul et les La Rochefoucauld comptent parmi les plus grands châtelains du siècle.

L'origine de la propriété du château — héritage, achat, construction sur une terre héritée ou achetée — ainsi que la qualité du châtelain et l'origine de sa fortune entraînent autant de différence dans le regard et le sentiment que porte le provincial sur le château le plus proche. Ainsi que nous l'avons vu, une bonne partie de la noblesse a gardé, ou repris le château paternel. Dans *L'histoire d'une maison,* Viollet-le-Duc a mis dans la bouche du père de Paul une analyse très fine des rapports qui se sont établis au fil des années entre une famille de châtelains, les fermiers et les voisins. « Combien ai-je vu de ces propriétaires qui, en détruisant la maison laissée par leurs pères pour la remplacer par une habitation conforme aux exigences du moment, brisaient du même coup le lien qui rattachait leur famille aux humbles habitants du voisinage! »

Analysant à propos des maisons de Saint-Maclou (Eure) l'importance du château, le commentateur de *La Vie à la campagne* écrit : « un château solidement campé sur sa colline, les pieds enracinés dans le roc, avoisiné d'arbres séculaires rangés comme des vassaux rendant hommage à leur seigneur, éveille invariablement l'idée de permanence ». Les regroupements de terres consécutifs à la Révolution, l'arrivée de nouvelles familles sur certaines terres vont porter un coup certain à cette familiarité du terroir. Elisabeth de Clermont-Tonnerre note avec amertume dans ses *Mémoires* l'époque à laquelle son père loua son petit château sarthois à une famille inconnue parce que les Gramont ne pouvaient résider dans tous leurs châteaux. Sous l'Ancien Régime, il est vrai, la noblesse n'avait résidé à la campagne que par économie. Ceux qui le pouvaient s'efforçaient de passer au moins l'hiver à la grande ville la plus proche et surtout à la Cour, source de toute faveur. La Restauration va décevoir une partie de cette noblesse revenue d'émigration ; avant 1830 déjà, elle retourne sur ses terres où l'appellent de nouvelles modes, la gestion savante des domaines, le goût pour un romanesque retour aux sources agrestes. Le renouveau catholique encourage ce mouvement qui écarte des tentations de la vie mondaine des grandes villes. Ce retour à la terre va évidemment se doubler d'une attitude de retraite politique dans une bonne partie de la noblesse, à partir de la monarchie de Juillet. Cet exil se prolongera pour certaines familles sous le second Empire, avec, bien sûr, de nombreuses exceptions.

En refusant toute charge officielle, d'ambassadeur par exemple, les Luynes et les La Rochefoucauld vont s'enrichir, et dépenser en constructions une partie de leurs revenus. N'oublions pas en outre les intentions philanthropiques de certains riches propriétaires qui font construire, autour de 1848 et de 1870, pour donner du travail aux ouvriers. Viollet-le-Duc s'en est fait l'écho dans *L'histoire d'une maison.* Cependant toute la noblesse n'est pas légitimiste. Sous le second Empire, on la voit séjourner de préférence sur ses terres à la fin des mois d'été, pour les récoltes puis pour la chasse. C'est aussi la saison des vacances des magistrats et des collégiens.

A la notion de permanence des familles va s'opposer une notion de plus en plus familière aux membres des grands corps de l'État, celle d'une implantation qui, par le jeu des alliances, dépasse le cadre d'une ville ou d'une seule région. Tudesq, dans son étude sur *Les grands notables de France au XIXe siècle,* souligne qu'il n'est pas rare de voir les membres d'une même famille posséder des châteaux dans toute la France.

Par contre, la résidence des industriels à proximité de leur industrie, comme Schneider au Creusot (Saône-et-Loire) ou Benoît d'Azy dans la Nièvre, revêt une signification analogue à la permanence de certaines familles dans leurs terres. Dans le monde de l'industrie et de la banque, il est cependant difficile de déterminer des cliva-

Château à Fontenay-le-Comte (Vendée). Carte postale avant 1914.

ges significatifs. C'est ainsi que l'on aurait pu imaginer une différence d'attitude marquée entre hommes nouveaux qui construiraient, et riches héritiers qui restaureraient. La réalité ne se plie guère à ce schéma. Les Rothschild (Ferrières, Armainvilliers, Laversine), les Greffulhe (Bois-Boudran à Nangis, La Rivière à Thomery), les Ephrussi (Vaux-le-Pénil), les Porgès (Rochefort-en-Yvelines) restaurent aussi souvent qu'ils construisent. Les Mallet (Jouy), les Péreire (Gretz), les Hottinguer (Le Piple à Boissy-Saint-Léger ou Champ-Brûlé à Nangis), les Seillières (Thury ou Mello), les Gouin (Fondettes), construisent autant qu'ils restaurent. Les industriels sont souvent propriétaires de châteaux anciens. Les maîtres de forges appartenaient souvent à la noblesse. Ainsi les Schneider pour Apremont (Oise), les Benoît d'Azy ou les Boigues qui possédaient plusieurs châteaux dans la Nièvre, les frères et les cousins habitant souvent dans un rayon très étroit. Si la veuve Clicquot fait construire à Boursault (Marne), Lebaudy succède à la duchesse de Berry à Rosny (Yvelines) et possédera, entre autres, Azay-le-Ferron (Indre).

Les monographies consacrées aux châteaux d'importance secondaire permettront de mieux connaître les châteaux des notables. Une étude récente, consacrée au Conseil d'État sous la monarchie de Juillet et le second Empire, nous amène ainsi à constater que si la proportion de la noblesse dans ce grand corps de l'État est importante, elle n'y est pas dominante ; nous avons pu vérifier ensuite que les familles notables du Conseil d'État possédaient effectivement des châteaux vers 1880. Il reste à préciser quelle était l'importance de ceux-ci. En revanche, parmi les familles bourgeoises du Loir-et-Cher propriétaires de plus de 1 000 hectares, on n'en a relevé qu'une, les Martinet, qui fut propriétaire de château (La Morinière).

Il y a une catégorie particulière de châtelains qui suscite volontiers notre curiosité, c'est celle des artistes et des hommes de lettres. A tout seigneur tout honneur : Alexandre Dumas, dès 1846, demande à son architecte Durand de lui tracer à Port-Marly (Yvelines) un parc anglais au milieu duquel il veut un château Renaissance, en face d'un pavillon gothique, entouré d'eau. Il y a là un ambitieux programme, le musée de Lenoir n'était pas oublié et le pastiche très à la mode. Dumas écrit lui-même : « pourquoi les sculpteurs n'empruntent-ils pas ça et là une tête à tel groupe de Michel-Ange, un bras à tel autre et ainsi de suite... » Moins coûteux que l'imitation, il a recours au moulage et certains éléments du château sont empruntés à Anet et à Villers-Cotterêts. Arsène Houssaye se fait construire une galerie de style Louis XIII pour abriter ses tableaux anciens au château de Parisis (Bruyères-sous-Laon, Aisne). Dans les Deux-Sèvres, à Fontenay-le-Comte, Octave de Rochebrune transforme le château de Terre-Neuve en y introduisant des éléments provenant de Coulonges-les-Royaux (Deux-Sèvres), des soleils en bois doré provenant de Chambord, une bibliothèque du château de L'Hermenault (Vendée). A Chanzeaux (Maine-et-Loire), le comte de Quatrebarbes fait aménager une salle des Croisades. A La Court-d'Aron, en Vendée, les propriétaires successifs et surtout Raoul de Rochebrune pratiquent un éclectisme d'amateur : une cheminée du château de La Lyère est incorporée dans une demeure qui compte un cartouche de l'ancien château de Poiré de Velluire (Vendée), et dont la galerie haute rappelle celle du château d'Apremont, tandis qu'un entablement imite celui de La Guignardière à Avrillé (Vendée). Il y a dans l'attitude de ces artistes et collectionneurs, faisant copier ou intégrant un fragment ancien à leur château, quelque chose qui rappelle la course aux reliques du haut Moyen Âge, reliques nécessaires à la sacralisation de la nouvelle demeure. Celle-ci bénéficiera peut-être ainsi des charismes attachés aux familles auxquelles elle a appartenu, à défaut des mérites reconnus à la permanence d'une famille dans un lieu donné. De la même façon que l'enracinement familial, le fétichisme des pierres amène Jérôme Pozzo di Borgo à transporter à Dangu, en Normandie, la demeure qu'il possédait à Montretout (Hauts-de-Seine), imitant son oncle qui avait fait remonter à La Punta (Corse) des éléments du palais des Tuileries.

On réservera un sort particulier aux acheteurs allemands de châteaux français en Lorraine après la guerre de 1870. Pour témoigner de l'architecture allemande en France, Guillaume II fait construire Urville, le major von Stietencron le château des Carrières à Niderviller, et le baron d'Uxhull le château et le domaine des Bachats à Rhodes (Moselle). A la construction de ces châteaux allemands devait répondre en 1905 la construction du château de Mercey-lès-Metz, de style français, par Marie de Coetlosquet, après l'incendie du château précédent.

II. Les architectes

La carrière de J.-A. Froelicher (1790-1866), né à Soleure, dont les hasards de l'émigration avaient fait le frère de lait de Mathieu de Montmorency, nous a été révélée par une étude de François Macé de Lépinay. Cet architecte, dont aucun grand dictionnaire ne fait mention, a pourtant bénéficié pendant la première moitié du siècle de la clientèle légitimiste française la plus fortunée, puisque, après avoir restauré Rosny (Yvelines) pour la duchesse de Berry, il construisit La Brunetière (Eure-et-Loir) en 1840 pour le marquis de La Briffe, Bonnelles (Yvelines) pour le duc d'Uzès, et travailla à Chailland (Mayenne) pour le marquis de Chavagnac, ou à Kernevez (Finistère) pour le marquis de Guébriant. De même, les Rothschild cherchant toujours à s'attacher les praticiens les plus confirmés, il construisit pour eux les dépendances de Suresnes et de Ferrières, comme il avait dessiné celles de Courtalain (Eure-et-Loir) pour Mathieu de Montmorency.

Deux remarques s'imposent lorsque l'on examine le cas Froelicher : l'oubli dans lequel tombent les architectes qui n'ont eu qu'une clientèle privée, et le déroulement tout officieux de leur carrière. C'est en effet de bouche à oreille que l'on se passe le nom de l'architecte, et c'est au vu des réalisations, des alliances, voire des opinions politiques qu'il est retenu ; ce qui explique aisément la difficulté que rencontrent les chercheurs pour retrouver, un siècle après, les commandes faites à tel ou tel d'entre eux.

Après s'être créé une clientèle, Froelicher fonde une dynastie. Son gendre, Henri Parent (1819-1895), lui succède après avoir collaboré avec lui à Cany (Seine-Maritime) et Cheverny (Loir-et-Cher). C'est lui qui restaure les châteaux d'Avrincourt, d'Esclimont (Eure-et-Loir) et de Bonnétable (Sarthe) pour le duc de Doudeauville, de Léran (Ariège) pour les Lévis-Mirepoix, de Trélon (Nord) pour les Mérode, de Noisiel (Seine-et-Marne) pour Menier. Là ne s'arrête pas la famille. Clément Parent (1823-1884), frère de Henri, construit Bournel (Haute-Saône) pour Léonel de Moustier et travaille à Boursault (Marne) pour les Clicquot et la duchesse d'Uzès. Enfin Louis Parent (1854-1909) poursuit la carrière familiale en restaurant Le Lude (Sarthe) pour le marquis de Talhouet (1895) et construit Bon-Hôtel (Loiret) pour M. de Saint-Maur.

Peut-être plus anciennement célèbres sont les Destailleur. Hippolyte Destailleur (1787-1852), élève de Percier, remporte en 1808 le prix du concours ouvert par l'Empereur pour construire une orangerie d'hiver. Bien qu'il n'ait finalement pas exécuté cette commande, sa médaille lui valut la clientèle du duc de Vicence en 1811 pour le château et l'église de Caulaincourt (Aisne). Sa carrière se déroule à la fois sur un plan officiel, puisqu'il est l'architecte du ministère des Finances, de celui de la Justice et de la Monnaie, et en même temps l'architecte de la duchesse d'Orléans et celui des Noailles. Son fils, Gabriel-Hippolyte, reprend la clientèle paternelle. En particulier il travaille à Mouchy (Oise), pour les Mouchy-Noailles, puis à Conflans (Yvelines) et Franconville (Val-d'Oise). Après avoir construit l'hôtel viennois d'Albert de Rothschild, il obtient la commande du château de Waddesdon pour Ferdinand de Rothschild, en Angleterre.

A la dynastie des Parent et des Destailleur, il faut ajouter celle des Sanson. Ernest Sanson (1836-1918), élève de Gilbert et de Questel, évolue dans les cercles officiels, mais construit Voisins (Yvelines) pour le comte de Fels. Son fils, Maurice (1864-1917), construit autant de châteaux que d'hôtels parisiens. Une place non négligeable doit être faite à Aldrophe (1834-1895) qui, après s'être fait connaître pour sa participation aux grandes expositions de 1855 et 1862, reçut de nombreuses commandes d'hôtels parisiens, en particulier celle de Thiers place Saint-Georges, avant d'avoir la flatteuse clientèle des Rothschild à Laversine (Aisne) et des Gramont à Vallière (par Mortefontaine, Oise). René Sergent (1865-1927) clôt cette série fort incomplète des architectes *du grand monde*. Il travaille en particulier avec Ernest Sanson à Voisins et au Boulay-Morin (Eure).

On opposera à ces praticiens, dont la clientèle est surtout privée, les grands architectes de l'État qui ont fait quelques dérogations en faveur de clients princiers. Ainsi Lesoufaché pour le duc de Trévise à Sceaux, Daumet pour le duc d'Aumale à Chantilly, Duc et Roux pour l'Empereur à Biarritz. On notera que Baltard a construit pour Haussmann, à qui il devait tant, Cestas en Gironde.

La clientèle des architectes en chef des Monuments historiques semble différente. Le respect qui s'attache à la science archéologique de Viollet-le-Duc incite Mme de Mauvezin à solliciter son intervention pour Roquetaillade (Gironde).

« C'est l'homme le plus habile en ce genre qui en a la responsabilité, son avis est celui d'un maître, nous avons l'esprit tout à fait tranquille », note-t-elle dans son journal. C'est en 1860 que le marquis de Virieu lui demande un projet de restauration pour le château de Pupetières (Isère) et en 1862 que le comte Antoine de Chaponay lui confie le soin de reconstruire celui de La Flachère à Saint-Vérand (Rhône). La notoriété supplémentaire qu'attire à Viollet-le-Duc le chantier impérial de Pierrefonds (Oise) n'est sans doute pas étrangère à ces commandes. Quant à la maison Sabatier à Pierrefonds, qui est un véritable château par ses dimensions, il est certain que la proximité de la forteresse en restauration est à l'origine et de la proposition du propriétaire et de l'acceptation de l'architecte qui, comme beaucoup de ses confrères, cherche à limiter l'aire géographique de ses interventions. C'est ainsi que Duban, qui mène pendant tout le second Empire le chantier de Blois, restaure en Loir-et-Cher Chalay et Sandat. Plus remarquable avait été son intervention dans le château de Dampierre (Yvelines) pour le duc de Luynes. Boeswillwald, architecte en chef des Monuments historiques et architecte diocésain, construit à Montigny (Nord), tandis que Duthoit à Roquetaillade, Darcy à Pupetières, Wyganowski pour le château Sabatier, surveillent les chantiers de Viollet-le-Duc. Charles Suisse, architecte diocésain, travaille à La Rochepot (Côte-d'Or), Olivier construit le magnifique château de Saint-Roch (Tarn-et-Garonne), mais on observe que les activités officielles de ces architectes étaient trop prenantes pour leur permettre d'accepter une importante commande privée.

Il en va différemment de certains architectes départementaux auxquels l'entretien ou la surveillance des bâtiments publics semblent laisser quelques loisirs. Joly-Leterme restaure Montreuil-Bellay (Maine-et-Loire) pour les Grandmaison, et La Morandière, qui succède à Duban à Blois, construit Noyant (Indre-et-Loire). On connaît Gustave Alaux en Gironde et en Lot-et-Garonne, Burguet et Duphot dans la région de Bordeaux et la Gascogne, Hodé en Anjou, Guérin en Touraine, Delfortie dans le Nord, Félix Fornier dans le Rhône, mais il y en eut beaucoup d'autres. Chaque département, chaque région eut ses architectes célèbres, aujourd'hui oubliés. On découvre que le père Mellet, qui a restauré Solesmes, travailla au château de Bois-Cornillé (Ille-et-Vilaine), tandis que l'abbé Brisacier semble avoir bénéficié d'une notoriété qui lui valut la construction du château de Chistré à Vouneuil (Vienne).

L'étude de Christian Derouet sur l'Anjou dénombre ainsi une quantité d'architectes-constructeurs, ignorés du grand public (Bibard, Beignet, Delâtre, Dussouchay...). Dans l'*Histoire d'une maison,* souvent citée, le jeune architecte, cousin du héros, Paul, rappelle qu'après avoir bâti une usine dans la vallée de la Loire, « la plupart de ces messieurs ayant des hôtels et des châteaux, il devint leur architecte et eut bientôt ainsi une belle clientèle et plus de travaux qu'il n'en pouvait faire ».

Des architectes étrangers ont évidemment travaillé en France. On connaît le nom de Paxton, celui de Lutyens, venu élever des monuments funéraires dans l'Ouest au début du siècle, est moins célèbre. Il construit le manoir de Varengeville (Seine-Maritime) pour Mallet. Horta travaille en Meurthe-et-Moselle, au Bois des Harts et dans le Nord. Cependant, là encore, une étude d'ensemble manque sur les conséquences et les influences de ces interventions, relativement rares semble-t-il.

On a parlé de la familiarité qui se crée entre le client et l'architecte : celui-ci passe parfois plusieurs mois et même une ou deux années auprès de ses clients. Cependant il semble en aller tout autrement lorsqu'il s'agit des plus célèbres d'entre eux. Une aimable controverse s'est récemment élevée entre ceux qui tiennent Roquetaillade pour l'œuvre de Viollet-le-Duc, au vu des honoraires perçus, et ceux qui le reconnaissent pour l'œuvre de Duthoit, en considérant le nombre de relevés et d'études de sa main et la longueur de ses séjours au château. Le problème pourrait être soulevé pour de nombreux autres chantiers de Viollet-le-Duc, le maître ayant toujours dépêché l'un de ses disciples, dont la part est aussi variable que difficile à préciser. Il en est de même pour Duban et la plupart des « grands ». Au reste, dans bien des cas il est dit des constructions qu'elles ont été faites *sur les plans* de Parent ou de Sanson. Selon toute vraisemblance, l'expression est à prendre au pied de la lettre, et c'est un entrepreneur qui suivait sur place le chantier, voire le châtelain lui-même. Aussi doit-on avoir ces réserves à l'esprit pour juger des partis choisis. Il serait intéressant d'ailleurs de comparer le portrait idéal de l'architecte vu par le propriétaire avec le portrait idéal du propriétaire vu par l'architecte. Les notices nécrologiques de Destailleur ou de Duphot rappellent leur affabilité, leur patience jamais prise en défaut et leur bonne éducation. Planat, dans son *Encyclopédie de l'architecture,* souligne à la fin du siècle l'esprit de recherche des architectes qui s'opposerait souvent à la routine des propriétaires, plus attachés à la forme extérieure qu'au plan. Viollet-le-Duc aura même ce jugement sévère sur les dangers de la sincérité en architecture : « La plupart des personnes qui font bâtir redoutent de s'adresser à des architectes sachant bien leur métier, mais d'un caractère indépendant. Ce qu'elles cherchent ce sont des médiocrités complaisantes qui se prêtent à toutes leurs fantaisies. » Et ailleurs : « Quand les gens du monde, quand les personnes qui font bâtir, et qui par conséquent sont favorisées de la fortune, en sauront un peu plus qu'elles n'en savent, elles s'apercevront que le mieux est de s'en rapporter aux hommes spéciaux pour traiter des questions spéciales, et de les laisser faire. »

III. Les dénominateurs communs du château du XIXe siècle

A parcourir les innombrables photographies, les gravures, les plans du XIXe siècle, il apparaît qu'en dépit, ou au travers, de leur diversité un certain nombre de traits communs, ou plus fréquemment rencontrés, peuvent être dégagés. Ainsi, le château est-il généralement construit sur une hauteur, à la fois pour voir mieux la campagne environnante et en être vu. Lorsque le sol ne permettait pas d'établir des fondations solides, le château était donc construit sur un terre-plein rapporté; il se présente bien différemment de ceux des XVIe et XVIIe siècles qu'il prétend imiter, et qu'accompagnaient dans une même composition les communs ou la butte entourée de fossés sur laquelle il était construit.

Le XVIIIe siècle avait fréquemment établi ses demeures sur un sous-sol exhaussé, voire repoussé au premier étage les appartements nobles. On y accédait, comme dans les villas palladiennes, par un grand escalier qui constituait un élément décoratif, au-dessus d'un rez-de-chaussée réservé au service. Au siècle dernier, peut-être pour des raisons de confort, on a assimilé cette leçon, mais elle est alors appliquée à des styles néo-Renaissance ou néo-gothique. Les sous-sols, sous forme de demi-rez-de-chaussée, sont aménagés pour le service. L'ensemble de l'édifice est ainsi surélevé. A l'extérieur, un matériau différant de celui de l'ensemble du château, pierre ou moellon suivant les cas, l'individualise du reste des bâtiments.

Ce qui affirme à coup sûr le château du XIXe siècle, c'est l'importance et la pente des toitures. Ces lignes élancées vers le ciel ne peuvent être l'effet d'un hasard, mais, comme les clochers rétablis sur les églises, l'affirmation d'un symbolisme spirituel. Cette nouvelle silhouette n'est possible qu'avec l'emploi de l'ardoise et l'existence de charpentiers et de couvreurs compétents. Elle s'explique peut-être par le développement parallèle des chantiers de restauration des églises gothiques. Cette prolifération de poivrières, de clochetons, de combles aigus, veut ignorer l'entretien difficile et coûteux imposé aux décennies suivantes. Des arêtes faîtières en plomb couronnent souvent les toitures. On sait que vers la moitié du siècle des recueils de modèles de tels couronnements étaient publiés par des maisons comme Monduit. En Franche-Comté, l'ardoise supplante la tuile brune traditionnelle dans les édifices construits ou modifiés : ainsi Cornod dans le Jura change complètement de silhouette par cette substitution du matériau de couverture, par la modification de la pente du toit et la création de lucarnes. Lorsque le volume de l'édifice s'apparente au style Henri IV ou Louis XIII, les corps de bâtiment reçoivent une toiture différenciée du quadrilatère central. Les toitures en pénétration sont rares. Ainsi, en Lorraine, à Corny, le grand toit à croupe du corps central est-il remplacé par cinq toits distincts. L'ensemble est ainsi découpé sur le ciel dans une ligne ascensionnelle.

Le perron est également un élément fondamental dans la symbolique du château. Viollet-le-Duc dans le *Dictionnaire* rappelle la signification qu'il aurait eue à l'époque féodale : le lieu d'où l'on rendait la justice; on pouvait donc y voir un attribut prestigieux du seigneur, tout comme le pigeonnier.

Mais la place dévolue au perron s'explique sans doute surtout fonctionnellement par l'importance du soubassement et du sous-sol. Il faut compenser la surélévation du rez-de-chaussée. Seul le perron ennoblit certaines maisons bourgeoises provinciales. On y pratique d'ailleurs, moins le noble emmarchement classique, que le petit perron simple et un peu raide qui contribue à donner un axe à l'édifice; ainsi est-il complété par le balcon et la grande lucarne. Il existe un nombre infini de variantes pour chacun de ces éléments et pour leur combinaison, selon le style dominant de l'édifice, et nous en verrons quelques-unes plus loin. Les lucarnes se multiplient dans les combles, où l'on crée souvent deux étages pour y placer des chambres de service.

Dans cette perspective de château-promontoire, on voit se multiplier les belvédères. Doit-on y voir l'influence des célèbres terrasses de Chambord? La liste de ces observatoires serait fastidieuse. Nommons cependant Fontenay-le-Pesnel (Calvados), Brochon (Côte-d'Or), Fournil (Dordogne), Valmirande (Haute-Garonne), Montmirey (Jura), Boursault (Marne), Malans (Haute-

Saône), Tilly (Seine-et-Marne), Bagnac (Haute-Vienne) où une guette joue un rôle analogue au belvédère qui somme la tour ancienne du château de L'Échelle (Haute-Savoie), dominant la vallée du Foron. Dans la *Revue de l'architecture et des travaux publics* (1872) on trouve même un modèle de belvédère avec son orientation. Pour en terminer avec les grands traits, communs aux châteaux du siècle dernier, il faut parler de leur complément indispensable, le parc. Comme l'a bien souligné Charles Derouet dans son étude sur les réalisations rurales des propriétaires terriens entre 1840 et 1870, l'élément complémentaire fondamental du château est le parc, *image idéalisée d'une nature qui ne serait jamais plate ou féconde mais qui est là pour l'agrément*. C'est ainsi que sont constitués de pittoresques vallonnements artificiels. Le parc permet de dissimuler le village voisin, les communs. *Du perron on n'aperçoit que des prairies bien entretenues et de verts bosquets*. A propos du château du Coudray-Montbault (Maine-et-Loire), on relève ce commentaire : « M. Amant, depuis 1896, a fait disparaître les bâtiments de la ferme, sur lesquels ont été établis d'agréables jardins Renaissance entourés par les douves d'eau vive, heureusement ombragées. » Édouard Buhler, d'origine suisse, créa un nombre fort important des parcs, en collaboration avec l'architecte Parent.

IV. Les styles « néo »

Le néo-gothique

Succédant au néo-classicisme qui subsiste encore dans les années 1830, le style néo-gothique envahit la littérature, après les jardins et les arts décoratifs et avant l'architecture. On reconnaît même un style troubadour, dans la ligne directe du pavillon de la Reine Blanche des étangs de Chantilly, illustration d'un retour au gothique plus littéraire dans ses sources que savant. Quel serait ce vocabulaire troubadour? Tourelles à ouvertures en anse de panier, voire accolades à crochets et choux frisés, balustrades de pierre ajourée devant les balcons et à la base des toitures. Sans doute ce type de décor fleurit-il particulièrement dans le Val de Loire, où le tendre tuffeau facilite une décoration à bon marché. La conjoncture d'une mode avec la relative prospérité d'une noblesse propriétaire exploitante en favorise alors la multiplication. On en trouve cependant des exemples ailleurs, à Vesvrotte (Côte-d'Or) — aujourd'hui disparu —, à Contenson (Loire), comme à La Martinière (Indre-et-Loire); le volume est classique, presque palladien, seuls la balustrade découpée à la base du toit, le perron, les accolades à crochets surmontant les fenêtres sont troubadour. A Pont-Rémy (Somme), le député A. Du Maisniel de Liercourt construit à partir de 1837 un château dont le porche s'ouvre par trois arcs brisés couronnés d'une accolade flamboyante, tandis que les fenêtres du rez-de-chaussée épousent la forme de lancettes. L'axe du porche surmonté d'une terrasse est continué par l'arc en accolade des premier et deuxième étages, encadrés de deux pinacles, le tout coiffé d'un pignon sculpté. Sur l'autre face du bâtiment, le mur forme une sorte d'abside arrondie, percée là encore de fenêtres à lancettes. Établir une chronologie précise de l'architecture troubadour serait une entreprise prématurée; son emploi semble cependant exceptionnel après 1850.

En revanche, le néo-gothique, dans sa diversité est plus vivace. Ainsi, dans le Pas-de-Calais, Agénor Taffin de Tilques ajoutait à son château d'Écou, alors en très mauvais état, tours, échauguettes, crénelage, et ceci dans le dernier quart du siècle. Dans le même département, le baron Béthune, célèbre archéologue belge, donnait le choix à Mme de Florimond entre trois plans d'extension de son château : ce fut le néo-gothique qui l'emporta. Les travaux, commencés en 1885, consistent d'abord à greffer une galerie sur l'arrière du bâtiment du XVIIIe siècle, tandis que l'on construisait un bâtiment nouveau en retour d'équerre. Une grosse tour était placée à la jonction des deux ailes. En 1900, la galerie était précédée d'un porche crénelé percé d'une archivolte fleuronnée. Dans l'Aisne, au château de Wiège-Faty, sur un château brique et pierre s'inspirant *à la fois de l'art gothique et de la Renaissance,* on créait des lucarnes à gâbles dentés. Une grosse tour polygonale y était couverte par une terrasse et terminée par des créneaux. En 1880, dans l'Indre, le propriétaire, M. de Longuemar, reconstruit un château féodal. Le néo-gothique n'est donc pas limité à la première moitié du siècle, et la grosse tour crénelée est toujours associée à l'idée de château.

Les influences peuvent être moins naïvement transposées. A Martinvast (Manche), au château de Beaurepaire, le baron de Schickler fait reconstruire en 1867, à l'emplacement de l'ancien château, une demeure inspirée de l'architecture monastique. Deux galeries y sont construites. L'une s'ouvre vers l'extérieur par de larges arcades, l'autre rappelle les galeries de cloître avec fenêtres en tiers-point et oculus au-dessus de baies géminées. Des chapiteaux à feuillages décorent le tout.

Infiniment plus subtile est l'interprétation par

Château de Fournil (Dordogne). Bâtiment de style néo-Renaissance par Duphot (Revue générale de l'architecture et des travaux publics, *1868*).

Viollet-le-Duc de la modénature gothique dans ses projets de restauration. Il ne s'agit plus d'imitation, mais d'une interprétation un peu sèche peut-être, mais rationnelle, de la fenêtre gothique, des pleins et des vides au service des jeux d'ombre et de lumière. Françoise Boudon a montré toute cette subtilité dans ses commentaires de l'œuvre du maître, lors de l'exposition qui lui a été consacrée. L'influence de Viollet-le-Duc et celle de ses élèves seront sensibles à partir de la restauration de Pierrefonds. On retiendra alors la leçon du décor au pochoir et des frises décoratives, ainsi à Chistré (Vienne), au Lude (Sarthe), à Bonnétable (Sarthe) où poutres et solives restent apparentes et où se déroule l'histoire de la fée Mélusine.

Si le néo-gothique apparaît tôt en Anjou et en Touraine, il se termine tardivement en Bourgogne avec la savante reconstruction de La Rochepot, effectuée pour le colonel Sadi-Carnot par l'architecte Charles Suisse. Mais peut-être s'agit-il là moins d'une création néo-gothique que d'une restitution archéologique réussie dont nous pourrions encore citer des exemples plus proches. L'approfondissement des études sur l'architecture du Moyen Âge, le rôle joué par la Société française d'archéologie, les exigences manifestées par l'administration des Monuments historiques ont fait passer de l'imitation du décor à la compréhension de la structure.

Le néo-Renaissance

Les modèles Renaissance connaissent une fortune plus grande encore. Les châteaux de la Loire fascinaient l'imagination des contemporains d'Alexandre Dumas et de Balzac. En outre, la juxtaposition, dans les châteaux du XVIᵉ siècle, d'éléments médiévaux et d'ajouts postérieurs était pastichée dans les créations du XIXᵉ siècle. Ainsi l'imitation de la première Renaissance s'accommode-t-elle volontiers d'éléments gothiques, comme tours crénelées, pont-levis, ou douves en eau. Azay-le-Rideau est souvent cité : pour le château de Fournil (Dordogne), construit par Duphot, pour celui de Bagnac à Saint-Bonnet-de-Bellac (Haute-Vienne), pour les énormes demeures de Saint-Roch (Tarn-et-Garonne), ou de Mouchy (Oise). Blois influence directement Bois-Cornillé à Vitré, Beaumont et Brou (Indre-et-Loire), ce dernier restauré comme son modèle par La Morandière. Un damier de brique et pierre orne un pignon à Candé (Maine-et-Loire), ou l'encorbellement d'une tourelle à Fontenailles (Indre-et-Loire). Le thème de la statue équestre

Château de Bon-Hôtel à Ligny-le-Ribault (Loiret). En haut : vue générale du château bâti en style éclectique par Parent. En bas, plan du bâtiment (P. Planat, Encyclopédie de l'architecture et de la construction*).*

est repris, notamment au Lude (Sarthe) et à Bournel (Haute-Saône). Chambord inspire les hautes cheminées et les grandes lucarnes.

La loggia est diversement interprétée. A Ételan (Seine-Maritime), chaque palier de l'escalier s'ouvre sur l'extérieur par une large arcature. A Baudiment (Vienne), seule la fenêtre du premier étage donne sur une petite terrasse couverte, ouvrant à l'extérieur par une loggia. A Saint-Roch (Tarn-et-Garonne), ce sont les loges François-Ier à Blois qui inspirent la forme des arcatures, les voûtes étant peintes à fresque. A Bayon (Meurthe-et-Moselle) est construite sur le côté une grande logette à claire-voie, tandis qu'à Trélon (Nord) la loggia accompagne le perron. La galerie a d'autant plus de succès qu'elle permet d'abriter les nombreuses collections réunies alors, tout en reliant harmonieusement deux tours ou deux corps de bâtiment en avancée.

On trouve au château du Lude (Sarthe), un bon exemple des apports successifs du siècle : en 1854-1855, construction d'une grosse tour pour y placer en sous-sol une salle des gardes, à l'étage une bibliothèque et un escalier ouvrant sur le grand vestibule. En 1895, à l'aile Louis-XII était ajoutée extérieurement une statue équestre, tandis qu'intérieurement elle était aménagée en grande galerie. Une cheminée décorée de monogrammes de pierre, des solives apparentes, une frise en pierre dans la grande salle avec décoration murale polychrome donnent alors à l'ensemble le ton voulu. Louis Parent, qui poursuit cette restauration, ajoutera ailleurs une terrasse et un vaste escalier.

Certains châteaux comme Mouchy (Oise) sont d'abord doublés (1840) par la construction d'un corps de bâtiment. En 1855, une terrasse est construite du côté de la vallée, puis Destailleur transforme les « bâtiments nus en splendides constructions Renaissance » (Magasin pittoresque, t. XXXIII), avec trophées et trumeaux décorés de bustes royaux. Dans des demeures moins illustres, la mise au goût du jour était sacralisée par l'adjonction d'une tourelle, dans laquelle on abritait un escalier supplémentaire, un porche couvert et une galerie.

On choisira pour exemple de création dans le style de la Renaissance le château de Bon-Hôtel. Alors que l'édifice est construit sur un plan quadrangulaire, cantonné de tourelles en encorbellement, chacune des façades principales est marquée en son centre par un léger avant-corps. Sur la façade nord, l'avant-corps est précédé d'un porche couvert. Il s'ouvre à chaque étage sur l'extérieur par des fenêtres géminées. Le tout est surmonté d'une haute lucarne. Les lignes horizontales sont affirmées par des cordons joignant

Fig. 27. — Vue du château de Bon-Hôtel.

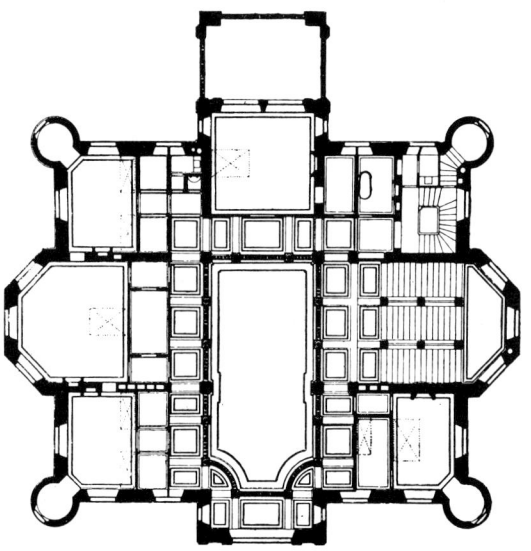

Fig. 30. — Plan du château de Bon-Hôtel : premier étage.

balcons et tourelles d'angle. Sur l'arrière, la forme des ouvertures passe du rectangle à trois meneaux au rez-de-chaussée à la fenêtre arrondie au premier étage, toujours à trois meneaux, pour arriver au troisième étage à deux baies géminées que surmonte une fenêtre unique sommée d'un fronton décoré. Les façades latérales sont rythmées de tourelles pentagonales en leur milieu.

A la fin du siècle, Garros construit, pour le baron de Lassus, Valmirande (Haute-Garonne) *dans le style de la première Renaissance.* Trois pavillons rectangulaires inégaux avec tourelles rythment soixante-dix mètres de façade. Le pavillon principal est terminé par un mur-pignon et dominé par un belvédère de quarante mètres de haut. Sur la façade sud règne une grande terrasse, en face d'un parc dessiné par Buhler et des parterres d'E. André. Un degré permet d'y descendre. Deux avant-corps à trois pans supportent de petites terrasses au premier étage. Dans ces somptueuses constructions, chaque détail d'architecture pris isolément pourrait être comparé à un élément authentique ancien. Cependant l'échelle de l'édifice, l'exhaussement de l'ensemble, l'exagération des superstructures, l'accumulation des tours et tourelles, les rapports du château et du domaine en font des œuvres tout à fait autres.

Le néo-Louis XIII

Du vocabulaire architectural Louis XIII, le XIXe siècle a surtout retenu l'étagement des hauts toits à la française, les avant-corps carrés, les hautes cheminées et la construction en brique et pierre. Pourtant Josiane Sartre note pertinemment dans ses études que l'assimilation brique et pierre avec le style Louis XIII est abusive puisque les deux matériaux se trouvent employés couramment du XVe au XIXe siècle. Ils sont plus nombreux dans le Nord (région parisienne, Normandie, Picardie, Lorraine), que dans le reste du pays. La pierre est employée pour le soubassement, l'encadrement des fenêtres, les angles où elle est souvent disposée en harpe, les corniches et les lucarnes.

La violence du contraste entre les deux matériaux est plus sensible au XIXe siècle que dans les siècles antérieurs. Peut-être est-ce à la cuisson au charbon que la brique doit alors une teinte lie-de-vin agressive. La polychromie a donné prétexte à des exercices de style : à Richardménil (Meurthe-et-Moselle) dit le *Château rouge,* les linteaux des fenêtres, leur encadrement, les cordons séparant les étages, les chaînes marquant les arêtes des avant-corps sont de brique rouge. C'est le contraire de la disposition habituelle. A Flixecourt (Somme), l'architecte Delfortie crée sur la façade arrière une petite terrasse à balustrade reliée au parc par un perron.

Le château de Sceaux, œuvre de Lesoufaché, et La Gaudinière (Loir-et-Cher), pour les La Rochefoucauld-Doudeauville, sont des interprétations du style Louis XIII. La Gaudinière, en style composite Renaissance-Louis XIII, était construit en brique et pierre. Un corps central à grande lucarne à crochets et pinacle formait le centre d'un bâtiment quadrangulaire avec deux corps en légère avancée aux extrémités. L'ensemble avait une rigueur classique, d'autant que les communs placés sur un axe perpendiculaire au château entraient évidemment dans la composition générale. Le château de Sceaux, de Lesoufaché, est une autre réplique Louis XIII à combles pointus qui le font paraître plus haut que large.

Le néo-Louis XIV et le néo-Louis XV

La place faite au néo-Louis XIV au siècle dernier est tout à fait exceptionnelle. Le discrédit qui s'attache à l'absolutisme en ce siècle bourgeois, la réaction contre le classicisme et le retour aux sources médiévales en sont les motifs évidents. Cependant Morny annonce le changement de goût qui se précisera au début du XXe siècle, en faisant construire dès la fin du second Empire un château Louis XIV à Nades (Allier), avec brique et pierre et salon en rotonde. Bizy était reconstruit dans le même temps par le baron de Schickler, et son œuvre poursuivie par le duc d'Albuféra. En 1876, le duc de Massa faisait construire à Franconville (Val-d'Oise) par Destailleur une transposition de Maisons. A Rochefort-en-Yvelines est élevée une réplique, fort agrandie, de l'hôtel de Salm. C'est à partir des années 1910 que se multiplient des articles sur les jardins à la française dans *La vie à la campagne.* Enfin René Sergent reconstruit le château de Voisins pour le comte de Fels, historien passionné d'Ange-Jacques Gabriel. On trouve d'autres exemples de constructions de style Louis XV, par exemple à Saulxures (Vosges), où l'influence des constructions du roi Stanislas est évidente, à Artigny (Indre-et-Loire), où le château est reconstruit par le parfumeur Coty dans le style du XVIIIe siècle.

V. Les rationalistes

S'il est difficile ou hasardeux d'établir une chronologie de l'emploi du néo-gothique, du néo-Renaissance et du néo-Louis XIII, on pour-

En haut, château de Rochefort-en-Yvelines (Yvelines). Élevé par Méwès pour le financier Porgès. Carte postale avant 1914.
Au centre, maison de campagne, près de Montrond (Loire) par A. de Baudot, publiée dans F. Narjoux et E. Viollet-le-Duc, Habitations modernes, *1875.*
En bas, planche extraite d'E. Viollet-le-Duc, Histoire d'une maison. *Façade sur le jardin et plan des caves.*

rait par contre reconnaître la progression d'une chronologie de l'influence de l'architecture raisonnée à l'intérieur de chacune des tendances. L'imitation n'est plus la même à la fin du siècle qu'en 1840. César Daly, Viollet-le-Duc vont, à travers l'*Encyclopédie de l'architecture et des travaux publics* ou *Le moniteur des architectes* et par l'intermédiaire des *Entretiens sur l'architecture,* et des *Habitations modernes,* élaborer une théorie et des modèles rationalistes en matière d'architecture. Leurs affirmations sont bien connues : l'extérieur de l'édifice doit exprimer le plan et la fonction de chacune des parties, l'ornement n'est pas gratuit mais doit jouer un rôle ou être supprimé. L'emploi de la brique, de la pierre, du bois est recommandé. Nombre de réalisations de la fin du siècle et de la période suivante vont être marquées du double sceau de ces théories et de l'influence anglaise, les premières servant souvent de paravent à la seconde.

La Grande-Bretagne avait découvert dès 1810 le plan asymétrique *(detached house),* avec tours crénelées, toit en forte avancée, *windows* Tudor et *verandahs* des Indes. Le plan rectangulaire était bientôt compliqué par des oriels extérieurs, des recoins intérieurs, des fenêtres asymétriques. Au cours du siècle, la riche Angleterre avait vu la floraison d'une foule de châteaux de taille considérable. A parcourir les pages de *Country Life* avec Mark Girouard, on découvre une science des cheminements à l'intérieur des châteaux, un souci de séparer les différents domaines du maître et de la maîtresse de maison, vie féminine et enfantine, vie domestique, etc., bref, une sophistication à laquelle nos demeures contemporaines sont bien étrangères. Normand, dans son recueil de *Modèles de maisons de campagne* en 1849, avait donné des plans d'édifices, grandes maisons plus souvent que châteaux, où apparaissait le souci de diversifier les différentes parties. A Lissy (Seine-et-Marne), les services sont reliés au bâtiment de maître par un immense couloir. Ailleurs, l'aile des offices s'articule avec le bâtiment principal par une tourelle. En 1848, à Bonnelles (Yvelines), Frœlicher et Parent avaient logé la grande salle à manger dans un pavillon séparé qu'un jardin d'hiver en forme de serre reliait au bâtiment principal.

C'est surtout sous le second Empire que l'influence anglaise va se manifester sur les architectes français. On avait vu à Commacre (Indre-et-Loire) ou à Véretz (Indre-et-Loire) un propriétaire anglais introduire dans la décoration des imitations des remplages anglais du XVe siècle. Bientôt les fenêtres rectangulaires à trois meneaux vont se multiplier. Surtout, l'asymétrie devient le nouveau mot d'ordre des architectes

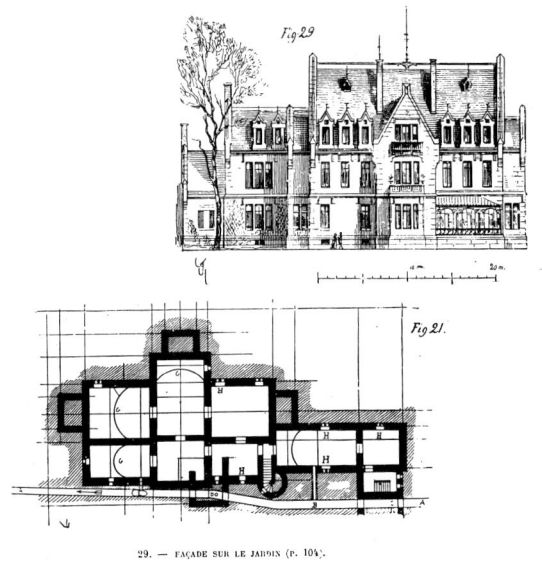

381

rationalistes : « Ou bien vous projetez une boîte architectonique symétrique, dans laquelle vous cherchez du mieux que vous pouvez à distribuer des services nécessaires à une habitation, ou bien vous élevez la boîte en raison de ces services sans vous préoccuper d'obtenir un aspect symétrique. » (Viollet-le-Duc, *Histoire d'une maison*.) C'est à Pupetières (Isère) que Viollet-le-Duc illustra le plus librement ses théories. Le plan initial en L était transformé en U par l'adjonction d'une aile. Il construisit une seule tour d'angle pour insérer l'aile neuve dans l'ensemble préexistant. Le rythme régulier de la façade nord s'opposait au rythme irrégulier de la façade sud. Il dressait des pignons à pas de moineau, inscrivait un perron dans l'angle rentrant de la façade est. Le point fort du château reste central : c'est l'escalier, voire le hall, contesté mais au fond admiré par Viollet-le-Duc.

Comme le remodelage joue un rôle plus fréquent dans notre pays que la construction neuve, la mode de l'asymétrie va trouver une application facile dans l'adjonction d'une aile ou d'un corps de bâtiment perpendiculaire, donnant ainsi à une construction rectangulaire un plan en L ou en Z dont les lignes seraient perpendiculaires. Ainsi, à Mouchy (Oise), les transformations de 1867 consistent à construire une aile en retour, réunissant le château à la grosse tour ancienne où se loge la bibliothèque. Très révélatrices sont aussi les modifications successives apportées au château de La Robertsau à Strasbourg pour les Pourtalès. Vers 1844, on avait surhaussé les ailes d'un bâtiment classique. En 1863, on avait ajouté à chaque extrémité des tourelles abritant des escaliers, tandis que l'ensemble de l'édifice était couronné de mansardes à lucarnes et d'ornements Renaissance. La tuile était remplacée par l'ardoise. Enfin, en 1897-1898 on ajouta deux ailes dont l'une, très vaste, était articulée sur un bâtiment ouvrant sur la cour arrière et abritait offices, cuisines, etc. Un mur sépare le terre-plein de la cour d'honneur de celle des bâtiments de service. Au lieu de loger les cuisines dans des sous-sols mal aérés et les chambres de service dans les combles, on s'orientait ainsi vers une organisation plus savante des fonctions.

De ce château rationnel, de cette dissymétrie, le château du Livet (Orne), en brique et pierre, construit par Lisch, est un bon exemple. Au lieu de l'inévitable axe vestibule-salon, autour duquel se répartissaient le billard, le bureau, la salle à manger et l'office distribués deux à deux, l'entrée y était décalée par rapport au centre de l'édifice et donnait accès à un hall central d'où partait le grand escalier. La bibliothèque, le cabinet de travail et le secrétariat sont à droite de la composition ; au fond, une galerie ouvre sur la face arrière et le jardin ; sur la gauche s'insère la partie mondaine du château, grand salon avec avancée à trois pans sur le parc, billard, salle à manger donnant sur la façade d'entrée et office. Sur la façade latérale, un décrochement est compensé à partir du premier étage par une tourelle en surplomb. Il n'y a pas de ligne droite, l'avant et l'arrière du château sont individualisés ; seules une tour et une tourelle distinguent le château d'une grosse maison. En outre il n'y a pas d'*ornements* de style.

Autre traduction des mêmes idées, à Montigny (Nord), le château *brique et pierre* construit par Boeswillwald. A un bâtiment sur plan rectangulaire est adjointe une aile. L'axe de l'édifice est marqué par le perron, un balcon et des fenêtres géminées, le tout terminé par un mur-fronton à pas de moineau. Le vestibule joue le rôle de hall et commande tout le rez-de-chaussée. Au perron de la façade principale répond une terrasse à l'arrière ; deux tours d'inégale importance, à pans coupés, abritent des escaliers. La cuisine et le fumoir sont en aile pour ne pas communiquer les odeurs dans les pièces de réception. Le fumoir ressemble à une serre, close de verres peints à motifs floraux. Comme dans les productions Viollet-le-Duciennes, les fenêtres sont surmontées de bandeaux profilés, la modénature soignée.

On a noté que l'asymétrie et le travail du plan s'accompagnent fréquemment de l'emprunt de deux éléments à l'architecture anglaise : le hall et le bow-window. Ainsi que le note Françoise Boudon, on trouve alors en France une floraison de halls gigantesques, du type du château de Biarritz (par Duc et Roux), et de Bon-Hôtel (Parent). Viollet-le-Duc déplore l'évidement de l'édifice et la perte de place, mais l'immense escalier dans la cage formée par les deux premiers

Page ci-contre, château du Livet (Orne). Gravé dans P. Planat, Encyclopédie de l'architecture et de la construction.
Ci-dessous, en haut, château de Ferrières (Seine-et-Marne).
En bas, deux gravures extraites d'E. Viollet-le-Duc, Histoire d'une maison. *A gauche, un bow-window. A droite, une bretèche abritant une salle de billard.*

étages de Roquetaillade n'est-il pas, lui aussi, un élément de décor prestigieux, beaucoup plus qu'un élément fonctionnel dans l'édifice? Au reste, l'escalier partant du vestibule était déjà un trait du château de l'époque classique. L'originalité du hall anglais tenait à sa parenté avec la grande salle médiévale où étaient rassemblés trophées, armures, meubles gothiques. Le hall jouait ainsi le rôle que tenait ailleurs la galerie. A Pontgibaud (Puy-de-Dôme), vers 1880, la cour intérieure est convertie en hall abritant les collections gothiques du propriétaire. A Ferrières (Seine-et-Marne), que l'on comparait irrévérencieusement à une commode renversée, le carré central, évidé sur deux étages, constitue un théâtral hall-salon. Un remaniement habituel des demeures anciennes, consistant à les doubler dans la profondeur, favorisait l'implantation centrale de l'escalier ou du hall, qui servait ainsi d'articulation entre les deux parties du bâtiment. Arcangues (Pyrénées-Atlantiques) illustre ce type de transformation. En 1900, cette belle maison aquitaine des XVIIe et XVIIIe siècles est doublée en épaisseur; au centre, une grande cage d'escalier solennise un peu l'ensemble, qui par ailleurs, a tous les caractères d'une grande villa : terrasse, vérandas, balcons ouverts. Valmirande est doté d'un admirable escalier dont la rampe est en bois de teck.

Les contemporains ont vu dans le *bow-window* anglais un rappel des bretèches médiévales ou une variante des encorbellements qui permettaient une extension de la surface habitable sans encombrement au sol. Dans l'*Histoire d'une maison,* Viollet-le-Duc en vante l'intérêt, et distingue bow-window et bretèche, qu'il dépeint comme une avancée qui part du fond. Cependant ce qui se construit au XIXe siècle sous ce nom a bien peu de rapport avec les bretèches médiévales. A Bonnétable (Sarthe), transformé en 1888 par Henri Parent pour les La Rochefoucauld, l'une des façades, au-dessus des douves, est animée de deux bretèches, surmontées de petites terrasses à la balustrade crénelée. La pierre blanche des bretèches tranche sur le grès du reste de la construction. Dans l'animation de la façade, le bow-window remplace en quelque sorte la tourelle à pans coupés. En Normandie (par exemple au château de Gassart), dans la région parisienne et dans le Bordelais, à Cantenac-Brown, à Grenade, l'influence anglaise est plus particulièrement sensible; dans le Nord, elle se mêle à l'influence flamande voisine. On notera en particulier le château du Bois-des-Moutiers à Varengeville (Seine-Maritime), œuvre de l'architecte anglais Lutyens, construit pour Guillaume Mallet à la fin du XIXe siècle. Il y a là des réminiscences du style Tudor, qu'attestent la forme des bow-

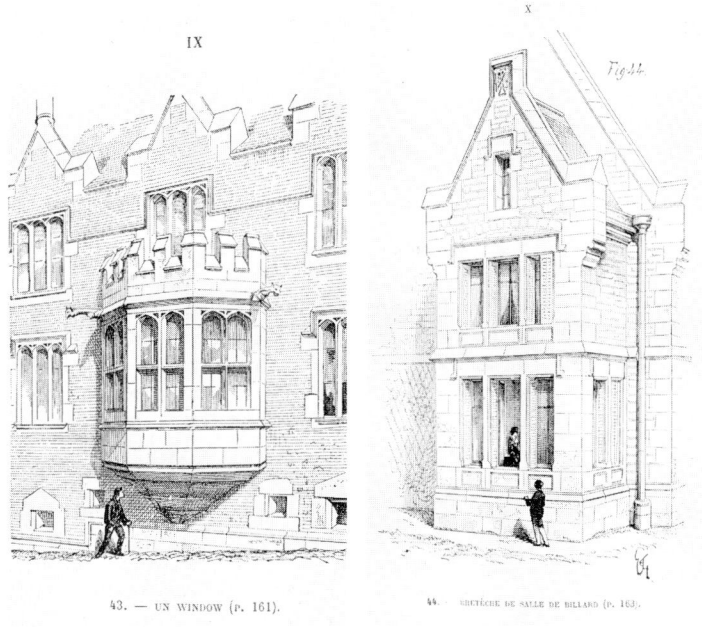

43. — UN WINDOW (P. 161).

44. BRETÈCHE DE SALLE DE BILLARD (P. 163).

windows en façade et en angle, l'emploi du bois, mais aussi une nouvelle conception de l'association de la nature et de l'architecture, qu'on désigne, outre-Manche, par l'expression *architectural-gardening*. Il y a là une interpénétration entre la maison et le jardin qui témoigne également de l'apparition d'une mode japonaise.

Sur le confort des châteaux du XIXᵉ siècle, les renseignements sont fort lacunaires. On sait que dans les nombreux châteaux néo-gothiques angevins de la première moitié du siècle, si la décoration extérieure était recherchée, l'intérieur était souvent d'une grande pauvreté et fort inconfortable. Au contraire, lorsque M. Treuilhe, à partir de 1856, décide de reconstruire le château Chistré à Vouneuil (Vienne), il fait installer l'électricité grâce à une usine qui utilise la chute d'eau du Vieux moulin de Chitré sur la Vienne. Paul Carron de La Carrière avait amené l'eau à Piré (Ille-et-Vilaine), à partir d'un réservoir en ciment placé à 800 mètres au nord-ouest, d'où elle était refoulée par un moteur. Ajoutons que le château d'eau était coiffé d'un toit à l'italienne en tuiles roses. Une annonce pour une vente en Lot-et-Garonne précise que le château, construit par Gustave Alaux, donc dans le troisième quart du siècle, dispose d'une distribution d'eau. La création d'une serre avec chauffage central à la fin du XIXᵉ siècle dans la propriété du maître de forges Charles Derosne, à Ollans (Jura) est signalée comme une exception.

En 1862-1863, Viollet-le-Duc installe des calorifères et des monte-plats à La Flachère (Isère); en 1868, Duphot en dote également le château de Fournil (Dordogne). A Eu (Seine-Maritime), Viollet-le-Duc dessinera même les motifs végétaux des cache-calorifères, et concevra un ascenseur manuel. En 1875, le recueil des *Habitations modernes* présente l'usage des calorifères et des monte-plats comme faisant partie du confort obligatoire. Les chambres sont dotées de cabinets de toilette, mais plus rarement de l'eau courante. En 1888, lors de la réfection de Bonnétable, furent installés l'électricité, l'hydrothérapie et le chauffage. Il s'agit là, rappelons-le, du château des La Rochefoucauld-Doudeauville, l'une des plus grandes fortunes de l'époque.

A Vallière (Oise), construit par les Gramont dans le dernier quart du siècle, « le confort le plus surabondant fut répandu dans la maison. Les trente chambres avaient une salle de bains et un water ». Là encore, le fait exceptionnel. Après la dernière guerre il n'y avait pas encore l'électricité dans un grand château d'Auvergne, et l'absence de confort fut à coup sûr l'une des causes de la désaffection des châteaux par leurs propriétaires.

VI. Les villas et la fin des châteaux

L'ironie de Viollet-le-Duc, comme celle de Pierre Larousse, pour les constructeurs de châteaux est partagée par les rédacteurs des grandes revues d'architecture de la fin du siècle dernier. Les plans fournis par les revues font une place de plus en plus grande aux maisons à la campagne, aux hôtels particuliers de la région parisienne et aux villas. On y vante le confort et les agréments de celles de Chatou ou de Ville-d'Avray.

Dès la première moitié du XIXᵉ siècle étaient apparues les premières grandes villas sur la côte méditerranéenne. Ainsi la villa des La Rochefoucauld, construite à Cannes par un richissime Marseillais, lui fut rachetée sous le second Empire. Chaque année, la duchesse de Luynes y passait plusieurs mois. Mᵐᵉ de Boigne avait une villa à Trouville sous la monarchie de Juillet. Morny lance Deauville avec les Gontaut-Biron, Paul Demidoff et toute sa coterie, tandis que parallèlement se développaient Arcachon et Biarritz. Seule l'échelle différencie ces villas ou *cottages* des châteaux. Ce sont les mêmes éléments, perrons, tourelles, toits aigus. L'architecture castrale influence l'architecture balnéaire et même banlieusarde, plus encore qu'elle n'en est influencée. Les architectes, plus libres que dans les transformations de châteaux, multiplient les décrochements et compliquent les plans. L'architecte Sédille, qui dirige en 1908 le service d'architecture de la revue *La vie à la campagne,* y conçoit une maison de plan en Y avec des ailes aux fonctions bien séparées, où figure une réduction de la *nursery* anglaise. L'ensemble coûtait 66 000 francs, alors que le château de Marbeaumont (Meuse), construit de 1903 à 1905 par le banquier Paul Varin, montait jusqu'à 4 millions de francs.

On peut fixer à la Première Guerre mondiale la fin de la construction des châteaux en France. Au-delà de ce terme, on ne rencontre plus en fait que des reconstructions des demeures frappées par les hostilités. On a vu que la crise agricole de 1880 marquait pour l'Ouest agricole la fin d'une ère de prospérité. L'utilisation du charbon dans la métallurgie faisait perdre progressivement une partie de leur valeur aux grandes forêts qui avaient assuré la fortune des Doudeauville ou des Luynes. Une nouvelle *société* naissait, après la guerre, moins nombreuse, moins riche, qui accréditait l'impôt sur le revenu. Désormais restaurer un château et l'entretenir serait difficile; en construire un s'avérerait pratiquement impensable.

XIV : Château de Castille, à Argilliers (Gard) — Folie néo-classique d'un anticomane, élevée de 1785 à 1815.

XV : Pierrefonds (Oise) — Salle des Chevaliers de la Table Ronde, chambre de l'impératrice Eugénie.

XVI : Ferrières (Seine-et-Marne) — Le château des Rothschild construit en 1857 par Paxton.

XVII : Saulxures (Vosges) — Ambitieuse construction d'un filateur du second Empire.

XVIII : Voisins, à Saint-Hilarion (Yvelines) — Sans doute le dernier grand château, bâti par René Sergent pour le comte de Fels, dans le style de Gabriel (1903-1906).

Les châteaux aujourd'hui

Michel Massenet

Construits pour assurer la défense du pays ou la sécurité des grands, puis pour affirmer par le faste leur prestige social, les châteaux, aujourd'hui, survivent à leurs fonctions. On pourrait les définir comme des lieux disproportionnés, volumes dépourvus de rapport avec les besoins de leurs propriétaires, morceaux d'architecture, tantôt banale, tantôt sublime, dédiés au luxe suprême d'une société : les conserver.

Si ce dernier terme rassure, il convient aussi de se reporter à l'article consacré aux demeures seigneuriales disparues, paru dans la *Revue de l'art* en 1977 : « La principale cause des destructions de monuments est moins à chercher dans les révolutions ou dans les guerres que dans les difficultés économiques, c'est-à-dire en définitive dans l'inadaptation de certains types d'édifices aux formes nouvelles de la richesse dans les sociétés modernes. »

Le problème de la conservation, on le voit, ne se pose pas seulement en termes de protection contre l'usure du temps, mais également en termes de lutte contre l'érosion de la fonction.

I. La survie difficile

Une première remarque s'impose de ce point de vue ; elle concerne les faiblesses du château qui doit faire face à cette forme originale de reconversion. Au cours du XIXe siècle, les détenteurs du patrimoine historique privé n'en soutenaient la charge que grâce à une double protection, celle que leur assurait une fortune familiale, gage de partages aisés épargnant au monument les aléas de l'indivision, et celle que représentait le domaine, source de revenus consacrés à son entretien. De ces deux enveloppes protectrices témoigne encore la donation récemment consentie par la marquise de Maillé à la Caisse nationale des monuments historiques et des sites : le château de La Motte-Tilly (Aube). Sa donation comportait un château du XVIIIe siècle, décoré et meublé selon les canons les plus exigeants de l'époque, un parc de soixante hectares, des terres et des forêts, et enfin une dotation particulièrement destinée à assurer l'achèvement des travaux de présentation du monument. L'ensemble, consacré à l'accueil du public, est effectivement ouvert à la visite depuis 1978.

Mais il est rare qu'un monument historique privé se présente dans des conditions aussi favorables à sa survie. Les propriétaires des précédentes générations ont lutté pied à pied pour assurer la sauvegarde du château, vendant fermes et bois pour réaliser de coûteuses réfections, tandis que la *fortune* fondait dans les partages. Voilà le château nu.

Cette situation implique des choix, qui ne seront peut-être pas clairement formulés par les autorités publiques mais qui s'imposeront, parce qu'ils sont inévitables.

La première voie qui s'offre est celle de la nationalisation du patrimoine privé. La législation française l'encourage avec raison dans le cas où un monument classé menace ruine à cause de la négligence du propriétaire (article 9 de la loi du 31 décembre 1913 sur les monuments historiques). Cette disposition est malheureusement peu appliquée. En revanche, un transfert s'opère souvent au profit du secteur public lorsque le propriétaire est vendeur, et que le monument ne trouve pas d'acheteur et ne peut en raison de sa renommée être abandonné. C'est ainsi que le département de la Dordogne est devenu propriétaires des châteaux de Bourdeilles et de Biron, tandis que le département de Maine-et-Loire prenait en charge douze demeures importantes. C'est un groupement de personnes morales de droit public qui a récemment assuré l'avenir de Valençay.

Les donations consenties à la Caisse nationale des monuments historiques traduisent une autre tendance : des propriétaires souvent dépourvus de descendance confient à un établissement expérimenté le soin de prendre en charge un lieu qui leur a été cher.

Il s'agit là d'une évolution inéluctable, mais qu'il est souhaitable de contrôler. Il est inévitable en effet que le secteur public soit conduit à prendre en charge un certain nombre de monuments, dès lors que les personnes privées ne peuvent ou ne veulent en assurer l'avenir.

En restaurant l'hôtel Salé pour accueillir un musée Picasso, l'État donne l'exemple de cette politique ; mais il est vain d'imaginer qu'une telle solution puisse répondre aux besoins de sauvegarde qui concernent onze mille monuments privés, classés ou inscrits...

Le secteur public n'est pas une abstraction. Ses possibilités financières ne sont pas illimitées ; sa capacité de sauvegarde est parfois défaillante. Il existe des monuments en ruine qui appartiennent à une collectivité publique. Sur un millier de monuments sans affectation, et par conséquent menacés, trois cents appartiennent, selon un récent sondage, à des personnes de droit privé, huit cents à des organismes publics.

Certes, les crédits affectés à la sauvegarde du patrimoine historique ont notablement progressé, mais une part importante reste affectée en priorité à la sauvegarde de monuments d'intérêt

Château de La Motte-Tilly (Aube). Légué par la marquise de Maillé avec tout son ameublement ancien à la Caisse nationale des monuments historiques et des sites (1972).

national, du château de Versailles à la cathédrale de Strasbourg.

La participation des propriétaires privés demeure donc prépondérante dans l'entretien et la restauration de leur patrimoine. Des études comparatives ont permis de démontrer qu'un monument privé coûtait trois fois moins cher à l'État qu'un monument public si l'on fait la somme des dépenses qu'imposent l'entretien, la mise en valeur et le gardiennage.

Dès lors, le rôle du propriétaire n'apparaît plus comme secondaire ou marginal. Il demeure essentiel puisque c'est lui qui met en œuvre les aides de l'État et qui apporte, par son esprit d'économie, ses initiatives et son épargne, l'essentiel des moyens qui permettent d'assurer la durée du patrimoine.

Nous retrouvons, au détour du XXe siècle, de nouveaux *châtelains,* et ce ne sont plus les mêmes que ceux des siècles passés.

II. Nouvelles vocations du château

« Les châteaux des XIe et XIIe siècles, écrit Gabriel Fournier, n'étaient pas des établissements exclusivement militaires : ils étaient également des résidences seigneuriales, des centres de patrimoines fonciers et d'exploitations agricoles, des chefs-lieux de circonscriptions administratives, et ils remplissaient par conséquent des fonctions complexes auprès des habitants du pays environnant ». L'on pourrait paraphraser cette analyse en écrivant que les châteaux, à la fin du XXe siècle, ne sont plus des établissements militaires, rarement des centres d'exploitations agricoles, jamais des chefs-lieux de circonscriptions administratives, mais remplissent parfois, avec l'aide des autorités publiques, des tâches très complexes d'ordre social, touristique et culturel.

C'est un fait que, pour suppléer au caractère nécessairement limité de l'aide de l'État, les propriétaires de grandes demeures en deviennent davantage les gestionnaires que les possesseurs. Ils cherchent moins à en jouir qu'à équilibrer leur compte d'exploitation.

Les moyens de cette transformation sont l'aide de l'État et l'ouverture au public. L'aide de l'État s'adresse au monument plus qu'à son propriétaire. Elle s'exprime par voie de subventions et d'avantages fiscaux. Les châteaux d'hier étaient centres de taxation, et battaient parfois monnaie. Aujourd'hui les voici lieux de franchise fiscale. Sur eux l'histoire s'est retournée.

L'aide fiscale accordée aux propriétaires de monuments historiques a pour but de compenser les servitudes d'entretien et les exigences esthétiques qui leur sont imposées dans leurs tâches de restauration. Tous les travaux effectués sur les parties protégées, exécutés par l'État ou subventionnés par lui ouvrent droit, à hauteur des sommes dépensées par le propriétaire privé, à une réduction des sommes déclarées à l'impôt général sur le revenu. Ces dispositions, combinées avec l'octroi de subventions par le ministère de la Culture, sont favorables. Mais elles ne permettent pas de faire face aux dépenses de plus en plus élevées qu'implique l'entretien d'un patrimoine très fragile selon des normes très exigeantes.

C'est pourquoi de nouvelles aides pourraient être envisagées. Les unes concernent l'élargissement de l'accès à diverses formes de crédit; les autres sont liées à la solution d'un problème très délicat, celui de la dévolution héréditaire des châteaux. Il est paradoxal de constater qu'à l'origine les *châtelains* se sont efforcés de conserver dans leur patrimoine des forteresses dont l'autorité publique leur confiait seulement la garde, tandis que s'annoncent des temps où les héritiers sont tentés de se dérober aux responsabilités qu'implique la possession d'une vaste demeure.

Une solution existe : elle passe par une évaluation du château, en tant que bien successoral, effectuée selon les règles fixées pour les forêts par l'article 1840 du Code général des impôts. Ce mode d'évaluation permettrait de tenir compte des investissements qui incombent au propriétaire d'un monument historique au moment où il s'apprête à en accepter les charges.

Au-delà de l'aide, il y a l'action. Et le moyen universel de cette action est l'ouverture au public, résurrection, sur un mode différent, du rôle social des châteaux. La forme la plus répandue de cette ouverture est la visite guidée, dont le modèle a été donné par les grands monuments appartenant à l'État. Le château redevient ainsi un lieu d'hospitalité et de pèlerinage sous les traits du tourisme et de l'étape culturelle.

On recense près de sept cent cinquante demeures privées ouvertes à la visite, dont un grand nombre se regroupe dans le cadre de *routes*. Ces fédérations rassemblent les propriétaires dans un effort de publicité, d'animation et action concertée avec les autorités responsables du tourisme. Cette activité en apparence très simple comporte en elle-même ses disciplines, ses difficultés et ses développements. L'ouverture à la visite, à laquelle sont liés certains avantages fiscaux, exige un personnel permanent. Elle n'a de sens que si les ornements du château — du parc au mobilier — ont pu être sauvegardés et sont entretenus. Or le mobilier des demeures historiques constitue, plus encore que l'étanchéité de leurs toitures, l'un des soucis majeurs des propriétaires : comme tous les trésors en ce monde, les meubles sont la proie des voleurs, mais bien davantage, au moment des partages successoraux, ils constituent le moyen d'équilibrer la valeur de chacune des parts attribuées aux héritiers. Il a été suggéré d'affecter le mobilier au château en lui donnant le statut d'un immeuble par destination, ou d'en transférer la propriété à l'État au travers d'une *dation en paiement* compensée par un allégement des droits successoraux. La stabilité du décor intérieur serait ainsi garantie. Mais le problème lié à l'égalité de valeur des parts héréditaires deviendrait plus difficile à résoudre qu'il ne l'est déjà.

Quant au décor extérieur, parc et dépendances, il est lui aussi menacé. La main-d'œuvre spécialisée fait parfois défaut et le coût d'entretien de certains ensembles est prohibitif. Mais, surtout, l'espace du parc comme son horizon peuvent être

La cinéscénie du Puy du Fou en 1986. « Jacques Maupillier, paysan vendéen. » Depuis 1977, 1 750 acteurs et animateurs bénévoles, venus de 14 communes, et les techniques ultramodernes : quadriphonie, électronique, laser. Les recettes permettent de subventionner les pouvoirs publics pour l'équipement culturel du bocage vendéen.

mis en péril par des opérations immobilières ou par de grands travaux d'équipement, tout comme à l'époque de l'essor des chemins de fer.

Le public, lui, est destiné à ignorer combien sont fragiles les chefs-d'œuvre dont on lui donne le spectacle. Tout est fait pour lui donner l'impression, sur le modèle créé à Woburn Abbey par le duc de Bedford, que le château est le centre d'une fête durable.

En France, cette fête ne comporte certes pas d'aspect commercial trop visible et se déroule presque toujours sans faute de goût. Des concerts, des expositions, d'une rentabilité limitée certes, sont destinés à attirer de nouveaux visiteurs.

Et les nouveaux visiteurs viennent. Rares sont les châteaux qui peuvent subvenir, grâce à eux, à tous leurs débours, mais certains, proches de Paris ou situés sur la voie royale de la Loire, y parviennent. On assiste même à une diversification des activités et des vocations. Telle demeure continue à accueillir le public, mais se consacre également à l'organisation de réceptions familiales ou professionnelles. Telle autre survit grâce à l'organisation de séminaires scientifiques. Un château des environs de Paris a été le pionnier de la location aux sociétés de cinéma et de télévision pour des tournages, et cette activité concerne actuellement près de cinquante monuments.

Quant aux châteaux dévolus aux collectivités locales ou à l'État, lorsqu'ils ne sont pas le siège d'activités politiques ou administratives, ils suivent le mouvement après l'avoir initié, diversifient les modalités de leur ouverture au public, recherchent des formes de gestion plus souple, expérimentent des activités nouvelles. Mais les contraintes qui s'attachent à leur statut ne leur permettent pas de saisir toutes les chances qui leur sont offertes. Ils demeureront donc des relais culturels, deviendront parfois des centres de rencontre, mais ne participeront pas aux aspects les plus commerciaux des nouvelles vocations castrales.

Au carrefour du tourisme, de la culture et de la publicité, dans la zone mouvante où se déploient de nombreuses activités tertiaires, le château devient un argument de vente, un signe de luxe, un décor pour le produit, l'image ou le drame. Déconnecté des exigences de la défense et de l'exercice de l'autorité, il redevient ce qu'il était avant d'être consacré aux secrets ou aux fastes de la résidence : une entreprise, et une entreprise difficile.

Glossaire

par Jean-Pierre Willesme

1. TERMES DE DROIT FÉODAL

Les termes ont été définis à partir des ouvrages fondamentaux suivants :
Marc Bloch, *La société féodale,* Coll. « L'évolution de l'Humanité », 2 vol., éd. Albin Michel, Paris, 1939-1940, 2ᵉ éd., Paris, 1968. — Pierre Bonnassié, *Les cinquante mots clefs de l'histoire médiévale,* éd. Privat, Toulouse, 1981. — Robert Boutruche, *Seigneurie et féodalité,* t. 1, 2ᵉ éd., éd. Aubier-Montaigne, Paris, 1968; t. 2, 1970. — Renée Doehaerd, *Le haut Moyen Âge occidental,* Coll. Nouvelle Clio, PUF, Paris, 1971. — J.-F. Fino, *Forteresses de la France médiévale,* éd. A. et J. Picard, Paris, 3ᵉ éd., 1977. — Gabriel Fournier, *Le château dans la France médiévale,* éd. Aubier-Montaigne, Paris, 1978. — Guy Fourquin, *Seigneurie et féodalité au Moyen Âge,* PUF, Paris, 1970. — F.-L. Ganshof, *Qu'est-ce que la féodalité?,* 4ᵉ éd., Presses universitaires de Bruxelles, 1968. — Jacques Le Goff, *La civilisation de l'Occident médiéval,* Coll. « Les Grandes Civilisations », Arthaud, Paris, 1965 (avec lexique). — J.-P. Poly et E. Bournazel, *La mutation féodale, Xᵉ-XIIᵉ siècles,* Coll. Nouvelle Clio, PUF, Paris, 1980.

Adultérin (château)
Construction bâtie sans l'accord du seigneur. On connaît le cas de châteaux qui, bâtis par usurpation sur une terre d'église, parfois sous prétexte d'avouerie, ont conduit à la formation de seigneuries laïques au cœur d'une seigneurie ecclésiastique (bénéficiant de « l'immunité »).

Aide (auxilium)
Obligation du vassal à l'égard de son seigneur. Outre le service militaire, le vassal devait une aide pécuniaire dans quatre cas : pour la rançon du seigneur prisonnier, pour l'adoubement (entrée en chevalerie) du fils aîné du seigneur, pour le mariage de sa fille aînée, pour son départ à la Croisade.

Alleu (du francique *al od,* propriété complète)
Propriété libre de tout lien féodal. Les alleux tendirent à disparaître au cours du Moyen Âge (voir : *Reprise en fief).*

Alleutier
Propriétaire d'un alleu.

Amortissement
Redevance acquittée au seigneur par une communauté religieuse lors de l'achat d'un bien immobilier. L'indemnité correspond à la privation des profits féodaux attachés aux mutations dans l'avenir, l'Église ne mourant pas et n'aliénant jamais. La royauté se réserva le droit d'*amortir* à partir du XIVᵉ siècle. L'amortissement constituait une ressource fiscale appréciable.

Apanage
On a désigné primitivement sous ce nom, en droit féodal, la part faite aux puînés par l'aîné, seul héritier du fief, dans les pays et à l'époque où prévalut le principe de l'indivisibilité des fiefs. Les apanages *féodaux* n'étaient pas héréditaires; l'usage de l'hérédité s'introduisit dans les apanages *royaux,* mais elle fut tantôt absolue et tantôt restreinte à la ligne masculine directe. L'apanage est alors une portion du domaine royal que les souverains donnent à leurs fils cadets ou à leurs frères.

Aveu
Acte par lequel le vassal, à la suite de l'hommage et de la foi, déclarait tenir le fief de son seigneur. L'aveu est généralement suivi du dénombrement, description détaillée des biens composant le fief.

Avouerie
A l'époque carolingienne, l'avoué est un laïc choisi conjointement par le supérieur d'une abbaye et par le roi pour gérer les intérêts temporels de celle-ci. A l'époque féodale, l'avoué devient un chef militaire chargé contre rémunération de protéger l'abbaye et d'y faire régner la police. Devant les excès des avoués, la plupart des abbayes furent obligées, entre le XIᵉ et le XIIIᵉ siècle, de supprimer les avoueries en les rachetant.

Ban
Pouvoir général de commandement du seigneur : pouvoir militaire contraignant les vassaux au service d'*ost,* pouvoir judiciaire, pouvoir économique (la banalité du moulin vise probablement les petits paysans qui avaient en partie réussi à se soustraire à la corvée). Les seigneuries collectives ont un pouvoir banal : les villes, par exemple, exercent ce pouvoir dans la « banlieue ».

Bénéfice
Dès l'époque carolingienne, le bénéfice (du latin *beneficium,* abandon conditionnel et limité à charge de service) est une terre concédée gratuitement par le seigneur à son vassal en vue de procurer à celui-ci sa subsistance et les moyens de fournir à son seigneur les services qu'il lui doit. Avec l'établissement de l'hérédité, le mot *fief* supplanta l'emploi de *bénéfice.*

Burgfried
« Paix castrale » réglant les conflits entre coseigneurs.

Cens
Il est la condition de la tenure (terre cultivée) dite à cens : c'est une redevance payée au seigneur par le tenancier. Certaines censives étaient considérées comme tenues à fief.

Cespes (ou caespes)
Motte de gazon, en latin classique. L'objet que le vendeur d'un bien foncier remettait symboliquement à l'acheteur pouvait être une motte de terre.

Champart
Redevance en nature due par le paysan à son seigneur. Le champart portable devait être conduit par le tenancier jusqu'à la grange champarteresse. En Ile-de-France, c'est chaque treizième gerbe de la récolte qui constitue le champart.

Châtellenie
Circonscription administrative née de la présence du château. A partir du XIᵉ siècle, les circonscriptions administratives carolingiennes (comté, vicairie) sont ruinées par la construction des châteaux. Au XIIᵉ siècle, le terme châtellenie *(castellaria)* finit par s'imposer; une nouvelle géographie administrative s'élabore au gré des circonstances. De petites châtellenies eurent un ressort qui ne dépassait pas quelques paroisses. Dans chaque

châtellenie, l'exploitation des terres seigneuriales et l'exercice du droit de ban exigeaient la présence d'un personnel administratif (sergents, tabellions). La châtellenie devint, avec la paroisse, la cellule fondamentale de la vie rurale.

Commendatio

Acte par lequel un inférieur entre dans la dépendance d'un puissant (voir : *Hommage, Foi*).

Conseil (consilium)

Le vassal doit le *consilium* à son seigneur : il est tenu d'assister celui-ci de ses conseils. Il doit donc se rendre auprès de son seigneur quand celui-ci l'appelle. Le vassal siège avec son seigneur et ses co-vassaux dans la cour de celui-ci, sa *curia,* que l'on appelle aussi parfois *consilium* en tant qu'assemblée délibérant avec le seigneur. L'un des aspects les plus importants du devoir de « conseil » consiste à juger, sous la présidence du seigneur, les causes soumises à la « cour » de celui-ci.

Corvée

Travail exigé par le seigneur sur ses propres terres (domaine ou *réserve*). Le domaine était directement exploité par le seigneur en grande partie grâce aux corvées demandées aux paysans. Les corvées ont tendance à reculer et même à disparaître presque partout aux XIIe-XIIIe siècles (voir : *Manse*).

Dîme

Impôt consistant dans le paiement d'une redevance en nature au clergé ou éventuellement à la noblesse (lat. *decima,* dixième partie). On distingue les grosses dîmes, prélevées sur les denrées essentielles, comme le blé ou le vin, et les menues dîmes, prélevées sur les menus grains et le menu bétail.

Engagère

Mise à la disposition d'un créancier d'un bien récupérable à l'extinction de la dette. L'engagère peut prendre la forme d'une sous-inféodation.

Estage

Obligation qu'avait le vassal de monter la garde dans le château de son seigneur. Le service était effectué au château à tour de rôle et par petits groupes *(milites castri)*.

Fief

Viendrait de l'allemand *Vieh* (bétail). Nom vulgaire du bénéfice, concession d'un bien à charge de service. Cette concession s'accompagne d'un engagement personnel de reconnaître une personne pour son seigneur (voir : *Hommage* et *Foi*). Le fils d'un vassal défunt doit « relever » le fief *(relief)*. Le *droit de relief* est un droit de mutation.

Foi

Serment prêté par le vassal, sur un objet sacré (un évangile, des reliques), immédiatement après l'hommage, pour placer les engagements pris sous la protection de Dieu et leur conférer un caractère irrévocable.

Hérédité

A l'époque carolingienne, le contrat féodal de *commendatio,* dans sa pleine rigueur, excluait toute notion d'hérédité. La concession d'un bénéfice, conditionnée par l'existence de rapports de seigneur à vassal, ne pouvait donc avoir de caractère héréditaire; mais de bonne heure, des cas se sont présentés où un seigneur accueillait la recommandation du fils d'un vassal décédé et lui concédait le bénéfice tenu par son père. En 877, par le capitulaire de Quierzy-sur-Oise, Charles le Chauve admet déjà que ce caractère héréditaire est passé dans l'usage.

Hommage

Acte exprimant la dépendance de l'homme et la subordination de sa terre à l'égard du seigneur (*commendatio* de l'époque carolingienne). D'après F.L. Ganshof, le terme latin correspondant au français « hommage » n'apparaît pas avant la première moitié du XIe siècle. L'hommage comprend l'*immixtio manuum* (le vassal place ses mains jointes dans celles du seigneur) et une déclaration verbale de la volonté des parties (foi). Dans l'esprit médiéval, devenir vassal, c'est avant tout faire un geste des mains. L'hommage *jurable et rendable* obligeait le châtelain vassal à mettre son château à la disposition de son seigneur à toute réquisition.

Hommage lige

Dans le cas d'une pluralité d'engagements vassaliques, l'hommage lige, depuis le début du XIe siècle, est celui qui prime sur les autres, généralement à cause de l'importance du fief. L'hommage lige ne peut, en théorie, être prêté qu'à un seul seigneur, ou doit être réservé au prince.

Justice

Dans les limites de la seigneurie, le seigneur exerce la justice. C'est l'une de ses principales prérogatives. Une hiérarchie s'établit entre les pouvoirs qu'il peut exercer, selon leur importance. La *haute justice* lui donne à connaître de toutes les causes personnelles (nobles compris) ou réelles, jusqu'à la condamnation à mort, avec droit de prison, de gibet et de pilori, et exercice de la police. La *moyenne justice* connaît les délits et crimes dont la peine est une correction corporelle, un bannissement temporaire ou une amende ne dépassant pas 75 sols (au XVIIIe siècle) avec droit de prison. La *basse justice* enfin traite des délits n'entraînant pas une amende supérieure à 60 sols (au XVIIIe siècle). Elle sanctionne les petites infractions de la société paysanne.

Mainmorte

Au haut Moyen Âge, les serfs étaient dits hommes de mainmorte ou mainmortables parce que, s'ils décédaient sans laisser d'enfants légitimes, leur héritage revenait au seigneur. Au bas Moyen Âge et sous l'Ancien Régime, le mot prend un sens différent et désigne les biens immobiliers possédés le plus souvent par les églises, les abbayes ou les couvents, en tant que personnes morales n'étant pas soumises à la succession. L'héritage est dit « de mainmorte » parce qu'il ne change jamais de main. Sous l'Ancien Régime, peu d'entraves furent apportées à l'accroissement des biens de mainmorte.

Manse

L'exploitation paysanne est la base de la seigneurie dans son aspect économique. Le *manse* devait suffire à l'entretien du tenancier et de sa famille. C'est une exploitation composée en vue de produire un certain revenu : le *manse* est dès le haut Moyen Âge l'unité d'estimation de la propriété foncière exploitée. Les textes distinguent les *manses ingénuiles,* les manses *serviles,* enfin les manses *lidiles* (tenus par des serfs émancipés suivant le droit germanique). Au IXe siècle, des colons libres occupaient, par exemple, des manses dits serviles, et des serfs, des manses dits ingénuiles; à cette occasion, c'étaient les libres qui devaient au maître trois jours de travail à la semaine; tandis que des serfs ne lui fournissaient que des corvées de travail limitées. Les devoirs sont donc plus liés au statut de la *terre* qu'au statut personnel du *tenancier.* Enfin, il y avait, sur certains domaines, des manses dont les tenanciers ne livraient pas de travail à la *réserve* du seigneur; leurs occupants n'effectuaient que des livraisons en nature, ou payaient en monnaie un *cens.*

Mesnie (latin *mansio*)
Maison, famille, maisonnée (on dit aussi : maisnie, mégnie).

Opus castelli
Le seigneur demandait aux paysans l'*opus castelli,* c'est-à-dire des charrois de matériel, pieux ou fascines, de la main-d'œuvre et du ravitaillement.

Parçonnage
Beaucoup de châteaux (surtout dans les régions méridionales) étaient tenus par plusieurs familles, sans doute issues de la même souche. Les *coparsonniers* exerçaient conjointement leurs droits sur le château familial et avaient des obligations réciproques. Le régime successoral entraînait la division des donjons, des logis, des murailles entre de multiples héritiers.

Paréage (ou pariage)
Association entre un seigneur, souvent ecclésiastique, et un autre seigneur plus puissant.

Relief
Quand le caractère héréditaire du fief n'était pas encore entièrement fixé, le seigneur pouvait poser ses conditions avant d'admettre l'héritier du vassal à la foi et à l'hommage et de lui donner l'investiture : il pouvait se faire payer son consentement. Le *relief* est ce que l'héritier, candidat vassal, doit payer pour être autorisé à opérer la *saisine* (droit à la prise de possession) du fief.

Reprise en fief
Elle consiste à obtenir d'un alleutier la cession de sa terre à un seigneur qui la lui rétrocède en fief et, de cette manière, exerce désormais sur l'ancien alleu les droits féodaux.

Scara (époque carolingienne)
La garde des forteresses en pays conquis était confiée à des fidèles du roi : ces garnisons formaient des unités désignées parfois par le terme *scara* (colonies franques en pays conquis).

Seigneurie
Définit la puissance du seigneur et l'ensemble des droits qui lui sont attachés. C'est aussi le territoire sur lequel s'étend cette autorité. Parallèlement au pouvoir de la paroisse a grandi celui de la seigneurie. Au moins dans la France septentrionale, c'est la seigneurie qui, dès le XIIe siècle, fédère les hommes. Le seigneur manifeste son droit de propriété « éminente » sur les terres en percevant des droits. Surtout, il est justicier, et à ce titre, il joue un rôle important dans la vie quotidienne des ruraux. Le groupement des hommes en villages, qui s'est généralisé entre le Xe et le XIVe siècle, s'est souvent fait sous l'influence seigneuriale.

Terrage
Redevance en blé ou en légumes, perçue par le seigneur. Forme de champart.

Vassalité
Lien de dépendance privée, créé par la cérémonie de l'hommage, et reposant sur des engagements réciproques. Comme le souligne J. Le Goff, « c'est d'abord l'ensemble des liens personnels qui unissent entre eux dans une hiérarchie les membres des couches dominantes de la société ». Ces liens s'appuient sur le bénéfice (fief) que le seigneur octroie à son vassal en échange d'un certain nombre de services et d'un serment de fidélité. Le vassal doit à son seigneur le *consilium,* le conseil, obligation de participer à ses assemblées et de rendre la justice en son nom, et l'*auxilium,* l'aide, essentiellement militaire et éventuellement financière. Le centre de l'organisation féodale, c'est le château. Les termes employés pour désigner le vassal ont varié : *vassallus, homo, fidelis* ou *miles.* « Suzerain » n'apparaît que très tardivement et n'est devenu synonyme de « seigneur » qu'à l'époque moderne.

Vicomte
Le vicomte apparaît au IXe siècle, sous la forme latine *vice-comes,* pour désigner le lieutenant du comte, c'est-à-dire du fonctionnaire royal préposé à l'administration d'une circonscription, le *pagus.* Avec l'affaiblissement du pouvoir central (fin du IXe siècle), les vicomtes entrèrent souvent en lutte avec leur comte et se créèrent des vicomtés. En Ile-de-France, en Champagne, ils tenaient un rang analogue à celui des châtelains. *Vicecomitatus* a parfois été employé (Normandie, Flandre, Champagne) pour désigner la justice seigneuriale.

Viguier
Le viguier *(vicarius)* était, à l'époque carolingienne, un représentant du comte chargé de rendre la justice en son nom; il paraît avoir eu la tâche de régler les conflits mineurs, le comte se réservant plutôt la justice de sang. La viguerie *(vicaria)* a désigné un ressort de justice. « Les fondateurs des grandes familles châtelaines ont pu être parfois de simples viguiers comtaux, mais il serait dangereux, en l'état actuel de la documentation, de généraliser cette conclusion » (J.-P. Poly et E. Bournazel).

2. *TERMES D'ARCHITECTURE*

Les termes ont été définis à partir des ouvrages fondamentaux suivants :
Ouvrages anciens :
Bernard Forest de Bélidor, *Dictionnaire portatif de l'ingénieur et de l'artilleur,* Paris, éd. 1768. — Charles-Augustin D'Aviler, *Dictionnaire d'architecture, ou Explication de tous les termes, dont on se sert dans l'architecture...,* t. 2 du *Cours d'architecture,* éd. Langlois, Paris, 1691. — Charles-François Roland Le Virloys, *Dictionnaire d'architecture civile, militaire et navale,* Libraires associés, Paris, 1770-1771, 3 vol.
Le recensement des anciens dictionnaires et lexiques est publié dans la bibliographie du volume consacré par L.-M. Pérouse de Montclos à l'*Architecture (Méthode et Vocabulaire)* de l'*Inventaire général des Monuments et des richesses artistiques de la France,* Impr. nat., Paris, 1972, 2 vol.
Ouvrages concernant l'architecture militaire médiévale :
Ernest Bosc, *Dictionnaire raisonné d'architecture et des sciences et arts qui s'y rattachent,* Didot, Paris,

1877-1880, 4 vol. — Michel de Boüard, *Manuel d'archéologie médiévale, De la fouille à l'histoire*, Coll. « Regards sur l'Histoire », Paris, S.e.d.e.s., 1975. — Pierre Chabat, *Dictionnaire des termes employés dans la construction*, Morel, Paris, 1875. — Philippe Contamine, *Guerre, État et Société à la fin du Moyen Âge. Études sur les armées du roi de France (1337-1494)*, éd. Mouton, Paris-La Haye, 1972 — Camille Enlart, *Manuel d'archéologie française*, t. II, *Architecture civile et militaire*, éd. A. Picard, Paris, 1904, rééd. 1928-1932. — Gabriel Fournier, *Le château dans la France médiévale*, Paris, Aubier, 1978 (avec bibliographie). — Ernest de Ganay, *Les jardins de France et leur décor*, Coll. Arts, styles et techniques, Larousse, Paris, 1949 (avec lexique). — Jacques Gardelles, *Les châteaux du Moyen Âge dans la France du sud-ouest*, Paris, 1972 (Bibl. de la Soc. fr. d'archéologie, n° 3). — Jean Mesqui, *Provins, La fortification d'une ville au Moyen Âge*, Arts et Métiers graphiques, Paris, 1979. — Eugène Viollet-Le-Duc, *Dictionnaire raisonné de l'architecture française du XIe au XVIe siècle*, éd. Bance, Paris, 1854-1868, 10 vol.

Ahah ou Haha
Ouverture pratiquée dans un mur de clôture pour ouvrir ou prolonger une perspective. (Fortif.). Petite fosse pratiquée dans un passage pour empêcher la circulation de l'ennemi.

Aile
Corps de bâtiment construit à l'extrémité du corps de logis principal d'un édifice, soit dans le même alignement, soit à angle droit.

Aisance(s)
Lieux de commodité, latrines.

Alcôve
Réduit ménagé dans une chambre pour recevoir un lit de parade ou de repos (de l'espagnol *Alcoba*, chambre à coucher).

Allée
Dans une maison, passage étroit pratiqué au rez-de-chaussée (corridor). Dans un parc, voie comprise entre deux rangées d'arbres ou deux plates-bandes. L'allée de front est perpendiculaire à l'élévation antérieure ou postérieure d'un édifice.

Allège
Mur d'appui compris entre les jambages d'une fenêtre.

Allour ou alloir (fortif.)
Passage, galerie (vieux français).

Antichambre
Première pièce de l'appartement commandant une ou plusieurs autres pièces. La première antichambre est réservée aux domestiques, la seconde sert de salle d'attente pour les visiteurs.

Anti-cour. Voir : *Avant-cour*.

Appareil
Désigne la disposition donnée aux pierres de taille employées dans les murs de façade. On distingue le grand, le moyen et le petit appareil, suivant les dimensions des blocs utilisés. Un faux appareil est un décor peint ou gravé sur enduit pour simuler les dispositions d'un appareil véritable.

Appui
Appui de *fenêtre* : surface horizontale inférieure d'une baie (lorsqu'elle ne descend pas jusqu'au sol), permettant de s'appuyer. Détermine une hauteur d'appui. Le terme est repris pour qualifier le lambris intérieur couvrant le mur, du sol jusqu'à la cimaise : lambris d'appui.

Arasement
Lit supérieur de la dernière assise d'un mur. Les pierres d'assises servant à mettre un rang de niveau sont nommées *arases* (plinthe ou cimaise par exemple).

Arbalétrier
L'une des pièces principales d'un comble de charpente. Les arbalétriers sont les pièces obliques qui constituent les côtés de chaque ferme et portent les pentes du toit.

Arbalétrière
Meurtrière par laquelle on lançait les traits d'arbalète. Les arbalétrières réservées au tir à l'arbalète restèrent assez rares. Dans la deuxième moitié du XIIIe siècle, on emploie indifféremment les dénominations *archère* et *arbalétrière*.

Arcade
Baie libre couverte d'un arc dont les piédroits prennent naissance sur le sol.

Arcature
Suite de petites baies libres couvertes d'un arc.

Archère
Meurtrière pour le tir à l'arc, ayant généralement la forme d'une fente verticale. Apparue dans la deuxième moitié du XIIe siècle, l'archère devint rapidement un accessoire indispensable à toute fortification (importance des Croisades). Elle peut être dotée d'une fente horizontale auxiliaire (archère en croix). Un *étrier*, à la base de la fente, permet d'élargir le champ de tir; l'archère *à bêche* permet de mieux contrôler le pied des ouvrages.

Architrave
Partie inférieure d'un entablement, reposant directement sur la colonne ou le pilastre. Ne se sépare pas de la notion d'ordre (toscan, dorique, ionique, corinthien, composite) qui détermine un décor en harmonie avec le chapiteau.

Arrachement
Extrémité d'une maçonnerie, créée par une destruction partielle. Différent de l'*attente* (pierres ménagées en attente d'une liaison avec une construction projetée).

Arrière-corps
Élévation particulière d'un corps de bâtiment en renfoncement par rapport aux élévations des corps de bâtiment contigus.

Artichaut
Ensemble de chardons de fer disposés sur les grilles et les barrières pour empêcher de les escalader.

Assise
Rang d'éléments de même hauteur dans une maçonnerie.

Assommoir
Défense interne à l'entrée du château féodal. A l'intérieur du couloir, l'assommoir est une ouverture ménagée au-dessus du passage d'accès, pour permettre le jet de matériaux divers. Les assommoirs sont souvent couplés avec la herse.

Atlante
Figure ou demi-figure d'homme servant de support à un entablement, un balcon, une corniche. Les figures de femmes sont appelées cariatides.

Attachements
Relevés dressés par écrit ou par dessins de tous les travaux exécutés dans un édifice. Les cahiers ou registres d'attachements, signés contradictoirement par l'entrepreneur et par l'architecte, sont les témoins de l'exécution fidèle des devis et permettent le contrôle des dépenses.

Attente. Voir : *Arrachement.*

Attique
Couronnement horizontal placé au-dessus d'un entablement.
Peut définir un étage, une lucarne et un ordre.
L'*étage-attique* est un demi-étage carré dont la face forme couronnement d'une élévation. Le niveau de l'étage-attique est souvent séparé des niveaux inférieurs par un important corps horizontal ou par une corniche plus importante que celle qui couronne l'étage-attique lui-même.
La *lucarne-attique* est une grande lucarne dont le devant rectangulaire évoque la forme d'un attique (ouvrage en comble).
L'*ordre attique* est un petit ordre de pilastres très courts caractérisés par leur chapiteau et généralement plaqués sur un attique, sinon sur un étage.

Aula
Grande salle, et en particulier salle d'apparat ou salle d'audience, dans le palais du prince.

Aulée
Coursière régnant intérieurement au sommet d'une enceinte.

Avancé (ouvrage, fortif.)
Les ouvrages avancés sont construits au-delà du chemin-couvert établi sur la contrescarpe.

Avant-bec
Le bec est la saillie protégeant la base des piles d'un pont. La saillie d'amont se nomme avant-bec.

Avant-chemin-couvert (fortif.)
Second chemin-couvert doublant, du côté de l'ennemi, celui qui est établi sur la contrescarpe.

Avant-corps
On désigne ainsi tout élément de façade construit en saillie, même légère, sur toute la hauteur. Dans l'architecture classique, les avant-corps sont souvent employés pour accuser les entrées des édifices, marquer le centre ou les extrémités de la composition.

Avant-cour
Cour qui précède la cour principale ou cour d'honneur.
On dit aussi : *Anti-cour.*

Avant-glacis (fortif.)
Glacis de l'avant-chemin-couvert.

Baie
Ouverture ménagée dans un mur, quelle que soit sa forme et sa fonction.

Baile ou **Bayle** (fortif.)
Espace compris entre deux enceintes. Voir : *Basse-cour.*

Balcon
Étroite plate-forme portée sur des consoles, des colonnes ou des cariatides, et close par un garde-corps ou une balustrade.

Balustrade
Clôture à hauteur d'appui formée d'une suite de balustres couronnés d'une tablette et posés sur un massif continu.

Balustre
Petit support vertical en répétition dans une balustrade, habituellement formé d'un piédouche, d'un corps et d'un chapiteau.

Bandeau
Moulure de section rectangulaire dont la largeur est supérieure à la saillie. Elle peut marquer de façon continue (cordon) la division des étages ou le sommet des allèges, ou constituer le chambranle d'une baie.

Barbacane (fortif.)
Désigne un ouvrage de fortification en maçonnerie ou en bois, placé devant une porte, souvent au-delà du fossé, pour en défendre l'entrée ainsi que pour faciliter un coup de main en sortie. Les barbacanes sont presque toujours hémicylindriques et *ouvertes à la gorge* (c'est-à-dire que le mur fait défaut du côté de la place, afin que l'ennemi qui s'en serait emparé ne puisse s'y retrancher).

Barbette (fortif.)
Plate-forme en terre, assez élevée pour que les canons qu'on y place puissent tirer par-dessus le parapet (d'où l'expression : *tirer en barbette*).

Barchese
Type de maison vénitienne reliée à ses communs, d'influence palladienne.

Bascule
Est utilisée dans le pont-levis basculant (pont dont le tablier bascule autour d'un axe horizontal médian). Aux quatre angles du châssis sont fixées des chaînes de fer dont deux supportent le tablier du pont et deux autres, placées à l'intérieur de la porte, se tirent de haut en bas pour lever ou baisser le pont.

Bas-relief ou **Basse-taille**
Ouvrage de sculpture attaché à un fond et de faible relief.

Basse-cour
Dans le château médiéval, définit un espace clos (*baile* ou *bayle*) derrière la première enceinte, qui sert de refuge temporaire et parfois permanent à la population. Dans un château de plaisance, la basse-cour ou cour des offices est la cour réservée au service ; elle doit avoir une issue sur la cour d'honneur, une entrée particulière et des dégagements.

Bastide (fortif.)
Ouvrage provisoire construit pour l'attaque d'une place. Dans l'architecture médiévale du sud ouest, désigne une agglomération de plan régulier, souvent fortifiée, créée pour assurer la colonisation d'une région. En Provence, désigne la maison de campagne ou le rendez-vous de chasse (on parlait aussi de *bastide-cabanon*).

Bastille (fortif.)
Ouvrage extérieur renforçant un point d'une

enceinte, notamment devant une porte.

Bastillon (fortif.)
Forme ancienne du mot bastion.

Bastion (fortif.)
Ouvrage bas de plan pentagonal formant avant-corps en saillie sur une enceinte. Bélidor distingue le bastion *plein* et le bastion *vide*. Le bastion *détaché* est celui qui ne tient pas au corps de la place (voir aussi : *Orillon, Tour bastionnée*).

Batardeau
Enceinte étanche établie au milieu d'un cours d'eau pour préserver des infiltrations un travail que l'on exécute : assèchement temporaire d'une partie de fossé, construction d'une pile de pont.

Bâtière
Toit en bâtière : toit à deux versants.

Batterie
Dans le vocabulaire militaire, groupement de pièces d'artillerie ou emplacement ménagé pour les recevoir.

Beffroi (fortif.)
Tour mobile en bois destinée à être approchée des remparts d'une ville assiégée pour en permettre l'assaut.

Bélier
Longue poutre à tête renforcée montée sur roues ou en balancier sur un échafaud, pour battre la porte ou la muraille d'un ouvrage assiégé.

Berme ou **Berne** (fortif.)
Dispositif établi pour arrêter les terres provenant de l'éboulement du rempart et éviter le comblement du fossé.

Berquil
Système employé dans les châteaux des Croisés pour recueillir l'eau. Bassin à ciel ouvert destiné à l'abreuvage des chevaux, aux lavages, à l'arrosage des jardins.

Blocage
Maçonnerie utilisant des matériaux de tailles diverses jetés dans le mortier.

Bosquet
Petit bois. Dans un parc, espace boisé aménagé autour d'un motif.

Bossage
Saillies brutes ou façonnées sur le nu de la maçonnerie. Apparus en France chez les constructeurs royaux sous Philippe III le Hardi, les bossages ont pu avoir une importance défensive (désagréger les projectiles ennemis), mais ils ont eu surtout un rôle esthétique. Dans un second temps, l'appareil à bossages sera emprunté à l'architecture italienne (XVIe siècle) et fréquemment employé à l'époque classique. *Bossage rustique* (parement ébauché), *en pointe-de-diamant* (parement taillé en pyramide), *en boule* (parement taillé en demi-sphère), *en table* (parement plat et nu), *vermiculé* (entrelacs sculptés en creux) ou *piqué* (parement piqueté de trous).

Bouclement
Déformation d'un mur sous l'effet d'une charge.

Boudin ou **Tore**
Moulure pleine de profil curviligne (contre-profil de la gorge).

Boulevard
Ouvrage de fortification extérieure (allemand *Bollwerk*) lié aux remparts des villes, qui, à partir de la fin du XVe siècle, remplaça les barbacanes. Les boulevards étaient des terrassements gazonnés, en général revêtus de pierres. Par la suite, les anciens boulevards furent plantés d'arbres et servirent de promenades.

Boulin
Pièce de bois supportant les planchers en madriers sur lesquels se tiennent les ouvriers pour travailler à la construction. Les remparts conservent fréquemment les orifices où ils pénétraient : les *trous de boulin*. Par analogie, logettes des pigeons dans un colombier.

Bousiller ou **Bousillage**
Construire un mur avec de la terre et de la boue.

Boulingrin
Parterre de gazon en creux, en usage en Angleterre pour le jeu de boules *(bowling green)*. Tapis de gazon ou bassin, établi en contrebas et environné sur toutes ses faces de pentes douces de gazon inclinées en glacis à 45°.

Boutisse
Pierre placée dans l'épaisseur du mur sur sa plus grande dimension; elle ne laisse voir ainsi que son extrémité sur le parement. Voir : *Carreau, Parpaing*.

Braie (fortif.)
Au Moyen Âge, la braie est un ouvrage de défense, généralement palissadé, placé en avant d'une porte ou d'un front de fortification; elle forme une enceinte basse enveloppant une fortification. Voir : *Fausse-braie*.

Bretèche
Logette de maçonnerie construite en saillie sur un mur et portée sur des mâchicoulis. Elle permet le jet vertical de projectiles pour défendre un point faible d'une fortification, le plus souvent une porte.

Brique
Élément de construction en argile. La brique crue est séchée au soleil; la brique cuite, cuite au feu; la brique vernissée, couverte d'une mince pellicule transparente.

Broderie
Dans un jardin, composition de buis ou d'arbrisseaux nains décorant un parterre.

Bucrane
Élément décoratif d'inspiration antique, en forme de tête de bœuf. Orne le plus souvent les métopes d'un entablement dorique.

Buffet d'eau
Construction de jardin adossée, en forme de buffet, comportant des vasques superposées d'où l'eau se répand.

Cabinet
En architecture classique, petite pièce à l'écart permettant de s'isoler. Suivant l'usage, on distingue le cabinet d'étude, le cabinet de réception, le cabinet de toilette et le cabinet d'aisances. Au XVIIIe siècle, le *boudoir* est un cabinet pour dames.

Caisson
Compartiment creux produit sur la surface des plafonds et des voûtes par l'entrecroisement des pièces de structure ou par son imitation. Les caissons peuvent

être décorés de reliefs ornementaux ou figuratifs, ou de compositions peintes.

Calotte
Plafond courbe formé par la partie supérieure d'une coupole.

Campagne (de construction)
Ensemble des travaux effectués pendant une période d'activité et selon un programme de construction.

Canal
Jard. Grand bassin étroit et allongé.
Décor. Moulure creuse de petite section par rapport à sa longueur.

Canardière (fortif.)
Guérite d'où l'on peut tirer en sûreté sur l'ennemi.

Candélabre (décor.)
Élément décoratif en forme de balustre ou de colonne présentant plusieurs renflements.

Cannelure (décor.)
Canaux longs, parallèles et en répétition sur une colonne ou un pilastre. Les cannelures sont habituellement séparées l'une de l'autre par un listel.

Canonnière (fortif.)
Meurtrière destinée au tir de pièces d'artillerie de petit calibre, portatives ou semi-portatives (bombardelles, crapaudines ou couleuvrines). La nouvelle embrasure était un orifice circulaire, accompagné d'une fente verticale pour la visée. Les canonnières sont généralement disposées à la base des murs pour permettre un tir rasant.

Cantonné
En plan, garni à tous les angles. Un pilier est cantonné quand, sur ses faces, sont engagées des colonnes ou des pilastres.

Capitale
Axe principal d'un ouvrage fortifié.

Caponnière (fortif.)
Petit corps-de-garde dissimulé dans un fossé, où l'on peut mettre en embuscade quinze ou vingt hommes. Leur tir permet de flanquer l'intérieur du fossé. C'est aussi un double chemin-couvert, palissadé des deux côtés, construit au fond d'un fossé sec pour communiquer avec les ouvrages extérieurs.

Capucine (lucarne à la)
Lucarne dont le toit à deux versants est terminé par une croupe droite.

Carène (toit en)
Toit à deux versants galbés en doucine ou en talon renversé, évoquant par sa forme la carène d'un navire.

Cariatide ou **Caryatide**
Voir : *Atlante*.

Carré (jard.)
Les carrés (ou *carreaux*) sont entourés d'une bordure en briques; ils contiennent légumes et fleurs; on y trouve aussi des arbustes taillés.

Carreau
Pierre placée dans un mur sur sa plus faible dimension; elle laisse voir sa plus grande surface sur le parement. Voir : *Boutisse, Parpaing*.

Cascade (jard.)
Retombée d'eau formée de plusieurs chutes.

Cascane (fortif.)
Rampe pratiquée sous le terre-plein du rempart pour communiquer avec les galeries de contremine.

Cascatelle
Petite cascade, chute d'eau dans un jardin.

Casemate (fortif.)
Local protégé contre les coups de l'artillerie. Les casemates servent de logements aux hommes ou de magasins aux munitions.

Casino ou **Casin**
Terme employé au XVIIIe siècle pour désigner une maison de plaisance.

Cassine
Maison de campagne (France, XVIIIe siècle; origine italienne).

Cavalier (fortif.)
Ouvrage en terre élevé au milieu des bastions pour dominer la campagne et augmenter le feu de la place. Au XVIe siècle, les anciennes tours furent souvent conservées pour former des cavaliers.

Centré (plan)
Plan massé et symétrique de part et d'autre de plusieurs axes.

Chaînage
Système d'éléments en pierre, en bois ou en métal noyés dans la maçonnerie pour éviter sa dislocation.

Chaîne
Membre destiné à raidir une maçonnerie; formé de plusieurs assises, il est construit avec un matériau différent ou avec des éléments plus gros que le reste de la maçonnerie sur le parement de laquelle il apparaît. On distingue la chaîne horizontale, la jambe (verticale) et la chaîne d'angle.

Chambranle
Cadre mouluré de la baie, en bois ou en pierre, se développant sur le nu du mur dans lequel la baie est percée.

Chapiteau
Partie supérieure de la colonne entre le fût et l'entablement ou le départ de l'arc. Élément décoré qui est la caractéristique essentielle des « ordres », toscan, dorique, ionique, corinthien, composite et attique.

Charmilles (jard.)
A l'origine, pépinières de petits charmes. A la suite, tout travail réalisé par la taille des arbustes.

Chartreuse
Par analogie avec un monastère, petite maison de campagne isolée, facilitant la retraite.

Chat (fortif.)
Dispositif mobile de protection constitué d'un toit en bâtière très incliné pour abriter le bélier ou les sapeurs lors de l'attaque d'une muraille.

Château fort (fortif.)
Du latin *castellum* et du vieux français *castel*. Dans l'architecture médiévale, demeure seigneuriale fortifiée. La forteresse, à la différence du château fort, est de fonction strictement militaire.

Châtelet (fortif.)
Ouvrage militaire, parfois isolé, destiné à défendre le passage d'un pont, d'une rivière, d'un défilé, de défendre l'entrée d'un château.

Chemin-couvert (fortif.)
Dans l'architecture classique et moderne, chemin à ciel ouvert, établi sur la contrescarpe, défilé par un parapet.

Chemin de ronde (fortif.)
Coursière intérieure régnant au sommet des murs d'un ouvrage fortifié.

Chemise (fortif.)
Enceinte basse enveloppant à faible distance la base d'une tour (voir : *Braie*).

Chevron
Pièce de bois d'un comble de charpente supportant les lattes ou les voliges destinées à recevoir la couverture.

Chicane (fortif.)
Rupture d'alignement du système de circulation à travers les fortifications, conçue pour éviter les feux d'enfilade et ralentir la progression de l'ennemi.

Cimaise
Moulure garnissant la base des murs à hauteur d'appui.

Citadelle (fortif.)
Fort ou forteresse commandant une ville, souvent placé à cheval sur son enceinte, plus rarement à l'intérieur de celle-ci. Elle a quelquefois pour fonction de surveiller la ville elle-même et d'y réprimer les subversions internes.

Clotêt
Petite clôture dans les grandes salles des châteaux pour garantir du vent. Peut signifier aussi petite chambre, cabinet ou réduit.

Collage
Reprise sans raccord des éléments des parties d'époque différente, qui sont seulement jointives.

Colombier
Édifice destiné à abriter un élevage de pigeons. Il comporte un assemblage de charpente formé d'un poteau central pivotant et d'une ou plusieurs potences réunissant le poteau à une échelle tournante permettant de visiter les logettes *(boulins)* des pigeons. Un colombier à pied (boulins sur toute la hauteur) est une marque de seigneurie et même, selon certaines coutumes, une marque de haute justice.

Colonne
Support vertical, de coupe circulaire. On distingue la colonne engagée, baguée, cannelée.
• Colonne *engagée* : Support vertical construit contre un mur et ayant l'apparence d'une colonne qui serait partiellement noyée dans le mur (demi-colonne).
• Colonne *baguée* : Colonne ornée d'une ou plusieurs bagues, formées d'une moulure ceinturant le corps cylindrique.
• Colonne *cannelée* : Colonne dont le fût est orné de cannelures verticales.

Colossal (ordre)
Ordre de colonne ou de pilastre s'élevant sur la hauteur de plusieurs étages ; par extension, sur la plus grande partie de la hauteur totale d'un bâtiment.

Comble
Construction en charpente couronnant un édifice et supportant la couverture. Dans le *comble à surcroît*, le surcroît est la partie des murs-gouttereaux construite au-dessus du sol du comble. Le *comble à croupe*, ou *en pavillon*, offre des pentes sur ses petits côtés comme sur les grands, contrairement au comble à deux pentes ménagé entre deux murs pignons. Le *comble brisé* ou *à la Mansart* est fait d'une partie à pente raide, le brisis, couronnée d'un toit presque plat, le terrasson. Le *comble à l'impériale* épouse une courbe en talon renversé.

Communs
Partie de la demeure dans laquelle sont regroupés les locaux de service (écuries, cuisines, logement des serviteurs). Ceux-ci sont disposés souvent dans les ailes, ou à part, autour de la basse-cour ou cour des offices.

Composite (ordre)
Le chapiteau composite est formé d'une corbeille portant les deux rangs inférieurs feuillagés du chapiteau corinthien, de l'échine ornée d'oves, des volutes et de l'abaque du chapiteau ionique à cornes.

Console
Motif en saillie supportant un encorbellement ou une corniche. Le développement en hauteur distingue la console du corbeau : la console est souvent formée de plusieurs assises.

Contrefort
Pilier placé à la face externe d'un mur pour contrebuter une poussée intérieure.

Contrescarpe
Paroi extérieure d'un fossé, opposée à l'escarpe.

Corbeau
Support de pierre ou de bois destiné à soutenir une corniche, un balcon, l'extrémité d'une poutre. Selon le volume ou la forme, il se distingue de la console, du modillon ou du culot.

Cordon
Moulure horizontale régnant dans une partie quelconque d'une composition (voir : *Bandeau*). Le cordon n'indique pas toujours une arase de la construction.

Corinthien (ordre)
Le chapiteau corinthien est composé d'une corbeille feuillagée et d'un abaque ou d'un tailloir à cornes ; sa corbeille est ornée de deux rangs de grandes feuilles et d'un rang supérieur de caulicoles et de crosses. Le décor feuillagé du chapiteau corinthien est généralement formé de feuilles d'acanthe (voir : *Frise*).

Corne (ouvrage à) (fortif.)
Dans l'architecture classique et moderne, ouvrage extérieur formé d'un front bastionné, entre deux ailes.

Corniche
Élément supérieur de l'entablement couronnant une

baie, un étage ou une façade.

Corps de garde
Dans un édifice civil comme dans un édifice militaire, logement des soldats de garde.

Corps de logis ou de **bâtiment**
Partie d'un bâtiment présentant une certaine autonomie.

Corps de moulures
Ornement à profil complexe se composant de plusieurs moulures.

Cour (curtis)
Espace découvert enfermé dans l'enceinte ou cerné par les corps de logis. On distingue la cour d'honneur, la basse-cour, la cour des offices et l'avant cour.

Couronne (fortif.)
Ouvrage extérieur formé de deux fronts bastionnés accolés et compris entre deux ailes.

Coursière
Passage étroit pris dans l'épaisseur d'un mur.

Courtine
Muraille réunissant deux tours ou deux bastions. Elle est couronnée d'un chemin de ronde défendu par des merlons séparés par l'ouverture de créneaux. Pour résister aux boulets, on donna du fruit aux parements des courtines vers la fin du XVe siècle.

Coussiège
Banc de pierre aménagé dans l'ébrasement d'une fenêtre ou d'une archère, permettant aux servants de surveiller, et plutôt de se reposer, entre les tirs. On le trouve dans les constructions royales du sud de la France à partir de 1272 (Aigues-Mortes).

Couvert
(Fortif.) *Chemin-couvert*. Dans l'architecture classique et moderne, chemin à ciel ouvert, établi sur la contrescarpe, défilé par un parapet.
(Jard.) Ensemble des parties boisées, le découvert étant l'ensemble des parterres et des bassins.

Couvrement
Organe ou ouvrage limitant par le haut un entrecolonnement, une baie, une pièce, un vaisseau.

Coyau
Petite pièce oblique d'un versant de toit, portant sur le bas des chevrons et adoucissant la pente du versant dans sa partie basse.

Cran
Poussière produite par la taille de la pierre. On s'en servait pour charger les voûtes que l'on voulait mettre à l'abri des projectiles ou des incendies.

Crénelage
Ensemble de créneaux (ouvertures rectangulaires dans un parapet). Les intervalles pleins laissés entre les créneaux sont les *merlons*.

Crépi
Mélange de mortier de chaux et de sable de rivière servant à enduire les murs dont l'appareil n'est pas destiné à être laissé visible.

Croisée
Baie de fenêtre munie à l'origine de jambes de séparation croisées, le *meneau* vertical et le *croisillon* horizontal. La *demi-croisée* n'est divisée que par un petit croisillon.

Crossette (chambranle à)
Chambranle dont la mouluration forme aux angles une crossette, c'est-à-dire un ressaut décoratif.

Croupe
Petit versant réunissant à leurs extrémités les longs-pans de certains toits allongés. Voir : *Comble*.

Crypto-portique
Galerie souterraine voûtée, inspirée de l'architecture romaine antique, recevant le jour par de larges ouvertures percées sur un jardin.

Cul-de-basse-fosse
Cachot souterrain creusé dans une fosse, en forme de cône renversé.

Cul-de-lampe ou **Culot**
Petit ornement de sculpture servant à asseoir dans un mur le départ d'un arc.

Cunette (fortif.)
Canal établi au fond des fossés secs pour recueillir les eaux pluviales.

Défilement (fortif.)
Utilisation du terrain pour placer des troupes, de l'artillerie, des ouvrages fortifiés hors de la vue.

Demi-lune (fortif.)
Ouvrage extérieur retranché, placé devant la courtine d'un front bastionné, généralement formé de deux faces en angle aigu.

Demoiselle (lucarne)
Peut se dire d'une « lucarne retroussée » : lucarne couverte par un appentis incliné dans le sens inverse de celui du versant du toit.

Denticules
Ornements d'une corniche en forme de petites dents.

Dôme
Comble de forme hémisphérique, en charpente ou en pierre.

Dôme à l'impériale. Voir : *Comble*.

Donjon
Tour principale d'une place, généralement à l'intérieur du château. Le donjon commande les défenses du château, mais il commande aussi les dehors et il est indépendant de l'enceinte, dans la mesure où il possède toujours une issue particulière vers la campagne. Le donjon-porte *(keep-gatehouse)* s'obtient en surélevant les deux tours qui flanquent le châtelet principal d'entrée (fin XIIIe siècle).

Dorique (ordre)
Le chapiteau dorique est théoriquement composé d'un gorgerin, d'une échine et d'un abaque ou d'un tailloir. Dans l'architecture classique, l'échine est un quart-de-rond. Voir : *Bucrane* et *Frise*.

Dosseret
Contrefort mince et plat montant de fond en comble,

destiné à raidir les maçonneries.

Douve (fortif.)
Fossé rempli d'eau (ou destiné à l'être) entourant un ouvrage fortifié.

Ébrasement
Élargissement biais de la maçonnerie au droit d'une baie pour augmenter à l'intérieur le passage de la lumière et la visibilité.

Échauguette (fortif.)
Petit ouvrage en surplomb, de plan massé, contenant une petite pièce, affectant la forme d'une tourelle de plan circulaire ou polygonal, accroché à mi-hauteur d'un mur ou vers son sommet. A la différence de la bretèche, son sol n'est pas percé pour le tir plongeant. Au Moyen Âge, *échauguette, esgaritte, garite* désignaient la sentinelle. C'était particulièrement dans le voisinage des portes, aux angles des gros ouvrages, au sommet des donjons, que l'on construisait des échauguettes.

Échiffre (mur d')
Mur portant le limon ou les bouts des marches d'un escalier.

Égout
Conduite souterraine destinée à recueillir les eaux usées et à évacuer les déchets. Peut aussi désigner la partie inférieure d'un versant de toit.

Embrasure
Espace ménagé dans l'épaisseur d'une construction par le percement d'une baie.

Enceinte
Clôture enveloppant une place ou une partie de place pour sa défense. Les enceintes urbaines se présentaient comme un ensemble de courtines, flanquées de distance en distance par des tours de flanquement. A la fin du Moyen Âge, le château perd son rôle privilégié d'innovation en matière de technique défensive, au bénéfice de l'enceinte urbaine, riche foyer de recherches d'où sortira la fortification bastionnée du XVIe siècle.

Engagé
Partiellement noyé dans le mur (colonne, cheminée ou pilier).

Engainé
Les statues servant de support sont dites engainées quand leur partie inférieure est prise dans une gaine, sorte de socle en tronc de pyramide renversé.

Entablement
Structure de maçonnerie en saillie, ornée de moulures et de sculptures, surmontant l'alignement des colonnes. Il est formé de bas en haut de trois parties horizontales superposées, l'architrave, la frise et la corniche, qui déterminent l'appartenance à l'un des ordres classiques, dorique, toscan, ionique, corinthien, composite.

Entresol
Demi-étage, d'une hauteur inférieure à celle du premier étage, placé entre celui-ci et le rez-de-chaussée. L'étage entresolé est éclairé par un recoupement des baies du rez-de-chaussée.

Épanneler
Dresser une pierre qui doit être moulurée ou sculptée en lui donnant sa forme approchée.

Éperon (tour en) (fortif.)
Présente en plan la forme d'une proue de navire.

Ermitage, anciennement : *Hermitage*
Petite maison en un lieu désert. Au XVIIIe siècle, petite maison de plaisance à l'écart de la société.

Escarpe (fortif.)
L'escarpe est la paroi intérieure du fossé et la contrescarpe, sa paroi extérieure.

Fabrique
Petite construction, de caractère souvent éphémère, élevée dans un jardin dans un but ornemental.

Fausse-braie (fortif.)
Sorte de braie remparée : l'espace entre le corps de place et l'enceinte basse est remplie de terre. La fausse-braie est une variété de *boulevard*.

Ferme
Élément de charpente servant à donner à un comble sa structure indéformable : triangle formé de deux arbalétriers et d'un entrait réunis à la verticale par un poinçon.

Feu grégeois
Composition de guerre (résine, soufre, salpêtre) employée par les Byzantins dès le VIIe siècle et qui avait la propriété de brûler sur l'eau.

Firmitates (IXe-Xe siècle)
Les anciens propriétaires qui ont réussi à conserver une partie de leurs biens aux époques troublées résident hors des villes et habitent des *firmitates,* sortes de fermes fortifiées.

Flamande (lucarne)
Construite en maçonnerie ou en charpente, élevée sur l'entablement et, quelquefois, couronnée d'un fronton.

Flanquement
Le tir de flanquement est un tir sensiblement parallèle à la ligne des fortifications. En règle générale, peu de fortifications médiévales bâties en France avant la fin du XIe siècle furent pourvues de tours de flanquement, qu'elles soient construites en pierre ou en bois.

Folie
Riche maison particulière élevée à la campagne à proximité d'une grande ville pour de courts séjours. Bagatelle, Monceau et la Folie Beaujon suscitèrent de nombreuses imitations dans la haute société de la deuxième moitié du XVIIIe siècle.

Forteresse
Place forte dont la fonction est strictement militaire, tandis que le château fort est une *demeure* seigneuriale fortifiée.

Fortifications
Ensemble des ouvrages qui concourent à la défense d'une place-forte.

Fortin
Petit fort.

Fossé
Dans la majorité des enceintes, on se contenta d'aménager un fossé unique en avant des courtines. Parfois, on doublait la protection en creusant une seconde ligne de fossés en arrière de la première ceinture (arrière-fossés). Les *arrière-fossés* disparurent dès la fin du XVe siècle par difficulté d'entretien. On distingue les *fossés secs* (sans eau) des *fossés pleins*. Les *fossés en talus* sont simplement creusés dans un sol inconsistant; l'*escarpe* et la *contrescarpe*, revêtues de gazon, donnent un angle de 45 degrés.

Fraise
Alignement de pieux plantés dans un rempart et servant à se garantir de l'escalade.

Frise
Bande horizontale ayant vocation pour recevoir un décor. Par extension, partie horizontale médiane de l'entablement, entre l'architrave et la corniche. La frise dorique est ornée de triglyphes et de métopes; la frise ionique et la frise corinthienne sont souvent décorées de sculpture ornementale.

Fronton
Ornement d'architecture triangulaire ou en segment de cercle couronnant une fenêtre, une porte, une niche, un avant-corps, une façade.

Fuie
Colombier

Gabion (fortif.)
Grands paniers sans fond remplis de terre servant dans les sièges à former l'épaulement des tranchées et des sapes. Ils servent à protéger les batteries.

Gâble
Mur décoratif triangulaire qui surmonte l'arc d'une baie.

Gaine (fortif.)
Couloir souterrain dans une casemate, ou étroit couloir de circulation traversant les courtines dans leur longueur. En sculpture, partie inférieure d'une figure sculptée de terme, de cariatide ou d'atlante, en forme de tronc de pyramide allongé. On dit ainsi : un terme *engainé*.

Galerie
En architecture civile, la galerie est à l'origine un passage servant de communication d'un lieu à un autre. Par extension, elle devint un long vaisseau mettant en communication deux parties d'un édifice, soit ouverte par des arcades, soit fermée. A partir du XVe siècle, la galerie offre des espaces propices à la décoration par la peinture, le stuc et le lambris.
Dans le vocabulaire militaire, la galerie se confond avec la coursière (galerie d'écoute, de fusillade, d'escarpe, de contrescarpe).

Galetas
Étage de comble éclairé par des lucarnes.

Garde-corps
Ouvrage à hauteur d'appui formant protection devant un vide.

Garde-robe
Pièce de l'appartement pour serrer les habits et coucher les domestiques qu'on tient auprès de soi.

Génoise
Fermeture d'avant-toit, formée de plusieurs rangs de tuiles creuses, renversées et remplies de mortier.

Glacis (fortif.)
Désigne plus particulièrement le plan faiblement incliné qui raccorde la crête du chemin-couvert avec le niveau naturel du terrain qui s'étend devant la place.

Gorge (fortif.)
Ligne entre les deux points de jonction d'une tour demi-hors-œuvre avec le mur dans lequel elle est engagée.

Goulotte (jard.)
Petit canal de pierre disposé en pente et comportant de distance en distance de petites chutes d'eau.

Grotte
Salle en principe souterraine ouverte vers le jardin et agrémentée de coquillages et de jeux d'eau. Cette invention italienne se répandit en France à partir de François Ier (grotte du Jardin des Pins à Fontainebleau) et connut un grand succès, donnant lieu à la construction d'édifices en surface (grotte de Meudon, grotte de Thétis à Versailles).

Guérite
Petit abri pour une sentinelle.

Guette
Dans un château, tourelle construite au sommet de la plus haute tour et destinée à recevoir le guetteur.

Haia ou Haie
Fortification (en palissade de bois?) des IX/Xe siècle.

Harpe
Dans la construction d'un mur, superposition d'éléments dont le milieu est au même aplomb et dont les têtes sont alternativement courtes et longues.

Hermitage. Voir : *Ermitage*.

Herse
Grille de fermeture d'une porte, glissant dans des rainures verticales. La herse est très employée à partir de l'époque de Philippe Auguste. Le levage s'effectuait par l'intermédiaire de treuils.

Hors-œuvre ou hors d'œuvre
Se dit d'un corps de bâtiment détaché d'un bâtiment principal.

Hotte
Partie d'une cheminée, placée entre le manteau ou le faux-manteau et le couvrement de la pièce, dans laquelle se trouve le départ du conduit.

Hourd (fortif.)
Charpente en encorbellement sur une courtine ou une tour, pour permettre aux défenseurs d'en battre le pied (tir fichant). Les hourds se maintinrent longtemps à côté des mâchicoulis (construits en pierre et non en bois). Ils ont presque partout disparu, mais l'on voit souvent encore des trous espacés régulièrement qui attestent leur ancienne présence.

Impériale (comble à l')
Comble épousant une courbe en talon renversé ou en doucine.

Imposte
Corps de moulures couronnant un support vertical sans chapiteau et recevant la retombée d'un arc. La traverse d'imposte est une traverse portant un tympan en menuiserie ou un châssis de tympan, et située à hauteur d'imposte.

Ionique (ordre)
Le chaptiteau ionique est formé d'une échine, de volutes, d'un abaque ou tailloir, et accessoirement d'un gorgerin. Voir : *Frise.*

Jambe
Chaîne verticale placée dans l'épaisseur d'un mur. Voir : *Chaîne.*

Jouée (de cheminée, de lucarne)
Paroi latérale.

Labyrinthe
(Jard.) Architecture de verdure faite de charmilles délimitant des chemins communiquant entre eux de manière à égarer le promeneur.
(Décor.) Pavement formé d'éléments de couleurs différentes disposés en labyrinthe.

Lambris
Revêtement d'un mur en panneaux de bois : *lambris d'appui,* du sol à la cimaise; *lambris de hauteur,* du sol à la corniche.

Lanterne (d'escalier)
Édicule surmontant une cage d'escalier et donnant accès à une terrasse ou à une coursière supérieure.

Larmier
Membre horizontal en saillie sur le nu du mur, destiné à en écarter les eaux pluviales.

Lice (fortif.)
Espace compris entre deux enceintes ou entre une enceinte et un fossé.

Limon
Élément rampant de l'escalier dans lequel ou sur lequel sont fixés les bouts des marches et la rampe.

Linteau
Bloc de pierre, pièce de bois ou de métal placé horizontalement pour couvrir une baie et présentant un soffite. Voir : *Soffite.* Appareillé, le linteau devient une *plate-bande.*

Litre
Bande horizontale peinte ou plus rarement sculptée sur les élévations intérieures, quelquefois extérieures. Il porte les armes du seigneur.

Loge ou **Loggia**
Pièce à l'étage ouverte librement sur l'extérieur.

Lunette (fortif.)
Ouvrage avancé, de même forme que la demi-lune, mais non intégré comme celle-ci dans un front bastionné.

Mâchicoulis
Galerie de pierre accrochée en surplomb au sommet de murs fortifiés et permettant, comme les hours de bois, le jet vertical (tir fichant) de projectiles sur les assaillants rendus au pied du mur. On distingue les mâchicoulis sur arc et les mâchicoulis sur corbeaux ou consoles ; ces derniers apparaissent en France vers 1300. Le faux mâchicoulis ou mâchicoulis décoratif n'a pas d'ouverture pour le tir fichant.

Maison ou **Maison forte** (équivalent de *Moated site* ou *Wasserburg)*
Vers 1160 apparaît dans le nord de la France un nouveau type d'habitat seigneurial appelé *maison.* Ces maisons se multiplient en concomitance avec la diffusion du titre de *dominus* dans les couches inférieures de l'aristocratie.

Mansart (comble à la mansarde ou à la Mansart).
Voir : *Comble.*

Manteau (de cheminée)
Construction formée de deux piédroits, d'un couvrement et éventuellement d'un couronnement, renfermant le foyer et faisant avant-corps.

Mantelet
Sorte de bouclier à roulette pour la défense et l'attaque des places fortes.

Merlon (fortif.)
Partie pleine entre deux créneaux.

Métope
Fraction de la frise dorique comprise entre deux triglyphes et, par extension, entre deux modillons; elle est souvent décorée d'un relief (patère, bucrane).

Meurtrière
Terme général désignant la baie ouverte dans un mur pour le tir.

Mezzanine
Demi-étage, entresol. Un demi-étage est un étage dont la hauteur est très sensiblement inférieure à celle de l'étage qui se trouve en dessous.

Mine
Galeries souterraines creusées pour parvenir sous une muraille et y ménager une chambre de mine.

Moated site
Voir : *Wasserburg.*

Modillon
Petite console supportant une corniche.

Moellon
Pierre de petite dimension, non taillée ou partiellement taillée, généralement destinée à être recouverte de mortier.

Moineau de tir (fortif.)
Dispositif qui fait saillie sur les murailles pour un tir de flanquement. Des galeries, semi-enterrées dans le fossé, servent à battre le fond de celui-ci et constituent les moineaux.

Motte
Au sens le plus large, accumulation de terre en forme de tertre. L'usage peut en être civil et non militaire (voir : *Terpen).* Le premier château (fin X^e-XIe siècle) se caractérise par une motte sur laquelle se dresse un donjon qui est à la fois point fort de la défense et édifice habitable.

Munitio (fortif.)
Au XIe siècle, ce type d'enceinte était souvent une simple palissade, flanquée d'un fossé, comme on en voyait autour de presque toutes les bourgades suburbaines.

Noue
Pièce oblique formant l'arête rentrante à la rencontre de deux combles.

Noyau
Support montant de fond et portant les marches tournantes de l'escalier du côté opposé au mur de cage. L'escalier en vis a un noyau central unique. D'autres escaliers présentent 2, 3 ou 4 noyaux. On parle encore de *mur-noyau* pour désigner le mur central, plein ou ajouré, d'un escalier à doubles volées droites parallèles.

Nymphée
Au sens propre, édifice consacré aux Nymphes; à l'origine une grotte naturelle d'où s'échappait une source jaillissante. A l'époque moderne, désigne une construction élevée au-dessus d'une source.

Œil-de-bœuf ou **Oculus**
Lucarne dont l'ouverture est circulaire ou ovale.

Orangerie
Galerie ouverte où l'on conserve les orangers pendant l'hiver. Les ouvertures ne sont pratiquées que qu'un seul côté, au midi. D'après d'Aviler, on appelle aussi orangerie le parterre où l'on expose les orangers pendant la belle saison.

Ordres
Système de proportions et de formes de l'architecture antique repris par l'architecture classique et codifié principalement par Vignole. On distingue les ordres principaux, toscan, dorique, ionique, corinthien, composite, mais aussi l'attique et le cariatide (de l'Orme a créé un ordre français), qui affectent les colonnes, les chapiteaux et les entablements, parfois aussi les balustres, les consoles, les soffites. L'ordre toscan n'est qu'une variante de l'ordre dorique. Voir : *Frise*.

Ordre colossal
Voir : *Colossal*.

Oriel
Sorte de tourelle formant avant-corps sur la hauteur d'un ou plusieurs étages et renfermant de petites pièces, placée fréquemment à l'angle de deux murs.

Orillon (fortif.)
Saillant angulaire aux flancs arrondis protégeant les batteries placées pour battre le fossé (bastion à orillons).

Parapet
Mur plein formant garde-corps. Le parapet a une fonction particulière de protection dans l'architecture militaire.

Parement
Surface visible d'une maçonnerie.

Parpaing
Pierre traversant toute l'épaisseur de la maçonnerie et laissant voir ses extrémités sur les deux parements. Voir : *Boutisse, Carreau*.

Parterre
On distingue dans les jardins plusieurs types de parterres. Le *parterre à compartiments* rappelle le dessin des plafonds à caissons; le *parterre à l'anglaise* consiste en un tapis de gazon entouré de plates-bandes de fleurs dont les sépare un étroit sentier sablé.

Pas de moineau (pignon à)
Synonyme de pignon à redents : pignon découvert dont les rampants sont remplacés par une volée de gradins.

Passe-pied (jard.)
Allée très étroite, permettant seulement au jardinier de « passer le pied » pour soigner les plates-bandes.

Patère (décor.)
Sorte de disque dont on a fréquemment orné les métopes dans les architraves doriques et toscanes. Abandonné à la fin de l'Antiquité, cet ornement fut repris par la Renaissance.

Pavillon
Bâtiment isolé ou en saillie sur le corps de logis, caractérisé par son élévation souvent plus haute et son plan sensiblement carré. Pavillon d'angle, pavillon central, pavillon d'extrémité.
Toiture en pavillon : toiture à quatre pans.

Péristyle
Rangée de colonnes. Espace clos par celle-ci.

Perrière ou **Pierrière**
S'applique à tout engin qui lance des pierres, fût-il à ressort ou à balancier.

Perron
Degré extérieur donnant accès à une entrée.

Piédroit
Jambage d'une porte, d'une arcade, d'une fenêtre.

Pigeonnier
Abri pour les pigeons. Voir : *Colombier*.

Pignon
Mur qui s'achève en triangle sous les pentes convergentes d'un toit. Dans le *pignon à pas de moineau,* les rampants sont remplacés par des gradins.

Pilastre
Pilier peu saillant engagé dans un mur et ayant les caractéristiques d'un support. Le pilastre reçoit les mêmes proportions et la même décoration que les colonnes de l'ordre auquel il appartient.

Pinacle
Amortissement élancé, de plan carré ou polygonal, terminé en pyramide ou en cône effilé.

Plate-bande
Élément horizontal composé de claveaux, porté par deux points d'appui et présentant un soffite. La plate-bande se distingue du linteau par le fait qu'elle est appareillée, et de l'arc par le fait qu'elle est rectiligne.

Plinthe
Moulure plate et haute qui garnit le bas des murs ou des socles de colonnes.

Poinçon
Dans une charpente, poteau d'une ferme joignant le milieu de l'entrait à la rencontre des arbalétriers.

Pointe de diamant (bossage en)
Bossage dont le parement est taillé en pyramide.

Poivrière
Désigne généralement une échauguette ronde au toit conique.

Poliorcétique
Technique et art de la guerre : les techniques de siège, au début du Moyen Âge, ne subsistaient que dans l'empire d'Orient, où les Byzantins, en lutte constante avec les Barbares et les Asiatiques, continuaient à les utiliser et à les perfectionner.

Pont-levis
Le pont-levis est un pont mobile (par opposition avec le *pont dormant*) dont le tablier se relève en pivotant sur une extrémité. Le pont-levis à treuil fut le premier employé, suivi du pont-levis à flèches (pièces de bois en bascule). Le pont-levis basculant (dont le tablier bascule autour d'un axe horizontal médian) ne semble pas avoir été d'un emploi courant en France. Voir : *Bascule*.

Porche
Lieu couvert en avant de la porte d'entrée d'un édifice.

Portail
Composition monumentale entourent une ou plusieurs portes extérieures.

Portique
Galerie ouverte au rez-de-chaussée, où l'on se promène à couvert. Souvent confondu avec colonnade et péristyle.

Poterne
La poterne est une petite porte dérobée, ouverte dans un ouvrage fortifié.

Préau
Mot qui signifie petit pré et par lequel on désigne souvent un espace clos et couvert de gazon.

Quinconce
A l'origine, assemblage d'objets disposés par cinq. Dans l'art des jardins, espace planté d'arbres sur plusieurs rangées régulières, où le labourage est possible dans trois directions. De quelque côté que l'on se place au milieu d'un quinconce, on voit toujours devant soi des allées égales et parallèles.

Quinta
A désigné la maison de campagne espagnole et portugaise.

Rampant
Désigne les arêtes obliques d'un fronton, d'un gâble, d'un pignon. Une baie est dite rampante lorsque son couvrement est rampant. L'arc rampant et la voûte rampante sont des arcs ou des voûtes dont les naissances ne sont pas au même niveau.

Rampe-sur-rampe (escalier)
Escalier tournant à retours, formé de volées droites parallèles et de sens contraire, sans jour central.

Rasant (fortif.)
Les fortifications rasantes sont des fortifications de peu de relief, conçues pour le tir rasant (qui se rapproche de l'horizontale); elles s'élèvent à peine au-dessus du terrain environnant.

Ravelin (fortif.)
Demi-lune (emprunté à l'ancien italien *ravellino*).

Redan (fortif.)
Ouvrage avancé en forme de V dont l'angle saillant est tourné vers la campagne. Le redan n'est pas fermé du côté de la place.

Réduit (fortif.)
Ouvrage construit à l'intérieur d'un autre, où l'on peut se retrancher pour prolonger la résistance (la citadelle, par exemple, sert de réduit à une ville fortifiée).

Refend
S'applique à la taille de la pierre ou à la division des pièces d'une habitation. La *ligne de refend* est un canal taillé dans la pierre en accusant ou simulant le tracé des joints d'un appareil. Le *mur-de-refend* est un mur porteur, montant de fond et formant une division intérieure.

Rempart (fortif.)
Enceinte formée par une levée de terre dont la poussée est souvent retenue par des bois ou par un mur de soutènement.

Révolution
Fraction d'un escalier correspondant à un tour complet : ses limites inférieure et supérieure sont au même aplomb.

Ring-motte
Pendant longtemps, des archéologues britaniques ont appelé Ring-motte des enceintes circulaires faites d'une levée de terre de plan annulaire.

Rocaille
Revêtement formé de cailloux et coquillages imitant les rochers et les pierres naturelles, utilisé notamment pour le décor des grottes.

Rondelles.
Voir : *Torrioni*.

Rudenté
La cannelure rudentée est remplie par une rudenture c'est-à-dire une moulure, qui est généralement une baguette. Orne la colonne ou le pilastre, souvent sur une fraction de sa hauteur.

Rustique (bossage)
Bossage dont le parement n'est qu'ébauché, c'est-à-dire non dressé.

Sablière
Pièce de bois horizontale posée dans l'épaisseur d'un mur, donc dans le même plan que celui-ci.

Saillant (fortif.)
Position défendue par une avancée de l'enceinte.

Salle
Grande pièce du corps de logis servant à des usages multiples, opposée à la chambre réservée à une intimité plus réduite. Elle s'est différenciée tardivement en salle de garde, salle du commun, salle à manger, salle d'assemblée, salon.

Sape
Ensemble des travaux souterrains menés en vue de construire des galeries lors de l'attaque d'un château. On appelle sape tout autant l'ouverture que l'action de saper.

Sarrasine
Grille de fermeture d'une porte. Voir : *Herse*.

Saut-de-loup
Fossé court placé devant un ahah ou devant une entrée : dans le dernier cas, le saut-de-loup est franchi par un pont.

Serlienne (du nom de l'architecte italien Serlio)
Triplet formé d'une baie centrale couverte d'un arc en plein cintre et de deux baies latérales couvertes d'un linteau ou d'une plate-bande à la hauteur de l'imposte de la baie centrale.

Shell-Keep ou **Donjon-coquille**
Mur de pierre entourant un logis généralement en bois (XIe-XIIe siècle). Le shell-keep n'est qu'un stade secondaire du château à motte. La partie centrale, libre de construction, se présente comme une cour.

Soffite
Désigne une surface suspendue vue par dessous. Le soffite peut être la face inférieure plane et dégagée d'un linteau et d'une plante-bande, aussi bien qu'un plafond à caissons décoré de rosaces. Les principaux ordres d'architecture ont chacun des soffites distinctifs.

Souche (de cheminée)
Ouvrage de maçonnerie renfermant un ou plusieurs conduits de cheminée et s'élevant au-dessus du toit.

Stuc
Vient de l'italien *stucco* (matière propre à boucher, enduit). Désigne une composition imitant le marbre obtenue avec de la chaux éteinte depuis longtemps, de la craie et de la poudre de marbre blanc.

Stylobate
Soubassement portant une colonnade et, par extension, une ordonnance de pilastres.

Surbaissé
On nomme *arc surbaissé* tout arc dont la flèche est inférieure à la moitié de la portée et *arc surhaussé* tout arc dont la flèche est supérieure à la moitié de la portée.

Tabernacle (niche en)
Édicule à niche (un édicule est un couronnement imitant une petite construction).

Table
Partie du parement traitée de façon décorative, cernée d'une moulure ou d'un retrait.

Tableau
Côté vertical de l'embrasure d'une baie, parallèle à l'axe en plan de celle-ci.

Taluté
Définit la face d'un mur ou d'une partie de mur ayant une pente très accentuée.

Tambour
Colonne à tambours : colonne dont le fût est formé d'au moins quatre assises monolithes cylindriques ou *tambours*. Le tambour peut aussi désigner un édicule fermé, généralement en menuiserie, construit aux dépens de l'espace intérieur derrière une porte.

Tenaille (fortif.)
Petit ouvrage placé devant la courtine d'un front bastionné pour servir de masse couvrante au mur d'escarpe. Les deux faces présentent un angle rentrant vers la campagne. On appelle tenaille double celle qui présente un angle saillant entre deux angles rentrants.

Terme
Borne formée par une ou plusieurs figures engainées.

Terpen (nord-ouest de l'Europe)
Monticules faits de main d'homme pour servir de refuge, en cas de montée des eaux, aux animaux et aux fourrages récoltés.

Terrasse
On distingue la terrasse en *terre-plein* et la terrasse de *couverture*. La terrasse en terre-plein met de niveau un terrain en pente, généralement maintenu par un mur de soutènement et bordé par un garde-corps. Les remparts des villes fortifiées sont exécutés en terrasse. La couverture en terrasse présente, au lieu de toits en pente, au sommet d'un édifice, une surface plane presque horizontale. En France, les terrasses étaient exécutées, soit en dalles de pierre, soit en hourdis de plâtre recouvert de tables de plomb.

Terrasson
Partie supérieure en pente douce d'un versant de toit brisé. S'oppose au *brisis*, partie inférieure en pente raide d'un versant de toit brisé.

Terre-plein (fortif.)
Plate-forme supérieure du rempart servant d'emplacement de tir. Pour transformer les courtines à cet usage, il fallait les terrasser, afin d'obtenir un terre-plein suffisant derrière les embrasures.

Tirant
Pièce de bois ou de métal soumise à un effort de traction, ce qui la différencie de l'étrésillon qui est soumis à une compression. Le tirant est employé aussi bien dans une charpente (où il maintient l'écartement des arbalétriers d'une ferme) que dans une maçonnerie, notamment pour tenir un arc ou une voûte.

Torrioni (fortif.)
Les Italiens utilisèrent volontiers au XVIe siècle des torrioni, énormes cylindres à plusieurs étages d'embrasures, véritables tours à canons ajoutées à la défense de châteaux plus anciens. Les Français parlent de *rondelles*.

Torse (colonne).
Colonne dont le fût est contourné en hélice.

Tortilles (jard.)
Allées étroites et tortueuses. On parlait au XVIIIe siècle de *tortillets;* on dit aussi *tortillères*.

Toscan
Le chapiteau toscan est théoriquement composé des mêmes éléments que le chapiteau dorique : il s'en distingue habituellement par le fait qu'un filet unique sépare le gorgerin de l'échine et que ces éléments ne sont pas ornés. La différence entre l'ordre toscan et l'ordre dorique, nettement marquée dans certaines parties (notamment l'entablement), n'est pas toujours sensible dans le chapiteau.

Tour
Bâtiment caractérisé par son plan massé et son développement en hauteur. Les tours *ouvertes à la gorge* ne sont pas fermées du côté de l'intérieur. Quand on cumule les fonctions d'accès et de tour-maîtresse, on obtient une « porte-donjon ».

Tourelle
La tourelle a le plan massé et l'élancement de la tour ;

à la différence de l'échauguette, elle peut s'élever depuis la base d'un mur (tourelle montant de fond). De plan carré, circulaire ou polygonal, elle peut abriter un escalier en vis.

Trébuchet
Machine de jet ayant un contrepoids mobile.

Triglyphe
Élément de la frise de l'entablement dorique composé d'un groupe de cannelures verticales.

Trianon
Petite maison de plaisance construite à l'exemple du petit Trianon élevé par Louis XV pour la marquise de Pompadour.

Trompe
Petite voûte formant support sous un ouvrage ou sous un pan de mur en surplomb et permettant un changement de plan à un niveau quelconque de la construction. Toute voûte ayant fonction de support plus que de couvrement est une trompe.

Trumeau
Pan de mur compris entre deux embrasures de baies d'un même étage.

Tympan
Paroi de remplage de forme triangulaire sommant l'ouverture d'une baie.

Véranda
Pièce ou galerie en rez-de-chaussée, entièrement vitrée.

Vermiculé
Se dit d'un décor, d'apparence rustique, fait d'entrelacs sculptés en creux sur les assises de pierre formant bossages et imitant, par la sinuosité de leurs cavités, les passages des vers au travers des bois qu'ils corrodent.

Verrière
Toit ou partie de toit formé d'une charpente de fer vitrée ou de dalles de verre.

Vertugadin (jard.)
Pelouse de gazon établie en pente et formant une sorte d'amphithéâtre. (De l'espagnol *Verdugado*, bourrelet du haut d'une jupe).

Vestibule
Pièce ou galerie d'entrée assurant la communication entre l'extérieur et les appartements.

Vigne
A désigné la maison de campagne italienne (château d'un seigneur ou maison d'un particulier pendant la belle saison). C'est la *villa* des latins *(aedes pseudo-urbana)*.

Villa
On en distingue en Italie plusieurs types : la *villa urbana* est une résidence dans les faubourgs d'une ville ; la *villa pseudo-urbana*, une résidence en pleine campagne ; la *villa rustica*, une ferme.

Vis (escalier en)
Escalier tournant formé de marches gironnées disposées autour d'un noyau central.

Volée (d'escalier)
Partie d'escalier formée d'une suite de marches, délimitée par les repos ou les paliers.

Wasserburg (ou Moated site)
Tertre généralement rectangulaire, surélevé ou non, et entouré d'un fossé en eau au centre duquel se dresse la résidence seigneuriale (Europe du nord à la fin du XIIe et au début du XIIIe siècle).

Hommage du vassal à son seigneur. Sceau de Raymond de Montdragon, XIIIe siècle (Archives nationales).

Bibliographie

Établie grâce aux indications fournies par les auteurs des différents chapitres, la bibliographie a été arrêtée en 1983.

Nous mentionnerons pourtant, en raison de son importance, l'ouvrage récent suivant :

W. Prinz et R.G. Kecks, avec la collaboration d'U. Albrecht et de J. Guillaume, *Das französische Schloss der Renaissance*, Berlin, 1984.

A paraître en 1987 : J.P. Babelon, *Les châteaux de France au siècle de la Renaissance*.

Généralités

Sur l'histoire du château en France, des origines à nos jours, il existe peu d'études de synthèse.

E. Viollet-le-Duc, *Histoire de l'habitation humaine depuis les temps préhistoriques jusqu'à nos jours*, éd. J. Hetzel, Paris, 1875.

P. Du Colombier, *le Château de France : son histoire, sa vie, ses habitants*, éd. A. Fayard, Paris, 1960. Excellente réflexion sur la problématique du château. Bibliographie.

F. Gébelin, *les Châteaux de France*, PUF, Paris, 1962 (coll. Le Lys d'or). Plus axé sur les problèmes architecturaux. Voir compte rendu par H. Damisch, dans : *Annales d'histoire économique et sociale*, 1963, t. II, p. 1153-1157.

Moyen Age

La bibliographie générale sur l'architecture des châteaux était naguère moins abondante que sur l'architecture religieuse. Les études se multiplient depuis une quinzaine d'années, témoignant d'un nouvel intérêt pour le château médiéval, son évolution et son insertion dans le contexte socio-économique de la société féodale.

A. de Caumont, *Abécédaire ou Rudiment d'archéologie*, éd. Derache, Paris, 1850-1862, 3 vol.

E. Viollet-le-Duc, *Essai sur l'architecture militaire au Moyen Age*, éd. Bance, Paris, 1854.

— *Dictionnaire raisonné de l'architecture française du XIe au XVIe siècle*, éd. Bance, Paris, 1854-1868, 10 vol. (voir l'article château, notamment), rééd. F. de Nobele, 1967.

— *Histoire d'une forteresse*, éd. J. Hetzel, Paris, 1878, rééd.

C. Enlart, *Manuel d'archéologie française*, t. II, *Architecture civile et militaire*, éd. A. Picard, Paris, 1904, rééd. 1928-1932, 2 vol.

J.-A. Brutails, *Précis d'archéologie du Moyen Âge*, éd. Privat, Toulouse et Picard, Paris, 1908, 2e éd. 1923.

V. Mortet et P. Deschamps, *Recueil de textes relatifs à l'histoire de l'architecture et à la condition des architectes en France*, éd. A. Picard, Paris, 1911-1929, 2 vol.

R. Ritter, *Châteaux, donjons et places fortes. L'architecture militaire française*, Larousse, Paris, 1953 (coll. Arts, Styles et Techniques).

S. Toy, *A history of fortification from 3000 b.C to 1700 a.C.*, Londres, 1955.

F. Enaud, *les Châteaux forts en France*, éd. des Deux Mondes, Paris, 1958.

P. Barbier, *la France féodale. I. Châteaux forts et églises fortifiées*, Les Presses Bretonnes, Saint-Brieuc, 1968.

W. Anderson, *les Châteaux du Moyen Âge*, éd. fr. Paris, 1972.

P. Rocolle, *Deux mille ans de fortification française*, éd. Ch. Lavauzelle, Paris, 1973, 2 vol.

R. Ritter, *l'Architecture militaire au Moyen Age*, éd. A. Fayard, Paris, 1974 (coll. Résurrection du passé).

M. de Boüard, *Manuel d'archéologie médiévale. De la fouille à l'histoire*, Paris, 1975, Société d'Enseignement supérieur.

J.-F. Finò, *Forteresses de la France médiévale. Construction. Attaque. Défense*, éd. A. et J. Picard, Paris, 3e éd. 1977.

G. Fournier, *le Château dans la France médiévale. Essai de sociologie monumentale*, éd. Aubier-Montaigne, Paris, 1978. Synthèse de grande valeur, assortie de textes commentés. Voir compte rendu par J. Mesqui dans *Bulletin monumental*, 1979, 2, p. 183-185, et par M. Sot dans *L'Histoire*, n° 14, 1979, p. 70-72.

G. Janneau, *l'Architecture militaire en France*, éd. Garnier, Paris, 1979.

Ch.-L. Salch (avec J. Burnouf et J.-F. Finò), *Atlas des châteaux forts en France*, éd. Publitotal, Strasbourg, 1977.

— *Les Plus Beaux Châteaux forts en France*, éd. Publitotal, Strasbourg, 1978.

— *Atlas des villes et villages fortifiés en France (Moyen Âge)*, Strasbourg, 1978.

— *Dictionnaire des châteaux et des fortifications du Moyen Âge en France*, éd. Publitotal, Strasbourg, 1979.

Châteaux et guerriers de la France du Moyen Âge, collection, éd. Publitotal, Strasbourg : J. Tealdi, *Reconstitutions de l'époque romantique à nos jours*, 1980. A. Châtelain, *Évolution architecturale et essai d'une typologie*, 1981. T. Ribaldone, *Grandes figures de la chevalerie et chevaliers brigands*, 1981. J. Gardelles, *le Château, expression du monde féodal*, 1981.

H.-P. Eydoux, *les Châteaux fantastiques*, éd. Flammarion, Paris, 1969-1973, 5 vol.

A. Châtelain, *Châteaux forts, images de pierre des guerres médiévales*, éd. Rempart, Paris, 1983.

Le contexte socio-économique peut être étudié dans les ouvrages suivants :

M. Bloch, *la Société féodale, les classes et le gouvernement des hommes*, éd. Albin-Michel Paris, 1940 — 2e éd. Paris, 1968.

— *les Caractères originaux de l'histoire rurale française*, 2e éd. A. Collin, Paris, 1952 et 1956.

R. Boutruche, *Seigneurie et féodalité*, 2e éd., Aubier-Montaigne, Paris, 1968-1970, 2 vol.

G. Duby et A. Wallon (sous la direction de), *Histoire de la France rurale*, éd. Le Seuil, Paris, 1975-1977, 4 vol.

Châteaux et peuplements en Europe occidentale du Xe au XVIIIe siècle, ouvrage collectif (Journées internationales d'histoire de Flaran, Gers), Auch, 1980.

Époque moderne

La bibliographie était plus rare encore que pour le Moyen Âge jusqu'à ces dernières années, sauf pour l'époque de la Renaissance où le château est reconnu et étudié depuis longtemps comme une œuvre majeure. Il faut donc recourir aux histoires de l'architecture classique française :

C. Sauvageot, *Palais, châteaux, hôtels et maisons de France du XVe au XVIIIe siècle,* éd. A Morel, Paris, 1867.

R. Blomfield, *A History of french architecture from the reign of Charles VIII till the death of Mazarin, 1494-1661,* éd. Hacker, New York, 1921, 4 vol.

A. Blunt, *Art and architecture in France 1500-1700,* Penguin Books, Harmondsworth, Gr. Bret, 1953, plus. rééditions; trad. française *Art et architecture en France 1500-1700,* éd. Macula, Paris, 1983.

L. Hautecœur, *Histoire de l'architecture classique en France,* éd. A et J. Picard, Paris, 1943-1957.

— t. I, la *Formation de l'idéal classique.* — 1er vol. *La Première Renaissance (de 1495 à 1535-1540),* 2e éd. 1963. — 2e vol. *La Renaissance des humanistes (1535-1540 à 1589),* 2e éd. 1965. — 3e vol. en 2 parties, *L'architecture sous Henri IV et Louis XIII,* 2e éd., 1966-1967.

— t. II, *le Règne de Louis XIV,* 2 vol., 1948.

— t. III, *Première moitié du XVIIIe siècle. Le style Louis XV,* 1950.

— t. IV, *Seconde moitié du XVIIIe siècle. Le style Louis XVI (1750-1792),* 1952.

— t. V, *Révolution et Empire (1792-1815),* 1953.

— t. VI, *la Restauration et le gouvernement de Juillet (1815-1848),* 1955.

— t. VII, *la Fin de l'architecture classique (1848-1900),* 1957.

J.-M. Pérouse de Montclos, *l'Architecture à la française, XVIe-XVIIe-XVIIIe siècle,* éd. A. et J. Picard, Paris, 1982.

Sur le contexte socio-économique, on peut mentionner à nouveau le livre de P. Du Colombier cité plus haut, ainsi que :

A. Babeau, *le Village sous l'Ancien Régime,* 2e éd. Didier, Paris, 1879.

P. de Vaissière, *Gentilshommes campagnards de l'ancienne France : étude sur la condition, l'état social et les mœurs de la noblesse de province du XVIe au XVIIIe siècle,* éd. Perrin, Paris, 1925.

A. Mussat, *Château-miroir, ou la Tradition architecturale de la noblesse française,* Colloque « Noblesse française, noblesse hongroise XVIe-XIXe siècle », Rennes 1975. Acad. des sciences, Budapest, 1981, p. 99-108.

La majeure partie des informations doit être recherchée dans les rares monographies d'architectes ou dans les études particulières sur les édifices, groupées ou non par régions (collections de châteaux, ou bulletins de sociétés savantes). Citons ainsi :

Les Anciens Châteaux de France (éd. Contet)

Les Châteaux et manoirs de France (éd. Vincent-Fréal)

Les Châteaux de France, par E. de Ganay (éd. Tel)

Manoirs et gentilhommières des pays de France, par J. Gautier (éd. Massin)

Monographies des châteaux de France (éd. Barry)

Châteaux, décors de l'histoire (éd. Calmann-Lévy)

Les Châteaux du Maine et de l'Anjou, de Bourgogne, de Normandie, par H. Soulange-Bodin

Châteaux de France disparus, par Ph. de Cossé-Brissac (éd. Tel)

Merveilles des châteaux de France (éd. Hachette Réalités)

Les séries par département aux Nouvelles Éditions Latines et aux Éditions du Chêne; les publications de la Caisse nationale des monuments historiques

Dictionnaire des châteaux de France, (éd. Berger-Levrault. Volumes parus : Artois, Flandre, Hainaut, Picardie. — Lorraine. — Bourgogne. — Franche-Comté, pays de l'Ain. — Guyenne, Gascogne, Béarn, Pays basque. — Alsace).

Chapitre 1. Les châteaux de terre et de bois

La bibliographie récente témoigne de l'activité des études en ce domaine, menées notamment au Centre de recherche archéologique médiévale de la Faculté des lettres de Caen. La méthode fondamentale est développée dans le *Manuel d'archéologie médiévale* de M. de Boüard cité plus haut.

H. Arbman, « Fortifications autour de Buchy », dans *Meddelelanden fran Lunds Universitets Historika Museum,* 1966-1968.

M. Biddle, « The excavation of a motte-and-bailey castle at Therfield Herts », dans *The Journal of the British Archaeological Association,* 27, 1964.

M. de Boüard, « les Petites Enceintes circulaires d'origine médiévale en Normandie », dans *Château-Gaillard,* I, 1964, Caen.

— « Quelques données françaises et normandes concernant le problème de l'origine des mottes », dans *Château-Gaillard,* II, 1967.

— « la Motte », dans *l'Archéologie du village médiéval,* Louvain, Centre belge d'histoire rurale, 1967.

— « Quelques données archéologiques concernant le premier âge féodal », dans *les Structures sociales de l'Aquitaine, du Languedoc et de l'Espagne au premier âge féodal,* Paris, CNRS, 1969.

— « De l'aula au donjon. Les fouilles de la motte de La Chapelle à Doué-la-Fontaine », dans *Archéologie médiévale,* III-IV, 1973-1974.

— « Les fortifications de terre en Europe occidentale du Xe au XIIe siècle » (colloque de Caen, 2-5 octobre 1980). Thème I, « la Motte », dans *Archéologie médiévale,* XI, 1981, p. 5-38.

M. Bur, *Inventaire des sites archéologiques non monumentaux de Champagne;* fasc. I, *Vestiges d'habitat seigneurial fortifié du bas-pays argonnais,* Reims, 1972; fasc. 2, *Vestiges d'habitat seigneurial fortifié des Ardennes et de la vallée de l'Aisne,* Reims, 1980 (Cahiers des lettres et sciences humaines de l'Université de Reims).

— « Les Plus Anciennes Mottes castrales en Champagne », dans *Château-Gaillard,* IX-X, 1982, p. 55-69.

— « Mottes multiples et groupe de mottes, un problème de définition », dans *Mélanges d'archéologie et d'histoire médiévale en l'honneur du doyen M. de Boüard,* Genève-Paris, 1982, p. 39-48.

— « La Motte, une arme pour une révolution », dans *Information historique,* 44, 1982, p. 101-108.

M. Colardelle et Ch. Mazard, « Premiers résultats des recherches sur les mottes médiévales en Dauphiné et Savoie », dans *Archéologie médiévale,* IX, 1979.

J. Decaëns, « les Enceintes d'Urville et de Bretteville-sur-Laize. Contribution archéologique aux recherches sur l'habitat fortifié », dans *Annales de Normandie,* XVIII, 1968.

— « l'Enceinte fortifiée de Sébécourt », dans *Château-Gaillard,* VII, 1975.

— « les Fortifications de terre en Europe occidentale du Xe au XIIe siècle » (Colloque de Caen, 2-5 octobre 1980). Thème II, « les Enceintes circulaires médiévales », dans *Archéologie médiévale,* XI, 1981, p. 39-71.

— « l'Enceinte de la Chapelle-Colbert dans la forêt de Saint-Gatien, près de Vieux-Bourg (Calvados) », dans *Mélanges d'archéologie et d'histoire médiévales en l'honneur du doyen Michel de Boüard*, 1982, p. 91-104.

M. Fixot, *les Fortifications de terre et les origines féodales dans le Cinglais*, Centre de rech. archéol. méd., Caen, 1968.

— « la Motte et l'habitat fortifié en Provence médiévale », dans *Château-Gaillard*, VII, 1975.

G. Fournier, « Vestiges de mottes castrales en Basse-Auvergne », dans *Revue d'Auvergne*, 75, 1961.

— « les Enceintes de terre en Auvergne », dans *Bulletin historique et scientifique de l'Auvergne*, LXXXI, 1961.

R.E. Glasscock, « Mottes in Ireland » dans *Château-Gaillard*, VII, 1975.

H. Halbertsma, « les Mottes frisonnes », dans *Château-Gaillard*, VII, 1975.

A. Herrnbrodt, *Der Husterknupp*, Köln-Graz, 1958.

— « Neue Ausgrabungen in Bergischen Ringwälle », dans *Forscher und Erforschtes*, 1962.

— « Die frühmittelalterlichen Ringwälle des Rheinlandes », dans *Château-Gaillard*, III, Londres, 1969.

J. Hope Taylor, « The excavation of a motte at Abinger in Surrey », dans *The Archaeological Journal*, 107, 1950.

D.J.C. King et L. Alcock, « Ringworks of England and Wales », dans *Château-Gaillard*, III, Londres, 1969.

J. Le Maho, « l'Apparition des seigneuries châtelaines dans le Grand Caux à l'époque ducale », dans *Archéologie médiévale*, VI, 1976.

M. Müller-Wille, *Mittelalterliche Burghügel im Nördlichen Rheinland*, Köln-Graz, 1966.

A. Renoux, « l'Enceinte fortifiée d'Audrieu », dans *Archéologie médiévale*, II, 1972.

R. Sanquer, « les Mottes féodales du Finistère », dans *Bulletin de la Société archéologique du Finistère*, CV, 1977.

R. von Uslar, *Studien zu frühgeschichtliche Befestigungen zwischen Nordsee und Alpen*, Köln-Graz, 1964.

E. Zadora-Rio, « l'Enceinte fortifiée du Plessis-Grimoult (Calvados) », dans *Archéologie médiévale*, III-IV, 1973-74.

— « Hortus conclusus. Un jardin médiéval au Plessis-Grimoult (Calvados) », dans *Mélanges... en l'honneur de M. de Boüard*, 1982, p. 393-404.

Chapitre 2. Les châteaux de l'an mil à 1150

R. Aubenas, « les Châteaux forts des Xe et XIe siècles », dans *Revue historique de droit français et étranger*, 1938, p. 548-586.

M. de Boüard, « De l'aula au donjon » (cité plus haut).

— *le Château de Caen*, Centre de recherches archéologiques médiévales, Caen, 1979.

A. Châtelain, *Donjons romans des pays de l'Ouest*, éd. A. et J. Picard, Paris, 1973.

— *Châteaux forts et féodalité en Ile-de-France, du XIe au XIIIe siècle*, Nonette, 1983.

L. Gatian de Clérambault, « les Donjons romans de la Touraine et de ses frontières », dans *Bulletin de la Société archéologique de Touraine*, 1905, p. 52-112.

M. Deyres, « le Château de Montbazon au XIe siècle », dans *Cahiers de civilisation médiévale*, XII, 1969, p. 147-159.

— « le Donjon de Langeais », dans *Bulletin monumental*, 1970, p. 179-193.

— « le Donjon de Châtillon-sur-Indre », dans *Bulletin de la société archéologique de Touraine*, 1971, p. 364-377.

— « le Donjon de Château-Renault », dans *Archeologia*, n° 62, 1973, p. 56-61.

— « les Châteaux de Foulque Nerra », dans *Bulletin monumental*, 1974, p. 7-28.

M. Fixot, *les Fortifications de terre et les origines féodales dans le Cinglais*, Centre de rech. archéol. méd. Caen, 1968.

G. Fournier, « le Château du Puiset au début du XIIe siècle et sa place dans l'évolution de l'architecture militaire », dans *Bulletin monumental*, 1964, p. 355-374.

— *le Château dans la France médiévale*, Paris, 1978.

L. Harmand, « Houdan et l'évolution des donjons au XIIe siècle », dans *Bulletin monumental*, 1969, p. 188-207.

— « le Donjon de Houdan, études complémentaires », dans *Bulletin monumental*, 1972, p. 191-212.

P. Héliot, « Sur les résidences princières bâties en France du Xe au XIIe siècle », dans *Le Moyen Âge*, 1955, p. 27-61 et 291-317.

— « les Châteaux forts en France du Xe au XIIe siècle à la lumière des travaux récents », dans *Journal des Savants*, 1965, p. 483-514.

— « l'Âge des donjons d'Étampes et de Provins », dans *Mémoires de la Société nationale des antiquaires de France*, 1967, p. 289-308.

— « la Grosse Tour de Châteaudun et les donjons du XIIe siècle », dans *Mémoires de la Société nationale des antiquaires de France*, 1968, p. 225-247.

— « l'Évolution des donjons dans le nord-ouest de la France et en Angleterre au XIIe siècle », dans *Bulletin archéologique*, 1969, p. 141-191, et *Comptes rendus de l'Académie des inscriptions et belles-lettres*, 1969, p. 439-448.

— « les Donjons de Niort et la fortification médiévale », dans *Revue du Bas-Poitou et des provinces de l'Ouest*, 1970, p. 141-194.

— « les Origines du donjon résidentiel et les donjons-palais romans de France et d'Angleterre », dans *Cahiers de Civilisation médiévale*, 1974, p. 217-234.

— « le Château de Loches et les forteresses des XIe et XIIe siècles, dans *Mémoires de la Société archéologique de Touraine*, 1975, p. 33-40.

Cl. Leymarios, « le Château de Fréteval », dans *Archéologie médiévale*, Caen, 1980.

Chapitre 3. L'architecture militaire à l'époque de Henri II Plantagenêt et de Philippe Auguste (1154-1223)

Outre le *Manuel* de M. de Boüard et les ouvrages cités de Finó, Fournier et Châtelain, voir :

A. de Dion, « Notes sur les progrès de l'architecture militaire sous le règne de Philippe Auguste », dans *Mémoires et documents publiés par la Société archéologique de Rambouillet*, 1870-1872, t. I, p. 157-181.

P. Héliot (outre les articles déjà cités), « la Genèse des châteaux de plan rectangulaire en France et en Angleterre », dans *Bulletin de la Société nationale des antiquaires de France*, 1965, p. 238-257.

— « le Château-Gaillard et les forteresses des XIIe et XIIIe siècles en Europe occidentale », dans *Château-Gaillard*, I, 1962, p. 55-75.

— *le Château de Boulogne-sur-Mer*, Paris, 1933.

D. Humbert, « le Château de Dourdan », dans *Congrès archéologique de France,* 1944, p. 236-245.

J. Vallery-Radot, « Yèvre-le-Châtel », dans *Congrès archéologique de France,* 1930.

J. Wirth, *les Châteaux forts alsaciens du XIIe au XIVe siècle,* Centre d'archéologie médiévale, Strasbourg, 1975.

E. Zadora-Rio, « Constructions de châteaux et fondations de paroisses en Anjou aux XI-XIIe siècles », dans *Archéologie médiévale,* 1979.

— « Bourgs ruraux et bourgs castraux en Anjou aux XIe-XIIe siècles », dans *Châteaux et peuplements en Europe occidentale du Xe au XVIIIe siècle,* Auch, 1980.

Chapitre 4. L'architecture militaire des Francs en Orient

C. Enlart, *les Monuments des croisés dans le royaume de Jérusalem. Architecture religieuse et civile,* éd. P. Geuthner, Paris, 1926-1927, 2 vol. et 2 albums.

P. Deschamps, *les Châteaux des croisés en Terre sainte,* éd. P. Geuthner, Paris,
— t. I, *le Crac des Chevaliers, Étude historique et archéologique précédée d'une introduction générale sur la Syrie franque,* 1934;
— t. II, *la Défense du royaume de Jérusalem,* 1939;
— t. III, *la Défense du comté de Tripoli et de la principauté d'Antioche,* 1977; et 3 albums.

Sur les châteaux de Syrie du Nord et de Petite Arménie :

H. Hellenkemper, *Bürgen des Kreuzritterzeit in der Grafschaft Edessa und im Königreich Kleinarmenien,* R. Habelt, Bonn, 1976.

T.S.R. Boase, *The Cilician Kingdom of Armenia,* scottish Academic Press, Edimbourg, Londres, 1978.

Sur l'architecture militaire à Chypre et au Péloponnèse :

C. Enlart, *l'Art gothique et la Renaissance à Chypre,* éd. E. Leroux, Paris, 1899, 2 vol.

A. Bon, *la Morée franque. Recherches historiques, topographiques et archéologiques sur la principauté d'Achaïe (1205-1430),* éd. de Boccard, Paris, 1969, 1 vol. et 1 album.

Parmi les ouvrages récents :

R.C. Smail, *Crusading Warfare, 1097-1193,* Cambridge, Univ. Press, 1956; rééd. 1967.

W. Müller-Wiener, *Bürgen der Kreuzritter im Heiligen Land, auf Zypern und in der Agaïs,* Munich-Berlin, 1966.

T.S.R. Boase, *Castles and churches of the crusading Kingdom,* New York et Toronto, Londres, Oxford University Press 1967.

H.W. Hazard, *The art and architecture of the crusader states,* t. IV de *A history of the crusades,* Univ. of Wisconsin, Madison, 1977.

H.-P. Eydoux, *les Châteaux du soleil. Forteresses et guerres des croisés,* éd. Perrin, Paris, 1982.

Chapitre 5. De Saint Louis à Philippe le Bel. Le XIIIe siècle

Outre les ouvrages généraux cités plus haut, de W. Anderson, P. Barbier, A. Châtelain, F. Enaud, C. Enlart, B.-F. Finò, G. Fournier, V. Mortet et P. Deschamps, R. Ritter, col. Rocolle, S. Toy et E. Viollet-le-Duc, on consultera :

L. Blondel, « l'Architecture militaire au temps de Pierre II de Savoie », dans *Genava,* 1936, p. 271-321.

— « Châteaux de l'ancien diocèse de Genève », dans *Mémoires et documents* publiés par la Société d'histoire et d'archéologie de *Genève,* série in-4°, t. VII, Genève, 1956.

H.-P. Eydoux, « Châteaux du pays de l'Aude », dans *Congrès archéologique de France,* 1973, p. 169-253.

J. Gardelles, *Les châteaux du Moyen Âge dans la France du Sud-Ouest. La Gascogne anglaise de 1216 à 1337,* Paris-Genève, 1972. (Bibliothèque de la Société française d'Archéologie, 3.)

P. Héliot, « le Château de Boulogne-sur-Mer et les châteaux gothiques de plan polygonal », dans *Revue archéologique,* 6e série, 1947, t. XXVII, p. 41-59.

— « le Château-Gaillard et les forteresses des XIIe et XIIIe siècles en Europe occidentale », dans *Château-Gaillard,* I, 1962, p. 181-309.

J. Mesqui, « la Fortification des portes avant la guerre de Cent Ans. Essai de typologie des défenses des ouvrages d'entrée avant 1350 », dans *Archéologie médiévale,* 1981, p. 203-229.

J. Miquel, *l'Architecture militaire dans le Rouergue au Moyen Âge et l'organisation de la défense,* Éd. fr. d'Art graphique, Rodez, 1981, 2 vol.

Chapitre 6. Les châteaux de la première moitié du XIVe siècle

Sur le palais des Papes à Avignon :

L.-H. Labande, *le Palais des Papes et les monuments d'Avignon au XIVe siècle,* Marseille, 1925, 2 vol. éd. Detralle.

G. Colombe, *le Palais des Papes d'Avignon,* éd. H. Laurens, Paris, 3e éd. 1939 (Petites monographies des grands édifices de France).

P. Gasnault, « Comment s'appelait l'architecte du palais des Papes d'Avignon, Jean de Loubières ou Jean de Louvres? », dans *Bulletin de la Société nationale des antiquaires de France,* 1964, p. 118-127.

Sur le château de Vincennes :

F. de Fossa, *le Château historique de Vincennes à travers les âges,* éd. E. Daragon, Paris, 1908, 2 vol.

F. Enaud, *le Château de Vincennes,* Paris, 1964 (Caisse nationale des monuments historiques).

Sur les châteaux du Sud-Ouest :

H.-P. Eydoux, « Châteaux des pays de l'Aude », dans *Congrès archéologique de France,* 1973, p. 202-208 (Puivert) et p. 212-218 (Lagarde).

J. Gardelles, « le Tauzia », dans *Congrès archéologique de France,* 1970;
— *les Châteaux du Moyen Âge dans la France du Sud-Ouest; la Gascogne anglaise de 1216 à 1327,* Paris, 1972 (Bibl. de la Société française d'archéologie, 3);
— « Du manoir au château fort en Gascogne anglaise au début de la guerre de Cent Ans (1337-1360) », dans *101e Congrès des Sociétés Savantes,* Lille, 1976, p. 119-129.

J. Gardelles, J.-L. Lasserre et J.-B. Marquette, *Roquetaillade,* Bazas, 1981.

Chapitre 7. Châteaux et princes de la guerre de Cent Ans, 1350-1450

B. Ancien, « le Château et la seigneurie de Septmonts », dans *Mémoires de la Fédération des sociétés* d'histoire et d'archéologie de l'Aisne, XI, 1965, p. 136-163.

L. Bigard, le Prieuré de Marcoussis, éd. Le Baillage, Chatou, 1926.

L. Blondel, Châteaux de l'ancien diocèse de Genève, éd. A. Jullien, Genève, 1956.

Y. Bruand, « la Position stratégique des châteaux du Bourbonnais au Moyen Âge », dans Bulletin monumental, t. CX, 1952, p. 101-118.

— « l'Amélioration de la défense et les transformations des châteaux du Bourbonnais pendant la guerre de Cent Ans », dans Comptes rendus de l'Académie des inscriptions et belles-lettres, 1973, p. 518-540.

N. Canat de Chizy, « Étude sur le service des travaux publics et spécialement sur la charge de maîtres des œuvres en Bourgogne sous les ducs de la race des Valois », dans Bulletin monumental, 1898, p. 245-272, 341-357, 439-473.

A. de Champeaux et P. Gauchery, les Travaux d'art exécutés par Jean de France, duc de Berri, éd. H. Champion, Paris, 1894.

Ph. Contamine, Guerre, État et société à la fin du Moyen Âge. Étude sur les armées des rois de France, 1337-1494, éd. Mouton, Paris-La Haye, 1972.

G. Danet, « le Château fort de Largoët en Elven », dans Arts de l'Ouest », numéro « Bretagne médiévale », 1980, p. 143-156.

A. Erlande-Brandenburg, « Aspects du mécénat de Charles V : la sculpture décorative », dans Bulletin monumental, 1972, p. 303-345.

J. Gardelles, « Bassoues », dans Congrès archéologique de France, 1970, p. 29-32.

R. Grand, « l'Architecture militaire en Bretagne jusqu'à Vauban », dans Bulletin monumental, t. CIX, 1951, p. 237 et 357.

Ph. Henwood, « Raymond Du Temple, maître d'œuvre des rois Charles V et Charles VI », dans Bulletin de la Société de l'histoire de Paris et de l'Ile-de-France, 1978, p. 55.

E. Lefèvre-Pontalis, le Château de Coucy, éd. Laurens, Paris, 1913.

J. Mesqui, « la Fortification dans le Valois du XIe au XVe siècle, et le rôle de Louis d'Orléans », dans Bulletin monumental, t. CXXXV, 1977, p. 109-149.

J. Mesqui et Cl. Ribéra-Pervillé, « les Châteaux de Louis d'Orléans et leurs architectes », dans Bulletin monumental, t. CXXXVIII, 1980, p. 293.

L. Mirot, « Comptes de travaux exécutés aux châteaux du Nivernais aux XIVe et XVe siècles », dans Bulletin de la Société nivernaise des lettres, sciences et arts, 1934-1937, t. XXIX.

— Paiements et quittances de travaux exécutés sous le règne de Charles VI (1380-1422), Paris, 1921.

A. Mussat, « le Château de Vitré et l'architecture des châteaux bretons du XIVe au XVIe siècle », dans Bulletin monumental, 1975, t. CXXXIII, p. 131-164.

S. Pressouyre, « le Château de Tarascon », dans Congrès archéologique de France, 1963, p. 221-243.

R. Ritter, les Constructions militaires de Gaston Phébus en Béarn, impr. Le Garet-Haristoy, Pau, 1923.

Chapitre 8. Tradition militaire et plaisance dans la seconde moitié du XVe siècle

Sur l'aspect militaire, voir J.-F. Finó, « l'Artillerie en France à la fin du Moyen Âge », dans Gladius, XII, 1974, p. 13-31.

En l'absence d'un ouvrage de synthèse, les études les plus importantes sont groupées ici par régions.

AUVERGNE :
G. Fournier, Châteaux, villages et villes d'Auvergne d'après l'Armorial de Guillaume Revel, Paris, 1973 (Bibl. de la Soc. fr. d'archéologie).

H. de Bussac, « Villeneuve-Lembron », dans Monuments historiques, 1974, 3, p. 48.

BOURGOGNE :
C. Suisse, Architecture militaire bourguignonne. Château de Dijon, éd. Vve A. Morel, Paris, 1876.

BRETAGNE :
A. Mussat, « le Château de Vitré et les châteaux bretons du XIVe au XVIe siècle », dans Bulletin monumental, 1975, 2, p. 131. — C.H. Besnard, « le Château de Fougères », dans Bulletin monumental, 1912, p. 5. — Notices (vieillies) de R. Grand, dans le Congrès archéologique de France, Brest-Vannes, 1914, sur Elven, p. 266, Josselin p. 303. — Congrès archéologique de France, Haute-Bretagne, 1968, Notices de F.-C. James, sur Montmuran, p. 289, Châteaubriant, p. 304, de C. Demouveaux sur La Motte-Glain, p. 221, d'A. Erlande-Brandenburg sur Clisson, p. 271.

NORD :
Ph. Seydoux, Forteresses médiévales du nord de la France, éd La Morande, Paris, 1979. — Du même auteur, Le Château de Rambures, éd. La Morande, Paris ; 1974. — A. Mersier, « le Château de Ham », dans Bulletin monumental, 1914, p. 232.

NORMANDIE :
E. Chirol, le Château de Gaillon, éd. Lecerf, Roven et Picard, Paris, 1952. — D. Lavallée, « Martainville » dans les Monuments historiques de la France, 1974, 2, p. 65. — B. Jestaz, « le Château de Fontaine-Henry, observations et hypothèses », dans Congrès archéologique de France, Bessin, 1974, p. 313.

PAYS DE LOIRE :
F. Gébelin, les Châteaux de la Loire, éd. Alpina, Paris, 1931, reste un panorama très utile, ainsi que : H. Guerlin, les Châteaux de Touraine, éd. H. Laurens, Paris, 1922. — F. Lesueur, le Château de Blois, éd. A. et J. Picard, 1970 ; à compléter pour le XVe siècle par M. Melot, « Politique et architecture dans les années 1500 », dans Gazette des Beaux-Arts, 1967, 2, p. 317. — J. Taralon, le Château de Châteaudun, éd. Vincent, Fréal, Paris 1958 ; à compléter par M. Martin-Demézil, « la Sainte-Chapelle du château de Châteaudun », dans Bulletin monumental, 1972, 2, p. 113. — M. Dumolin, « le Château de Meillant », dans Congrès archéologique de France, Bourges, 1931, p. 154. — Congrès archéologique de France, Anjou, 1964, notices de C. Demouveaux sur Boumois, p. 598, Montsoreau, p. 517, Mortiercrolles, p. 301, de P.-M. Auzas sur Plessis-Bourré, p. 252, d'H. Enguehard, sur Plessis-Macé, p. 326, M. de Grandmaison sur Montreuil-Bellay, p. 413. — Dans le Maine, De Beauchesne et E. Lefèvre-Pontalis, « le Château de Lassay », dans Bulletin monumental, 1905, p. 3. — R. Vassas, « le Château de Lassay », dans Congrès archéologique de France, Orne, 1953, p. 206.

SUD-OUEST :
J. Gardelles, « le Château de Bonaguil », Congrès archéologique de France, Agenais, 1969. — « Castelnaud », dans Congrès archéologique de France, Périgord noir, 1979, p. 272-286. — « Herrebouc », dans Congrès archéologique de France, Gascogne, 1970. — P. Roudié,

l'Activité artistique à Bordeaux, en Bordelais et dans le Bazadais de 1453 à 1550 (notamment le chapitre VI) Sobodi, Bordeaux, 1975. — R. Ritter, *le Château de Pau,* éd. E. Champion, Paris, 1919 et Didier, 1929.

Chapitre 9. Le château et la guerre

Outre les ouvrages généraux, déjà cités, de M. de Boüard, C. Enlart, J.-F. Finò, G. Fournier, R. Ritter et P. Rocolle, on consultera :

A. Chédeville, *Chartres et ses campagnes (XIe-XIIIe siècle),* éd. Klincksieck, Paris, 1973.

Ph. Contamine, *la Guerre au Moyen Âge,* PUF, Paris, 1980 (Nouvelle Clio, 24).

— « La Guerre de siège au temps de Jeanne d'Arc », dans *Dossiers de l'archéologie,* 34, mai 1979, p. 11-20.

G. Fournier, « le Château du Puiset au début du XIIe siècle et sa place dans l'évolution de l'architecture militaire », dans *Bulletin monumental,* 122, 1964, p. 355-374.

J. Gardelles, *les Châteaux du Moyen Âge dans la France du Sud-Ouest, 1216-1337,* Paris, 1972 (Bibl. de la Soc. fr. d'archéologie, 3).

R. Grand, « l'Architecture militaire en Bretagne jusqu'à Vauban », dans *Bulletin monumental,* 109, 1951, p. 237-271, 357-388, et 110, 1952, p. 7-49.

P. Héliot, « le Château-Gaillard et les forteresses des XIIe et XIIIe siècles en Europe occidentale », dans *Château-Gaillard,* I, 1962, p. 55-75.

M. Parisse, *la Noblesse lorraine, XIe-XIIIe siècle,* éd. Champion, Paris-Lille, 1976, 2 vol.

M. Powicke, *The Loss of Normandy, 1189-1204, Studies in the History of the Angevin Empire,* 2e éd., Manchester, University Press, 1961.

M. Rouche, *l'Aquitaine des Wisigoths aux Arabes, 418-781. Naissance d'une région,* Paris, 1979.

Ch.-L. Salch, *Guerre et vie quotidienne à l'Ortenberg 1262-1633, étude de civilisation matérielle d'un château alsacien,* thèse de 3e cycle inédite, École des hautes études en sciences sociales, Paris, 1978.

Chapitre 10. Le château et le droit

Les problèmes institutionnels sont traités dans l'ouvrage cité de G. Fournier, ainsi que dans :

F. Lot et R. Fawtier, *Histoire des institutions françaises au Moyen Âge,* t. I, *Institutions seigneuriales,* PUF, Paris, 1957, (« le Duché de Normandie », par M. de Boüard).

G. Vismara, « le Château dans le droit savant du XIIIe siècle », dans *Revue historique de droit français et étranger,* 1971, p. 698.

F.-L. Ganshof, *Qu'est-ce que la féodalité?,* 4e éd., Presses universitaires de Bruxelles, 1968.

E. Boutaric, *Institutions militaires de la France,,* éd. H. Plon, Paris, 1863.

L.-A. Coulson, *le Droit de fortification* (thèse inédite soutenue à Londres).

Les études régionales apportent une information essentielle. G. Duby, *la Société aux XIe et XIIe siècles dans la région mâconnaise,* éd. A Colin, Paris, 1953.

J. Gardelles, *les Châteaux du Moyen Age dans la France du Sud-Ouest,* cité plus haut.

H. d'Arbois de Jubainville, *Histoire des ducs et des comtes de Champagne,* éd. A Durand, Paris, t. I, 1859.

M. Bur, *la Formation du comté de Champagne,* Nancy, 1977 (publication de l'univ. de Nancy).

R. Desprez, « la Politique castrale dans la principauté épiscopale de Liège du Xe au XIVe siècle », dans *le Moyen Âge,* 1959, p. 503.

A. Deleage, *la Vie rurale en Bourgogne jusqu'au début du XIe siècle,* éd. Protat, Mâcon, 1941.

M. Garaud, *les Châtelains du Poitou et l'avènement du régime féodal,* Poitiers, 1964 (Mémoires de la Société des Antiquaires de l'Ouest, t. VIII).

R. Fossier, *la Terre et les hommes en Picardie jusqu'à la fin du XIIIe siècle,* éd. Nauwelaerts, Paris-Louvain, 1968.

Éd. Perroy, « les Châteaux du Roannais du XIe au XIIIe siècle », dans *Cahiers de civilisation médiévale,* 1966, p. 13-28.

A. Chédeville, *Chartres et ses campagnes du XIe au XIIIe siècle,* éd. Klincksieck, Paris, 1973.

A. Debord, *la Société laïque dans les pays de la Charente, X^e-XIIe siècle,* thèse dactylographiée, 1978.

O. Guillot, *le Comte d'Anjou et son entourage,* éd. A. et J. Picard, Paris, 1972.

F. Rapp, « le Haut-Barr et la puissance temporelle des évêques de Strasbourg », dans *Pays d'Alsace,* Saverne, 1979.

Des exemples plus significatifs peuvent être trouvés dans :

L.-H. Labande, *Trésor des chartes du comté de Rethel,* Monaco, 1916.

P. Marchegay et E. Mabille, *Chroniques des églises d'Anjou,* éd. Vve J. Renouard, Paris, 1869 (Société de l'Histoire de France).

La thèse légaliste sur la construction des châteaux a été défendue par R. Aubenas, « les Châteaux forts des Xe et XIe siècles, contribution à l'origine de la féodalité », dans *Revue historique du droit français et étranger,* 1938, p. 548-582, et R. Yver, « les Châteaux forts en Normandie jusqu'au milieu du XIIe siècle », dans *Bulletin de la Société des antiquaires de Normandie,* 1955, p. 28-115 et 604-609. Elle prétendait corriger l'opinion contraire répandue par A. de Caumont, B. Guerard, J. Flach et F. Lot.

Voir aussi :

M. de Boüard, « Quelques données archéologiques concernant le premier âge féodal », dans *Annales du Midi,* 1968, p. 383-404;

M. Fixot, *les Fortifications de terre et les origines féodales dans le Cinglais,* Centre de rech. archéol. méd., Caen, 1968.

Chapitre 11. La vie dans le château. Les conditions de construction

Sur la vie dans le château, les ouvrages généraux de M. de Boüard, de P. Du Colombier, de G. Fournier et J.-F. Finò, ainsi que :

P. Héliot, « les Origines du donjon résidentiel et les donjons-palais de France et d'Angleterre », dans *Cahiers de civilisation médiévale,* 17, 1974, p. 217-234.

— « Sur les résidences princières bâties en France du Xe au XIIe siècle », dans *le Moyen Âge,* 61, 1955, p. 27-61 et 231-317.

J. Levron, *le Château fort et la vie au Moyen Âge,* Paris, 1962 (Résurrection du passé).

Sur les conditions de construction, outre les ouvrages généraux de P. Du Colombier, V. Mortet et P. Deschamps, on peut consulter les articles de M. Aubert sur « la Construction au Moyen Âge », dans *Bulletin monumental,* 118, 1960, p. 241-259, 119, 1961, p. 7-42, 82-120, 161-209 et 297-323,

Ainsi que : J. Gardelles, *le Château, expression de la société féodale,* éd. Publitotal, Strasbourg, 1981.

Chapitre 12. Le décor intérieur au Moyen Age

Sur la décoration des résidences princières :
P. Héliot, « Nouvelles remarques sur les palais épiscopaux et princiers de l'époque romane en France », dans *Francia. Forschungen zur westeuropäischen Geschichte,* Munich, 4, 1976, p. 193-212.
— « Sur les résidences princières bâties en France du Xe au XIIe siècle », dans *Moyen Âge,* Bruxelles, t. LXI, 1955, p. 27-61 et 291-317.

Les inventaires et les comptes sont les sources essentielles sur le décor intérieur des maisons princières :
J. Labarte, *Inventaire du mobilier de Charles V, roi de France,* Paris, 1879 (Coll. de Documents inédits).
Comte de Laborde, *les Ducs de Bourgogne. Études sur les lettres, les arts et l'industrie pendant le XVe siècle et plus particulièrement dans les Pays-Bas et le duché de Bourgogne,* éd. Plon, Paris, 1849-1852, 3 vol.
— *Glossaire français du Moyen Âge,* précédé de *l'inventaire des bijoux de Louis duc d'Anjou,* éd. A. Labittre, Paris, 1972.
A. de Champeaux et P. Gauchery, *les Travaux d'art exécutés pour Jean de France duc de Berry, avec une étude biographique sur les artistes employés par ce prince,* éd. H. Champion, Paris, 1894.
L. Douët d'Arcq, *Comptes de l'argenterie des rois de France au XIVe siècle,* Paris, 1851 (Société de l'Histoire de France).
— *Comptes de l'hôtel des rois de France aux XIVe et XVe siècles,* Paris, 1865 (Id.).
— *Nouveau recueil des comptes de l'argenterie des rois de France,* Paris, 1874 (Id.).
B. Prost, *Inventaires mobiliers et extraits des comptes des ducs de Bourgogne de la maison de Valois (1363-1477),* éd. E. Leroux, Paris, 1902-1913.
Ch. Dehaisnes, *Documents et extraits divers concernant l'histoire de l'art dans la Flandre, l'Artois et le Hainaut avant le XVe siècle,* éd. L. Danel, Lille, 1886, 2 vol.
A. Lecoy de la Marche, *Extraits des comptes et mémoriaux du roi René pour servir à l'histoire des arts au XVe siècle,* éd. Picard, Paris, 1873.
V. Gay, *Glossaire archéologique du Moyen Âge et de la Renaissance,* éd. Picard, Paris 1887-1928, 2 vol. (le second revu et complété par H. Stein, illustré sous la direction de M. Aubert).

Sur la peinture :
P. Deschamps et M. Thibout, *la Peinture murale en France : le haut Moyen Âge et l'époque romane,* éd. Plon, Paris, 1951 (Ars et Historia).
— *La Peinture murale en France au début de l'époque gothique, de Philippe Auguste à la fin du règne de Charles V (1180-1380),* Paris, CNRS, 1963.

Sur la tapisserie :
G. Migeon, *les Arts du tissu,* éd. H. Laurens, Paris, 1909 (Manuels d'histoire de l'art).
J. Guiffrey, *les Tapisseries du XIIe siècle à la fin du XVIe siècle,* Paris, 1911 (Histoire générale des arts appliqués à l'industrie, n° 6).
G. Souchal, catalogue de l'exposition : *Chefs d'œuvre de la tapisserie du XIVe au XVIe siècle,* Musées nationaux, 1973.

Sur les pavements :
E. Amé, *les Carrelages émaillés du Moyen Âge et de la Renaissance, précédé de l'histoire des anciens pavages : mosaïques, labyrinthes, dalles incrustées,* Ed. A Morel, Paris 1859.
P. André, « le Pavement médiéval de Suscinio », dans *Archeologia,* 96, 1976, p. 42-49.
— « Un pavement inédit du XIIIe siècle au château de Suscinio (Morbihan) », dans *Arts de l'Ouest,* numéro « Bretagne médiévale », 1980, p. 19-32.

Chapitre 13. La première Renaissance

Études générales :
Voir avant tout F. Gébelin, *les Châteaux de la Renaissance,* éd. Les Beaux-Arts, Paris, 1927 (courte étude d'ensemble suivie de 61 monographies) et *les Châteaux de la Loire,* 2e éd., Paris, 1957 (seul ouvrage étudiant à la fois les châteaux de la seconde moitié du XVe siècle et de la première moitié du XVIe). Voir aussi les ouvrages d'A. Blunt et L. Hautecœur cités dans la bibliographie générale et les deux volumes récents :
W. Prinz et R.G. Kecks, *Das französische Schloss der Renaissance, Form und Bedeutung der Architektur...* avec contributions d'U. Albrecht et de J. Guillaume, éd. Mann, Berlin, 1985, J.P. Babelon, *les Châteaux de France au siècle de la Renaissance,* éd. Flammarion, Paris, à paraître en 1987.

Sur le problème de l'escalier, si important dans le château français, voir : *l'Escalier dans l'architecture de la Renaissance* (colloque de Tours, 1979), éd. Picard, Paris, 1985 (études de U. Albrecht, J. Guillaume, Cl. Mignot, A. Mussat...).

Sur le décor de l'architecture : J. Guillaume, « l'Ornement italien en France, position du problème et méthode d'analyse », dans *La scultura decorativa del primo Rinascimento* (colloque de Pavie, 1980), Pavie, 1983.

Châteaux :
Moulins
P. Pradel, « le Premier Édifice de la Renaissance en France », dans *Mémoires de la Société nationale des antiquaires de France,* 1969, p. 243-258.
Blois
F. Lesueur, *le Château de Blois,* Paris, 1970.
M. Melot, « Politique et architecture, Blois et le Blésois sous Louis XII », dans *Gazette des Beaux-Arts,* 1967, II, p. 317-328.
Gaillon
E. Chirol, *le Château de Gaillon,* éd. Lecerf, Rouen et Picard, Paris, 1952.
R. Weiss, « The Castle of Gaillon in 1500-1510 », dans *Journal of the Warburg and Courtauld Institutes,* 1953, p. 1-12.
A. Chastel et M. Rosci, « Un portrait de Gaillon à Gaglianico », dans *Art de France,* 1963, p. 103-113.
Châteaudun
M. Martin-Demézil - Chatenet : mémoire de maîtrise résumé dans *l'Information d'histoire de l'art,* 1970, p. 237-244.
G. Nicot, « le Château de Châteaudun », dans *les Monuments historiques de la France,* 1977, n° 5, p. 49-64.
Bury
M. Garczynska - Tissier de Mallerais : mémoire de maîtrise résumé dans *l'Information d'histoire de l'art,* 1965, p. 84-85.
Chenonceaux
J. Guillaume, « Chenonceaux avant la construction de la galerie. Le château de Thomas Bohier et sa place

dans l'architecture de la Renaissance », dans *Gazette des Beaux-Arts,* 1969, I, p. 19-46.
Bonnivet
J. Guillaume, *la Première Renaissance en Poitou* (à paraître).
Azay-le-Rideau
J. Guillaume, « Azay-le-Rideau et l'architecture française de la première Renaissance », dans *les Monuments historiques de la France,* 1976, n° 5, p. 65-80 (consulter plutôt la 2e édition du « tiré à part » où plusieurs inexactitudes dans la reproduction des plans ont été corrigées).
Romorantin
C. Pedretti, *Leonardo da Vinci, the Royal Palace at Romorantin,* Cambridge, Mass., 1972.
J. Guillaume, « Léonard de Vinci et l'architecture française : la villa de Charles d'Amboise et le Château de Romorantin », dans *Revue de l'art,* 1974, n° 25, p. 85-91.
Chambord
J. Guillaume, « Léonard de Vinci et l'architecture française : le problème de Chambord », dans *Revue de l'art,* 1974, n° 25, p. 71-84).
J. Martin-Demézil, « Chambord », dans *Congrès archéologique de France,* 1981, *Loir-et-Cher* (à paraître);
W. Prinz, *Schloss Chambord und die Villa Rotonda in Vincenza. Studien zur Ikonologie,* Berlin, 1980.

Chapitre 14. Les expériences de la région parisienne 1525-1540

Outre les ouvrages de Gébelin, Blunt, Hautecœur (t. I, 1re partie), Prinz et Kecks, et Babelon, cités plus haut, mentionnons :

Sur Madrid :
M. Chatenet, *le Château de Madrid au bois de Boulogne,* thèse ms. 1981, à paraître dans la coll. *De Architectura.* L'iconographie du château est énumérée par L. de Laborde, *le Château du bois de Boulogne,* éd. Dumoulin, Paris, 1835 (pour 1855).

Sur Fontainebleau :
S. Pressouyre, « Remarques sur le devenir d'un château royal : Fontainebleau au XVIe siècle », dans *l'Information de l'histoire de l'art,* 1974, p. 25-37.
Cette bonne synthèse doit être complétée avec des articles récents : A. Chastel, « L'escalier de la cour ovale à Fontainebleau », dans *Essays in the History of Architecture presented to Rudolf Wittkover,* Londres, 1967, p. 74-80, rééd. *Fables, Formes, Figures,* éd. Flammarion, Paris, 1978, t. I, p. 455.
J. Guillaume, « Fontainebleau 1530, le pavillon des Armes et sa porte égyptienne », dans *Bulletin monumental,* 1979, p. 225-240.
J. Guillaume et C. Grodecki, « le Jardin des Pins à Fontainebleau », dans *Bulletin de la Société de l'histoire de l'art français,* 1978, p. 43-51.
Sur la galerie François Ier, voir le numéro spécial de la *Revue de l'art,* 1972, n° 16-17.
Enfin on attend, en 1986, la publication de S. Béguin, J. Guillaume et A. Roy, *La galerie d'Ulysse à Fontainebleau,* qui comportera une étude du « château Neuf » et de ses transformations de 1527 à 1540.

Sur Challuau et la Muette :
J. Guillaume, « Léonard de Vinci, Dominique de Cortone et l'escalier du modèle en bois de Chambord », dans *Gazette des Beaux-Arts,* 1968, I, p. 93-108.

Chapitre 15. L'architecture savante 1540-1560

Études générales :

Voir surtout F. Gébelin, *les Châteaux de la Renaissance,* cité chapitre XIII, ainsi que les études d'A. Blunt, L. Hautecœur, Prinz et Kecks, et Babelon.
Pour les problèmes stylistiques : Cl. Mignot, « l'Articulation des façades dans l'architecture française de 1550 à 1630 », dans *l'Automne de la Renaissance »* (colloque d'études humanistes, Tours, 1979), Paris, 1981, p. 343-356.

Sources :

S. Serlio, *Tutte l'opere d'architettura,* Venise, 1584 : les livres IV et III sont parus à Venise en 1537 et 1540; les livres I, II et V à Paris en 1545 et 1547; le *Libro extraordinario* (pseudo livre VI) à Lyon en 1551; le livre VII à Francfort en 1575. Le livre VI, non publié, est connu par deux manuscrits (Munich et New York) qui ont été récemment édités par M. Rosci, *Il trattato di architettura di S. Serlio,* Milan, 1967, et M.N. Rosenfeld, *Sebastiano Serlio on Domestic Architecture,* Cambridge, Mass., 1978.
Ph. de l'Orme, *le Premier Tome de l'architecture,* Paris, 1567. La deuxième édition, 1568, incorpore les *Nouvelles inventions pour bien bastir et à petit frais,* publiées en 1561.
J. Bullant, *Règle générale d'architecture,* Paris, 1564.

Architectes :

A. Blunt, *Philibert de l'Orme,* éd. Zwemmer, Londres, 1958, trad. fr., Paris, 1963. L'ouvrage est fondamental.
V. Hoffmann, « Artisti francesi a Roma : Philibert Delorme et Jean Bullant », dans *Colloqui del Sodalizio,* 1973-1974, p. 55-68.
F.-Ch. James, « Jean Bullant, recherches sur l'architecture française du XVIe siècle », thèse inédite, résumée dans *École nationale des Chartes, Positions de thèses,* 1968, p. 101-109.

Châteaux :

Le Grand Ferrare :
J.-P. Babelon, « Du grand Ferrare à Carnavalet, naissance de l'hôtel classique », dans *Revue de l'art,* 1978, n° 40-41, p. 83-108.

Ancy-le-Franc :
Sur le rôle de Serlio, voir W.B. Dinsmoor, « The litterary Remains of Sebastiano Serlio », dans *Art Bulletin,* 1942, p. 146-150 et les commentaires accompagnant les publications des deux manuscrits du livre VI citées plus haut. Les différences entre le château bâti et les projets que Serlio prétend avoir réalisés ont été analysées par J. Guillaume, « Serlio est-il l'architecte d'Ancy-le-Franc? », dans *Revue de l'art,* 1969, n° 5,

p. 9-18. Une thèse différente est développée ici par F.-Ch. James. La question reste ouverte.

Le Louvre :

La monographie de Gébelin, *op. cit.*, p. 131 et suiv. doit être complété par L. Hautecœur, « Le Louvre de Pierre Lescot », dans *Gazette des Beaux-Arts,* 1927, I, p. 199-218 et L. Batiffol, « les Premières Constructions de Pierre Lescot », *ibid.*, 1930, II, p. 276-303. La thèse de B. Lowry, *Palais du Louvre 1528-1624, the Development of a Sixteenth Century Architectural Complex,* Chicago, 1956, reste malheureusement inédite.

Quelques articles récents :
A. Chastel, « la Demeure royale au XVIe siècle et le nouveau Louvre », dans *Studies... Blunt,* Londres, 1967, p. 78-82 ;
M. Jenkins, « The Imagery of the Henry II Wing of the Louvre », dans *The Journal of Medieval and Renaissance Studies,* 1977, p. 289-307 ;
J.-M. Pérouse de Montclos, « Du toit brisé et de quelques autres gallicismes de l'aile Lescot du Louvre », dans *Bulletin de la Société de l'histoire de l'art français,* 1980, p. 45-51 ;
V. Hoffmann, « Le Louvre de Henri II : un palais impérial », *ibid.*, 1982, p. 7-15.
J. Guillaume et V. Hoffmann préparent une étude d'ensemble du Louvre de Lescot.

Anet :

F. Bardon, *Diane de Poitiers et le mythe de Diane,* PUF, Paris, 1963, p. 50-73 ; V. Hoffmann, « Philibert Delorme und das Schloss Anet », dans *Architectura,* 1973, p. 131-152.

Vallery :

P. du Colombier, « l'Énigme de Vallery », dans *Humanisme et Renaissance,* 1937, p. 7-15 ; R. Planchenault, « les Châteaux de Vallery », dans *Bulletin monumental,* 1963, p. 237-259.

Ecouen :

V. Hoffmann, *Das Schloss von Ecouen,* éd. W. de Gruyter, Berlin, 1970 ; A. Erlande-Brandenburg, « le Musée national de la Renaissance », dans *les Monuments historiques de la France,* 1977, n° 5, p. 40-48.

Verneuil :

R. Coope, « History and Architecture of the Château of Verneuil-sur-Oise », dans *Gazette des Beaux-Arts,* 1962, I, p. 291-318.

Chapitre 16. Les châteaux de la période des guerres de Religion

Outre les ouvrages généraux de F. Gébelin, A. Blunt, L. Hautecœur (t. I, 2e partie) Prinz et Kecks, et Babelon, ainsi que les œuvres de Ph. de l'Orme et de S. Serlio et les études sur ces deux architectes mentionnées au chapitre précédent, on consultera :
J. Sartre, *Châteaux brique et pierre en Picardie,* Nouv. Éd. Latines, Paris, 1973 et *Châteaux brique et pierre en France,* Nouv. Éd. Latines, Paris, 1981.

Pour cette période, l'intérêt se porte essentiellement sur Pierre Lescot, dont il manque encore une bonne monographie, et sur les Du Cerceau.

J. Androuet Du Cerceau, *les Plus excellents Bâtiments de France,* Paris, 1576-1579, 2 vol., rééd. par H. Destailleur, éd. A. Levy, Paris, 1868, 2 vol.

— *Livre d'architecture de Jacques Androuet du Cerceau auquel sont contenues diverses ordonnances de plants et élévations de bastimens pour seigneurs, gentilshommes et autres qui voudront bastir aux champs...,* Paris, 1582.
D. Thomson, *les Du Cerceau,* thèse à paraître, renouvelant l'ouvrage vieilli de H. Geymüller, *les Du Cerceau, leur vie, leur œuvre,* éd. J. Rouan, Paris, 1887.
W.H. Ward, *French Châteaux and Gardens in the XVIth Century. A series of Reproduction of Contemporary Drawings* (œuvres d'Androuet du Cerceau), Londres, 1909.
Fr. Boudon et H. Couzy, « les Plus Excellents Bâtiments de France : une anthologie de châteaux à la fin du XVIe siècle », dans *Information d'histoire de l'art,* 1974, nos 1 et 3.
C. Grodecki, « la Construction du château de Wideville (1580) et sa place dans l'architecture française du dernier quart du XVIe siècle », dans *Bulletin monumental,* 136, 1978, p. 135-176.

Voir aussi :
J.-J. Gloton, « Architecture et urbanisme en Provence au temps des guerres de Religion, 1565-1595 », dans *Gazette des Beaux-Arts,* 1981, p. 9-20.
A. Mussat, « Trois châteaux de la seconde Renaissance en Léon : Maillé, Kerjean, Kergournadec'h », dans *Mémoires de la Société d'histoire et d'archéologie de Bretagne,* 1982, p. 195-226.
B. Tollon, « Un plan type dans le Sud-Ouest, les châteaux à tours-bastions à la fin du XVIe siècle », *Bulletin monumental,* à paraître.

Chapitre 17. Du château fort à la forteresse

Outre les ouvrages généraux, déjà cités, de R. Ritter et du col. Rocolle, on consultera :
R. Bornecque, « Aspects médiévaux de la fortification classique de montagne », dans *Bulletin monumental,* 1976, n° 4, p. 309-328.
D. Buisseret, « les Ingénieurs d'Henri IV », dans *Congrès des Sociétés savantes, section de Géographie,* LXXVII, 1964, p. 13-84.
F. de Dainville, *le Dauphiné et ses confins vus par l'ingénieur d'Henri IV Jean de Beins,* Paris, 1969 (École pratique des hautes études, IVe Section).
M. Parent, *Vauban,* éd. Berger-Levrault, Paris, 1971.
Les monographies des châteaux
d'Antibes, par J. Boissier (*Revue historique de l'armée,* 1958, 4, p. 101),
de Caumont, par P. Roudié et J.-H. Ducos (*Congrès archéologique de France,* 1970, p. 272),
de Couiza par R. Debant (*Congrès archéologique de France,* 1973, p. 160),
de Collioure, par S. Stym-Popper (*Congrès archéologique de France,* 1954, p. 161),
de L'Escoublère, par H. Chanteaux (*Congrès archéologique de France,* 1964, p. 276),
de Ferrals, par Y. Bruand (*Congrès archéologique de France,* 1973, p.458),
de Maulne-en-Tonnerrois, par C. Chaigneau (*l'Information de l'histoire de l'art,* 1964, n° 3),
de Rochechouart, par R. Bornecque (*Revue drômoise,* juin 1977),
de Salses, par S. Stym-Popper (*Congrès archéologique de France,* 1954, p.406) et Ph. Truttmann (Petites notes sur les grands édifices, CNMH, 1980)
de Seyne-les-Alpes, par R. Bornecque (*Cahiers de l'Alpe,* 1977, 70).

Chapitre 18 : L'habitat seigneurial, reflet de la vie rurale au XVIe siècle

Parmi les ouvrages anciens d'économie rurale :
N. du Fail, *Propos rustiques, baliverneries, contes et discours d'Eutrapel,* éd. Paris, 1842 et éd. P. Daffis, 1875.
G. du Faur de Pibrac, *les Plaisirs du gentilhomme rustique,* Paris, 1575.
G. de Gouberville, *le Journal du sire de Gouberville,* 1553-1562, rééd. 1972 (éd. Mouton, Paris-La Haye) avec introd. d'E. Le Roy Ladurie.
Palladius, *les Treize Livres des choses rustiques,* trad. H.-J. Darces, Paris, 1554.
O. de Serres, *le Théâtre d'agriculture et mesnage des champs,* Paris, 1605.
S. Le Prestre, marquis de Vauban, *Oisivetés,* éd. J. Correard, Paris, 1842.

Sur l'histoire économique et sociale :
B. Bennassar et J. Jacquart, *le XVIe siècle,* éd. A. Colin, Paris, 1972.
Guy Bois, *Crise du féodalisme,* Paris, 1976 (École des Hautes Études en Sciences Sociales).
J.-M. Constant, « Quelques problèmes de mobilité sociale et de vie matérielle chez les gentilshommes de Beauce aux XVIe et XVIIe siècles », dans *Colloque franco-polonais sur la noblesse, XVIe-XVIIe s.,* Lublin, 1975, *Acta Poloniae Historica,* 1977, t. XXXVI, p. 83-94.
R. Fossier, *Histoire sociale de l'Occident médiéval,* éd. A. Colin, Paris, 1970.
G. Fourquin, *Histoire économique de l'Occident médiéval,* éd. A. Colin Paris, 1970.
R. Germain, *la Seigneurie, cadre de la vie quotidienne du Xe et XVe siècle,* éd. C.R.D.P. Clermont-Ferrand, 1979.
H. Hauser, « la Modernité du XVIe siècle », dans *Cahiers des Annales,* no 21, 1963.
A. Jouanna, *Ordre social : mythes et hiérarchies dans la France du XVIe siècle,* Hachette, Paris, 1977.
E. Le Roy Ladurie et M. Morineau, « Paysannerie et croissance », dans *Histoire économique et sociale de la France,* t. I, PUF, Paris, 1977.
— « le Bonheur aux champs », dans *H — Histoire,* no 5, 1980.
H. Neveux, « Déclin et reprise, fluctuation biséculaire », et J. Jacquart, « Immobilisme et catastrophes », dans *Histoire de la France rurale,* t. II, Le Seuil, 1975.
J.-P. Rieb et Ch.-L. Salch, « Aspects de la vie au Moyen Âge et à la Renaissance : dix ans de fouilles », dans *Chantiers et études médiévales,* no 11, 1973.
Catalogue de l'exposition « En France après Jeanne d'Arc », Archives nationales, 1980.
J.-P. Babelon et L. Mirot, *Hommages rendus à la Chambre de France XIVe-XVIe s.,* Paris, Archives nationales, 1982-1985 (3 tomes parus).

Sur la construction et l'expression artistique :
J.-P. Bardet, P. Chaunu, G. Désert..., « Maisons rurales et urbaines dans la France traditionnelle », dans *le Bâtiment. Enquête d'histoire économique,* t. I, *Maisons rurales et urbaines dans la France traditionnelle,* éd. Mouton, Paris-La Haye, 1971.
P. Francastel, « Baroque et classicisme : histoire ou typologie des civilisations? », dans *Annales, économie, société,* janvier-mars 1959, p. 142-151.
— *Études de sociologie de l'Art,* éd. Denoël-Gonthier, Paris, 1977.
L'Architecture rurale française : copies des genres, des types et des variantes, coll. dirigée par J. Cuisenier, éd. Berger-Levrault, Paris, 1977 sq.

Sur la région du Perche :
Bourdot de Richebourg, « Coutumes du pays, comté et bailliage du Grand Perche », dans *Nouveau coutumier général,* Paris, 1724.
E. Gautier-Desvaux, « les Manoirs du Perche », dans *Art de Basse-Normandie,* no 67, 1975, p. 1-44.
La Jonquière, « De la division de la propriété territoriale dans le Perche », dans *Bulletin de la Société historique et archéologique de l'Orne,* t. II, 1883, p. 303.
Notices sur les manoirs du Perche dans *Cahiers percherons,* Nogent-le-Rotrou et Mortagne, 1957 sq.

Autres études régionales :
A. Cayla, « l'Habitation rurale du Quercy et de ses alentours », dans *Maisons paysannes de France,* Paris, 1966.
A. Haefeli, *les Fermes-Châteaux du pays messin,* éd. A. Haefeli, Montigny-lès-Metz, 1977.
A. Legrand et G.-M. Thomas, *Manoirs de Basse-Bretagne,* éd. La Cité, Brest, 1973.
T. Le Maho, « l'Apparition des seigneuries châtelaines dans le Grand-Caux à l'époque ducale », dans *Archéologie médiévale,* VI, 1976, p. 5-148.
A. Leroy, *les Vieilles Fermes du pays de Montreuil,* Montreuil, 1972 (Bibl. des éditions locales).
J.-L. Massot, *Maisons rurales et vie paysanne en Provence,* S.E.R.G., Ivry, 1975.
M. Müller-Wille, *Mittelalterlichen Burghügel (Motten) im nordlichen Rheinland,* Cologne-Gratz, 1966.
F. Pacqueteau, *Architecture et vie traditionnelle en Bretagne,* éd. Berger-Levrault, Paris, 1979.
D. Pain, « Approche de l'habitat traditionnel en secteur rural en Basse-Normandie et particulièrement dans le centre et dans le sud du département de la Manche », dans *Revue du département de la Manche,* t. XXII, 1980.
H. Pellerin, notices sur les manoirs du pays d'Auge, dans *Pays d'Auge,* XVII, 1967, et XXIII, 1968.
J.-M. Pesez et Fr. Piponnier, « les Maisons fortes bourguignonnes », dans *Château-Gaillard,* V, 1970, p. 143-164.
E. Poumon, *Châteaux et châteaux-fermes du Namurois,* éd. du Cercle d'Art, Bruxelles, 1951.
R. Rodière, *les Vieux Manoirs du Boulonnais,* slnd.
R. Tissot et M.-A. du Sert, « les Maisons fortes et châteaux forts de la région de Faverges », dans *Amis Viz Faverges,* nos 17-18, 1976, p. 1-12.

Chapitre 19. Le décor intérieur à la Renaissance

Outre *l'Histoire de l'architecture classique* de L. Hautecœur, t. I, vol. I et II :
Sur Fontainebleau et l'École de Fontainebleau : « la Galerie François Ier au château de Fontainebleau », *Revue de l'art,* numéro spécial, 1972. — Catalogue de l'exposition *l'École de Fontainebleau,* Paris, Musées nationaux, 1972 (bibliographie et répertoire des ensembles décoratifs cités). — *Actes du colloque international sur l'art de Fontainebleau,* études réunies par A. Chastel, Paris, 1975.
L. Dimier, *le Primatice,* éd. E. Leroux, Paris, 1900.
S. Béguin, « Toussaint Dubreuil, premier peintre d'Henri IV », dans *Arts de France,* IV, 1964.
J. Thuillier, *Rubens' Life of Marie de' Medici,* New York, s.d.
A. Bréjon de Lavergnée, « Masseot Abaquesne et les pavements du château d'Écouen », dans *la Revue du Louvre et des musée de France,* 1977, p. 307-315.

E. Molinier, *les Meubles du Moyen Age et de la Renaissance*, éd. E. Levy, Paris, 1897 (Histoire générale des arts appliqués à l'industrie, 2).

E. Bonnaffé, *le Meuble en France au XVIe siècle*, éd. J. Rouan, Paris, 1887.

A. Lefranc, *la Vie quotidienne au temps de la Renaissance*, éd. Hachette, Paris, 1938.

Chapitre 20. L'époque d'Henri IV et de Louis XIII

Sources

Jacques Androuet Du Cerceau, *Livre d'architecture, auquel sont contenues diverses ordonnances de plants et élévations de bastimens pour seigneurs, gentilshommes et autres qui voudront bastir aux champs*, Paris, 1615 (Ire éd. 1582).

Louis Savot, *l'Architecture françoise des bastimens particuliers*, Paris, 1624, 1642 (rééd. avec des notes de François Blondel, 1673, 1685).

Claude Chastillon, *Topographie françoise, ou représentations de plusieurs villes, bourgs, plans, chasteaux, maisons de plaisance, ruines et vestiges d'antiquité du royaume de France*, Paris, 1648, 1655.

Études générales

La synthèse la plus complète reste celle de L. Hautecœur, (*op. cit.*, t. I, 3e partie). A compléter avec deux monographies capitales, celles de R. Coope, *Salomon de Brosse*, éd. A. Zwemmer, Londres, 1972 et A. Braham et P. Smith, *François Mansart*, éd. A. Zwemmer, Londres, 1973, 2 vol.

On consultera encore :
F. Gébelin, *les Châteaux de France*, PUF, Paris, 1962.
R. Crozet, *la Vie artistique en France au XVIIe siècle*, PUF, Paris, 1954.
J. Sartre, *Châteaux brique et pierre en Picardie*, Nouv. Éd. Latines, Paris, 1973.
— *Châteaux « brique et pierre » en France*. Nouv. Éd. Latines, Paris, 1981.

Monographies

A signaler particulièrement :
J. Plat, « le Château de Montrond », dans *Mémoires de la Société des antiquaires du Centre*, XLVII, 1936-1937.
P. Roudié, « le Château de La Force en Périgord », dans *Bulletin de la Société de l'histoire de l'art français*, 1976, p. 49-58.
F.-J. James, « le Château de Brèves en Nivernais », dans *Revue de l'art*, no 38, 1977, p. 35-47.
J. Perrin, « Dessins de Jean et Joseph Richer » (pour Cadillac), dans *Bulletin de la Société de l'histoire de l'art français*, 1976, p. 37-47.
J. Feray et J. Wilhelm, « Une œuvre inédite de Simon Vouet, le décor d'une chambre à alcôve du château de Colombes remonté à la mairie de Port-Marly », *ibid.*, p. 59-79.
Y. Bottineau, « le Décor intérieur dans l'architecture civile » (Le baroque en France), dans *les Monuments historiques de la France*, no 101, 1979, p. 51-60.
L. Châtelet-Lange, « Jacques Gentilhâtre et les châteaux des Thons et de Chauvirey », dans *le Pays lorrain*, Société d'archéologie lorraine, 1978.
L. Châtelet-Lange, « Deux architectures théâtrales : le château de Grosbois et la cour des offices à Fontainebleau », dans *Bulletin monumental*, 1982, p. 15-39.
C. Grodecki, « La construction du château de Wideville et sa place dans l'architecture française du dernier quart du XVIe siècle », dans *Bulletin monumental*, 1978, p. 135-175.
B. Jestaz, « le château de Balleroy », dans *Congrès archéologique de France, Bessin et Pays d'Auge, 1974*, Paris, 1978, p. 228-239.
J. Gaugué-Bourdu, « Montlhéry sous Henri IV d'après Claude Chastillon », dans *Bulletin monumental*, 1981, p. 165-179.
M. Hermé-Renault, « Claude Chastillon et sa topographie française », dans *Bulletin monumental*, 1981, p. 141-163.
Raymond Girard, « le château de Vizille », dans *Congrès archéologique de France, Dauphiné, 1972*, Paris, 1974, p. 299-310.
J.-P. Babelon, « les travaux d'Henri IV au Louvre et aux Tuileries », dans *Paris et Ile-de-France*, Mémoires, t. XXIX, 1978, p. 55-130.

Chapitre 21. Le jardin avant Le Nôtre

Traités anciens :
Pierre des Crescens, *le Bon Mesnager*, Paris, E. Caveiller, 1540.
Ch. Estienne et J. Liébault, *Agriculture et maison rustique*, Paris, J. Du Puys, 1583.
O. de Serres, *Théâtre d'agriculture et mesnage des champs*, Paris, Jamet-Metayer, 1600.
P. Vallet, *le Jardin du roy très chrétien Henri IV*, s.l. 1608.
G. de La Brosse, *Description du jardin royal des plantes médicinales*, Paris, 1636.
J. Boyceau de La Barauderie, *Traité du jardinage*, Paris, Von Lochom, 1638.
P. Dan, *le Trésor des merveilles de la maison royale de Fontainebleau*, Paris, S. Cramoisy, 1642.
A. Mollet, *le Jardin de plaisir*, Stockholm, H. Kayser, 1651.
Cl. Mollet, *Théâtre des plans et jardinages*, Paris, C. de Sercy, 1652.

Ouvrages généraux :
H.-L. Brugmans, « Châteaux et jardins de l'Ile-de-France, d'après un journal de voyage de 1655 », dans *Gazette des Beaux-Arts*, XVIII, 1937.
M. Charageat, *l'Art des jardins*, PUF, Paris, 1962.
I. Comito, *The idea of the garden in the Renaissance*, Harvester Press, 1979.
E. de Ganay, *les Jardins de France et leur décor*, éd. Larousse, Paris, 1949 (coll. Arts Styles et Techniques).
M.L. Gothein, *A History of Garden Art*, trad. Archer Hind, 1928.
L. Hautecœur, *les Jardins des dieux et des hommes*, Hachette, Paris, 1959.
A. Marie, *Jardins français créés à la Renaissance*, Vincent, Fréal, Paris, 1955.
N. Miller, *French Renaissance Fountains*, New York, 1977.

P. Santarcangeli, *le Livre des labyrinthes,* trad. M. Lacau, Gallimard Paris, 1974.

H. Stein, *les Jardins de France,* éd. D.A. Longuet, Paris, 1913.

Monographies :

L. Audiat, *Bernard Palissy : la vie et les œuvres,* éd. Didier, Paris, 1868.

R.W. Berger, « Cascades in Italy and France 1565-1665 », dans *Journal of the Soc. of Architectural Historians,* 33, 4, 1974.

M. Brunet, « le Parc d'attractions des ducs de Bourgogne à Hesdin », dans *Gazette des Beaux-Arts,* décembre 1971.

M. Charageat, « la Nymphée de Wideville et la grotte du Luxembourg », dans *Bulletin de la Société de l'histoire de l'art français,* 1934, p. 16-31.

C. Chevalier, *les Jardins de Catherine de Médicis, à Chenonceau,* éd. Ladevèze, Tours, 1868.

E. Chirol, *le Château de Gaillon,* éd. Lecerf, Roven et Picard, 1952.

L.M. Golson, « Serlio, Primaticcio and the Architectural Grotto », dans *Gazette des Beaux-Arts,* février 1971, p. 95-108.

Fr.H. Hazlehurst, *Jacques Boyceau and the French Formal Garden,* Univ. de Georgia, 1966.

A. Hustin, « la Création du jardin du Luxembourg par Marie de Médicis », dans *Archives de l'art français,* VIII, 1916.

D.M. Jarry, « le Premier Jardin de Richer de Belleval, 1596-1622 », *Monspeliensis Hippocrates,* 1970.

St. Karling, « The importance of André Mollet and his family in the development of the French Formal Garden », *The French Formal Garden,* Dumbarton Oaks, 1974.

F. Lequenne, *la Vie d'Olivier de Serres,* éd. Julliard, Paris, 1945.

P. Lesueur, *les Jardins du château de Blois et leurs dépendances,* éd. C. Migavet, Blois, 1905.

— « Pacello de Mercoliano et les jardins d'Amboise, de Blois et de Gaillon », dans *Bulletin de la Société de l'histoire de l'art français,* 1935.

A. Marie, *Naissance de Versailles,* éd. Vincent et Fréal, Paris, 1968, 2 vol.

A. Mousset, « les Francine », dans *Mémoires de la Société de l'histoire de Paris et de l'Ile-de-France,* Paris, 1930.

M. Poëte, *Au jardin des Tuileries,* éd. A. Picard, Paris, 1924.

P.-D. Roussel, *Description du château d'Anet,* Impr. D. Jouaust, Paris, 1875.

L. de La Tourrasse, *le Château neuf de Saint-Germain-en-Laye,* éd. de la Gazette des Beaux-Arts, Paris, 1924.

M.F. Warner, « The Morins », dans *National Horticultural Magazine,* juillet 1954.

R. Weiss, « The castle of Gaillon in 1509-1510 », dans *Journal of the Warburg and Courtauld Institutes,* XVI.

K. Woodbridge, « Dr Carvallo and the Absolute » (Villandry), dans *Garden History,* VI, 2, été 1978.

K. Woodbridge, « The Rise and Decline of the Garden Knot », dans *Architectural Review,* juin 1979.

Chapitre 22. Art royal et art français sous Louis XIV

Études générales :

L. Hautecœur (*op. cit.,* t. II).

F. Kimball, « Classicism, Academism and creation in XVIIth c. French architecture », dans *Scritti di storia dell'arte in onore di Lionello Venturi,* Rome, 1956, t. II, p.19-23.

J. Garms, notice sur J. Hardouin-Mansart dans l'*Encyclopedia Universalis,* t. VIII, 1970, qui donne une abondante bibliographie regroupant les travaux sur l'architecte et sur Versailles.

Sur Versailles, les derniers travaux sont les suivants :

L. Lange, « la Grotte de Thétis et le premier Versailles de Louis XIV », dans *Art de France,* 1961, p. 133-148.

P. Verlet, *Versailles,* éd. A. Fayard, Paris, 1961.

A. et J. Marie, *Naissance de Versailles. Le château, les jardins,* éd. Vincent et Fréal, Paris, 1968.

— *Mansart à Versailles,* éd. Vincent et Fréal, Paris, 1972.

— *Versailles au temps de Louis XIV. Mansart et Robert de Cotte,* éd. Vincent et Fréal, Paris, 1976.

B. Jestaz, « le Trianon de marbre, ou Louis XIV architecte », dans *Gazette des Beaux-Arts,* 1969, p. 258-286.

F. Souchal, « les Statues aux façades du château de Versailles », dans *Gazette des Beaux-Arts,* 1972, t. I, p. 65-110.

J.-C. Le Guillou, « Remarques sur le corps central du château de Versailles à partir du château de Louis XIII », dans *Gazette des Beaux-Arts,* 1976, t. I, p. 49-60.

G. Walton, « l'Enveloppe de Versailles. Réflexions nouvelles et dessins inédits », dans *Bulletin de la Société de l'histoire de l'art français,* 1977, p. 127-144.

R.W. Berger, « The chronology of the Enveloppe of Versailles », dans *Architectura,* 1980, n° 2, p.105-133.

K.O. Johnson, « Il n'y a plus de Pyrénées; the iconography of the first Versailles of Louis XIV », dans *Gazette des Beaux-Arts,* 1981, t. I, p. 29-40.

G. Mabille, « la Ménagerie de Versailles », dans *Gazette des Beaux-Arts,* 1974, t. I, p. 5-36.

Sur Marly :

l'histoire du château sera renouvelée par la thèse attendue de C. Hartmann-Kaufels. Le grand article de G. Weber, « Der Garten von Marly (1679-1715) », dans *Wiener Jahrbuch für Kunstgeschichte,* XXVIII, 1975, p. 55-105, est fondamental pour l'histoire du parc.

Parmi les monographies, retenons celles qui se rapportent aux châteaux de :

Serrant, par J.-M. Pérouse de Montclos (*Congrès archéologique de France,* 1964).

Sucy-en-Brie, par J.-P. Babelon (*Bulletin de la Société de l'histoire de Paris,* 1974-1975, p. 82-102).

Noisy, par H. Couzy (*Revue de l'art,* 38, 1977, p. 23-34).

La Chaize en Beaujolais, par B. Mouraud-Souchier (*Travaux de l'Institut d'histoire de l'art de Lyon,* n° 4, 1978, p. 45-47).

Pontchartrain, par M.-H. Hadrot et G. Poisson (*Paris et Ile-de-France, Mémoires,* 1979, p. 227-266).

Issy, par R. Strandberg (*Gazette des Beaux-Arts,* 1980, t. II, p. 197-208).

Sur les Malouinières, on consultera le catalogue de l'exposition réalisée par l'Inventaire général des richesses artistiques de la France en 1975.

Sur la Provence de Louis XIV :
J.-J. Gloton, *Renaissance et baroque à Aix-en-Provence*, Rome, École française de Rome, 1979, 2 vol.

Sur le Val de Loire :
D. Jeanson, *la Maison seigneuriale du Val de Loire*, Garnier, Paris, 1981.

Sur l'insertion du château dans le site :
F. Boudon et H. Couzy, « le Château et son site. L'histoire de l'architecture et la cartographie », dans *Revue de l'art*, 38, 1977, p. 7-22.

Sur le décor :
A. Schnapper, « Colonna et la quadratura en France à l'époque de Louis XIV », dans *Bulletin de la Société de l'histoire de l'art français*, 1966, p. 65-97.
— *Jean Jouvenet, 1644-1717, et la peinture d'histoire à Paris*, L. Laget, Paris, 1974.

Sur la société aristocratique :
Saint-Simon, *Mémoires*
J.-P. Labatut, *les Ducs et pairs en France au XVIIe siècle*, PUF, Paris, 1972.

Chapitre 23. Le Jardin classique à partir de Le Nôtre

A.-C. d'Aviler, *Cours d'architecture*, Paris, 1750.
J.-F. Blondel, *Cours d'architecture*, 6 vol., Paris, 1771-1777.
M. Charageat, « les Dessins d'André le Nôtre », dans *Gazette illustrée des amateurs de jardins*, 1954, p. 23-27.
A.-J. Dezallier d'Argenville, *la Théorie et la pratique du jardinage*, Paris, 1747.
E. de Ganay, *les Jardins à la française en France au XVIIIe siècle*, Van Oest, Paris, 1943.
— *les Jardins de France et leur décor*, éd. Larousse, Paris, 1949 (Coll. Arts, Styles et Techniques).
— *André Le Nostre, 1613-1700*, Vincent, Fréal, Paris, 1962.
L. Hautecœur, *les Jardins des dieux et des hommes*, Hachette, Paris, 1959.
A. Marie, *Jardins français classiques des XVIIe et XVIIIe siècles*, Vincent, Fréal, Paris, 1949.
R. Strandberg, « André Le Nôtre et son école, dessins inédits ou peu connus dans la collection Tessin-Harleman, au Musée national de Stockholm », dans *Bulletin de la Société de l'histoire de l'art français*, 1960, p. 109-128.
G. Weber, « Der Garten von Marly (1679-1715) », dans *Wiener Jahrburch für Kunstgeschichte*, 1975, p. 55-105.
Le Nôtre et l'art des jardins, catalogue d'exposition, Paris, Bibliothèque nationale, 1964.

Chapitre 24. Le château méditerranéen à l'époque classique

Les classiques de l'histoire de l'art en Provence, tels que : R. Doré, *l'Art en Provence*, éd. Les Beaux-Arts, Paris, 1930; B. Durand, « les Arts à l'époque classique » dans *Encyclopédie départementale des Bouches-du-Rhône*, t. IV, Marseille, 1932; A. Villard, *Art de Provence*, éd. Arthaud, Paris, 1957, n'ont guère abordé la problématique du château méditerranéen. Elle est développée dans la thèse de doctorat de J.-J. Gloton, *Renaissance et Baroque à Aix-en-Provence*, École française de Rome, 1979, 2 vol.

Sur des points particuliers, on lira, du même auteur : « les Maisons de campagne aixoises de l'époque classique », dans *l'Inventaire général dans les Bouches-du-Rhône, 1968-1978*, numéro spécial de la revue *Marseille*, 1978, « Une villa italienne en Provence, le château Grimaldi de Puyricard », dans *Provence historique*, 119, 1980, et l'article de conclusion du Colloque *Culture et création dans l'architecture des provinces françaises* (Aix, 1978), Université de Provence, 1983. Dans ce même volume, collectif, J.-Cl. Bouilly, « le Château de Barbentane », renouvelle le sujet. L'Armellière a fait l'objet de deux articles de Jean Boyer, dans le *Congrès archéologique de France*, Arles, 1976, et dans *Provence historique*, 101, 1975. Du même, « les Châteaux de la Galinière et du Griffon », dans *l'Inventaire général..., op. cit.* Citons encore N. Fustier-Dautier, *les Bastides de Provence et leurs jardins*, Paris, 1977, qui rassemble un grand nombre de documents nouveaux.

Chapitre 25. La première moitié du XVIIIe siècle

Traités anciens :
J.-Fr. Blondel, *De la distribution des maisons de plaisance et de la décoration des édifices en général*, Paris, 1737.
Ch.-E. Briseux, *l'Art de bâtir des maisons de campagne*, Paris, 1743 et 1761 (réimpr. 1966).
A.-J. Dézallier d'Argenville, *la Théorie et la pratique du jardinage*, Paris, 1722.
Voyage pittoresque des environs de Paris, Paris, 1755.
A.C. d'Aviler, *Cours d'architecture*, Paris, 1720, 2 vol.

Ouvrages généraux :
Outre les ouvrages généraux déjà cités de L. Hautecœur (t. III), de P. Du Colombier, d'E. de Ganay, voir le *Dictionnaire des châteaux de France* de B. de Montgolfier, éd. Larousse, Paris, 1969.
I. Dennerlein, *Die Gartenkunst und des Rokoko in Frankreich*, Bamberg, 1972.
E. de Ganay, *les Jardins à la française en France au XVIIIe siècle*, Van Oest, Paris, 1943.
W. Gr. Kalnein et M. Levey, *Art and architecture of the Eighteenth century in France*, Harmondsworth, 1972 (The Pelican History of Art).
F. Kimball, *le Style Louis XV. Origine et évolution du Rococo*, A. et J. Picard, Paris, 1949.
A. Marie, *Jardins français classiques des XVIIe et XVIIIe siècles*, Vincent, Fréal, Paris, 1949.
J. Sartre, *Châteaux brique et pierre en Picardie*, Nouv. Éd. Latines Paris, 1973, et *Châteaux « brique et pierre » France*, Nouv. Éd. Latines, Paris.
P. Du Colombier, *l'Architecture française en Allemagne au XVIIIe siècle*, PUF, Paris, 1956.

Sur les architectes :
J. Garms, « Boffrand », dans *Architecture, mouvement, continuité*, SADG, n° 172, 1969, p. 2-8.
J. Rau von der Schulenberg, *Emmanuel Héré*, Gebr. Mann, Berlin, 1973.
F. Souchal, « Jean Aubert », dans *Revue de l'art*, 1970.
Les Gabriel, ouvrage collectif sous la direction de M. Gallet et Y. Bottineau, éd. Picard, Paris, 1982.

Quelques monographies :
B. Chamchine, *le Château de Choisy*, Jouve, Paris, 1910. — P. Biver, *Histoire du château de Bellevue*, Gabriel Enault, Paris, 1933.

Chapitre 26. L'époque néo-classique

Ch.-E. Briseux, *l'Art de bâtir des maisons de campagne*, Paris, 1761, réimpression 1966.
L. Hautecœur, *supra*, t. IV, 1952.
P. Du Colombier, *supra*.
A. Braham, *l'Architecture des Lumières*, éd. Berger-Levrault, Paris, 1982.
M. Gallet, « le Château des Boulayes », dans *Gazette des Beaux-Arts*, 1962, t. I, p. 29-42.
H. Damisch, « Histoire et typologie de l'architecture. Le problème du château », dans *Annales ESC*, 1963, p. 1153-1157.
A. Wollbrett, « le Château de Saverne », dans *Société d'histoire et d'archéologie de Saverne et des environs*, 1969.
F. Bluche, *la Vie quotidienne de la noblesse française au XVIIIe siècle*, Hachette, Paris, 1973.
J. Sartre, *Châteaux brique et pierre en Picardie*, Nouv. Éd. Latines, Paris, 1973.
R. Bentman et M. Muller, *la Villa, architecture de domination*, trad. fr., 1975.
Catalogue de l'exposition *l'Influence de Palladio sur les conceptions architecturales françaises du XVIIIe au XXe siècle*, Les Monuments historiques de la France, 1975, n° 2, p. 79-88.
Catalogue de l'exposition *Jardins en France 1760-1820. Pays d'illusion, terre d'expérience*, Paris, 1977, Hôtel Sully.
Y. Beauvalot, « Un château extraordinaire à Dijon ; le château de Montmusard », dans *Cahiers du Vieux Dijon*, n° 6, 1978.
E. Kaufmann, *Trois architectes révolutionnaires. Boullée, Ledoux, Lequeu*, Essais introductifs et édition française de G. Erouart et G. Teyssot, éd. de la SADG Paris, 1978.
F. et M. Mosser, « Le château de Kerlevenan », dans *Arts de l'Ouest, études et documents*, Rennes, n° 5, 1978.
Catalogue de l'exposition *Charles de Wailly, peintre architecte dans l'Europe des Lumières*, par M. Mosser et D. Rabreau, Paris, 1979, Hôtel Sully.
Catalogue de l'exposition *Soufflot et son temps*, sous la dir. de M. Gallet, Lyon-Paris, 1980.
M. Gallet, *Claude-Nicolas Ledoux*, éd. Picard, Paris, 1980.
Les Gabriel, ouvrage collectif sous la direction de M. Gallet et Y. Bottineau, éd. Picard, Paris, 1982.

Chapitre 27. Les jardins pittoresques, 1760-1820

E. de Ganay, *les Jardins de France et leur décor*, éd. Larousse, Paris, 1949 (Coll. Arts Styles et techniques). Abondante bibliographie des sources imprimées ; certains ouvrages anciens ont fait l'objet de rééditions, comme les écrits de M. de Girardin.

J. Baltrusaitis, « Jardins et pays d'illusion », dans *Aberrations, Quatre essais sur la légende des formes*, O. Perrin, Paris, 1957, p. 98-123.

Jardins en France 1760-1820, pays d'illusion, terre d'expériences, catalogue de l'exposition de la Caisse nationale des monuments historiques, Paris, Hôtel Sully, 1977.
D. Wiebenson, *The Picturesque Garden in France*, Princeton, 1978.
W.H. Adams, *The French Garden, 1500-1800*, G. Braziller, New York, 1979, trad. fr. *les Jardins en France 1500-1800, le rêve et le pouvoir*, Paris, 1980.
M.-B. d'Arneville, *Parcs et jardins sous le premier Empire*, Taillandier, Paris, 1981.

Chapitre 28. La ruine des châteaux an XIXe siècle

Sur le vandalisme :
L. Réau, *les Monuments détruits de l'art français*, éd. Hachette, Paris, 1959, 2 vol.
G. Gautherot, *le Vandalisme jacobin*, Paris, éd. Beauchesne, 1914.
L. Wille, article « Bande noire » dans *La Grande Encyclopédie*, t. V, p. 225.
F.-Ch. James, « le Château de Brèves en Nivernais », dans *Revue de l'art*, 38, 1977, p. 35-47.

Voir aussi :
A. de Laborde, *Description des nouveaux jardins de la France et de ses anciens châteaux*, éd. de Delance, Paris, 1808.
Baron de Wismes, *le Maine et l'Anjou historiques*, éd. Forest et Grimaud, Nantes, 1862, 2 vol.
M. Agulhon, *la Vie sociale en Provence intérieure au lendemain de la Révolution*, Paris, 1970 (Soc. des Études robespierristes).

La cartographie permet aujourd'hui de repérer la trace des châteaux qui ont disparu au XIXe siècle. Le Centre de recherche sur l'histoire de l'architecture moderne leur a consacré ses enquêtes, sous la direction du professeur A. Chastel.

Voir :
École Pratique des hautes études, IVe Section, Rapports sur les conférences d'A. Chastel, en 1976-1977, *Annuaire 1977-1978*, 1978, p. 691-693 ; et éditorial de la *Revue de l'art*, 1977, n° 38.

Nous extrayons quelques citations de l'article de F. Boudon et H. Couzy, « le Château et son site. L'histoire de l'architecture et la cartographie », *Revue de l'art*, n° 38, 1977, p. 7-22 :
« Les historiens de l'architecture qui ont à connaître du château le traitent comme un édifice, c'est-à-dire un objet rapproché qu'on isole dans son environnement pour l'analyser. Mais les vues anciennes, pour capricieuses qu'elles soient, avaient bien soin de faire saisir la liaison de ce type d'architecture avec son site, avec ses abords, avec son accompagnement... Il y a d'innombrables textes et témoignages pour nous rappeler que les contemporains étaient très attentifs au lien du château avec la nature, à son rôle constitutif dans le paysage, aussi bien qu'à sa fonction au centre du domaine... Il faut donc envisager d'emblée le château comme une opération riche de conséquences sur le terrain qu'il oblige à aménager. C'est un événement de caractère géographique... Seule l'étude cartographique fait apparaître le château comme maillon d'une série d'éléments, utilisant de la même façon l'étendue d'un site... La lecture de la carte fournit immédiatement des indications qui ne seront pas contredites par les archives. »

Chapitre 29. Du château à la villa. L'inspiration néo-palladienne

L. Hautecœur, *op. cit.*, t. V, VI et VII, Paris, 1953-1957.

D. Rabreau, « l'Architecture néo-classique en France et la caution de Palladio », dans *Bollettino del Centro Internazionale di Studi dell'Architettura, Andrea Palladio*, XII, 1970.

J.-P. Mouilleseaux, « A la recherche de l'influence palladienne à Bordeaux et dans le Sud-Ouest », dans *les Monuments historiques de la France*, 1975, 2, p. 66-73.

J.-M. Pérouse de Montclos, « De la villa rustique d'Italie au pavillon de banlieue », dans *Revue de l'art*, 32, 1976, p. 23-36.

P. Favardin, « la Villa ou l'Avènement d'un nouveau mode d'habitation », dans *les Monuments historiques de la France*, 102, 1979, p. 57-60.

Chapitre 30. Le château au XIXe siècle

Quelques Mémoires du temps :
Comtesse d'Armaillé (née Ségur), *Quand on savait vivre heureux (1830-1860). Souvenirs de jeunesse,* publiés par la comtesse Jean de Pange, Plon, Paris, 1934.

E. de Clermont Tonnerre, *Mémoires. Au temps des équipages,* Grasset, Paris, 1928.

Sources imprimées et traités du XIXe siècle :
Habitations modernes, recueillies par Viollet-le-Duc et Narjoux, éd. Morel, Paris, 1876-1877, 2 vol.

L.M. Normand (aîné), *Paris moderne. Choix de maisons construites dans les nouveaux quartiers de la capitale et de ses environs*, Normand, Paris 1843-1854, vol. III, *Maisons de campagne et constructions rurales des environs de Paris* (contient des projets de Visconti et Canissié).

G. Aubry, article « Château » dans *Encyclopédie de l'architecture et de la construction* par P. Planat, 1894, p. 139-146.

E. Viollet-le-Duc, *Histoire d'une maison*, éd. Hetzel, Paris, 1873, 2e éd., Mardaga, Bruxelles, 1978.

Revue générale de l'architecture et des travaux publics, publ. par C. Daly (t. XX, p. 212-217, « Château de Saint-Maclou », par Huguelin ; t. XXVI, p. 27, « Château de Fournil », par Duphot).

Le Moniteur des architectes (nombreuses études, dans les années 1866-1876 sur les pavillons de concierge, les pavillons d'entrée : 1876, « Château de Beaumont, en Belgique », par Baudot).

Les revues *Vie à la campagne* et *Manoirs et châteaux* (à partir de 1890) contiennent de nombreuses études pour des châteaux célèbres, puis pour des villas ou des maisons de campagne.

Annuaire des châteaux, éd. A. La Fare, Paris (présentation alphabétique, puis regroupement des châteaux par département en fin de volume).

Études d'histoire économique et sociale :
P. Bois, *Paysans de l'Ouest. Des structures économiques et sociales aux options politiques depuis l'époque révolutionnaire dans la Sarthe,* impr. Vilaire, Le Mans, 1960.

J. Bouvier, *les Rothschild,* Paris, 1967 (Club français du livre).

G. Dupeux, *Aspects de l'histoire sociale du Loir-et-Cher, 1848-1914,* éd. La Haye, Mouton et Cie, Paris, 1962.

A.-J. Tudesq, *Les grands notables en France (1840-1849). Études historique d'une psychologie sociale,* PUF, Paris, 1964, 2 vol.

J. Vidalenc, *le Département de l'Eure sous la monarchie constitutionnelle, 1814-1848,* éd. Rivière, Paris, 1952.

V. Wright, *le Conseil d'État sous le second Empire,* éd. A. Colin, Paris, 1972.

Études contemporaines sur le phénomène du château :
P. Du Colombier, *op. cit.*

F. Boudon, « *Viollet-le-Duc* et le château », dans *catalogue de l'exposition Viollet-du-Duc,* Musées nationaux, Paris, 1980, p. 208-214.

Catalogue de l'exposition *Propriétés d'hier : grands domaines angevins. Les réalisations rurales des propriétaires terriens entre 1840 et 1870,* par Chr. Derouet, Caisse nationale des monuments historiques, 1977.

Chr. Derouet, « Architectures d'hier ; grandes demeures angevines au XIXe siècle. L'œuvre de René Hodé entre 1840 et 1870 », dans *Les Monuments historiques de la France,* 1976, 4, p. 49-64.

F. Loyer, « René Hodé : le néo-gothique troubadour en Anjou », dans *Arts de l'Ouest. Études et documents,* 5, juin 1978, *Le château du XVIe au XVIIIe siècle,* p. 37-43.

— « Châtelains et châteaux au XIXe siècle dans l'ouest de la France », *ibid.*, p. 45-77.

F. Macé de Lépinay, « De Soleure au faubourg Saint-Germain, Joseph-Antoine Froelicher (1790-1866) architecte de la duchesse de Berry », dans *Zeitschrift für Schweizerische Archäologie und Kunstgeschichte,* 33, 1976, p. 211-224.

J. Sartre, *Châteaux brique et pierre en Picardie,* Nouv. Éd. Latines, Paris, 1973.

Catalogue de l'exposition *Touraine néo-gothique,* par V. Miltgen, Musée des Beaux-arts, Tours, 1978.

Fr. Loyer, « A propos des châteaux du XIXe siècle, un problème de sauvegarde », dans *Arts de l'Ouest,* 1978, n° 2, p. 65-69.

P. Pougnaud, « Théâtres de châteaux-théâtres de société », dans *la Demeure historique,* 1979, n° 53, p. 21-24.

J. Sartre, *Châteaux « brique et pierre » en France,* Nouv. Éd. Latines, Paris, 1981.

Chapitre 31. Les châteaux aujourd'hui

La législation des Monuments historiques a été réunie et commentée par Pierre Dussaule, *la Loi et le service des Monuments historiques français,* la Documentation française, 1974 (on y trouvera notamment le texte de la loi du 31 décembre 1913).

Voir aussi : « Patrimoine et culture », *les Monuments historiques de la France, Dossier technique n° 1,* 1982, et Max Querrien, *Pour une nouvelle politique du patrimoine, rapport au ministre de la Culture,* La Documentation française, 1982.

Les problèmes soulevés dans ce chapitre ont été évoqués notamment dans deux articles récents de la revue *les Monuments historiques de la France,* éditée par la Caisse nationale des monuments historiques : P. de Vogüé. « Utilisation des monuments historiques privés », 1978, n° 5, p. 32-35 (comptes rendus du colloque de la section française de l'ICOMOS sur l'utilisation des monuments historiques), et M. Massenet, « l'Avenir des monuments privés », 1980, n° 107, p. 24-27 (numéro consacré au patrimoine).

Tout dernièrement, une synthèse a été réunie par J.-P. Bady, *Les Monuments historiques en France*, PUF, Paris, 1985 (Coll. Que sais-je?).

Voir aussi les publications périodiques des associations de sauvegarde : *Vieilles maisons françaises, La Demeure historique, Parcs et demeures* et *Routes de beauté* (association de la Demeure historique), *Sites et monuments* (Société pour la protection des paysages et de l'esthétique de la France).

Enfin la Caisse nationale des monuments historiques et des sites publie annuellement un guide intitulé *Ouvert au public. Châteaux, abbayes et jardins historiques de France,* dernière édition, 1984.

Crédit photographique

Aerofilm Ltd, Londres : p. 66 (en haut).
Agence Explorer/photos Louis Salou : pp. 300, 383 (en haut).
Archives départementales de la Côte-d'Or : p. 239.
Archives départementales de l'Orne : pp. 235 (en haut), 241, 243.
Archives nationales : pp. 85 (en haut), 93, 148, 192 (en bas à droite), 198, 208, 350.
Archives photographiques, Paris/S.P.A.D.E.M.
pp. 30, 33, 35, 36, 37, 40, 43, 46, 49, 50, 51 (en bas), 54, 56 (en haut), 58, 78, 81, 83, 84, 85 (en bas), 86, 87, 88, 90, 91, 94, 98 (en haut et en bas à droite), 102, 103, 104, 105, 107, 109, 110, 111, 114, 116, 120, 122, 123, 124, 126, 128, 130, 131, 132, 134, 136, 141, 144, 145, 155, 160, 161, 163, 164, 165, 168, 170, 174, 175, 176, 177, 180, 181, 182 (en haut), 183, 184, 186, 187, 190, 192 (au centre et en bas à gauche) 194, 195, 196, 202, 203, 204, 206, 207, 209, 210, 211, 212, 213, 216, 218, 220 (au centre et en bas), 221, 224, 226, 230, 232 (en bas), 244, 246, 247, 248, 250, 252, 255, 258, 259, 261, 262, 264, 267, 268, 271, 274, 276, 278, 279, 282, 283, 285, 287, 289, 293, 294, 296, 297, 298, 301, 302, 304, 308, 310 (en haut), 323, 324, 327, 329 (en haut), 330, 332, 335, 338, 339 (en haut et au centre), 341 (en bas), 343, 344, 361, 366, 386.
Bibliothèque Nationale, Paris : pp. 152, 154, 157, 158, 167, 172.
Robert Bornecque : Dessins : pp. 222, 227, 229, 232 (en haut).
Michel Bur : pp. 150, 151.
Jean-Loup Charmet : pp. 370, 373, 378, 379, 381, 382, 383 (en bas).
C.N.R.S.-C.R.H.A.M. : Dessin de J. Blécon : pp. 364/365.
Philippe Contamine : Cartes : pp. 138, 142.
C.R.A.M. : pp. 17, 18, 20, 21, 25, 26, 27, 28.

Élisabeth Desvaux-Marteville : pp. 235 (au centre et en bas), 237.
École Nationale Supérieure des Beaux-Arts : p. 345.
Henri-Paul Eydoux : Cartes : pp. 62, 63. Photos : pp. 65, 66 (en bas à droite), 70 (à gauche), 71, 73, 74, 76.
Giraudon/Bibliothèque Nationale Estampes : p. 219.
Giraudon/Bibliothèque Nationale Paris : pp. 185, 192 (en haut), 214, 215, 220 (en haut), 326 (à droite).
Giraudon-Lauros/musée de Condé : p. 326 (à gauche).
Giraudon/musée Carnavalet : p. 358.
Giraudon/musée de Sceaux : p. 346.
Institut Néerlandais : p. 349 (en haut).
Christian Lhuisset : pp. 41, 51 (en haut), 56 (en bas), 98 (en bas à gauche), 100, 101, 182, 188, 189, 265, 291, 292, 310 (en bas), 313, 318, 329 (en bas).
Musée des Beaux-Arts, Dijon : p. 341 (en haut).
Jacques Musy : p. 351.
National Museum, Stockholm : p. 356 (en haut).
Puy du Fou : p. 388.
Étienne Revault : pp. 339 (en bas), 368.
Gilles Séraphin : pp. 39, 96, 97.
Zodiac : pp. 66 (en bas à gauche), 70 (à droite).

Crédit photographique des photos couleur

Michel Desjardins, agence Top : VIII.
Agence Lauros-Giraudon : X.
Christian Lhuisset : II, IV, VI.
Rosine Mazin, agence Top : XII.
Étienne Revault : I, III, V, VII, IX, XI, XIII, XIV, XV, XVI, XVII, XVIII.

Achevé d'imprimer sur les presses de Berger-Levrault à Nancy
en août 1986.
Dépôt légal : août 1986.
N° Imprimeur : 119460.

Imprimé en France.